Lockerungen im Strafvollzug

Würzburger Schriften zur Kriminalwissenschaft

Herausgegeben von Klaus Laubenthal

Band 40

PETER LANG

Nina Sperber

Lockerungen im Strafvollzug

Eine Bestandsaufnahme mit bayerischem Schwerpunkt unter besonderer Berücksichtigung des gerichtlichen Rechtsschutzverfahrens nach §§ 109 ff. StVollzG

PETER LANG

Bibliografische Information der Deutschen Nationalbibliothek
Die Deutsche Nationalbibliothek verzeichnet diese Publikation in der Deutschen Nationalbibliografie; detaillierte bibliografische Daten sind im Internet über http://dnb.d-nb.de abrufbar.

Zugl.: Erlangen-Nürnberg, Univ., Diss., 2019.

Druck und Bindung: CPI books GmbH, Leck

Gedruckt auf alterungsbeständigem,
säurefreiem Papier.

N 2
ISBN 978-3-631-81483-3 (Print)
E-ISBN 978-3-631-82744-4 (E-PDF)
E-ISBN 978-3-631-82745-1 (EPUB)
E-ISBN 978-3-631-82746-8 (MOBI)
DOI 10.3726/B17190

Peter Lang – Berlin · Bern · Bruxelles · New York ·
Oxford · Warszawa · Wien

Diese Publikation wurde begutachtet.

www.peterlang.com

Meiner Familie

Vorwort

Die vorliegende Arbeit wurde im Sommersemester 2019 von der Juristischen Fakultät der Friedrich-Alexander-Universität als Dissertation angenommen. Das Manuskript wurde im August 2019 abgeschlossen und für die Drucklegung im November 2019 geringfügig aktualisiert.

Zuvorderst gilt mein besonderer Dank meinem Doktorvater, Herrn Prof. (em.) Dr. Dr. h.c. Franz Streng. Er bot mir die Möglichkeit, als Wissenschaftliche Mitarbeiterin am Lehrstuhl für Strafrecht und Kriminologie wertvolle Erfahrungen zu gewinnen und mich fortwährend weiterzubilden. Insbesondere seiner umfassenden wissenschaftlichen Begleitung des gesamten Vorhabens ist es geschuldet, dass dieses erfolgreich abgeschlossen werden konnte.

Sehr herzlich möchte ich zudem Frau Prof. Dr. Gabriele Kett-Straub danken. Sie eröffnete mir ebenfalls die Möglichkeit einer wissenschaftlichen Mitarbeit; insbesondere ihrer fachlichen Unterstützung, von der ich profitieren durfte, und dem ausdauernden, motivierenden Zuspruch, der mir immer wieder auf das Neue Anlass war, das Vorhaben voranzutreiben, begegne ich mit Hochachtung.

Herrn Prof. Dr. Christian Jäger spreche ich meinen Dank aus für das Vertrauen, das er als Lehrstuhlnachfolger von Herrn Prof. Dr. Streng in mich setzte, mich meine Lehrstuhltätigkeit fortführen ließ und mir so ebenfalls die Weiterführung des Dissertationsvorhabens ermöglichte.

Worte des Dankes gebühren ebenfalls Herrn Prof. Dr. Hans Kudlich, Herrn Prof. Dr. Christoph Safferling sowie meinen ehemaligen Kolleginnen und Kollegen am Institut für Strafrecht der FAU. Für die immer angenehme und kollegiale Arbeitsatmosphäre, dafür, dass ich auch nach meinem Einstieg in ein außeruniversitäres Berufsleben dort stets freundlich empfangen wurde und mir vielfältige Unterstützung während des Schaffensprozesses zu Teil geworden ist.

Ferner möchte ich Herrn Prof. Dr. Klaus Laubenthal für die Aufnahme in die von ihm herausgegebene Reihe der Würzburger Schriften zur Kriminalwissenschaft danken.

Anerkennung und Dank gelten auch langjährigen Freunden, die mich in der Zeit der Genese der vorliegenden Dissertation begleitet haben und insbesondere auch wertvolle Unterstützung bei unumgänglichen wie mühevollen Korrektur- und Formatierungsarbeiten geleistet haben, namentlich Frau L. Brennecke und Frau S. Nentwich sowie den Herren F. Albrecht und T. Halaczek.

Der innigste Dank jedoch gilt meiner Familie. Einige wenige Worte bringen kaum zum Ausdruck, welche Bedeutung ich ihrer Unterstützung zumesse. Sie hat stets an mich geglaubt, mich unentwegt motiviert und gestützt, wo immer es auch möglich war. Ihr möchte ich diese Arbeit widmen.

Inhaltsverzeichnis

Abkürzungsverzeichnis

a.A.	andere Ansicht
a.a.O	am angegebenen Ort
a.F.	alte Fassung
abl.	ablehnend
AE-StVollzG	Alternativ-Entwurf des Strafvollzugsgesetzes, 1973
AG	Amtsgericht
AK-StVollzG	Alternativ-Kommentar, Feest/Lesting/Lindemann
Alt.	Alternative
Anm.	Anmerkung
ApuZ	Aus Politik und Zeitgeschichte (Zeitschrift)
Art.	Artikel
AT	Allgemeiner Teil
Aufl.	Auflage
BayStVollzG	Bayerisches Strafvollzugsgesetzbuch
BaySvVollzG	Bayerisches Sicherungsverwahrungsvollzugsgesetz
BayVV	Verwaltungsvorschriften zum Bayerischen Strafvollzugsgesetz
BbgJVollzG	Brandenburgisches Justizvollzugsgesetz
BeckOK	Beckscher Onlinekommentar
BeckRS	Beck-Rechtsprechung
Begr.	Begründung
BerHG	Beratungshilfegesetz
Beschl. v.	Beschluss vom
BewHi	Bewährungshilfe (Zeitschrift)
BGB	Bürgerliches Gesetzbuch
BGBl.	Bundesgesetzblatt
BGH	Bundesgerichtshof
BGHSt	Entscheidungen des Bundesgerichtshofs in Strafsachen
BR	Bundesrat
BRD	Bundesrepublik Deutschland
BR-Drs.	Bundesratsdrucksache
BremStVollzG	Bremisches Strafvollzugsgesetz
BT	Bundestag
BT-Drs.	Bundestagsdrucksache
BtMG	Betäubungsmittelgesetz
BVerfG	Bundesverfassungsgerichtshof

BVerfGE	Entscheidungen des Bundesverfassungsgerichts
BVerwG	Bundesverwaltungsgericht
BVerwGE	Entscheidungen des Bundesverwaltungsgerichts
bzw.	beziehungsweise
ca.	circa
d.h.	das heißt
ders.	derselbe
DRiZ	Deutsche Richterzeitung (Zeitschrift)
Drs.	Drucksache
DVollzO	Dienst- und Vollzugsordnung vom 1.12.1966
e.V.	eingetragener Verein
EGGVG	Einführungsgesetz zum Gerichtsverfassungsgesetz
EGMR	Europäischer Gerichtshof für Menschenrechte
EMRK	Europäische Menschenrechtskonvention
f.	folgend(e)
ff.	fortfolgend(e)
Fn.	Fußnote
FPPK	Forensische Psychiatrie, Psychologie, Kriminologie (Zeitschrift)
FS	Festschrift
FS	Forum Strafvollzug (bis 31.12.2006, sodann ZfStrVo) (Zeitschrift)
FS SH	Sonderhefte der Zeitschrift Forum Strafvollzug
GA	Goltdammer's Archiv für Strafrecht
GG	Grundgesetz
ggf.	gegebenenfalls
GKG	Gerichtskostengesetz
grds.	grundsätzlich
GS	Gedächtnisschrift
GVBl.	Gesetz- und Verordnungsblatt
h.M.	herrschende Meinung
HmbStVollzG	Hamburgisches Strafvollzugsgesetz
HRRS	Online-Zeitschrift für Höchstrichterliche Rechtsprechung im Strafrecht
hrsg.	herausgegeben
HStVollzG	Hessisches Strafvollzugsgesetz
HSVVollzG	Hessisches Sicherungsverwahrungsvollzugsgesetz
i.S.	im Sinne
i.V.m.	in Verbindung mit
JA	Juristische Arbeitsblätter (Zeitschrift)

JuS	Juristische Schulung (Zeitschrift)
JVA	Justizvollzugsanstalt
JVollzGB III	Gesetzbuch über den Justizvollzug in Baden-Württemberg (Justizvollzugsgesetzbuch), Buch 3 (Strafvollzug)
JVollzGB LSA	Justizvollzugsgesetzbuch Sachsen-Anhalt
JZ	Juristenzeitung (Zeitschrift)
KE	Entwurf der Strafvollzugskommission zum Strafvollzugsgesetz 1971
KG	Kammergericht Berlin
KrimJ	Kriminologisches Journal (Zeitschrift)
KrimPäd	Kriminalpädagogische Praxis
krit.	kritisch
LJVollzG RLP	Landesjustizvollzugsgesetz Rheinland-Pfalz
LNNV	Laubenthal/Nestler/Neubacher/Verrel, Kommentar zum StVollzG
LStVollzG SH	Landesstrafvollzugsgesetz Schleswig-Holstein
LT	Landtag
m. Anm.	mit Anmerkung
m.w.N	mit weiteren Nachweisen
ME	Musterentwurf der Länder Berlin, Brandenburg, Bremen, Mecklenburg Vorpommern, Rheinland-Pfalz, Saarland, Sachsen, Sachsen-Anhalt, Schleswig-Holstein, Thüringen für ein einheitliches Strafvollzugsgesetz vom 6.09.2011
MJZ	Mainzer Zeitschrift für Jurisprudenz
MschKrim	Monatsschrift für Kriminologie und Strafrechtsreform (Zeitschrift)
NJOZ	Neue Juristische Online-Zeitschrift
NJVollzG	Niedersächsisches Justizvollzugsgesetz
NJW	Neue Juristische Wochenschrift (Zeitschrift)
NK	Neue Kriminalpolitik (Zeitschrift)
Nr.	Nummer
NStZ	Neue Zeitschrift für Strafrecht (Zeitschrift)
NStZ-RR	NStZ-Rechtsprechungsreport
OLG	Oberlandesgericht
R&P	Recht & Psychologie (Zeitschrift)
RegE	Regierungsentwurf
Rn.	Randnummer(n)
Rspr.	Rechtsprechung

RStGB	Reichsstrafgesetzbuch
RuP	Recht und Psychiatrie (Zeitschrift)
S.	Seite
SächsStVollzG	Sächsisches Strafvollzugsgesetz
SBJL	Schwind/Böhm/Jehle/Laubenthal, Kommentar zum StVollzG
SLStVollzG	Saarländisches Strafvollzugsgesetz
st.	ständige
StGB	Strafgesetzbuch
stopp	Strafprozessordnung
StraFo	Strafverteidiger Forum (Zeitschrift)
StV	Strafverteidiger (Zeitschrift)
StVK	Strafvollstreckungskammer
StVollzG	Strafvollzugsgesetz
StVollzG Bln	Berliner Strafvollzugsgesetz
StVollzG NRW	Strafvollzugsgesetz Nordrhein-Westfalen
SV	Sicherungsverwahrung
ThürJVollzGB	Thüringer Justizvollzugsgesetzbuch
u.a.	unter anderem
v.	vom
Var.	Variante
VGH	Verwaltungsgerichtshof
vgl.	vergleiche
VV	Verwaltungsvorschrift zum Strafvollzugsgesetz
VwGO	Verwaltungsgerichtsordnung
VwVfG	Verwaltungsverfahrensgesetz
z.B.	zum Beispiel
ZfStrVo	Zeitschrift für Strafvollzug und Straffälligenhilfe
ZIS	Zeitschrift für Internationale Strafrechtsdogmatik
zit.	zitiert
ZPO	Zivilprozessordnung
ZRP	Zeitschrift für Rechtspolitik
zust.	zustimmend

Abbildungsverzeichnis

Einleitung und Gang der Darstellung

Vollzugslockerungen. Ein Nominalkompositum, das mit den gemeinen Vorstellungen des Vollzuges einer Freiheitsstrafe nur schwer in Einklang zu bringen ist. Für die meisten Menschen ist es eine Selbstverständlichkeit, dass Verurteilte ihre Freiheitsstrafen hinter Gittern verbüßen und zumindest für die Zeit der Inhaftierung auch eingesperrt bleiben. Es gibt Fälle, in denen der verhängte Freiheitsentzug tatsächlich auf diese Weise verläuft bzw. verlaufen muss. Dass die Verbüßung einer Freiheitsstrafe auch anders verlaufen kann, sogar soll, entzieht sich teilweise der Kenntnis der Allgemeinheit und stößt mitunter auf Unverständnis. Dabei sehen sämtliche Strafvollzugsgesetze der Länder der Bundesrepublik Deutschland, wie schon das Bundesstrafvollzugsgesetz, zahlreiche Öffnungen des Vollzuges nach außen vor. Die Spannbreite reicht von Telefonaten, Besuchen und Schriftverkehr bis zu Vollzugsöffnungen, die die Einsperrung tatsächlich (zumindest temporär) aufheben. Darunter fallen die Unterbringung in Anstalten oder Abteilungen des offenen Vollzugs und die vielfältigen Vollzugslockerungen, namentlich Ausführungen, Ausgänge, Außenbeschäftigungen und Freigänge sowie Hafturlaube. Gerade in späteren Haftphasen der Entlassungsvorbereitung spielen diese vollzuglichen Behandlungsmaßnahmen eine herausragende Rolle. Oftmals werden sie zum wichtigsten Baustein der Entlassungsvorbereitung und zum Wegbereiter für eine etwaige Strafrestaussetzung zur Bewährung durch die Strafvollstreckungskammer. Das KG Berlin geht von einem sehr weitreichenden Zusammenhang zwischen Vollzugslockerungen und der Aussetzungsentscheidung aus und schreibt dem Vollzug deutlich die Aufgabe der Erprobung zu: „Vollzugslockerungen sind dann unbedingt erforderlich, wenn der Verurteilte dazu neigt, die Gesetze zu brechen oder zwar guten Willens, charakterlich aber möglicherweise zu schwach ist, um den außerhalb der Anstalt vorhandenen Versuchungen zu widerstehen. In einem solchen – häufigen – Fall ist es geboten, vor der Bewertung der Prognose als günstig zu probieren, ob und gegebenenfalls wie der Verurteilte seine Neigungen, Straftaten zu begehen, beherrschen kann.“[1]

Dass vollzugsöffnende Maßnahmen als Behandlungsmaßnahmen (bei entsprechender Eignung) Bestandteil der Freiheitsstrafe und ihres Vollzugs sein können, ist bislang nicht vollumfänglich in das Bewusstsein und in das Interesse der mit dem Strafvollzug wenig vertrauten Öffentlichkeit vorgedrungen.

1 KG NStZ 2007, 706 (706).

Ein Schicksal, das indes viele vollzugliche Behandlungsmaßnahmen teilen. Dass unzählige Besuche beanstandungsfrei verlaufen, jeden Tag Arbeit innerhalb der Vollzugseinrichtung verrichtet wird, dass Schul- und Berufsausbildungen erfolgreich absolviert werden, in Sportgruppen trainiert wird, Sucht- und Gesprächsgruppen angeboten werden, dass Gefangene aus der Haft heraus zu Gerichtsverhandlungen, Arzt- oder Krankenhausbesuchen gebracht werden und dass jährlich tausende von Vollzugslockerungen beanstandungsfrei verlaufen, fügt sich nicht für alle in die verbreitete Vorstellung vom „harten" Vollzug der Freiheitsstrafe. Die (mediale) Öffentlichkeit nimmt oftmals erst und nur dann Notiz von Vollzugslockerungen, wenn sie nicht plangemäß verlaufen. Einen negativen Höhepunkt bildet der Fall eines vielfach und einschlägig wegen Straßenverkehrsdelikten vorbelasteten Freigängers, der beim Versuch, sich einer Polizeikontrolle zu entziehen, als Geisterfahrer einen Verkehrsunfall mit tödlichem Ausgang verursachte. Er wurde dafür wegen Mordes zu einer lebenslangen Freiheitsstrafe verurteilt. Erstinstanzlich durch das LG Limburg wegen fahrlässiger Tötung zu einer achtmonatigen Freiheitsstrafe zur Bewährung verurteilt wurden zudem die beiden juristischen Entscheidungsträger, die die Verbringung in den offenen Vollzug und die Gewährung von Vollzugslockerungen genehmigt hatten.[2] Die den Fahrlässigkeitsvorwurf tragende Pflichtverletzung stützte das LG auf die Annahme, dass vom Gefangenen auch während Zeiten des Strafvollzugs weitere Fahrten ohne Fahrerlaubnis mit hoher Wahrscheinlichkeit zu erwarten waren und daher die abweichende Prognose im nicht vertretbaren Maße schlicht falsch war. Rechtskräftig wurden diese Verurteilungen allerdings nie. Auf Revision der Angeklagten beendete der Bundesgerichtshof den Strafvollzugskrimi mit Urteil vom 26. November 2019 (Az.: 2 StR 557/18), hob die erstinstanzlichen Urteile auf und sprach die beiden Strafvollzugsbediensteten vom Vorwurf der fahrlässigen Tötung frei.

Von solchen Extremfällen abgesehen, bleibt der Öffentlichkeit weitgehend verborgen, welche Behandlungsmaßnahmen im Vollzug durchgeführt werden, wie der Haftalltag gestaltet ist, wie eine Entlassungsvorbereitung verläuft. Die breite Öffentlichkeit befasst sich nicht wissenschaftlich fundiert und empirisch abgesichert mit der Frage, wieviel Geschlossenheit der Strafvollzug verlangt und wieviel Offenheit er gegebenenfalls zulassen muss. Das liegt nicht unbedingt daran, dass der Strafvollzug sich von der Öffentlichkeit abschirmt. Plausibler scheint die Annahme, dass die Öffentlichkeit sich in dem trügerischen

2 Vgl. Urteil des LG Limburg vom 07.06.2018 (Az.: 5 KLs – 3 Js 11612/16) veröffentlicht unter: www.lareda.hessenrecht.hessen.de (zuletzt abgerufen am 27.07.2019).

Bewusstsein wähnt, dass alles Böse dort sicher verwahrt und dauerhaft von der Gesellschaft ferngehalten wird und sich vor dem verschließt, was im Vollzug hinter geschlossenen Türen und hohen Mauern geschieht. In Anbetracht des Vollzugsziels bzw. der Vollzugsaufgabe der Resozialisierung und der Tatsache, dass jede zeitige Freiheitsstrafe irgendwann endet und sogar lebenslange Freiheitsstrafen im bundesweiten Schnitt nach weniger als 20 Jahren zur Bewährung ausgesetzt werden, kann sich der Strafvollzug eine solch simple Perspektive nicht leisten. Der Entscheidung über die Gewährung von Vollzugslockerungen können sich Justizvollzugsanstalten ebenso wenig entziehen wie die Strafvollstreckungskammern der Prüfung der Straf(rest)aussetzung zur Bewährung.

Damit öffnet sich ein Spannungsfeld um den Themenkomplex der Vollzugslockerungen. Einerseits sollen sie, beispielsweise mit dem KG Berlin, sehr großzügig gewährt werden, um die bedingte Entlassung aus dem Strafvollzug zu ebnen. Auf der anderen Seite drohen den Entscheidungsträgern ernstliche strafrechtliche Konsequenzen, falls eine gewährte Lockerung dann zur Begehung von Straftaten missbraucht wird.

Daher widmet sich diese Arbeit der Thematik um die Öffnung des Strafvollzugs durch Vollzugslockerungen. Ziel der Arbeit ist es, die normativen und empirischen Grundlagen der Vollzugslockerungen darzulegen, sie im Spannungsfeld zwischen Resozialisierung und dem Schutz der Allgemeinheit zu verorten und ihren Stellenwert für die Strafrestaussetzung zur Bewährung herauszuarbeiten. Ein Schwerpunkt wird hier auf dem Strafvollzug in Bayern liegen.

Insgesamt hat sich bei der Gewährung von Vollzugslockerungen im Vergleich zu Zeiten des Erlasses des Bundesstrafvollzugsgesetzes in den 1970er Jahren eine zurückhaltendere Praxis eingestellt. Die fachgerichtliche wie bundesverfassungsgerichtliche Rechtsprechung weisen die Tendenz auf, sich einer restriktiven Lockerungspolitik zunehmend entgegenzustellen. Den Justizvollzugsanstalten wurden im Laufe der Jahre immer konkreter werdende Leitlinien vorgegeben, wie und unter welchen Voraussetzungen Vollzugslockerungen abgelehnt und gewährt werden dürfen. Dabei stößt man unweigerlich auf Fragen des Vollzugsverfahrensrechts, insbesondere auf gerichtliche wie außergerichtliche Kontrollmechanismen, mit denen sich Gefangene gegen eine vollzugsbehördliche Lockerungsversagung zur Wehr setzen können. Dabei dürfte es sich um einen Themenkomplex handeln, der in der politisch-medialen Öffentlichkeit einen noch geringeren Platz einnimmt als die vollzuglichen Behandlungsmaßnahmen. Daher soll ein weiterer Schwerpunkt auf der lockerungsspezifischen Betrachtung des strafvollzuglichen Rechtsschutzverfahrens liegen.

Hierfür werden im folgenden Kapitel 1 zunächst die Vollzugslockerungen im Kontext dieser Arbeit definiert und von vollzugsöffnenden Maßnahmen im weiteren Sinne, insbesondere dem offenen Vollzug, abgegrenzt. Sodann werden die einzelnen Lockerungsformen und ihre praktische Ausgestaltung näher dargestellt. Diesem Teil der Untersuchung wird das Bayerische Strafvollzugsgesetz zugrunde gelegt. Da im Zuge der Föderalismusreform mittlerweile alle Bundesländer eigene Strafvollzugsgesetze erlassen haben, findet das Bundesstrafvollzugsgesetz auf den Themenkomplex der Vollzugslockerungen keine Anwendung mehr. Zur Übersichtlichkeit werden die entsprechenden Regelungen aus dem Bundesstrafvollzugsgesetz als Klammerzusatz jedoch mit angegeben. Auf die Vollzugsgesetze und die vollzugsöffnenden Vorschriften der anderen Bundesländer wird in einem Ländervergleich ausführlich eingegangen, der sich an einen Überblick über die Entwicklung der Lockerungen im historischen Kontext bis hin zum Strafvollzugsgesetz des Bundes anschließt. Das Kapitel endet mit einem kurzen Überblick über die wichtigsten internationalen und europäischen Reglements, die sich der Vollzugsöffnung und den Vollzugslockerungen widmen.

Das 2. Kapitel zeigt die Spannungsfelder auf, inmitten derer sich Vollzugslockerungen bewegen (müssen). Vor dem Hintergrund des verfassungsrechtlichen Resozialisierungsauftrags wird zunächst der Begriff der Resozialisierung definitorisch erfasst. Sodann wird unter Berücksichtigung der Rechtsprechung des Bundesverfassungsgerichts der Frage nachgegangen, welcher normative Beitrag Vollzugslockerungen zur Umsetzung des Resozialisierungsziels und der Strafvollzugsgrundsätze zugeschrieben werden kann. Dass Vollzugslockerungen nicht nur begrifflich mit dem Schutz der Allgemeinheit, sondern gerade auch mit dem Vollzugsziel der Resozialisierung in ein Spannungsfeld treten, wird einer umfassenden zahlenmäßigen und ursächlichen Betrachtung unterzogen. Sodann wird aufgezeigt, dass die normative Bedeutung der Vollzugslockerungen ihre faktische Rolle in Vollzugsalltag und Vollzugspraxis nicht deckungsgleich widerspiegelt. Welche Konsequenzen hieraus für die Vollzugspraxis gezogen werden müssen, wird in einem Ausblick dargestellt.

Das 3. Kapitel widmet sich dann den tatbestandlichen Voraussetzungen und den Rechtsfolgen der Art. 13 und 14 BayStVollzG. Der gekoppelten Normstruktur des Art. 13 BayStVollzG und der Dichotomie unbestimmter Rechtsbegriffe mit Beurteilungsspielraum und Ermessensentscheidungen wird besonders Augenmerk geschenkt. Es werden die tatbestandliche Flucht- und Missbrauchsklausel und mit ihr die Besonderheiten der Lockerungsprognose und die daran zu knüpfenden Rechtsfolgen erläutert. Der hohen praktischen Bedeutung der Verwaltungsvorschriften als Entscheidungshilfe wird neben der Berücksichtigungsfähigkeit weiterer Entscheidungsaspekte gesondert Rechnung getragen. Dem schließen sich Vorschläge an, die Lockerungsprognose empirisch und normativ auf ein „sichereres" Fundament zu setzen.

Das 4. Kapitel eröffnet den Themenkomplex der strafvollzuglichen Rechtsschutzgewährung. Nach einem kurzen Überblick über die Historie gerichtlichen Rechtsschutzes im deutschen Strafvollzug werden die außergerichtlichen und gerichtlichen Rechtsbehelfe der Gefangenen dargestellt. Der Schwerpunkt liegt hier auf dem gerichtlichen Rechtsschutz im Verfahren der §§ 109 ff. StVollzG vor den Strafvollstreckungskammern, das auch nach der Föderalismusreform in der Zuständigkeit des Bundes verblieben ist. Dafür wird zunächst der Spruchkörper der Strafvollstreckungskammern und die Idee eines vollzugsnahen Gerichts vorgestellt. Im Zentrum der gerichtlichen Entscheidung über die Rechtmäßigkeit einer Lockerungsversagung steht die Reichweite der Justiziabilität der Flucht- und Missbrauchsprognose als unbestimmter Rechtsbegriff mit Beurteilungsspielraum. Wie weit die Strafvollstreckungskammern in den Beurteilungs- und Ermessensspielraum der Justizvollzugsanstalten vordringen dürfen, wird anhand allgemeiner verwaltungsrechtlicher Grundsätze und der strafvollzuglichen Rechtsprechung des BGH analysiert. Es wird der Frage nachgegangen, ob sich die vom BGH aufgestellten Grundsätze vor dem Hintergrund zahlreicher Entscheidungen des Bundesverfassungsgerichts aufrechthalten lassen. Abgerundet wird dieser dogmatische Teil durch praxisnähere Ausführungen zur Tenorierung strafvollzuglicher Entscheidungen und Beispielen aus der Rechtsprechung zur Reduzierung der vollzugsbehördlichen Beurteilungs- und Ermessensspielräume auf Null.

Das 5. Kapitel befasst sich mit der dem Rechtsschutzverfahren nachgelagerten Implementation der erstrittenen Lockerungsentscheidung. Neben legalen Durchsetzungshindernissen, die dem Erhalt von Vollzugslockerungen im Wege stehen können, wird das Phänomen der vollzugsbehördlichen Renitenz erörtert. Sodann werden die prozessualen Möglichkeiten aufgezeigt, die sich Gefangene zur Durchsetzung eines erstrittenen Lockerungsanspruchs zu Nutze machen können, und abschließend bewertet. Der neu eingefügten Zwangsgeldregelung des § 120 Abs. 1 S. 1 StVollzG wird hier besonderes Augenmerk geschenkt.

Die Untersuchung schließt mit einer Zusammenfassung der wichtigsten Ergebnisse.

1. Kapitel Das heutige Lockerungssystem und seine historische Entwicklung

A. Vollzugslockerungen – eine Begriffsbestimmung

Anders als Wortlaut und Sprachgebrauch nahe legen, unterfallen dem strafvollzugsrechtlichen Lockerungsbegriff nicht sämtliche (Auf-)Lockerungen oder Erleichterungen des Haftalltages der Gefangenen innerhalb der Justizvollzugsanstalt (beispielsweise Auf- und Umschluss, Freizeitveranstaltungen) sondern nur jene vollzugsöffnende Maßnahmen, die die Lockerung des Vollzugs durch eine Aufhebung der Einsperrung innerhalb der Anstaltsmauern der Vollzugsanstalt bewirken.[3] Charakteristisch für den mit den Vollzugslockerungen einhergehenden stunden- oder tageweise gestatteten Aufenthalt außerhalb der Anstalt sind die verminderten Zugriffs- und Kontrollmöglichkeiten der Justizvollzugsanstalt[4], wodurch ein über den überwachten Schrift- und Besuchsverkehr hinausgehender unmittelbarerer und natürlicherer Kontakt zur Außenwelt hergestellt werden kann.[5] Der Abgrenzung dienlich, aber nicht zwingend notwendig, ist die in diesem Zusammenhang gelegentlich zu findende Unterscheidung zwischen internen und externen bzw. extramuralen Vollzugslockerungen.[6]

Innerhalb der (externen) Lockerungen lassen sich Vollzugslockerungen im engeren und im weiteren Sinn unterschieden. Diese Unterscheidung soll im Folgenden erläutert werden. Sodann werden die Vollzugslockerungen von sonstigen vollzugsöffnenden Maßnahmen im weiteren Sinne abgegrenzt, um den dieser Arbeit zugrundeliegenden Lockerungsbegriff festzulegen.

I. Vollzugslockerungen im engeren Sinn

Dem Wortlaut des Art. 13 BayStVollzG (§ 11 StVollzG) und seiner gesetzlichen Überschrift „Lockerungen des Vollzugs“ folgend, sind lediglich die dort genannten vier legaldefinierten Lockerungsformen (Außenbeschäftigung sowie Freigang als beschäftigungsabhängige Lockerungen und Ausführung ebenso

---

3 Vgl. *Ullenbruch*, in: SBJL, StVollzG, § 11 Rn. 1.

4 Vgl. *Koranyi*, Europäische Standards, S. 31.

5 Vgl. *Kett-Straub/Streng*, Strafvollzugsrecht, S. 131 f.

6 Vgl. dazu und umfassend zum Lockerungssystem im Jugendstrafvollzug *Grosch*, Lockerungen im Jugendstrafvollzug, S. 61 ff.

Ausgang als beschäftigungsunabhängige Lockerungsformen) als Lockerungen zu bezeichnen.

Der von zehn Bundesländern erarbeitete **Musterentwurf zum Landesstrafvollzugsgesetz (nachfolgend ME)** vom 23. August 2011 und die daraufhin erlassenen ländereigenen Vollzugsgesetze führten die zweckgebundene Unterteilung der Lockerungen im Abkehr zum Bundesstrafvollzugsgesetz nicht weiter fort, sondern schufen stattdessen ein definitorisch und inhaltlich novelliertes Lockerungssystem, das sich am jeweiligen Grad der Beaufsichtigung orientiert. **Lockerungen** sind gem. Art. 38 Abs. 1 ME nur die unbeaufsichtigten Aufenthalte außerhalb der Anstalt (namentlich Begleitausgang, unbegleiteter Ausgang, Langzeitausgang und Freigang), wohingegen die beaufsichtigte Ausführung und die Außenbeschäftigung neben Vorführung und Ausantwortung gem. Art. 41 ME als **sonstige Aufenthalte außerhalb der Anstalt** gelten. Wenn der Musterentwurf und die ihm folgenden Bundesländer lediglich unbeaufsichtigte Aufenthalte als Lockerungen legaldefinieren, wird der Lockerungsbegriff ohne Notwendigkeit eingeengt und verkürzt.[7] Vorzugswürdig erscheint daher die Fortführung der Terminologie des Bundesstrafvollzugsgesetzes.

II. Hafturlaub und sonstige Lockerungen als Vollzugslockerung im weiteren Sinn

Den legaldefinierten Vollzugslockerungen im Gesetz nachfolgend findet sich in Art. 14 BayStVollzG (§ 12 StVollzG) eine Vorschrift zum Hafturlaub.[8] Da dem Gesetz eine ausdrückliche Bezeichnung des Urlaubs als Lockerung nicht zu entnehmen ist, stellt sich die Frage, ob dieser gleichwohl unter den Lockerungsbegriff zu subsumieren ist. Im Gegensatz zu den in Art. 13 BayStVollzG (§ 11 StVollzG) genannten Lockerungsformen, bei denen Zweck und Rahmenbedingungen vorgegeben sind, zeichnet sich der Hafturlaub dadurch aus, dass dem Gefangenen ein größerer Freiraum belassen wird, da die Vollzugsbehörde (abgesehen von möglichen Weisungen gem. Art. 16 BayStVollzG, § 14 StVollzG) in der Regel keine gestalterischen Vorgaben trifft und der Gefangene mehrere zusammenhängende Tage und vor allem mindestens eine Nacht anstaltsabwesend ist.[9]

---

7 Gegen ein solch enges Begriffsverständnis auch *Ullenbruch*, in: SBJL, StVollzG, § 11 Rn. 1.

8 In vielen nach der Föderalismusreform ergangenen Landesgesetzen wird der Hafturlaub fortan als „Freistellung von der Haft“ oder als „Langzeitausgang“ bezeichnet. Ausführlich hierzu 1. Kapitel Gliederungspunkt D.

9 Vgl. *Laubenthal*, in: LNNV, StVollzG, Abschn. E Rn. 125.

Obwohl die gestalterischen und zeitlichen Rahmenbedingungen des Hafturlaubes die Lockerungsmöglichkeiten des Art. 13 Abs. 1 BayStVollzG (§ 11 Abs. 1 StVollzG) übersteigen, stellt der Urlaub keine gänzlich andersartige Behandlungsmaßnahme dar, sondern unterfällt dem Lockerungsbegriff zumindest als Lockerung im weiteren Sinn. Dieses Verständnis des Hafturlaubs findet sich in § 7 StVollzG bestätigt.[10] Dort wird festgelegt, dass der für jeden Gefangenen individuell zu erstellende Vollzugsplan Angaben zu den dort aufgeführten Behandlungsmaßnahmen enthalten muss. § 7 Abs. 2 Nr. 7 StVollzG schreibt fest, dass sich der Vollzugsplan auch mit „Lockerungen des Vollzuges" auseinanderzusetzen hat. Eine Differenzierung zwischen den Lockerungen des § 11 StVollzG und dem Hafturlaub wird gerade nicht vorgenommen. Im bayerischen Strafvollzugsgesetz befasst sich lediglich die VV zu Art. 9 BayStVollzG mit den inhaltlichen Vorgaben für die Vollzugsplanerstellung. Abs. 1 Buchst. a nennt Lockerungen des Vollzuges und Hafturlaub zumindest kumulativ im selben Spiegelstrich. Zudem sprechen die systematische Stellung im Gesetz, die wegen des Verweises in Art. 14 Abs. 1 S. 1 BayStVollzG bzw. § 13 Abs. 1 S. 2 StVollzG auf Art. 13 Abs. 2 Bay-StVollzG bzw. § 11 Abs. 2 StVollzG gleichlautenden tatbestandlichen Grundvoraussetzungen und die gemeinsamen Vorschriften über Weisungen und Aufhebung der Lockerungs- oder Urlaubsmaßnahme in Art. 16 BayStVollzG bzw. § 14 StVollzG für eine Einordnung des Hafturlaubs als speziell geregelte Vollzugslockerung.[11] In der Vollzugspraxis werden Urlaub und Ausgang gerne kombiniert. Üblicherweise wird zunächst ein achtstündiger Ausgang gewährt (i.d.R. vom 8 Uhr bis 16 Uhr) an den sich dann ein ein- oder mehrtägiger Urlaub anschließt, der dann dem Beispiel folgend von 16 Uhr bis 16 Uhr des Folgetages gewährt wird. Letztlich spricht die tägliche Praxis gegen eine Herausnahme des Hafturlaubs aus dem Lockerungsbegriffs, da dies nur einer künstlichen Grenzziehung Vorschub leisten würde. Wegen der thematischen und normativen Zusammenhänge wird dieser Arbeit ein weiter Lockerungsbegriff unter Einbeziehung des Hafturlaubs zugrunde gelegt.

---

10 Im bayerischen Strafvollzug verweist Art. 9 Abs. 1 S. 3 auf eine vom Staatsministerium der Justiz zu erlassende Verwaltungsvorschrift.

11 Vgl. *Feest/Lesting*, ZfStrVo 2005, 76 (76, 78); *Freimund*, Vollzugslockerungen, S. 37, wobei hier vor allem auf die Vergleichbarkeit abgestellt wird; *v. Harling*, Missbrauch von Vollzugslockerungen, S. 4; *Lesting/Burkhardt*, in: AK-StVollzG, § 38 Rn. 17 mit Hinweis auf die Vorauflage § 11 StVollzG Rn. 5; *Schöch*, in: Kaiser/Schöch, Strafvollzug, § 7 Rn. Rn. 37; vgl. auch *Köhne/Lesting*, in: AK-StVollzG, 6. Aufl., § 12 Rn. 2. Anders dagegen *Meißner*, Urlaub, S. 7 f.; 12, der die nächtliche Anstaltsabwesenheit gegen die Einordnung des Urlaubs als Lockerung in Feld führt.

Selbiges gilt konsequenterweise auch für Ausgang, Urlaub oder Ausführung aus wichtigem Anlass gem. Art. 37 BayStVollzG, §§ 35, 36 StVollzG.

III. Abgrenzung zum offenen Vollzug

Oftmals werden Hafturlaub, Lockerungen und die Unterbringung im offenen Vollzug (Art. 12 BayStVollzG, § 10 StVollzG) unter dem Oberbegriff *Öffnung des Vollzuges* gebündelt. In § 7 Abs. 2 StVollzG wurden sowohl die Unterbringung im offenen Vollzug (Nr. 1 Alt. 2) als auch Lockerungen des Vollzugs (Nr. 7) als Behandlungsmaßnahmen bezeichnet. Trotz der begrifflichen und systematischen Nähe zueinander können Vollzugslockerungen und offener Vollzug nicht gleichgesetzt werden. Vielmehr ist eine klare Abgrenzung der Begriffe vorzunehmen. Der offene Vollzug zeichnet sich im Gegensatz zum geschlossenen Vollzug durch eine nach innen und außen gerichtete Öffnung aus.[12] Nach innen geöffnet wird der Vollzug gem. VV Nr. 2 Abs. 1 S. 2 zu § 141 StVollzG durch den Wegfall der ständigen und unmittelbaren Aufsicht und der Zuerkennung größerer Bewegungsfreiheiten innerhalb der Anstalt entsprechend VV Nr. 2 Abs. 2 Buchst. a zu § 141 StVollzG. Der Legaldefinition des § 141 Abs. 2 StVollzG zufolge treffen Anstalten des offenen Vollzugs keine oder nur verminderte Vorkehrungen gegen Entweichungen und stellen so die charakteristische Öffnung nach außen her.

Dies bedeutet, dass die baulichen und technischen Sicherungsvorkehrungen minimiert werden oder teilweise sogar ganz entfallen können, vgl. hierzu VV Nr. 2 Abs. 1 S. 1 zu § 141 StVollzG. Im bayerischen Strafvollzugsgesetz wurde diese Definition in Art. 167 Abs. 2 S. 2 BayStVollzG dahingehend modifiziert und der vollzuglichen Realität angepasst, indem nur auf die Verminderung, nicht jedoch auf einen gänzlichen Verzicht auf Vorkehrungen gegen Entweichungen abgestellt wird. Offener und geschlossener Vollzug unterscheiden sich folglich nach Art und Umfang vorhandener Sicherungsvorkehrungen. Ob die Unterbringung eines Gefangenen in einer Anstalt des offenen Vollzugs oder im geschlossenen Vollzug erfolgen soll, betrifft zunächst die Frage der Auswahl der richtigen Vollzugsform, ohne dass damit bereits eine konkrete Vorentscheidung über die Zulassung oder die Häufigkeit von Vollzugslockerungen getroffen wird.[13] Die Gewährung von Lockerungen ist eine **eigenständige Vollzugsentscheidung**, die im offenen Vollzug genauso getroffenen werden kann, wie im

---

12 Zum unzutreffenden Verständnis des offenen Vollzugs als „weicher“ Vollzug im Gegensatz zum „harten“ geschlossenen Vollzugs und den besonderen Herausforderungen des offenen Vollzugs für Gefangene und Vollzugspersonal *Müller/Wulf*, ZfStrVo 1999, 3 ff.

13 Vgl. *Müller/Wulf*, ZfStrVo 1999, 3 (3 f.).

geschlossenen.[14] Trotz der sich auf den ersten Blick äußerlich gleichenden Voraussetzungen für den offenen Vollzug und für Vollzugslockerungen, dass nämlich ein Sich-Entziehen des Vollzugs der Freiheitsstrafe bzw. der Missbrauch zu einer Flucht nicht zu befürchten sei, sind die Eignungsanforderungen nicht identisch, sondern nach dem Maß des infrage stehenden Risikos zu differenzieren.[15] Die Unterbringung im offenen Vollzug geht nicht mit einem Anspruch auf Lockerungen einher. Umgekehrt bleibt nicht zwingend jedem im geschlossenen Vollzug untergebrachten Gefangenen der Zugang zu Lockerungen kategorisch verwehrt. Eine Praxis, bei der die Gewährung von Vollzugslockerungen ausschließlich Gefangenen des offenen Vollzugs zur Verfügung steht, lässt sich mit Art. 13 BayStVollzG (§ 11 StVollzG), der gerade keine Differenzierung zwischen offenem und geschlossenen Vollzug vorgibt, nicht in Einklang bringen und ist rechtswidrig.[16] Ebenso wenig lässt sich aus dem erfolgreichen Verlauf einer oder mehrerer Lockerungsmaßnahmen ein Anspruch auf Aufnahme in den offenen Vollzug herleiten.[17] Die vermehrte Gewährung von Lockerungen im offenen Vollzug[18] ist keine zwingende Voraussetzung für die Unterbringung im offenen Vollzug, kann aber durchaus als eines seiner prägenden **Strukturmerkmale** gesehen werden.[19] Technisch ist der offene Vollzug dennoch nicht als Lockerung zu verstehen.[20]

IV. Abgrenzung zum Strafaufschub und zur Strafunterbrechung

Strafaufschübe, die den Strafantritt des zu einer Freiheitsstrafe rechtskräftig Verurteilten zeitlich nach hinten verschieben (§ 455 Abs. 1 bis 3 StPO), während der Verbüßung der Freiheitsstrafe durchführbare **Strafunterbrechungen** (§ 455

---

14 Vgl. *Freise/Lindner*, in: SBJL, StVollzG, § 10 Rn. 2; *Schöch*, in: Kaiser/Schöch, Strafvollzug, § 7 Rn. 26.

15 Vgl. *Müller/Wulf*, ZfStrVo 1999, 3 (5).

16 Vgl. BVerfG NStZ 1998, 430 (431) m. Anm. *Schneider*, NStZ 1999, 157 f.; vgl. auch die kritische Anmerkung zu OLG Hamm NStZ 1982, 135 f. von *Dopslaff*, NStZ 1982, 261 ff. im Hinblick auf eine Differenzierung nach der Länge des Urlaubs im offenen und geschlossenen Vollzug.

17 Vgl. *Müller-Dietz*, ZfStrVo 1999, 279 (280).

18 Vgl. dazu dann Kapitel 2 C IV.

19 *Lesting*, in: AK-StVollzG, § 15 Rn. 12; *Grosch*, Lockerungen im Jugendstrafvollzug, S. 65. *Feest/Lesting*, ZfStrVo 2005, 76 (79) bezeichnen den offenen Vollzug sogar als „Rechts-Mutter aller Lockerungen".

20 Vgl. *Feest/Lesting*, ZfStrVo 2005 76 (79); *Müller-Dietz*, ZfStrVo 1999, 279 (280); *Müller/Wulf*, ZfStrVo 1999, 3 (3 f.).

Abs. 4 StPO) oder andere Formen des **Strafausstandes**, über die im Falle physisch oder psychisch bedingter Vollzugsuntauglichkeit durch die Staatsanwaltschaft als Strafvollstreckungsbehörde (§ 451 StPO) zu entscheiden ist, bedingen eine Vollstreckungsaussetzung und keine bloße Vollzugslockerung. Als Vollstreckungsmaßnahme gem. § 455 Abs. 4 Nr. 3 StPO bewirkt der Strafausstand ein Vollstreckungshindernis und führt zu einer (zumindest vorübergehenden) Aussetzung des Vollzugs der Freiheitsstrafe, wohingegen die zu Behandlungszwecken gewährten Vollzugslockerungen nicht mit einer Unterbrechung der Strafvollstreckung einhergehen.[21] Vielmehr bleibt der Gefangene der Hoheitsgewalt der Vollzugsbehörde unterworfen.[22] Kehrt der Gefangene pünktlich aus einer Vollzugslockerung in die Haftanstalt zurück, gilt dieser Zeitraum als ordnungsgemäß verbüßt und wird auf die Strafzeit angerechnet.

V. Abgrenzung zur Aussetzung des Strafrestes

Vereinzelt wird sogar die Aussetzung des Strafrestes nach §§ 57, 57a StGB unter den Oberbegriff Vollzugslockerung subsumiert. Schließlich sei die vorzeitige Entlassung aus der Haft die wohl größtmögliche Vollzugslockerung.[23] Unberücksichtigt bleibt hierbei allerdings, dass sowohl die Lockerungsformen des Art. 13 BayStVollzG (§ 11 StVollzG) als auch der Hafturlaub gem. Art. 14 BayStVollzG (§ 13 StVollzG) von vornherein lediglich auf ein temporäres Verlassen der Anstalt mit sich anschließender Rückkehr ausgelegt sind, während der vorzeitig aufgrund §§ 57, 57a StGB Entlassene der Anstalt im besten Fall dauerhaft fernbleibt. Die Aussetzung des Strafrestes zur Bewährung ist eine

---

21 Vgl. *Böhm*, Strafvollzug, Rn. 288; *Laubenthal/Nestler*, Strafvollstreckung, Rn. 217 f. Allgemein zur Unterscheidung zwischen Strafvollstreckung und Strafvollzug *Laubenthal*, Strafvollzug, Rn. 10 ff. Für den Urlaub ist dies ausdrücklich in Art. 14 Abs. 5 BayStVollzG (bzw. § 13 Abs. 5 StVollzG) normiert.

22 Vgl. OLG Celle NStZ-RR 2002, S. 157 ff.; *Arloth*, in: Arloth/Krä, StVollzG, § 11 Rn. 2 m.w.N.; a.A. für den Freigang aber *Laubenthal*, in: LNNV, StVollzG, Abschn. E Rn. 125. Zur Aufrechthaltung der Zugriffsmöglichkeiten können Vollzugslockerungen nicht außerhalb des Geltungsbereichs des Strafvollzugsgesetzes gewährt werden, vgl. auch VV Nr. 1 zu § 11 StVollzG und VV Nr. 1 Abs. 1 zu Art. 13 BayStVollzG. Die langfristige Fortgeltung dieser VV vor dem Hintergrund des europäischen Einigungsprozesses allerdings bezweifelnd OLG Celle NStZ-RR 2002, 157 (157); *Laubenthal*, Strafvollzug, Rn. 525; *Laubenthal*, in: SBJL, StVollzG, § 39 Rn. 12; a.A. *Arloth*, in: Arloth/Krä, StVollzG, § 39 Rn. 5.

23 *Koranyi*, Europäische Standards, S. 32.

Vollstreckungs- und keine Vollzugsmaßnahme.[24] Obwohl Vollzugslockerungen und Strafaussetzung in der Praxis enger verwoben sind[25], als dies auf den ersten Blick ins Gesetz ersichtlich ist, ist ein solches Begriffsverständnis von Lockerungen als zu weitgehend abzulehnen.

VI. Ergebnis

Der dieser Arbeit zugrunde gelegte Lockerungsbegriff ist ein weiter und bezieht den Hafturlaub mit ein. Maßnahmen der Strafvollstreckung (insb. der Strafausstand oder die Strafrestaussetzung) sind nicht als Vollzugslockerungen zu klassifizieren. Wenn und soweit aber die Straf(rest)aussetzung für die Lockerungsentscheidung Relevanz erlangt und umgekehrt Lockerungen für die Strafrestaussetzung, werden im Weiteren die §§ 57, 57a StGB an entsprechender Stelle mitbehandelt.

B. Lockerungsformen

I. Lockerungsformen des Art. 13 BayStVollzG (§ 11 StVollzG)

Bei der gesetzlichen Gestaltung der Vollzugslockerungen haben sich neben dem Freistaat **Bayern** auch die Bundesländer **Baden-Württemberg, Hamburg, Hessen** und **Niedersachen**, die nach der Föderalismusreform zügig eigene Vollzugsgesetze erlassen haben, eng am Aufbau des Bundesstrafvollzugsgesetzes orientiert. Übereinstimmend nutzen diese Landesgesetze, trotz partiell divergierender Gewährungsvoraussetzungen, die in § 11 StVollzG vorgenommene Unterteilung in arbeits- bzw. beschäftigungsbezogene (Außenbeschäftigung und Freigang gem. Art. 13 Abs. 1 Nr. 1 BayStVollzG, § 9 Abs. 2 Nr. 1 BWJVollzGB III, § 12 Abs. 1 S. 1 Nr. 3 HmbStVollzG, § 13 Abs. 3 Nr. 2 HStVollzG, § 13 Abs. 1 Nr. 1 NJVollzG) und arbeits- bzw. beschäftigungsunabhängige Lockerungen (Ausführung und Ausgang gem. Art. 13 Abs. 1 Nr. 2 BayStVollzG, § 9 Abs. 2 Nr. 2 BWJVollzGB III, § 12 Abs. 1 S. 1 Nr. 1 HmbStVollzG, § 13 Abs. 3 Nr. 3 HStVollzG, § 13 Abs. 1 Nr. 2 NJVollzG, wobei bei den letzteren beiden der Ausgang in Begleitung einer anstaltsfernen Person ausdrücklich in den Lockerungskatalog aufgenommen wurde), die jeweils entweder beaufsichtigt oder unbeaufsichtigt absolviert werden können, beibehalten. Der Hafturlaub, der in Baden-Württemberg, Hamburg und Hessen gem. § 9 Abs. 2 Nr. 3 BWJVollzGB III, § 12 Abs. 1

---

24 Vgl. BGHSt 24, 40 (43); BGHSt 31, 25 (27 ff.); *Streng*, Strafrechtliche Sanktionen, Rn. 228.

25 Darauf wird insbesondere im 4. Kapitel näher eingegangen.

S. 1 Nr. 2 HmbStVollzG, § 13 Abs. 3 Nr. 4 HStVollzG fortan als Freistellung von bzw. aus der Haft bezeichnet wird, ist lediglich in Bayern in einer eigenständigen Norm geregelt (Art. 14 BayStVollzG), während die übrigen Länder diesen gemeinsam mit den anderen Lockerungsformen unter der Überschrift „Lockerungen" (§ 12 HmbStVollzG, § 13 NJVollzG) oder „vollzugsöffnende Maßnahmen" (§ 9 Abs. 2 Nr. 3 BWJVollzGB III, § 13 HStVollzG) mitregeln.

Demnach ergibt sich folgende Übersicht:

Zweck / Beaufsichtigung	Unter Beaufsichtigung	Ohne Beaufsichtigung
Beschäftigungsbezogen (regelmäßig)	Außenbeschäftigung	Freigang
Beschäftigungsunabhängig (einzelfallorientiert)	Ausführung	Ausgang, Urlaub

Abbildung 1: Grundformen der Vollzugslockerungen

1. *Beschäftigungsbezogene Lockerungsformen*

Arbeit und gem. Art. 43 BayStVollzG (§ 41 Abs. 1 StVollzG) eine Arbeitspflicht für Strafgefangene bilden nach wie vor eine tragenden Säule im Vollzug zur Realisierung des Vollzugsziels der Resozialisierung.[26] Eine demgegenüber noch gesteigerte Wertigkeit für den individuellen Resozialisierungsprozess können Außenbeschäftigung und Freigang vor dem Hintergrund der Strafvollzugsgrundsätze einnehmen. Diese Lockerungsformen erweisen sich auch aus der Sicht der JVA als vorteilhaft. Zum einen bieten Außenbeschäftigung und Freigang eine gute Möglichkeit, die Anzahl der zur Verfügung stehenden Stellen zu erweitern, da allein aus den Eigenbetrieben und Unternehmerbetrieben in den Vollzugsanstalten meist nicht genügend Arbeitsplätze hervorgehen. Daneben reduziert sich der innerhalb der Anstalt benötigte Personalbedarf für den Zeitraum, in dem sich die Gefangenen außerhalb der Anstalt im Freigang befinden.

26 Vgl. *Kett-Straub*, ZStW 125 (2014), 883 (890 ff.). Die überwiegende Zahl der Bundesländer hielt an der Arbeitspflicht für Strafgefangene fest. Lediglich Rheinland-Pfalz, Brandenburg, Saarland und Sachsen haben abweichend von § 41 Abs. 1 StVollzG die Zuweisung von Arbeit von einem Antrag bzw. der Zustimmung des Strafgefangenen abhängig gemacht, vgl. hierzu auch *Kett-Straub/Streng*, Strafvollzugsrecht, S. 86 ff.; kritisch zur Abschaffung der Arbeitspflicht *Arloth/Geiger*, in: Gefängnis auf dem Prüfstand, S. 73 (78 ff.).

a) *Außenbeschäftigung*

Die im Gesetz primär genannte **Außenbeschäftigung** (Art. 13 Abs. 1 Nr. 1 Alt. 1 BayStVollzG, § 11 Abs. 1 Nr. 1 Alt. 1 StVollzG) bezeichnet die durch Justizvollzugsbedienstete beaufsichtigte, regelmäßig zu verrichtende Tätigkeit außerhalb des Anstaltsgeländes. Unter Beschäftigung in diesem Sinne fallen die der Arbeitspflicht (vgl. Art. 43 BayStVollzG, § 41 StVollzG) unterliegenden Tätigkeiten, die das Gesetz als Arbeit bezeichnet oder die ihr gem. Art. 39 Abs. 1 und Abs. 4 S. 1, Art. 40 Abs. 4, 43 S. 1, 47 Abs. 1 S. 1 BayStVollzG, §§ 37 Abs. 1 und Abs. 3, 38 Abs. 2, 41 Abs. 1 S. 1, 44 Abs. 1 StVollzG gleichgestellten arbeitstherapeutischen Maßnahmen bzw. Aus- oder Weiterbildungsmaßnahmen.

Die Beaufsichtigung der Außenbeschäftigung hat nach VV Nr. 5 Abs. 1 zu Art. 13 BayStVollzG (VV Nr. 2 zu § 11 StVollzG) entweder ständig und unmittelbar oder ständig beziehungsweise in unregelmäßigen Zeitabständen zwingend durch einen Vollzugsbediensteten zu erfolgen. Eine Übertragung der Beaufsichtigung auf (externe) Dritte ist anders als beim Freigang nicht vorgesehen. Grad und Intensität der Beaufsichtigung hängen von der Anzahl der zu beaufsichtigenden Gefangenen, der Eigenheit und Art der übertragenen Arbeit und den lokalen Gegebenheiten ab.[27] Praktisch umgesetzt wird die Außenbeschäftigung durch Bildung von Arbeitskommandos. Gruppenweise werden die Gefangenen zu ihrer externen Arbeitsstelle und nach verrichteter Arbeit wieder zurück in die Anstalt verbracht.[28] Die ursprünglich auf wirtschaftliche Interessen zurückzuführende Außenbeschäftigung, die vor allem in der Landwirtschaft genutzt wurde, verlor seit ihrer Einführung durch die sog. „Lex Wentzel" im Jahr 1854 durch anhaltende Industrialisierung und Mechanisierung zunehmend an Bedeutung. Heute erlangt die Außenbeschäftigung vor allem in Anstalten Bedeutung, die selbst landwirtschaftliche Erzeugnisse herstellen[29], Landwirtschaft betreiben, oder eigene (Versorgungs-)Betriebe außerhalb der Anstaltsgeländes betreiben.

b) *Freigang*

Im Unterschied zur Außenbeschäftigung geht der Gefangene beim **Freigang** (Art. 13 Abs. 1 Nr. 1 Alt. 2 BayStVollzG, § 11 Abs. 1 Nr. 1 Alt. 2 StVollzG) einer regelmäßigen Beschäftigung außerhalb der Anstalt nach, ohne unter der Aufsicht eines Vollzugsbediensteten zu stehen. In der Kommentarliteratur umstritten ist, ob neben der Arbeit und arbeitsähnlichen Beschäftigungen auch Tätigkeiten der

---

27 *Ullenbruch*, in: SBJL, StVollzG, § 11 Rn. 7.

28 Vgl. *Arloth*, in: Arloth/Krä, StVollzG, § 11 Rn. 6.

29 Vgl. *Böhm*, Strafvollzug, Rn. 312.

Freizeitgestaltung (z.B. Sprachkurse oder Sportveranstaltungen) im Rahmen des Freigangs oder der Außenbeschäftigung wahrgenommen werden können. Teilweise wird dies für möglich gehalten, sofern die Freizeitveranstaltung regelmäßig und fortlaufend angeboten und wahrgenommen wird.[30] Einem solch weiten Verständnis der Beschäftigung ist allerdings entgegenzuhalten, dass die vom Normgeber vorgezeichnete Unterteilung in beschäftigungsabhängige und beschäftigungsunabhängige Lockerungen verschwimmen würde, wenn lediglich zwischen Regelmäßigkeit und Unregelmäßigkeit der zu verrichtenden Tätigkeit unterschieden würde. Um eine klare Grenzziehung zum Ausgang und zu der Ausführung gewährleisten zu können, sollte das Kriterium des Arbeits- und Beschäftigungsbezugs nicht ohne Notwendigkeit aufgeweicht werden. Ein Gefangener, der eine Arbeitsstelle innerhalb der Justizvollzugsanstalt hat und regelmäßig einer Freizeitveranstaltung außerhalb der Anstalt beiwohnt, wird dadurch nicht zum Freigänger.[31] Nicht zuletzt weil dem „Freizeitfreigänger" unberechtigt die aus dem Freigängerstatus erwachsenden Vorteile (z.B. Sonderurlaub) zu Teil werden würden, ist eine weite Auslegung der Beschäftigung in der Außenbeschäftigung oder im Freigang abzulehnen. Vorzugswürdig erscheint daher ein enges und an Art. 39 Abs. 1 BayStVollzG (§ 37 Abs. 1 StVollzG) orientiertes Verständnis des Beschäftigungsbegriffs.[32] Lediglich dann, wenn eine Freizeitaktivität in engem Zusammenhang mit der Arbeitsstelle des Gefangenen steht, wie beispielsweise eine After-Work-Sportgruppe des Betriebs, kann die Teilnahme an einer externen Freizeitveranstaltung im Rahmen des Freigangs möglich sein. Die praktische Bedeutung dieses Streits ist wohl eher als gering einzuschätzen, da dem Freigang im Regelfall ohnehin die Aufnahme einer Arbeitstätigkeit zugrunde liegen wird.

Seinen Arbeitsweg tritt der Gefangene unbeaufsichtigt an, um dann ebenfalls unbeaufsichtigt seine Arbeit an der Arbeitsstelle außerhalb der Haftanstalt zu verrichten. Vom Gesetz favorisiert, tatsächlich aber wohl nicht immer praktikabel ist, den Gefangenen in der Justizvollzugsanstalt vom externen Arbeitgeber abholen und sodann wieder zurückbringen zu lassen (VV Nr. 6 Abs. 3 S. 2 zu Art. 13 BayStVollzG). In Fällen, in denen dies nicht möglich oder nicht zweckmäßig ist – so die VV Nr. 6 Abs. 3 S. 3 – ist dem Gefangenen gestattet,

30 Vgl. *Lesting/Burkhardt*, in: AK-StVollzG, § 38 Rn. 36; *Laubenthal*, Strafvollzug, Rn. 526; *ders.*, in: LNNV, StVollzG, Abschn. E Rn. 129; auch *Böhm*, Strafvollzug, Rn. 327.

31 Vgl. *Ullenbruch*, in: SBJL, StVollzG, § 11 Rn. 9.

32 So auch *Arloth*, in: Arloth/Krä, StVollzG, § 11 Rn. 6.

mittels öffentlicher Verkehrsmittel zu seiner Arbeitsstätte zu gelangen.[33] Wie der Arbeitsweg wird auch die vor Ort vorgenommene Tätigkeit grundsätzlich nicht durchgehend vom Vollzugspersonal überwacht. Durch die VV Nr. 6 Abs. 6 S. 1 zu Art. 13 BayStVollzG, VV Nr. 3 Abs. 2 zu § 11 StVollzG wird die Anstalt aber angewiesen, das Verhalten des Gefangenen in unregelmäßigen Abständen zu überprüfen. Zudem kann die JVA Dritte schriftlich verpflichten, über Unregelmäßigkeiten (wie beispielsweise verspätetes Erscheinen, unerlaubtes Fernbleiben, Trunkenheit) umgehend Bericht zu erstatten. Die stark reduzierte Überwachungsintensität und die Regelmäßigkeit qualifizieren den Freigang als weitestgehende Lockerungsform des Art. 13 BayStVollzG (§ 11 StVollzG).

Das dem Freigang zugrundeliegende Arbeitsverhältnis kann auf verschiedene Weise zustande kommen. Beim **unechten Freigang** übernimmt der Gefangene eine ihm von der Anstalt zugewiesene Tätigkeit (Art. 39 Abs. 2 BayStVollzG, § 37 Abs. 2 StVollzG) bei einem externen Unternehmerbetrieb unter anstaltsüblichen Konditionen.[34] Eine Praxis, die den unechten Freigang forciert, hat das Bundesverfassungsgericht für verfassungswidrig erklärt und nur dann zugelassen, wenn keine anderweitige Beschäftigung vermittelt werden kann.[35]

Wird der Gefangene selbst Vertragspartner seines externen Arbeitgebers im Rahmen eines freien Beschäftigungsverhältnisses gem. Art. 42 BayStVollzG, § 39 Abs. 1 StVollzG, liegt ein **echter Freigang** vor. Dieser erweist sich in zweierlei Hinsicht als vorteilhaft. Der aus einem freien Beschäftigungsverhältnis erwachsende Lohn orientiert sich am normalen Tariflohn bzw. dem branchenüblichen Gehalt[36] und liegt damit weit über dem beim unechten Freigang bezahlten Stundensatz. Zudem durchläuft der Gefangene einen lebensnäheren Arbeitstag und wird mit den Anforderungen des Arbeitslebens intensiver konfrontiert, als es unter dem in den Eigenbetrieben der Anstalt oftmals vorherrschenden „Schonklima" der Fall sein wird, wodurch der Weg zum Wiedereinstieg nach der Haftentlassung geebnet werden kann.[37] Theoretisch wäre auch eine Fortbeschäftigung im alten Betrieb denkbar.[38] Die Anstaltsleitung kann dem Gefangenen auch

33 Zu den Zulässigkeitsvoraussetzungen der Nutzung eines eigenen oder geliehenen Kraftfahrzeuges VV Nr. 6 Abs. 3 S. 3 bis 6, 7 zu Art. 13 BayStVollzG.

34 Vgl. *Schöch*, in: Kaiser/Schöch, Strafvollzug, § 7 Rn. 39.

35 Vgl. BVerfGE 98, 169 (210 f.).

36 Vgl. *Schöch*, in: Kaiser/Schöch, Strafvollzug, § 7 Rn. 39.

37 Vgl. *Kühling*, in: Schwind/Blau, Strafvollzug, S. 348 f.

38 Vgl. *Lesting/Burkhardt*, in: AK-StVollzG, § 38 Rn. 35 m. Hinw. auf OLG Celle NStZ 1981, 35. Beachte hierzu aber VV Nr. 6 Abs. 1 S. 2 zu Art. 13 BayStVollzG, wonach der Gefangene zunächst eine „angemessene Zeit in Strafvollzug befunden haben" muss.

gestatten, sich selbst außerhalb der JVA zu beschäftigen (Art. 42 Abs. 2 BaySt-VollzG, § 39 Abs. 2 StVollzG).[39] Trotz der zahlreichen Vorteile und der Entscheidung des Bundesverfassungsgerichts spielt der echte Freigang vor allen in den Regelvollzugsanstalten eine untergeordnete Rolle.[40] Bemühungen bayerischer Vollzugsanstalten, um der verfassungsgerichtlichen Forderung nach Förderung der freien Beschäftigungsverhältnisse nachzukommen, scheiterten größtenteils am Widerstand der externen Betriebe, die sich letztlich nicht bereit zeigten, den erhöhten Kosten- und Verwaltungsaufwand zu tragen.[41] Echte Freigänger, wie beispielsweise der Profi-Fußballspieler, der über Freigänge am regulären Training seines Vereins teilnimmt, spielen in der Literatur eine größere Rolle als in der Praxis.

Die Gestattung, eine bestimmte Tätigkeit als Freigänger verrichten zu dürfen, setzt sich trotz des sachlich und rechtlich engen Zusammenhangs zumindest gedanklich aus zwei zu differenzierenden Entscheidungen zusammen. Einerseits bedarf es der Zulassung zum Freigang als Statusentscheidung nach Art. 13 BayStVollzG (§ 11 StVollzG) und zum anderen ist die zu übernehmende Tätigkeit selbst gem. Art. 42 Abs. 1 BayStVollzG (§ 39 StVollzG) zu gestatten.[42] Im Regelfall wird eine Zulassung zum Freigang ohnehin nur erfolgen, wenn die Existenz eines geeigneten Arbeitsplatzes gewährleistet ist.[43]

---

39 Vgl. BGHSt 37, 85 ff. wo die Selbstbeschäftigung außerhalb der Anstalt zur existenzsichernden Aufrechterhaltung der vor der Inhaftierung ausgeübten freiberuflichen Tätigkeit ausdrücklich für zulässig erklärt wurde, auch VV Nr. 6 Abs. 1 S. 3 zu Art. 13 BayStVollzG. Hierunter würde auch der Hausfrauen- oder Hausmännerfreigang fallen, dazu insb. *Laubenthal*, in: SBJL, StVollzG, § 39 Rn. 15 ff.

40 In den Jahren 1994 bis 1998 erhielten 87 Gefangene bayerischer Justizvollzugsanstalten echten Freigang und 2088 Gefangene unechten Freigang, vgl. Bayerischer Landtag Drs. 14/1493, S. 1 f.; vgl. auch *Lohmann*, Arbeit und Arbeitsentlohnung, S. 72.

41 Vgl. Bayerischer Landtag Drs. 14/1493, S. 3.

42 Vgl. OLG Celle NStZ 1981, 35 (35); *Laubenthal*, in: LNNV, StVollzG, Abschn. E Rn. 132 ff.; *Laubenthal*, Strafvollzug, Rn. 527; *Ullenbruch*, in: SBJL, StVollzG, § 11 Rn. 9.

43 Vgl. *Schöch*, in: Kaiser/Schöch, Strafvollzug, § 7 Rn. 38. Grundsätzlich kann ein sog. abstrakter Freigängerstatus auch losgelöst von einer konkreten Beschäftigung gewährt werden, wenn dies der Resozialisierung förderlich ist, insb. wenn die Chancen einer Beschäftigung nach Haftentlassung hierdurch verbessert werden, vgl. OLG Hamm NStZ 1990, 607 (607 f.) mit krit. Anm. *Begemann*, NStZ 1991, 517 (519); KG NStZ 1993, 100 (101); *Arloth*, in: Arloth/Krä, StVollzG, § 11 Rn. 8; *Lesting/Burkhardt*, in: AK-StVollzG, § 38 Rn. 40; *Ullenbruch*, in: SBJL, StVollzG, § 11 Rn. 10; a.A. aber *Laubenthal*, Strafvollzug, Rn. 527 f.; *ders.*, in: LNNV, StVollzG, Abschn. E Rn. 132 ff. der den abstrakten Freigängerstatus nur im offenen Vollzug zulassen möchte. Für das bayerische Strafvollzugsgesetz vgl. Fn. 58.

2. *Beschäftigungsunabhängige Lockerungen*

Ohne die Verrichtung von Arbeit oder arbeitsähnliche Tätigkeiten vorauszusetzen, bieten Ausführung und Ausgang dem Gefangenen eine Gelegenheit, die Vollzugsanstalt in Einzelfällen stundenweise mit oder ohne Begleitung eines Justizvollzugsbediensteten zu verlassen. Ausführungen und Ausgänge können anlass- und terminabhängig genehmigt werden, um dem Gefangenen die Teilnahme an bestimmten familiären Ereignissen oder zur konkreten Regelung rechtlicher, beruflicher oder familiärer Angelegenheiten zu ermöglichen. Die Schwelle des wichtigen Anlasses im Sinne von Art. 37 BayStVollzG (§ 35 StVollzG) braucht nicht überschritten zu werden. Art 37 BayStVollzG mit VV Nr. 1 Abs. 1 erlangt als anlassbezogene Sonderform unter den Vollzugslockerungen vor allem beim Ausgang und beim Hafturlaub an Bedeutung, da der Gefangene im Falle des Vorliegens eines besonderen Anlasses zusätzlich Ausgang bzw. bis zu sieben zusätzliche Tage Urlaub erhalten kann, ohne dass eine Anrechnung auf den Regelurlaub oder den Regelausgang erfolgt. Möglich ist aber auch, Ausführungen oder Ausgänge als Behandlungsmaßnahme, losgelöst von einem anlassbezogenen Termin ohne besonderen Grund durchzuführen.

a) Ausführung

Bei der Ausführung gemäß Art. 13 Abs. 1 Nr. 2 Alt. 1 BayStVollzG (§ 11 Abs. 1 Nr. 2 Alt. 1 StVollzG) wird dem Gefangenen gestattet, die Vollzugsanstalt für eine **bestimmte Tageszeit** unter ständiger und unmittelbarer (VV Nr. 5 Abs. 2 zu § 11 StVollzG) **Beaufsichtigung** eines oder mehrerer Justizvollzugsbediensteten zu verlassen. Die zeitlichen und organisatorischen Modalitäten der Ausführung, insbesondere, ob der Inhaftierte Privat- oder Anstaltskleidung trägt, ob und ggf. welche Sicherungsmaßnahmen (Art der Fesselung[44] und der Bewaffnung) erforderlich erscheinen, wie viele und welche Bedienstete (beispielsweise Bedienstete der Sicherungsgruppe oder Fachdienste) die Ausführung begleiten und ob die Beamten uniformiert oder in Zivilkleidung auftreten, legt der Anstalts- oder Abteilungsleiter für den jeweiligen Einzelfall fest. Ausführungsgrund kann neben eingangs erwähnten Gründen auch ein termin- bzw. anlassunabhängiger Einsatz dieser Behandlungsmaßnahme sein, um den Gefangenen

---

44 Eine Fesselung bei der Ausführung setzt dem OLG Karlsruhe StV 2013, 651 (651) zufolge „eine durch konkrete Anhaltspunkte belegbare und individuell zu beurteilende Gefahr des Entweichens voraus, die über die allg. bei Gefangenen naheliegende Fluchtvermutung hinausgeht“.

psychisch zu stabilisieren[45] und ihm Gelegenheit zu geben, alltägliche Aufgaben und Mechanismen nach langer Haftzeit zu bewältigen (Schrittweises Wiedereingewöhnen in Freiheit und Einkauf von Geschenken für Angehörige[46]).[47]

Durch die ständige Beaufsichtigung und das damit einhergehende herabgesetzte Sicherheitsrisiko kommt die Ausführung insbesondere dann in Betracht, wenn Ausgang oder Urlaub (noch) nicht verantwortet werden können.[48] Im Gegensatz zu den anderen Möglichkeiten der Vollzugslockerungen wird der für die Justizvollzugsanstalt mit hohem Personal- und Organisationsaufwand verbundenen Ausführung von den Gefangenen eher geringe Bedeutung beigemessen, weil ihnen aufgrund der überwachenden Begleitung keine „echten Freiräume" erwachsen.[49]

b) Ausgang

Die letzte namentlich in Art. 13 Abs. 1 Nr. 2 Alt. 2 BayStVollzG (§ 11 Abs. 1 Nr. 2 Alt. 2 StVollzG) genannte, wohl aber bedeutendste Lockerungsform ist der Ausgang. Der Gefangene kann die Haftanstalt **unbeaufsichtigt** für eine bestimmte Tageszeit verlassen, um persönliche Angelegenheiten zu erledigen, um Zeit mit Angehörigen und anderen Vertrauenspersonen außerhalb der Anstaltsmauern zu verbringen oder um an Freizeitveranstaltungen teilnehmen zu können (vgl. hierzu VV Nr. 8 Abs. 1 zu Art. 13 BayStVollzG).[50] Eine zahlenmäßige Begrenzung der gewährbaren Ausgänge enthält Art. 13 BayStVollzG bzw. § 11 StVollzG nicht. Bayern hat jedoch mit der VV Nr. 8 Abs. 2 S. 1 zu Art. 13 BayStVollzG eine Deckelung auf höchstens 16 Stunden im Monat eingeführt. Aus dem Wortlaut des Art. 13 Abs. 1 Nr. 2 BayStVollzG, § 11 Abs. 1 Nr. 2 StVollzG „bestimmte

---

45 Vgl. OLG Frankfurt NStZ 1984, 477 (477 f.).

46 Vgl. OLG Hamm NStZ 1985, 189 (190) m. Anm. *Müller-Dietz.*

47 Vgl. allgemein zum Zwecke der Ausführung den Praxisbericht von *Stenzel*, ZfStrVo 1986, 303 ff.; *Mertens*, ZfStrVo 1978, 203 ff. sowie BT-Drs. 7/918, S. 63. Ausführlich zum Sinn und Zweck der Vollzugslockerungen vgl. Kapitel 2.

48 Vgl. BVerfG StV 2011, 488 (490); zuletzt beispielsweise BVerfG NStZ-RR 2019, 391 (392); BVerfG BeckRS 2019, 24617 Rn. 19; BVerfG NStZ-RR 2012, 387 (388) für den Maßregelvollzug; statt vieler *Laubenthal*, Strafvollzug, Rn. 529; *Müller-Dietz* (Anm.), NStZ 1985, 190 (190); *Ullenbruch*, in: SBJL, StVollzG, § 11 Rn. 6.

49 Vgl. *Heghmanns*, ZStW 111 (1999), 651 (652); *Müller-Dietz* (Anm.), NStZ 1985, 190 (190) prangert in diesem Zusammenhang auch das „Schattendasein" der Ausführung in der Literatur an.

50 Eine Initiative des Bundesrates aus dem Jahr 1988 zur ausdrücklichen Normierung des Ausgangsgründe (BR-Drs. 270/88) gelang nie zur Umsetzung.

Tageszeit" und der erforderlichen Abgrenzung zum Urlaub lässt sich schließen, dass die Rückkehr in die Anstalt bis 24 Uhr zu erfolgen hat.[51] Aus vollzugsorganisatorischen Gründen werden überlicherweise frühere Rückkehrzeiten verlangt.

3. *Sonstige nicht normierte Lockerungsformen*

Der Passus „insbesondere" in Art. 13 Abs. 1 BayStVollzG bringt wie schon das „namentlich" in § 11 Abs. 1 StVollzG zum Ausdruck, dass die genannten Lockerungsarten keine abschließende Listung darstellen, sondern daneben Mischformen oder andere Lockerungsmaßnahmen in Betracht kommen können.[52] Mit Ausnahme des **Begleitausgangs**, der in einigen Bundesländer im Zuge der Föderalismusreform auch ausdrücklich in den Lockerungskatalog aufgenommen wurde, hat die Vollzugspraxis keine weiteren selbstständigen Lockerungsformen hervorgebracht. Begleitet wird der Ausgang des Gefangenen dabei nicht von einem Vollzugsbediensteten, sondern von externen Dritten, die mit dem Gefangenen beruflich oder privat bekannt sind, oder dessen ehrenamtliche Betreuung übernommen haben. Durch die Begleitung soll das Flucht- und Missbrauchsrisiko reduziert und beispielsweise Beobachtungen der ehrenamtlichen Begleitperson in den Behandlungsprozess einbezogen werden.[53]

II. Hafturlaub

Urlaub aus der Haft gem. Art. 14 BayStVollzG (§ 13 StVollzG) bezeichnet die beschäftigungs- bzw. arbeitsunabhängige, unbeaufsichtigte auch nächtliche Anstaltsabwesenheit des Gefangenen.[54]

---

51 Vgl. *Schöch*, in: *Kaiser/Schöch*, Strafvollzug, § 7 Rn. 41; *Ullenbruch*, in: SBJL, StVollzG, § 11 Rn. 8; a.A. *Lesting/Burkhardt*, in: AK-StVollzG, § 38 Rn. 12.

52 Vgl. *Lesting/Burkhardt*, in: AK-StVollzG, § 38 Rn. 12 und Rn. 41 ff.; *Laubenthal*, in: LNNV, StVollzG, Abschn. E Rn. 126.

53 Vgl. beispielsweise Drs. des Landtages des Saarlandes 15/386, S. 92; Drs. des Landtages Rheinland-Pfalz 16/1910, S. 133.

54 „Nächtlich" ist dabei als Anstaltsabwesenheit über Nacht zu verstehen, vgl. *Lesting/Burkhardt*, in: AK-StVollzG, § 38 Rn. 22; *Ullenbruch*, in: SBJL, StVollzG, § 13 Rn. 1; *Arloth*, in: Arloth/Krä, StVollzG, § 13 Rn. 3 „länger als 24 Stunden" m.w.N.; a.A. noch *Arloth*, 3. Auflage, StVollzG, § 13 Rn. 3, wonach eine Rückkehr nach 24 Uhr zur Qualifizierung als Urlaub als ausreichend erachtet wurde.

1. Abgrenzung zum Sonderurlaub

Dieser Regelurlaub ist von den verschiedenen Formen des Sonderurlaubs abzugrenzen, die anlass- oder zweckbezogen gewährt werden können. Hierunter fällt zunächst der Urlaub zur Vorbereitung der Entlassung gem. Art. 17 Abs. 3 BayStVollzG (§ 15 Abs. 3 StVollzG), bei dem zusätzliche Urlaubstage bis zu einer Woche genehmigt werden können. Zudem kann gem. Art. 37 BayStVollzG (§ 35 StVollzG) in persönlich emotional bedrückenden Situationen, wie einer lebensgefährdenden Erkrankung oder wegen des Todes naher Angehöriger weiterer Urlaub bis zu sieben Tagen im Jahr (oder zumindest Ausgang oder eine Ausführung) gewährt werden. Eine Anrechnung dieser einer außergewöhnlichen Belastung geschuldeten zusätzlichen Urlaubstage auf den Regelurlaub unterbleibt gem. Art. 37 Abs. 4 BayStVollzG (§ 35 Abs. 2 StVollzG). Art. 38 BayStVollzG (§ 36 StVollzG) enthält auch die zusätzliche Option, die Teilnahme an einem gerichtlichen Termin mittels Ausgang oder Urlaub durchzuführen.

2. Abgrenzung zur Freistellung von der Arbeit

Für arbeitende oder mit Aus- bzw. Weiterbildung beschäftigte Gefangene eröffnet Art. 45 Abs. 1 S. 1 BayStVollzG (§ 42 Abs. 1 S. 1 StVollzG) den Anspruch, nach einem abgeleisteten Beschäftigungsjahr für 18 Werktage von der Arbeitspflicht freigestellt zu werden. Daneben kann der Gefangene gem. Art. 46 Abs. 6 S. 1 BayStVollzG (§ 43 Abs. 6 S. 1 und S. 2 StVollzG) für Beschäftigungszeiträume unter einem Jahr einen weiteren Freistellungstag erlangen, wenn er die übertragene Tätigkeit für zwei zusammenhängende Monate verrichtet hat. Freistellungstage kann der Gefangene entweder als sogenannten „Zellenurlaub“[55] in der Haftanstalt oder, soweit die Gewährungsvoraussetzungen für Urlaub gem. Art. 14 BayStVollzG (§ 13 StVollzG) vorliegen, außerhalb der Anstalt in Form eines Arbeitsurlaubes verbringen, vgl. Art. 46 Abs. 1 und 7 BayStVollzG (§ 43 Abs. 1 und 7 StVollzG). Letztlich wird dem Gefangenen arbeitsfreie Zeit eingeräumt.[56] Alternativ besteht gem. Art. 46 Abs. 1 und Abs. 9 BayStVollzG (§ 43 Abs. 1 und Abs. 9 StVollzG) die Möglichkeit die Freistellung nicht in Anspruch zu nehmen und die so gewonnenen Tage auf den Entlassungszeitpunkt anzurechnen zu lassen. Konzipiert als eine besondere Form der Arbeitsentlohnung, dient die Freistellung neben der Vergütung als nicht-monetäre Anerkennung/Honorierung

---

55 *Laubenthal*, Strafvollzug, Rn. 445.

56 Vgl. *Schüler-Springorum*, in: FS Böhm, S. 219 (227).

für geleistete Arbeit (vgl. Art. 46 Abs. 1 BayStVollzG, 43 Abs. 1 StVollzG), weshalb eine Anrechnung des Arbeitsurlaubs auf den Regelurlaub unterbleibt.[57]

3. Abgrenzung vom Freigängerurlaub

Dem Hafturlaub nicht gleichzusetzen ist der Freigängerurlaub. Während dieser im Bundesstrafvollzugsgesetz seinen Niederschlag in § 15 Abs. 4 StVollzG als Maßnahme der Entlassungsvorbereitung fand, ist der Freigängerurlaub in Bayern nun innerhalb des Abs. 4 des den Hafturlaub regelnden Art. 14 BaySt-VollzG zu finden. Innerhalb von neun Monaten vor der Entlassung kann Freigängern oder hierfür geeigneten Gefangenen[58] Sonderurlaub von bis zu 6 Tagen im Monat gewährt werden. Diese Urlaubsform dient eher dazu, die Belastungen und Entbehrungen, denen der Gefangene im Gegensatz zu seinen in Freiheit befindlichen Kollegen durch den täglichen Wechsel von Freiheit und Unfreiheit ausgesetzt ist, zu schmälern, indem der Gefangene, zusätzlich zu anderen Lockerungen, beurlaubt werden kann.[59]

4. Urlaubsverlauf in der Praxis

Strafgefangenen kann Urlaub bis zu 21 Urlaubstagen im Jahr[60] gewährt werden (Art. 14 Abs. 1 S. 1 BayStVollzG, § 13 Abs. 1 S. 1 StVollzG). Zur Ausschöpfung dieser Obergrenze besteht aber weder eine Verpflichtung seitens der JVA noch ein Anspruch des Gefangenen.[61] Soweit besondere Umstände nicht entgegenstehen, kann der Gefangene davon ausgehen, dass ihm bei Bestehen der Urlaubsvoraussetzungen Urlaub in vollem Maße gewährt werden wird.[62] Den Urlaub treten Gefangene in eigener Zivilkleidung an (vgl. VV Nr. 6 Abs. 1 zu Art. 14 BayStVollzG, VV Nr. 6 Abs. 1 zu § 13 StVollzG). Anders als der Urlaub zur Entlassungsvorbereitung oder der Sonderurlaub ist der Regelurlaub nicht

---

57 Vgl. *Laubenthal*, Strafvollzug, Rn. 448.

58 Durch diese im BayStVollzG gegenüber dem StVollzG vorgenommene Klarstellung, sollte der Streit, ob auch Gefangene mit abstrakten Freigängerstatus Freigang erhalten können (vgl. dazu bereits Fn. 43), beendet werden.

59 Vgl. *Begemann*, NStZ 1991, 517 (517 f.).

60 Dass das Vollstreckungsjahr und nicht das Kalenderjahr gemeint ist, normiert Art. 14 Abs. 1 S. 1 BayStVollzG ausdrücklich. Im Strafvollzugsgesetz des Bundes ist dies zumindest in der VV Nr. 2 Abs. 2 S. 1 zu § 13 StVollzG klargestellt; a.A. aber *Lesting/Burkhardt*, in: AK-StVollzG, § 38 Rn. 29.

61 Vgl. *Laubenthal*, in: LNNV, StVollzG, Abschn. E Rn. 199; auch *Arloth*, in: Arloth/Krä, StVollzG, § 13 Rn. 6 m.w.N. aus der oberlandesgerichtlichen Rechtsprechung.

62 So zutreffend *Kühling*, in: Schwind/Blau, Strafvollzug, S. 354.

an einen bestimmten Zweck oder einen konkreten Anlass gebunden. Sinn des Urlaubs ist auch, dem Gefangenen seine Urlaubstage selbst und eigenverantwortlich gestalten zu lassen. Um ihm eine gewisse Freiheit und Eigenständigkeit bei der Urlaubsgewährung einzuräumen, ihn andererseits aber auch nicht übermäßig mit diesem Freiraum und der anschließenden Rückkehr in die Anstalt zu belasten, obliegt es der Justizvollzugsanstalt den Urlaub zeitlich so gestalten, dass diese Interessen sich die Waage halten. Um einer Überforderung des Gefangenen und seiner Angehörigen vorzubeugen, wird der am Stück gewährte Urlaub nur in Ausnahmefällen länger als eine Woche betragen.[63] Deshalb und aus vollzugsorganisatorischen Gründen[64] wird der Urlaub in der Praxis meist als Wochenendurlaub (d.h. von Freitagnachmittag bis zum Sonntag) gewährt. Häufig wird der Urlaub mit einem unmittelbar vorgelagerten oder nachgeschobenen Ausgang kombiniert.

In der Regel wird der Gefangene zumindest sechs Monate im Strafvollzug[65] verbracht haben müssen, bevor Urlaub erteilt wird, Art. 14 Abs. 2 BayStVollzG, § 13 Abs. 2 StVollzG. Der Ablauf dieser Regelwartezeit soll den Entscheidungsträgern in der JVA Gelegenheit einzuräumen, den Gefangenen zunächst kennenzulernen.[66]

III. Verhältnis der Lockerungen zueinander

Zwischen den Lockerungsformen, die lediglich eine geringere Gewahrsamslockerung begründen, namentlich die Ausführung oder die Außenbeschäftigung, und weitreichenderen Lockerungsformen wie Freigang, Ausgang oder Hafturlaub besteht kein striktes Stufen- oder Rangverhältnis. Dies bedingt einerseits, dass beanstandungsfrei verlaufenen Lockerungen nicht zwingend weitreichendere Lockerungen nachfolgen, wenn deren Voraussetzungen (noch) nicht

63 Vgl. *Ullenbruch*, in: SBJL, StVollzG, § 13 Rn. 34.

64 Vgl. OLG Stuttgart NStZ 1989, 94 f. billigte aus vollzugsorganisatorischen Gründen die Vorgabe einer bestimmten Rückkehrzeit, auch wenn der Urlaubstag somit nicht volle 24 Stunden dauerte. Ebenso ist eine Koppelung des Urlaubsbeginns bzw. -endes an den morgendlichen Zellenauf- und den abendlichen Nachteinschluss keinen rechtlichen Bedenken ausgesetzt, OLG Celle ZfStrVo 1979, 54 f.; auch *Ullenbruch*, in: SBJL, StVollzG, § 13 Rn. 7.

65 Die in Untersuchungshaft verbrachte Zeit fließt demnach nicht unmittelbar in die Berechnung der Frist ein, vgl. OLG Hamm NStZ 1984, 189 (189).

66 BT-Drs. 7/3998, S. 11.

vorliegen.[67] Andererseits darf die eigenständige Bedeutung von Ausführungen, Außenbeschäftigung und im Verhältnis zum Urlaub auch von Ausgängen als Behandlungsmaßnahme nicht unterschätzt und ihr Anwendungsbereich nicht auf die bloße Erprobung und Vorbereitung weitergehender Lockerungen reduziert werden.[68] Gleichwohl dient das Verhalten des Gefangenen bei beaufsichtigten Vollzugslockerungen den Vollzugsanstalten in der Praxis als gewichtiger Indikator zur Beurteilung der Flucht- und Missbrauchsgefahr bei weitreichenderen Vollzugslockerungen.

C. Vollzugslockerungen im historischen Kontext und ihr Weg in das Strafvollzugsgesetz

Die folgenden Ausführungen verfolgen nicht das Ziel, die Geschichte der modernen Freiheitsstrafe aufzuzeigen. Hier sei an dieser Stelle auf die zahlreichen bereits existierenden Ausführungen verwiesen.[69] Dargestellt werden soll die Entwicklung der einzelnen Lockerungsformen in ihrem historischen Kontext und deren Zusammenführung zu einem einheitlichen Lockerungssystem im Strafvollzugsgesetz des Jahres 1977.[70]

I. Das Verständnis von (Außen-)Arbeit und Strafe im Wandel

1. (Außen-)Arbeit als mittelalterliche Strafe mit abschreckender Wirkung

Strafe und Arbeit standen seit jeher in engem Zusammenhang, der sich jedoch im Laufe der Jahrhunderte – abhängig von dem Verständnis von Strafe und des Strafens – veränderte. Im Altertum galt neben anderen Leibesstrafen die Arbeit als solche, insbesondere auch die öffentlichkeitswirksame Außenarbeit, als die eigentliche „Strafpein“[71]. Die Heranziehung zu verschiedensten Formen öffentlicher oder gemeinnütziger Zwangsarbeit durchzog das gesamte Mittelalter.

---

67 Vgl. den Beschluss des Schleswig-Holsteinisches Oberlandesgerichts vom 04.10.2007, Az.: 2 VollzW 392/07 (212/07) ausdrücklich für das Verhältnis einer Ausführung und eines unbegleiteten Ausgangs.

68 Vgl. OLG Hamm NStZ 1985, 189 (189 f.) mit Anm. *Müller-Dietz*; OLG Frankfurt NStZ 1989, 246 (246); *Laubenthal*, in: LNNV, StVollzG, Abschn. E Rn. 136; *Laubenthal*, Strafvollzug, Rn. 529.

69 Vgl. beispielsweise *Kaiser*, in: Kaiser/Schöch, Strafvollzug, § 2.

70 Zur historischen Entwicklung der Vollzugslockerungen im Jugendstrafvollzug vgl. *Grosch*, Lockerungen im Jugendstrafvollzug, S. 24 ff.

71 *Mittermaier*, Gefängniskunde, S. 87.

Sträflinge wurden als nützliche Arbeitskräfte zur Verrichtung körperlich anstrengender und teils erniedrigenden Tätigkeiten in Bergwerken, Steinbrüchen und zur Reinigung öffentlicher Plätze eingesetzt, in den Heeresdienst eingestellt oder zur Galeerenstrafe sowie der Festungsbaugefangenschaft verpflichtet.[72]

2. Arbeit als spezialpräventiver Teil der Strafe: Aufstieg und Fall des Erziehungs- und Besserungsgedankens in Zuchthäusern unter ökonomisch-merkantilistischen Einflüssen

Durch die entscheidenden, im Jahr 1555 vom Zuchthaus Bridewell in London und dem 1595 errichteten Amsterdamer Zuchthaus ausgehenden Impulse, fand die Idee, Arbeit nicht ausschließlich zur abschreckenden Wirkung der Strafe, sondern zu Erziehungs- und Besserungszwecken einzusetzen, auch in Deutschland Anklang.[73] In den Vordergrund rückte der Gedanke, Gefangenen durch strenge Zucht und harte Arbeit einen „ordentlichen" Lebenswandel anzuerziehen.[74] Nicht zuletzt aus wirtschaftlichen Erwägungen wurde der Zuchthausausbau intensiviert und Leibes- und Lebensstrafen schrittweise zurückgedrängt.[75]

Die daneben existierende Gefängnisstrafe in Gestalt von Ketten-, Festungs- und Karrenstrafen, die sich aus Untersuchungs- und Exekutionshaft entwickelt hatten, blieb von den fortschrittlichen Ideen der Erziehung und Besserung lange Zeit nahezu unberührt und glich bis ins 18. Jahrhundert weiterhin eher dem Vollzug einer Leibesstrafe.[76]

Dauerhaft konnte die konzeptionelle Ausrichtung der Zuchthäuser am Erziehungs- und Besserungsgedanken allerdings nicht aufrechterhalten geschweige denn fortentwickelt werden. Maßgeblich hierfür war zum einen, dass der in Zuchthäusern untergebrachte Personenkreis nicht ausschließlich auf verurteilte Straftäter begrenzt war, sondern aus Praktikabilitätserwägungen auch weitere Gruppierungen wie Waisenkinder, Verarmte und Geisteskranke aufgenommen wurden, wodurch der ursprünglich verfolgte Zweck, nämlich durch Arbeit zu erziehen, aufgeweicht wurde.[77]

---

72 Vgl. *Kriegsmann*, Gefängniskunde, S. 4, 19; *Mittermaier*, Gefängniskunde, S. 19, 87.

73 Vgl. *Graul*, Strafvollzugsbau, S. 23 ff.; *v. Hippel*, in: Gefängniswesen, S. 1 (10 ff.); *Kaiser*, in: Kaiser/Schöch, Strafvollzug, § 2 Rn. Rn. 3 f., 6.

74 Vgl. *Krohne*, Gefängniskunde, S. 15; *A. Streng*, Freiheitsstrafe, S. 71 ff.

75 Vgl. *Graul*, Strafvollzugsbau, S. 33 f.; *v. Hippel*, in: Gefängniswesen, S. 11.

76 Vgl. *Eisenhardt*, Strafvollzug, S. 25 f., 34 f.; *Kaiser*, in: Kaiser/Schöch, Strafvollzug, § 2 Rn. 7; *Kriegsmann*, Gefängniskunde, S. 7 f. 18 f.; *Mittermaier*, Gefängniskunde, S. 19 f.

77 *Vgl. Krohne, Gefängniskunde, S. 15; Walter*, Strafvollzug, S. 29, der in diesem Zusammenhang von „Mehrzweckanstalten" spricht.

Darüber hinaus werden wirtschaftliche Interessen für den konzeptionellen Verfall des Zuchthauswesens verantwortlich gemacht. Schon im ausgehenden 17. Jahrhundert, als das Potential der Zuchthäuser als Wirtschaftsfaktor erkannt wurde, war der Zuchthausausbau von ökonomischen Erwägungen geleitet.[78] Ganze Zuchthäuser, einschließlich der dort Inhaftierten, wurden an private Fabrikanten vermietet oder verpachtet, die auf diese Weise zu Lasten spezialpräventiver Erwägungen eine Vielzahl günstiger Arbeitskräfte generieren konnten.[79] So konnten sich beispielsweise auch erste Konzepte, die Haftzeit zur Absolvierung einer handwerklichen Ausbildung zu nutzen, um den Entlassenen den Aufbau einer wirtschaftlichen Grundlage zu ermöglichen, nicht etablieren.[80] Bevor sich der Erziehungs- und Besserungsgedanke in deutschen Zuchthäusern endgültig durchsetzen konnte, wurde er durch merkantilistische Einflüsse weitgehend zurückgedrängt.[81] Der Zustand der einst leitbildartig konzipierten Zuchthäuser stellte sich im 18. Jahrhundert nicht zuletzt durch den Verlust ihrer wirtschaftlichen Existenzgrundlage im Zuge der wachsenden Industrialisierung so verheerend dar, dass die Zuchthausstrafe gegenüber der Gefängnisstrafe letztlich als die schwerere Sanktion galt,[82] was sich bis zu ihrer Abschaffung im Jahr 1977 auch nicht mehr ändern sollte.

3. Renaissance der Spezialprävention durch Arbeit in der Aufklärung

Nach einer Phase der Resignation und Stagnation brachten erst die Reformideen der Aufklärung neue Impulse in das Zuchthaus- und Gefängniswesen. Ins Zentrum dieser Aufbruchsphase rückte u.a. die Idee der „Beseitigung der unmenschlichen Grausamkeit in den Strafen“[83] und die „sittliche und religiöse Einwirkung

78 Vgl. *Eisenhardt*, Strafvollzug, S. 31 f.; zur ökonomischen These vgl. insb. *Rusche/Kirchheimer*, Sozialstruktur und Strafvollzug, S. 64 ff.

79 Vgl. *Kriegsmann*, Gefängniskunde, S. 22; *Kaiser*, in: Kaiser/Schöch, Strafvollzug, § 2 Rn. 9; *Rosenfeld*, ZStW 26 (1906), 1 (6 ff.).

80 Vgl. *Tögel*, in: Straffälligenhilfe, S. 3 (4 f.).

81 Vgl. *Walter*, Strafvollzug, Rn. 7 f.

82 *Krohne*, Gefängniskunde, S. 22 fasst die vorherrschenden Zustände wie folgt zusammen: „Mit einem Wort, das Gefängnis ist Kloake, Verbrecherschulde, Bordell, Spielhölle und Schnapskneipe, nur nicht eine Anstalt im Dienste des Strafrechts und zur Bekämpfung des Verbrechens.“ Vgl. auch *Eisenhardt*, Strafvollzug, S. 34 ff.; *Kaiser*, in: Kaiser/Schöch, Strafvollzug, § 2 Rn. 8; *Kriegsmann*, Gefängniskunde, S. 18 ff.; *Mittermaier*, Gefängniskunde, S. 20 ff.; *A. Streng*, Freiheitsstrafe, S. 79 ff., speziell zu den Nürnberger Gefängnissen S. 85 ff.; *Walter*, Strafvollzug, Rn. 8 f.

83 *Krohne*, Gefängniskunde, S. 38.

auf den Bestraften, um den Feind der Gesellschaft zu einem nützlichen Gliede derselben umzubilden."[84] Zum Wegbereiter des Gefängniswesens der Neuzeit wurde der Engländer *John Howard*, der aufgrund des erschütternden Eindrucks, den er in englischen und europäischen Gefängnissen und Zuchthäusern gewonnen hatte, unter dem vielzitierten Reformmotto „*make man dilligent and they will be honest*" die Besserungsidee wieder als Leitgedanke in den Strafvollzug trug und diesen mit praktischen Reformvorschlägen u.a. zur Ausweitung des zur Besserung führenden Arbeitszwangs und zur Entlohnung von Gefangenenarbeit unterfütterte.[85] In Deutschland wurden die Reformideen von Howard durch das Werk „Historische Nachrichten und Bemerkungen über die merkwürdigsten Zuchthäuser in Deutschland" aus den Jahren 1791/92 des Gefängnisseelsorgers *Heinrich von Wagnitz* aufgegriffen und u.a. mit der Forderung nach der Einführung von sinnvolleren, nach der Haftzeit nutzbarer Tätigkeiten angereichert.[86] In der Überlassung der Gefangenen an private Arbeitgeber zur Außenarbeit sah *Wagnitz* allerdings den Zweck der generalpräventiven Abschreckung anderer gefährdet, weil er fürchtete, die Bevölkerung würde sich zu sehr an den Kontakt mit Gefangenen gewöhnen und die Zuchthausstrafe könnte ihren Schrecken verlieren, weshalb die Idee beschäftigungsbezogener Vollzugslockerungen von ihm nicht vorangetrieben wurde.[87]

Gehemmt wurde die einheitliche Umsetzung eines solchen Konzepts der Gefängnisarbeit allerdings durch den im angloamerikanischen Raum entstandenen und das gesamte 19. Jahrhundert prägenden Streit um das richtige Vollzugssystem.[88] Öffentliche oder gemeinschaftliche (Zwangs-)Arbeit ließ sich weder in das pennsylvanische noch in das auburnsche System integrieren, ohne jeweils an die systemimmanenten Grenzen zu stoßen. In dem auf strenger Einzelhaft basierenden pennsylvanischen System („solitary system") stand gemeinschaftliche Arbeit im Widerspruch zum Einzelunterbringungsgebot.[89] Die Umsetzung der systembedingt präferierten Verknüpfung von Einzelhaft und Einzelarbeit scheiterte an praktischen, monetären und baulichen Grenzen.[90] Das durch die

84 *Krohne*, Gefängniskunde, S. 38.

85 Vgl. *Eisenhardt*, Strafvollzug, S. 38 f.; *Kriegsmann*, Gefängniskunde, S. 26 ff.; *Schwind*, in: Schwind/Blau, Strafvollzug, S. 7 f.

86 Vgl. *Schidorowitz*, H. B. Wagnitz, S. 127 ff.; *Schwind*, in: Schwind/Blau, Strafvollzug, S. 8. Zum Einfluss Howards auf den deutschen Strafvollzug vgl. auch *Friederich*, John Howard, S. 133 ff.

87 Vgl. *Schidorowitz*, H. B. Wagnitz, S. 128, 162.

88 Vgl. *Krohne*, Gefängniskunde, S. 47 ff.

89 Vgl. *Kriegsmann*, Gefängniskunde, S. 30 ff.

90 Vgl. *Graul*, Strafvollzugsbau, S. 60 f.

Gegenbewegung hervorgebrachte auburnsche System („silent system“) sah lediglich nachts eine strenge Form der Einzelunterbringung vor, sodass die Verrichtung von gemeinschaftlicher Arbeit tagsüber zwar grundsätzlich möglich war, aber mit einer Gefährdung bzw. einer Aufweichung des auferlegten Schweigegebots einherging.[91] In Deutschland entwickelte sich der Systemstreit zunächst zugunsten des Einzelhaftsystems nach pennsylvanischem Vorbild, konnte sich aber letztlich aufgrund schnell erreichter finanzieller Grenzen nicht durchsetzen.[92]

4. *Außenarbeit als Vollzugslockerung im Stufenstrafvollzugssystem*

a) *Englischer Stufenstrafvollzug*

Im England des 18. und 19. Jahrhunderts entwickelte sich aus der Transportations- und Deportationspraxis im Rahmen der Kolonisierung Nordamerikas und Australiens mit dem Progressivsystem ein weiteres Haftsystem. Die gewachsene Erkenntnis, dass die zunächst allein der Verweisung außer Landes dienende Transportationsstrafe den Kolonien mehr Schaden als gesellschaftlich-ökonomischen Nutzen zufügte, brachte ein differenziertes Stufen- und Klassifizierungssystem der Abschreckung und Besserung hervor, dessen erfolgreiches Durchlaufen in der bedingten Entlassung und im Straferlass im Gnadenwege gipfelte.[93] Entsprechend einer Klassifizierung nach dem Alter des Sträflings, der Schwere der Tat, der verhängten Deportationszeit und seiner voraussichtlichen Besserungsfähigkeit wurde der jeweilige Gefangene entweder sofort oder nach einer der Abschreckung dienenden Einzelhaftphase in England in eine der Kolonien verbracht, um sich dort zu bewähren.[94] In den Kolonien vor Ort mussten abhängig von der vorgenommenen Klassifizierung verschiedene gemeinschaftliche und öffentliche Kolonisationsarbeiten und sodann Zwangsarbeiten für private Unternehmer geleistet werden, um dann das sog. *ticket of leave* und die Möglichkeit einer Ansiedelung in der Kolonie zum Aufbau einer eigenen wirtschaftlichen Existenz zu erhalten.[95] Nach Beendigung der Deportationspraxis etablierte sich ein dreistufiges Progressivsystem auch im heimischen Vollzug

91 Vgl. *Kriegsmann*, Gefängniskunde, S. 33 f.

92 Vgl. *Kriegsmann*, Gefängniskunde, S. 61 ff.; *Krüger*, progressiver Strafvollzug, S. 64 ff. Zu den Grenzen des pennsylvanischen Systems in Deutschland *Wentzel*, GA 1854, S. 713 (719).

93 Vgl. *Kriegsmann*, Gefängniskunde, S. 34 ff.

94 Vgl. *Kriegsmann*, Gefängniskunde, S. 34 ff.

95 Vgl. *Krüger*, progressiver Strafvollzug, S. 41 ff.

der Freiheitsstrafe in England.[96] Beginnend mit einer strengen Einzelhaftphase führten schrittweise Vergünstigungen und Auflockerungen bei entsprechendem Wohlverhalten über Gemeinschaftshaft und Gemeinschaftsarbeit zu einer vorzeitigen Entlassung.[97]

b) Irischer Stufenstrafvollzug

Mit Einführung der Zwischenanstalten (sog. intermediate prisons) wurde das englische Progressivsystem im 19. Jahrhundert in Irland maßgeblich durch *Sir Walter Crofton* um eine entscheidende Stufe zur Entlassungsvorbereitung erweitert und allgemein differenzierter ausgestaltet.[98] Das Vorrücken auf die nächste Stufe orientierte sich nicht mehr ausschließlich an der Qualität der geleisteten Arbeit und der Führung des Gefangenen, sondern war von der Beurteilung des Gesamtverhaltens des Gefangenen durch einen Gefängnisbeamten abhängig. An die acht- bis neunmonatige Einzelhaftphase, in der begangenes Unrecht vergolten werden sollte, schloss sich die in einer anderen Haftanstalt vollzogene Gemeinschaftshaft an, bei der die Gefangenen tagsüber gemeinsam arbeiteten und nur durch eiserne Verschläge getrennt schliefen.[99] Hatte sich der Gefangene in den ersten beiden Stufen bewährt, rückte er auf Vorschlag der Vollzugsbeamten in die entlassungsvorbereitende dritte Stufe vor, die in den neu geschaffenen Zwischenanstalten vollzogen wurde.[100] Mit dem Ziel „zum rechten Gebrauche der Freiheit zu erziehen“[101] konnten die Gefangenen außerhalb der Anstalt meist in landwirtschaftliche Betrieben, zu denen sie sich teilweise unbeaufsichtigt begaben, tätig werden und sich so bei potentiell zukünftigen Arbeitgebern bewähren.[102] Zudem konnten die Gefangenen die Anstalt unbeaufsichtigt zur Erledigung von Einkäufen in der näheren Umgebung verlassen.[103]

---

96 Vgl. *Kaiser*, in: Kaiser/Schöch, Strafvollzug, § 2 Rn. 18.

97 Vgl. *Kaiser*, in: Kaiser/Schöch, Strafvollzug, § 2 Rn. 18; *Krohne*, Gefängniskunde, S. 61 f.

98 Vgl. v. *Holtzendorff*, Kritische Untersuchungen des irischen Strafvollzuges, S. 52 ff.; *Kriegsmann*, Gefängniskunde, S. 49 ff. Zu den Einzelheiten des Klassen- und Nummernsystems innerhalb der einzelnen Stufen vgl. *Krohne*, Gefängniskunde, S. 73.

99 Vgl. *v. Holtzendorff*, Kritische Untersuchungen des irischen Strafvollzuges, S. 52 ff.; *Krohne*, Gefängniskunde, S. 73; *Schattke*, Progression im Strafvollzug, S. 58.

100 Vgl. *v. Holtzendorff*, Kritische Untersuchungen des irischen Strafvollzuges, S. 60 ff.

101 *Krohne*, Gefängniskunde, S. 74.

102 Vgl. *Kriegsmann*, Gefängniskunde, S. 50; *Krohne*, Gefängniskunde, S. 74; *Smolka*, Freigang, S. 14.

103 Vgl. *Wahlberg*, in: Handbuch des Gefängniswesens, S. 119.

Nach erfolgreichem Vollzug in einer „Art Halbfreiheit“[104] der Zwischenanstalten wurde der Gefangene zunächst widerruflich vom weiteren Vollzug beurlaubt, bis dann der Strafrest endgültig im Gnadenwege erlassen werden konnte. Zum Grundgedanken der irischen Zwischenanstalten führte *Franz von Holtzendorff* 1865 aus, „*dass das letzte Stadium des Strafvollzugs den Gefangenen den Bedingungen des freien Lebens annähern und des unmittelbar wirkenden (physischen) Disciplinarzwanges durch grössere Freiheit entwöhnen müsse. (…) Eine nunmehr bald zehnjährige Erfahrung lehrt, dass der den Zwischenanstalten zu Grunde liegende Plan vollkommen ausführbar ist, und dass das Sicherheitsinteresse des Staates sowie der Besserungszweck in Beziehung auf den Gefangenen nicht nur n i c h t darunter leidet, sondern auf das Wesentlichste gefördert wird.*[105] Die Zwischenanstalten dienten den Freigängerhäusern – den offenen und halboffenen Anstalten in der heutigen Form – als Grundlage und zeigen deutlich, dass die Idee, Vollzugslockerungen in Form von Außenbeschäftigung und Ausgängen zur (vorzeitigen) Entlassungsvorbereitung zu nutzen, bereits im 19. Jahrhundert zur praktischen Anwendung gelangte.[106] Dauerhaft durchsetzen konnte sich dieses System zu diesem Zeitpunkt jedoch nicht. Nach dem Rücktritt des Wegbereiters *Crofton* verlief sich die Fortführung des Stufensystems und endete 1887 mit der Auflösung aller bis dahin noch existierenden Zwischenanstalten.[107]

5. *Außenarbeit zwischen Pluralität der Vollzugsziele und Vereinheitlichungsbemühungen im deutschen Strafvollzug des 19. Jahrhundert*

In Deutschland fanden die englischen und irischen Reformbewegungen regen theoretisch-wissenschaftlichen wie praktischen Anklang.[108] Zustimmung erfuhren vor allem die die Entlassung schrittweise vorbereitenden irischen intermediate prisons. *Holtzendorff* beispielsweise belobte den Stufenstrafvollzug als alternativlos und würdigte vor allem die positiven Erfahrungen, die der irische Vollzug mit außenarbeitenden Gefangenen gemacht hatte, die seiner Erkenntnis nach trotz des geringeren Grads an Beaufsichtigung und den großzügigeren Freiheiten weit weniger Fluchtversuche unternahmen, als dies im geschlossenen

104 *Krebs*, Arbeiterwohlfahrt 1930, S. 481 (481).
105 *v. Holtzendorff*, Kritische Untersuchungen des irischen Strafvollzuges, S. 65.
106 Vgl. *Fritsche*, Vollzugslockerungen, S. 12; *Eisenhardt*, Strafvollzug, S. 42.
107 Vgl. *Kriegsmann*, Gefängniskunde, S. 51, *Krohne*, Gefängniskunde, S. 75.
108 Vgl. *Krüger*, progressiver Strafvollzug, S. 70 ff.; *Schattke*, Progression im Strafvollzug, S. 88 ff.

Vollzug in Deutschland der Fall gewesen sein sollte.[109] Der erste Präsident des Appellationsgerichts, *August Wentzel*, ging einen Schritt weiter und entwickelte in der Mitte des 19. Jahrhundert ein progressives Marken- und Beurlaubungssystem für den preußischen Strafvollzug.[110] Der Gesetzesentwurf fußte auf der Hoffnung, mithilfe eines Stufenplans im Laufe des Vollzugs einer Freiheitsstrafe gleich mehrere Strafzwecke verwirklichen zu können. Die Gefängnisstrafe und die Zuchthausstrafe sollten einerseits „ein wirkliches und empfindliches Übel"[111] darstellen, welches auf der ersten Stufe mittels strikter Einzelhaft durchgesetzt werden sollte. Durch die folgenden Stufen und schrittweise Vergünstigungen sollten andererseits die schädlichen Folgen des Freiheitsentzugs vermieden und eine Besserung des Gefangenen erzielt werden.[112] Die Außenarbeit diente dafür als Instrument und sollte den Gefangenen den plötzlichen „Übergang aus strenger Zucht in völlige Freiheit" erleichtern und dadurch das Rückfallrisiko senken.[113] Gegen den Widerstand der Regierung konnte sich der Gesetzesentwurf allerdings nicht gänzlich durchsetzen. Nur als „Torso des geplanten Systems"[114], aber immerhin erstmalig in einem deutschen Landesgesetz, wurden neben Zuchthausgefangenen auch Gefängnisgefangene im „Gesetz betreffend die Beschäftigung der Strafgefangenen außerhalb der Anstalt" vom 11. April 1854 (Preußische Lex Wentzel) ausdrücklich zur beaufsichtigten Außenarbeit zugelassen, wobei die zur Gefängnisstrafe Verurteilten, anders als die Zuchthausgefangenen, nur zu Arbeiten angehalten werden konnten, die ihren Fähigkeiten und Verhältnissen entsprachen, vgl. dort § 1 und § 3. Um das auch auf höheren Stufen noch für erforderlich gehaltene Strafübel des Freiheitsentzugs durchzusetzen, wurde die ständige Beaufsichtigung der Gefangenen während der Außenarbeit beibehalten.[115] Da die Kritik der Einzelhaftvertreter nicht verstummte und auch die erhofften Erfolge der Außenarbeit nicht im notwendigen Maße vorgewiesen werden konnten, wurde die Außenarbeit in den Folgejahren nicht weiter ausgebaut, sondern zunehmend wieder in das Anstaltsinnere verlagert.[116] Obwohl sich die Lex Wentzel damals wie heute dem Vorwurf ausgesetzt sah, weniger

---

109 Vgl. v. *Holtzendorff*, Kritische Untersuchungen des irischen Strafvollzuges, S. 65 f.
110 Vgl. *Wentzel*, GA 1854, S. 713 (713 ff.); vgl. dazu auch *Krebs*, ZfStrVo 1954, 100 ff.
111 *Wentzel*, GA 1854, S. 713 (718 ff.).
112 Vgl. *Wentzel*, GA 1854, S. 713 (722 ff.).
113 *Wentzel*, GA 1854, S. 713 (729).
114 *Kriegsmann*, Gefängniskunde, S. 76.
115 Vgl. *Blau*, Lockerungen, S. 253 (285); *Grosch*, Lockerungen im Jugendstrafvollzug, S. 35 f.
116 Vgl. *Kriegsmann*, Gefängniskunde, S. 76, 217; *Krüger*, progressiver Strafvollzug, S. 70.

aus am englisch-irischen System orientierten Reformbestrebungen, denn aus fiskalischer Not[117] geboren worden zu sein, um v.a. den steigenden Gefangenenzahlen räumlich und finanziell Herr zu werden, so ist es ihr zuzuschreiben, dass die Außenarbeit letztlich „ein normaler Bestandteil der Resozialisierungsmittel" zunächst im preußischen und später auch im deutschen Strafvollzug geworden ist.[118]

Lange Zeit war die deutsche Vollzugslandschaft vom fragmentarischen und uneinheitlichen Reglement der Länder geprägt. Schon zu Beginn des 19. Jahrhunderts gab es Bestrebungen, die Materie des Strafvollzugs auf eine umfassende gesetzliche Grundlage zu stellen. Erschwert wurde dieser Prozess zum einen durch die Unterschiede im Vollzug, die sich in den deutschen Einzelstaaten herausgebildet hatten.[119] Problematisch war zum anderen die nach wie vor höchst umstrittenen Frage, ob der Zweck der Freiheitsstrafe in der Besserung, der Vergeltung oder der Abschreckung zu suchen und zu finden sei. Reformbestrebungen und Streitigkeiten um das richtige Vollzugssystem wurden von dem lauter werdenden Ruf nach einem härteren Vollzug[120] überlagert und schließlich mit Inkrafttreten des Strafgesetzbuches 1871, in dem auch die Materie des Strafvollzugs erstmals reichseinheitlich wenigstens fragmentarisch mitgeregelt wurde, zurückgedrängt, indem Vergeltung und Generalprävention als tragende Strafzwecke festgesetzt wurden.[121] Dies spiegelt sich auch im Verständnis der Gefangenenarbeit wider. Das RStGB von 1871[122] kannte vier Formen der Freiheitsstrafe, nämlich Zuchthaus, Gefängnisstrafe, Festungshaft und Haft, die sich in Dauer und Ausgestaltung des Freiheitsentzugs unterschieden und abhängig von der Einordnung des zugrundeliegenden Delikts als Verbrechen, Vergehen oder Übertretung, also nach der Schwere des Tatunrechts, verhängt wurden. Tragendes Differenzierungsmerkmal war wie schon in der Lex Wentzel das Vorliegen eines Arbeitszwangs und die konkrete Gestaltung der ausgeübten

117 Vgl. *Kriegsmann*, Gefängniskunde, S. 75; *Krohne*, Gefängniskunde, S. 140 f. dort Fn. 11; *Krüger*, progressiver Strafvollzug, S. 70); *Smolka*, Freigang, S. 14.; auch *Wentzel* selbst, GA 1854, 713 (719).

118 *Krebs*, ZfStrVo 1954, 100 (103).

119 Vgl. *v. Liszt*, Deutsches Strafrecht, S. 33 f.; *Mittermaier*, Gefängniskunde, S. 26 ff.

120 *Krohne*, Gefängniskunde, S. 148 fasst die Kernaussagen der erhobenen Forderungen wie folgt zusammen: *„die Strafvollzugssysteme sind Humbug; die Strafe muss wieder werden, was sie nach der PGO Karls V. sein soll, das Mark und Bein zerstörende Übel, welches den verurteilten quält und vernichte"*.

121 Vgl. *Kaiser*, in: Kaiser/Schöch, Strafvollzug, § 2 Rn. 24.

122 Vgl. RGBl. 1871, S. 127, 130 ff.

Beschäftigung.[123] Dass die Zuchthausstrafe, die nur aufgrund der Begehung eines Verbrechens verhängt wurde, die schärfste freiheitsentziehende Sanktion darstellte, wird zum einen durch den bedingungslosen Arbeitszwang (§ 15 RStGB) und zum anderen durch die Beschäftigungsvergabe ohne Rücksicht auf die Fähigkeiten der Zuchthausgefangenen, so wie dies nämlich bei Gefängnisgefangenen gem. § 16 RStGB vorgesehen war, deutlich. Die beaufsichtigte Außenarbeit war sowohl für Zuchthaus- wie Gefängnisgefangene möglich. Aus der Tatsache, dass Gefängnisgefangene gem. § 16 RStGB einer solchen zustimmen mussten, Zuchthausgefangene demgegenüber bedingungslos zu Außenarbeiten angehalten werden konnten und gem. § 15 Abs. 2 RStGB bei der Außenarbeit strikt von anderen freien Arbeitern getrennt zu halten waren, lässt sich allerdings schließen, dass die Außenarbeit noch wenig mit Hafterleichterungen oder entlassungsvorbereitenden Maßnahmen als Ausfluss eines Besserungssystems zu tun hatte, sondern repressive Faktoren in den Vordergrund traten, die die Härte der Zuchthausstrafe widerspiegeln sollten.

Trotz nunmehr ausdrücklicher Zulassung der Außenarbeit auf Reichsebene wurde zunächst nur wenig von ihr Gebrauch gemacht.[124] Zu umstritten war ihre Wirkweise und die Frage, ob mit der Außenarbeit die Ziele des Strafvollzuges stützende oder ihnen gegenlaufende Zwecke verfolgt würden. Als aber zum Ende des 19. Jahrhunderts ein erhöhter Bedarf an Arbeitskräften bestand, wurden Gefangene trotz erwähnter Bedenken wieder vermehrt zur Außenarbeit eingesetzt. Im Jahr 1895 waren in Deutschland etwa 1000 Gefangene mit Außenarbeiten beschäftigt.[125] Ein Jahrzehnt später waren etwa 4000 Gefangene mit land- und forstwirtschaftlichen Tätigkeiten außerhalb der Anstalten betraut.[126] Gemeinsam war den ausgeübten Tätigkeiten, wie beispielsweise die Kultivierung und Trockenlegung von Sümpfen und Mooren, Waldarbeiten oder die Verrichtung landwirtschaftlicher Arbeiten, dass sie der Allgemeinheit großen Nutzen erwiesen.[127] Neben wirtschaftlichen Rentabilitätserwägungen verbreitete sich die Einsicht, dass die Arbeit im Freien haftbedingten gesundheitlichen Schäden

---

123 Vgl. *Kriegsmann*, Gefängniskunde, S. 125; *Krohne*, Gefängniswesen, S. 388 f.

124 Vgl. *Kriegsmann*, Gefängniskunde, S. 217 Fn. 6 mit Hinweis auf den Bescheid des M. d. J. in BlGK. 14, 386.

125 Vgl. *v. Liszt*, Gefängnisarbeit, S. 13.

126 Vgl. *Kriegsmann*, Gefängniskunde, S. 220 Fn. 2.

127 Vgl. *Wutzdorff*, in: Gefängniswesen, S. 178 (184 ff.); *Mittermaier*, Gefängniskunde, S. 91 f.

entgegenwirken kann.[128] Kritiker erhoben auch um die Jahrhundertwende noch den hergebrachten Einwand, dass es sich hierbei um eine Form der Gemeinschaftshaft handle, die im Gegensatz zu strikter Einzelhaft mehr Schaden als Nutzen mit sich bringen würde. *Krohne* war (obwohl er selbst als Referent für Gefängniswesen im Preußischen Ministerium des Inneren maßgeblich zur Ausweitung der Außenarbeit beigetragen hat)[129] der Ansicht, dass vergünstigende Außenarbeit den „Ernst der Freiheitsstrafe fast bis zum Verschwinden mildert", das Zustimmungserfordernis von Gefängnisgefangenen daher bedeutungslos sei, und „eine verständige Gefängnisverwaltung die Außenarbeit, trotzdem sie gesetzlich zulässig ist, ganz beseitigen oder auf das äußerste beschränken" solle.[130] Zudem befürchtete er, dass Gefangene „zu heimlichen oder gewaltsamen Fluchtversuchen geradezu herausgefordert" werden würden.[131] *Franz v. Liszt* fasste den Diskussionsstand zur Außenarbeit des Vereins deutscher Strafrechtsbeamten wie folgt zusammen:

> „Ein großer Teil der aus den Praktikerreihen hervorgegangenen Gutachten sagt, daß die Einrichtung von dem Gesichtspunkte der Strafpolitik aus zu verwerfen sei. Diese Beschäftigung im Freien wäre kein Vollzug der Freiheitsstrafe mehr, besonders wenn die Sache, wie meistens, so verläuft, daß die urbar zu machenden Ländereien sich meilenweit entfernt befinden von der Anstalt. Die Gefangenen auf Wochen, auf Monate dort hinausgeschickt, in Baracken usw. untergebracht werden, unter schwächerer Aufsicht stehen, besser beköstigt werden usw. Die Arbeiter empfinden diese Beschäftigung nicht mehr als Strafe, und der ganze wohlthätige Einfluß, den die Inhaftierung haben kann, die Besuche der Beamten, Unterricht, Seelsorge usw. – fällt hier vollständig hinweg. Andere Gutachten sprechen zu Gunsten der Einrichtung. Sie betonen besonders die große wirtschaftliche Bedeutung, die Höhe des Reinertrages bei zweckmäßiger Einrichtung."[132]

V. Liszt selbst stand der Außenarbeit aus anderen Gründen skeptisch gegenüber. Aus seinem Standpunkt der „Individualisierung des Strafvollzuges"[133] heraus

---

128 Vgl. § 72 der Gefängnisordnung für die Justizverwaltung in Preußen v. 21. Dezember 1898, Anm. 1 b), abgedruckt in: *Klein*, Verwaltung und Strafvollzug, 3. Aufl., S. 119 f., u.a. mit einer Verfügung „den bei harter Arbeit stumpf und ungelenkig gewordenen und daher für die Innenbeschäftigung weniger geeigneten Personen" Außenarbeit zuzuweisen. Vgl. dazu auch *Grosch*, Lockerungen im Jugendstrafvollzug, S. 37 dort Fn. 75; *Kriegsmann*, Gefängniskunde, S. 218; *Wutzdorff*, in: Gefängniswesen, S. 178 (184).

129 Vgl. *v. Liszt*, Gefängnisarbeit, S. 11, 13.

130 *Krohne*, Gefängniskunde, S. 224.

131 *Krohne*, Gefängniskunde, S. 400.

132 *v. Liszt*, Gefängnisarbeit, S. 14.

133 *v. Liszt*, Gefängnisarbeit S. 15.

kritisierte er die damalige Praxis, Gefängnis- und Zuchthausgefangene pauschal nach einem Kriterienkatalog aus der Dauer der bereits verbüßten Strafe, guter Führung und dem verbleibenden Strafrest Außenarbeiten zu gewähren.[134] Eine solche pauschalisierte Zulassung zur Außenarbeit ohne weitere Differenzierungsmerkmale lehnte er als „eigentümliches Experiment"[135] von *Krohne* ab. Schwere Kritik übte *v. Liszt* dabei am Auswahlkriterium der guten Führung: „Aber gute Führung und Besserung sind zwei durchaus verschiedene Begriffe. Die sich am besten führen, das sind gerade die Unverbesserlichen, die den ganzen Betrieb der Anstalt kennen, die wissen, dass sie durch Arbeit Geld verdienen und dass sie sich Nahrungszusätze, Speck, Brot usw. kaufen können: das sind diejenigen, die sich gut führen im Sinne der Anstalt, die keine oder wenige Disziplinarstrafen bekommen. Diejenigen aber, die sich aufbäumen gegen die Zucht der Anstalt, die den Verlust der Freiheit nicht ertragen können, deren Nervensystem zusammenbricht, wenn die Thür hinter ihnen ins Schloß fällt, die eine Disziplinarstrafe nach der anderen bekommen: das sind die Erstlingsverbrecher. Die gute Führung ist also durchaus kein Beweis für Besserung."[136] *Liszt* warb daher für eine differenziertere Betrachtungsweise. Während die Gruppe der „Unverbesserlichen" vom Zugang zur Außenarbeit auszuschließen seien, plädierte er dafür, die Außenarbeit als festen Bestandteil in ein an irisches Vorbild angelehntes Stufenvollzugssystem zu integrieren, um der Gruppe der „Besserungsfähigen" und „Besserungsbedürftigen" einen schrittweisen Übergang in die Freiheit zu ermöglichen.[137] Dazu sollte dann der Stufenvollzug der Weimarer Republik einen entscheidenden Beitrag leisten.

6. *Bekenntnis zur Außenarbeit als Bestandteil des Stufenstrafvollzugs im Deutschen Reich (Deutsches Kaiserreich und Weimarer Republik)*

Zu Beginn des 20. Jahrhundert ermüdeten die Bemühungen, ein eigenständiges Strafvollzugsgesetz zu schaffen. Man begnügte sich damit, die Materie des Strafvollzuges in die Reformarbeiten zu einem neuen Strafgesetzbuch zu integrieren und dort als Teilbereich mitzuregeln. Alle Entwürfe eines neuen Strafgesetzbuchs erkannten die Außenarbeit sowohl bei Zuchthaus- als auch bei Gefängnisgefangenen als verfestigten Bestandteil des Stufenvollzugssystems (§§ 15 Abs. 2 Hs. 2, 17 Abs. 1 S. 3 E 1909; § 46 Abs. 1 S. 2 E 1911; §§ 49 Abs. 2 S. 2,

134 Vgl. *v. Liszt*, Gefängnisarbeit, S. 13 ff.
135 Vgl. *v. Liszt*, Gefängnisarbeit, S. 13.
136 *v. Liszt*, Gefängnisarbeit, S. 17.
137 *v. Liszt*, Gefängnisarbeit, S. 17 ff.

51 Abs. 1 S. 3 E 1913 I und nach der kriegsbedingten Aussetzung der Reformarbeit wieder § 45 Abs. 3 S. 2 und § 6 Abs. 2 S. 3 E 1919).[138] Während die meisten Entwürfe die Arbeit außerhalb der Anstalt lediglich gestatteten, war in § 46 Abs. 1 S. 2 des Gegenentwurfs zum Vorentwurf eines deutschen Strafgesetzbuches von 1911 sogar vorgesehen, dass auch Zuchthausgefangene, insbesondere gegen Ende der Strafzeit, tunlichst im Freien beschäftigt werden *sollen*. Verfechter des Stufenstrafvollzugs schätzten die Möglichkeit, verschiedene Strafzwecke und Haftformen in einer Stufenfolge, an deren Ende eine erfolgreiche Resozialisierung erhofft wurde, miteinander zu kombinieren.[139] Außenarbeit wurde als Vergünstigung der höchsten Stufe begriffen, wenngleich eingestanden werden muss, dass es an ausreichend verfügbaren Arbeitskräften fehlte, die solche Außenarbeiten anstelle der Gefangenen hätten ausführen können, und so nach wie vor ökonomische Erwägungen leitend waren.[140] Zur Außenarbeit herangezogen wurden Gefangene, denen die „Gemeinschaftshaft nicht schadet, oder als Übergang zur Freiheit sogar vorteilhaft ist"[141], „die in der Anstalt schon gezeigt haben, daß sie sich dem Strafzwang bedingungslos unterwerfen"[142] und „die mit Rücksicht auf die bereits verbüßte Strafzeit, auf ihre Führung während dieser Zeit und auf ihre persönlichen Eigenschaften der in der Außenarbeit liegenden Vergünstigung nicht unwürdig erscheinen und bei denen ein Mißbrauch nicht zu erwarten ist."[143] Funktional übernahm die Außenarbeit die Rolle der in Deutschland bis dahin noch nicht vorhandenen (irischen) Zwischenanstalten.[144] Trotz des stetigen Anstiegs der Zulassung zur Außenarbeit fehlte es nach wie vor an reichseinheitlichen Reglements.[145] Bis dahin musste auf die verschiedenen

---

138 Abgedruckt in *Vormbaum/Rentrop*, Reform des Strafgesetzbuches, Bd. 1.

139 Vgl. *Jagemann*, ZStW 34 (1913), 329 (338, 372); *Kriegsmann*, Gefängniskunde, S. 202 ff.; *Preiser*, ZStW 39 (1918), 328 (332 f.); *Schreiber*, ZStW 36 (1915), 133 (139 ff.); *Schattke*, Progression im Strafvollzug, S. 129 ff. m.w.N. Kritisch im Hinblick auf eine sinnvolle, zukunftsgewandte Beschäftigung in der Einzelhaftphase *Quanter*, Zuchtshaus- und Gefängniswesen, S. 294.

140 Vgl. *Schreiber*, ZStW 36 (1915), 133 (151).

141 *Schreiber*, ZStW 36 (1915), 133 (151).

142 *Schreiber*, ZStW 36 (1915), 133 (151).

143 *Andrae*, Strafvollzug, S. 29; vgl. auch *Klein*, Verwaltung und Strafvollzug, 3. Aufl., S. 119 ff.; *Wutzdorff*, in: Gefängniswesen, S. 178 (186).

144 Vgl. *Ellger*, ZStW 36 (1915), 554 (559); *Schattke*, Progression im Strafvollzug, S. 130, auch *Jagemann*, ZStW 34 (1913), 329 (384).

145 Mit dem Entwurf eines Gesetzes über die Vollstreckung von Freiheitsstrafen aus dem Jahr 1879 sollte die Außenarbeit in Fabriken und Bergwerken in § 22 verboten werden. Dieser Entwurf, mit dem das Einzelhaftsystem eingeführt werden sollte, scheiterte

Länderregelungen zurückgegriffen und unterschiedliche Handhabungen, die sich vor allem bei den Aufstiegsvoraussetzungen in höhere Stufen bemerkbar machten, in Kauf genommen werden.[146] Der Stufenaufstieg vollzog sich bei entsprechendem Wohlverhalten mancherorts durch bloßen Zeitablauf (beispielsweise in Hamburg und Sachsen) während andernorts verlangt wurde, dass ein Besserungswille bzw. ein Erziehungserfolg offen zu Tage getreten sein musste (z.B. Bayern, später auch Preußen).[147] Obwohl oder gerade weil sich der Stufenstrafvollzug im Grundsatz etabliert hatte, stieg das Bedürfnis nach einer einheitlichen gesetzlichen Grundlage.[148] Auf Initiative des den Vereinheitlichungsprozess vorantreibenden damaligen Reichsjustizministers *Gustav Radbruch* vereinbarten die Landesregierungen 1923 zunächst die „Grundsätze für den Vollzug von Freiheitsstrafen"[149], auf deren Grundlage 1927 sodann der „Amtliche Entwurf eines Strafvollzugsgesetzes" (E 1927) basierte. Die Gefangenen an Ordnung und Arbeit zu gewöhnen und sie sittlich so zu festigen, dass sie nicht wieder rückfällig werden, wurde zum ausdrücklichen Vollzugsziel des Weimarer Stufenstrafvollzugs erhoben (vgl. § 48 der Grundsätze von 1923 und § 57 E 1927).[150] Auch die Gefangenenarbeit sollte ihren Beitrag zum Resozialisierungsauftrag leisten. Korrelierend mit einer generellen Arbeitspflicht, die nach dem Entwurf von 1927 nunmehr auch auf Festungshaftgefangene und Gefangene in einfacher Haft ausgedehnt werden sollte, wurde den Gefangenen sodann ein (sittliches) Recht auf Arbeit zugestanden, um den schädlichen Auswirkungen des Freiheitsentzugs bestmöglich gegenzusteuern.[151] Der hohe Stellenwert der Außenarbeit wurde in

---

aber an der befürchteten Kostenlast. In den Bundesratsgrundsätzen aus dem Jahr 1897 fand die Materie der Außenarbeit keine Erwähnung.

146 Alle Deutschen Bundesländer erließen in den Jahren 1924 bis 1926 Dienst- und Vollzugsordnungen oder Richtlinien für den Stufenstrafvollzug, vgl. die Auflistung bei *Schattke*, Progression im Strafvollzug, S. 152 ff.

147 Vgl. *Schattke*, Progression im Strafvollzug. S. 138 f., 160 und die detaillierte Übersicht S. 277 f. sowie S. 300 f.

148 Vgl. die amtliche Begründung zum E 1927, Teil 2, S. 38.

149 Vgl. Reichsgesetzblatt II, 1923, S. 263 ff.

150 Ausführlich zum Ganzen *Schattke*, Progression im Strafvollzug, S. 45. Zur Unterscheidung bzw. Unterscheidbarkeit von Stufenstrafvollzug und progressiven Strafvollzug vgl. *Schalt*, Freigang, S. 25 m.w.N.

151 Vgl. § 78 Abs. 1 normiert eine Arbeitspflicht für alle Gefangenen, §§ 187 Abs. 1, 199 E 1927 betonen nochmals ausdrücklich, dass dies auch für Haftgefangene und Einschließungsgefangene (vormals Festungshaftgefangene) gelte. Vgl. dazu auch *Krohne*, Gefängniskunde, S. 338; *Mittermaier*, Gefängniskunde, S. 88; *Wutzdorff*, in: Gefängniswesen, S. 178 (179).

§ 63 S. 3 der Grundsätze 1923 und § 71 S. 1 E 1927, nach denen insbesondere die Beschaffung von Arbeiten im Freien in der Landwirtschaft und zur Ödlanderschließung zu bevorzugen sei, hervorgehoben. Durch § 76 der Grundsätze von 1923 bzw. § 76 Abs. 1 E 1927 wurde versucht, die beaufsichtigte Arbeit außerhalb des Anstaltsbereichs ausdrücklich zuzulassen.

Obwohl der E 1927 aufgrund der Auflösung des Reichstags 1930 nicht mehr in Gesetzesform gegossen werden konnte, prägte der Entwurf mit seinen Vorarbeiten die einzelnen landeseigenen Regelungen und das Gesicht des Strafvollzuges der Weimarer Republik. Baden, Württemberg und Hamburg haben in den späten 1920er Jahren Zwischen- und Außenanstalten auch ohne bundeseinheitliche Regelung etabliert.[152] Ein theoretisches Fundament für die praktische Umsetzung und Fortentwicklung des Stufenstrafvollzugs legte die preußische Verordnung über den Strafvollzug in Stufen von 1929, die neben Haftbedingungen auch die formellen und materiellen Voraussetzungen der verschiedenen Vollzugsstufen detailliert regelte. Die wohl bedeutsamste Neuerung der Verordnung war die beabsichtigte Einführung einer sog. Ausgangsanstalt, einer Sonderanstalt für Gefängnisgefangene der dritten und höchsten Stufe, die als unmittelbarer Vorläufer der offenen und halboffenen Anstalten gilt.[153] Entsprechend dem heutigen Freigang gab es für Gefangene der dritten Stufe (für die Zuchthausgefangene allerdings ausgeschlossen waren) sogar die Möglichkeit, bei einem freien Arbeitgeber zum tariflichen oder ortsüblichen Lohn außerhalb der Anstalt zu arbeiten.[154] Abermals – wie schon so oft in der Geschichte des Strafvollzugs – stieß das preußische Vorhaben an faktische Grenzen. Es standen schlichtweg keine geeigneten Bauten zur Nutzung als Ausgangsanstalten zur Verfügung, sodass den theoretischen Ansätzen der Verordnung keine praktische Erprobung nachfolgte.[155] Nichtsdestotrotz war der normative Grundstein der Etablierung der beiden beschäftigungsbezogenen Lockerungsformen, Außenbeschäftigung und Freigang, gelegt.

---

152 Vgl. *Schattke*, Progression im Strafvollzug, S. 170 m.w.N. dort in Fn. 5.

153 Vgl. Amtliche Ausgabe der preußischen Verordnung 1929, S. 19 ff., IX, X, XI; auch *Schattke*, Progression im Strafvollzug, S. 183; *Smolka*, Freigang, S. 16.

154 Vgl. Amtliche Ausgabe der preußischen Verordnung 1929, S. 21 f., XI Abs. 7.

155 Vgl. *Schattke*, Progression im Strafvollzug, S. 183.

II. Arbeitsunabhängige Lockerungen – Zur Entwicklung der Lockerungsformen Ausgang, Ausführung und Hafturlaub

1. Die vorzeitige Entlassung als Ursprung der arbeitsunabhängigen Lockerungsformen

In der Historie der arbeitsunabhängigen Lockerungen und ihrer gesetzlichen Normierung bedarf es eines wesentlich weniger weit zurückreichenden zeitlichen Rückgriffs als bei der Gefangenenarbeit. Der Begriff der Beurlaubung tauchte im ausgehenden 18. Jahrhundert erstmals im angelsächsischen Raum im Zusammenhang mit der Deportation während der Kolonisation auf. Anders als heute definierte sich Beurlaubung nach damaligem Begriffsverständnis jedoch nicht als lediglich temporäre Lockerung des Vollzugs. Vielmehr konnten beurlaubte Gefangene mit Ausstellung eines „Urlaubsscheins" („ticket of leave"), der nach ordnungsgemäß erbrachter Arbeitsleitung und einer Wohlverhaltensphase erteilt werden konnte, vorzeitig aus der Haft zur Bewährung entlassen werden, was eher der heutigen Strafrestaussetzung entspricht.[156]

Mit den §§ 23 ff. RStGB a.F. wurde das Rechtsinstitut der vorzeitigen Entlassung zur Bewährung einheitlich in das Reichsstrafgesetzbuch von 1871 überführt. Demnach konnten die zu längerer Zuchthaus- oder Gefängnisstrafe Verurteilten bei guter Führung nach Verbüßung von drei Viertel der erkannten Strafe, frühestens aber nach einer Mindestverbüßung von einem Jahr, aus der Haft entlassen werden. Regelungen zur zeitlich begrenzten Aufhebung der Einsperrung im Sinne von Vollzugslockerungen ließen sich im Reichsstrafgesetzbuch nicht finden. Mit Ausnahme der Regelungen über den Post- und Besuchsverkehr mit der Außenwelt[157] sahen weder der aus finanziellen Gründen gescheiterte[158] Entwurf eines Gesetzes über die Vollstreckung von Freiheitsstrafen der Reichsregierung von 1879 noch die Strafvollzugsgrundsätze aus dem Jahr 1897 vollzugsöffnende, arbeitsunabhängige Maßnahmen vor. Speziell im Hinblick auf Vollzugslockerungen brachten auch die nach der Jahrhundertwende folgenden Entwürfe eines Strafgesetzbuches E 1909, E 1911, E 1913 I–III und E 1919 keine Neuerungen. Gemeinsam ist den Entwürfen von 1909 bis 1913

---

156 Vgl. *Schattke*, Progression im Strafvollzug, S. 52; *Wentzel*, GA 1854, 713 (733); speziell für das Königreich Sachsen, *Weber*, Das sächsische Strafrecht, S. 163 ff.

157 §§ 36, 37 des Regierungsentwurfs vom 19. März 1879; §§ 32, 33 der Grundsätze von 1897.

158 Vgl. *Krohne*, Gefängniskunde, S. 148.

allenfalls der normative Wille, die Kontaktmöglichkeiten mit Personen außerhalb der Anstalt tendenziell restriktiv handhaben zu wollen.[159]

Einzug in das Strafvollzugswesen erhielt die Beurlaubung im heutigen Sinne zunächst nur als Ausnahme- oder Härtefallregelung. Kriegsbedingt wurden Strafaufschübe oder Strafurlaube während des ersten Weltkrieges gewährt, um die personellen Kapazitäten Gefangener zum Kriegsdienst oder zu Ernte- und Herbstbestellungsarbeiten nutzbar zu machen.[160] Zur Mitte des 19. Jahrhunderts gab es diverse landesrechtliche Regularien, die die unbeaufsichtigte Anstaltsabwesenheit zur Vermeidung besonderer beruflicher oder privater Härten wenigstens in Form einer urlaubsweisen Strafunterbrechung im Gnadenwege zuließen.[161] Der urlaubsbedingte Abwesenheitszeitraum wurde nicht auf die Strafzeit angerechnet.[162] Mehr als strafvollstreckungsrechtlicher Härteausgleich in diesem Sinne denn als strafvollzugliche Resozialisierungsmaßnahme ist beispielsweise Ziff. 4 der Allgemeinverfügung des Preußischen Justizministers vom 22. November 1911[163] zu verstehen, wonach der Leiter der Justizvollzugsanstalt („der Gefängnisvorsteher") Strafgefangene, die Haft- oder Gefängnisstrafen verbüßen (nicht jedoch Zuchthausgefangene) bis zu einer Woche beurlauben konnte, wenn die Einholung eines förmlichen Antrags bei der Vollstreckungsbehörde zeitlich nicht mehr möglich war.[164] Mit § 141 Abs. 6 der Dienst- und Vollzugsordnung der Justizvollzugsverwaltung in Preußen vom 1. August 1923 war zudem die Möglichkeit vorgesehen, im Falle von wichtigen Gründen die Anstalt stundenweise im Wege der Ausführung in Begleitung uniformierter Aufsichtsbeamten zu verlassen. Beispielhaft genannt wurden die Wahrnehmung zivilgerichtlicher Termine, die Besorgung persönlicher Angelegenheiten und die

159 Vgl. § 17 Abs. 3 E 1909; § 51 Abs. 3 E 1913 I; §§ 49 Abs. 3 S. 2, 51 Abs. 3 E 1913 II; §§ 51 Abs. 3 S. 2, 53 Abs. 3 E 1913 III.

160 Vgl. *Delaquis*, ZStW 39 (1918), 276 (277 f.) insb. mit Hinweis auf die Rundverfügung vom 16. Oktober 1916.

161 Vgl. *Nesselrodt*, Strafurlaub, S. 17 ff. m.w.N.

162 Vgl. *Nesselrodt*, Strafurlaub, S. 18; *Grosch*, Lockerungen im Jugendstrafvollzug, S. 44 u.a. mit dem Hinweis, dass eine Anrechnung des Urlaubs auf die Strafzeit im Gnadenwege erfolgeen konnte.

163 Abgedr. in: *Klein*, Verwaltung und Vollzug, 4. Aufl., S. 300.

164 Später dann auch § 142 Abs. 5 DVollzO für die Gefangenenanstalten der Justizverwaltung in Preußen vom 1. August 1923, abgedr. in: *Klein*, Verwaltung und Vollzug, 4. Aufl., S. 299. Zum Ganzen auch *Nesselrodt*, Strafurlaub S. 20 ff.; *Grosch*, Lockerungen im Jugendstrafvollzug, S. 42.

Teilnahme an Beerdigungen.[165] Eine Entscheidungskompetenz wurde den Justizvollzugsanstalten bei Urlauben und Ausführungen nur in Fällen besonderer Dringlichkeit zugestanden. Als Maßnahme der Strafvollstreckung oblag die Entscheidung über Vollzugslockerungen bis dato den Staatsanwaltschaften als Vollstreckungsbehörden.

Eine reichseinheitliche Fortentwicklung der arbeitsunabhängigen Lockerungsmöglichkeiten leisteten die Reichsratsgrundsätze der Weimarer Republik von 1923.[166] Der Vollzug in Stufen sollte im Lichte des Besserungs- und Erziehungsgedankens gem. § 130 der Grundsätze „auf der Grundlage aufgebaut sein, dass der Strafvollzug je nach Fortschreiten der inneren Wandlung des Gefangenen seiner Strenge entkleidet und durch Vergünstigungen, die nach Art und Grad allmählich gesteigert werden, gemildert werden und schließlich so weit erleichtert wird, daß er den Übergang in die Freiheit vorbereitet." Vorerst nur im Vollzug der Festungshaft, die für geringfügige Delikte verhängt wurde und gegenüber der Gefängnis- oder Zuchthausstrafe als mildere Vollzugsform galt, gab es mit § 176 der Grundsätze eine privilegierende Sondervorschrift, wonach nicht fluchtverdächtigen Festungshaftgefangenen ausnahmsweise Besuche bei außerhalb der Anstalt wohnenden Personen gestattet werden konnten. Wenngleich die Vorschrift dem heutigen Ausgang entspricht, ist zu konstatieren, dass eine Vollzugsöffnung im Form von Lockerungen auch im Stufenstrafvollzug der Weimarer Republik noch die Ausnahme bildete und sich die schrittweise gewährten Vergünstigungen und Hafterleichterungen nach wie vor auf den anstaltsinternen Bereich beschränkten.[167] Entgegen dem ersten Anschein des 10. Abschnitts, der zwar mit den Worten „Beurlaubung, Entlassung" übertitelt ist,[168] de facto aber nur Regularien zur endgültigen Entlassung aus der Haft enthält, lassen sich in den Grundsätzen keine weiteren extramuralen Lockerungsoptionen finden.

---

165 Abgedr. in: *Klein*, Verwaltung und Vollzug, 4. Aufl., S. 299; vgl. dazu ferner *Grosch*, Lockerungen im Jugendstrafvollzug, S. 42 f.

166 Vgl. Reichsgesetzblatt 1923 II, S. 263 ff.

167 Vgl. *Nesselrodt*, Strafurlaub, S. 23; auch *Kaiser*, in: Kaiser/Schöch, Strafvollzug, § 2 Rn. 29 ff.

168 Dies wird auf ein redaktionelles Versehen zurückgeführt, vgl. *Schäfer-Hauptvogel*, Deutsche Gesetzesentwürfe, S. 166 Fn. 1, zit. nach *Nesselrodt*, Strafurlaub, S. 24, das nach *Nesselrodt* jedoch dazu geführt haben könnte, dass der Strafurlaub nach den Vollzugsordnungen der Länder die Freiheitsstrafe unterbrach und folglich nicht auf die verbüßte Haftzeit angerechnet wurde.

Mit dem Entwurf eines Strafvollzugsgesetzes von 1927, einem neuerlichen Versuch, den Strafvollzug zu kodifizieren, sollten die Lockerungsmöglichkeiten eine wesentliche inhaltliche und konzeptionelle Erweiterung erfahren. Erstmals sah der Entwurf eine reichseinheitliche Regelung zum Hafturlaub vor. Dem Entwurf lag die Erkenntnis zugrunde, dass „eine allzu strenge Abschnürung der Gefangenen von der Außenwelt mehr Schaden als Nutzen" bringe.[169] Zum erklärten Ziel gehörte nunmehr, „dass der Gefangene die Berührung zur Außenwelt nicht verliert", dass eine Rückkehr in ein Leben zu verhindern sei, „an dem niemand mehr Anteil nimmt und der sich im Leben nicht mehr zurecht findet."[170] Der resozialisierenden Zielsetzung dienlich sollten die Regelungen zum Urlaub (§ 220 EStVollzG 1927) bzw. zum Tagesurlaub (§ 221 EStVollzG 1927), die sich im 15. Titel der Unterbrechung der Vollstreckung von Freiheitsstrafen finden, erstmals reichseinheitlich sein. Bemerkenswert ist hierbei, dass die Urlaubsgewährung nunmehr keinen Privilegierungstatbestand für Festungshaftgefangene (gem. § 16 Abs. 3 nun als Einschließungsgefangene bezeichnet) mehr bildete, wie zuvor etwa der Besuchsausgang in den Grundsätzen, sondern als Instrument des Stufenstrafvollzugs im Grundsatz allen Gefangenen zuteilwerden konnte.

Gefangenen, die eine zeitige Freiheitsstrafe verbüßten, konnte gem. § 220 Abs. 1 des Entwurfs ein Urlaub bis zu einer Woche gewährt werden, wenn die Ablehnung des Urlaubs für den Gefangenen oder seine Angehörigen eine erhebliche, außerhalb des Strafzwecks liegende Härte bedeutet hätte und die Gefahr, der Gefangene werde sich der Fortsetzung der Vollstreckung der Freiheitsstrafe entziehen, ausgeschlossen erschien. Da der Urlaub die Strafvollstreckung unterbrach, oblag die Entscheidung über einen solchen Härteausgleich grundsätzlich der Vollstreckungsbehörde. Der Vorsteher der Anstalt war vor der Entscheidung lediglich anzuhören (vgl. §§ 2, 218 Abs. 1 und Abs. 5 EStVollzG 1927). Waren die Urlaubsgründe so dringend, dass die Entscheidung der Vollstreckungsbehörde nicht abgewartet werden konnte, ging die Entscheidungskompetenz auf den Vorsteher der Anstalt über. Sollte dieser dann den Beurlaubungsantrag ablehnend bescheiden wollen, hatte er den Antrag unverzüglich unter Darlegung der Ablehnungsgründe der Vollstreckungsbehörde vorzulegen (vgl. § 220 Abs. 3 EStVollzG 1927). Daneben sollte mit dem Tagesurlaub eine weitere Lockerungsform etabliert werden. § 221 Abs. 1 EStVollzG 1927 ermöglichte dem Gefangenen die Anstalt zur Erledigung wichtiger und unaufschiebbarer Angelegenheiten persönlicher, geschäftlicher oder rechtlicher Art für einige Stunden unter Aufsicht

169 So die amtliche Begründung zum E 1927, Teil 2, S. 29.
170 Ebenda.

eines Beamten zu verlassen. In seinem Wesen entsprach der Tagesurlaub daher der heutigen Ausführung. Entgegen der Überschrift des 15. Titels unterbrach der in Abs. 2 des § 221 EStVollzG 1927 auch als Ausgang bezeichnete Tagesurlaub die Vollstreckung der Freiheitsstrafe nicht. Die Gewährung des Tagesurlaubs oblag dem Ermessen des Anstaltsleiters.

Ähnlich wie bei der Außenarbeit verfolgte der Entwurf das Ziel, die arbeitsunabhängigen Lockerungsformen, die die Länder größtenteils in den ländereigenen Dienst- und Vollzugsordnungen bereits geregelt und in die Vollzugspraxis überführt hatten, reichseinheitlich zu normieren.[171] Insofern brachte der Entwurf zwar keine wesentliche Neuerung, symbolisierte aber, mehr noch als die Grundsätze von 1923, die Abkehr vom reinen Verwahrungsvollzug hin zum Progressiv- und Stufenstrafvollzug und förderte die Anerkennung der positiven Auswirkungen einer nicht rein schematischen, sondern individuellen Vollzugsgestaltung durch Berücksichtigung persönlicher und privater Belange in Gestalt von Vollzugslockerungen zur Abmilderung der schädlichen Folgen des Freiheitsentzugs.[172]

Mit der Preußischen Verordnung über den Strafvollzug in Stufen vom 07. Juni 1927 knüpfte Preußen an das nicht realisierte Gesetzesvorhaben an und erweiterte den Stufenvollzug um eine weitere Lockerungsoption. Urlaubsgeeigneten Gefangenen der dritten und damit höchsten Stufe konnte unter Begleitung eines Beamten ein sonn- oder feiertäglicher Ausgang in der näheren Umgebung der Anstalt in Gruppen bis zu 15 Personen gestattet werden.[173] Geeignete Gefangene der zweiten Stufen konnten zudem die Anstalt zu einem max. einwöchigen, Gefangene der dritten Stufe zu einem zweiwöchigen Urlaub verlassen.[174] War weder Flucht- noch Missbrauchsgefahr zu befürchten, konnte der Vorsteher den Gefangenen neben dem ausdrücklich normierten Familienbesuch auch zu anderen Zwecken beurlauben, „wenn dies der Erziehung des Gefangenen dient oder die Fürsorge für ihn nach seiner Entlassung fördert."[175] Diese neue Zwecksetzung ist unter zweierlei Aspekten bemerkenswert: Zunächst wurde

---

171 Vgl. *Nesselrodt*, Strafurlaub, S. 24 mit Fn. 82 mit Hinweis auf *Schäfer-Hauptvogel*, Deutsche Gesetzesentwürfe, S. XIII f.

172 Vgl. *Nesselrodt*, Strafurlaub, S. 27.

173 Vgl. Abschnitt XII, Abs. 12, 14 der Verordnung über dem Strafvollzug in Stufen vom 07. Juni 1929.

174 Vgl. Abschn. VIII, Abs. 11 S. 1, Abschn. XII, Abs. 10, 11 S. 1 der Verordnung über dem Strafvollzug in Stufen vom 07. Juni 1929

175 Abschn. VIII, Abs. 11 der Verordnung über dem Strafvollzug in Stufen vom 07. Juni 1929.

dem Resozialisierungsgedanken damit auch im Bereich beschäftigungsunabhängiger Lockerungen erstmals erhöhte Bedeutung beigemessen. Zudem wurde die Lockerungsgewährung zunehmend als Resozialisierungsmaßnahme und weniger als Härtefallregelung verstanden.[176] Allerdings wirkte die Beurlaubung noch immer nicht als Teil der Strafvollstreckung, sondern als bloße Strafunterbrechung. Eine spätere Anrechnung auf die Strafzeit konnte nur auf dem Gnadenwege erfolgen.[177]

2. *Abkehr von Vollzugslockerungen – Renaissance des Vergeltungsprinzips im Nationalsozialismus*

Mit den Herrschaftsgrundsätzen des nationalsozialistischen Staates allerdings war ein progressives Stufenstrafvollzugssystem mit Vollzugslockerungen nicht in Einklang zu bringen. Folglich drängte die am 14. Mai 1934 in Kraft getretene Verordnung über den Vollzug von Freiheitsstrafen und Maßregeln der Sicherung und Besserung, die mit Freiheitsentziehung verbunden sind[178] den Erziehungs- und Besserungsansatz des Weimarer Stufenstrafvollzugs nahezu vollständig zurück, erhob stattdessen Sühne und Vergeltung wieder in den vollzuglichen Vordergrund (vgl. § 48 Abs. 1) und machte das Ergebnis jahrelanger Reformbestrebungen zunichte.[179] Sämtliche Formen vollzuglicher Lockerungen und Vergünstigungen, einschließlich der Möglichkeit einer vorzeitigen Haftentlassung zur Bewährung, wurden zunehmend zurückgedrängt[180], bis schließlich dem liberalen Stufenstrafvollzug durch die Strafvollzugsordnung vom 22. Juli 1940[181] gänzlich ein Ende gesetzt wurde, da sie dem Sühne- und Vergeltungsverlangen der nationalsozialistischen Ideologie keinen Dienst erweisen konnte.[182]

---

176 Vgl. *Grosch*, Lockerungen im Jugendstrafvollzug, S. 44.

177 *Grosch*, Lockerungen im Jugendstrafvollzug, S. 44; vgl. Abschn. VIII, Abs. 13 S. 1 und Abschn. XII, Abs. 11 S. 4 der Verordnung über dem Strafvollzug in Stufen vom 07. Juni 1929.

178 Vgl. RGBl. 1934 I, S. 383.

179 Vgl. zum Ganzen *Schattke*, Progression im Strafvollzug, S. 201 ff. Im Jugendstrafvollzug wurde der Erziehungsgedanke während des Nationalsozialismus beibehalten, vgl. hierzu ausführlich *Schattke*, a.a.O., S. 208 ff.

180 Vgl. *Nesselrodt*, Strafurlaub, S. 28 ff.; *Schattke*, Progression im Strafvollzug, S. 206 f.

181 Strafvollzugsordnung, abgedr. in der amtlichen Sonderveröffentlichung der deutschen Justiz, Ausgabe 21, Bd. 27.

182 Vgl. zum Ganzen *Kaiser*, in: Kaiser/Schöch, Strafvollzug, § 2 Rn. 32 ff.

3. *Wiederanknüpfung an die Reformbestrebungen der Weimarer Republik in Zeiten der Neuorientierung in der Nachkriegszeit*

Mit der Kontrollratsdirektive Nr. 19 vom 12. November 1945 („Grundsätze für die Verwaltung deutscher Gefängnisse und Zuchthäuser") rückten die Besatzungsmächte den Erziehungsgedanken zurück in den Fokus und knüpften in Abkehr zum Vergeltungs- und Abschreckungssystem des Dritten Reiches wieder an die Reformbestrebungen der Weimarer Republik an.[183] Im Bereich der Vollzugslockerungen sind zweierlei Entwicklungen besonders erwähnenswert. Zum nennen ist zum einen die Kompetenzverschiebung bei der Gewährung des Hafturlaubes. Die Entscheidungszuständigkeit ging von der Vollstreckungsbehörde auf die Anstaltsleitung über. Eine Zuständigkeitsbegrenzung auf Fälle besonderer Dringlichkeit war fortan nicht mehr vorgesehen. Zum anderen verdient die Gestaltung der Außenarbeit in der Nachkriegszeit besondere Erwähnung. Neben der notwendig gewordenen Trümmerbeseitigung wurden die Gefangenen zu unterschiedlichsten land- und forstwirtschaftlichen Tätigkeiten für anstaltseigene, staatliche oder private Betriebe bzw. Fabriken herangezogen.[184] Die Zulassung zu Außenarbeiten wurde als Vergünstigung gesehen und erfolgte nur an „vertrauenswerte, nicht fluchtverdächtige" Gefangene.[185] Die Arbeitskommandos wurden entweder täglich zur Arbeitsstelle und nach Verrichtung der Arbeit wieder zurück in die Anstalt verbracht oder sie verblieben unter Beaufsichtigung untergebracht in Baracken mehrere Tage außerhalb der Anstalt auf der Arbeitsstelle.[186] Die Verrichtung von Außenarbeiten war somit, anders als heute, nicht an die tägliche Rückkehr in die Anstalt gebunden. Zudem waren die Tätigkeitsfelder, in denen Gefangene einsetzt wurden, vielseitiger und die Gestaltungsmöglichkeiten breiter.

Während in der Bundesrepublik der 1950er Jahre die Fortentwicklung des Strafvollzugswesens einschließlich der Kodifizierung einer einheitlichen Gesetzesgrundlage abermals aufgrund traditioneller Kontroversen ins Stocken geriet[187] – die meisten Länder reaktivierten vorhergehende Strafvollzugsordnungen allerdings ohne Stufenstrafvollzugselemente[188] – wurden auf europäischer

183 Vgl. Amtsblatt des Kontrollrats Nr. 2, S. 46.

184 Vgl. *Mittermaier*, Gefängniskunde, S. 91 f.

185 *Mittermaier*, Gefängniskunde, S. 92.

186 Vgl. *Mittermaier*, Gefängniskunde, S. 92.

187 Vgl. *Kaiser*, in: Kaiser/Schöch, Strafvollzug, § 2 Rn. 49; *Peters*, Grundfragen der Strafrechtsreform, S. 25 f.

188 Vgl. hierzu *Schattke*, Progression im Strafvollzug, S. 213 ff.

Ebene 1955 durch den ersten Kongress der Vereinten Nationen für Verbrechensverhütung und Behandlung Straffälliger einheitliche Mindestgrundsätze für die Behandlung Strafgefangener (Standard Minimum Rules) beschlossen, die die Resozialisierung als Leitprinzip des Strafvollzugs festschrieben.[189]

4. Vollzugslockerungen als integrativer Bestandteil des Vollzugs in der Dienst- und Vollzugsordnung der Länder von 1961

a) Bestimmungen zu Vollzugslockerungen in der DVollzO

Indessen kam auch in Deutschland wieder Bewegung ins Strafvollzugsrecht. Mit der Dienst- und Vollzugsordnung der Länder vom 01. Dezember 1961 gelang es erstmals seit den Strafvollzugsgrundsätzen von 1923 wieder, mittels Verwaltungsvereinbarung eine bundeseinheitliche Grundlage für den Strafvollzug zu finden, die dann durch Erlasse und Allgemeinverfügungen länderspezifische Ergänzung erfahren konnte. Zum erklärten Zweck und Ziel des Strafvollzugs wurde gem. Nr. 57 Abs. 1 S. 1 DVollzO der Schutz der Allgemeinheit[190] und daneben dem Gefangenen zu der Einsicht zu verhelfen, dass er für begangenes Unrecht einzustehen hat und ihn wieder in die Gesellschaft einzugliedern. Neben general- und spezialpräventiven Zielvorstellungen hielt die DVollzO inmitten des traditionellen Zielpluralismus zwar ausdrücklich an einem Sühnegedanken fest. Das Sühnen begangenen Unrechts existierte aber nicht mehr um seiner selbst willen, sondern war „in den Dienst einer verinnerlichten Erziehung gestellt“.[191] Die DVollzO führte den in den Ländern ohnehin bereits vorgenommenen Abschied von einem starren Stufen- und Progressivsystem fort und forcierte stattdessen eine zunehmend individualisierende und differenzierende Vollzugsgestaltung, bei der neben der zu verbüßenden Strafzeit auch die Persönlichkeit und das Verhalten des Gefangenen Berücksichtigung finden konnten und sollten (vgl. Nr. 60, 62 DVollzO).

Sämtliche Vorschriften über Vollzugslockerungen waren im relativ umfangreichen zweiten Abschnitt der DVollzO „Behandlung und Verhalten der Gefangenen“ zu finden. Die nicht arbeitsbezogenen Lockerungen waren unter der amtlichen Überschrift „Ausführung. Urlaub“ in Nr. 165 DVollzO niedergelegt. Das vormals als Tagesurlaub definierte stundenweise Verlassen der Anstalt in Begleitung eines Beamten trug fortan die Bezeichnung Ausführung. In die

---

189 Vgl. insb. Nr. 56 bis Nr. 66 der Grundsätze.

190 Kritisch hierzu *Baumann*, in: Strafvollzugsreform, S. 21 (26), der in der Voranstellung „eine geradezu katastrophale Formulierung der Vollzugszwecke“ konstatiert.

191 *Schattke*, Progression im Strafvollzug, S. 216.

Entscheidungskompetenz des Anstaltsleiters gestellt konnte der Gefangene entweder aus vollzugs- oder verwaltungseigenen Gründen (vgl. Abs. 1) oder auf seinen Antrag hin zur Erledigung wichtiger und unaufschiebbarer Angelegenheiten persönlicher, geschäftlicher oder rechtlicher Art ausgeführt werden, soweit die Anwesenheit des Gefangenen außerhalb der Anstalt anlassbedingt erforderlich und aufgrund der Persönlichkeit des Gefangenen aber gleichzeitig unbedenklich war (vgl. Abs. 2). Abgesehen von den Bestimmungen zur Beaufsichtigung, der Weisungserteilung und der Kostentragung (vgl. Abs. 3 und 4) suchte man in der DVollzO allerdings vergebens nach konkreteren Vorgaben unter welchen sachlichen und persönlichen Voraussetzungen eine Ausführung genehmigt werden konnte. Selbst die Erläuterungen zur DVollzO eröffnen die Kommentierung der Nr. 165 mit dem Eingeständnis, dass es sich nicht darstellen lasse, „was alles wichtige *und* unaufschiebbare Angelegenheiten dieser Arten" sein können. Exemplarisch wird zumindest der Besuch am Sterbebett eines Angehörigen und das Heraussuchen und Ordnen von Geschäftspapieren genannt.[192]

Auf den Hafturlaub geht die DVollzO in Nr. 165 Abs. 5 lediglich mit der Feststellung ein, dass für die Bewilligung von Urlaub besondere Bestimmungen gelten. Die konkretisierende Ausgestaltung durch Verfügungen und Erlasse verblieb in der Zuständigkeit der Länder. Unabhängig von etwaigen landesspezifischen Besonderheiten[193] hatten sich bis dahin übereinstimmend drei Urlaubstypen herausgebildet. Möglich war die Erteilung von Urlaub demnach beim Tod oder der lebensgefährlichen Erkrankung eines Familienangehörigen bzw. zur Erledigung sonstiger wichtiger Angelegenheiten, zur Entlassungsvorbereitung oder zum Besuch bei Familienangehörigen.[194] Deutlicher und differenzierter als zuvor war die Urlaubsgewährung an einen bestimmten Zweck gekoppelt. Während der Familienbesuch der Aufrechterhaltung der familiären Bindungen dienen sollte, war der Entlassungsurlaub auf die Suche von Arbeit und Wohnung ausgerichtet, was nicht zuletzt die unterschiedliche Urlaubsdauer (3 bis 6 Tage beim Entlassungsurlaub und bis zu 14 Tage zum Familienurlaub) verdeutlicht.[195] Neben Fluchtgefahr, Gemeingefährlichkeit, der Einordnung als „besonders gefährlicher Sittlichkeitsverbrecher" und schlechter Führung haben sich u.a. mit einem anhängigen Abschiebungs- oder Auslieferungsverfahren,

192 Vgl. *Grunau*, Erläuterungen zur DVollzO, Nr. 165 Rn. 1.

193 Vgl. den Verweis auf die Spezialbestimmungen einzelner Länder bei *Grunau*, Erläuterungen zur DVollzO, Nr. 165 Rn. 11

194 Vgl. *Grunau*, Erläuterungen zur DVollzO, Nr. 165 Rn. 7

195 Vgl. *Grunau*, Erläuterungen zur DVollzO, Nr. 165 Rn. 7.

einer noch zu vollstreckenden Untersuchungshaft oder einer noch ausstehenden anderweitigen Unterbringung weitere Ausschlusskriterien herausgebildet,[196] die heute überwiegend in den Verwaltungsvorschriften Berücksichtigung finden. Weder die DVollzO noch einzelne Ländervorschriften gestanden dem Gefangenen beim Nichtvorliegen der Ausschlusskriterien einen Anspruch auf Urlaub zu. Vielmehr galten die Urlaubstage als gnadenweise Unterbrechung der Strafzeit, die nach einem beanstandungsfreien Urlaubsverlauf auf die verbleibende Strafzeit angerechnet werden konnten.[197]

Mit Nr. 91 enthielt die DVollzO eine allgemeine Bestimmung über die Ausgestaltung und die Zulassungsvoraussetzungen zur Außenarbeit, die den Regelungen im StVollzG immerhin ähnelt, ohne hierbei jedoch eine Differenzierung zwischen beaufsichtigter und unbeaufsichtigter Außenarbeit zu unternehmen. Die Entscheidung über die Zulassung der Außenarbeit überließ die DVollzO dem Anstaltsleiter, der die Auswahl der Gefangenen besonders sorgfältig vorzunehmen hatte, wobei aber Gefangene, „von denen ein Missbrauch der mit der Außenarbeit verbundenen Lockerung des Vollzugs zu befürchten" war, von der Außenarbeit fernzuhalten waren.

b) Kritische Betrachtung der DVollzO als Grundlage für Vollzugslockerungen

Letztlich versandte die DVollzO vereinzelte reformfreudige Signale, die Einführung von vollzugsöffnenden Maßnahmen und von Vollzugslockerungen verlief während des gesamten zeitlichen Geltungsbereichs aus verschiedensten Gründen dennoch eher zögerlich. Hierzu beigetragen haben wird sicherlich, dass die Rechtsnatur der DVollzO nicht unumstritten war. Während die herrschende Meinung der DVollzO zwar Rechtssatzcharakter zumindest im Innenverhältnis zwischen dem Vollzugspersonal und dem Gefangenen zubilligte, ging sie für andere nicht über eine bloße interne Verwaltungsanordnung hinaus.[198] So überrascht es nicht, dass das Bundesverfassungsgericht mit Aufgabe der Lehre des besonderen Gewaltverhältnisses als Legitimationsgrundlage vollzuglicher Eingriffe die Forderung aufstellte, den Strafvollzug auf eine ordnungsgemäße Rechtsgrundlage in Form eines formellen Gesetzes zu stellen.[199] Erschwerend hinterließ die DVollzO im Vergleich zum StVollzG innerhalb der Vollzugslockerungen diverse

196 Vgl. *Grunau*, Erläuterungen zur DVollzO, Nr. 165 Rn. 8.
197 Vgl. *Grunau*, Erläuterungen zur DVollzO, Nr. 165 Rn. 7, 9.
198 Stellvertretend für die h.M. *Müller-Dietz*, Strafvollzugsgesetzgebung, S. 28 ff. m.w.N. auch zur Gegenauffassung.
199 Vgl. BVerfGE 33, S. 1 ff.

inhaltliche und definitorische Lücken. So wurde die konkrete Ausgestaltung des Hafturlaubs vollständig der Regelungskompetenz der Länder überlassen. Einer eigenständigen Regelung zum Ausgang ermangelte es gänzlich. Zudem ließ die DVollzO eine Konkretisierung der Gestaltungsmöglichkeiten bei Außenarbeiten, namentlich die Unterscheidung zwischen Außenbeschäftigung und Freigang, vermissen. Gerade bei beiden letztgenannten Lockerungsformen und darüber hinaus auch bei der Abgrenzung zwischen dem sog. gelockerten Vollzug (vgl. Nr. 175 Abs. 5 DVollzO) und offenen bzw. freien Vollzugsformen bestanden erhebliche „Begriffsverwirrungen", zu deren Klärung der Regelungsgehalt, den die DVollzO leistete, nicht ausreichte.[200] Zu Recht sah sich die DVollzO daher dem Vorwurf ausgesetzt, in vielen vereinheitlichungsbedürftigen Bereichen, gerade auch bei den Vollzugslockerungen, keine umfangreichere, bundeseinheitliche Grundlage geschaffen zu haben.[201] Erschwerend trat hinzu, dass die DVollzO, ganz abgesehen von ihrer umstrittenen Rechtsnatur, beispielsweise für den Freigang nach überwiegender Ansicht keine ausreichende Rechtsgrundlage bot.[202] Vor dem Hintergrund der damaligen Rechtsprechung des Bundesgerichtshofs zur fahrlässigen Gefangenenbefreiung gem. § 347 StGB a.F. schien das Risiko der Verwirklichung dieses Straftatbestands im Erwachsenenstrafvollzug unverhältnismäßig hoch.[203] Erst das Gesetz zur Reform des Strafrechts vom 25. Juni 1969[204] entkriminalisierte die fahrlässige Gefangenenbefreiung und ebnete den Weg für großzügigere Lockerungsgewährung.

---

200 Unstimmigkeiten bei der Definition des Freigängers gab es bis in die 70er Jahre vgl. dazu *Schalt*, Freigang, S. 19 ff. m.w.N.; *Smolka*, Freigang, S. 6 f. Um ein weiteres Beispiel unklarer Begriffsbestimmung zu nennen ist auf *Grunau*, Erläuterungen zur DVollzO, Nr. 91 Rn. 2 zu verweisen, der in seiner Kommentierung zur Außenarbeit das Wesen des offenen Vollzugs beschreibt. Klärungsbedarf hinterlässt auch Nr. 175 Abs. 5 DVollzO, der offenlässt, ob er sich nur auf den inneranstaltlichen Bereich bezieht, so nämlich *Grosch*, Lockerungen im Jugendstrafvollzug, S. 50; anders dagegen aber *Smolka*, Freigang, S. 6 f. der den gelockerten Vollzug als Zwischenform zwischen Außenbeschäftigung und Freigang definiert. Ähnlich auch *Grunau*, Erläuterungen zur DVollzO, der in der Kommentierung zu Nr. 172 Abs. 5, Rn. 6 f. auch Bezug auf Außenarbeiten und Übergangsanstalten nimmt.

201 Vgl. *Greiffhagen*, DVollzO, S. 225 m.w.N.

202 Vgl. *Schalt*, Freigang, S. 29 m.w.N. Anders war dies im Jugendstrafvollzugsrecht, vgl. § 91 Abs. 3 JGG a.F., die vom 1953 bis 2008 galt.

203 Vgl. *Kaiser*, in: Kaiser/Schöch, Strafvollzug, § 2 Rn. 51 mit Hinweis auf BGH U. v. 19. Januar 1960 /1 StR 680/59.

204 Vgl. BGBl. I 1969, S. 645 ff.

Nach alledem soll freilich der positive Einfluss der DVollzO auf die Fortentwicklung der Vollzugslockerungen nicht unerwähnt bleiben. Die Länder waren gezwungen, sich normativ mit den Vollzugslockerungen auseinanderzusetzen. Der erhöhte Regelungsbedarf erhöhte auch deren Regelungstätigkeit in den ihnen überlassenen Bereichen.[205] Hierzu gab die DVollzO den Ländern die mittlerweile gefestigte Auffassung mit auf den Weg, dass externe Vollzugslockerungen nicht ausschließlich der Vermeidung vollzuglicher Härten dienen, Bedeutung nicht nur als Vergünstigungs- und Belohnungsinstrument gewinnen, sondern einen Beitrag zu Erreichung des Vollzugsziels der Resozialisierung leisten können.[206]

III. Das Strafvollzugsgesetz und die wichtigsten Entwürfe

Das reformfreudige Klima der 1960er Jahre erfasste zunächst das Strafrecht. Ein hierfür eingesetzter Sonderausschuss legte im Sommer 1969 die ersten beiden Gesetze zur Reform des Strafrechts vor.[207] Die vom Gedanken der Resozialisierung getragen Reformen wiesen dem künftigen Strafvollzug den Weg.[208] Direkten Einfluss auf das nachfolgende Unterfangen, endlich ein Strafvollzugsgesetz zu normieren, hatte die Abschaffung der Unterscheidung zwischen Haft-, Gefängnis- und Zuchthausstrafe zugunsten der Einführung einer Einheitsfreiheitsstrafe.[209] Dem Inkrafttreten des Strafvollzugsgesetzes im Jahr 1977 gingen einige Entwürfe voraus, die im Folgenden Erörterung finden sollen, wobei der Fokus auf den Vollzugslockerungen liegen wird. Eine Übersicht bietet die folgende Abbildung.

205 Vgl. *Nesselrodt*, Strafurlaub, S. 40 und dort die chronologische Übersicht zu den Urlaubsregelungen der Länder im Anhang I S. 295 ff.

206 Vgl. *Grosch*, Lockerungen im Jugendstrafvollzug, S. 51; *Nesselrodt*, Strafurlaub, S. 37, 41.

207 Vgl. Erstes Gesetz zur Reform des Strafrechts vom 25. Juni 1969, BGBl. 1969 I, S. 645 ff. und Zweites Gesetz zur Reform des Strafrechts vom 10. Juli 1969, BGBl. 1969 I, S. 717 ff.

208 Zur Kritik an der stufenweisen Reform des Straf- und dann des Strafvollzugsrechts, stellvertretend für viele *Baumann*, in: Strafvollzugsreform, S. 21 (23 ff.); vgl. auch *Müller-Dietz*, Strafvollzugsgesetzgebung, S. 25 f. m.w.N.

209 Ausführlich hierzu *Groll*, Einheitsstrafe, S. 181 ff.

Abbildung 2: Vergleich Lockerungen und Urlaub in den Entwürfen zum StVollzG in den 1970er Jahren

	Kommissionsentwurf	**Regierungsentwurf**	**Alternativentwurf**	**StVollzG**
		Namentlich		Namentlich
Lockerungen (i.e.S.)	Außenarbeit Freigang Ausgang Ausführung	Außenbeschäftigung Freigang Ausgang Ausführung	Außenarbeit Freigang Ausführung Ausgang	Außenbeschäftigung Freigang Ausführung Ausgang
	§ 12 Abs. 1	§ 11 Abs. 1	§ 57 Abs. 1	§ 11 Abs. 1
Positive bzw. negative Gewährungsvoraussetzungen	Anordnung, wenn Entziehung oder Missbrauch nicht zu befürchten	Anordnung, wenn Entziehung oder Missbrauch nicht zu befürchten	Versagung nur, wenn: Gefahr der Entziehung, Missbrauchsgefahr, Vollzugszielgefährdung zu befürchten	Anordnung, wenn Entziehung oder Missbrauch nicht zu befürchten
	§ 12 Abs. 2	§ 11 Abs. 2	§ 57 Abs. 4	§ 11 Abs. 2
Zustimmung der Inhaftierten erforderlich	(+) § 12 Abs. 2	(+) § 11 Abs. 2	(+) § 57 Abs. 2	(+) § 11 Abs. 2
Zuständigkeit	Anstaltsleiter § 12 Abs. 2	„Behörde" JVA (Vgl. Begründung S. 87)	Gespaltene Zuständigkeit zwischen Vollstreckungsgericht (gibt allg. Rahmen vor) und Anstaltsleitung (füllt diesen Rahmen im Einzelfall aus) § 57 Abs. 3	-
Ausführung aus besonderen Gründen	§ 12 a	§ 12	§ 57 Abs. 2	§ 12
Urlaub	§ 13	§ 13	§ 58	§ 13
Maximaldauer	14 Tage § 13 Abs. 1	14 Tage § 13 Abs. 1	14 Tage § 58 Abs. 1	21 Tage § 13 Abs. 1 S. 1

	Kommissionsentwurf	**Regierungsentwurf**	**Alternativentwurf**	**StVollzG**
Erstmalige Gewährung	Nach Verbüßung von ¼ der erkannten Strafe, mindestens 9 Monate § 13 Abs. 2 S. 1	Nach Verbüßung von ¼ der erkannten Strafe, mindestens 6 Monate § 13 Abs. 2 S. 1 Wenn Gefangener im geschlossenen und nicht im offenen Vollzug: max. Reststrafe von 18 Monaten § 13 Abs. 2 S. 2	Mind. 6 Monate vollzogen § 58 Abs. 2 S. 1	Mind. 6 Monate im Vollzug § 13 Abs. 2
Erstmalige Gewährung bei Lebenslänglichen	10 Jahre § 13 Abs. 1 Hs. 2	10 Jahre, oder in offenen Vollzug überwiesen § 13 Abs. 3	5 Jahre, § 58 Abs. 2 S. 2	10 Jahre Oder im offenen Vollzug § 13 Abs. 3
Zuständigkeit	-	-	Vollstreckungsgericht § 58 Abs. 1, 3	-
Unterbrechung der Vollstreckung/	(+)	Keine Unterbrechung § 13 Abs. 6	Keine Unterbrechung § 58 Abs. 4	Keine Unterbrechung § 13 Abs. 5
Anrechnung des Urlaubs auf Strafzeit	Anrechnung bei rechtzeitiger Rückkehr, § 13 Abs. 3	Keine Anrechnung	-	-
Wochenendurlaub	-	-	(+) § 58 Abs. 3	-
Zuständigkeit	-	-	Vollstreckungsgericht § 58 Abs. § S. 1	-

(*fortgeführt*)

Abbildung 2: Fortsetzung

	Kommissionsentwurf	**Regierungsentwurf**	**Alternativentwurf**	**StVollzG**
Sonderurlaub Entlassungsvorbereitung	Bis zu einer Woche § 16 Abs. 3	Bis zu einer Woche § 15 Abs. 3	Bis zu zwei Wochen § 65 Abs. 1 S. 1	Bis zu einer Woche § 15 Abs. 3
Urlaub u. Ausführung aus wichtigem Anlass	§ 37	§§ 35, 36	§ 61	§ 35
Zuständigkeit	Anstaltsleiter	Anstaltsleiter	Vollstreckungsgericht	Anstaltsleiter
Weisungen und Auflagen	Ausgang und Urlaub § 15 Abs. 1	Ausgang und Urlaub § 15 Abs. 1	Freigang, Ausgang, Urlaub durch Vollstreckungsgericht oder Anstaltsleitung, § 59 Abs. 1	Lockerungen u. Urlaub § 14 Abs. 1
Widerruf Rücknahme	Widerruf von Ausgang und Urlaub	Widerruf von Ausgang und Urlaub	Widerruf von Freigang, Ausgang und Urlaub	Widerruf von Ausgang und Urlaub
	§ 15 Abs. 2	§ 15 Abs. 2 S. 1 Rücknahme von Ausgang und Urlaub	Ausschließlich durch das Vollstreckungsgericht § 59 Abs. 2	§ 14 Abs. 2 S. 1 Rücknahme von Lockerungen und Urlaub
		§ 15 Abs. 2 S. 2		§ 14 Abs. 2 S. 2

1. Der Kommissionsentwurf (KE) von 1971

Anknüpfend an die strafrechtlichen Reformbewegungen setzte das Bundesjustizministerium im Herbst 1967 eine Kommission zur Ausarbeitung eines Strafvollzugsgesetzes ein, die den Entwurf eines Gesetzes über den Vollzug der Freiheitsstrafen und der freiheitsentziehenden Maßregeln der Besserung und Sicherung (Strafvollzugsgesetz) schließlich im Januar 1971 vorlegen konnte.[210] Erstmals seit dem gescheiterten E 1927 gelang es wieder, einen Vorschlag für ein einheitliches Strafvollzugsgesetz darzubieten.[211]

Der Kommissionsentwurf verzichtete auf die Formulierung eines Vollzugsziels, sondern schrieb die Befähigung des Gefangenen, künftig in sozialer Verantwortung ein Leben ohne Straftaten zu führen in § 3 KE als alleiniges Behandlungsziel fest. Anders als alle bislang vorgelegten Entwürfe, welche die vollzugsöffnenden Maßnahmen über den gesamten Gesetzestext streuten, bündelte der KE alle Vorschriften zum offenen Vollzug, den Vollzugslockerungen und dem Hafturlaub unter dem Titel „Planung des Vollzugs" (vgl. § 11 ff. KE). Gem. § 12 Abs. 2 KE durfte der Anstaltsleiter diese Lockerungen anordnen, wenn nicht zu befürchten war, dass der Gefangene sich dem Vollzug der Freiheitsstrafe entziehen oder die Lockerungen des Vollzuges zu weiteren Straftaten missbrauchen werde. Indem erstmals die beschäftigungsbezogenen Lockerungen, namentlich Außenbeschäftigung und Freigang, und auch die beschäftigungsunabhängigen, nämlich Ausführung und Ausgang, mit § 12 KE in einer gemeinsamen Vorschrift und sodann der Urlaub in § 13 KE definiert und die Zulassungsvoraussetzungen normiert waren, wurde ein gravierender Mangel der DVollzO beseitigt; es wurden die Vollzugslockerungen stärker und konsequenter als fester Bestandteil des Strafvollzuges verankert.

2. Der Regierungsentwurf (RE) von 1973

Auf den Kommissionsentwurf aufbauend fertigte die Bundesregierung im Sommer 1972 einen Folgeentwurf, der dann wegen der vorzeitigen Beendigung der VI. Wahlperiode des Bundestages im Januar 1973 vorgelegt wurde.[212] Bereits das Vorwort des Bundesministers der Justiz *Gerhard Jahn* in der amtlichen Ausgabe des Entwurfs weist die Vermeidung von Haftschäden und die Benachteiligung der Angehörigen durch eine starke Isolierung des Gefangenen von der

210 Entwurf eines Gesetzes über den Vollzug der Freiheitsstrafen und der freiheitsentziehenden Maßregeln der Besserung und Sicherung – Strafvollzugsgesetz, hrsg. v. Bundesministerium der Justiz Februar 1971

211 Vgl. hierzu und zu den weiteren Entwürfen, *Müller-Dietz*, Strafvollzugsrecht, S. 51 ff.

212 BT-Drs. 7/918.

Außenwelt als Schwerpunkt des Gesetzesvorhabens aus, dem durch Vollzugslockerungen und Unterbringung in offenen Anstalten nachgekommen werde sollte. Der Aufbau des Regierungsentwurfs orientierte sich im Wesentlichen am Kommissionsentwurf. Der Entwurf verzichtete aus Rücksicht auf verschiedene religiöse und weltanschauliche Ansichten über Schuld, Sühne und Verantwortung und zur Wahrung der staatlichen Neutralität auf die Formulierung eines Vollzugsziels und forciert in § 2 eine künftige, straffreie Lebensführung als Behandlungsziel.[213] Gegenüber dem Kommissionsentwurf gab sich der Regierungsentwurf in Teilen weniger reformfreudig[214] und erschien etwas restriktiver, was sich bei den Vollzugslockerungen bemerkbar machte.[215] Während der RE dem Gefangenen mit § 10 Abs. 1 beim Vorliegen aller Voraussetzungen einen subjektiven Anspruch auf Unterbringung im offenen Vollzug zubilligte, konnte man sich zu einer parallelen Ausgestaltung bei den Vollzugslockerungen nicht durchringen. Die Lockerungsentscheidung verblieb eine Ermessensentscheidung (vgl. der Wortlaut: Vollzugslockerungen „können angeordnet werden"). Zur Begründung, weshalb dem Gefangenen kein Recht auf Lockerungen gegeben werden konnte, wurde die Rücksichtnahme auf personelle und organisatorische Belange seitens der Justizvollzugsanstalt und die Aufrechterhaltung einer gewissen Flexibilität bei der Auswahl der Vollzugslockerungen ins Feld geführt.[216] Während die Abweichungen von den Vorschlägen des Kommissionsentwurfs bei den Vollzugslockerungen i.e.S. nur geringfügig waren, sind beim Hafturlaub einige Unterschiede zu konstatieren. Von einer Anrechnung des Urlaubs auf die Strafzeit wurde abgesehen, da ein Eingriff durch das Strafvollzugsrecht in das Strafvollstreckungsrecht vermieden werden sollte. Zudem wurde bezweifelt, überhaupt eine praktikable und gerechte Anrechnungsvorschrift finden zu können, die verschiedenste Urlaubsverläufe berücksichtigen hätte können.[217] § 13 Abs. 6 RE sah aus „kriminalpolitischen Gründen", namentlich der Kürze der Anstaltsabwesenheit und der Weisungsbefugnis von einer Unterbrechung

---

213 Vgl. BT-Drs. 7/918, S. 44. Kritisch hierzu *Baumann*, in: Strafvollzugsreform, S. 21 (28).

214 Vgl. *Kaiser*, in: Kaiser/Schöch, Strafvollzug, § 2 Rn. 68.

215 Ebenso bei der Unterbringung im offenen Vollzug. Hier plädierte der RE neben der Flucht- und Missbrauchsklausel als weiteres Kriterium zu verlangen, dass der Gefangene den Anforderungen des offenen Vollzugs genügen müsse und erhoffte sich, mit der Aufnahme dieses weiteren unbestimmten Rechtsbegriffs den Bedürfnissen der Praxis ausreichend gerecht zu werden, vgl. BT-Drs. 7/918, S. 51.

216 Vgl. BT-Drs. 7/918, S. 52. Nichts anderes gilt bei den entlassungsvorbereitenden Vollzugslockerungen gem. § 15 RE, vgl. BT-Drs. 7/918, S. 55.

217 Vgl. BT-Drs. 7/918, S. 53 f.

der Strafvollstreckung während des Zeitraums der Beurlaubung ab.[218] Wie auch der Kommissionsentwurf (§ 13 Abs. 2 S. 1) ließ § 13 Abs. 2 S. 1 RE den Urlaub erstmals zu, wenn ein Viertel der erkannten Strafe vollzogen war, wobei letzterer Paragraph die im Kommissionsentwurf vorgeschlagene Mindestverbüßung von 9 Monaten auf 6 herabsetzten wollte. Indem der Hafturlaub erst für zulässig erklärt wurde, wenn bis zum errechneten Strafende die Vollstreckung von maximal 18 Monaten ausstand, wurden die Zulassungsvoraussetzungen um eine starre Reststrafenregelung mit Einfügung des § 13 Abs. 2 S. 2 RE ergänzt.

Der Bundesrat empfahl in seiner Stellungnahme zum Regierungsentwurf neben der Resozialisierung in Anlehnung an die DVollzO einen Sühne- und Vergeltungsaspekt (der Gefangene „soll die Einsicht gewinnen, dass er für sein Unrecht und seine Schuld einzustehen hat") und den Schutz der Allgemeinheit als Ziele des Vollzugs festzuschreiben.[219] Der Bundesrat lehnte es ab, die Unterbringung im offenen Vollzug als gebundenen Anspruch zu gestalten und schlug stattdessen die Formulierung als Ermessensnorm vor. Zudem präferierte er eine abweichende Fassung der Flucht- und Missbrauchsklausel in §§ 10 und 11. Statt der Formulierung des Regierungsentwurfs, dass Lockerungen angeordnet werden können, *„wenn nicht zu befürchten ist,* dass der Gefangene sich dem Vollzug der Freiheitsstrafe entziehen oder die Lockerungen des Vollzuges zu Straftaten missbrauchen werde", wurde vorgeschlagen, die Unterbringung im offenen Vollzug bzw. Lockerungen anordnen zu können, *„wenn zu erwarten ist,* dass der Gefangene sich dem Vollzug der Freiheitsstrafe nicht entziehen oder die Lockerungen des Vollzuges nicht missbrauchen wird."[220] Der Bundesrat warf dem Regierungsentwurf in seiner Stellungnahme vor, durch die verwendete negative Formulierung der Flucht- und Missbrauchsklausel („nicht zu befürchten ist") das Risiko der Entziehung bzw. des Missbrauchs der Allgemeinheit und nicht dem Gefangenen aufzuerlegen.[221] In einer Gegenäußerung erwehrte sich die Bundesregierung dieses Vorwurfes. Zum einen sei der Schutz der Allgemeinheit ausreichend gesichert. Zum anderen sah die Bundesregierung die Gefahr, dass die positive Prognostizierung künftigen Wohlverhaltens zu einer Überlastung der Entscheidungsträger führen und somit auch dem Zweck der Vorschrift widersprechen würde. Die Vorschrift beabsichtige eine Verpflichtung des Anstaltsleiters die Lockerung zu versagen, wenn Anhaltspunkte für eine

218 Vgl. BT-Drs. 7/918, S. 53.
219 Vgl. BT-Drs. 7/918, S. 108.
220 Vgl. BT-Drs. 7/918, S. 110 f.
221 Vgl. BT-Drs. 7/918, S. 110 f.

Flucht- bzw. Missbrauchsgefahr vorliegen. Einen Zwang zur Ablehnung für den Fall, dass eine sichere positive Wohlverhaltensprognose (noch) nicht getroffen werden kann, beinhalte sie jedoch nicht.[222] Dem Missbrauchstatbestand galt ein weiterer Streitpunkt. Der Regierungsentwurf wollte Lockerungen nur im Falle der Gefahr des Missbrauchs zur Begehung *einer Straftat* verwehren, während dem Bundesrat eine solche Beschränkung auf strafrechtlich relevante Fehltritte nicht genügte.[223]

3. *Der Alternativentwurf des Arbeitskreises deutscher und schweizerischer Strafrechtslehrer (AE) von 1973*

1973 wurde der Alternativentwurf des Arbeitskreises deutscher und schweizerischer Strafrechtslehrer vorgelegt. Zum Ziel des Vollzugs erklärt der Alternativentwurf einzig die Förderung der Wiedereingliederung des Verurteilten in die Rechtsgemeinschaft (vgl. § 2 Abs. 1 AE). Der dritte Titel des zweiten Abschnitts zur Vollzugsorganisation widmete sich den Lockerungen und dem Urlaub. Hier sind zwei entscheidende Abweichungen zu den vorherigen Entwürfen hervorzuheben. Die Entziehungs- und Missbrauchsgefahr bzw. die Gefährdung des Vollzugsziels waren als negative Tatbestandsmerkmale formuliert. D.h. lägen bestimmte Umstände vor, die eine solche Gefahr begründen, dann, und nur dann, dürften die Lockerungen nach § 57 Abs. 2 AE versagt werden. Darüber ob und wie diese Formulierung die Prognosepraxis im Vollzugsalltag tatsächlich verändert hätte, kann nur spekuliert werden.

Die zweite wesentliche Abweichung von allem bisher Dagewesenen hätte eine deutlicher spürbarere praktische Änderung mit sich gebracht. Bei der Entscheidung über die Gewährung von Vollzugslockerungen sah der Alternativentwurf in § 57 Abs. 3 ein arbeitsteiliges Zusammenwirken zwischen dem Vollstreckungsgericht und der Justizvollzugsanstalt bzw. dem Anstaltsleiter vor. Etwas verkürzt dargestellt oblag die Grundsatzentscheidung über das „ob" dem Vollstreckungsgericht, während das „wann" und das „wie" in die Zuständigkeit der Anstaltsleitung fiel. Der Entwurfsbegründung folgend sollte die Vorentscheidung über die generelle Zulassung und die Auswahl unter den denkbaren Lockerungen für einen Gefangenen das Vollstreckungsgericht unter Einbeziehung der Anregungen des vollzuglichen Behandlungsplans treffen, während der Anstaltsleiter dann für die konkrete Anordnung im Einzelfall zuständig sein sollte.[224]

222 Vgl. BT-Drs. 7/918, S. 133.

223 Vgl. BT-Drs. 7/918, S. 110 f., 133.

224 Vgl. *Baumann*, Alternativ-Entwurf, Vorbemerkung vor § 57, S. 121; § 57, S. 123.

Seitens des Gerichts hätte ein Rahmenprogramm vorgegeben werden sollen, das der Justizvollzugsanstalt einen Ermessensspielraum belässt, der es ihr gestattet, aufgrund „der größeren Sachnähe" in größerem Umfang als das Gericht auch „Zweckmäßigkeitserwägungen" in die Entscheidung einzubeziehen. Die Justizvollzugsanstalt wäre an den vorgegebenen Rahmen aber gebunden gewesen und hätte sich „nur aufgrund von bestimmter, vom Gericht nicht einbezogener Umstände" darüber hinwegsetzen dürfen.[225] Die Lockerungsentscheidung selbst war für beide Entscheidungsträger als Ermessensentscheidung gestaltet, die sich jedoch gem. § 57 Abs. 3 AE am „Prinzip der Erprobungsprogression" zu orientieren hatte, was bedeute, dass dem Erprobungszweck mit näher rückendem Entlassungstermin höheres Gewicht beigemessen worden wäre.[226] Einzig der gem. § 61 Abs. 1 AE aus wichtigem Anlass zu gewährende Sonderurlaub war nicht als Ermessensentscheidung, sondern als subjektiver Anspruch geformt.

Wie der Entwurf selbst einräumte, sollte mit der geteilten Zuständigkeit „nicht nur gesetzestechnisch ein Experiment" gewagt werden.[227] Dabei war den Verfassern des Entwurfs durchaus bewusst, dass der vorgeschlagenen Kompetenzverteilung gewichtige Einwände entgegen zu halten waren. So nahmen die Verfasser die Befürchtung vorweg, dass auch ein vollzugsnahes Vollstreckungsgericht mit der Entscheidung überfordert werden könnte. Die Dualität der Entscheidungsfindung würde die Gefahr des „richterlichen Hineinregierens" in den Zuständigkeitsbereich der JVA bergen. Ferner fürchtete man eine Verschlechterung des Verhältnisses zwischen Gefangenen und Anstalt, wenn die Anstaltsleitung den vom Gericht vorgegebenen Lockerungs-/Urlaubsstatus nicht oder nicht vollständig umsetzt.[228] Trotz dieser Bedenken sah man die Vorteile – nämlich die Befreiung der JVA von einer Vielzahl von Entscheidungen und von der alleinigen Verantwortlichkeit für die Richtigkeit der Prognose – überwiegen. Gerade im Bereich der Urlaubsgewährung erhoffte man sich so eine Verbesserung des Klimas innerhalb der Justizvollzugsanstalt.[229] Selbige Erwägungen führten zu einer von den Vorentwürfen gänzlich abweichenden Zuständigkeit beim Widerruf der mit einer Weisung verbundenen Lockerung in § 59 AE. Zwar konnte eine Lockerung sowohl vom Gericht als auch der JVA mit einer Weisung versehen werden, die Widerrufsentscheidung bei Zuwiderhandeln gegen diese

225 Vgl. *Baumann*, Alternativ-Entwurf, § 57, S. 123.
226 *Baumann*, Alternativ-Entwurf, § 57, S. 123.
227 *Baumann*, Alternativ-Entwurf, § 57, S. 123.
228 Vgl. *Baumann*, Alternativ-Entwurf, § 57, S. 123.
229 Vgl. *Baumann*, Alternativ-Entwurf, § 57, S. 123.

blieb aber dem Vollstreckungsgericht vorbehalten.[230] Im offenen Vollzug hätten Urlaub und Lockerungen die Regel sein sollen, weshalb es einer Erstentscheidung des Vollstreckungsgerichts mit Ausnahme des Regelurlaubs nicht bedurft hätte (vgl. § 60 AE).

Der Zuständigkeitsausweitung der Gerichte bei den Vollzugslockerungen erwehrten sich die Strafvollzugsbediensteten in ihrer Stellungnahme mit allen Kräften. Sie fürchteten, sich in ein zu starkes Abhängigkeitsverhältnis zu begeben und ihre eigenen Gestaltungsmöglichkeiten einbüßen zu müssen.[231] Dazu gesellte sich der Einwand, dass die Erstentscheidung dem Behandlungsteam, das sich aus vollzugsnahen und vollzugserfahrenen Fachkräften zusammensetzt, entzogen wird.[232]

4. *Das Strafvollzugsgesetz von 1977*

Der angerufene Sonderausschuss sprach sich entsprechend dem Regierungsentwurf dafür aus, die Gewährungsvoraussetzungen für Lockerungen nicht zu hoch anzusetzen und erteilte damit der Forderung des Bundesrates, Lockerungen nur im Falle einer positiven Erwartung hinsichtlich des Ausbleibens eines Missbrauchs zu gewähren, eine Absage.[233] Die Ausgestaltung als Ermessensvorschrift und die Ausdehnung der Widerrufsmöglichkeiten stelle einen ausgleichenden Kompromiss dar.[234] Der Vorschlag des Alternativentwurfs über eine modifizierte Kompetenzverteilung fand im weiteren Gesetzgebungsverfahren keinerlei Berücksichtigung.

Am 16. März 1976 schließlich, nachdem auch die Zustimmung des Bundesrates eingeholt werden konnte, wurden die 100 Jahre dauernden Bemühungen um ein einheitliches Bundesstrafvollzugsgesetz mit dessen Verkündung belohnt.[235] Am 1. Januar 1977 trat es in Kraft. Die Normierung der Lockerungen und des Hafturlaubes in §§ 11 ff. StVollzG wurde bereits erörtert. Dem Vollzugsziel der Resozialisierung verschrieben waren nun Vollzugslockerungen und Hafturlaub als fester Bestandteil des Strafvollzuges in das Strafvollzugsgesetz integriert.

---

230 Vgl. *Baumann*, Alternativ-Entwurf, § 57, S. 125
231 Stellungnahme des Bundes der Strafvollzugsbediensteten, S. 9, 29.
232 Stellungnahme des Bundes der Strafvollzugsbediensteten S. 29.
233 Vgl. BT-Drs. 7/3998, S. 9.
234 Vgl. BT-Drs. 7/3998, S. 9, 11, 60.
235 Vgl. BGBl. I 1976, S. 581 ff.

D. Normative Grundlagen der Lockerungen nach der Föderalismusreform – Eine vergleichende Darstellung

– varietas delectat? –

I. Die Föderalismusreform des Jahres 2006

Die Entfernung von drei Worten aus dem Grundgesetz im Zuge der Föderalismusreform vom 01. September 2006, eine scheinbar nur geringfügige Änderung, novellierte die normative Ausgangslage für den Strafvollzug grundlegend. In seiner vorherigen Fassung schrieb Art. 74 Abs. 1 Nr. 1 GG das „bürgerliche Recht, das Strafrecht und den Strafvollzug" als Regelungsgegenstände konkurrierender Gesetzgebung der Zuständigkeit des Bundes zu. Mit Streichung der Worte „und den Strafvollzug" aus den Kompetenztiteln des Art. 74 Abs. 1 Nr. 1 GG verblieben lediglich das bürgerliche Recht und das Strafrecht als Gegenstände der konkurrierenden Gesetzgebung des Bundes. Die gesamte Materie des Strafvollzugs dagegen wurde der Gesetzgebungskompetenz des Bundes entzogen und ist in Folge der Zuständigkeitsvermutung des Art. 70 Abs. 1 GG fortan der alleinigen Zuständigkeit der Länder zugeführt.[236] Den Kostenträgern des Vollzuges ist seitdem auch die gesetzgeberische Verantwortung übertragen. Von der Föderalismusnovelle versprach sich der Gesetzgeber die Entflechtung von Zuständigkeiten, die kostenoptimierende Stärkung der Eigenständigkeit von Bund und Ländern, eine deutlichere Zuweisung politischer Verantwortung und eine effizientere und zweckmäßigere Aufgabenerfüllung.[237] Gerade für den Bereich des Strafvollzugs schätzten die Verfechter der Reform die Möglichkeit, „sicherheits- und kriminalpolitische Akzente"[238] setzen zu können und sahen einem innovativen „Wettlauf um das beste Vollzugskonzept" entgegen.[239]

Mehrheitlich wurde diese Kompetenzverlagerung jedoch von heftiger, selten so einhelliger Kritik und schwerwiegenden Bedenken aus Wissenschaft, Verbänden und Praxis begleitet.[240] In gebotener Kürze sollen zunächst die wichtigsten

---

236 BGBl. I, 2034 f.

237 Vgl. BT-Drs. 16/813, S. 1, 7 f. Die Neuordnung der Gesetzgebungskompetenzen befürwortend *Ipsen*, NJW 2006, 2801 ff.; eher kritisch *Degenhart*, NVwZ 2006, 1209 ff.

238 *Merk* in einem Interview mit dem Forum Strafvollzug, FS 2007, 19 (19).

239 *Merk* (Interview), FS 2007, 19 (21).

240 Vgl. nur der Aufruf der Strafrechtswissenschaftler u.a. vom Dezember 2004, abgedruckt bei *Cornel*, NK 2005, 2 f.; die formulierten Mindestbedingungen an die Ländergesetzgebung der Bundesvereinigung der Anstaltsleiter im Strafvollzug e.V. (abrufbar unter: https://www.rechtsausschuss.bremische-buergerschaft., zuletzt abgerufen am 17.03.2018); Stellungnahme der Vereinten Dienstleistungsgewerkschaft (ver.di) vom

allgemeinen Einwände gegen die Verlagerung zusammengefasst werden, bevor der Blick wieder den Vollzugslockerungen zugewandt wird. Primär fürchtete man, dass die ohnehin schon verschiedenartig ausgestaltete Vollzugspraxis in den Ländern noch weiter auseinander driften würde und so in dem grundrechtssensiblen Bereich des Strafvollzugs weder Rechtseinheit noch Rechtsgleichheit im erforderlichen Maß gewährt werden könne[241], sondern gegenteilig Rechtszersplitterung und Kleinstaaterei „Tür und Tor“ geöffnet werden würde.[242] Ehemals einheitliche qualitative Standards würden Sparmaßnahmen zum Opfer fallen, wodurch einer Ersetzung des Behandlungsvollzugs zu Lasten des Resozialisierungsziels durch bloßen Verwahrungsvollzug Vorschub geleistet werde würde.[243] Eine Übertragung der Gesetzeskompetenz auf die Länder ohne Notwendigkeit widerspreche den über ein Jahrhundert andauernden Vereinheitlichungsbemühungen in der Historie des Strafvollzugs und spielte bislang, wie *Müller-Dietz* in diesem Kontext anmerkte, in der Historie des Vollzugs „bezeichnenderweise nie eine Rolle“.[244] Nicht zuletzt schien eine Dezentralisierung des Vollzugs auch mit den straf- und strafprozessrechtlichen Europäisierungstendenzen nicht im Einklang zu stehen bzw. diesen zuwider zu laufen.[245] Ohne Bündelung der

---

17. Mai 2006, abrufbar unter: https://bund-laender.verdi.de, zuletzt abgerufen am 17.03.2018); Stellungnahme des deutschen Richterbundes vom März 2006, abrufbar unter: http://webarchiv.bundestag.de, zuletzt abgerufen am 17.03.2019); Stellungnahme des Bundes der Strafvollzugsbediensteten vom 12. Mai 2006, (abrufbar unter: http://webarchiv.bundestag.de, zuletzt abgerufen am 17.03.2019); *Caspari*, DRiZ 2006, 142; *Dünkel*, NK 2005, 5 f.; *ders./Schüler-Springorum*, ZfStrVo 2006, 145 ff.; *Köhne*, ZRP, 2006, 195 f.; ders. NK 2008, 9 ff.; *Kopp*, ZfStrVo 2006, 3 f.; *Kreuzer*, ZfStrVo 2006, 137 (138 f); *Maelicke*, NK 2006, 89; *ders.*, FS 2007, 9 ff.; *Müller-Dietz*, ZRP 2005, 156 ff.; *ders.*, ZfStrVo 2005, 38 ff.; *Prantl*, FS 2007, 22; *Rehn*, NK, 2005, 3 ff.; *Schüler-Springorum*, in: FS Böttcher, S. 403 ff.; die Vor- und Nachteile zusammenfassend *Ullmann*, Länderstrafvollzugsgesetze, S. 3 ff.

241 Vgl. *Dünkel*, NK 2005, 5 (5 f); *Müller-Dietz*, ZRP 2005, 156 (158); vgl. auch die Stellungnahme der Strafrechtslehrer, vgl. bereits Fn. 240.

242 Vgl. *Dünkel/Schüler-Springorum*, ZfStrVo 2006, 145 (149); *Müller-Dietz*, ZfStrVo 2005, 38 (38 f.).

243 Vgl. *Dünkel/Schüler-Springorum*, ZfStrVo 2006, 145 (146); *Köhne*, ZRP 2006, 195 (196) spricht von einem „Wettbewerb der Einsparungen“; ferner *Maelicke*, NK 2006, 89; so auch eine der Kernaussagen der Stellungnahme des Bundes des Strafvollzugsbediensteten, vgl. Fn. 240.

244 *Müller-Dietz*, ZRP 2005, 156 (158); vgl. ferner *ders.*, ZfStrVo 2005, 38 (38 f.); *Koop*, ZfStrVo 2006, 3 (3).

245 Vgl. *Müller-Dietz*, ZRP 2005, 156 (159); *ders.*, ZfStrVo 2006, 38 (39 f.); *Schüler-Springorum*, in: FS Böttcher, S. 403 (410).

Kompetenzen für Strafrecht, Strafprozess- und Strafvollzugsrecht könne es zu einer Verschiebung des ineinander verzahnten und aufeinander abgestimmten (ansonsten bundeseinheitlichen) Systems des Kriminalrechts führen, was sich über den Vollzug hinaus auch auf die anderen beiden Materien auswirken könne.[246] Dies betreffe insbesondere den der Strafvollstreckung vorgelagerten Bereich der Strafzumessung, dem die Verfestigung länderspezifischer Divergenzen drohe, obwohl die Gesetzeskompetenz für das Strafrecht nach wie vor beim Bund angesiedelt ist. Zum Dreh- und Angelpunkt dieses Einwands wurde § 46 Abs. 1 S. 2 StGB. Demnach sind die Wirkungen, die von der Strafe für das künftige Leben des Täters in der Gesellschaft zu erwarten sind, bei der richterlichen Strafzumessung zu berücksichtigen. Die Wirkung der Freiheitsstrafe könne kaum losgelöst von der Gestaltung und Ausrichtung des anzuwendenden Vollzugssystems bewertet werden. Abhängig von der Gestaltung des Vollzugs in den einzelnen Ländern könne auch die jeweilige Wirkung der Freiheitsstrafe eine andere sein, weshalb dann auch die Strafzumessung länderspezifisch divergieren könnte, ggf. sogar müsste.[247] Zudem sah man die Gefahr, den Vollzug, insbesondere dessen Öffnung, zum Spielball sich wandelnder politischer und wahlkampforientierter Interessen werden zu lassen und so populistischen Forderungen vor wissenschaftlichen Erkenntnissen Vorrang einzuräumen.[248] Schlagwortartig lassen sich die vorgebrachten Einwände in dem von Dünkel und Schüler-Springorum aufgegriffenen und vielzitierten Wettbewerb der Schäbigkeit bündeln.[249]

Betrachtet man die dünne (nahezu ausschließlich politische) Argumentation der Befürworter, so scheint es jedenfalls als „einsame Entscheidung"[250] des Gesetzgebers bedenklich, dass so zahlreiche und gewichtige Gegenstimmen wider die Zuständigkeitsverlagerung unerhört blieben.

II. Vollzugslockerungen im Ländervergleich

Anhand der Vollzugslockerungen soll nun erörtert werden, ob sich die befürchteten Auswirkungen der Föderalismusreform in den entstandenen

---

246 Vgl. *Müller-Dietz*, ZfStrVo 2005, 38 (39); *ders.*, ZRP 2005, 156 (157 f.); *Klingner*, FS 2007, 104; *Köhne*, ZRP 2006, 195 (195 f.).

247 Vgl. die Stellungnahme des deutschen Richterbundes (siehe Fn. 240); Ausführlich zu den (möglichen) Auswirkungen auf die Strafzumessung: *Caspari*, DRiZ 2006, 142; *Köhne*, NK 2008, 9 ff.

248 Vgl. *Dünkel/Schüler-Springorum*, ZfStrVo 2006, 145 (145); mahnend auch die Stellungnahme der Strafrechtslehrer (Fn. 240).

249 Vgl. schon *Klingst*, DIE ZEIT, 52/2004 vom 16. Dezember 2004.

250 *Frommel* (Standpunkt), NK 2005, 7.

Landesstrafvollzugsgesetzen tatsächlich niedergeschlagen haben.[251] Eine solche Erörterung vermag ein ganzheitliches Resümee nicht zu leisten, da eine Vielzahl von organisatorischen, sachlichen, personellen und rechtlichen Rahmenbedingungen nicht in die Betrachtung einfließen können.[252] Aus diesem Grund beschränkt sich die folgende Gegenüberstellung nicht auf die Vorschriften zu den Vollzugslockerungen und dem Hafturlaub, sondern bezieht wenigstens die Vollzugsziele und Aufgaben sowie das Verhältnis zwischen offenem und geschlossenem Vollzug in die Erwägung ein.[253] Die Untersuchung, ob die gewonnenen normativen Befunde mit den tatsächlichen Verhältnissen übereinstimmen, schließt mit einem Vergleich der statistischen Datenlage zur Lockerungsgewährung in den Ländern.

1. Landesstrafvollzugsgesetze der „ersten Phase"

Obwohl Eile zumindest im Erwachsenenstrafvollzug[254] nicht geboten gewesen wäre, da das Strafvollzugsgesetz gem. Art. 125a Abs. 1 GG als partikulares Bundesrecht fortgegolten hätte, soweit und solange es nicht durch ein Landesgesetz ersetzt wird, haben Bayern, Niedersachsen, Hamburg, Baden-Württemberg und Hessen teilweise recht zeitnah nach Inkrafttreten der Föderalismusreform von ihrer Gesetzeskompetenz Gebrauch gemacht. Gemeinsam ist diesen ersten fünf Landesgesetzen, dass eine koordinierte Abstimmung anders als im Musterentwurf[255] nicht stattgefunden hat, sondern die Gesetze jeweils autonom von den jeweiligen Ländern ausgearbeitet wurden. Diese Regelungswerke werden hier als Landesstrafvollzugsgesetze der ersten Phase bezeichnet.

a) Bayern

Als erstes Land fertigte Bayern das Gesetz über den Vollzug der Freiheitsstrafe, der Jugendstrafe und der Sicherungsverwahrung (BayStVollzG) aus, das zum

251 Vgl. zum Ganzen auch *Dünkel/Pruin*, NK 2018, 21 ff.; *R. Schneider*, Strafvollzug und Jugendstrafvollzug, S. 137 ff.

252 Vgl. *B.-D. Meier*, in: FS Kreuzer, S. 527 (529, 541 f.).

253 Vgl. dazu und zum föderalen Jugendstrafvollzug auch die ausführliche Darstellung von *Dünkel/Pruin*, NK 2018, 21 ff.

254 Anders dagegen im Jugendstrafvollzug, wo das BVerfG in seinem Urteil vom 31. Mai 2006 eine gesetzliche Verankerung des Jugendstrafvollzugrechts forderte und hierfür eine Frist bis Ende 2007 einräumte, BVerfGE 116, 69 (81 ff., 93).

255 Dazu sogleich.

1. Januar 2008 in Kraft trat.[256] Durch eine aufsehenerregende Abweichung zum Bundesstrafvollzugsgesetz wurde die Voranstellung des Schutzes der Allgemeinheit vor weiteren Straftaten in Art. 2 S. 1 BayStVollzG zur erstgenannten Vollzugsaufgabe erhoben. Dass dieser Schutz u.a. durch eine gründliche Prüfung vollzugsöffnender Maßnahmen gewährleistet wird, betonen generalklauselartig Art. 4 BayStVollzG und speziell für Gewalt- und Sexualstraftäter Art. 15 BaySt-VollzG. Die erst im Folgenden in Art. 2 S. 2 BayStVollzG als Befähigung, künftig in sozialer Verantwortung ein Leben ohne Straftaten zu führen umschriebene Resozialisierung ist mit dem Klammerzusatz Behandlungsauftrag versehen, der sodann in Art. 3 BayStVollzG konkretisiert wird. Auf die ausdrückliche Benennung einer resozialisierenden *Ziel*setzung verzichtet das Bayerische Strafvollzugsgesetz gänzlich.

Das Bundesstrafvollzugsgesetz ließ an der Erhebung der Resozialisierung in § 2 S. 1 StVollzG zum alleinigen Vollzugsziel und ihrem Vorrang vor der Schutzaufgabe keine Zweifel offen.[257] Schließlich vermag eine resozialisierende Zielsetzung mehr noch als eine bloße Aufgabenbeschreibung zum Ausdruck bringen, dass Resozialisierung nicht nur Ziel der Behandlung sondern personelle, finanzielle und strukturelle Richtschnur des ganzen Vollzugssystems sein soll.[258] Folglich drängt sich die Frage auf, ob in Bayern mit dieser Umstellung eine Zurücksetzung der Resozialisierung hinter die Schutzaufgabe einhergeht. Der Gesetzesbegründung lässt sich eine solche Herabstufung nicht eindeutig entnehmen. Dort möchte man das verfassungsrechtliche Resozialisierungsgebot durch Art. 2 S. 2 BayStVollzG zum Ausdruck gebracht wissen. Dass die Vollzugsbehörden verpflichtet seien, „die gesamte Vollzugstätigkeit, auf eine wirkungsvolle, dem genannten *Ziel* dienende Behandlung auszurichten", solle durch die „Formulierung <Behandlungsauftrag> verdeutlicht" werden.[259] Ferner wird

---

256 BayStVollzG vom 10. Dezember 2007, BayGVBl. 2007, S. 866. Zum Ganzen *Arloth*, JA 2008, 561 ff. Mit dem Gesetz über den Vollzug der Sicherungsverwahrung und der Therapieunterbringung (BaySvVollzG) vom 22. Mai 2013 (BayGVBl. 2013, S. 275) sind diese Regelungsbereiche aus dem BayStVollzG herausgenommen worden und nunmehr eigenständig geregelt.

257 So die h.M. Vgl. nur *Lindemann*, in: AK-StVollzG, StVollzG, § 2 Rn. 1, 7; *Jehle*, in: SBJL, StVollzG, § 2 Rn. 8; *Neubacher*, in: LNNV, StVollzG, Abschn. B Rn. 28; *Laubenthal*, Strafvollzug, Rn. 149 f.; *Schöch*, in: Kaiser/Schöch, Strafvollzug, § 6 Rn. 10 ff.; *Seebode*, Strafvollzug, S. 100; *Walter*, Strafvollzug, Rn. 272 ff.; einschränkend aber *Arloth*, in: Arloth/Krä, StVollzG, § 2 Rn. 10 „Gleichrangigkeit der Vollzugs**aufgaben**", wobei auch dort betont wird, dass die Resozialisierung das alleinige Vollzugs**ziel** bleibt.

258 Vgl. *Callies/Müller-Dietz*, StVollzG, § 2 Rn. 3 f.; *Böhm*, in: FS Lüderssen, S. 807 (807).

259 Bayerischer Landtag, Drs. 15/8101, S. 49.

die Gleichstellung beider Aufgaben betont („Beide Aufgaben sind tragende und selbstständige Aufgaben des Vollzugs") und versichert, dass eine Änderung der bisherigen Rechtslage gerade nicht beabsichtigt sei.[260] Andererseits wird mehr als deutlich hervorgehoben, dass der Schutz der Allgemeinheit keinesfalls die nachrangige Aufgabe darstellen würde.[261] Der ausdrückliche Verzicht auf ein resozialisierendes Vollzugsziel und die Umstellung der Rangfolge bei den Vollzugsaufgaben erschweren es, der Versicherung in der Gesetzesbegründung, dass eine Änderung der Rechtslage gerade nicht beabsichtigt war, Glauben zu schenken.[262] Als verfassungsrechtliches Gebot bleibt eine resozialisierende Vollzugsausrichtung aber ohnehin alternativlos.[263] Um den bitteren Beigeschmack einer Distanzierung vom bisherigen Vollzugsziel abzustreifen,[264] wäre eine gesetzgeberische Klarstellung des Vorrangs des Resozialisierungsziels durchaus erwägenswert.

Das Regel-Ausnahme-Verhältnis zwischen offenem und geschlossenem Vollzug wurde gegenüber dem StVollzG umgekehrt, in dem die Unterbringung im geschlossenen Vollzug gem. Art. 12 Abs. 1 BayStVollzG zur Regelunterbringung deklariert wurde. Die tatbestandlichen Voraussetzungen für eine Unterbringung im offenen Vollzug wurden nicht geändert.

Auf dem Gebiet der Vollzugslockerungen und des Hafturlaubs sind gegenüber dem StVollzG nur wenige Änderungen des Gesetzeswortlauts erfolgt. Verschärft wurden die Urlaubsgewährungsvoraussetzungen für zu lebenslanger Freiheitsstrafe verurteilte Gefangene, indem die Mindestverbüßung in Art. 13 Abs. 3 BayStVollzG von 10 auf 12 Jahre angehoben wurde. Zum Novum wird Art. 15 BayStVollzG, der sich im Gegensatz zum Bundesstrafvollzugsgesetz nicht damit begnügt, besondere Vorschriften für Gewalt- und Sexualstraftäter bei der

---

260 Bayerischer Landtag, Drs. 15/8101, S. 49; *Arloth*, in: Arloth/Krä, StVollzG, § 2 Rn. 10; BayVerfGH FS 2009, 267 (268).

261 Bayerischer Landtag, Drs. 15/8102, S. 1, 44, 49.

262 Kritisch auch *R. Schneider*, Strafvollzug und Jugendstrafvollzug, S. 138 f.

263 Vgl. beispielsweise *Laubenthal*, Strafvollzug, Rn. 141 und das sogleich folgende Kapitel 2.

264 So insb. *Neubacher*, in: LNNV, StVollzG, Abschn. B Rn. 32, 36 f. Kritisch auch *Lindemann*, in: AK-StVollzG, § 2 Rn. 9; *Jehle*, in: SBJL, StVollzG, § 2 Rn. 11; *Köhne*, NStZ 2009, 130 (131); *Ullmann*, Länderstrafvollzugsgesetze, S. 119. Anders aber *Arloth*, in: Arloth/Krä, StVollzG, Art. 2 BayStVollzG Rn. 1, der trotz der Neuformulierung des Gesetzestextes und der „missverständlichen Gesetzesbegründung" wie schon zu § 2 StVollzG weiterhin von einem alleinigen Vollzugsziel der Resozialisierung und zwei gleichwertigen Vollzugsaufgaben ausgeht. Vgl. dazu auch *Arloth*, JA 2008, 561 (562); *ders.*, GA 2008, 129 (130).

Gewährung von vollzugsöffnenden Maßnahmen in Verwaltungsvorschriften festzuhalten, sondern die Pflicht zur besonders gründlichen Prüfung in Gesetzesform gegossen hat.[265] Die Ersetzung der „namentlich" anordenbaren Lockerungen, durch ein „insbesondere" ist lediglich eine marginale Veränderung gegenüber § 11 Abs. 1 StVollzG. Schon für das StVollzG des Bundes herrschte Einigkeit, dass die enumerativ gelisteten Lockerungsarten nicht abschließend dargestellt sind, sondern die Möglichkeit zur Etablierung weiterer Lockerungsformen zumindest theoretisch besteht.[266]

b) Niedersachsen

Vier Tage nach dem bayerischen Strafvollzugsgesetz folgte die Ausfertigung des Niedersächsischen Justizvollzugsgesetzes (NJVollzG), das ebenfalls zum 01. Januar 2008 in Kraft trat.[267] Es regelte neben dem Vollzug der Freiheitsstrafe den Vollzug der Jugendstrafe, der Untersuchungshaft und ursprünglich auch die Unterbringung in der Sicherungsverwahrung.[268] Der mit dem Vollzug der Freiheitsstrafe befasste zweite Teil stellt in § 5 NJVollzG die Resozialisierung (S. 1) und den Schutz der Allgemeinheit (S. 2) ausdrücklich als gleichwertige Vollzugs*ziele* nebeneinander.[269] Entsprechend der bayerischen Regelung wird in § 12 Abs. 1 NJVollzG der geschlossene Vollzug zum Regelvollzug. Das Zustimmungserfordernis für eine Unterbringung im offenen Vollzug entfällt. Der Regelurlaub wird nunmehr in § 13 Abs. 1 Nr. 3 NJVollzG bei den Lockerungen im engeren Sinn mitgeregelt, so dass eine Verweisung, wie sie § 13 Abs. 1 S. 2 StVollzG enthielt, unterbleiben konnte. Diese Zusammenfügung definiert den Hafturlaub als Vollzugslockerung und hebt dessen Qualifizierung als vollzugliche Behandlungsmaßnahme hervor.[270] Gegenüber dem StVollzG haben sich die Voraussetzungen für die unbeaufsichtigten Lockerungen verengt. Ausgang und Freigang sollen gem. § 13 Abs. 3 S. 1 NJVollzG erst angeordnet werden, *wenn hinreichende Erkenntnisse* über den Gefangenen vorliegen, aufgrund derer *verlässlich beurteilt* werden kann, ob im Einzelfall vom Vorliegen einer Flucht- bzw.

---

265 Kritisch *Dünkel/Pruin*, NK 2018, 21 (26).

266 Vgl. nur *Arloth*, in: Arloth/Krä, StVollzG, § 11 Rn. 2; *Callies/Müller-Dietz*, StVollzG, § 11 Rn. 3; *Laubenthal*, in: LNNV, StVollzG, Abschn. E Rn. 126.

267 NJVollzG vom 14. Dezember 2007, Nds. GVBl. Nr. 41/2007, S. 720, Gliederungsnr. 34210. Zum Ganzen *Feest*, StV 2008, 553 ff.; *Paeffgen*, StV 2009, 46 ff.

268 Nunmehr Niedersächsisches Sicherungsverwahrungsvollzugsgesetz vom 12. Dezember 2012, Nds. GVBl., S. 566, Gliederungsnr. 34140.

269 Kritisch *Neubacher*, in: LNNV, StVollzG, Abschn. B Rn. 35.

270 Niedersächsicher Landtag Drs. 15/3565, S. 69.

Missbrauchsgefahr ausgegangen werden muss. Um diese Einschätzung treffen zu können, sind die Vollzugsdauer und die Länge des bereits verbüßten Teils zu berücksichtigen. Eine konkrete Mindestverbüßungsdauer wird hier nicht genannt. Gem. § 13 Abs. 3 S. 2 NJVollzG ist die Urlaubsgewährung an die vorherige Bewährung in Ausgängen oder Freigängen gekoppelt. Die Mindestverbüßungsdauer für die Beurlaubung eines zu einer lebenslangen Freiheitsstrafe verurteilten Gefangenen wurde zwar bei 10 Jahren belassen, mit § 13 Abs. 4 Hs. 2 NJVollzG wurden aber auch Ausgang und Freigang mit einer Sperrfrist von 8 Jahren versehen, die es in dieser Form weder im StVollzG noch in den bundeseinheitlichen Verwaltungsvorschriften gab. In dieser Form als Novum zu beurteilen ist § 16 NJVollzG. Danach wird eine Begutachtung oder eine körperliche Untersuchung bei bestimmten Gefangenengruppen (Lebenslängliche, Tötungsdelinquenten, Sexualstraftäter, Gefangene mit Abhängigkeits- oder Suchtverhalten) ausdrücklich für erforderlich erklärt, bevor eine Verlegung in den offenen Vollzug oder eine Vollzugslockerung erfolgen kann. Durch das Zustimmungserfordernis (§ 16 Abs. 3 S. 1 NJVollzG) wird zwar klargestellt, dass eigentlich keine Verpflichtung zu einer Untersuchung besteht, allerdings führt § 16 Abs. 3 S. 2 NJVollzG deutlich die Konsequenzen einer Verweigerung vor Augen: In der Regel gilt der Gefangene für eine Unterbringung im offenen Vollzug oder zu Lockerungen dann als ungeeignet.

c) Hamburg

Nahezu zeitgleich verabschiedete der hamburgische Gesetzgeber das Gesetz über den Vollzug der Freiheitsstrafe, der Jugendstrafe und der Sicherungsverwahrung vom 14. Dezember 2007 (HmbStVollzG -1), das ebenfalls zum 01. Januar 2008 in Kraft trat.[271] Auch das Strafvollzugsgesetz in Hamburg verabschiedete sich zunächst von dem alleinigen Vollzugsziel der Resozialisierung. Dem Behandlungsauftrag wurde der Sicherungsauftrag als Vollzugsaufgabe vorangestellt (vgl. § 2 Abs. 1 HmbStVollzG-1). Eine Verpflichtung des Gefangenen, an seiner eigenen Behandlung mitzuwirken, wurde gesetzlich verankert (§ 5 Abs. 1 HmbStVollzG-1). Die Mitwirkung galt, neben einer verbleibenden Reststrafe von maximal 18 Monaten und dem Ausschluss von Betäubungsmittelkonsum, als eines der drei in § 12 Abs. 2 HmbStVollzG genannten Eignungskriterien für Vollzugslockerungen.

---

271 HmbGVBl. 2007, S. 471; Ausführlich und kritisch hierzu *Dressel*, ZRP 2009, 146 ff.; sowie *Rehn*, NK 2008, 34 ff.; *R. Schneider*, Strafvollzug und Jugendstrafvollzug, S. 146 ff.

Mit Verlust der absoluten CDU-Mehrheit in Hamburg nach der Bürgerschaftswahl im Jahr 2008 einigte man sich im schwarz-grünen Koalitionsvertrag auf die Änderung dieses Gesetzes.[272] Mit Wirkung zum 01. September 2009 wurde das HmbStVollzG-1 aufgehoben und durch das Gesetz über den Vollzug der Freiheitsstrafe und der Sicherungsverwahrung HmbStVollzG-2 ersetzt.[273] Der mit der politischen Machtänderung verbundene Kurswechsel schlug sich zunächst in der Rückgängigmachung der Degradierung der Resozialisierung nieder. Das erstgenannte Vollzugsziel Resozialisierung und die Aufgabe, die Allgemeinheit zu schützen, stehen sich nunmehr wieder *gleichwertig* gegenüber (§ 2 S. 1, 2 HmbStVollzG-2). Ferner wird in S. 3 explizit klargestellt, dass zwischen Ziel und Vollzugsaufgabe kein Gegensatz besteht. § 11 Abs. 1 HmbStVollzG-2 benennt zunächst die alternativen Unterbringungsmöglichkeiten im offenen oder im geschlossenen Vollzug und räumt dann in Abs. 2 S. 1 dem offenen Vollzug Vorrang bei Eignung des Gefangenen ein. Die Zustimmung der Gefangenen zu Lockerungen oder zur Unterbringung im offenen Vollzug ist nicht mehr erforderlich. Seit dem Jahr 2013 trifft der Hamburger Strafvollzug die Lockerungsentscheidung im Gleichlauf zum Musterentwurf mittels der Verantwortungs- und Erprobungsklausel.[274] Großzügiger als das Bundesstrafvollzugsgesetz erlaubt das Hamburger Strafvollzugsgesetz die Beurlaubung bzw. die Freistellung aus der Haft mit § 12 Abs. S. 1 Nr. 2 HmBStVollzG-2 bis zu 24 Tagen im Jahr. Lockerungen werden durch den Verweis in § 12 Abs. 1 S. 3 HmBStVollzG-2 auf § 11 Abs. 3 HmbStVollzG-2 an eine weitere, gesetzlich normierte Voraussetzung geknüpft: Bei groben Gewalt- oder Sexualstraftätern ist vor einer Lockerungsmaßnahme zwingend eine Stellungnahme eines behandelnden Psychologen oder ein psychiatrisches Gutachten einzuholen. Abweichend zu § 12 Abs. 2 HmbStVollzG-1 entfielen Mindestverbüßungsdauer und die Frage des Betäubungsmittelkonsums als ausdrückliches Eignungskriterium für vollzugsöffnende Maßnahmen. Die Möglichkeit, die Eignung für Lockerungen bei unterbliebener oder mangelhafter Mitwirkung an der Behandlung seitens des Gefangenen abzusprechen, wurde allerdings beibehalten (§§ 5 Abs. 1 S. 1, 12 Abs. 2 HmbStVollzG-2). Damit ergibt sich ein ambivalentes Bild: Auf der

272 Zu den politischen Hintergründen *Dressel*, ZRP 2009, 146 (147).

273 HmbStVollzG vom 14. Juli 2009, HmbGVBl. 2009, S. 257. HmbStVollz-2 orientierte sich am Nachbarland Schleswig-Holstein, das zu diesem Zeitpunkt bereits am Musterentwurf mitarbeitete, vgl. *Dressel*, ZRP 2009, 146 (147). Zwischenzeitlich wurde in Hamburg auch das Gesetz über den Vollzug der Sicherungsverwahrung vom 21. Mai 2013 (HmbGVBl. 2013, S. 211) erlassen.

274 Vgl. Gesetz vom 13. Mai 2013, HmbGVBl. 2013, S. 211.

einen Seite steht die Verpflichtung des Gefangenen zur Mitwirkung, auf die zwar nicht disziplinarisch, aber durch die Versagung von Lockerungen reagiert werden kann, andererseits ist die Bereitschaft zur Mitwirkung zu fördern. Der Wert einer durch Ahndungen erzwungenen Freiwilligkeit minimiert sich.[275]

d) Baden-Württemberg

Zwei Jahre nachdem in drei Bundesländern die ersten Strafvollzugsgesetze erlassen und in Kraft gesetzt waren, trat am 01. Januar 2010 das Gesetzbuch über den Justizvollzug in Baden-Württemberg (JVollzGB) in Kraft.[276] Positive Spezialprävention bleibt alleiniges Ziel des Strafvollzugs (§ 1 JVollzGB III).[277] Eine Unterbringung im offenen Vollzug ist dem Gesetzeswortlaut des § 7 JVollzGB III zufolge nach wie vor die vorrangig anzustrebende Vollzugsform, wobei eine Zustimmung des Gefangenen nicht mehr erforderlich ist. Die Lockerungsgewährung – nunmehr als vollzugsöffnende Maßnahme bezeichnet – ist in Baden-Württemberg von einer weiteren nunmehr ausdrücklich genannten Voraussetzung abhängig gemacht worden: Der Gefangene muss für die jeweilige vollzugsöffnende Maßnahme auch *geeignet* sein. Dies wäre entsprechend § 9 Abs. 1 der Fall, wenn insbesondere die Persönlichkeit als ausreichend gefestigt betrachtet werden kann und Flucht- und Missbrauch nicht zu befürchten sind. Konkretere Angaben, unter welchen Umständen eine solche Eignung speziell für Vollzugslockerungen anzunehmen ist, enthält weder das Gesetz noch die Begründung hierzu.[278] Die Verwaltungsvorschrift VV Nr. 7.8 zu § 9 JVollzGB III enthält zumindest den Hinweis, dass die Mitwirkungsbereitschaft des Gefangenen am Vollzugsziel ein zu berücksichtigendes Eignungskriterium ist. Ergänzt wurde

---

275 Vgl. *Köhne*, JR 2012, 14 (16), kritisch auch *Dünkel/Pruin*, NK 2018, 21 (26), *Laubenthal*, in: LNNV, StVollzG, Abschn. E Rn. 147, 153; *R. Schneider*, Strafvollzug und Jugendstrafvollzug, S. 151 ff.

276 BWJVollzGB vom 10. November 2009, GVBl. 2009, S. 545. Vgl. *Kinzig/Richter*, FS 2011, 317 ff.

277 Berechtigt den Widerspruch zur vorangestellten Schutzaufgabe in § 2 Buch 1 BWJVollzGB aufzeigend aber *Arloth*, in: Arloth/Krä, StVollzG, § 2 Buch 1 BWJVollzGB Rn. 1.

278 Auf die Eignung stellte bereits die VV Nr. 7 Abs. 1 zu § 11 StVollzG ab. Lediglich die Eignungskriterien für die Überweisung in den offenen Vollzug konkretisiert die Begründung zum Gesetzesentwurf, vgl. Landtag Baden-Württemberg, Drs. 14/5012, S. 212. Als zu unbestimmt und daher als ungeeignet ablehnend dagegen *Lesting/Burkhardt*, in: AK-StVollzG, § 38 Rn. 57. Zustimmend dagegen *Arloth*, in: Arloth/Krä, StVollzG, § 9 Buch 3 BWJVollzGB Rn. 2.

der Ausgang in Begleitung einer Bezugsperson in § 9 Abs. 2 Nr. 2 JVollzGB III. Im Übrigen bleibt dieses Gesetz im Bereich der Lockerungen recht nahe am Bundesstrafvollzugsgesetz.

e) Hessen

Als letztes Land der ersten Phase ohne Beteiligung am gemeinsamen Musterentwurf erließ Hessen sein eigenes Vollzugsgesetz. Das am 28. Juni 2010 verabschiedete Hessische Gesetz über den Vollzug der Freiheitsstrafe und der Sicherungsverwahrung (HStVollzG) trat am 01. November 2010 in Kraft.[279] Dem Gesetz in seiner ersten Fassung vorangestellt fand sich in Ermangelung eines Vollzugsziels lediglich eine Aufgabenbeschreibung. § 2 S. 1 HStVollzG benannte zunächst den Eingliederungsauftrag, sodann die Aufgabe, den Gefangenen während des Vollzugs sicher unterzubringen und zu beaufsichtigen (Sicherungsauftrag) und schließlich wurde in § 2 S. 3 HStVollzG klargestellt, dass beides dem Schutz der Allgemeinheit vor weiteren Straftaten dienen solle. Indem Hessen den Eingliederungsauftrags mit dem allein auf den Zeitraum des Vollzuges begrenzten Sicherungsauftrag in den Dienst des Schutzes der Allgemeinheit stellt, geht Hessen einen eigenen, durchaus bemerkenswerten Weg.[280] Fünf Jahre später, mit Gesetz vom 30. November 2015[281], erfuhr § 2 HStVollzG in Folge des nunmehr schwarz-grünen Koalitionsvertrags eine Nachbesserung, indem die Resozialisierung nach dem Vorbild des § 2 S. 1 StVollzG unmissverständlich wieder im Sinne der herrschenden Meinung zum alleinigen Vollzugsziel erhoben wird. Der hinzugefügte Klammerzusatz „Vollzugsziel Resozialisierung" pointiert den Willen der Koalitionspartner, die Resozialisierung zu stärken. Die inhaltlich unveränderte Aufgabenbeschreibung rückt in Abs. 2. An seiner Eingliederung soll der Gefangene, so explizit § 5 HStVollzG, mitarbeiten.

Nunmehr in eine Vorschrift zusammengefasst regelt § 13 HStVollzG den als Regelvollzug deklarierten geschlossenen Vollzug gemeinsam mit den

---

279 Hess. GVBl. I 2010, S. 185. Zum Ganzen *Cassone*, FS 2011, 33 ff.; *Kreuzer/Bartsch*, FS 2010, 87 ff. Mit dem Hessischen Sicherungsverwahrungsvollzugsgesetz (HSVVollzG) vom 5. März 2013 (GVBI. 2013, S. 46) ist die Sicherungsverwahrung zwischenzeitlich eigenständig geregelt.

280 So auch *Neubacher*, in: LNNV, StVollzG, Abschn. B Rn. 34; kritisch aber *Arloth*, in: Arloth/Krä, StVollzG, § 3 HStVollzG Rn. 1.

281 Hess. GVBl. 2015, S. 498; Hessischer Landtag, Drs. 19/2058, S. 1, 20 f.; vgl. zum Ganzen auch *Kunze*, FS 2016, 30 f.

vollzugsöffnenden Maßnahmen.[282] Unter dem Sammelbegriff der vollzugsöffnenden Maßnahmen bündelt § 13 HStVollzG den offenen Vollzug, die Vollzugslockerungen i.e.S. und die Freistellung aus der Haft. Neben der Aufnahme des Eignungskriteriums auch bei Vollzugslockerungen[283] erfährt die Missbrauchsklausel bei den vollzugsöffnenden Maßnahmen in Hessen eine Erweiterung. Vollzugsöffnenden Maßnahmen steht nicht nur die Fluchtgefahr oder die Gefahr des Missbrauches zu Straftaten entgegen, sondern nun schon die Gefahr des Missbrauchs *in anderer Weise*. Die Gesetzesbegründung gibt als Auslegungshilfe mit auf den Weg, dass der befürchtete Missbrauch mindestens von gleichem Gewicht wie der Missbrauch zu Straftaten sein soll und nennt beispielhaft den Widerspruch zum Eingliederungsaustrag, der entstehen würde, sollte man einem Gefangenen mit Alkoholproblem trotz eines erheblichen Rückfallrisikos Hafturlaub gewähren.[284] Trotz dieses Hinweises birgt diese Formulierung die Gefahr einer Erweiterung der Missbrauchsklausel mit (noch) ungewisser Begrenzung; dies gilt umso mehr, als die Gefahr des Alkoholabusus bereits unter dem Eignungskriterium ausreichend Berücksichtigung finden kann.[285]

Durch § 13 Abs. 4 bis 6 HStVollzG werden einige Beschränkungs- und Ausschlusskriterien aus den zugehörigen Verwaltungsvorschriften auf Gesetzesebene gehoben. § 13 Abs. 4 HStVollzG nimmt Inhaftierte in Untersuchungs-, Auslieferungs- oder Abschiebehaft von der Gewährung vollzugsöffnender Maßnahmen aus. Besonders risikobehaftete Gefangenengruppen, u.a. Gewalt- und Sexualstraftäter, Suchtgefährdete oder vormals aus Lockerungen nicht zurückgekehrte oder entwichene Gefangene, wie auch Gefangene mit anhängigen ausländerrechtlichen Ausweisungs- oder Abschiebungsverfahren bzw. offenen Ermittlungs- oder Strafverfahren können vollzugsöffnende Maßnahmen nur erhalten, wenn besondere Umstände die Annahme begründen, dass eine Flucht- und Missbrauchsgefahr im Sinne von Abs. 2 Satz 1 nicht gegeben ist, vgl. § 13 Abs. 5 HStVollzG. Auch Gefangene, gegen die eine freiheitsentziehende Maßregel der Besserung und Sicherung angeordnet und noch nicht vollzogen oder – und das ist neu – eine solche Maßregel für erledigt erklärt

282 Zumindest normiert § 16 Abs. 2 HStVollzG den offenen Vollzug für die Entlassungsvorbereitung als Regelvollzug. Zur Direkteinweisung in den offenen Vollzug, vgl. § 71 HStVollzG.

283 Zur umstrittenen Funktion des Eignungskriteriums bei Vollzugslockerungen vgl. *Arloth*, in: Arloth/Krä, StVollzG, § 13 HStVollzG Rn. 4.

284 Hessischer Landtag, Drs. 18/1396, S. 85

285 Kritisch auch *Verrel*, in: LNNV, StVollzG, Abschn. D Rn. 11; *Köhne/Lesting*, in: AK-SVollzG, Voraufl., § 11 Rn. 77.

worden ist, unterfallen dieser Fallgruppe. In der Praxis betrifft dies die nicht selten vorkommenden Fälle, in denen die Maßregel wegen Aussichtslosigkeit für erledigt erklärt wurde und der Gefangene wieder in den Vollzug zurückverlegt werden muss (vgl. § 15 Abs. 5 Nr. 2 HStVollzG).[286] In all diesen Fällen müssen weitere besondere Umstände vorliegen, die die Annahme begründen, dass eine Flucht- und Missbrauchsgefahr nicht vorliegt. Ausweislich der Gesetzesbegründung können dies Umstände sein, die „insbesondere in der Person der Gefangenen, in ihrem Verhalten im Vollzug oder in ihrem sozialem Umfeld liegen".[287] Durch die Überführung von Verwaltungsvorschriften in den Gesetzestext beraubt das hessische Strafvollzugsgesetz die Vollzugspraxis allerdings der Möglichkeit, auf aktuelle vollzugliche Entwicklungen flexibel reagieren zu können.[288] Für die unmittelbar entlassungsvorbereitende Vollzugsphase findet § 13 Abs. 5 HStVollzG gem. § 16 Abs. 2 HStVollzG keine Anwendung mehr. Dass bei der Prüfung von vollzugsöffnenden Maßnahmen der Schutz der Allgemeinheit und die Belange des Opferschutzes in angemessener Weise zu berücksichtigen sind, findet in Hessen in § 13 Abs. 2 S. 2 HStVollzG ausdrückliche Erwähnung. Mit § 13 Abs. 6 HStVollzG ist eine maximal zu verbüßende Reststrafe von 24 Monaten gesetzliche Frist für alle Lockerungen mit Ausnahme der Ausführung geworden.[289] Das Zustimmungserfordernis für vollzugsöffnende Maßnahmen ist auch in Hessen entfallen.

f) Bewertung der ersten Phase

Die erste Phase brachte also fünf eigenständige Strafvollzugsgesetze hervor. Regelungstechnisch haben alle Länder mehr oder weniger stark auf eine Einheitsnormierung verschiedener Haftformen in einem Gesetzestext zurückgegriffen. Dabei ist die zunächst erfolgte Zusammenfügung des Vollzugs der Freiheitsstrafe an Erwachsenen mit dem Jugendstrafvollzug in Bayern, Hamburg und Niedersachsen, mit dem Vollzug der Untersuchungshaft in Niedersachsen und nicht zuletzt der Sicherungsverwahrung nicht nur praktischen, sondern auch rechtlichen Bedenken ausgesetzt. Verweisungen zwischen einem allgemeinen Teil und den Spezifika der jeweiligen Vollzugsformen gefährden

286 Vgl. *Laubenthal*, in: LNNV, StVollzG, Abschn. E Rn. 155; *Arloth*, in: Arloth/Krä, StVollzG, § 13 HStVollzG Rn. 13.

287 Hessischer Landtag, Drs. 18/1396, S. 85.

288 Vgl. *Arloth*, in: Arloth/Krä, StVollzG, § 13 HStVollzG Rn. 9; *Laubenthal*, in: LNNV, StVollzG, Abschn. E Rn. 155; *ders.*, Strafvollzug, Rn. 351, 537; zustimmend aber *Cassone*, FS 2011, 33 (34 ff.); *Lindner*, in: SBJL, StVollzG, § 10 Rn. 18.

289 Kritisch aber *Dünkel/Pruin*, NK 2018, 21 (27).

Übersichtlichkeit und erschweren juristischen Laien – nicht zuletzt den Gefangenen – Lesbarkeit und Verständlichkeit des Gesetzestexts.[290] Schwerer als dieser formale Aspekt wiegt aber die Gefahr, dass die unterschiedlichen Zweckrichtungen der Haftformen zunehmend verschwimmen und dem Einheitsreglement zum Opfer fallen.[291] Umso erfreulicher ist es, dass Bayern, Hamburg, Hessen und Niedersachsen zwischenzeitlich eigenständige Untersuchungshaftvollzugs- und/oder Sicherungsverwahrungsvollzugsgesetze erlassen haben.

Resümiert man nun diese erste Phase inhaltlich, so ist zu konstatieren, dass die Grundausrichtung der Vollzugsgesetze nicht mehr einheitlich ist.[292] Bayern bleibt bei der vorrangigen Nennung des Schutzes der Allgemeinheit. Während Baden-Württemberg und nach der Gesetzesnovelle auch wieder Hessen uneingeschränkt am Resozialisierungsziel festhalten wollen, suchen Hamburg und Niedersachsen einen Antagonismus durch formale Gleichstellung beider Ziele aufzulösen. In Summe gewinnt der Sicherungsaspekt an Gewicht. Die bloß formale Klarstellung wie in § 2 S. 3 HambStVollzG-2, dass zwischen Resozialisierung und dem Schutz der Allgemeinheit ein Gegensatz nicht besteht, hilft nicht über die Tatsache hinweg, dass sich Zielkonflikte ergeben können, die es in die eine oder in die andere Richtung zu entscheiden gilt. Wie der föderale Strafvollzug und seine Grundausrichtung von einer Änderung der politischen Mehrheitsverhältnisse und der jeweiligen kriminalpolitischen Akzentuierung abhängen kann, führen Hamburg und Hessen mahnend vor Augen.[293] Vor dem Hintergrund des verfassungsrechtlich abgesicherten Resozialisierungsgebots wird sich ein unmittelbarer Einfluss der Vollzugszieländerung auf die praktische Vollzugsgestaltung im Grenzen halten. Mittelbare Auswirkungen sicherheitsorientierter Akzentuierungen auf die Ausfüllung von Beurteilungs- und Ermessensspielräumen dürften sich dagegen kaum bestreiten lassen.[294]

---

290 Vgl. *Feest*, StV 2008, 553 (554); *Kinzig/Richter*, FS 2011, 317 (317); *Köhne*, NStZ 2009, 130 (130 f.); *ders.*, JR 2012, 14 (15); weniger kritisch *Arloth*, GA 2008, 129 (134): bloße Frage der Gesetzgebungstechnik.

291 *Feest*, StV 2008, 553 (554); *Köhne*, ZRP 2007, 109 (111); *ders.*, NStZ 2009, 130 (130 f.); *ders.*, JR 2012, 14 (15).

292 *Puschke*, in: Strafvollzug in Deutschland, S. 15 (28).

293 Kritisch auch *Dünkel/Schüler-Springorum*, ZfStrVo 2006, 145 (145). Im Zusammenhang mit Art. 12 BayStVollzG vgl. *R. Schneider*, Strafvollzug und Jugendstrafvollzug, S. 155 f.

294 Vgl. auch *Kett-Straub/Streng*, Strafvollzugsrecht, S. 20, die am Beispiel Bayerns darauf hinweisen, dass die Gesetzesänderung sich im Kopf der Entscheidungsträger im Vollzug niederschlagen wird.

Bayern, Niedersachsen und Hessen kehren das Regel-Ausnahmeverhältnis des § 10 StVollzG um und manifestieren den geschlossenen Vollzug zur Regelvollzugsform. Hält man sich vor Augen, dass im bundesweiten Schnitt zu Zeiten der Föderalismusreform etwa 20%[295], gegenwärtig dagegen kaum mehr als 13%[296] der Gefangenen im offenen Vollzug untergebracht sind, dann entspricht die Manifestierung des geschlossenen Vollzugs als Regelvollzug rein zahlenmäßig nur einer normativen Anpassung an die Vollzugsrealität.[297] Der Belegungsrückgang im offenen Vollzug ist nicht schlagartig mit der Föderalisierung des Strafvollzuges eingetreten, vielmehr liegt ein seit den 90er Jahren zu beobachtender kontinuierlicher Abwärtstrend vor, der sich nach der Föderalismusreform zwar fortgesetzt, aber nicht verschärft hat.[298] Ein gesetzgeberisches Signal, dem Abwärtstrend entgegenzuwirken, sähe freilich anders aus.[299]

Im Regelungsbereich der Vollzugslockerungen wurden Begrifflichkeiten aus dem Bundesstrafvollzugsgesetz zum Teil leicht abgewandelt. Dass der immer wieder zur öffentlichen und medialen Erregung führende Terminus des Hafturlaubs fortan als Freistellung aus der Haft bezeichnet wird, ist verständlich, wohingegen die Ersetzung der „Vollzugslockerungen“ durch „vollzugsöffnende Maßnahmen“ nicht unbedingt notwendig gewesen wäre. Aufgrund des systematischen Zusammenhangs und der gemeinsamen Gewährungsvoraussetzungen positiv ist zu werten, dass der Hafturlaub mit den Vollzugslockerungen mit Ausnahme von Bayern in allen anderen Ländern zusammengefasst worden ist.[300] Auffällig ist, dass jedes Bundesland die Lockerungsvoraussetzungen bei der Konkretisierung der Flucht- und Missbrauchsprognose in irgendeiner Form schon auf normativer Ebene enger gefasst hat, sei es durch die Verfestigung weiterer Gewährungsvoraussetzungen oder durch die Aufnahme weiterer Versagungsgründe: Die Aufnahme des Eignungskriteriums für Lockerungen in Baden-Württemberg[301]

295 Vgl. *Dünkel/Schüler-Springorum*, ZfStrVo 2006, 145 (146).

296 Eigene Berechnung nach der Strafvollzugsstatistik des Statistischen Bundesamtes über den Bestand der Gefangenen und Verwahrten 2019, Stichtag 30. November 2018, S. 6 (abrufbar unter www.destatis.de).

297 Vgl. *Arloth*, JA 2008, 561 (563); *Arloth/Geiger*, in: Gefängnis auf dem Prüfstand, S. 73 (81).

298 Vgl. *Dünkel/Schüler-Springorum*, ZfStrVo 2006, 145 (145 f.); *Dünkel/Geng*, FS 2010, 22 (28 ff.); *Verrel*, in: GS Walter, S. 621 (633).

299 Kritisch daher beispielsweise *Alex*, StV 2006, 726 (727); *Feest*, StV 2008, 553 (556); *Köhne*, NStZ 2009, 130 (131); *Kreuzer/Bartsch*, FS 2010, 87 (88 f.); *Puschke*, in: Strafvollzug in Deutschland, S. 15 (29).

300 Zustimmend auch *Feest*, NK 2012, 4 (5).

301 Vgl. § 9 Abs. 1 Buch 3 BWJVollzGB.

und Hessen[302], die zwingende Begutachtung in Niedersachsen[303], die Anordnung einer besonders gründlichen Prüfung der Lockerungen für Gewalt- und Sexualstraftäter in Bayern[304] oder die Versagungsmöglichkeit bei mangelnder Mitwirkung in Hamburg[305], um nur einige Beispiele zu nennen. Eine gewisse restriktive Symbolhaftigkeit im föderalen Vollzug, die eine erste Gesamtschau der neuen Landesstrafvollzugsgesetze nahelegt, relativiert sich durch einen Blick auf die bisherige Vollzugspraxis, die maßgeblich durch die jeweiligen Verwaltungsvorschriften (vor-)geprägt ist. Diese scheinbar neu etablierten positiven wie negativen Lockerungskriterien fanden sich bereits in den Verwaltungsvorschriften des Bundes oder der Länder und waren längst gängiger Bestandteil der Vollzugs- und Entscheidungspraxis.[306] Die Eignung des Gefangenen und seine Mitwirkung am Vollzugsziel machte bereits die VV Nr. 7 Abs. 1 zu § 11 StVollzG und VV Nr. 4 Abs. 1 zu § 13 StVollzG zu Zulassungsvoraussetzungen. Dass Lockerungen bei Gefangenen, die als Gewalt-, Sexual- oder Betäubungsmittelstraftäter einer Risikogruppe angehören, besonders gründlich zu prüfen sind, versteht sich von selbst, war zudem auch schon in der VV Nr. 7 Abs. 4 zu § 11 StVollzG bzw. der VV Nr. 4 Abs. 4 zu § 13 StVollzG festgeschrieben. Daher ist eine restriktivere Handhabung als bisher eher nicht zu erwarten. Die Überführung von Entscheidungskriterien aus den lediglich im Innenverhältnis bindenden Verwaltungsvorschriften in ein Gesetz erleichtert die gerichtsfeste Begründung einer ablehnenden Lockerungsentscheidung ohnehin nur bedingt[307], sodass sich die Bescheidung mit Blick auf den jeweils zu prüfenden Einzelfall gleichermaßen am verfassungsrechtlichen Resozialisierungsgebot messen lassen muss.[308] Eine echte additive Modifizierung gegenüber dem Bundesstrafvollzugsgesetz und dessen Verwaltungsvorschriften, die letztlich ohnehin die gängige Verwaltungspraxis widerspiegelt, haben alle fünf Länder vorgenommen, indem sie die Vollzugslockerungen bestimmter Gefangenengruppen, insbesondere zu lebenslanger Freiheitsstrafe verurteilter Gefangener, Gefangener mit vorgemerkter Sicherungsverwahrung oder teilweise auch Sexualstraftäter, an die vorherige Einholung mindestens eines externen Sachverständigengutachtens und teilweise auch an die Zustimmung der Aufsichtsbehörde geknüpft haben. Ob die Begutachtung

302 Vgl. § 13 Abs. 2 S. 1 HStVollzG.
303 Vgl. § 16 NJVollzG.
304 Vgl. Art. 15 BayStVollzG.
305 Vgl. § 12 Abs. 2 HmbStVollzG.
306 Dennoch kritisch *Dünkel/Pruin*, NK 2018, 21 (28).
307 So aber *Cassone*, FS 2011, 33 (34).
308 Vgl. *Laubenthal*, in: LNNV, StVollzG, Abschn. E Rn. 155.

wie in § 12 Abs. 1 S. 3 i.V.m. § 11 Abs. 3 HStVollzG oder in der sehr detaillierten Regelung in § 16 NStVollzG qua Gesetz gefordert wird, oder sich „nur" im Innenverhältnis in den bayerischen, hessischen oder baden-württembergischen Verwaltungsvorschriften findet (vgl. VV Nr. 2 Abs. 1 zu Art. 13 BayStVollzG und VV Nr. 7 Abs. 3 Art. 14 BayStVollzG, VV Nr. 2 zu § 13 HStVollzG und die VV Nr. 7.3 zu § 9 BWJVollzGB), wird in der Entscheidungspraxis der Vollzugsanstalten kaum zu Unterschieden führen, da die Entscheidungsträger gerade bei Risikogruppen auf alle zur Verfügung stehenden Entscheidungskriterien bzw. -hilfen zurückgreifen werden und zwar unabhängig davon, ob diese schon im Gesetz oder erst in den Verwaltungsvorschriften an die Hand gegeben bzw. nahegelegt werden.[309] Freilich darf dabei nicht außer Acht gelassen werden, dass die sachverständige Begutachtung nicht zuletzt aufgrund einer immer häufiger thematisierten Überlastung der wenigen Sachverständigen oft erhebliche Zeit in Anspruch nimmt, worauf dann bei der Lockerungsplanung durch einen angemessenen zeitlichen Vorlauf Rücksicht zu nehmen ist.[310]

Insgesamt bleibt festzuhalten, dass sich die ersten fünf Landesstrafvollzugsgesetze gesetzestechnisch, inhaltlich und konzeptionell eng am Bundesstrafvollzugsgesetz orientiert haben. Die Änderungen, die die Föderalismusreform hervorbrachte, betreffen vorrangig die Sicherungsaufgabe. Negativ spezialpräventive Aspekte gewinnen an normativer Präsenz. Eine teils symbolhafte Betonung des Sicherheitsinteresses erweckt den unzutreffenden Eindruck, als habe das Bundesstrafvollzugsgesetz und dessen Verwaltungsvorschriften der Sicherungsaufgabe nicht ausreichend Rechnung getragen.[311] Da sich die Länder allesamt an den jeweiligen altbewährten Vollzugskonzepten orientieren, öffnen die Landessstrafvollzugsgesetze nicht das befürchtete Tor zu neuer Restriktivität, sondern führen die bisherige Praxis inklusive der jeweiligen Länderspezifika fort. So hat die Föderalismusreform in dieser ersten Phase weder einen Wettlauf der Schäbigkeit noch einen Wettbewerb um das innovativste Vollzugskonzept in Gang gesetzt.[312]

309 Ähnlich auch *Cassone*, FS 2011, 33 (35).

310 Zur Gefahr der zeitlichen Verzögerung durch eine intensive Begutachtungspraxis *Feest*, StV 2008, 553 (556); *Köhne*, NStZ 2009, 130 (132).

311 Vgl. *Neubacher*, in: LNNV, StVollzG, Abschn. B Rn. 38.

312 Kritisch zu dieser ersten Phase aber *Köhne*, NStZ 2009, 130 ff.; *ders.*, JR 2012, 14 ff.; *ders.*, in: AK-StVollzG, Voraufl. § 11 Rn. 76 f.; auch *Puschke*, in: Strafvollzug in Deutschland, S. 15 (26 ff.).

2. *Der Musterentwurf und die Vollzugsgesetze der zweiten Phase*

a) *Musterentwurf vom 23. August 2011*

Berlin, Brandenburg, Bremen, Mecklenburg-Vorpommern, Rheinland-Pfalz, Saarland, Sachsen, Sachsen-Anhalt, Schleswig-Holstein und Thüringen gingen einen anderen Weg. Diese zehn Bundesländer einigten sich am 23. August 2011 nach eineinhalbjährigen Beratungen auf einen gemeinsamen Musterentwurf zum Erwachsenenstrafvollzug (folgend ME), der der weiteren Gesetzgebung in den Ländern als Grundlage dienen sollte.[313]

Der ME, der sich ausschließlich dem Erwachsenenstrafvollzug widmet, betont den Resozialisierungsgedanken als alleinige Zielrichtung des Vollzugs, den Schutz der Allgemeinheit lediglich als seine Aufgabe (§ 2 ME). Die schon im StVollzG des Bundes vorhandenen Gestaltungsgrundsätze werden weiter konkretisiert bzw. ergänzt. Explizit wird in § 3 Abs. 2 ME darauf hingewiesen, dass von Beginn an auf die Eingliederung des Gefangenen in das Leben in Freiheit hinzuwirken ist. Dass das Leben im Vollzug den allgemeinen Lebensverhältnissen anzugleichen *ist*, und nicht nur wie im StVollzG angeglichen werden *soll*, verlangt der neue § 3 Abs. 3 ME im Rahmen des Angleichungsgrundsatzes. Nochmals ausdrücklich fordert § 3 Abs. 5 ME den Bezug der Gefangenen zum gesellschaftlichen Leben zu wahren und dazu sobald wie möglich die Teilnahme am Leben in Freiheit zu gewähren (Öffnungsgrundsatz[314]). Der Musterentwurf verzichtet auf die Festlegung einer Regelunterbringungsform. Er stellt die offene und die geschlossene Unterbringung alternativ gegenüber, wobei unmissverständlich klargestellt wird, dass der offene Vollzug zu favorisieren ist, wenn eine Flucht- und Missbrauchsgefahr nicht zu befürchten ist (vgl. § 15 ME).

Im Lichte des Vollzugsziels und der Vollzugsgrundsätze werden auch bei den Lockerungen neue tendenziell vollzugsöffnendere Akzente gesetzt. Der Musterentwurf regelt den gesamten Lockerungskomplex umfassend in einem eigenen Abschnitt, aber abweichend von der Konzeption des Strafvollzugsgesetzes des Bundes. Die Unterscheidung zwischen Lockerungen im engeren Sinne und dem Hafturlaub als Lockerung im weiteren Sinne wird aufgegeben und durch eine Unterteilung entsprechend des Titels des 7. Abschnitts des ME in Lockerungen und sonstige Aufenthalte außerhalb der Anstalt ersetzt. Nach der Legaldefinition

---

313 So die gemeinsame Pressemitteilung der Justizministerinnen und Justizminister der beteiligten Länder vom 06. September 2011 (abrufbar unter: https://www.dbh-online.de/aktuelles/zehn-bundeslaender-legen-einen-entwurf-fuer-ein-landesstrafvollzugsgesetz-vor, zuletzt abgerufen am 30.03.2019).

314 So bezeichnet von *Feest*, NK 2012, 4 (5).

in § 38 Abs. 1 ME werden als Lockerungen nur **unbeaufsichtigte** Aufenthalte außerhalb der Anstalt bezeichnet. Hierbei werden verschiedene Zweckrichtungen – nämlich in § 38 ME Lockerungen zur Erreichung des Vollzugsziels und solche aus sonstigen Gründen in § 39 ME unterschieden. Als Lockerungen zur Erreichung des Vollzugsziels nennt § 38 ME dann abschließend vier mögliche Formen. Freigang (§ 38 Abs. 1 Nr. 4) und Ausgang (§ 38 Abs. 1 Nr. 2 ME) werden aus dem Bundesstrafvollzugsgesetz unverändert übernommen. Neu ist die ausdrückliche Nennung des Begleitausgangs, bei dem die Anstalt für bis zu 24 Stunden in Begleitung einer von der Anstalt zugelassenen Person, die gerade kein Vollzugsbediensteter zu sein braucht, verlassen werden kann. Das mehrtägige Verlassen der Anstalt wird nunmehr als Langzeitausgang und nicht mehr als Hafturlaub bezeichnet, ist nicht mehr auf eine bestimmte Anzahl von Tagen begrenzt ist und kann nach einer Mindestverbüßungsdauer von sechs Monaten gewährt werden. Die medial wohl am meisten Aufsehen erregende Regelung war die Herabsetzung der Mindestverbüßung bei lebenslänglich Verurteilten von zehn auf fünf Jahre vor der Durchführung eines Langzeitausgangs (§ 38 Abs. 3 ME). Ergänzt werden die in § 38 ME genannten Lockerungsformen durch die nach § 39 ME gewährbaren Lockerungen aus sonstigen Gründen. Die damit schon im Wortlaut angelegte Differenzierung zwischen Lockerungen zur Erreichung des Vollzugsziels und Lockerungen aus sonstigen Gründen gestattet Lockerungen auch aus wichtigem Anlass, ohne dass der Resozialisierungszweck im Vordergrund stehen muss. Daneben stehen die in § 41 ME geregelten sonstigen Aufenthalte außerhalb der Anstalt, die nur unter Beaufsichtigung stattfinden können. Ausführung und Außenbeschäftigung sind fortan qua Definition keine Lockerungen mehr. Anders als das Bundesstrafvollzugsgesetz verzichtet der Musterentwurf auf die bisherige Flucht- und Missbrauchsklausel und setzt stattdessen auf eine positiv formulierte Verantwortungs- und Erprobungsklausel als tatbestandliche Gewährungsvoraussetzung. Gem. § 38 Abs. 2 ME dürfen Lockerungen gewährt werden, wenn verantwortet werden kann zu erproben, dass die Gefangenen sich dem Vollzug der Freiheitsstrafe nicht entziehen oder die Lockerungen nicht zu Straftaten missbrauchen werden. Bei der Außenbeschäftigung verweist § 41 Abs. 2 S. 2 ME auf den Prognosemaßstab des § 38 Abs. 2 ME. Bei der Ausführung begnügt sich der Musterentwurf mit dem Hinweis, dass diese gestattet werden kann, wenn dies aus besonderen Gründen notwendig ist, vgl. § 41 Abs. 1 S. 1 ME, ohne auf deren Voraussetzungen näher einzugehen.

Der 8. Abschnitt, der sich der unmittelbaren Entlassungsvorbereitung widmet, räumt weitreichende Gestaltungsmöglichkeiten ein. Zum einen etabliert der Musterentwurf einen zusammenhängenden Langzeitausgang bis zu sechs Monaten, der gem. § 42 Abs. 3 ME gewährt werden kann, wenn dies zur Vorbereitung der Eingliederung erforderlich ist. Bei entlassungsvorbereitenden Lockerungen setzt der Musterentwurf einen anderen Gewährungs- und Prognosemaßstab an. Vollzugslockerungen sind gem. § 42 Abs. 4 ME im Zeitraum von sechs Monaten vor der voraussichtlichen Entlassung zu gewähren, sofern nicht mit hoher Wahrscheinlichkeit zu erwarten ist, dass die Gefangenen sich dem Vollzug der Freiheitsstrafe entziehen oder die Lockerungen zu Straftaten missbrauchen werden.

b) Bewertung des Musterentwurfs

Gerade im Themenkomplex der Vollzugslockerungen sendet der Musterentwurf zahlreiche vollzugsöffnende Signale. Bezüglich der begrifflichen Änderungen ist positiv zu bewerten, dass der Langzeitausgang nunmehr als Lockerung definiert wird, was die konstruierte Unterscheidung zwischen Lockerungen im engeren und weiteren Sinn obsolet macht. Dagegen darf die Sinnhaftigkeit der Herausnahme der Ausführung und der Außenbeschäftigung aus dem Lockerungsbegriff bezweifelt werden. Die Zusammenfügung mit der gänzlich andere Zwecke verfolgenden Vorführung und der Ausantwortung wird dem Behandlungspotential der unbeaufsichtigten Lockerungen nicht gerecht. Eine gesonderte Normierung und Definition der beaufsichtigten Lockerungen von den unbeaufsichtigten Lockerungen wäre allenfalls dann zweckmäßig, wenn sie ausdrücklich anderen Gewährungsvoraussetzungen bzw. einem anderen Prognosemaßstab unterliegen würden. Die namentliche Normierung des Begleitausgangs ist zu begrüßen, da sie eine sehr weitreichende Lockerungsform der Praxis darstellt. Die zeit- und fristbezogenen Neuerungen, insb. der Wegfall der zeitlichen Begrenzung beim Langzeitausgang sowie die Herabsetzung der Mindestverbüßungsdauer von 10 auf 5 Jahre bei der Langzeitausgangsgewährung bei Lebenslänglichen mögen grundsätzlich Potential bergen, den Vollzug individueller und behandlungsorientierter zu gestalten, entfernen sich aber weit von der gängigen Vollzugspraxis. Mit der Beibehaltung der gesetzlichen sechsmonatigen Mindestfrist vor der erstmaligen Urlaubsgewährung und der Aufgabe des Vorrangs des offenen Vollzugs als Regelvollzugsform gegenüber dem Bundesstrafvollzugsgesetz gleicht auch der Musterentwurf die normative Ausgangsbasis an die Vollzugswirklichkeit und die gängige Vollzugspraxis an.[315]

Die Veränderung des Gewährungsmaßstabes (vormals „wenn nicht zu befürchten ist“) in § 38 Abs. 2 ME hin zu einer positiven Formulierung einer Verantwortungs- und Erprobungsklausel („wenn verantwortet werden kann zu erproben“) verfolgt den Zweck, die Erprobungsfunktion der Lockerungen im

315 Kritisch hierzu aber *Feest*, NK 2012, 4 (6); *Ziethener Kreis*, NK 2012, 85 (86).

Gesetz zu verankern.[316] Dieser positive Maßstab entspricht dem bei der noch weitergehenden Aussetzungsentscheidung nach § 57 StGB zugrunde gelegten Risikomaßstab.[317] Ebenfalls herabgesetzt sind die Hürden bei entlassungsvorbereitenden Lockerungen. Diese sind zu gewähren, sofern Flucht oder Missbrauch nicht mit hoher Wahrscheinlichkeit zu erwarten sind. Damit erhält der Gefangene zumindest für entlassungsvorbereitende Lockerungen eine gefestigte Rechtsposition in Form eines Anspruchs, der nur im Falle einer hohen Wahrscheinlichkeit von Flucht oder Missbrauch der Lockerung zu Straftaten entfällt.[318] Da der Musterentwurf bei der Unterbringung im offenen Vollzug die Formulierung des Bundesstrafvollzugsgesetzes in Form der Flucht- und Missbrauchsklausel übernommen hat, bei den Vollzugslockerungen und den entlassungsvorbereitenden Vollzugslockerungen dagegen andere Prognosemaßstäbe ansetzt, gelangen nach Vorlage des Musterentwurfs drei verschiedene Prognosemaßstäbe zur Anwendung. Ein Stück weit ehrlicher als das Bundesstrafvollzugsgesetz bekennt sich der Musterentwurf zu der Erprobungsfunktion der Lockerungen und suggeriert im Gegensatz zur Flucht- und Missbrauchsklausel nicht eine normative Sicherheit, die eine Lockerungsprognose nicht leisten kann. Unmissverständlich stellt der ME klar, dass der Gewährungsmaßstab sich in der vollzuglichen Phase, in der die Entlassungsvorbereitung unmittelbar bevorsteht, zu Gunsten des Gefangenen ändert. Der Musterentwurf arbeitet so deutlicher als das Strafvollzugsgesetz heraus, dass Vollzugslockerungen in verschiedenen Phasen der Haft anderen Gewährungsvoraussetzungen unterliegen.

---

316 So die gemeinsame Pressemitteilung, vgl. Fn. 313.

317 Mit dem Gesetz zur Bekämpfung von Sexualdelikten und anderen gefährlichen Straftaten vom 26. Januar 1998 (BGBl I S. 160) wurde der Wortlaut des § 57 Abs. 1 S. 1 Nr. 2 StGB verändert. Nach der bis dahin geltenden Gesetzesfassung war eine Aussetzung möglich, wenn „verantwortet werden kann zu erproben". Nunmehr ist die Aussetzung an die Voraussetzung geknüpft, dass dies unter Berücksichtigung des Sicherheitsinteresses der Allgemeinheit „verantwortet" werden kann. Nach herrschender Meinung wie auch der erklärten Absicht des Gesetzgebers handelt es sich hierbei aber allenfalls um eine Klarstellung, jedoch nicht um eine Modifizierung oder Verschärfung der Aussetzungsvoraussetzungen, vgl. *Kinzing*, in: Schönke/Schröder, StGB, § 57 Rn. 9; *Mosbacher/Claus*, in: Satzger/Schluckebier/Widmaier, StGB, § 57 Rn. 12; *Streng*, Strafrechtliche Sanktionen, Rn. 274 f.; BT-Drs. 13/9062, S. 7.

318 Vgl. *Feest*, NK 2012, 4 (6); wie auch die Kommentierungen zu den Landesstrafvollzugsgesetzen, die die Formulierung des Musterentwurfs zu entlassungsvorbereitenden Vollzugslockerungen übernahmen, insb. *Krä*, in: Arloth/Krä, StVollzG, § 43 SächsStVollzG Rn. 9 und *Nestler*, in: LNNV, StVollzG, Abschn. L Rn. 7 und 6.

Gegenüber dem Strafvollzugsgesetz des Bundes wie auch den zuvor ergangenen Landesstrafvollzugsgesetzen enthält der Musterentwurf einige Neuerungen, die ein resozialisierungsfreundlicheres Klima schaffen, vollzugsöffnende Impulse versenden und den Behandlungsaspekt im Einklang mit den Erkenntnissen der Behandlungsforschung deutlicher in den Vordergrund rücken könnten.[319] Dementsprechend wird auf eine bereits zu Beginn des Vollzugs ansetzende, durchgehende Betreuung besonderen Wert gelegt.[320] Die Priorisierung der Resozialisierung als alleiniges Vollzugsziel, die in diesem Sinne programmatischen Vollzugsgrundsätze und die Normierung der Lockerungen könnten der Aussendung anderweitiger Signale und einer restriktiven Beeinflussung von Ermessensentscheidungen entgegenwirken. Andererseits galten der Musterentwurf und die ihm zugrundeliegenden Ideen vom Anbeginn ihrer Entstehung mangels politischer, finanzieller, personeller und institutioneller Absicherung als „verwundbar".[321] Der Beantwortung der Frage, ob Lob und Kritik am Musterentwurf berechtigt sind, soll die nachfolgende Betrachtung der Umsetzung des Musterentwurfs in den Ländern dienlich sein.

c) Die Umsetzung des Musterentwurfs in den Ländern

Der Musterentwurf leitete die zweite Phase der Verabschiedung weiterer ländereigener Vollzugsgesetze ein. Mecklenburg-Vorpommern, Saarland, Sachsen, Bremen, Schleswig-Holstein und Berlin haben den Vollzug der Freiheitsstrafe und des Strafarrests als eigenständiges Gesetz konstituiert, während Brandenburg, Rheinland-Pfalz, Thüringen und Sachsen-Anhalt die Materien Freiheitsstrafe, Jugendstrafe, Strafarrest sowie die Untersuchungshaft in einem Regelungswerk zusammenfassen. In gebotener Kürze werden bei der nachstehenden Vorstellung der erlassenen Gesetze lediglich die Aspekte herausgegriffen, in denen die jeweiligen Gesetze vom Musterentwurf abweichen.

---

319 Zustimmend daher auch der Deutsche Anwaltsverein in seiner Stellungnahme zum ME vom März 2013 SN 18/2013) erhältlich als pdf über die Hompage www.anwaltverein.de; *Ziethener Kreis*, NK 2012, 85 (85 ff.); *Drenkhahn*, FS 2011, 266; *Feest*, NK 2012, 4 (4 ff.).

320 Vgl. *Drenkhahn*, FS 2011, 266; *Ziethener Kreis*, NK 2012, 85 (85).

321 *Drenkhahn*, FS 2011, 266; so auch *Feest*, NK 2012, 4 (7); *Ziethener Kreis*, NK 2012, 85 (85); Zur Vereinbarkeit des Musterentwurfs mit den europäischen Strafvollzugsgrundsätzen *Nestler*, NK 2012, 87 ff.

aa) Mecklenburg-Vorpommern

Das mecklenburg-vorpommersche Strafvollzugsgesetz[322] bleibt der Linie des Musterentwurfs weitgehend treu. Verändert hat sich aber der Prüfungsmaßstab bei der Frage nach der Unterbringung im offenen oder im geschlossenen Vollzug in § 15 Abs. 2 StVollzG M-V. Diese Entscheidung soll fortan, ebenso wie die Lockerungsentscheidung, mit Hilfe der positiv formulierten Erprobungsklausel getroffen werden. Der im Musterentwurf vorgeschlagenen praxisfernen Herabsetzung der Mindestverbüßungszeit beim Hafturlaub für Lebenslängliche wurde nicht gefolgt. Stattdessen verbleibt es bei der Zehn-Jahres-Frist. Neu ist auch der ausdrücklich in § 40 S. 2 StVollzG M-V angebrachte Hinweis, bei der Ausgestaltung der Lockerungen ggf. durch Weisungen opferschützend auf deren Belange Rücksicht zu nehmen.

bb) Saarland

Verglichen mit dem Musterentwurf fällt im Saarland vor allem auf, dass das saarländische Strafvollzugsgesetz[323] den geschlossenen Vollzug zur Regelvollzugsform erklärt (§ 15 Abs. 1 S. 1 SLStVollzG) und an mehreren – v.a. auch lockerungsrelevanten Stellen den Opferschutz stärker fokussiert. Schon der erste Absatz des § 3 SLStVollzG, der Grundsätze für die Vollzugsgestaltung aufstellt, fordert, dass der Vollzug auf die Auseinandersetzung der Gefangenen mit ihren Straftaten und deren Folgen für die Opfer zu richten ist. Auch in § 40 SLStVollzG, der die Weisungserteilung bei Lockerungen normiert, soll bei der Ausgestaltung von Lockerungen explizit auch den Belangen des Opfers Rechnung getragen werden. Die vormals lediglich in Verwaltungsvorschriften genannten Ausschluss- und Nichteignungsgründe zur Lockerungsgewährung sind im Saarland nunmehr ausdrücklich ins Gesetz aufgenommen worden. § 38 Abs. 4 und Abs. 5 SLStVollzG stoßen mit Blick auf die ständige Rechtsprechung zu den Verwaltungsvorschriften, in der stetig zu einer Einzelfallprüfung fern von Schematismen angehalten wird[324], auf gravierende Bedenken. Ebenfalls abweichend vom Musterentwurf wird im Saarland die Herabsetzung der Mindestverbüßungszeit für Lebenslängliche nicht auf fünf Jahre herabgesetzt, sondern entsprechend dem StVollzG-Bund bei zehn Jahren belassen

---

322 Strafvollzugsgesetz Mecklenburg-Vorpommern (StVollzG M-V) vom 7. Mai 2013, GVOBl. M-V 2013, S. 322, in Kraft seit 01. Juni 2013.

323 Saarländisches Strafvollzugsgesetz (SLStVollzG) vom 24. April 2013, Amtsblatt 2013, S. 116, in Kraft seit 01. Juni 2013.

324 Ausführlich dazu dann Kapitel 3.

(§ 38 Abs. 3 S. 2 SLStVollzG). Die Regelung zu entlassungsvorbereitenden Lockerungen bleibt eine Soll-Vorschrift (vgl. § 42 Abs. 4 SLStVollzG).

cc) Sachsen

Dem sächsischen Strafvollzugsgesetz[325] zufolge „sollen" Lockerungen gewährt werden, wenn sie erstens der Erreichung des Vollzugsziels dienen und zweitens entsprechend dem Musterentwurf die Erprobung verantwortet werden kann, vgl. § 38 Abs. 2 SächsStVollzG. Ermessensrelevant ist das „dürfen" im Musterentwurf durch eine Soll-Vorschrift ersetzt worden. Langzeitausgang kann in Sachsen gewährt werden, wenn die Mindestverbüßungszeit von 6 Monaten abgelaufen ist – soweit auch der ME – oder ist zumindest theoretisch schon vor dieser Frist denkbar, wenn der Gefangene sich für den offenen Vollzug eignet bzw. sich bereits in Ausgängen bewährt hat, § 38 Abs. 3 S. 1 SächsStVollzG. Andererseits wurde die Mindestverbüßungsdauer für die Gewährung von Langzeitausgängen bei Lebenslänglichen auch hier auf zehn Jahre festgesetzt (§ 38 Abs. 3 S. 2 SächsStVollzG).

dd) Brandenburg

Das brandenburgische Justizvollzugsgesetz[326] gibt Straf- und Jugendstrafgefangenen einen gebundenen Anspruch auf die Unterbringung im offenen Vollzug („sind im offenen Vollzug unterzubringen"), soweit verantwortet werden kann zu erproben, dass sie sich dem Vollzug nicht entziehen oder die Möglichkeiten des offenen Vollzugs nicht zu Straftaten missbrauchen werden (vgl. § 22 Abs. 2 BbgJVollzG). Vollzugslockerungen von Strafgefangenen und Jugendstrafgefangenen werden gemeinsam im 7. Abschnitt ab §§ 46 ff. BbgJVollzG geregelt. Ausnehmlich der zusätzlichen Lockerung in Form der Unterbringung in besonderen Erziehungseinrichtungen (§ 46 Abs. 1 S. 1 Nr. 5 BbgJVollzG) und eines weiteren Versagungsgrundes, dass nämlich Jugendstrafgefangenen Lockerungen versagt werden können, wenn sie ihren Mitwirkungspflichten nicht nachkommen (§ 46 Abs. 2 S. 2), enthält das Gesetz keinen weiteren lockerungsspezifischen Normen zu den Besonderheiten des Vollzugs an Jugendlichen. Als lockerungsrelevante Änderung in Brandenburg gegenüber dem Musterentwurf gilt der vollständige Verzicht auf Mindestverbüßungsfristen. Es entfällt sowohl die generelle

---

325 Sächsisches Strafvollzugsgesetz (SächsStVollzG) vom 16. Mai 2013, GVBl. Nr. 5/2013, S. 250, in Kraft seit 01. Juni 2013.

326 Brandenburgisches Justizvollzugsgesetz (BbgJVollzG) vom 24. April 2013, GVBl. 2013 I Nr. 14.

sechs-Monatsfrist beim Langzeitausgang, als auch die speziell bei lebenslänglich Verurteilten vorgeschriebene Fünf-Jahresfrist, wie sie § 38 Abs. 3 ME vorgesehen hatte. Bei Letztgenannten wird in § 48 Abs. 2 BbgJVollzG für jegliche Haftlockerungen ein Zustimmungserfordernis der Aufsichtsbehörde normiert. In keinem anderen Strafvollzugsgesetz und daher in dieser Form einmalig sticht § 47 Abs. 2 BbgJVollzG ins Auge, der den Vollzugsanstalten das Recht zuschreibt, schwer erkrankten Gefangenen, mit deren krankheitsbedingten Tod in Kürze gerechnet werden muss, vorab einen Langzeitausgang zu genehmigen, bis die endgültige Entscheidung der Vollstreckungsbehörde über einen Strafausstand nach § 455 Abs. 4 StPO vorliegt. Mögen die Motive hinter der bereits im Gesetzgebungsverfahren stark kritisierten Neuregelung auch edel sein, so ist sie doch entschieden abzulehnen, da zum einen keine praktische Notwendigkeit besteht, da die Strafvollstreckungsbehörden in solchen Fällen erfahrungsgemäß zügig entscheiden und zum anderen eine nicht zu unterschätzende Unruhe in das Zuständigkeitsgefüge von Strafvollzug und Strafvollstreckung gebracht wird. Im Übrigen macht sich das Vollzugsgesetz in Brandenburg in weiten Teilen die resozialisierungsfreundlichen und übergangorientierten Regelungen des Musterentwurfs zu eigen.

ee) Rheinland-Pfalz und Thüringen

Auch das thüringische[327] und das reinland-pfälzischen[328] Justizvollzuggesetz setzen auf eine Einheitsnormierung von Erwachsenen- und Jugendstrafvollzug und weisen wie Brandenburg die jeweiligen Besonderheiten bei Lockerungen von jugendlichen Gefangenen aus (vgl. § 45 Abs. 1 S. 1 Nr. 5, Abs. 2 S. 2 LJVollzG RLP bzw. § 46 Abs. 1 S. 1 Nr. 5, Abs. 2 S. 2 ThürJVollzGB). Anders als Brandenburg, das in beiden Fällen auf die Verantwortungs- und Erprobungsklausel zurückgreift, behalten Rheinland-Pfalz und Thüringen die Flucht- und Missbrauchsklausel des Bundesstrafvollzugsgesetzes bei, so dass der Verantwortungs- und Erprobungsmaßstab dem Jugendstrafvollzug vorbehalten bleibt (vgl. § 22 Abs. 2 und 3 LJVollzG RLP bzw. § 22 Abs. 2 und 3 ThürJVollzGB).

Abgesehen davon, dass in Rheinland-Pfalz die zehnjährige Mindestverbüßungszeit für Vollzugslockerungen lebenslänglich Verurteilter (§ 45 Abs. 3 S. 2 LJVollzG RLP) beibehalten, der Opferschutzgedanke stärker betont wird

327 Thüringer Justizvollzugsgesetzbuch (ThürJVollzGB) vom 27. Februar 2014, GVBl. 2014 Nr. 2, S. 13 ff.

328 Landesjustizvollzugsgesetz Rheinland-Pfalz (LJVollzG RLP) vom 08. Mai 2013, GVBl. 2013, S. 79

(8 Abs. 1 S. 2, 47 S. 2 LJVollzG RLP) und in Thüringen in § 46 Abs. 3 ThürJVollzGB eine besonders gründliche Prüfung der Gewährungsvoraussetzungen für Lockerungen bei Sexual- und Gewaltstraftätern ausdrücklich angeordnet ist und, orientieren sich beide Gesetzbücher maßgeblich am Musterentwurf.

ff) Bremen

Das Bremische Strafvollzugsgesetz[329] übernimmt die Verantwortungs- und Erprobungsklausel bei Vollzugslockerungen nicht, sondern hält stattdessen an der Flucht- und Missbrauchsklausel als Prognosemaßstab der Vollzugslockerungen aus dem StVollzG fest (vgl. § 38 Abs. 2 BremStVollzG). Ebenfalls vom Musterentwurf abweichend setzt Bremen die zehnjährige Mindestverbüßungsfrist bei Langzeitausgang Lebenslänglicher nicht herab (vgl. § 38 Abs. 3 S. 2 BremStVollzG). Ausgeprägter als im Musterentwurf wird in Bremen dem Opferschutz Rechnung getragen. Über die bereits im Musterentwurf enthaltene Möglichkeit, den berechtigten Belangen des Opfers über die Erteilung von Weisungen Rechnung zu tragen, enthält § 40 S. 2 BremStVollzG eine Soll-Vorschrift zur Versagung von Vollzugslockerungen, wenn sie den berechtigten Belangen der Opfer widersprechen.

gg) Sachsen-Anhalt

Das Justizvollzugsgesetzbuch Sachsen-Anhalt[330] trifft neben dem Saarland die wohl umfangreichsten Regelungen zu den Themenkomplexen Unterbringung im offenen Vollzug und Vollzugslockerungen. Verdichtet wird der Gesetzestext vornehmlich durch die Überführung von Verwaltungsvorschriften in das Justizvollzugsgesetz, auch um die der Lockerungsprognose zugrundeliegenden Prognosekriterien zu konkretisieren. So soll ein Gefangener nur dann im offenen Vollzug untergebracht werden, wenn er dessen besonderen Anforderungen genügt und für die Maßnahme geeignet ist, insbesondere tatsächliche Anhaltspunkte nicht die abstrakte Gefahr begründen, dass er sich dem Vollzug der Freiheitsstrafe entziehen oder die Maßnahme zur Begehung von Straftaten oder auf andere Weise missbrauchen wird, vgl. insb. § 22 Abs. 2, Abs. 3 und 5 JVollzGB LSA. Die definitorischen Modifikationen der Vollzugslockerungen im Musterentwurf hat Sachsen-Anhalt seinem Vollzug nicht zugrunde gelegt. Sowohl die

---

329 Bremisches Strafvollzugsgesetz (BremStVollzG) vom 25. November 2014, Brem.GBl. 2014, S. 639.

330 Justizvollzugsgesetzbuch Sachsen-Anhalt (JVollzGB LSA) vom 18. Dezember 2015, GVBl. LSA 2015, S. 666.

beaufsichtigten Lockerungen in Form der Ausführung und der Außenbeschäftigung wie auch der Langzeitausgang unterfallen definitorisch dem Lockerungsbegriff (vgl. § 45 Abs. 1 Nr. 1, Nr. 4 und Nr. 5 JVollzGB LSA), was durchaus zu begrüßen ist. Auch bei den tatbestandlichen Voraussetzungen der Vollzugslockerungen geht Sachsen-Anhalt einen gänzlich anderen Weg als der Musterentwurf und die bisher vorgestellten Strafvollzugsgesetze, indem für Ausführungen ein anderer Prognosemaßstab als für die übrigen Vollzugslockerungen angelegt wird. Gem. § 45 Abs. 2 JVollzGB LSA dürfen Ausführungen gewährt werden, „wenn nicht tatsächliche Anhaltspunkte mit hinreichender Wahrscheinlichkeit unter Berücksichtigung auch einer erhöhten Bewachungsdichte die konkrete Gefahr begründen", dass der Gefangene fliehen oder die Ausführung zur Begehung von Straftaten oder auf andere Weise missbrauchen wird. Die übrigen Lockerungen nach § 45 Abs. 1 Nrn. 2 bis 6 JVollzGB LSA sind gem. Abs. 3 gewährbar, wenn der Gefangene für die jeweilige Maßnahme geeignet ist, insbesondere keine tatsächlichen Anhaltspunkte die abstrakte Gefahr der Flucht oder des Missbrauchs begründen. Dabei sind die Mitwirkung des Gefangenen, der Schutz der Allgemeinheit wie auch die Belange des Opferschutzes in angemessener Weise zu berücksichtigen, vgl. § 45 Abs. 3 S. 2 und 3 JVollzGB LSA. Die folgenden Abs. 4 und 6 des § 45 JVollzGB LSA listen Tatbestände auf, die überwiegend aus den Verwaltungsvorschriften übernommen wurden und nach denen sich Gefangene u.a. aufgrund ihres Deliktes, aus vollstreckungsrechtlichen Gründen, aufgrund einer erheblichen Suchtgefährdung oder der Zugehörigkeit zur organisierten Kriminalität als ungeeignet für Lockerungen erweisen, wobei besondere Umstände jeweils Ausnahmen rechtfertigen können. Auf die Vorteile bei der Begründung einer ablehnenden Lockerungsentscheidung und den Nachteil des Flexibilitätsverlustes bei der Überführung von Verwaltungsvorschriften in den Gesetzestext wurde bereits in den Ausführungen zum Hessischen Vollzugsgesetz hingewiesen. Ein Langzeitausgang ist in Sachsen-Anhalt ausdrücklich an die vorherige Bewährung im Ausgang oder Freigang geknüpft, auf 21 Kalendertage im Jahr begrenzt und bei Gefangenen, die eine lebenslange Freiheitstrafe verbüßen, erst nach Ablauf von 10 Jahren zulässig, vgl. § 45 Abs. 7 JVollzGB LSA.

§ 45 Abs. 9 JVollzGB LSA erlaubt, den Gefangenen bei allen Lockerungen mit Ausnahme des Freigangs, die Weisung der elektronischen Aufenthaltsüberwachung aufzuerlegen. Angeordnet werden kann die elektronische Aufenthaltsüberwachung gem. § 47 Abs. 2 JVollzGB LSA, um den Gefangenen vom Verstoß gegen eine orts- oder personenbezogene Weisung bzw. von Flucht oder Missbrauch abzuhalten. Eine solche Weisung ist bislang der Führungsaufsicht entlassener Straftäter vorbehalten. Bei weiterem Blick in den Weisungskatalog des

§ 47 JVollzGB LSA sticht die sehr detaillierte Regelung desselben ins Auge. Standards zur Begutachtung und körperlichen Untersuchung normiert § 48 JVollzGB LSA ähnlich wie in Niedersachsen ebenfalls eingehend.[331] Resümiert man die Regelungen zum offenen Vollzug und zu den Vollzugslockerungen fällt es schwer zu glauben, dass Sachsen-Anhalt sich an der Schaffung des Musterentwurfs beteiligte, weil innerhalb dieses Themenkomplexes eine Vielzahl von Anregungen des Musterentwurfs ungehört blieben. Durchaus beachtenswert und gedanklich fortführungswürdig ist die Anlegung verschiedenartiger Prognosemaßstäbe bei der Ausführung und den anderen Lockerungsmaßnahmen, da Sachsen-Anhalt auf diese Weise ausdrücklich festschreibt, was bei Prüfung von Lockerungen, nicht zuletzt von der Rechtsprechung, verlangt wird.

hh) Schleswig-Holstein

Die Resozialisierung bleibt gem. § 2 LStVollzG SH auch im Landesstrafvollzugsgesetz Schleswig Holstein[332] alleiniges Ziel des Strafvollzugs.[333] Die Schutzaufgabe taucht unter der amtlichen Überschrift des § 5 „Sicherheit“ auf und wird sodann konkretisiert. Während die unbeaufsichtigten Lockerungsformen weitgehend[334] im Einklang mit dem Musterentwurf als Lockerungen zur Erreichung des Vollzugsziels in § 55 LStVollzG SH geregelt sind, setzt Schleswig-Holstein bei der als eigenständige Form des Aufenthaltes außerhalb der Anstalt in § 54 LStVollzG SH normierten Ausführung neue programmatische Maßstäbe. Demnach sollen Gefangenen Ausführungen gestattet werden, wenn dies zur Vorbereitung von Lockerungen erforderlich ist oder zur Erhaltung der Lebenstüchtigkeit, wenn sie sich fünf Jahre ununterbrochen in Freiheitsentziehung befunden haben und „wenn nicht konkrete Anhaltspunkte die Gefahr begründen, dass die Gefangenen sich trotz der Sicherungsmaßnahmen dem Vollzug entziehen oder die Ausführung zu erheblichen Straftaten missbrauchen werden“, vgl. § 54 Abs. 1 LStVollzG SH. Mit § 54 Abs. 2 S. 1 LStVollzG SH geht Schleswig-Holstein aber noch einen Schritt weiter, indem angeregt wird, dass zur Vermeidung von Hospitalisierungsschäden bei langen Freiheitstrafen nach § 54 Abs. 1 Nr. 1 LStVollzG SH jährlich mindestens zwei Ausführungen durchgeführt werden sollen. Andere

331 Zu den Einzelheiten vgl. *Krä*, in: Arloth/Krä, StVollzG, § 45 JVollzGB LSA Rn. 1 ff.

332 Landesstrafvollzugsgesetz Schleswig-Holstein (LStVollzG SH) vom 21. Juli 2016, GVOBl. Schl.-H. 2016, S. 618. Allg. *Bunge*, FS 2016, 348 ff.

333 Ablehnend *Krä*, in: Arloth/Krä, StVollzG, § 2 LStVollzG SH Rn. 1.

334 Der im § 13 Abs. 1 StVollzG auf 21 Tage begrenzte Hafturlaub ist als Langzeitausgang nunmehr bis zu 30 Tage im Vollstreckungsjahr gewährbar, vgl. § 55 Abs. 1 Nr. 3 LStVollzG SH. Zudem entfällt die sechsmonatige Mindestverbüßungsfrist.

„höherwertige"[335] Lockerungen werden hierauf nach § 54 Abs. 2 S. 2 LStVollzG SH angerechnet. § 55 Abs. 2 S. 3 LStVollzG SH ebnet den Verzicht auf eine Ausführung, wenn die erforderlichen personellen oder technischen Sicherungsmaßnahmen so schwerwiegend sein würden, dass der Zweck der Ausführung vereitelt werden würde.[336]

In durchaus beeindruckender Weise wird die bundesverfassungsgerichtliche Rechtsprechung zur Erhaltung der Lebenstüchtigkeit langstrafiger Gefangener in Gesetzesform gegossen, die Vorbereitungs- und Erprobungsfunktion für andere Lockerungen geebnet und durch Anlegung eines großzügigeren Prognosemaßstabes der Ausführung gewürdigt, dass ein bestehendes Flucht- und Missbrauchsrisiko durch die ständige und unmittelbare Beaufsichtigung durch Vollzugsbedienstete geschmälert werden kann.[337]

ii) Berlin

Als letztes der am Musterentwurf beteiligten Länder brachte Berlin sein Strafvollzugsgesetz auf den Weg.[338] Liegen die Voraussetzungen für die Unterbringung im offenen Vollzug vor, so erhalten die Gefangenen einen Anspruch auf Unterbringung im offenen Vollzug, vgl. § 16 StVollzG Bln. Abgesehen von der Beibehaltung der Zehn-Jahresfrist beim Langzeitausgang für Gefangene mit lebenslanger Freiheitsstrafe und von der Beschränkung der sechsmonatigen Mindestfrist beim Langzeitausgang auf den geschlossenen Vollzug enthält das Berliner Strafvollzugsgesetz keinerlei Abweichungen vom Musterentwurf.

d) Bewertung der zweiten Phase

Das Ergebnis der zweiten Phase bilden zehn Straf- bzw. Justizvollzugsgesetze, die dem Musterentwurf erfreulicherweise weitgehend folgen. Der befürchteten Rechtszersplitterung konnte zumindest ein Stück weit Einhalt geboten werden. Die vergleichende Untersuchung des Themenkomplexes Vollzugslockerungen/vollzugsöffnende Maßnahmen offenbart, dass sich die Regelungen aufgrund der gemeinsamen Grundlage im Wesentlichen gleichen, sich in einzelnen, oft entscheidenden Details aber doch, teilweise nicht unwesentlich unterscheiden.[339]

---

335 *Krä*, in: Arloth/Krä, StVollzG, § 54 LStVollzG SH Rn. 3.

336 Vgl. *Krä*, in: Arloth/Krä, StVollzG, § 54 LStVollzG SH Rn. 3.

337 Vgl. Schleswig-Holsteinischer Landtag, Drs. 18/3153, S. 131.

338 Berliner Strafvollzugsgesetz (StVollzG Bln) vom 04. April 2016, GVBl. 2016, S. 152; vgl. zum Ganzen, *Paster*, FS 2016, 27 ff.

339 Vgl. die tabellarische Übersicht bei *Dünkel/Pruin*, NK 2018, 21 (29 f.).

Wenn und soweit Abweichungen vom Musterentwurf vorgenommen wurden, dann überwiegend in Form einer Verengung der Gewährungsvoraussetzungen, teils nach Vorbild des Bundesstrafvollzugsgesetz oder darüber hinaus. Dies geschah durch Übernahme von Verwaltungsvorschriften oder vollzugspraktischen Entscheidungskriterien in den Gesetzestext. Die meisten Länder waren aus politischen oder vollzugspraktischen Gründen eben nicht bereit, alle Vorschläge, beispielsweise die Herabsetzung der Zehn-Jahresfrist bei Hafturlauben lebenslänglicher Gefangener, mitzutragen. Auch zur Erhebung der Resozialisierung zum alleinigen Vollzugsziel konnten sich nicht alle Länder durchringen. Insofern ist der Einwand der fehlenden vollzugspraktischen und politischen Absicherung des Musterentwurfs durchaus zutreffend. Abgesehen von wenigen Ausnahmen (z.B. trotz des personellen Mehraufwands die Regelung der Ausführung in Schleswig-Holstein) sind die Länder nicht vollzugsöffnend über die Vorschläge des Musterentwurfs hinausgegangen.

3. *Nordrhein-Westfalen*

Anders als die anderen fünf am Musterentwurf nicht beteiligten Länder, die recht zeitnah nach der Föderalismusreform ihre Strafvollzugsgesetze erlassen haben, brachte Nordrhein-Westfalen erst im Jahr 2015 das Gesetz zur Regelung des Vollzugs der Freiheitsstrafe in Nordrhein-Westfalen auf den Weg.[340] Die Beibehaltung der Resozialisierung als alleiniges Vollzugsziel und die normativ weit nach hinten geschobene Schutzaufgabe, vgl. §§ 1 und 6 StVollzG NRW, sind im Wesentlichen geregelt wie in Schleswig-Holstein.[341] Bei den Vollzugslockerungen selbst orientiert sich NRW am StVollzG, nimmt aber auch Impulse des Musterentwurfs auf. Unbeaufsichtigte wie beaufsichtigte Lockerungen, einschließlich des Langzeitausgangs, sind fortan als vollzugsöffnende Maßnahmen zur Erreichung des Vollzugsziels in § 53 Abs. 2 StVollzG NRW geregelt und der Verantwortungs- und Erprobungsklausel gem. Abs. 1 unterworfen. Dabei sind die Belange des Schutzes der Allgemeinheit mit denen des Gefangenen, namentlich Persönlichkeit, Vollzugsdauer, Vollzugsverhalten und Art der Maßnahme abzuwägen, vgl. § 53 Abs. 1 S. 2 StVollzG NRW. Als erstes Bundesland bringt NRW mit § 52 Abs. 3 StVollzG NRW eine Sonderregelung zur Ausführung auf den Weg, die in Folge auch Schleswig-Holstein aufgegriffen und fortentwickelt

340 Strafvollzugsgesetz Nordrhein-Westfalen (StVollzG NRW) vom 13. Januar 2015, GV. NRW. 2015, S. 76.

341 Vgl bereits oben; krit. wieder *Arloth*, in: Arloth/Krä, StVollzG, § 1 StVollzG NRW Rn. 1 m.w.N.

hat: Für den Fall, dass weitergehende Lockerungen (noch) nicht verantwortet werden können, sind insbesondere im Langstrafenvollzug Ausführungen zu gewähren, um – wie von der Rechtsprechung des Bundesverfassungsgerichts gefordert – Hospitalisierungsschäden zu vermeiden, sofern die erforderlich werdenden Sicherungsmaßnahmen den Zweck nicht gefährden.[342] § 54 StVollzG NRW regulieren Details zum Langzeitausgang. Erwähnenswert ist die Deckelung auf 24 Kalendertage, die Mindestverbüßungsfrist von 6 Monaten bei Gefangenen im geschlossenen Vollzug, die vorherige Bewährung im Ausgang und die Beibehaltung der Zahn-Jahresfrist. Auf einen entlassungsvorbereitenden Langzeitausgang bis zu sechs Monate verzichtet Nordrhein-Westfalen und bietet stattdessen einen bis zu zehntägigen Sonderurlaub zur Entlassungsvorbereitung, vgl. § 59 Abs. 2 S. 1 StVollzG NRW.

4. *Zahlenmäßige Betrachtung des offenen Vollzugs und der Vollzugslockerungen*

Bundesweit setzt sich der in den 90er Jahren eingesetzte Abwärtstrend bei der Unterbringung im offenen Vollzug kontinuierlich fort. Im Jahr 2016 waren lediglich 16,7% der Gefangenen im offenen Vollzug untergebracht.[343] Ein Vergleich des prozentualen Anteils der im offenen Vollzug untergebrachten Gefangenen bringt nach wie vor evidente Unterschiede zwischen den Bundesländern zum Vorschein und zwar sowohl bei den absoluten Zahlen als auch der zurückliegenden zahlenmäßigen Entwicklung. Mit Ausnahme von Hamburg lässt sich ein stetiger Belegungsrückgang auch in Bayern, Baden Württemberg, Hessen und Niedersachsen, also allen Ländern der Strafvollzugsgesetzgebung der ersten Phase, feststellen.[344] Während im Jahr 2016 beispielsweise 31% aller Berliner Gefangenen im offenen Vollzug untergebracht waren, betrug der Anteil der Gefangenen im offenen Vollzug Sachsen-Anhalts gerade mal 4,2%, obwohl beide Länder bei der Prüfung der Unterbringungsvoraussetzungen mit der Flucht- und Missbrauchsklausel einen identischen Risikomaßstab anlegen.[345] Betrachtet man die Zahlen der drei Länder, die im Jahr 2013 die ersten Vollzugsgesetze auf Grundlage des gemeinsamen Musterentwurfs erließen **und** (entgegen dem Vorschlag des ME) die eine Unterbringung im offenen Vollzug mittels der Verantwortungs- und Erprobungsklausel prüfen, so divergieren die Zahlen im Jahr

---

342 Vgl. hierzu *Arloth*, in: Arloth/Krä, StVollzG, § 53 StVollzG NRW Rn. 4.
343 Vgl. *Dünkel/Pruin*, NK 2018, 21 (33).
344 Vgl. *Dünkel/Pruin*, NK 2018, 21 (33, 35).
345 Vgl. *Dünkel/Pruin*, NK 2018, 21 (33 f.).

2016 ebenfalls deutlich: 18,7% in Brandenburg, 11,9% in Mecklenburg-Vorpommern und 11,2% in Rheinland-Pfalz. Im Vergleich zum Jahr 2010, also zu einem Zeitpunkt, als diese Länder die Unterbringung im offenen Vollzug noch anhand der Flucht- und Missbrauchsklausel des § 11 StVollzG bemaßen, ist der prozessuale Anteil der im offenen Vollzug untergebrachten Gefangenen in Brandenburg angestiegen (+1,2%), während der Prozentsatz in den anderen Ländern leicht gefallen ist (-1.5% in Mecklenburg-Vorpommern und -1,6% in Rheinland-Pfalz). Eine ähnlich unterschiedliche Entwicklung zeigt sich in den Ländern, die auf Grundlage des Musterentwurfs an der Befürchtungsklausel festhielten. Ein Abfall um 4,6% auf nunmehr 17,9% im Saarland und um 2,4% auf 6,3 % in Sachsen, während in Thüringen mit 0,9% auf 5,5% ein leichter und in Bremen mit 7,3% auf 17,2% ein starker Zuwachs zu verbuchen ist.[346]

Ein ähnlich divergierendes Bild lässt sich bei den Vollzugslockerungen zeichnen, wobei hier die statistische Erfassung große Schwierigkeiten mit sich bringt, da nicht alle Länder ihre Lockerungsdaten kontinuierlich und in gleicher Zählweise weitergegeben haben.[347] *Dünkel/Pruin*, auf deren Publikation im folgenden abgestellt wird, erfassen die Vollzugslockerungen pro 100 belegte Strafhaftplätze.[348] Im bundesweiten Schnitt halten sich die Beurlaubungszahlen nach ihrem Höchststand in den frühen 1990er Jahren und dem folgenden Abfall seit 2004 auf einem niedrigeren Niveau immerhin relativ stabil. Auch die Zahlen zum Freigang weisen Konstanz auf. Die Zahl der Ausgänge steigt, abgesehen von einem signifikanten Einbruch rund um die Jahrtausendwende kontinuierlich an.[349] Der vielfach erfolgte Hinweis auf den mit dem Abfall der Belegungszahlen im offenen Vollzug eng zusammenhängenden Rückgang der Vollzugslockerungen ist naturgemäß der restriktiver gewordenen oder gebliebenen Lockerungspraxis in einigen Bundesländern geschuldet.[350] Die Unterschiede, die sich so in der Lockerungspraxis ergeben sind immens. So sind die Chancen in Hamburg (1017 Beurlaubungen pro 100 Strafgefangene bis zum Stichtag 31. März 2015) Urlaub zu erhalten, 17-mal höher als in Rheinland-Pfalz (59 Beurlaubungen pro 100 Strafgefangene)[351], obwohl beide Länder die Verantwortungsklausel bei den

346 Vgl. *Dünkel/Pruin*, NK 2018, 21 (29 f., 35).

347 Vgl. *Dünkel/Pruin*, NK 2018, 21 (37) Anmerkung zur Abbildung 3.

348 Vgl. *Dünkel/Pruin*, NK 2018, 21 (37) Abbildung 3.

349 Vgl. *Dünkel/Pruin*, NK 2018, 21 (36 f.), deren statistische Erfassung bis ins Jahr 2015 reicht.

350 Vgl. nur *Dünkel/Schüler-Springorum*, ZfStrVo 2006, 145 ff.; *Dünkel/Geng*, FS 2010, 22 ff.; *Feest/Lesting*, ZfStrVo 2005, 76 ff.

351 Vgl. *Dünkel/Pruin*, NK 2018, 21 (39 f.).

Lockerungen anwenden. In Baden-Württemberg ist die Zahl der Beurlaubungen seit 2012 mit einem Regierungswechsel angestiegen, obwohl dort die Flucht- und Missbrauchsklausel beibehalten wurde.

Damit lassen sich aus der zahlenmäßigen Betrachtung der vollzugsöffnenden Maßnahmen zweierlei Schlüsse ziehen. Zunächst bleibt festzuhalten, dass sich die Neuregelungen, die die Föderalismusreform nach sich zog, zahlenmäßig kaum bemerkbar machen. Im direkten Zusammenhang mit dem Erlass einzelner Landesstrafvollzugsgesetze lässt sich ein Zahlensprung nach unten oder oben nicht beobachten. Wenn ein solcher beobachtet werden kann, dann im Zusammenhang mit einem politischen Machtwechsel. Zudem zeigt sich, dass die vermeintlich großzügigere Erprobungs- und Verantwortungsklausel nicht automatisch eine großzügigere und andersherum die Befürchtungsklausel eine restriktivere Lockerungspraxis nach sich zieht. Dies legt die Vermutung nahe, dass es sich bei den Normen zur Vollzugsöffnung um ein auslegungsoffenes Reglement handelt, in das die Länder eine politisch und tradierte Linie, die entweder liberaler oder restriktiver ausfällt, einfließen lassen können.[352]

5. Eine Bilanz der Föderalismusreform – varietas delectat?

Formale Bilanz der Föderalismusreform sind 16 eigenständige Länderstrafvollzugsgesetze. Weite Teile des Bundesstrafvollzugsgesetzes von 1977, dem Ergebnis eines hundertjährigen Kampfes um eine rechtseinheitliche und rechtsgleiche strafvollzugsrechtliche Kodifizierung, haben damit nach nur 40 Jahren ihren Anwendungsbereich verloren. Auch die Themenkomplexe Vollzugslockerungen und offener Vollzug sind zur Ländersache geworden. Es galt, 16 Landesgesetze inklusive der zugehörigen Verwaltungsvorschriften, rechtsvergleichend gegenüber zu stellen. Keine der 16 Regularien gleicht der anderen. Immerhin ähneln sich die Gesetzeswerke der am Musterentwurf beteiligten Länder, wodurch der Rechtszersplitterung entgegengewirkt wurde und normativ einheitliche Standards aufrecht gehalten werden konnten. Die nicht am ME beteiligten Länder orientierten sich im Gesetzgebungsverfahren am Strafvollzugsgesetz des Bundes. Ein bloßer Blick auf den Normtext der Strafvollzugsgesetze weist teilweise recht erhebliche Unterschiede zwischen den einzelnen Gesetzen auf. Die Strafvollzugsgesetze sind an verschiedenen Vollzugszielen- und Aufgaben ausgerichtet, haben unterschiedliche Regelvollzugsformen und knüpfen die Gewährung

352 Vgl. *Dünkel/Pruin*, NK 2018, 21 (34 ff.). Zum Zusammenhang zwischen dem Streit um die Ziele und Aufgaben des Strafvollzugs und der Lockerungsgewährung im Geltungszeitraum des Bundesstrafvollzugsgesetzes vgl. bereits *Arloth*, GA 2001, 307 (311).

von Vollzugslockerungen an teilweise anderslautende tatbestandliche Voraussetzungen. Eine Einbeziehung der zugehörigen Verwaltungsvorschriften relativiert diesen Eindruck zumindest im Themenkomplex Vollzugslockerungen. Gerade die Verwaltungsvorschriften enthalten eine Vielzahl negativer Gewährungsvoraussetzungen und Ausschlusskriterien. Da auch sie eine innerbehördliche Bindungswirkung entfalten, sind sie in den Vergleich einzubeziehen, ehe ein Strafvollzugsgesetz als liberal oder restriktiv eingeordnet werden kann. Die Unterschiede, die dann bei der normativen Ausgestaltung der Vollzugslockerungen und der praktischen Handhabung noch verbleiben, bestanden größtenteils schon vor der Föderalismusreform. Im Wesentlichen haben die neuen Strafvollzugsgesetze nur aufgegriffen, angeglichen und fortgesetzt, was ohnehin geltende Vollzugspraxis war.[353] Der erhoffte Wettbewerb um das beste Vollzugskonzept ist ebenso ausgeblieben wie der mehrfach angesprochene Wettbewerb der Schäbigkeit. Ersteres soll aber nicht bedeuten, dass nicht einzelne Aspekte existieren, die besondere Erwähnung verdienen und durchaus Vorbildcharakter für anderer Gesetze haben können. Zu nennen wären hier beispielsweise Differenzierungen der Gewährungsvoraussetzungen der Vollzugslockerungen nach unterschiedlichen Zeitabschnitten der Inhaftierung und unterschiedlichen Beaufsichtigungsgraden. Andererseits soll die Feststellung, dass der Wettbewerb nach unten ausgeblieben ist, nicht dazu verleiten zu übersehen, dass bereits die bestehenden Unterschiede bei der Lockerungsgewährung insbesondere dann strafzumessungsrelevant werden können, wenn die verhängte Freiheitsstrafe in einem anderen Bundesland vollstreckt werden soll. Denn die Wirkung der Strafe, die gem. § 46 Abs. 1 S. 2 StVollzG bei der Strafzumessung zu berücksichtigen ist, ist eine andere, wenn der Gefangenen seine Haftstrafe im geschlossenen Vollzug zu verbüßen hat, als die Verbüßung in einer Anstalt des offenen Vollzugs mit Vollzugslockerungen.[354] Die Stärkung der Sicherheitsaufgabe, die normative Degradierung des offenen Vollzugs und die Verschärfung der Gewährungsvoraussetzungen der Vollzugslockerungen werden in Summe keine großzügigere Lockerungspraxis erwarten lassen. Es mag sich für die Länder als vorteilhaft erweisen, eigene vollzugliche Akzente setzen zu können. Zu bedauern ist dabei aber, dass sich damit aber auch die wissenschaftliche, politische und öffentliche Diskussion um die konzeptionelle Ausgestaltung des Strafvollzugs auf

---

353 Vgl. *Arloth/Geiger*, in: Gefängnis auf dem Prüfstand, S. 73 (82 f.); auch *Arloth*, GA 2008, 129 (141); *Dünkel*, KrimPäd 2012, 14 (23); *Feest/Lesting*, ZfStrVo 2005, 76 (76 ff.); *Kreuzer/Bartsch*, FS 2010, 87 (88).

354 Vgl. *Köhne*, NK 2008, 9 (9 ff.).

Bundesebene weitgehend auf die Länder verlagert hat. Im föderalen Geflecht aus Landesstrafvollzugsgesetzen und landeseigenen Verwaltungsvorschriften lässt sich ein rechtsvergleichender Überblick nur schwer gewinnen. Abgesehen von den Denkanstößen und Impulsen des Bundesverfassungsgerichts ist die bundesweite Debatte um den Strafvollzug nach der Föderalismusreform ein Stück weit erlahmt.[355]

III. Internationale Vorgaben zur Resozialisierung und zur Öffnung des Vollzugs

Ein Gegengewicht zu diesem föderalen Geflecht wird auf internationaler Ebene gesetzt. Die Bestrebungen einen international einheitlichen Mindeststandart im Vollzugswesen zu erreichen und zu wahren, spiegeln sich in zahlreichen Empfehlungen des Europarates wider.[356] Wegen ihrer umfang- und detailreichen Regelungen sind hier **die Europäischen Strafvollzugsgrundsätze**[357] aus dem Jahr 2006, kurz die Recommendation (2006) 2, besonders zu erwähnen. Entstanden aus einer Neufassung und mehrmaligen Überarbeitung[358] der Mindestgrundsätze der Vereinten Nationen für die Behandlung von Gefangenen von 1955 enthält die vom Ministerkomitee des Europarates verabschiedete Empfehlung neben den vorangestellten Grundprinzipien vielfältige Vorgaben über Haftbedingungen. Der letzte Abschnitt der Rec. (2006) 2 befasst sich dann mit Spezialregelungen für verurteilte Straftäter. Diesem Teil vorangestellt findet sich in der Nr. 102.1 die (ausschließliche)[359] Zielvorgabe, Gefangene zu befähigen, „in

355 Vgl. *Prantl*, Süddeutsche Zeitung vom 16. August 2017, S. 8; a.A. *Arloth/Geiger*, in: Gefängnis auf dem Prüfstand, S. 73 (83).

356 Die Schweiz, Österreich und Deutschland gaben 2004 eine gemeinsame Übersetzung aller Empfehlungen des Europarates zum Strafvollzug („Freiheitsentzug – Die Empfehlungen des Europarates 1962 – 2003“) heraus. Für den Jugendstrafvollzug bedeutsam sind die Europäischen Grundsätze für die von Sanktionen und Maßnahmen betroffenen jugendlichen Straftäter und Straftäterinnen und Neue Wege im Umgang mit Jugenddelinquenz und der Rolle der Jugendgerichtsbarkeit, vgl. REC (2008) 11 und REC (2003) 20.

357 Zum Ganzen *Dünkel/Morgenstern*, NK 2006, 86 ff.; *Feest*, ZfStrVo 2006, 259 (260) kritisiert die deutsche Übersetzung der European Prison Rules mit“ Europäische Strafvollzugsgrundsätze“ als missverständlich, da diese gerade nicht nur den Strafvollzug, sondern daneben auch die Untersuchungs- und Zivilhaft betreffen, weshalb der wörtlichen Übersetzung Europäische Gefängnisregeln Vorzug zu geben sei.

358 Vgl. zuletzt die Resolution der Generalversammlung der Vereinten Nationen vom 17. Dezember 2015 (A/RES/70/175).

359 Vgl. *Dünkel/Morgenstern*, NK 2006, 86 (88).

sozialer Verantwortung ein Leben ohne Straftaten zu führen". Zur Umsetzung dieses Zieles sind gem. der Nr. 103.6 „verschiedene Arten von Urlauben vorzusehen, die integrierter Bestandteil des allgemeinen Strafvollzugs sind." Nr. 107.1 bis 5 der Empfehlungen stellen darüber hinaus Grundsätze für ein durchgehendes Entlassungsvorbereitungsprogramm auf. Die Rec. (2006) 2 trifft bezüglich vollzugsöffnender Lockerungen keine weiteren konkreten Aussagen und behandelt diese Frage somit eher am Rande.[360] Dennoch kann aus einer Gesamtbewertung der Vorschriften zum Hafturlaub, zur Entlassungsvorbereitung (Nr. 103 und Nr. 107) sowie aus dem in Nr. 6 verankerten Grundsatz, die Wiedereingliederung in die Gesellschaft zu fördern, geschlossen werden, dass auf europäischer Ebene eine Grundentscheidung für vollzugsöffnende Maßnahmen gefallen ist, die als solche nicht verhandelbar ist.[361] Bestätigen lässt sich dies durch weitere Empfehlungen des Ministerkomitees des Europarates, die sich den vollzugsöffnenden Maßnahmen verschreiben.[362] Die Entschließungen und Empfehlungen des Europarates entfalten als soft law keine Bindungswirkung[363] und können dem Gefangenen daher auch kein subjektives Recht auf Vollzugslockerungen vermitteln.[364] Wirkungslos sind die Empfehlungen deshalb aber nicht. Sie können durchaus als Orientierungsrahmen für die nationale Gesetzgebung dienen, eine politisch-moralische Verpflichtung auferlegen und einheitliche Mindeststandards festsetzen.[365]

---

360 Vgl. *Dünkel/Morgenstern*, NK 2006, 86 (86).

361 Vgl. *Koranyi*, Europäische Standards, S. 116.

362 Vgl. *Burkhardt/Feest*, in: AK-StVollzG, Vor § 38 Rn. 3; ausführlich *Koranyi*, Europäische Standards, S. 351.

363 *Arloth*, StVollzG, 3. Aufl. 2011, Einl. Rn.11.

364 Vgl. beispielsweise *Ostendorf*, ZRP 2008, 14 (14).

365 *Feest*, ZfStrVo 2006, 259 (261); *Nestler*, NK 2012, 87 (87).

2. Kapitel Bedeutung und Spannungsfelder der Vollzugslockerungen

„Nur indem man das Unerreichbare anstrebt, gelingt das Erreichbare.
Nur mit dem Unmöglichen als Ziel, gelingt das Mögliche.“
– Miguel de Unamuno –

A. Normative Bedeutung der Vollzugslockerungen für Resozialisierung und Strafvollzugsgrundsätze

I. Der verfassungsrechtliche Resozialisierungsauftrag

Bereits im Jahr 1973, drei Jahre bevor das Verfahren zum Erlass eines Strafvollzugsgesetzes zu einem Abschluss kam und der bis dato vorherrschende Zielpluralismus im Strafvollzug wenigstens normativ zur Auflösung gelangte, hatte das BVerfG die entscheidenden Weichen für den weitergehenden Gesetzgebungsprozess und die Grundausrichtung des künftigen Strafvollzugs gestellt. Herausragendes Ziel des Vollzugs von Freiheitsstrafen, zu dem grundlegende Prinzipien der Verfassung verpflichten, ist die **Resozialisierung bzw. die Sozialisation.**[366]

1. *Herleitung aus der Menschenwürde und dem Sozialstaatsprinzip*

Ausgehend von einer Gemeinschaft, die die Unantastbarkeit der Würde des Menschen in Art. 1 Abs. 1 GG in das Zentrum ihres Wertesystems rückt und die sich den Geboten des Sozialstaates unterwirft, leitet das BVerfG die verfassungsrechtliche Verankerung der Resozialisierung aus dem Zusammenspiel der individuellen Grundrechtsgewährleistung der Menschenwürde mit dem Sozialstaatsprinzip ab. Wörtlich führt das BVerfG hierzu aus: „Als Träger der aus der Menschenwürde folgenden und ihren Schutz gewährleistenden Grundrechte muß der verurteilte Straftäter die Chance erhalten, sich nach Verbüßung der Strafe wieder in die Gemeinschaft einzuordnen. Vom Täter aus gesehen erwächst dieses Interesse an der Resozialisierung aus seinem Grundrecht aus Art. 2 Abs. 1 in Verbindung mit Art. 1 GG.“[367] Dieses individuelle Resozialisierungsinteresse

366 Erstmals BVerfGE 35, 202 (235) – Lebach-Urteil.
367 BVerfGE 35, 202 (235 f.).

koppelt das BVerfG mit der aus dem Sozialstaatsprinzip erwachsenden Pflicht der Gemeinschaft, diesen Resozialisierungsauftrag – nicht zuletzt um ihrer selbst Willen – anzunehmen, um einer Rückfälligkeit und damit erneuten Schädigung der Gemeinschaft gegenzusteuern.[368] Das BVerfG reduziert das Sozialstaatsprinzip nicht nur auf die Pflicht zur Wahrung des sozialen Existenzminimums und minimiert auch den Gehalt der Menschenwürde nicht ausschließlich auf die vielzitierte Objektformel, sondern spezifiziert den verfassungsrechtlichen Bedeutungsgehalt auf das Verhältnis zwischen Staat und Gefangenem.[369]

Obwohl die Sozialstaatsklausel nur in adjektivischer Form als „sozialer Rechtsstaat" und als „sozialer Bundesstaat" (Art. 28 Abs. 1 S. 1, 20 Abs. 1 GG) im Grundgesetz erscheint, ist sie keineswegs nur ein unverbindlicher Programmsatz, der, mal mehr, mal weniger, konsequent zur Anwendung gelangt, sondern eine verfassungspolitische Direktive, die alle Staatsgewalt zur Verfolgung dieses Ziels verpflichtet.[370] Im Gegensatz zu den Staatsstrukturprinzipien, namentlich Rechtsstaatlichkeit, Demokratie, Republik und Bundesstaatlichkeit, lassen sich dem Grundgesetz bezüglich des Sozialstaatprinzips jedoch keine konkretisierenden Einzelregelungen entnehmen.[371] Diese „konkrete(n) Ungewißheit" innerhalb des Rahmens der „prinzipiellen Gewißheit"[372] gilt es für den Gesetzgeber durch Erlass einfachgesetzlicher Normen zu beseitigen, um dem Sozialstaatsprinzip zur Entfaltung zu verhelfen.[373]

Im Strafvollzug wird dem Sozialstaatsprinzip durch eine resozialisierende Grundausrichtung Wirkkraft verliehen. Dem liegt nicht erst seit der Entscheidung des BVerfG[374] der Gedanke zugrunde, dass die den Sozialstaat prägende Gemeinschaftsgebundenheit des Individuums **gegenseitige Rechten und Pflichten** im Verhältnis zwischen Staat und Gefangenem begründet.[375] Resozialisierung

---

368 Vgl. BVerfGE 35, 202 (236); siehe auch BVerfGE 36, 174 (188); BVerfGE 45, 187 (228 f., 238 f.) – Lebenslange Freiheitsstrafe; BVerfGE 98, 169 (200); *Laubenthal*, Strafvollzug, Rn. 145 ff.

369 Vgl. *Roxin*, in: FS Volk, S. 601 (610).

370 Vgl. *Herzog/Grzeszick*, in: Maunz/Dürig, GG, Art. 20 VIII Rn. 2, 6; *Maurer*, Staatsrecht I, § 8 Rn. 59, 69.

371 Vgl. *Zacher*, in: Isensee/Kirchhof, Staatsrecht I, § 25 Rn. 2.

372 *Zacher*, in: Isensee/Kirchhof, Staatsrecht I, § 25 Rn. 106.

373 Vgl. *Maurer*, Staatsrecht I, § 8 Rn. 69.

374 Zu den der Entscheidung des BVerfG vorausgehenden Ansätzen in der Literatur zur Herleitung des Resozialisierungsgebots aus der Verfassung vgl. *Leyendecker*, (Re-)Sozialisierung, S. 95 ff.

375 Vgl. *Bauer*, in: Schuld und Sühne, S. 138 (149); *Benda*, in: FS Faller, S. 307 (313); *du Mênil*, Resozialisierungsidee, S. 20; *Würtenberger*, Kriminalpolitik, S. 222 f.; *ders.*, JZ 1970, 452 (454).

ist auf Gegenseitigkeit angelegt und ihre Funktionalität davon abhängig. Aus seiner staatlichen Fürsorgepflicht heraus, bietet der Staat dem Gefangenen an, sich wieder in die (Rechts-)Gemeinschaft zu integrieren und stellt die hierfür erforderlichen Mittel bereit.[376] Dem Gefangenen wird Hilfe zur Selbsthilfe angeboten.[377] Eine Verpflichtung des Gefangenen, sich selbst aktiv um seine soziale Eingliederung zu bemühen[378], erwächst lediglich aus einer idealisierten Reziprozität. De facto lässt sich aus der sozialen Inpflichtnahme des Gefangenen keine Pflicht zu Mitwirkung herleiten sondern lediglich die Gestattung grundrechtsbeschränkender Maßnahmen aus Behandlungsgründen.[379] Korrespondierend lehnt auch die Gemeinschaft das Wiedereingliederungsangebot bzw. die Wiedereingliederungsbemühungen eines resozialisierungswilligen Inhaftierten nicht ab,[380] wobei einschränkend ergänzt werden muss, dass eine Aufnahmebereitschaft des einzelnen Bürgers gegenüber dem entlassenen Straftäter nicht verfassungsrechtlich erzwungen, sondern lediglich dem Staat auferlegt werden kann, die gesetzlichen Rahmenbedingungen hierfür zu schaffen.[381]

Als Fazit bleibt festzuhalten, dass das Bundesverfassungsgericht die Notwendigkeit einer resozialisierenden Grundausrichtung des Vollzugs aus dem Dualismus individueller und gemeinschaftsorientierter Interessen ableitet. Die Möglichkeit, den Pfad der (Re-)Integration in die (Rechts-)Gesellschaft beschreiten zu können, gebietet nicht nur der aus der Menschenwürde des Einzelnen erwachsende Anspruch, sondern auch das die Funktionalität der Gemeinschaft voraussetzende Sozialstaatsprinzip. Eine zusätzliche verfassungsrechtliche Absicherung erfährt die Resozialisierung aus dem Rechtsstaatsprinzip, insbesondere aus Verhältnismäßigkeitserwägungen, obwohl der vollzugliche Kern des Rechtsstaatsprinzips hier eher in der Begrenzung staatlichen Eingreifens in die Grundrechte Strafgefangener liegt.[382] Dem Resozialisierungs- und Behandlungsvollzug gebührt daher Verfassungsrang. Spiegelbildlich hierzu ist eine ausschließlich verwahrende Vollzugskonzeption nicht mit den grundlegenden Prinzipien unserer Verfassung in Einklang zu bringen.[383]

---

376 Vgl. *Benda*, in: FS Faller, S. 307 (313, 316); *Müller-Dietz*, Strafzwecke und Vollzugsziel, S. 16 f.; *Würtenberger*, JZ 1970, 452 (454).

377 Vgl. *Würtenberger*, Kriminalpolitik, S. 222.

378 So *Würtenberger*, JZ 1970, 452 (454); ferner *Benda*, in: FS Faller, S. 307 (313).

379 Vgl. *Laubenthal*, Strafvollzug, Rn. 148; *Hoffmann*, ZfStrVo 2003, 207 (209 ff.).

380 Vgl. *Benda*, in: FS Faller, S. 313 (316); *du Mênil*, Resozialisierungsidee, S. 23 f.

381 Vgl. *Leyendecker*, (Re-)Sozialisierung, S. 98 f.

382 Vgl. *Leyendecker*, (Re-)Sozialisierung, S. 102 f.; *Müller-Emmert*, DRiZ 1976, 65 (66 f.).

383 Vgl. beispielsweise *Bemmann*, in: FS Bockelmann, S. 891 (894).

2. Resozialisierung und lebenslange Freiheitsstrafe

Die für den Resozialisierungsvollzug gelegten Grundsteine hütete das Bundesverfassungsgericht fortan nicht nur eisern, sondern entwickelte deren inhaltliche Ausgestaltung unermüdlich fort. So schrieb es in einer Entscheidung, die sich mit der grundsätzlichen Verfassungsmäßigkeit der lebenslangen Freiheitsstrafe zu beschäftigen hatte, fest, dass die resozialisierungsoffene Grundausrichtung des Vollzuges **auch für lebenslänglich Verurteilte** zu gelten habe. Dass auch dieser Gefangenengruppe eine Chance verbleiben müsse, je wieder der Freiheit teilhaftig werden zu können, sei als verfassungsrechtlich notwendige Ergänzung der Vollstreckung der lebenslangen Freiheitsstrafe unerlässlich.[384] Eine der Kernaussagen der Entscheidung, mit der das Bundesverfassungsgericht Rechtsgeschichte[385] schrieb, lautet: „Die Androhung der lebenslangen Freiheitsstrafe findet ihre verfassungsrechtlich notwendige Ergänzung in einem sinnvollen Behandlungsvollzug. Die Vollzugsanstalten sind auch bei den zu lebenslanger Freiheitsstrafe verurteilten Gefangenen verpflichtet, auf deren Resozialisierung hinzuwirken, sie lebenstüchtig zu erhalten und schädlichen Auswirkungen des Freiheitsentzugs und damit auch und vor allem deformierenden Persönlichkeitsveränderungen entgegenzuwirken. Dabei handelt es sich um verfassungsrechtlich fundierte Vollzugsziele, die sich aus der in Art. 1 Abs. 1 GG garantierten Unantastbarkeit der Menschenwürde herleiten. Werden diese Aufgaben von den Vollzugsanstalten im gebotenen Maße erfüllt, leisten sie einen wesentlichen Beitrag dazu, etwa drohenden Persönlichkeitsveränderungen bei den Gefangenen entgegenzuwirken."[386] Ein verfassungskonformer Vollzug verbietet es, die Priorität der Resozialisierung mit zunehmender Dauer des Freiheitsentzugs zur Disposition zu stellen. Das Resozialisierungsgebot gilt für alle Gefangenen und darf daher weder bei Inhaftierten mit langer oder lebenslanger Freiheitsstrafe noch bei anderen Gefangenengruppen kategorisch verkürzt werden.[387]

---

384 Vgl. BVerfGE 45, 187 (228 f.); Ferner auch BVerfGE 98, 169 (200); 64, 261 (272 f.); BVerfG NJW 2007, 1933 (1934 f.).

385 Vgl. *Kett-Straub*, Lebenslange Freiheitsstrafe, S. 46.

386 BVerfGE 45, 187 (238). Zur Verfassungsmäßigkeit der lebenslangen Freiheitsstrafe *Kett-Straub*, Lebenslange Freiheitsstrafe, S. 46 ff., für den hier relevanten Aspekt der Resozialisierung vgl. dort insb. S. 50.

387 Vgl. BVerfG NStZ 1998, 430 (431); *Laubenthal*, Strafvollzug, Rn. 148; *Lindemann*, in: AK-StVollzG, § 2 Rn. 12; *Neubacher*, in: LNNV, StVollzG, Abschn. B Rn. 29; für ausländische Gefangene BVerfG StV 2014, 350; OLG Frankfurt ZfStrVo 1981, 247 (248).

3. *Reichweite des Resozialisierungsauftrags*

Den Staat trifft die Verpflichtung, den Vollzug so auszustatten und zu gestalten, wie es zur Erreichung des Vollzugsziels erforderlich ist. „Es ist seine Aufgabe, im Rahmen des Zumutbaren alle gesetzlichen Maßnahmen zu treffen, die geeignet und nötig sind, beim Gefangenen das Vollzugsziel zu erreichen."[388] In der Verfassung, wo die Resozialisierung ihren Ursprung nimmt, findet sie auch ihre Grenzen.[389] Die Sozialstaatsklausel ist bewusst offen und vage gehalten, um den sich wandelnden politischen und gesellschaftlichen Anforderungen gerecht werden zu können.[390] Wie bei allen anderen sozialen Grundrechten[391] verlangt auch der verfassungsrechtliche Resozialisierungsauftrag zunächst nur eine grundsätzliche Gewährleistung. Zwar könnte die diesbezüglich in Literatur und Rechtsprechung zu findende Wortwahl einen anderen Eindruck erwecken. Immerhin ist dort von einem **Anspruch** auf Resozialisierung[392] bzw. einem **grundrechtlich geschützten Interesse** auf Resozialisierung[393] die Rede.[394] Dennoch erwachsen hieraus keine subjektiv-rechtlichen Ansprüche des Inhaftierten auf Erhalt einer bestimmten Resozialisierungsmaßnahme.[395] Der Funktionalität

---

388 BVerfGE 40, 276 (284); siehe auch BVerfGE 33, 1 (10 f.); BVerfGE 98, 169 (201).

389 Auf den Schultern der Resozialisierung können auch Grundrechtsbeschränkungen vorgenommen werden, wenn und soweit die unbeschränkte Grundrechtsgewährung den Resozialisierungserfolg gefährden würde, BVerfGE 40, 276 (284 f.). In diese Richtung wirkt der Resozialisierungsauftrag als Möglichkeit zur sozialen Inpflichtnahme des Gefangenen, *du Mênil*, Resozialisierungsidee, S. 22 ff.; BVerfG NJW 1976, 37 ff. mit Anm. *Müller-Dietz*, JuS 1976, 88 ff.; *ders.*, Strafvollzugsrecht, S. 60 f. Die Stellung des Gefangenen als Subjekt der Behandlung kann dann aber ein Spannungsverhältnis zwischen Menschenwürde und Vollzugsziel hervorrufen, *Hoffmann*, ZfStrVo 2003, 207 ff. Kritisch zum „janusköpfigen Verständnis des Resozialisierungsauftrages" auch *Seebode*, Strafvollzug, S. 94 f.; bzw. zur „repressiven Kehrseite" des Sozialstaatsprinzips, *Volckart*, BewHi 1985, 24 (25); als „modernes Repressionsinstrument bezeichnend, *P.-A. Albrecht*, ZStW 97 (1985), 831 (850 f.). Zum Problem der Freiwilligkeit der Einwilligung des Unfreien auch *Amelung*, ZStW 95 (1983), 1 ff.

390 Vgl. *Spieker*, Legitimitätsprobleme, S. 228 ff.

391 Grundlegend BSozGE 6, 213 (219) mit der Feststellung, dass aus dem Sozialstaatsprinzip keine subjektiv einklagbaren Recht entstehen.

392 BVerfGE 45, 187, (239); ähnlich auch BVerfGE 98, 169 (200); weitergehend beispielsweise BVerfG NStZ-RR 2019, 391 (391): „Grundrecht auf Resozialisierung".

393 Vgl. BVerfG NJW 1998, 1133 (1133), zuletzt BVerfG BeckRS 2018, 27494, Rn. 25.

394 Vgl. *Leyendecker*, (Re-)Sozialisierung, S. 106 f. m.w.N.

395 Vgl. *Benda*, in: FS Faller, S. 307 (313); *Leyendecker*, (Re-)Sozialisierung, S. 109; *Müller-Emmert*, DRiZ 1976, 65 (65); *Würtenberger*, JZ 1970, 452 (454); *ders.*, Kriminalpolitik, S. 222 f.

der auf Gegenseitigkeit angelegten Resozialisierung läuft es zuwider, wenn der Gefangene sich „in passiver Erwartungshaltung“ zurücklehnen und von einem umfassenden Forderungsrecht auf Resozialisierung Gebrauch machen könnte.[396] Unter diesem Aspekt erscheint der Terminus eines verfassungsrechtlich geschützten (Resozialisierungs-)Interesses eigentlich vorzugswürdig.[397] Subjektive Ansprüche kann der Inhaftierte nur geltend machen, wenn und soweit die vom Gesetzgeber erlassenen einfachgesetzlichen Normen es zulassen.[398] Dass es der Resozialisierung dienende Regelungen geben muss, steht hierbei außer Frage. Wie der Gesetzgeber den Vollzug innerhalb des verfassungsrechtlich gesteckten Rahmens ausfüllt, ist in weiten Teilen seinem Ermessen überlassen.[399] Gerade im Strafvollzugsrecht hat sich der Gesetzgeber bei der Erfüllung seines normativen Auftrags zahlreiche unbestimmte Rechtsbegriffe, Generalklauseln und Ermessenstatbestände zu Nutze gemacht. Das verfassungsrechtliche Resozialisierungsgebot enthält aber dann bei der Rechtsanwendung im Einzelfall, sprich der Auslegung von unbestimmten Rechtsbegriffen bzw. bei der Ausübung von Ermessensentscheidungen, mittelbar Einzug in die Vollzugsgestaltung.[400]

II. Zur Definition des Resozialisierungsbegriffs

Seit seiner nomenklatorischen Einführung in Wissenschaft und Strafvollzugspraxis im ersten Viertel des 20. Jahrhunderts[401] scheint der Begriff der Resozialisierung untrennbar mit dem Strafvollzug in Verbindung zu stehen. Nachdem eine jahrhundertelange Fortentwicklung des Strafvollzugs in der Abkehr vom Vergeltungs- und Verwahrungsvollzug mit Erlass des Strafvollzugsgesetzes in der vielzitierten Resozialisierungseuphorie der 1970er Jahre gipfelte, verkommt die Resozialisierung zunehmend zum politischen, medialen und gesellschaftlichen Reizwort. Ein Anlass, sich diesem Begriff definitorisch, normativ und funktional zu widmen.

---

396 Vgl. *Benda*, in: FS Faller, S. 307 (313); andererseits gibt es auch keinen staatlichen Zwang zur Resozialisierung, vgl. beispielsweise *Müller-Emmert*, DRiZ 1976, 65 (67).

397 Vgl. BVerfGE 35, 202 (235 f.).

398 Zum Ganzen *Leyendecker*, (Re-)Sozialisierung, S. 106 ff.

399 Vgl. *Müller-Dietz*, Strafzwecke und Vollzugsziel, S. 16 f.

400 Vgl. BVerfGE 98, 169 (201).

401 Nach *Cornel*, in: Handbuch Resozialisierung, S. 31 (35) dort Fn. 19 und 20 wurde der Begriff erstmals von Karl Liebknecht in seinem Entwurf „Gegen die Freiheitsstrafe“ im Jahr 1918 gebraucht und 1922 von Hans Ellger im spezifischen Zusammenhang mit den Zielen und Aufgaben des Vollzugs gesetzt.

1. Definition des Bundesverfassungsgerichts

Erstmals im Lebach-Urteil aus dem Jahr 1973 definierte das Bundesverfassungsgericht die Resozialisierung als die Wiedereingliederung des Straftäters in die Gesellschaft. Als oberste Prämisse des Vollzuges soll dem Gefangenen „Fähigkeit und Willen zu verantwortlicher Lebensführung vermittelt werden, er soll es lernen, sich unter den Bedingungen einer freien Gesellschaft ohne Rechtsbruch zu behaupten, ihre Chancen wahrzunehmen und ihre Risiken zu bestehen."[402] Der Gefangene soll lernen, den in der freien Gesellschaft lauernden „Versuchungen zum Unrechttun" standzuhalten.[403] Glückt dies, kann von einer erfolgreichen Resozialisierung gesprochen werden.

2. Ansätze in der Literatur

Eine Legaldefinition des im Strafvollzugsgesetz ohnehin kaum verwendeten Resozialisierungsbegriffs[404] enthält weder das Bundestrafvollzugsgesetz noch eines der Landesstrafvollzugsgesetze. Vielfach und entgegen zahlreicher Hinweise auf die (nicht) zu bewältigenden Schwierigkeiten, wurden in der Literatur Bemühungen unternommen, die „Unbestimmtheit, ja teils Verschwommenheit des Begriffs der Resozialisierung"[405] zu beseitigen oder zumindest zu reduzieren.

So wird versucht, sich dem Resozialisierungsbegriff über eine **Negativabgrenzung** zu anderen verwandten oder ähnlichen Termini wie Behandlung, Sozialisation, Rehabilitation, soziale Integration, Besserung oder Erziehung, wobei letztere im Kontext des Erwachsenenstrafvollzuges nur noch historische Relevanz besitzen,[406] zu nähern.[407] Die Grenzen dieser Vorgehensweise sind schnell erreicht, denn ähnliche Begrifflichkeiten haben jeweils mit ähnlichen Definitionsdefiziten zu kämpfen. Eine die Resozialisierung konkretisierende Grenzziehung zur Behandlung setzt beispielsweise die Existenz und die Unumstrittenheit des Behandlungsbegriffs voraus. Eine einheitliche Definition des Terminus „Behandlung" existiert aber genauso wenig, wie die Bereitschaft eine

402 BVerfGE 35, 202 (235); BVerfGE 40, 276 (284).
403 *Bemmann*, in: FS Lackner, S. 1047 (1047).
404 Eine Ausnahme bildete beispielsweise § 9 Abs. 2 StVollzG.
405 *Cornel*, in: Handbuch Resozialisierung, S. 31 (39).
406 Vgl. *Cornel*, in: Handbuch Resozialisierung, S. 31 (39 ff.); *Leyendecker*, (Re-)Sozialisierung, S. 36 ff.; *Dünkel*, in: Täterbehandlung, S. 379 (381); *Seebode*, Strafvollzug, S. 104 ff.
407 Vgl. *Cornel*, in: Handbuch Resozialisierung, S. 31 (39 ff.).

solche zu fixieren.[408] Vielmehr sollte der Behandlungsbegriff nach dem gesetzgeberischen Willen „offen und flexibel“[409] bleiben und „Raum für Gestaltung und Fortentwicklung“[410] lassen. Zudem stellt sich das einer Negativabgrenzung entstammende Resultat einer Begriffsbestimmung als eher unbefriedigend dar, weil eine Negativdefinition hinter den Erwartungen an Inhalt und Bestimmtheit gegenüber einer positiv formulierten Definition zurückbleibt.

Daher erschöpfen sich die Abgrenzungen eher in Gestalt von Vorüberlegungen und münden in einer **Ersetzung** der Resozialisierung durch andere Begrifflichkeiten. Einen breiten Raum in der wissenschaftlichen Diskussion nimmt dabei die schon im Wortlaut angelegte Verwendung des Begriffs der **Sozialisation bzw. Sozialisierung** ein. Durch den Verzicht auf die Vorsilbe „Re“ soll zum Ausdruck gebracht werden, dass es nicht nur sozialisierte Delinquenten gibt, die nach ihrer Haftzeit wieder in die Gesellschaft eingegliedert werden müssen, sondern dass auch Gefangenengruppen existieren, die von vornherein Sozialisationsdefizite aufweisen und nicht *wieder*, sondern *erstmalig* in die Gesellschaft integriert werden müssen.[411]

Gegen eine Ersetzung in dieser Absolutheit sprechen zahlreiche Einwände aus unterschiedlichsten Bezugswissenschaften. Das Bild des nicht sozialisierten Gefangenen entspricht nicht der soziologischen Realität. *Sozial* im **soziologischen** Verständnis ist jede Interaktion zwischen Menschen unabhängig von deren sittlicher oder moralischer Bewertung.[412] Weder vor noch nach der Inhaftierung lebt der Delinquent im „sozialen Niemandsland“.[413] Einen Gefangenen zu sozialisieren, würde indizieren, dass dieser vormals nicht sozialisiert war, was natürliche soziologische Gesellschaftsprozesse unberücksichtigt ließe.

---

408 Vgl. zum Behandlungsbegriff etwa *Laubenthal*, Strafvollzug, Rn. 158 ff.; *Schöch*, in: Kaiser/Schöch, Strafvollzug, § 5 Rn. 14 ff. Kritisch zur generellen Eignung der Bezeichnung von Vollzugsmaßnahmen als Behandlung *Lindemann*, in: AK-StVollzG, Vor § 2 Rn. 6 ff.

409 Auch durch die Konkretisierung in Art. 3 BayStVollzG sollte die Offenheit und Flexibilität des Behandlungsbegriffs erhalten bleiben, vgl. Bayerischer Landtag Drs. 15/8101, S. 49.

410 BT-Drs. 7/918, S. 41.

411 Vgl. nur *Schüler-Springorum*, Strafvollzug im Übergang, S. 160 ff; *Böhm*, Strafvollzug, S. 28 f.; *Laubenthal*, Strafvollzug, Rn. 143; *Schöch*, in: Kaiser/Schöch, Strafvollzug, § 5 Rn. 8 ff. Schon im Lebach-Urteil bezeichnet auch das BVerfG die „Resozialisierung oder Sozialisation als das herausragende Ziel“ des Vollzugs, BVerfGE 35, 202 (235).

412 Vgl. *Cornel*, in: Handbuch Resozialisierung, S. 31 (43); *Deimling*, ZfStrVo 1969, 251 (251 f.).

413 *Deimling*, ZfStrVo 1969, 251 (258).

Anders als das soziologische entfernt sich ein **kriminologisches** Verständnis der Sozialisation von der äußerlichen Interaktion und beschreibt stattdessen einen inneren Prozess, in dem der Mensch die Normen, Werte und Orientierungsmuster der Gruppe, denen er angehört, erlernt.[414] Sozialisation in diesem Sinne und Kriminalität schließen sich nicht aus. Wird ein einem kriminellen Umfeld entstammender Täter straffällig, so kann er dies werden, ohne das Normen- und Wertesystem seiner Bezugsgruppe zu verlassen (Stichwort: Kriminalität durch Sozialisation). Der gut situierte Normalbürger, der sich aufgrund einer nüchternen Kosten-Nutzen-Analyse zur Begehung einer Straftat hinreißen lässt, wird kriminell, obwohl er im Regelfall innerhalb seiner Bezugsgruppe gut sozialisiert sein wird, d.h. er hat das dortige Werte- und Normensystem verinnerlicht und agiert – abgesehen von der Straftat – entsprechend (Stichwort: Kriminalität trotz Sozialisation).[415] Beide Tätertypen sind in ihrer Bezugsgruppe sozialisiert und trotzdem oder gerade deshalb kriminell. In Ermangelung eines strikten Konditionalverhältnisses zwischen Sozialisation und ausbleibender Kriminalität, gibt Sozialisation das anzustrebende Vollzugsziel aus kriminologischer Sicht nicht treffend wieder. Zumindest teilweise kann diesen Bedenken durch die flexiblere Schreibweise (Re)Sozialisierung begegnet werden.[416]

Um die Kollision mit dem soziologischen und kriminologischen Verständnis der Sozialisierung zu umgehen, wird gelegentlich dem Terminus der **sozialen Integration** Vorzug eingeräumt.[417] Ziel des Strafvollzugs ist demnach die Heranführung des Gefangenen „in solche Gruppen, die integrierende und allgemein positiv bewertete Bestandteile der Gesamtgesellschaft sind."[418] Vor und während der Haftzeit abgelaufene positive wie negative Sozialisationsprozesse werden nach diesem Begriffsverständnis nicht ausgeblendet, sondern als Anknüpfungspunkt mit dem Ziel aufgenommen, „den Gefangenen aus allen Bindungen und Verpflichtungen zu lösen, die ihn bisher daran gehindert haben, ein r e c h t l i c h korrektes Leben zu führen."[419] Ebenso finden sich Verfechter des

---

414 Zur Definition und zu den unterschiedlichen sozialisationstheoretischen Ansätzen verschiedener Bezugswissenschaften vgl. *Kaiser*, Kriminologie, § 27 Rn. 10 f.

415 Dazu *Dölling*, in: Täterbehandlung, S. 21 (26).

416 So beispielsweise *Laubenthal*, Strafvollzug, Rn. 140; *Leyendecker*, (Re-)Sozialisierung, S. 40 f.; *du Mênil*, Resozialisierungsidee, S. 15. Der von *Schüler-Springorum*, Strafvollzug im Übergang, S. 167, 170 und *Müller-Dietz*, Wege zur Strafvollzugsreform, S. 81 verwendete Terminus der Ersatz-Sozialisation vermochte die Bedenken ebenfalls zu schmälern, konnte sich aber nicht durchsetzen.

417 Vgl. *Deimling*, ZfStrVo 1969, 251 (259); *Pollähne*, ZfStrVo 1994, 131 (132).

418 *Deimling*, ZfStrVo 1969, 251 (259).

419 *Deimling*, ZfStrVo 1969, 251 (259).

Vorschlags, das im angelsächsischen Raum gebräuchliche Pendant zur Resozialisierung, die **Rehabilitation**, auch in Deutschland ersetzend zu nutzen.[420]

Letztlich vermag keiner dieser Vorschläge zu überzeugen. Auch der substituierte „neue" Begriff verlangt nach einer Definition. Die Ablösung eines offenen Begriffs durch einen anderen offenen Begriff löst die Konkretisierungsaufgabe nicht, sondern führt allenfalls zu einer Verlagerung.

So mag es nicht verwundern, dass auf der Suche nach handfesten Kriterien in der Literatur der Begriff der **Rückfallverhinderung** äquivalent gebraucht wird.[421] Ein Abstellen auf die Rückfallquote kann die definitorischen Schwierigkeiten innerhalb der Schnittstellen verschiedener Bezugswissenschaften zwar umgehen, jedoch bedarf es auch hier einer, bislang nur uneinheitlichen[422], Festlegung, welche Rückfälle statistisch zu erfassen sind. Schwerer wiegt die daraus resultierende Verkürzung des Gehalts der Resozialisierung. Konsequent fortgesetzt würde diesem Ansatz zufolge jeder Rückfall unabhängig von der Schwere des begangenen Delikts, mit dem Scheitern des Vollzugsziels einhergehen, obwohl ein Leben ohne schwerwiegende Straftaten und ohne ständige Kleinkriminalität in vielen Fällen durchaus schon als Erfolg zu verbuchen ist.[423] Einzelne Etappenziele und Etappensiege können bei der Gleichsetzung der Resozialisierung mit Rückfallverhinderung nicht berücksichtigt werden.[424] Für den Strafvollzug und seine Zielsetzung kann eine allein rückfallquotenorientierte Erfolgsbilanz nicht die alleinige Messlatte bilden.[425]

Durch die Schreibweise (Re-)Sozialisierung und aufgrund der Tatsache, dass sich dieser Begriff trotz einiger Schwächen bislang am besten durchgesetzt hat, sollte er auch beibehalten werden.[426] Eine Ersetzung ist nicht gewinnbringend. Auf der Suche nach einer funktionalen oder definitorischen Umschreibung der Resozialisierung stößt man auf eine ganze Spannbreite von Versuchen. Während der Resozialisierung teilweise nur noch eine „Haftschäden reduzierende Funktion" zugeschreiben wird,[427] überfrachten andere die Resozialisierung als

---

420 Vgl. *Mrozynski*, Resozialisierung, S. 26; befürwortend auch *Cornel*, in: Handbuch Resozialisierung S. 31 (48 ff.).

421 Vgl. *Ernst*, Verkehr mit der Außenwelt, S. 7.

422 Die Spannbreite reicht hier von jeder erneuten Verurteilung, über lediglich einschlägige Verurteilungen bis hin zu Verurteilungen zu einer Freiheitsstrafe, dazu sogleich.

423 Zutreffend *Leyendecker*, (Re-)Sozialisierung, S. 39; *Lüderssen*, JA 1991, 222 (224); *du Mênil*, Resozialisierungsidee, S. 61; *Preusker*, in: Wiedereingliederung, S. 30 (41).

424 Vgl. *Lüdersen*, JA 1991, 222 (224).

425 Vgl. *Preusker*, NK 1997, 35 (37); *ders*, in: Wiedereingliederung, S. 30 (41).

426 Vgl. *Cornel*, in: Handbuch Resozialisierung, S. 31 (48).

427 *P.-A. Albrecht*, ZStW 97 (1985), 831 (858).

„Sammelbecken für verschiedene Varianten wohlmeinender Vollzugsgestaltung."[428] Teilweise begnügt man sich auch, die Resozialisierung als Gegenstück zum Verwahrungsvollzug zu begreifen.[429] Die Erfassung der Konturen der Resozialisierung darf die Möglichkeiten der Resozialisierung nicht verkennen, andererseits aber auch nicht von überzogenen Erwartungen überladen werden. Eine brauchbare eigenständige Definition, die diesen Anforderungen gerecht wird, hat die Literatur bislang nicht hervorgebracht. Vielmehr gleichen diese der vom Bundesverfassungsgericht entwickelten, oder von den Strafvollzugsgesetzen verwendeten, Umschreibung des Vollzugsziels, die im Folgenden näher erläutert werden.

3. Umschreibung der Resozialisierung in den Strafvollzugsgesetzen

Nach der Vollzugszielbeschreibung in § 2 S. 1 StVollzG (bzw. Art. 2 S. 2 BayStVollzG) soll der Gefangene im Vollzug der Freiheitsstrafe fähig werden, künftig in sozialer Verantwortung ein Leben ohne Straftaten zu führen. Unabhängig davon, welchen Rang die Bundesländer der Resozialisierung nach der Föderalismusreform einräumen, so haben zumindest alle Landesstrafvollzugsgesetze im Wesentlichen an dieser Umschreibung festgehalten. Wesensprägende Gestalt gibt der Resozialisierung die Zusammensetzung der Termini „im Vollzug", „in sozialer Verantwortung" und die „Befähigung zu einem Leben ohne Straftaten", wobei keine der drei Komponenten des Vollzugsziels unbeanstandet geblieben ist, wie die folgenden Ausführungen zeigen werden.[430]

a) Die Formulierung „Im Vollzug"

Schon die ersten beiden Wörter des § 2 StVollzG, „Im Vollzug", stoßen nicht einhellig auf positive Resonanz, sondern sind dem Vorwurf ausgesetzt, in Anbetracht der vielgestaltigen Prisonisierungsprozesse ein unmögliches Unterfangen und somit ein unerfüllbares Versprechen des Gesetzgebers zu sein.[431] Wäre § 2 S. 1 StVollzG einschließlich des Terminus „im Vollzug" ein gesetzgeberisches Versprechen, so wäre der Einwand durchaus berechtigt. Als ein solches darf die resozialisierende Zielbeschreibung freilich nicht überinterpretiert werden. Dem Vollzug werden Ziele und Aufgaben zugewiesen, die er – soweit

---

428 *Walter*, in: Strafvollzug im Wandel, S. 25 (25).

429 Vgl. *Walter*, Strafvollzug, S. 271.

430 Vgl. zum Ganzen *Böhm*, in: FS Lüderssen, S. 807 ff.

431 Vgl. *P.-A. Albrecht*, ZStW 97 (1985), 831 (839); *Lindemann*, in: AK-StVollzG, § 2 Rn. 14.

möglich – innerhalb seines zeitlichen Einflussbereiches erfüllen soll. Der Gesetzgeber unterliegt gerade nicht der Fehlvorstellung, den Gefangenen „in Unfreiheit die Freiheit zu lernen“[432] und allein *durch* Vollzug zu resozialisieren. Dies wird am Beispiel des § 154 StVollzG ersichtlich, der ein Gebot zur interdisziplinären Zusammenarbeit des Vollzugs mit Einrichtungen des Übergangsmanagements und der Nachsorge formuliert. Im Vollzug kann ein Grundstein für eine künftige Resozialisierung gelegt werden, auf dem in Freiheit aufgebaut werden kann.

b) Die Befähigung künftig ohne Straftaten zu leben

Unterzieht man die gesetzliche Formulierung, dass der Gefangene die **Befähigung** zu normkonformem Verhalten **erlangen soll**, einer streng am Wortlaut orientierten Betrachtung, so impliziert diese Wortwahl, dass der Gefangene die für eine Rechtstreue erforderlichen Fähigkeiten nicht besitzt.[433] Ein solches wortlautgetreues Verständnis stünde aber in eklatantem Widerspruch zum strafrechtlichen Schuldbegriff, der voraussetzt, dass der Straftäter fähig ist, dass Unrecht seiner Tat einzusehen und nach dieser Einsicht zu handeln.[434] Da ein Systemwiderspruch zwischen Strafrecht und Strafvollzugsrecht wohl kaum institutionalisiert werden sollte, ist die sprachlich unsaubere Formulierung dahingehend zu verstehen, dass die Fähigkeit ohne Straftaten zu leben, verbessert, gestärkt und soweit vorhanden erhalten werden soll.[435] Der Alternativvorschlag für das Vollzugsziel von *Bemmann*: „Der Strafvollzug soll darauf hinwirken, daß der Gefangene als jemand in die Freiheit zurückkehren kann, der fähig ist, künftig in sozialer Verantwortung ein Leben ohne Straftaten zu führen“[436] beseitigt diesen Makel.

Wesenskern der dem Strafzweck der positiven Spezialprävention entsprechenden Resozialisierung[437] ist eine **künftig straffreie Lebensführung**. Dem wortlautgetreuen Verständnis folgend, schwingt der Vorwurf mit, dieses Ziel impliziere – wie oben die Ersetzung der Resozialisierung durch Rückfallverhinderung – eine überzogene Erwartung, weil ein künftiges Leben (ganz) ohne Straftaten in Anbetracht der Rückfallstatistiken in der Tat unrealistisch wirkt.[438]

---

432 *Schäfer*, ZfStrVo 1985, 131 ff.

433 *Seebode*, Strafvollzug, S. 108.

434 Vgl. § 20 StGB.

435 Vgl. *Böhm*, in: FS Lüderssen, S. 807 (807 f.), der den Gesetzeswortlaut als „sprachliche und gedankliche Schlamperei“ herabwürdigt.

436 *Bemmann*, in FS Bockelmann, S. 891 (899).

437 Vgl. *Arloth*, in: Arloth/Krä, StVollzG, § 2 Rn. 2.

438 Vgl. *Köhne*, ZRP 2003, 207 (207); *Lindemann*, in: AK-StVollzG, § 2 Rn. 13; *Lüderssen*, JA 1991, 222 (224).

Wird der Entlassene nach der Inhaftierung erneut straffällig, so ist die Wertung, ob eine Resozialisierung gescheitert ist, auch mit Blick auf Häufigkeit, Einschlägigkeit, Schwere der Tat(en) und dem seit der Inhaftierung vergangenen Zeitraum zu treffen.[439] Das Vollzugsziel erhebt keinen Anspruch auf Absolutheit. Es entsteht kein Widerspruch zum Vollzugsziel, ganz im Gegenteil ist es bereits als gewisser (Teil-)Erfolg zu werten, wenn der ehemalige Inhaftierte ein Leben zumindest ohne schwere Straftaten (regredierende Rezidivität[440]) und ohne ständige kleinkriminelle Delikte führen kann.[441] Der Individualität krimineller Laufbahnen ist es geschuldet, dass einheitliche und allgemeingültige (Zwischen-) Ziele nicht formulierbar sind. Der Anspruch, fortan ein Leben ohne Straftaten zu führen, kann für alle Inhaftierten Geltung beanspruchen (ungeachtet der individuell verfolgbaren Ziele auf dem Weg dorthin), und ist daher die richtig gewählte Vorgabe.[442]

c) In sozialer Verantwortung

Mit einer Lebensführung ohne Straftaten begnügt sich die gesetzgeberische Zielvorgabe nicht. Dies müsse zudem in sozialer Verantwortung geschehen. Der Vorwurf, den man dem Gesetzgeber aufgrund der Verwischung der Grenzen von Recht und Moral unter dem Stichwort Übermaßverbot machen könnte,[443] ist aber unbegründet. Ausweislich der Gesetzesmaterialien sollte die anzustrebende Befähigung zu selbstverantwortlichem Handeln gewährleisten, dass der Gefangene „nicht zum bloßen Objekt behördlicher Bemühungen" degradiert wird. Zudem sollte die unter Behandlungsaspekten inhaltsarme Legalbewährung mit Anknüpfungspunkten unterfüttert werden.[444] Eine sozial verantwortliche Haltung setzt die Verinnerlichung eines Mindestmaßes an gesellschaftlichen

---

439 Vgl. *Böhm*, in: FS Lüderssen, S. 807 (808).

440 *Lüderssen*, JA 1991, 222 (224).

441 Vgl. *Jehle*, in: SBJL, StVollzG, § 2 Rn. 15; *Lindemann*, in: AK-StVollzG, § 2 Rn. 13; *Lüderssen*, JA 1991, 222 (224); *Rotthaus*, in: Strafvollzug im Wandel, S. 225 (228) der das hohe Ziel der Resozialisierung mit den hohen Zielen eines jeden Bildungssystems vergleicht und das Beispiels eines Schulanfängers anführt, der zumindest die Möglichkeit haben muss, eine die Hochschulreife und einen akademischen Abschluss zu erlangen, wenngleich nicht alle Erstklässler zu einem Studienabschluss kommen werden.

442 So auch *Arloth*, in: Arloth/Krä, StVollzG, § 2 Rn. 9.

443 Vgl. *Baumann*, Alternativ-Entwurf, S. 55; kritisch auch *Böhm*, in: FS Lüderssen, S. 807 (809); *Lindemann*, in: AK-StVollzG, § 2 Rn. 16 m.w.N.

444 BT-Drs. 7/918, S. 45.

Wertevorstellungen und die Beherrschung der dafür erforderlichen basalen Lebensstrategien voraus.[445] Schließlich zählt die Erfüllung sozialer Verpflichtungen zu den wichtigsten kriminoresistenten Faktoren, wohingegen die Vernachlässigung oder die Nichtwertschätzung sozial stabilisierender Faktoren Straffälligkeit bedingt oder zumindest begleitet.[446] Straffreies Verhalten setzt ein Mindestmaß an sozialer Verantwortung voraus. Daher lassen sich eine sozial verantwortliche Haltung und Legalverhalten weder psychologisch noch empirisch trennen, sondern bedingen sich wechselseitig.[447]

d) Zusammenfassung

Abschließend lässt sich festhalten, dass die prägenden Bestandteile der Resozialisierung nicht wörtlich verstanden werden können und sollen, da eine Facette von individualisierbaren Zielvorgaben verbleiben muss, um die verschiedenen Resozialisierungsbedürfnisse verschiedener Inhaftierter unter einem Ziel verfolgen zu können. Dieser definitorischen Schwäche steht aber eine gelungene Umschreibung des Vollzugsziels durch innere (soziale Verantwortung) und äußere Komponenten (Legalbewährung) gegenüber.[448] Der Makel der Zielumschreibung, nicht in allen, vielleicht sogar in nur wenigen Fällen, realisierbar zu sein, und damit auch die Gefahr der Desillusionierung schmälert sich, sobald man sich dessen bewusst wird und ein Erreichen von Zwischenzielen und Teilerfolgen (hier: weniger schwere Straftaten oder höherer zeitlicher Abstand) als Resozialisierungserfolg akzeptiert. Eine hoch gesteckte Zielvorgabe muss nicht zwangsläufig desillusionieren, sondern kann auch vorantreiben, vielleicht mehr, als eine genügsamere Vorgabe.[449]

---

445 *Bemmann*, in: FS Bockelmann, S. 891 (896); *du Mênil*, Resozialisierungsidee, S. 59; *Rehn*, ZfStrVo 1991, 9 (11).

446 Vgl. *Bock*, in: Göppinger, Kriminologie, § 13 Rn. 24 f; *Laubenthal*, Strafvollzug, Rn. 153; *Schöch*, in: Kaiser/Schöch, Strafvollzug, § 6 Rn. 13.

447 *Eser*, in: FS Peters, S. 505 (512, 515); *Bock*, in: Göppinger, Kriminologie, § 13 Rn. 34 ff.; *Laubenthal*, Strafvollzug, Rn. 153; *Schöch*, in: Kaiser/Schöch, Strafvollzug, § 6 Rn. 13.

448 Vgl. *Bemmann*, StV 1988, 549 (549 f.); *Laubenthal*, Strafvollzug, Rn. 140; *Schöch*, in: Kaiser/Schöch, Strafvollzug, § 6 Rn. 12; *Seebode*, Strafvollzug, S. 104; *Walter*, Strafvollzug, Rn. 272; *du Mênil*, Resozialisierungsidee, S. 61. *Lüderssen*, JA 1991, 222 (222) hält eine begriffliche Differenzierung im Strafvollzug und Strafverfahrensrecht für sinnvoll.

449 Z.B. § 2 Abs. 1 AE: „Das Ziel des Vollzuges der Freiheitsstrafe ist es, die Wiedereingliederung des Verurteilten in die Rechtsgemeinschaft zu fördern.“

III. Die Strafvollzugsgrundsätze des Art. 5 BayStVollzG (§ 3 StVollzG)

Für die Grundausrichtung und die Gestaltung des Vollzuges sind die Vollzugsgrundsätze des § 3 StVollzG, die in Bayern in Art. 5 BayStVollzG wortgleich übernommen wurden, von zentraler Bedeutung. Namentlich handelt es sich um den Angleichungsgrundsatz, den Gegensteuerungsgrundsatz und den Integrationsgrundsatz. Das international anerkannte Gebot, dass der Vollzug kein über die Freiheitsentziehung hinausgehendes Übel darstellen darf[450], wird durch die Strafvollzugsgrundsätze in den deutschen Strafvollzug implementiert.[451] Zudem standardisieren die Vollzugsgrundsätze als „kleinster gemeinsamer Nenner“[452] die Minimalbedingungen, die für die Verfolgung und Realisierung des Resozialisierungsziels unerlässlich sind[453] und können bei der Auslegung unbestimmter Rechtsbegriffe sowie bei der Ausübung von Ermessensentscheidungen, v.a. im allgegenwärtigen Zielkonflikt zwischen Sicherheit und Resozialisierung, wertvolle Hilfe leisten.[454]

1. Der Angleichungsgrundsatz

Nach Art. 5 Abs. 1 BayStVollzG, § 3 Abs. 1 StVollzG soll das Leben im Vollzug den allgemeinen Lebensverhältnissen soweit als möglich *angeglichen* werden. Als unbestimmter Rechtsbegriff wirft die Erfassung der allgemeinen Lebensverhältnisse verschiedene Problemfelder auf.[455] Zunächst einmal ist unklar, welcher Anknüpfungspunkt als Maßstab heranzuziehen ist. Ein Abstellen auf den gesellschaftlichen Durchschnittsbürger[456] greift zu kurz. Denn in einer pluralistischen Gesellschaft erweist sich schon die Typisierung eines Durchschnittsbürgers als

---

450 Vgl. bereits *Freudenthal*, ZfStrVo 1955, 157 (164).

451 Vgl. insb. 102.2. der Europäischen Strafvollzugsgrundsätze von 2006 und Nr. 55 der UN-Mindeststandards für die Behandlung von Strafgefangenen; *Feest/Lesting*, in: AK-StVollzG, § 3 Rn. 3.

452 *Arloth*, ZfStrVo 1987, 328 (329).

453 Vgl. *Callies/Müller-Dietz*, StVollzG, Voraufl. § 3 Rn. 1, a.A. *Köhne*, BewHi 2003, 250 (252).

454 Vgl. *Arloth*, in: Arloth/Krä, StVollzG, 3 Rn. 1; *Feest/Lesting*, in: AK-StVollzG, § 3 Rn. 3; *Laubenthal*, Strafvollzug, Rn. 196; *Neubacher*, in: LNNV, StVollzG, Abschn. B Rn. 49 f.

455 Vgl. hierzu *Matthey*, Angleichungsgrundsatz, S. 48 ff.

456 So aber *Knauer*, Strafvollzug und Internet, S. 60 ff. im Zusammenhang mit der Nutzung elektronischer Kommunikationsmedien im Vollzug.

nahezu unmögliches Unterfangen.[457] Hinzu kommt, dass die Lebensverhältnisse vieler Strafgefangener oft weit von denen eines der Mitte der Gesellschaft entstammenden Bürgers abweichen. Ein Heranführen an Lebensverhältnisse, die die Grenze des für den Gefangenen individuell Erreichbaren übersteigen, ist aus vollzugspraktischen Gründen nicht realisierbar und birgt im Hinblick auf das Vollzugsziel die Gefahr, eher kontraproduktiv zu wirken.[458] Dagegen ist eine Orientierung an den Lebensbedingungen des einzelnen Gefangenen vor seiner Inhaftierung insoweit problematisch, als das sämtliche Kriminalität begünstigende Faktoren bei der Angleichung ausgeblendet oder zumindest minimiert werden müssen.[459] Diese Einschränkung des Angleichungsgrundsatzes lässt sich sowohl dem Wortlaut „soweit als möglich" und daran anschließend auch der ratio legis des Resozialisierungsziels entnehmen.[460] Dementsprechend schwebt der Nr. 5 der europäischen Strafvollzugsgrundsätze eine Angleichung an die *positiven Aspekte des Lebens in der Gesellschaft* vor. Darüber hinaus stößt die angestrebte Minimierung der Unterschiede zwischen dem Leben im Vollzug und in Freiheit[461] an weitere Grenzen. Die Gleichstellung endet dort, wo die Eigenheiten der Durchführung einer Freiheitsstrafe, die nicht zuletzt dem Schutz der Allgemeinheit und der Wahrung von Sicherheit und Ordnung innerhalb der Anstalt bezwecken, es gebieten.[462] Schließlich kann eine Anpassung letztlich auch nur soweit erfolgen, wie personelle, organisatorische und finanzielle

---

457 Vgl. *Böhm*, Strafvollzug, Rn. 18; *Köhne*, BewHi 2003, 250 (251); *Laubenthal*, Strafvollzug, Rn. 197.

458 Vgl. *Arloth*, ZfStrVo 1987, 328 (329).

459 Kritisch auch OLG München ZfStrVo SH 1979, 67 (69); *Arloth*, ZfStrVo 1987, 328 (329); *Arloth*, in: Arloth/Krä, StVollzG, § 3 Rn. 2; *Jehle*, in: SBJL, StVollzG, § 3 Rn. 7; *Matthey*, Angleichungsgrundsatz, S. 51 ff., 57; *du Mênil*, Resozialisierungsidee, S. 92; *Seebode*, Strafvollzug, S. 137 f.; so aber *Köhne*, BewHi 2003, 250 (251, 253); gegen Eingriffe in die individuelle Lebensführung auch *Feest/Lesting*, in: AK-StVollzG, § 3 Rn. 25.

460 Vgl. *Arloth*, ZfStrVo 1987, 328 (329 f.).

461 So Nr. 60 Abs. 1 der Mindestgrundsätze für die Behandlung von Strafgefangenen aus dem Jahre 1955: „Der Vollzug soll darauf ausgerichtet sein, die Unterschiede zwischen dem Leben im Vollzug und in Freiheit, welche die Eigenverantwortung der Gefangenen oder die Achtung vor ihrer Menschenwürde beeinträchtigen können, auf ein Mindestmaß herabzusetzen."

462 Vgl. *Arloth*, ZfStrVo 1987, 328 (330); *Bemmann*, in: FS Lackner, S. 1047 (1048); *Neubacher*, in: LNNV, StVollzG, Abschn. B Rn. 53.; *Schöch*, in: Kaiser/Schöch, Strafvollzug, § 6 Rn. 66; *Seebode*, Strafvollzug, S. 137.

Mittel dies zulassen.[463] Eine Aufhebung des mit dem Freiheitsentzug naturgemäß verbundenen Übels bezweckt der Angleichungsgrundsatz nicht, er soll lediglich dafür Sorge tragen, dass die Diskrepanz zwischen einem Leben innerhalb und außerhalb der Anstaltsmauern nicht stärker als unvermeidbar ist.[464]

2. Der Gegensteuerungsgrundsatz

Dort, wo dem Freiheitsentzug immanent eine Angleichung an die allgemeinen Lebensverhältnisse nicht erfolgen kann, greift das „nil nocere"- Prinzip des Art. 5 Abs. 2 Bay-StVollzG, § 3 Abs. 2 StVollzG.[465] Negativen und schädlichen (Neben-)Wirkungen des Freiheitsentzugs, die das individuelle Resozialisierungsziel und mittelbar[466] auch den Schutz der Allgemeinheit bedrohen, soll aktiv gegengesteuert werden. Dass der Strafvollzug als totale Institution[467] zahlreiche und vielfältige schädliche Auswirkungen auf die Inhaftierten haben kann, negiert auch der Gesetzgeber nicht. Die von *Gresham M. Sykes* entwickelte Deprivationstheorie benennt den Verlust der Freiheit, die Beschränkung der Autonomie, den Verzicht auf materielle und immaterielle Güter, den Entzug (hetero-)sexueller Beziehungen, die Bedrohung, Einschüchterung und Gewalt durch Mithäftlinge als „pains of imprisonment".[468] In diesem von Deprivationen geprägten Milieu[469] entwickelt sich – begleitet von vielseitigen (negativen) Sozialisationsprozessen – eine nach eigenen Normen und Wertmaßstäben funktionierende Gefängniskultur[470], wobei streitbar ist, ob diese Subkultur erst der totalen Institution erwächst[471] oder bereits existent ist und von andernorts übernommen lediglich fortgeführt wird.[472] Die wirklichkeitsnahste Erklärung wird

463 Vgl. *Arloth*, in: Arloth/Krä, StVollzG, § 3 Rn. 5; *Jehle*, in: SBJL, StVollzG, § 3 Rn. 10; a.A. *Feest/Lesting*, in: AK-StVollzG, § 3 Rn. 26.

464 Vgl. BT-Drs. 7/918, S. 46.

465 Vgl. *Laubenthal*, Strafvollzug, Rn. 199.

466 Vgl. *Seebode*, Strafvollzug, S. 146.

467 Vgl. *Goffman*, Asyle, S. 17.

468 Zum Ganzen *Sykes*, The Society of Captives, zusammenfassend *Ortmann*, in: Kriminologisches Wörterbuch, S. 402 (403).

469 Vgl. dazu auch *Laubenthal*, Strafvollzug, Rn. 201 ff.

470 Zum Ganzen vgl. auch *Harbordt*, Subkultur; zusammenfassend auch *Laubenthal*, Strafvollzug, Rn. 211 ff. m.w.N; *ders.*, APuZ 2010, S. 34 ff.

471 Zum Deprivationsmodell *Morris/Morris*, Pentonville, S. 176 ff.

472 Vgl. zur kulturellen Übertragungstheorie bzw. der Importationsthese *Hürlimann*, Subkultur des Strafvollzugs, S. 19 ff.

wohl ein kumulativer Ansatz bieten können.[473] Mit der Einsicht, dass individuelle und kollektive Prisonisierungsprozesse[474] existieren und dass der Versuch ihrer vollständigen Unterbindung mit dem Verdikt des Scheiterns belegt wäre, gibt sich auch der Gesetzgeber mit der Vorgabe, den schädlichen Folgen des Freiheitsentzugs entgegenzuwirken, eine realistische Zielvorgabe. Negative physische und psychische Wirkungen, die der Freiheitsentzug zwangsläufig mit sich bringt, sind soweit wie möglich zu kompensieren.[475] Indem der Gegenwirkungsgrundsatz dort ansetzt, wo eine Angleichung an systemimmanente Grenzen stößt, bzw. die Arbeit am Integrations- und Resozialisierungsziel aus zeitlichen oder persönlichen Gründen nicht realisierbar scheint, wird er in der Praxis zum bedeutsamsten Postulat.[476]

3. Der Integrationsgrundsatz

Der in Art. 5 Abs. 3 BayStVollzG bzw. § 3 Abs. 3 StVollzG letztgenannte Vollzugsgrundsatz enthält ausdrücklich die Forderung, „den Vollzug darauf auszurichten, dass er den Gefangenen hilft, sich in das Leben in Freiheit einzugliedern". Weitgehend überschneidet sich diese Gestaltungsprämisse mit dem Vollzugsziel der Resozialisierung. Darüber hinaus erlangt der Integrationsgrundsatz, ähnlich wie der Gegensteuerungsgrundsatz, dort eigenständige Bedeutung, wo die Resozialisierungsfähigkeit oder die Resozialisierungsbedürftigkeit[477] eines Gefangenen zweifelhaft sind. Intention des Eingliederungsgrundsatzes ist, die Haftzeit so zu gestalten, dass die durch sie bedingte temporäre soziale Ausgliederung innerhalb eines Rahmens gehalten wird, der eine an die Haftzeit anschließende soziale Wiedereingliederung nicht unnötig erschwert. Das Hauptaugenmerk richtet sich nicht auf die Integration in die Rechtsgemeinschaft i.S.e. Legalbewährung, sondern es rücken Bemühungen und Maßnahmen in den Vordergrund, die den Übergang vom Gefangenendasein in die Freiheit möglichst stolperfrei gestalten

---

473 Vgl. *Suhling/Rabold*, FS 2013, 76 ff.; *Neubacher/Boxberg*, in: Gefängnis auf dem Prüfstand, S. 195 (197 f.).

474 Vgl. *Laubenthal*, Strafvollzug, Rn. 224 ff.; *Ortmann*, in: Kriminologisches Wörterbuch, S. 402 ff. jeweils m.w.N.

475 Vgl. *Callies/Müller-Dietz*, StVollzG, Voraufl., § 3 Rn. 1; *Schöch*, in: Kaiser/Schöch, Strafvollzug, § 6 Rn. 72 „Programmsatz für ein therapeutisches Minimalprogramm".

476 VGl. *Arloth*, in: Arloth/Krä, StVollzG, § 3 Rn. 6; *Jehle*, in: SBJL, StVollzG, § 3 Rn. 11.

477 Wobei zu Recht immer wieder angemerkt wird, dass sich eine mögliche Resozialisierungsunfähigkeit bzw. -unwilligkeit erst im Laufe des Vollzugs herausstellen dürfte, vgl. *Arloth*, in: Arloth/Krä, StVollzG, § 2 Rn. 6; *Jehle*, in: SBJL, StVollzG, § 2 Rn. 13.

und diesen Weg von Anfang an begleiten.[478] Damit reicht der Integrationsgrundsatz in mehrfacher Hinsicht über das Vollzugsziel hinaus.[479]

4. *Weitere Gestaltungsgrundsätze des Musterentwurfs und der Landesstrafvollzugsgesetze*

Der Musterentwurf erweitert die vollzuglichen Gestaltungsmaximen um weitere Grundsätze, die die meisten Landesgesetze im Wesentlichen übernommen haben.[480] Im Sinne einer opferbezogenen Vollzugsgestaltung rückt die Aufarbeitung der Straftat und deren Folgen an die Spitze der Gestaltungsgrundsätze in § 3 Abs. 1 ME. Als Novum integriert der Musterentwurf mit § 3 Abs. 5 den Öffnungsgrundsatz, der den Vollzug einerseits dazu anregen soll, sich nach innen zu öffnen, indem externe Personen und Einrichtungen in das Vollzugsgeschehen integriert werden und andererseits dem Gefangenen sobald wie möglich die Teilnahme am Leben im Freiheit außerhalb des Vollzugs zu gewähren, wodurch eine Öffnung nach außen gefördert werden soll.

IV. Potential von Lockerungen im Hinblick auf die Strafvollzugsgrundsätze und das Resozialisierungsziel

Ob und inwieweit Vollzugslockerungen einen Beitrag zur Erreichbarkeit des Resozialisierungsziels leisten können, scheint normativ leicht beantwortbar. Das Strafvollzugsgesetz selbst liefert mit § 7 Abs. 2 StVollzG, einer Vorschrift über die behandlerischen Mindestanforderungen, die im Vollzugsplan zwingend enthalten sein müssen, eine Antwort. Durch die Erwähnung der Lockerungen in § 7 Abs. 2 Nr. 7 StVollzG stellt das Gesetz nicht nur klar, dass die (Nicht-)Gewährbarkeit von Lockerungen thematisch im Vollzugsplan eines jeden Gefangenen niedergeschrieben sein muss, sondern auch, dass die Lockerungen als Behandlungsmaßnahme zur Erreichung des Vollzugsziels bewertet werden. Den Lockerungen lediglich eine zur Durchführung anderer Behandlungsmaßnahmen „dienende Funktion" zuzuweisen,[481] widerspricht der Gesetzessystematik und

478 Vgl. *Arloth*, in: Arloth/Krä, StVollzG, § 3 Rn. 7; *Callies/Müller-Dietz*, StVollzG, Voraufl., § 3 Rn. 8; *Laubenthal*, Strafvollzug, Rn. 235; BT-Drs. 7/918, S. 46.

479 Vgl. *Arloth*, in: Arloth/Krä, StVollzG, § 3 Rn. 7; *Dopslaff*, ZStW 100 (1988), 567 (575 f.); *Jehle*, in: SBJL, StVollzG, § 3 Rn. 13; *Laubenthal*, Strafvollzug, Rn. 234 f.; *Seebode*, Strafvollzug, S. 148 ff.; *Schöch*, in: Kaiser/Schöch, Strafvollzug, § 6 Rn. 73.

480 Vgl. *Neubacher*, in: LNNV, StVollzG, Abschn. B Rn. 59 ff.

481 Vgl. *Laubenthal*, in: LNNV, StVollzG, Abschn. E Rn. 124, wobei auch dort unmissverständlich klargestellt wird, dass die Anordnung von Vollzugslockerungen eine

wird auch dem den Lockerungen innewohnenden Potential mit Hinblick auf die Gestaltungsgrundsätze und das Vollzugsziel nicht gerecht. Kaum eine Vollzugs- oder Behandlungsmaßnahme vermag den Gestaltungsgrundsätzen und damit dem Resozialisierungsziel besser Rechnung zu tragen, als Vollzugslockerungen.

Vollzugslockerungen dienen der Umsetzung des **Angleichungsgrundsatzes**. Arbeitsunabhängige Lockerungsformen wie Ausgang und Hafturlaub dienen der Aufrechterhaltung und Pflege förderungswürdiger Beziehungen zur Außenwelt, v.a. zur Familie. Der so geschaffene zeitliche und örtliche Rahmen bietet allen Beteiligten die Chance, zwischenmenschliche Beziehungen zu pflegen, aufrechtzuerhalten und haftbedingte zwischenmenschliche Dissonanzen besser aufzuarbeiten, als dies durch Briefe oder die wenigen Besuchsstunden innerhalb der Anstalt möglich sein dürfte.[482] In Bundesländern, in denen Langzeitbesuche zur Pflege der partnerschaftlichen (und sexuellen) Beziehung nicht vorgesehen sind, erlangen Vollzugslockerungen als einzige Möglichkeit zum unüberwachten Kontakt mit dem Partner gesteigerte Bedeutung.[483] In Hinblick auf die Pflege sozialer Kontakte kann somit eine Angleichung an die allgemeinen Lebensverhältnisse geschaffen werden, sooft und soweit dies eben mit dem Vollzug der Freiheitsstrafe vereinbar ist.[484] Die Freiheit, das eigene Leben zumindest im zeitlichen und rechtlichen Rahmen der Lockerung autonom zu gestalten, bietet eine Abwechslung vom monotonen, größtenteils fremdbestimmten Anstaltsalltag. Nicht umsonst stufen Gefangene die Möglichkeit während des Hafturlaubs „endlich wieder selbst Entscheidungen treffen zu können" als höchstrangig ein.[485] Als arbeitsabhängige Lockerung leistet v.a. der Freigang einen gewichtigen Beitrag, um den Unterschied der Lebens- und Arbeitsbedingungenbedingungen innerhalb und außerhalb des Vollzugs im Sinne des Angleichungsgrundsatzes möglichst gering zu halten. Der Arbeitsalltag eines Gefangenen im Freigang gleicht dem eines nichtgefangenen Beschäftigten mit ähnlicher Tätigkeit. Der Freigänger trägt während der Verrichtung seiner Arbeit Zivilkleidung und arbeitet inmitten der freien Kollegen. Er unterliegt keiner ständigen und unmittelbaren,

---

Behandlungsmaßnahme ist, sie aber auch eine dienende Funktion im Hinblick auf weitere Behandlungsmaßnahmen übernehmen.

482 Vgl. LG Arnsberg ZfStrVo 2002, 367 (367); BT-Drs. 7/918, S. 52 f.; BT-Drs. 7/3998, S. 10; *Brosch*, Hafturlaub, S. 31 dort auch Fn. 3, S. 58 f., 160; *Eberle*, ZfStrVo 1981, 98 (99); *Kühling*, in: Schwind/Blau, Strafvollzug, S. 355. *Grosch*, Lockerungen im Jugendstrafvollzug, S. 315 ermittelte, dass 34,6% der von Gefangenen mitgeteilten Aktivitäten in Ausgang und Urlaub im Kontakt mit nahen Angehörigen bestehen.

483 Zum Model des Langzeit- bzw. Familienbesuchs in der JVA Lübeck, *Mauruschat/Scharf*, FS 2014, 153 f.

484 Vgl. *Hirsch*, Kommunikationsmöglichkeiten, S. 102 f.

485 *Brosch*, Hafturlaub, S. 125.

sondern allenfalls einer stichprobenartigen Beaufsichtigung.[486] Dass sich der Freigänger rein äußerlich kaum von seinen freien Kollegen unterscheidet entspricht dem Grundgedanken des Angleichungsgrundsatzes. Das Beispiel eines Profi-Fußballspielers, der mit seiner Überstellung in den offenen Vollzug das Training bei seinem Arbeitgeber als Freigänger aufnehmen konnte, oder der Fall eines Fußballfunktionärs, der im Freigang wieder bei seinem Verein tätig wurde, zeigen mustergültig, wie dem Angleichungsgrundsatz gedient werden kann.[487]

Nicht geringer sind die Erwartungen an Vollzugslockerungen im Hinblick auf den **Integrationsgrundsatz**. Die Schaffung bzw. die Aufrechterhaltung eines sozialen Empfangsraumes (Familie, Arbeit, Wohnung) in den der Gefangene nach seiner Entlassung (zurück-)kehren kann, erleichtert und fördert seine soziale Wiedereingliederung, indem die Folgen der vollzugsbedingten Ausgliederung soweit wie möglich abgeschwächt werden.[488] Im Idealfall ist die künftige Wohnsituation des Gefangenen bereits vor seiner Entlassung geklärt, sind die notwendigen Amtsbesuche getätigt und eine Arbeitsstelle außerhalb der Anstalt gefunden. Besteht in dieser letzten Vollzugsphase noch Handlungsbedarf, kann der Sozialdienst hierbei wertvolle Unterstützung leisten und gerade auch bei Gefangenen, bei denen weitergehende unbegleitete Lockerungen nicht in Frage kommen, im Rahmen von begleiteten Ausführungen in Übergangseinrichtungen eine Entlassung in die Obdachlosigkeit verhindern. Um eine Entlassung aus dem Vollzug in die Arbeitslosigkeit zu vermeiden, können bereits im Vollzug wichtige Grundsteine gelegt werden. Gute Arbeitsleistungen oder die Absolvierung einer soliden, zukunftsorientierten Aus- und Weiterbildung, idealerweise schon bei einem externen Arbeitgeber im Freigang, bei dem der Gefangene seine Fähigkeiten und Zuverlässigkeit bereits unter Beweis stellen konnte, können die Chancen der Gefangenen auf dem freien Arbeitsmarkt zumindest etwas erhöhen. In diesem Zusammenhang ist zudem der monetäre Vorteil des Freigangs hervorzuheben. Strafgefangene befinden sich meist in einer finanziell äußerst belasteten Situation. Zwar schwanken die aus verschiedenen Studien bereits gewonnenen Zahlen über den prozentualen Anteil verschuldeter Strafgefangener zwischen 50% und sogar 95%.[489] Jedenfalls ist davon auszugehen, dass der

486 Vgl. VV Nr. 3 Abs. 2 zu § 11 StVollzG.

487 Zur Möglichkeit der Weiterbeschäftigung im alten bzw. im eigenen Betrieb auch OLG Celle ZfStrVo 1981, 244 ff.

488 Vgl. OLG Hamm NStZ 1985, 189 (189); OLG Celle StV 1986, 333 (333); OLG Karlsruhe NStZ 2006, 62 (62); *Ullenbruch*, in: SBJL, StVollzG, § 11 Rn. 1.

489 Vgl. *Dünkel*, Empirische Beiträge und Materialien, S. 114, 157 Tabelle 24, wobei die Verschuldung im Frauenvollzug tendenziell geringer ausfällt; *Freytag*, Entschuldungsprogramme, S. 10 ff.; *Kunz*, Auswirkungen von Freiheitsentzug, S. 54 f.

weit überwiegende Anteil der Strafgefangenen, allein schon wegen der im Regelfall erfolgten Auferlegung der Verfahrenskosten mit einer Verschuldungssituation konfrontiert ist. Während die Gefangenenarbeit beispielsweise innerhalb einer bayerischen Justizvollzugsanstalt je nach Leistung und Art der Arbeit mit einem Stundensatz zwischen 1,18 und 1,96 Euro[490] entlohnt wird, wird der Freigänger im freien Beschäftigungsverhältnis branchenüblich vergütet.[491] So kann der Gefangene zumindest einen Beitrag zur Erfüllung seiner finanziellen Verpflichtungen (Verfahrens- und Anwaltskosten, Schadenswiedergutmachungen, Haftkostenbeiträge, Unterhaltsverpflichtungen) leisten.[492] Schließlich bietet das Institut des Freigangs neben besseren Verdienstmöglichkeiten auch weitere Arbeitsplätze und somit einen Weg, um das Missverhältnis zwischen den zahlreichen arbeitswilligen Gefangenen und den knappen im Vollzug zur Verfügung stehenden Arbeitsplätzen auszugleichen. Zudem kann das Spektrum absolvierbarer Aus- und Weiterbildungen durch externe Angebote erweitert werden.[493]

Daran anknüpfend kann der sich aus dem grundrechtlich geschützten Resozialisierungsinteresse und speziell aus dem **Gegensteuerungsgrundsatz** ergebenden Verpflichtung der Vollzugsanstalten, die schädlichen Auswirkungen des Freiheitsentzugs gering zu halten und deformierende Persönlichkeitsstörungen zu verhindern, mit Vollzugslockerungen nachhaltig begegnet werden.[494] Vor allem unbeaufsichtigte und regelmäßig erfolgende Lockerungen bieten Gefangenen Gelegenheit zur Aufhebung der Isolation, zur Ablenkung und zur Regeneration vom Haftalltag und können so einen Beitrag zu seiner psychischen Stabilisierung des Gefangenen leisten.[495] Gerade bei Gefangenen, die eine lange

490 Vgl. https://www.justiz.bayern.de/justizvollzug/justizvollzug-in-bayern/behandlung (zuletzt abgerufen am 07.03.2019). Zum Ganzen insb. zur weiteren Entwicklung nach der wegweisenden Entscheidung des Bundesverfassungsgerichts (BVerfGE 98, 169 ff.) vgl. auch *Lohmann*, Arbeit und Arbeitsentlohnung.

491 Vgl. bereits Kapitel 1, Gliederungspunkt B.I.1.a).

492 Vgl. *Götte*, Mitbetroffenheit der Kinder und Ehegatten, S. 232 ff.; *Müller/Wulf*, ZfStrVo 1999, 3 (5); generell eine tariforientierte Gefangenenentlohnung zum Abbau von schuldenbedingten Resozialisierungsbarrieren fordernd *Neu*, ZfStrVo 1995, 149 (155).

493 BT-Drs. 7/3998, S. 10.

494 Explizit zum Hafturlaub vgl. BVerfGE 64, 261 (273); *Keller*, JZ 1979, 167 (167); allg. zu Vollzugslockerungen BVerfG StV 2011, 488 (490); OLG Hamm NStZ 1985, 189 (189); OLG Celle StV 1986, 333 (333); *Burkhardt/Feest*, in: AK-StVollzG, Vor § 38 Rn. 2; *Ullenbruch*, in: SBJL, StVollzG, § 11 Rn. 1.

495 Vgl. *Beyer*, in: Bruchstücke, S. 85 (87 f.); *Brosch*, Hafturlaub, S. 9 f., 55 f., 177; *Keller*, JZ 1979, 167 (167 f.); *Grosch*, Vollzugslockerungen im Jugendstrafvollzug, S. 315 f.; *Rehn*, in: Strafvollzug in Deutschland, S. 75 (76).

oder lebenslange Freiheitsstrafe verbüßen, können Lockerungen in Form von Ausführungen auch dann geboten sein, wenn eine konkrete Entlassungsperspektive noch nicht ersichtlich ist und/oder weitreichendere Vollzugslockerungen (noch) nicht verantwortet werden können.[496]

Wird dem Gefangenen keine Möglichkeit eingeräumt, die Strukturen des geschlossenen Vollzugs zumindest temporär zu verlassen, verbleibt im Wesentlichen nur der Kontakt zu Mitgefangenen. Mit zunehmender Geschlossenheit und Dauer des Vollzugs intensivieren sich die aus der Gefangenensubkultur erwachsenden negativen Sozialisations- und Prisonisierungseffekte. Geht man sodann davon aus, dass Prisonisierungsprozesse Behandlungs- und Resozialisierungsbemühungen unterwandern, wird die Notwendigkeit einer Abmilderung oder Kompensation des Einflusses der Subkultur des Gefängnisses durch Vollzugslockerungen deutlich.[497]

Fazit: Wie kein anderes Instrumentarium sind Lockerungen geeignet, die durch die Gestaltungsgrundsätze festgeschriebenen Minimalvoraussetzungen des modernen Resozialisierungsvollzugs zu bedienen. Gleichermaßen sind sie als zukunftsgerichtete **Behandlungsmaßnahme** zu verstehen, die dem Gefangenen nicht vergangenes Wohl- und Missverhalten durch Lockerungsgewährung oder -versagung bescheinigen sollen. Die eingeräumten Freiräume stellen ihn auch vor gezielte Herausforderungen. Während der Durchführung der Lockerungsmaßnahme durchbricht der Gefangene den gewohnten Anstaltsalltag und verlässt das in der Anstalt vorherrschende Schonklima, in dem ihm in einem System totaler Versorgung Entscheidungen abgenommen werden und in dem der Gefangene künstlich von Versuchungen und Konfliktfeldern, die er außerhalb der Anstalt zu bewältigen hätte, ferngehalten wird.[498] In der Lockerung kann sich der Gefangene nicht mehr hinter den Mauern verstecken und sich einer verklärenden Illusion über das Leben in Freiheit hingeben.[499] Im Hafturlaub oder im Ausgang wird sich der Gefangene der Konfrontation mit der zurückgebliebenen Familie und ihren emotionalen wie finanziellen[500] Problemen stellen

496 Vgl. BVerfG StV 2011, 488 (490); zu Lockerungen zur Erhaltung der Lebenstüchtigkeit zuletzt beispielsweise auch BVerfG NStZ-RR 2019, 391 (391 f.).

497 Vgl. *Dolde*, in: Langer Freiheitsentzug, S. 105 (107); *Harbordt*, Subkultur, S. 81 f; *Joester/Quensel*, ZfStrVo 1997, 93 (93 f.).

498 Vgl. *Freimund*, Vollzugslockerungen, S. 14; *v. Harling*, Mißbrauch von Vollzugslockerungen zu Straftaten, S. 4.

499 Vgl. *Jürgensen/Rehn*, MSchKrim 1980, 231 (239); *Smolka*, Freigang, S. 53.

500 Vgl. zur finanziellen Belastung der Familie durch den Urlaub *Brosch*, Hafturlaub, S. 59 und zur Mitbetroffenheit der Familie in unterhaltsrechtlicher Hinsicht *Götte*, Mitbetroffenheit der Kinder und Ehepartner.

müssen. Alle Lockerungsformen verlangen dem Gefangenen ab, von der Freiheit wieder in die geschlossenen Strukturen der Unfreiheit zurückzukehren und sich seiner Strafe wieder zu vergegenwärtigen.[501] Der Wechsel zwischen diesen Welten erfordert mehr Selbstkontrolle, Kraft, Disziplin, Stärke und Verlässlichkeit als bloßes Verbüßen der Strafe im geschlossenen Vollzug. Lockerungen gelten daher als wesentlicher Bestandteil des Behandlungsvollzugs und haben das Potential – gerade weil es ein so schwieriges Unterfangen ist „in Unfreiheit Freiheit lernen"[502] – einen gewichtigen Beitrag zur Wahrung der Gestaltungsgrundsätze und zur Erreichung des Vollzugsziels zu leisten.[503]

V. Lockerungen und Resozialisierung in der Rechtsprechung des BVerfG

Vornehmlich im Kontext langer und lebenslanger Freiheitsstrafen hebt auch das Bundesverfassungsgericht die Bedeutsamkeit der Vollzugslockerungen als Ausfluss des Resozialisierungsgebots fortwährend hervor. In seiner Entscheidung zum Hafturlaub eines im Ausschwitzprozess zu lebenslanger Haft verurteilten Gefangenen arbeitete das Bundesverfassungsgericht vor dem Hintergrund der Verfassungsmäßigkeit der lebenslangen Freiheitsstrafe[504] erstmals heraus, dass auch der Hafturlaub dem Ziel, schädlichen Auswirkungen des Freiheitsentzugs zu begegnen und die Lebenstüchtigkeit des Gefangenen zu erhalten, dienlich ist.[505] Insofern berührt die Versagung von Vollzugslockerungen das grundrechtlich geschützte Resozialisierungsinteresse. Dass auch die anderen Lockerungsformen, einschließlich der Ausführung, gerade bei Gefangenen, bei denen weitreichendere Vollzugslockerungen (noch) nicht gewährt werden können, dem Resozialisierungsziel dienlich sein und daher deren Versagung das grundrechtlich geschützte Resozialisierungsinteresse berühren können, hat das Bundesverfassungsgericht in der Folge mehrfach dargelegt.[506] Ein genereller Vorrang

501 Vgl. *Bierschwale*, ZfStrVo 1997, 67 (70); *Brosch*, Hafturlaub, S. 56, 177; *Dolde*, in: Langer Freiheitsentzug, S. 105 (106).

502 *Schäfer*, ZfStrVo 1985, 131 (131).

503 Vgl. v. *Harling*, Mißbrauch von Vollzugslockerungen, S. 7; *Schäfer*, ZfStrVo 1985, 131 (136).

504 Vgl. bereits BVerfGE 45, 187 (238 ff.).

505 Vgl. BVerfGE 64, 261 (272 f.).

506 Vgl. nur BVerfG ZfStrVo 1998, 180 (182); BVerfG NJW 1998, 1133 (1133 f.); BVerfG NStZ 1998, 430 (431); BVerfG StV 2011, 488 (490); BVerfG BeckRS 2018, 27494, Rn. 25. Ausführlich zur Rechtspr. des BVerfG zu Vollzugslockerungen, *Lübbe-Wolff*, Rechtsprechung des Bundesverfassungsgerichts, S. 100 ff.

des Resozialisierungsinteresses vor dem Sicherheitsinteresse der Allgemeinheit wird hierdurch zwar nicht statuiert, doch lässt sich mit der Rechtsprechung des Bundesverfassungsgerichts festhalten, dass ersteres mit zunehmender Haftdauer an Gewicht gewinnt.[507]

B. Lockerungen im Spannungsfeld zwischen Vollzugszielen und den Vollzugsaufgaben

Die obigen Ausführungen zum Bedeutungsgehalt der Vollzugslockerungen für den individuellen Resozialisierungsprozess dürfen jedoch nicht dazu verleiten auszublenden, dass sich gerade Vollzugslockerungen – weitaus mehr als die meisten anderen Resozialisierungsmaßnahmen – im Spannungsfeld zahlreicher medialer, gesellschaftlicher, politischer und institutioneller Interessen bewegen.[508] Massenwirksam aufbereitet geistern Geschichten von einem „Hotelvollzug“ durch die Medien. Platitüden über einen angeblich verweichlichten Strafvollzug und der ewig währende Ruf nach härteren Strafen säumen oftmals den Weg vollzuglicher Berichterstattung. Nicht selten greifen die Massenmedien einseitig und selektiv nach besonderen Vorkommnissen im Straf- und Maßregelvollzug oder der Sicherungsverwahrung, beispielsweise dem Urlaubsmissbrauch eines Sexualstraftäters zur Begehung eines weiteren Gewaltdelikts, zur Generierung schneller Schlagzeilen. Es wird der unzutreffende Eindruck erweckt, dass ein Lockerungsmissbrauch den Regel- und nicht den absoluten Ausnahmefall darstellt. Der massenmedial geschürte und in der Gesellschaft breit angelegte Unmut über Vollzugslockerungen lässt auch (sicherheits-)politische Spuren zurück.[509] Wie kaum eine andere Resozialisierungsmaßnahme sind Vollzugslockerungen zudem systemimmanenten Spannungen zu Strafzwecken und Vollzugszielen bzw. Vollzugsaufgaben ausgesetzt.[510] Lockerungen kollidieren mit

507 BVerfGE 64, 261 (272 f.); BVerfGE 70, 297 (315).

508 Vgl. zum Ganzen *Böhm/Schäfer*, Vollzugslockerungen im Spannungsfeld.

509 Sehr anschaulich beschreibt *Geiter*, ZfStrVo 1991, 323 (326) den medialen und sicherheitspolitischen Kreislauf, den ein Lockerungsversagen nach sich ziehen kann. Allg. zum „politisch-publizistischen Verstärkerkreislauf“ vgl. auch *Scheerer*, KrimJ 1978, S. 223 ff.; dazu und allg. zum Legitimationsdilemma sichernden Freiheitsentzugs v.a. im Zusammenhang mit der Straf(rest)-aussetzung vgl. *Streng*, in: FS Lampe, S. 611 (611 ff.).

510 Vgl. nur *Böhm*, NStZ 1986, S. 201 ff.; *Dolde*, in: Langer Freiheitsentzug, S. 105 ff.; *Dünkel*, in: Wiedereingliederung, S. 42 ff.; *Kudlich*, JA 2003, S. 704 ff.; *Müller-Dietz*, in: Strafvollzug im Wandel, S. 99 ff.; *Steindorfner*, ZfStrVo 2003, S. 3 ff.

dem Interesse, eine rechtskräftig erkannte Freiheitsstrafe zu vollstrecken, indem sie das mit dem Wesenskern der Freiheitsstrafe verbundene Übel, das Eingesperrtsein, temporär aufheben.[511] Insofern kann das Verständnis von Schuld und Strafe tatsächlich strapaziert werden. Die folgenden Ausführungen sind dem praxisnäheren Spannungsfeld der Vollzugslockerungen zum Schutz der Allgemeinheit auf der einen Seite und zum Resozialisierungsauftrag auf der anderen Seite gewidmet.

I. Lockerungen im Spannungsfeld zum Schutz der Allgemeinheit

Ohne bereits an dieser Stelle auf Art und Ausmaß des Gefährdungspotentials einzugehen bleibt zunächst einmal festzuhalten, dass Lockerungen ein Sicherheitsrisiko immanent ist, das das Sicherheitsbedürfnis der Allgemeinheit berührt. Das Spannungsverhältnis zwischen dem Interesse des Einzelnen am Erhalt von Vollzugslockerungen und dem Sicherheitsinteresse der Allgemeinheit vor weiteren Straftaten geschützt zu werden, tritt im Zeitfenster der Vollzugslockerung offen zu Tage. Dementsprechend soll im Folgenden der Frage nachgegangen werden, welche Rolle und welche Reichweite der Strafvollzug dem Schutz der Allgemeinheit im allgemeinen und speziell im Falle der Vollzugslockerungen normativ zuschreibt, welche Risiken der Allgemeinheit durch Vollzugslockerungen aufgebürdet werden und schließlich, wie dieses Risiko zahlenmäßig zu beziffern ist.

1. Normative Ausgangslage

Wie schon das Strafvollzugsgesetz des Bundes heben alle Landesstrafvollzugsgesetze, unabhängig von der Rangfolge, die gegenüber der Resozialisierung eingeräumt wird und unabhängig davon, ob es sich nun um ein Ziel oder eine bloße Aufgabe des Strafvollzugs handelt, den Schutz der Allgemeinheit an exponierter Stelle an der Spitze des Gesetzes hervor. An welchen Adressatenkreis sich diese Generalklausel richtet, sprich ob neben spezialpräventiven auch generalpräventive Aspekte eine Rolle spielen, lässt sich dem Wortlaut des Gesetzestextes ebenso wenig entnehmen wie eine Antwort auf die Frage, welchen Zeitraum sie schützend umfasst. Abgesehen davon, dass die Abschreckungseffizienz einer zunehmend verschärften Sanktionspraxis im Allgemeinen wie auch speziell die

511 Vgl. BVerfG ZfStrVo 1998, 180 (182); BVerfG NStZ 1998, 430 (430); BVerfG NJW 1998, 1133 (1134); *Pickl*, ZfStrVo 1977, 105 (105 f.); kritisch hierzu *Feest/Lesting*, ZfStrVo 2005, 76 (81).

der Strafhärte im Strafvollzug nicht belegt ist, tendenziell eher sogar als gering eingeschätzt wird,[512] besteht Einigkeit, dass positive wie negative Generalprävention weder als selbstständige Aufgabe geschweige denn als explizites Ziel Einfluss auf die Vollzugsgestaltung nehmen sollen, sondern allenfalls als Nebenfolge eines gesetzmäßigen Vollzugs Wirkung entfalten.[513] Ebenso wenig lässt sich eine zeitliche Erstreckung der Schutzklausel auf den Zeitraum nach Haftentlassung gesetzessystematisch und teleologisch aufrechterhalten. Denn diese Schutzrichtung bezweckt ohnehin schon der Resozialisierungsauftrag.[514] Schließlich ist eine gelungene Resozialisierung nach allgemeiner Auffassung der beste Schutz, den man der Allgemeinheit vor künftigen Straftaten bieten kann.[515] Daher kann sich die Schutzklausel zeitlich nur auf die Dauer der Inhaftierung selbst beziehen.[516] *Allgemeinheit* ist dagegen in diesem Zusammenhang weit zu verstehen. Räumlich und personell umfasst ihr Schutzbereich sowohl den Bereich außerhalb wie auch innerhalb der Anstalt, und schützt dort Bedienstete wie Gefangene gleichermaßen.[517] In Bayern wird dies durch Art. 4 BayStVollzG bestätigt, der den Schutz der Allgemeinheit vor weiteren Straftaten durch eine sichere Unterbringung und sorgfältige Beaufsichtigung, eine gründliche Prüfung vollzugsöffnender Maßnahmen sowie geeigneten Behandlungsmaßnahmen gewährleistet wissen will. Dass der Vollzug der Freiheitsstrafe die Allgemeinheit vor weiteren Straftaten schützen soll, ist eine Selbstverständlichkeit, so dass die Kritik an der Schutzklausel als „Verwirrung stiftend“ oder gar als „überflüssig“ zunächst nicht verwundert.[518] Würde sich § 2 S. 2 StVollzG, Art. 2 S. 1 BayStVollzG in der gesetzlichen Festschreibung dieser Selbstverständlichkeit erschöpfen[519], wäre dieser Einwand nicht unberechtigt. Damit würde aber ihr Charakter verkannt werden. Als ultima-ratio-Klausel setzt die Schutzaufgabe einer Umsetzung von

512 Vgl. hierzu *Meier*, Strafrechtliche Sanktionen, S. 27 ff.

513 Aus historischen Gesichtspunkten abgeleitet von *Schöch*, in: Kaiser/Schöch, Strafvollzug, § 6 Rn. 21 f.; auch *Arloth*, in: Arloth/Krä, StVollzG, StVollzG, § 2 Rn. 10; *Jehle*, in: SBJL, StVollzG, § 2 Rn. 5, 17; OLG Frankfurt ZfStrVo 1980, 120 (122).

514 Vgl. BVerfGE 35, 202 (235 f.); BVerfGE 98, 169 (200); *Schöch*, in: Kaiser/Schöch, Strafvollzug, § 6 Rn. 22.

515 Vgl. nur die Gesetzesbegründung BT-Drs. 7/918, S. 45 und SondA BT-Drs. 7/3998, S. 5.

516 Vgl. *Lindemann*, in: AK-StVollzG, § 2 Rn. 20; *Gerhold*, in: BeckOK, StVollzG Bund, § 2 Rn. 10; *Jehle*, in: SBJL, StVollzG, § 2 Rn. 17; *Walter*, Strafvollzug Rn. 54.

517 Vgl. *Laubenthal*, Strafvollzug Rn. 172 f.

518 *Bemmann*, in: FS Bockelmann, S. 891 (892 f.).

519 In diese Richtung OLG Celle ZfStrVo 1984, 251 (251), vgl. dazu auch *Schöch*, in: Kaiser/Schöch, Strafvollzug, § 6 Rn. 26.

Gestaltungsgrundsätzen und Resozialisierungsmaßnahmen dort Grenzen, wo die Schutzinteressen der Allgemeinheit zwar nicht ausdrücklich als Schranke erwähnt sind, eine Kollision aber dennoch denkbar ist. Über die bloße Festschreibung einer Selbstverständlichkeit hinausgehend erhält die Schutzaufgabe als mögliches Ablehnungsregulativ Einzug in die vollzugliche Entscheidungspraxis und erlangt dort als ultima-ratio eigenständige Bedeutung.[520]

2. Resozialisierung und Schutz der Allgemeinheit im Zielkonflikt

Führt man sich an dieser Stelle nochmals vor Augen wie unterschiedlich das Bundesstrafvollzugsgesetz und die Landessstrafvollzugsgesetze die Aufgaben und Zielfestschreibung des Strafvollzuges gestaltet haben – die Spannbreite reicht vom Vorrang der Resozialisierung, über Gleichwertigkeit bis zum Vorrang des Schutzes der Allgemeinheit – so legen die Ergebnisse des Versuchs, Resozialisierungsziel und das Schutzinteresse einer Rangordnung zuzuführen vor allem das zugrunde liegende Spannungsverhältnis offen. Der Strafvollzug soll resozialisierend wirken und zugleich die Allgemeinheit mindestens während der Dauer des Vollzuges, bestenfalls auch für die Zeit nach Haftverbüßung vor weiteren Straftaten schützen. Einprägsam benennt Müller-Dietz den kurzfristigen Schutz der Allgemeinheit während des Inhaftierungszeitraums als Minimal- und die erfolgreiche Resozialisierung nach Entlassung als Maximalziel des Strafvollzugs.[521] Während der Schutz der Allgemeinheit im letztgenannten Zeitraum wenigstens im Idealfall durch eine erfolgreiche Resozialisierung gewährleistet werden kann – Stichwort: Sicherheit durch Resozialisierung –, lässt sich ein Spannungsverhältnis dieser beiden Leitgedanken für den Zeitraum der Inhaftierung nicht negieren und auch nicht so einfach – noch nicht einmal idealisiert – zu einer Auflösung bringen. Auch die in Rechtsprechung, Literatur und Gesetzesmaterialien vielfach geäußerte Festschreibung, dass zwischen dem Integrationsziel und dem Schutzinteresse der Allgemeinheit kein Gegensatz bestehe,[522] von *Arloth* versinnbildlicht als „zwei Seiten derselben Medaille“[523], vermag den Zielkonflikt zwar im Zeitraum nach Entlassung aus der Haft zu harmonisieren, nicht

520 Vgl. *Schöch*, in: Kaiser/Schöch, Strafvollzug, § 6 Rn. 25 ff.

521 *Müller-Dietz*, Grundfragen des Sanktionensystems, S. 107 f.

522 Vgl. beispielsweise Niedersächs. LT-Drs. 15/3565, S. 86 f.; BVerfG NJW 2006, 2093 (2095).

523 Vgl. *Arloth*, in: Arloth/Krä, StVollzG, Art. 2 BayStVollzG, Rn. 1 mit dem Hinweis, dass zwischen Resozialisierung und Sicherheit zwar kein Gegensatz, aber doch ein natürliches Spannungsverhältnis bestehe, das im konkreten Einzelfall aufzulösen ist.

jedoch im Zeitabschnitt der Inhaftierung selbst aufzulösen.[524] Eine Vielzahl der Resozialisierungsmaßnahmen ist verbunden mit einer Öffnung des Vollzugs hin zu der Gesellschaft, in der sich der Gefangene (wieder) zurecht finden soll. Alle Außenkontakte, der Kontakt zur Familie in Form von Telefonaten, Besuchen und Haftlockerungen oder auch Versuche, den Gefangenen auch außerhalb der Haftanstalt aus- oder fortbildend in Arbeit zu bringen, um nur einige Beispiele zu nennen, eröffnen dem Gefangenen Freiräume, die auch die Gefahr von Straftaten bergen. In all diesen Feldern besteht ein Zielkonflikt zwischen resozialisierungsfördernden, vollzugsöffnenden Maßnahmen einerseits, um im besten Fall ein langfristiges Sicherheitsrisiko durch Rückfallprävention zu minimieren, und auf der anderen Seite dem kurzfristigen Risiko, dem die Allgemeinheit in dem Zeitfenster der Vollzugsöffnung ausgesetzt ist.[525] Im Vollzugsalltag ist dieser Zielkonflikt allgegenwärtig. Selten werden beide Belange im gleichen Maße Berücksichtigung finden können. Im Rahmen einzelner Vollzugsmaßnahmen muss das Spannungsverhältnis durch Abwägung und Gewichtung beider Belange nach den Umständen des Einzelfalls immer wieder aufs Neue aufgelöst werden.[526] Da sich eine eindeutige Priorisierung der Resozialisierung, wie sie zum Bundesstrafvollzugsgesetz mehrheitlich vertreten wurde[527], mit dem Wortlaut der weit überwiegenden Landesstrafvollzugsgesetze immer weniger aufrecht erhalten lässt[528], ist es mehr denn je Aufgabe des Gesetzgebers, die im Einzelfall auftauchenden Zielkonflikte abzuwägen und aufzulösen.

3. *Vollzugslockerungen im Zielkonflikt*

Speziell im Fall der Vollzugslockerungen tritt dieser den gesamten Strafvollzug durchlaufende Zielkonflikt besonders deutlich zu Tage.[529] Denn hier trifft das Resozialisierungspotential vollzugsöffnender Behandlungsmaßnahmen, das womöglich umso

524 Vgl. auch *Jehle*, in: SBJL, StVollzG, § 2 Rn. 11.

525 Vgl. *Kudlich*, JA 2003, 704 (705, 709 ff.); *Müller-Dietz*, in: Strafvollzug im Wandel, S. 99 (101).

526 Vgl. auch BayVerfGH FS 2009, 267 (268); *Arloth*, in: Arloth/Krä, StVollzG, § 2 Rn. 10, Art. 2 BayStvollzG Rn. 1; *Jehle*, in: SBJL, StVollzG, § 2 Rn. 18.

527 So nämlich BT-Drs. 7/3998, S. 5 f.; *Lindemann*, in: AK-StVollzG, § 2 Rn 7.; *Schöch*, in: Kaiser/Schöch, Strafvollzug, § 6 Rn. 11; *Laubenthal*, Strafvollzug, Rn. 149, 174; *Walter*, Strafvollzug, S. 89; A.A. *Gunau/Tiesler*, StVollzG, § 2 Rn. 1 ff.; *Arloth*, in Arloth/Krä, StVollzG, § 2 Rn. 2, 10: Gleichrangigkeit der Vollzugsaufgaben, aber Beibehaltung des alleinigen Vollzugsziels der Resozialsierung; *Arloth*, in: FS Schöch, S. 337 (343).

528 Vgl. *Lindemann*, in: AK-StVollzG, § 2 Rn. 8 ff.

529 Vgl. BVerfGE 46, 214 (222 f.); BVerfGE 64, 261 (276); BVerfG NJW 1998, 1133 (1134); BVerfG ZfStrVo 1998, 180 (182).

besser ausgeschöpft werden kann, desto häufiger und weitreichender die Öffnung ist, auf ein Gefahr- und Sicherheitsrisikopotential, das zunächst größer erscheint, je mehr der zeitliche und örtliche Abstand zur Anstalt wächst. Etwa weist beispielsweise ein unbeaufsichtigter, mehrtägiger Hafturlaub ein höheres Sicherheitsrisiko auf, als eine begleitete stundenweise Ausführung. Auf der anderen Seite wird immer wieder betont, dass der langfristige Nachteil für die Allgemeinheit, der sich aus der Haftentlassung nicht resozialisierter Gefangener ergibt, nicht durch eine kurzfristige Risikominimierung in Form der Versagung einer Vollzugslockerung aufgewogen werden kann.[530] Zusätzlich erschwert wird die Auflösung des Konflikts durch eine ungleiche Ausgangsbasis, die sich ergibt, weil ein Lockerungsversagen sofort und schmerzlich das der Allgemeinheit zugemutete Risiko widerspiegelt, während sich ein Nutzen der Lockerungsmaßnahme für den individuellen Resozialisierungsprozess, wenn überhaupt, erst viele Jahre später still und leise durch die Nichtbegehung von Straftaten niederschlägt.[531]

Der Gesetzgeber löst den Konflikt um die Vollzugslockerungen wie folgt: Vollzugslockerungen sind dem Wortlaut des Art. 13 Abs. 2 BayStVollzG, § 11 Abs. 2 StVollzG zufolge nur dann zu gewähren, wenn nicht zu befürchten ist, dass der Gefangene sich dem Vollzug der Freiheitsstrafe entziehen oder die Lockerung des Vollzuges zu Straftaten missbrauchen wird. Dass eine Interessensabwägung zwischen dem individuellen Resozialisierungs- und dem kollektiven Schutzinteresse stattfinden soll, legt der Gesetzeswortlaut nicht nahe. Ganz im Gegenteil muss demnach selbst auf die zur Resozialisierung notwendigste Lockerung verzichtet werden, wenn eine Flucht- oder Missbrauchsbefürchtung besteht.[532] Daher lässt sich die Flucht- und Missbrauchsklausel als Konkretisierung der Schutzaufgabe des Art. 2 S. 1 BayStVollzG, § 2 S. 2 StVollzG auf der Ebene der Vollzugslockerungen und als gesetzgeberische Entscheidung des Zielkonfliktes zu Gunsten des Schutzes der Allgemeinheit verstehen[533]. Im Ergebnis nichts anderes gilt für entlassungsvorbereitende Lockerungen, die gem. Art. 17 Abs. 1 BayStVollzG dem Gefangenen zwar in der unmittelbaren Entlassungsvorbereitung gewährt werden sollen, aber auch dort an den Ausschluss der Flucht- und Missbrauchsgefahr geknüpft sind. Der Schutz der

530 Vgl. *Böhm*, NStZ 1986, 201 (203); *Dopslaff*, ZStW 100 (1988), 567 (590 f.); *Lesting/Burkhardt*, in: AK-StVollzG, § 38 Rn. 87; *Frisch*, ZStW 102 (1990), 707 (751 ff.); *Pollähne*, ZfStrVo 1994, 131 (133); *Rehn*, in: Strafvollzug in Deutschland, S. 75 (77); *ders.*, ZfStrVo 2003, 70 (72 ff.); *ders.*, NK 2008, 34 (35); in diese Richtung auch *Jung*, ZfStrVo 1977, 86 (86).

531 Vgl. *Jehle*, in: SBJL, StVollzG, § 2 Rn. 19.

532 Vgl. OLG Karlsruhe ZfStrVo 1979, 54; anders aber *Frisch*, ZStW 102 (1990), 707 (751 ff.). Ausführlich dazu dann Kapitel 3.

533 Vgl. *Arloth*, in: Arloth/Krä, StVollzG, § 11 Rn. 9; *Laubenthal*, Strafvollzug, Rn. 173 f.

Allgemeinheit selbst, dem durch eine gelungene Resozialisierung gedient werden soll, setzt den Resozialisierungsbemühungen auch eine Grenze. Obwohl das Bundesstrafvollzugsgesetz der Resozialisierung eigentlich grundsätzlichen Vorrang einräumt, wird diese Priorisierung bei den Vollzugslockerungen nicht eingehalten[534], sodass diesbezügliche Unterschiede zwischen dem Bundesstrafvollzugsgesetz und dem bayerischen Strafvollzugsgesetz nicht festzumachen sind.

4. *Zahlenmäßige Erfassung des Flucht- und Missbrauchsrisiko bei Vollzugslockerungen*

Nachfolgend soll ein Überblick über die statistisch erfassten Flucht- und Missbrauchsfälle erfolgen, um die bislang nur abstrakt geschilderte Gefahr für die Allgemeinheit zahlenmäßig zu beziffern.

a) Fälle von Nichtrückkehr und nicht rechtzeitiger Rückkehr aus Lockerungen

Freilich bietet eine bloße Nichtrückkehr nur bedingten Aufschluss über die Gefährdung der Allgemeinheit, denn die unerlaubte Anstaltsabwesenheit ist nicht zwingend mit der Begehung von Straftaten verbunden.[535] Weil einer Flucht dennoch ein die Allgemeinheit gefährdendes Potential innewohnt, vor allem aber weil ihr Ausschluss wesentliche Gewährungsvoraussetzung für Lockerungen ist, soll der Blick zunächst auf die Fälle des Lockerungsversagens durch Nicht- oder Spätrückkehr gerichtet werden.

Ausweislich der vom Bundesamt für Justiz geführten Statistik[536] wurden im Jahr 2016 bundesweit 195.723 Hafturlaube durchgeführt. In lediglich 253 Fällen kehrten Gefangene nicht oder nicht rechtzeitig in die Justizvollzugsanstalt zurück. Prozentual entspricht dies einer Quote von 0,13%. Im Rahmen von 37.337 Freigängen mussten 42 Fälle der Nicht- und Spätrückkehr registriert werden, was einer Quote von 0,11% entspricht. Da von 771.231 Ausgängen lediglich 715 mit einer Nichtrückkehr oder einer nicht freiwilligen Rückkehr zu Ende gingen, ist hier mit 0,09% die geringste Fluchtquote zu verbuchen.

In den allermeisten Fällen ist das Lockerungsversagen mehr auf einen spontanen (Fehl-)Entschluss (verstärkt durch die Angst vor anstaltsinternen Konsequenzen) als auf eine von langer Hand geplante Flucht zurückzuführen, die meist mit einer Selbststellung (oftmals ausgenüchtert) und nicht mit einer polizeilichen Festnahme

---

534 Vgl. *Jehle*, in: SBJL, StVollzG, § 2 Rn. 9.

535 Vgl. *Böhm*, NStZ 1986, 201 (202); *Plewig/Boogaart*, Vollzugslockerungen und Mißbrauch, S. 57.

536 Quelle: Bundesamt für Justiz, Abteilung Strafvollzugsforschung, Strafvollzugsstatistiken 9 und 10.

endet.[537] Dabei kann ein positives Anstaltsklima durchaus dazu beitragen, einer Nichtrückkehr durch eine freiwillige Rückkehr zu einem glimpflichen Ende zu verhelfen.[538]

Abbildung 3: Nicht (rechtzeitige) Rückkehr[539]

	Ausgang	Nichtrückkehr	Freigang	Nichtrückkehr	Hafturlaub	Nichtrückkehr
2004	537.137	490 0,09%	16.348	115 0,7%	256.280	565 0,22%
2005	538.659	394 0,07%	15.526	99 0,64%	247.471	479 0,18%
2006	666.990	469 0,07%	16.821	102 0,61%	263.674	448 0,17%
2007	643.401	357 0,06%	16.015	88 0,55%	263.268	445 0,17%
2008	631.121	343 0,05%	15.354	90 0,59%	251.150	366 0,15%
2009	670.535	339 0,06%	14.239	67 0,47%	237.981	342 0,14%
2010	643.564	321 0,05%	14.514	56 0,39%	237.866	330 0,14%
2011	696.783	399 0,06%	21.627	48 0,22%	235.386	337 0,14%
2012	854.480	373 0,04%	23.059	33 0,14%	234.251	325 0,14%
2013	835.638	406 0,04%	34.659	39 0,11%	203.620	281 0,14%
2014	827.388	376 0,05%	39.082	41 0,10	213.178	272 0,13%
2015	817.024	749 0,09%	33.677	31 0,09%	189.647	231 0,12%
2016	771.231	715 0,09%	37.337	42 0,11%	195.723	253 0,13%

537 Vgl. die mehrere Untersuchungen zusammenfassenden Beobachtungen von *Dolde*, in: Langer Freiheitsentzug, S. 105 (115 f.); insb. *Plewig/Boogart*, Vollzugslockerungen und Missbrauch, S. 60 ff.

538 *Dolde*, in: Langer Freiheitsentzug, S. 105 (115). Zu weitgehend aber *Dünkel*, der für eine Entdramatisierung der verspäteten Rückkehr wirbt und diese als „<normalen> Begleitumstand einer langsamen Stabilisierung“ verstanden wissen möchte, in: FS Schüler-Springorum, S. 641 (658).

539 Quelle: Bundesamt für Justiz, Abteilung Strafvollzugsforschung, Strafvollzugsstatistiken 9 und 10.

Nachdem der jahrzehntelang andauernde Anstieg aller Lockerungszahlen um die Jahrtausendwende gebremst wurde, hatte sich die Gesamtzahl der Beurlaubungen etwa ein Jahrzehnt auf einem etwas niedrigeren, aber relativ stabilen Niveau eingependelt. Seit dem Jahr 2009 lässt sich allerdings wieder eine absinkende Tendenz beobachten. Bei den Ausgängen scheint der stetige Anstieg im Jahr 2012 ein Ende gefunden zu haben, seitdem sind die Zahlen rückläufig. Anders entwickelt sich die Anzahl der Freigänge. Seit 2004 haben sich die Gesamtzahlen weit mehr als verdoppelt. Aus obiger Tabelle lässt sich leicht der bereits hinreichend bekannte Befund herauslesen, dass die ohnehin schon im untersten Prozentbereich liegende Nichtrückkehrquote in Zeiten zahlenmäßig höherer Lockerungsgewährung[540] nicht gestiegen ist, sondern ganz im Gegenteil – das wird beim Freigang am deutlichsten – kontinuierlich zurückgegangen ist.[541] Dementsprechend wird auch das Risiko, das der Allgemeinheit durch eine Nicht- oder Spätrückkehr gelockerter Gefangener auferlegt wird, durch die Erweiterung der Lockerungsmaßnahmen nicht erhöht, sondern prozentual sogar abgesenkt. Wendet man sich den Beurlaubungszahlen zu, so fällt auf, dass die Abnahme der Beurlaubungszahlen nicht mit einer parallelen Abnahme der Nichtrückkehrquote einhergeht, sondern sich diese weiterhin stabil hält. Bei den Ausgängen auffällig ist, dass der Rückgang der Gesamtzahlen mit einer Verdoppelung der Zahl der Nichtrückkehrfälle einhergeht. Weder die Reduktion der Beurlaubungen noch die der Ausgänge konnten die Nichtrückkehrquote vermindern und so der Allgemeinheit einen höheren Schutz bieten.

Ein ähnliches Ergebnis lässt sich auch mit Hilfe der jüngsten Veröffentlichung von *Dünkel/Pruin* zum Bundesländervergleich der Lockerungsmissbräuche zeichnen.[542] Beispielhaft werden hier einige Bundesländer herausgegriffen, die durch eine tendenziell intensive oder eine extensive Gewährungspraxis herausstechen.

Die Gesamtmissbrauchsquote in der Bundesrepublik ist sowohl beim Ausgang mit 0,111 % als auch beim Urlaub mit 0,122 % gering. Obwohl Hamburg viermal so viele Hafturlaube gewährt als Bayern, hat die hamburgische die bayerische Missbrauchsquote sogar noch unterschritten.

---

540 Veränderungen der Gefangenenzahlen bleiben hier unberücksichtigt.

541 Vgl. bereits *Dünkel*, in: FS Schüler-Springorum, S. 641 (652 ff.); zuletzt *Dünkel/Pruin*, NK 2018, 21 (36 ff.); speziell für den Jugendstrafvollzug in der JVA Adelsheim vgl. *Stelly/Walter*, MSchKrim 2008, 269 ff.

542 Vgl. *Dünkel/Pruin*, NK 2018, S. 21 (38 ff.), wobei hier sowohl die Nichtrückkehr als auch die Begehung von Straftaten während Lockerungen als Missbrauch erfasst werden.

Abbildung 4: Missbrauchsquoten im selektiven Ländervergleich

	BRD insg.	Bayern	Hamburg	Sachsen-Anhalt	Niedersachsen
Ausgänge[543] im Jahr 2015 pro 100 Gefangene	1383	206	1642	400	2599
Ausgangsmissbrauch in %	0,111	0,05	0,09	0,00	0,03
Beurlaubungen[544] Im Jahr 2015 pro 100 Gefangene	411	246	1017	78	354
Urlaubsmissbrauch in %	0,122	0,15	0,11	0,00	0,25

Zwar ist die Missbrauchsquote bei Ausgängen im Hamburg fast doppelt so hoch wie in Bayern, allerdings sind nahezu achtmal so viele Ausgänge durchgeführt worden. Auffällig ist, dass Sachsen-Anhalt kaum Beurlaubungen ermöglichte, aber weder bei den Ausgängen noch bei den Beurlaubungen Missbrauchsfälle zu beklagen hatte. Hier soll allerdings zu bedenken gegeben werden, dass in Hamburg 1017 Beurlaubungen auf 100 Gefangene gewährt wurden, während Niedersachsen gerademal auf 78 Beurlaubungen kommt, und die hamburgische Missbrauchsquote sich mit 0,11 dennoch auf einem äußerst niedrigen Niveau bewegt. Wie schon bei den Fällen der Nicht- und Spätrückkehr aus Lockerungsmaßnahmen zeigt sich auch hier, dass sich die ohnehin recht niedrigen Missbrauchsquoten nicht linear mit der Häufigkeit von Ausgängen und Beurlaubungen in ein Verhältnis setzen lassen.

Stellt man Beurlaubungen und Urlaubsmissbrauch in Form der Nichtrückkehr innerhalb verschiedener Vollzugsformen gegenüber, so lässt sich recht eindeutig festhalten, dass die prozentuale Missbrauchsrate im offenen Vollzug trotz der signifikanten Häufung von Vollzugslockerungen weit unter dem prozessualen Anteil des Missbrauchs bei Beurlaubungen im geschlossenen Vollzug liegt.[545]

b) Missbrauch von Vollzugslockerungen – Art und Schwere der in Lockerungen begangenen Straftaten

Der schwerwiegendere Indikator zur Beurteilung der objektiven Gefährdung der öffentlichen Sicherheit ist die statistisch schwerer zu erfassende Frage, ob und in welchem Umfang Vollzugslockerungen zur Begehung von Straftaten genutzt werden. Bedauerlicherweise werden die Straftaten, die während Beurlaubungen

543 Vgl. *Dünkel/Pruin*, NK 2018, 21 (41 f.).

544 Vgl. *Dünkel/Pruin*, NK 2018, 21 (38 ff.).

545 Vgl. *Dünkel*, in: FS Schüler-Springorum, S. 641 (655 f.).

begangen werden nicht bundesweit statistisch ausgewiesen. Denn viele Straftaten gelangen gar nicht oder nur mit zeitlicher Verzögerung ins Hellfeld und andererseits bestätigen sich auch nicht alle Verdachtsfälle, indem sie sich in einer strafrechtlichen Verurteilung niederschlagen.[546]

In ihrer umfangreichen Untersuchung erfasste *v. Harling* zu Beginn der 1990er Jahre nicht nur die Missbrauchsquoten im niedersächsischen Justizvollzug, sondern widmete sich vor allem den Straftaten, zu denen Gefangene ihre Lockerungen missbraucht hatten. V. *Harling* ermittelte für das Jahr 1990 eine fallbezogene **Missbrauchsquote** von 0,120% und für das Folgejahr eine Quote von 0,112%.[547] Durch die räumliche Nähe zur Anstalt und die zeitliche Begrenzung war beim Ausgang mit 0,043% bzw. 0,048% die geringste Missbrauchsquote zu verzeichnen. Dass die Missbrauchsquoten sowohl beim Freigang (0,690% bzw. 0,467%) als auch beim Hafturlaub (0,327% bzw. 0,293%) höher lagen, ist zunächst mit dem Zeitfaktor zu erklären. Letztgenannte Lockerungsformen erstrecken sich schließlich auf mehrere Tage. Freigang und Hafturlaub gewähren dem Gefangenen nicht nur großzügigere Freiräume, sondern stellen ihn zugleich vor erhebliche persönliche Herausforderungen, an deren Bewältigung der Gefangene dann auch scheitern kann.[548]

Innerhalb des Spektrums der **Deliktsskala** lassen sich die begangenen Straftaten vornehmlich im Bereich der weniger schwerwiegenden Kriminalität ansiedeln. Den Schwerpunkt bilden Vermögensdelikte, gefolgt von (einfachen) Körperverletzungen, BtMG-Verstößen und dem Fahren ohne Fahrerlaubnis bzw. Trunkenheit im Verkehr. Ausgehend von der Gesamtzahl der während Vollzugslockerungen begangenen Straftaten ermittelte *v. Harling* für Diebstahl, Unterschlagung und Betrug einen prozentualen Anteil von knapp 54%. Mit 16,3% hiervon schlagen Ladendiebstähle zu Buche. Immerhin ebenfalls 16,3% des Gesamtanteils begangener Straftaten waren als Diebstahl in einem besonders schweren Fall zu qualifizieren. 13,9% der registrierten Taten waren Straßenverkehrsdelikte, wovon 8% auf Fahren ohne Fahrerlaubnis und weitere 4,9% auf Trunkenheit im Verkehr fielen. Der Anteil der BtMG-Verstöße lag bei 7,6%. Als Verbrechen zu qualifizierende Gewaltdelikte lagen im Bereich des Raubes bzw. der räuberischen Erpressung bei 3,8%, bei (versuchtem) Mord und Vergewaltigung je bei 0,4% und bei Totschlag bzw. seinem Versuch bei 0,8%.[549] Ohne nun

---

546 Vgl. *Böhm*, NStZ 1986, 201 (202 f.).

547 Vgl. *v. Harling*, Mißbrauch von Vollzugslockerungen zu Straftaten, S. 127 f.; die personenbezogenen Missbrauchsquoten lagen 1990 beim Ausgang bei 0,81% und 1991 bei 0,92%; beim Urlaub bei 2,35% bzw. 2,17% und beim Freigang 0,83% bzw. 0,56%, S. 129 f.; zusammenfassend *dies.*, NStZ 1997, 469 ff.

548 Vgl. *v. Harling*, Mißbrauch von Vollzugslockerungen zu Straftaten, S. 127 f.

549 Vgl. *v. Harling*, Mißbrauch von Vollzugslockerungen zu Straftaten, S. 126.

die letztgenannten Delikte verharmlosen zu wollen, so ist doch festzuhalten, dass sich der weit überwiegende Teil der begangenen Straftaten im Bereich der Klein- und Massenkriminalität bewegt. Gewaltstraftaten, die die Sicherheit der Allgemeinheit schwerwiegend gefährden, nehmen, gemessen an der Gesamtheit der von Gefangenen begangenen Delikte, einen verhältnismäßig geringen Anteil ein. Die Begehung von Delikten mit Verbrechenscharakter spielt im Freigang nahezu keine, im Ausgang lediglich eine geringe Rolle. Am schwersten mit Verbrechen belastet ist der Hafturlaub. 71% der Verbrechen wurden im Urlaub begangen. Insgesamt ist bei der Untersuchung von *v. Harling* nur jede 13.000. Lockerung zu einem Verbrechen missbraucht worden.

Aufschlussreich ist das Forschungsprojekt „Vollzugslockerungen und Mißbrauch“ (Untersuchungszeitraum Januar 1985 bis Dezember 1988) aus der Justizvollzugsanstalt Fuhlsbüttel von *Plewig/Boogaart*, das die Begehung von Straftaten während der Nichtrückkehr und Straftaten während des Hafturlaubs erfasste. Bei 53 Fällen der Nichtrückkehr (teilweise für ganz erhebliche Zeiträume von bis zu 312 Tagen) liegt die Quote der entdeckten Straftaten bei 9,4%. Schwere Straftaten wurden nicht begangen, sondern allenfalls Delikte im unteren Kriminalitätsbereich zur Sicherung des Lebensunterhalts oder eines Schlafplatzes.[550] In 3375 Hafturlauben wurden 10 (entdeckte) Straftaten, neben einem Raub vornehmlich Diebstahls- und Straßenverkehrsdelikte, registriert.[551]

Ähnlich sind auch die Ergebnisse von *Bölter* aus dem Jahr 1987 in seiner Untersuchung zum Verlauf von Lockerungen im Langstrafenvollzug. Am häufigsten wurden Eigentums,- Vermögens- und Straßenverkehrsdelikte, gefolgt von Verstößen gegen das Betäubungsmittelgesetz begangen. Bei 1,5% der Gefangenen waren Gewalttaten gegen Personen zu beklagen. Weit überwiegend wurden die begangenen Straftaten lediglich mit einer Geldstrafe oder kurzen Freiheitsstrafen geahndet.[552]

Eine Evaluation des Kurzstrafenprogramms der sofortigen Zulassung zum Freigang in Baden-Württemberg zu Beginn der 1990er Jahre bestätigt ebenfalls, dass die bekannt gewordenen Straftaten der Freigänger sich vorrangig in Straßenverkehrs-, Eigentums- und Betrugsdelikten, vereinzelt auch Unterhaltspflichtverletzungen und Urkundenfälschungen erschöpften.[553] Insgesamt haben 7% der Untersuchungsgruppe den Freigang zur Begehung von Straftaten missbraucht.

550 Vgl. *Plewig/Boogaart*, Vollzugslockerungen und Mißbrauch, S. 56 f.
551 Vgl. *Plewig/Boogaart*, Vollzugslockerungen und Mißbrauch, S. 58.
552 Vgl. *Bölter*, ZfStrVo 1991, 71 (74 f.).
553 Vgl. *Dolde*, ZfStrVo 1992, 24 (25 ff.).

Zu denken gibt der Vergleich, den *Dolde* zu der Untersuchung zum Lockerungsversagen beim Freigang im Langstrafenvollzug von *Bölter* zieht. Denn obwohl bei letzterer Untersuchung nur nach Sozial- und Vollzugsverhalten ausgewählte Gefangene nach einer längeren Bewährungszeit im geschlossenen Vollzug die Zulassung zum Freigang (anders als im weniger persönlichkeitsorientierten, formalen Kurzstrafenprogramm) erhielten, lag die Missbrauchsquote mit 6% dort nur unwesentlich niedriger als beim Kurzstrafenprogramm, woraus *Dolde* nicht zu Unrecht den Schluss zieht, dass die sofortige Zulassung zum Freigang gegenüber einer individuellen Auswahl kein größeres Risiko für die Allgemeinheit darstellt.[554]

c) Erstes Fazit und Probleme bei der Erfassung und Interpretation der Flucht- und Missbrauchsfälle

Demnach scheint die von gelockerten Gefangenen ausgehende Gefahr sowohl nach Anzahl **der begangenen Straftaten** als auch nach der **Deliktsschwere** gering.[555]

Vor einer abschließenden Bewertung der von Vollzugslockerungen ausgehenden Gefahr sollte man sich bei der Betrachtung von Statistiken[556], die sich mit den Flucht- und Missbrauchsfällen im Zusammenhang mit Lockerungen beschäftigen, trotz oder gerade wegen der positiven Ergebnisse dreier Problemkreise stets bewusst sein.

Zu nennen wäre hier zunächst der **definitorische** Aspekt, denn allein aus der Formulierung „nicht oder nicht freiwillig zurückgekehrt", geht nicht hervor, ob der Nichtrückkehr eine enge oder eine weite Definition zugrunde gelegt wurde. Ein Blick auf andere empirische Erhebungen zeigt, dass das Definitionsspektrum der Nichtrückkehr sehr breit angelegt ist. Es finden sich Untersuchungen, in denen die Annahme einer Nichtrückkehr voraussetzt, dass eine länger als 24 Stunden andauernde Anstaltsabwesenheit vorliegt, mit einer freiwilligen Rückkehr nicht zu rechnen ist und deshalb Fahndung ausgelöst werden musste.[557] Es wäre aber auch denkbar, jede verspätete Rückkehr, sei es nur um eine Stunde, oder jede nicht ordnungsgemäße Rückkehr (z.B. unter Alkohol-oder Drogeneinfluss)

554 Vgl. *Dolde*, ZfStrVo 1992, 24 (26 f.).

555 Vgl. aber die Untersuchung der Hamburger Justizvollzugsanstalten in den Jahren 1974 bis 1979 von *Jürgensen/Rehn*, MSchKrim 1980, 231 ff., die bei Hafturlauben noch eine Missbrauchsquote von etwa 2,9 bis 3,1% ermittelten.

556 Allgemein zu den Schwierigkeiten empirischer Forschung im Strafvollzug, *Böhm*, in: Kriminologische Forschung, S. 575 ff.

557 Vgl. *Schalt*, Freigang, S. 61.

in die Wertung einfließen zu lassen. Gleichermaßen stellt auch ein „Lockerungsversagen" vor definitorische Probleme.[558] Definitorische Erschwernisse stellen sich auch bei der Definition des Missbrauchs. Hier muss explizit zwischen dem definitorisch engen Missbrauch zu Straftaten und dem Missbrauch in Form von Weisungsverstößen (z.B. Alkoholmissbrauch) unterschieden werden. Der nicht zuletzt durch die begrenzte Vergleichbarkeit der ohnehin kaum vorhandenen verschiedenen Untersuchungen gewinnbare Erkenntniswert schmälert sich überdies, wenn eine zu erhebende Begrifflichkeit gar nicht oder abweichend definiert ist. Wünschenswert wären eindeutige und einheitliche Definitionen, die den Flucht- und Missbrauchsuntersuchungen zugrunde gelegt werden.

Der zweite Problemkreis rührt aus der Unterscheidbarkeit **personenbezogener** und **lockerungsbezogener** Flucht- und Missbrauchsquoten. Die meisten statistischen Erfassungen, so auch die des Bundesamtes, ermitteln den Datensatz anhand letzterer Vorgehensweise. Der Gesamtzahl der gewährten Lockerungen wird die Gesamtzahl der Flucht- und Missbrauchsfälle gegenübergestellt. Ein Flucht- oder Missbrauchsvorfall eines Gefangenen bei 50 gewährten Lockerungen fällt hier deutlich weniger negativ ins Gewicht, als bei einer personenenbezogenen Betrachtung, bei der dieser Gefangene als Lockerungsversager gehandelt würde, obwohl 49 Maßnahmen reibungslos verlaufen sind. Betrachtet man Untersuchungen, die auch personenbezogene Daten ermittelt haben, so liegen die Quoten um ein vielfaches höher. Die Zahlen reichen hier von 14 % bis 41 %.[559] Die im Gegensatz hierzu stehende nahezu 100-prozentige Erfolgsquote, die über eine maßnahmenbezogene Betrachtungsweise erreicht wird,

558 *Jürgensen/Rehn*, MSchKrim 1980, 231 (231) definieren Urlaubsversagen als Nichtrückkehr bis zum Abend des Urlaubs nachfolgenden Tages oder polizeiliche Rückführung während oder nach dem Urlaub; während *Beckers*, Vollzugslockerung Urlaub S. 96 ff. jede Verspätung wie auch die Rückkehr im alkoholisierten Zustand einbezieht; so auch *Klotz*, ZfStrVo 1980, 70 (79) Fn. 5.

559 *Schalt*, Freigang, S. 61 errechnet eine Missbrauchsquote vom 14 % in einem Freigängerheim in Wiesbaden. *Jürgensen/Rehn*, MschrKrim 1980, 231 (231) benennen zunächst die Urlaubsversagensquoten aller hamburger Justizanstalten aus den Jahren 1976 mit 18% und 1979 mit 20,4 % und ermitteln dann für das Jahr 1978/79 für den geschlossenen Vollzug in der JVA Fühlsbüttel ein Urlaubsversagen von 41% (urlaubsbezogen 4%), für den offenen Vollzug in der JVA Vierlande 19% (urlaubsbezogen 2,9%). In seiner Untersuchung über eine JVA in Baden-Württemberg ermittelt *Meier*, Ausgang und Urlaub, S. 64 Tabelle 40 bei gewährten Hafturlauben eine Missbrauchsquote von 23%. *Bölter*, ZfStrVo 1991, 71 (73) kommt zu dem Ergebnis, dass 26,5% der Urlauber und 4% der Freigänger während des gesamten Dauer ihrer Inhaftierung durch ein länger als 24 Stunden andauerndes Fernbleiben auffällig geworden sind.

hat dieser Zählweise auch schon den Vergleich mit Wahlsiegen aus totalitären Regimen eingebracht.[560] Trotz berechtigter Kritik sollte man die Vorzüge einer maßnahmenbezogenen Betrachtung nicht unterschätzen. Die Realität wäre in die andere Richtung gebeugt, wenn es sich nicht positiv in der Statistik niederschlagen würde, dass ein Gefangener 49 von 50 Vollzugslockerungen beanstandungsfrei durchlaufen hat. Letztlich soll aber nicht unerwähnt bleiben, dass die lockerungsbezogene Erfassung die Gesamtzahlen „schönt", da Gefangene, die die ersten Lockerungsmaßnahmen erfolgreich durchlaufen haben, vermehrt und wiederholt Lockerungen erhalten und sich dies besonders positiv auf die statistische Erfassung auswirkt.[561]

Schließlich stellt die geringe Anzahl vor allem neuerer Untersuchungen nicht zufrieden. Von den zahlenmäßig ohnehin überschaubaren Lockerungsuntersuchungen sind diejenigen, die die Nichtrückkehr oder den Missbrauch nicht nur innerhalb eines kurzen Zeitraums untersuchen, sondern einen längeren Zeitraum, im besten Fall die gesamte lockerungsrelevante Haftzeit der Gefangenen der Untersuchung zu Grunde legen, noch seltener.

d) Zusammenfassende Bewertung des objektiven Risikos für die Sicherheit der Allgemeinheit

Trotz der Erschwernisse bei der Erfassung und Interpretation des Lockerungsversagens bleibt festzuhalten, dass das Risiko von Flucht oder Missbrauch, das der Allgemeinheit durch Vollzugslockerungen aufgebürdet wird, nach Ausmaß wie auch nach Art und Schwere der begangenen Delikte relativ gering einzuschätzen ist. Weit überwiegend bewegen sich die Straftaten im Bereich der Bagatell- und Massenkriminalität. Einen nicht geringen Anteil nehmen auch vornehmlich selbstgefährdende Delikte aus dem Betäubungsmittelstrafrecht ein. Sowohl die tabellarische Übersicht der bundesweiten Lockerungen der Jahre von 2004 bis 2016, wie auch ein Bundesländervergleich der Beurlaubungs-, Freigangs- und Ausgangszahlen aus dem Jahr 2015, zeigen übereinstimmend auf, dass sich die Flucht- und Missbrauchsquoten unabhängig von einer liberalen oder einer extensiven Gewährungspraxis im untersten Prozentbereich bewegen. Die jüngsten Zahlen bestätigen auch den bereits seit vielen Jahrzehnten durchgängig zu

560 So *Böhm*, NStZ 1986, 201 (203); kritisch auch *Bölter*, ZfStrVo 1991, 71 (72), der in diesem Zusammenhang von Tricks mit doppeltem Boden und einer billigenden Inkaufnahme diesbezüglicher Missverständnisse durch die Bevölkerung spricht.

561 Nach *Jürgensen/Rehn*, MschrKrim 1980, 231 (231) sind die ersten drei Beurlaubungen die kritischsten.

beobachtenden Befund, dass eine extensivere Gewährungspraxis keine erhöhten Flucht- und Missbrauchsquoten und eine restriktive Handhabung keine niedrigeren Quoten hervorbringt. Eine strikte Wechselbeziehung, in der Form, dass viele Lockerungen zu hohen Missbrauchszahlen und wenig Lockerungen zu geringen Missbrauchszahlen führen, besteht nicht. Daher kann durch einem restriktiveren Umgang mit Lockerungen keine höhere Schutzwirkung für die Allgemeinheit erzielt werden.[562] Trotzdem dürfen die niedrigen Missbrauchsquoten nicht dazu verleiten, den Schutz der Allgemeinheit zu vernachlässigen. Natürlich ist den Lockerungen ein Gefahr- und Risikopotential immanent. Dieses Risiko verdient es aber objektiv anhand oben dargestellter Zahlenlage und nicht massenmedial, populistisch eingeschätzt zu werden.

II. Lockerungen im Spannungsfeld zum Resozialisierungsauftrag

Mit dem Konflikt zum Schutz der Allgemeinheit sind aber längst nicht alle Spannungsfelder abgehandelt, innerhalb derer sich Vollzugslockerungen bewegen (müssen). Die Resozialisierung selbst, um deren Willen Lockerungen gewährt werden, bildet sogleich das zweite, zwar weniger offensichtliche, aber keinesfalls minder geladene Spannungsfeld, dem sich Lockerungen ausgesetzt sehen.

1. Das Vollzugsziel in der Vollzugsrealität: Die Resozialisierungsidee in der Legitimations(dauer)krise

Die Resozialisierungsidee steckt in einer Krise, mal wieder oder vielmehr seit jeher. Nach einer aktuellen Rückfallstudie des Bundesministeriums der Justiz aus dem Jahr 2016 mussten 48% derjenigen, die eine Freiheitsstrafe ohne Bewährung zu verbüßen hatten, in den ersten drei Jahren nach Haftentlassung mit einer Folgeentscheidung belegt werden. Bei jedem vierten Strafentlassenen hatte dies eine erneute Verurteilung zu einer Freiheitsstrafe ohne Bewährung und die damit Rückkehr in den Strafvollzug zur Folge.[563] Nicht zuletzt aufgrund der hohen Rückfallquoten Strafentlassener sieht sich das Resozialisierungsziel kontinuierlich auf den Prüfstand gestellt und einer Legitimations(dauer)krise ausgesetzt.[564] Die gesamte Vollzugshistorie durchzieht eine Renaissance „bessernder" oder

---

562 Vgl. auch *Dünkel/Rosner*, Entwicklung des Strafvollzugs in der BRD, S. 349 f.; *Dünkel*, in: Wiedereingliederung, S. 42 (55 f.).

563 Vgl. *Jehle/Albrecht*, Legalbewährung, insb. S. 14 ff., 177 ff., 198 ff.

564 Vgl. nur *Aebersold*, in: Resozialisierung, S. 18 ff.; *P.-A. Albrecht*, ZStW 97 (1985), 831 ff.; *Bock*, in: FS Böhm, S. 285 ff.; *Cornel*, in: Handbuch Resozialisierung, S. 310 ff.; *Dünkel*, in: Täterbehandlung, S. 379 ff.; *Eser*, in: Festschrift Peters, S. 505 ff.; *Hagenmeier*, NK

„erziehender" rationaler Vollzugskonzepte, die sodann, weil sich die erhofften Erfolge nicht in der gewünschten Weise einstellten, von restriktiveren Tendenzen zurückgedrängt wurden (Stichwort: Reform und Gegenreform). Im Gegensatz zu anderen Strafzwecken, die sich mangels Nachweisbarkeit ihrer Erfolge einer bloßen Plausibilitätskontrolle unterwerfen müssen, sehen sich spezialpräventive Vollzugskonzepte seit jeher einem stärkeren Legitimationsdruck ausgesetzt, weil sie sich an ihrem eigenem Anspruch, der Rückfallprävention, messen lassen müssen, und was ist messbarer als die Legalbewährung bzw. die Rückkehr oder eben die Nichtrückkehr ins Gefängnis.[565] Eingeleitet wurde die Konzeptkrise der jüngeren Justizvollzugshistorie in den 1980er Jahren, nachdem eine nüchterne Bilanzierung der ersten Wirkjahre des neuen Strafvollzugsgesetzes die anfängliche Zuversicht schwinden ließ und sich stattdessen ein Behandlungspessimismus einstellte, der unter dem Stichwort des „nothings works" Bekanntheit erlangte und der Resozialisierungseuphorie den Boden entzog.[566] Glücklicherweise gelang es Strafvollzugswissenschaft und -praxis in den 1990er Jahren, die behandlungsfeindliche, nihilistische Grundstimmung zu überwinden und sich stattdessen verhalten optimistisch auf die Suche nach individualisierten Resozialisierungskonzepten (Stichwörter „something works" bzw. „what works") zu begeben.[567] Unabhängig vom politischen, gesellschaftlichen und vollzuglichen Klima, das der Resozialisierung mal mehr und mal weniger aufgeschlossen gegenüberstehen kann, widmet sich die evidenzbasierte Wirksamkeitsforschung der Evaluation bestimmter Behandlungsprogramme und insbesondere der Frage, ob einzelne Behandlungsprogramme empirisch messbare Behandlungserfolge im Dienste der Rückfallprävention nach sich ziehen (Evidence Based Crime Prevention). Derzeit ist davon auszugehen, dass vollzugliche Behandlungsmaßnahmen und -programme die Rückfallquoten um 10

2014, 123 ff.; *Koepsel*, Kriminalistik 1999, 81 ff.; *Lüderssen*, JA 1991, 222 ff.; *Preusker*, in: Wiedereingliederung, S. 30 ff.; *ders.*, NK 1997, 34 (35 ff.); *Rehn*, in: Strafvollzug in Deutschland, S. 75 ff.; *Rotthaus*, in: Strafvollzug im Wandel, S. 225 ff.; *Schwind*, ZfStrVo 1988, 259 ff.; *Walter*, in: Strafvollzug im Wandel, S. 25 ff.

565 Vgl. *P.-A. Albrecht*, ZStW 97 (1985), 831 (834 f.).

566 Wobei nicht unerwähnt bleiben soll, dass die Kurzformel des „nothings works" das Ergebnis des Forschungsberichts von *Robert Martinson* aus dem Jahr 1974 nur unpräzise und verkürzt wiedergibt. Er selbst hat die Schlussfolgerung des „nothings works" nie in dieser Absolutheit gezogen, vgl. *Martinson*, The Public Interest 35, (1974), S. 22 ff., 49.

567 Vgl. nur *Dünkel/Drenkhahn*, in: Forschungsthema Strafvollzug, S. 387 ff.

bis 20% reduzieren können.[568] Dass diese Suche noch lange nicht abgeschlossen ist, lässt sich anhand des seit mehreren Jahrzehnten erhobenen Vorwurfs mangelnder oder zumindest unzureichender Evaluation ersehen.[569] Während also die Suche nach wirkungsorientierten Steuerungs- und Handlungskonzepten im Gange ist[570], laufen parallel gesellschaftliche und soziale Wandlungsprozesse, die sich unmittelbar und mittelbar auf die Vollzugs- und Resozialisierungspraxis auswirken.[571] Es ist kein Geheimnis, dass sich kein resozialisierungsfreundlicher Nährboden entwickelt hat. Um den thematischen Bezug zu den Vollzugslockerungen nicht zu verlieren, werden im Folgenden zwei Punkte dargestellt, die im Kontext dieser Arbeit als besonders relevant erscheinen.

a) Erosion des demokratischen Fundaments

Zunehmend schwindet die Akzeptanz des Resozialisierungs- und Behandlungsvollzugs in der Bevölkerung. *Schwind* ermittelte bereits in einer Bevölkerungsbefragung in Bochum in den 1980er Jahren, dass 1975 noch 61,2% der Befragten den Sinn der **Freiheitsstrafe** in der Resozialisierung („bessern und eingliedern") erblickten, während 12 Jahre später, im Jahr 1987, lediglich 47,5% der Befragten die Resozialisierungsidee teilten.[572] Eine dritte Befragung der Bochumer Bevölkerung aus dem Jahr 1998 durch *Schwind, Fetchenhauer, Ahlborn und Weiß*, die diese Studie fortführten, belegt einen weiteren Akzeptanzverlust der Resozialisierung als Hauptzweck der Freiheitsstrafe auf 42,2%.[573] Bedauerlicherweise gibt es keine aktuellen Repräsentativbefragungen, die sich explizit dem Zweck der Freiheitsstrafe widmen und insofern an die Befragung von Schwind anknüpfen. Neuere Untersuchungen zu Sanktionseinstellungen und zu Strafzwecken wie

568 Vgl. *Lösel*, in: Behandlung im Justizvollzug, S. 17 (21); zum Ganzen auch *Endres/Breuer*, in: Gefängnis auf dem Prüfstand, S. 89 ff.

569 Vgl. *Bock*, in: FS Böhm, S. 285 (301 ff.) speziell zum Forschungsdefizit Ausländerkriminalität; *Cornel*, in: Handbuch Resozialisierung, S. 31 (50 f.); Erster Periodischer Sicherheitsbericht der Bundesregierung 2001, S. 39; *Endres/Breuer*, in: Gefängnis auf dem Prüfstand, S. 89 (105 f.); *Stelly/Walter*, MSchKrim 2008, 269 (277 f.); *Suhling*, in: Gefängnis auf dem Prüfstand, S. 23 (37 f.).

570 Zur Skizzierung und Systematisierung der Grundideen der Wirkungsforschung und der wirkungsorientierten Steuerung im Strafvollzug *Suhling*, in: Gefängnis auf dem Prüfstand, S. 23 ff.

571 Vgl. beispielsweise *Maelicke*, in: Gefängnis auf dem Prüfstand, S. 3 (3 ff.).

572 Vgl. *Schwind*, ZfStrVo 1987, 259 (265).

573 Vgl. *Schwind/Fetchenhauer*, Kriminalitätsphänomene, S. 204, wobei dort bei der Untersuchung Bochum I ein Wert von 70,2% und bei Bochum II ein Anteil von 51,4% angegeben ist.

Strafzielen im Allgemeinen lassen darauf schließen, dass der Resozialisierungs- und Behandlungsvollzug einen weiteren Akzeptanzverlust erlitten hat. Es lässt sich ersehen, dass der Resozialisierungszweck seit den 1990er Jahren Akzeptanz einbüßen musste, während bei den negativ spezialpräventiven Strafzwecken, Abschreckung und Sicherung der Allgemeinheit, ein kontinuierlicher Bedeutungszuwachs zu verzeichnen ist.[574] Dabei wird dem Schutz- und Sicherungsinteresse der Allgemeinheit eine auffällig höhere Bedeutung als der Abschreckung des Täters beigemessen.[575] Ein deutlicher Anstieg ist auch bei generalpräventiven Strafzwecken, insbesondere bei der Vergeltung, erkennbar.[576] Dem bislang ungebremsten Aufstieg des Schutz- und Sicherheitsinteresses der Allgemeinheit liegt ein individualisiertes Verständnis von Sicherheit zugrunde, in dem der Staat nicht primär als Gefährder bürgerlicher Rechte auftritt, dem mit der Schutz- und Abwehrdimension der Grundrechte begegnet werden muss, sondern als Garant innerer Sicherheit für seine Bürger zur Abwehr externer Bedrohungen in Form von Kriminalität und Terrorismus begriffen wird.[577] Getragen wird diese Entwicklung von dem in der Allgemeinbevölkerung – in Diskrepanz zur Wirklichkeit – wahrgenommenen Anstieg von Kriminalität, der eine Kriminalitätsfurcht hervorruft, die der tatsächlichen Gefährdungs- und Bedrohungslage nicht entspricht.[578] Dementsprechend steigt das öffentliche Verlangen, medial und politisch geschürt, effektiv vor gefährlichen Straftätern geschützt zu werden.[579]

---

574 Vgl. beispielsweise *Baier/Kemme*, Kriminalitätsfurcht, S. 57 ff.; auch *Schwind/Fetchenhauer*, Kriminalitätsphänomene, S. 204; zu Mustern der Strafpräferenz vgl. *Bliesener/Fleischer*, in: FS Streng, S. 201 (203 ff.).

575 Vgl. speziell für Studenten der Rechtswissenschaft *Streng*, Kriminalitätswahrnehmung und Punitivität, S. 28 ff.; Zum Bedeutungszuwachs der Schutzaufgabe auch *Böhm*, in: FS Lüderssen, S. 807 (812).

576 Vgl. *Streng*, Kriminalitätswahrnehmung und Punitivität, S. 28 ff. Zur Legitimität und Rehabilitation des Vergeltungszwecks auch *T. Walter*, Strafe und Vergeltung.

577 Vgl. *Singelnstein/Stolle*, Sicherheitsgesellschaft, S. 42 f.; *Hassemer*, StraFo 2005, 312 (314).

578 Vgl. etwa *Baier/Kemme*, Kriminalitätsfurcht, S. 32 ff., 45 ff., wobei um das Jahr 2010 ein Trend rückläufiger Anstiegswahrnehmungen und eine Reduzierung der Kriminalitätsfurcht zu verzeichnen ist. Interessanterweise geht bei der Strafhärte kein paralleler Rückgang einher, Baier/Kemme, Kriminalitätsfurcht, S. 56 f. Vgl. zur Kriminalitätsfurcht auch *Boers*, Kriminalitätsfurcht, S. 57 ff.; *Kräupel/Ludwig*, Wahrnehmung von Kriminalität und Sanktionen, S. 133 ff.; *Schwind/Gossling*, in: GS Schlüchter, S. 743 ff. Zur Kriminalitätswahrnehmung durch junge Juristen von 1989 bis 2012, *Streng*, Kriminalitätswahrnehmung und Punitivität, S. 14 ff. Zum Zusammenhang zwischen Kriminalitätsfurcht und Mediennutzung *Naplava/Kania*, Kriminalistik 2012, 22 ff.

579 Vgl. beispielsweise *Wagner*, ZRP 2002, 34 (36).

Dieses Verlangen scheint durch Verschärfungen im strafrechtlichen Sanktionensystem und Zurücksetzen vollzugsöffnender Maßnahmen hin zu einem harten, abschottenden und möglichst langen Vollzug zumindest kurzweilig stillbar.[580] Eine derartig sicherheitsakzentuierte Stimmungslage in Öffentlichkeit und Medien droht die Bereitschaft zu einer empirischen und wissenschaftlichen Sachargumentation zu überlagern.[581]

Walter beschreibt diese Entwicklung als „fundamentalistische" „Entkleidung" der Resozialisierung.[582] Kriminalitätsfurcht, (nicht mehr ganz so) neue Punitivität[583] und ein gesteigertes Sicherheitsverlangen sind ein schlechter Nährboden für Resozialisierung. Denn die (Wieder-)Integration des Straffälligen setzt eine aufnahmebereite Gesellschaft voraus.[584] Demonstrationen aus der Nachbarschaft gegen die Errichtung sozialtherapeutischer Anstalten oder den Zuzug von Sexualstraftätern zeichnen ein anderes Bild. Ein Beispiel aus der aktuelleren Tagespresse ist der Fall eines Sexualstraftäters, der als Freigänger seine Arbeit als Hafenarbeiter in Bremerhaven wieder aufnehmen wollte, aber am Widerstand seiner die Arbeit niederlegenden Kollegen scheiterte.[585] Deutlich führen die Vereinigten Staaten von Amerika vor Augen, wohin diese Entwicklung führen kann. Schon seit 2005 existiert dort eine amtliche Datenbank, über die sämtliche Sexualstraftäter mit Namen, Wohnort, Details der Verurteilung und Foto für jedermann einsehbar sind.[586] Die Forderung, Daten über entlassene Sexualstraftäter öffentlich zugänglich zu machen, ist seitdem auch in Deutschland schon mehrfach erhoben worden. Einige amerikanische Bundesstaaten verpflichten Sexualstraftäter, Warnschilder in deren Häusern zuzulassen, die sie als vorbestrafte Sexualstraftäter ausweisen.[587] *Miracle Village*, ein Dorf mitten in der amerikanischen Provinz, in dem ausschließlich verurteilte Sexual-und Gewaltstraftäter leben, zeigt, welchen Platz die Gesellschaft Entlassenen zuweist.[588]

---

580 Vgl. *Puschke*, in Strafvollzug in Deutschland, S. 15 (25); *Singelnstein/Stolle*, Sicherheitsgesellschaft, S. 37 ff.; *Schwind*, ZfStrVo 1987, 259 (265).

581 Vgl. dazu *Streng*, in: FS Lampe, S. 611 (611 f., 615 f.).

582 *Walter*, in: Strafvollzug im Wandel, S. 25 (33 f.).

583 Vgl. *Streng*, in: FS Egg, S. 495 (496 ff.).

584 Vgl. *Hagenmaier*, NK 2014, 123 (124 ff.).

585 http://www.spiegel.de/panorama/justiz/bremerhaven-arbeitsgericht-billigt-kuendigung-von-hafenarbeiter-a-998436.html (zuletzt abgerufen am 04.05.2019).

586 Vgl. *Mushoff*, Strafe, S. 549 m.w.N.

587 https://www.vice.com/de/article/5gq78b/sexualstraftater-haben-in-florida-jetzt-warnschilder-vor-ihren-hausern (zuletzt abgerufen am 04.05.2019).

588 http://sz-magazin.sueddeutsche.de/texte/anzeigen/41325/Leben-auf-Abstand (zuletzt abgerufen am 04.05.2019).

Ohne ausreichenden Rückhalt in der Bevölkerung wird der Resozialisierung der Boden entzogen.[589]

Langfristig erweist sich das Bild der absoluten Sicherheit (durch harten Vollzug) als illusionär.[590] Bis auf ganz wenige Ausnahmen endet jede Haftstrafe irgendwann einmal. Als verfassungsrechtliche Grundentscheidung ist der Resozialisierungs- und Behandlungsvollzug mehr als „nur" Ausdruck von Humanität und Menschenwürde. Es ist und bleibt eine kriminalpolitische Notwendigkeit, den Gefangenen nicht unvorbereitet aus dem Strafvollzug in die Freiheit zu entlassen, sondern alle Bemühungen darauf zu richten, kriminalitäts- und rückfallfördernde Faktoren soweit als möglich zu minimieren. Einer „Sicherheitseuphorie – verbunden mit der Phantasie, alle schlechten Menschen für immer wegzusperren"[591] darf sich eine rational aufgeklärte Kriminalpolitik nicht hingeben.

b) Realistische Entkleidung der Resozialisierung

Sparmaßnahmen, finanzielle Engpässe, Personalmangel und übervolle Gefängnisse bringen die Resozialisierungsidee zudem an vollzugspraktische Grenzen.[592] Wobei der Behandlungskomplex der Vollzugslockerungen durch eine unzureichende personelle und finanzielle Ausstattung nur unwesentlich berührt sein dürfte, da eine kostengünstigere und personalsparendere Resozialisierungsmaßnahme als die unbeaufsichtigte Anstaltsabwesenheit kaum denkbar ist. Für die Lockerungspraxis relevanter ist daher der viel diskutierte Erklärungsansatz der spezialpräventiven Legitimationskrise, ob und inwieweit Veränderungen in der Gefangenenpopulation vermehrt „resozialisierungsunwillige" oder gar „resozialisierungsunfähige" Gefangene[593] hervorgebracht und so zu einer „realistischen Entkleidung" der Resozialisierung[594] geführt haben.[595] Tatsächlich hat

---

589 Vgl. *Preusker*, NK 1997, 34 (36); *Schwind*, ZfStrVo 1988, 259 (261).

590 Vgl. allg. *Singelnstein/Stolle*, Sicherheitsgesellschaft, S. 42 ff; *Hefeldehl/Hohmann*, ZRP 2001, 23 (26); speziell für den Bereich der Vollzugslockerungen und den offenen Vollzug vgl. *Böhm*, NStZ 1986, S. 201 (203); *Feest/Lesting*, ZfStrVo 2005, 76 (81).

591 So *Walter*, in: Strafvollzug im Wandel, S. 25 (36) im Zusammenhang mit der Frage wieviel Rationalität dem neuen Sicherheitsstreben innewohnt; ähnlich beispielsweise auch *Müller-Dietz*, in: Strafvollzug im Wandel, S. 99 ff.

592 Vgl. auch *Dünkel/Drenkhahn*, Forschungsthema Strafvollzug, S. 387 (402).

593 Recht deutlich bereits *Wassermann*, ZRP 2003, 327 (328); *Kiesel*, ZRP 2001, 385 (386).

594 *Walter*, in: Strafvollzug im Wandel, S. 25 (34 f.).

595 Zum Ganzen *P.-A. Albrecht*, ZStW 97 (1985), 831 (858 ff.).; *Arloth*, GA 2001, 307 (311); *Laubenthal*, Strafvollzug, Rn. 141; *Cornel*, in: Handbuch Resozialisierung, S. 310 (315 ff.); *Dünkel*, Täterbehandlung, S. 379 (385 ff.); *Dünkel/Drenkhahn*,

sich die Gefangenenpopulation verändert. Betrachtet man die Entwicklung der **Deliktsstruktur** inhaftierter Delinquenten seit Inkrafttreten des Bundesstrafvollzugsgesetzes so fällt auf, dass sich der Anteil Gefangener mit Diebstahls- und Unterschlagungsdelikten halbiert hat, während der Anteil der Gefangenen, die eine Strafe wegen Raub, Körperverletzung oder Betrug verbüßen, zugenommen hat. Im Vergleich dazu ist die Anzahl der Tötungs- und Sexualdelikte relativ konstant geblieben, wobei sich aber die Summe der Gefangenen, die eine lebenslange Freiheitsstrafe verbüßen, nahezu verdoppelt hat (989 im Jahr 1977 und im 1863 im Jahr 2016).[596] Zwar ist der prozentuale Anteil von Betäubungsmitteldelikten mit etwa 14% seit den 1990er Jahren relativ konstant, doch ist davon auszugehen, dass eine dramatisch höhere Anzahl von Inhaftierten ein **Suchtmittelproblem** mitbringen und in Haft beibehalten oder gar intensivieren.[597] Stark erhöht hat sich auch der Anteil **ausländischer** Gefangener, der im bundesdeutschen Schnitt mittlerweile etwa 35%, in Bayern sogar 45% ausmacht.[598] Zudem nimmt die Problematik um Inhaftierte, die sich der organisierten (Banden-)Kriminalität bzw. der linksextremen, rechtsextremen oder islamistischen **Terrorszene** verschrieben haben, immer breiteren Raum ein. In diesem Zusammenhang erwähnt werden fortwährend auch bereits gut integrierte Wirtschaftskriminelle und Gefangene mit kurzen Freiheitsstrafen, bei denen klassische Eingliederungsmaßnahmen nicht nötig oder zeitlich nicht möglich sind. Zudem leidet die Vollzugspraxis unter den vielen offenen Fragen im Umgang mit der zunehmenden Anzahl **psychisch auffälliger Gefangener**.[599] Gemeinsam ist diesen unterschiedlichsten Gruppen und Problemkreisen, dass sie eine Vollzugsklientel

---

in: Forschungsthema Strafvollzug, S. 387 (387 ff.); *Koepsel*, Kriminalistik, 81 (82 ff.); *Köhne*, ZRP 2003, 207 ff.; *Preusker*, in: Wiedereingliederung, S. 30 ff.; *Rotthaus*, in: Strafvollzug im Wandel, S. 224 (228).

596 Vgl. zur Entwicklung der lebenslangen Freiheitsstrafe *Dünkel/Geng*, FS 2010, 22 (24 f.) und allg. zur Entwicklung der Gefangenenpopulation *Drenkhahn*, in: Gefängnis auf dem Prüfstand, S. 51 (58 ff.).

597 Vgl. *Häßler/Maiwald*, in: Gefängnis auf dem Prüfstand, S. 423 (424).

598 Vgl. Strafvollzugsstatisik Bayern 2018, S. 10. In der Untersuchungshaft beträgt der Ausländeranteil gegenwärtig sogar 65%. Eingehend zur strafvollzuglichen Ausländerproblematik *Abraham*, in: Gefängnis auf dem Prüfstand, S. 443 ff. Kritisch zum verallgemeinernden Ausländerbegriff im diesem Zusammenhang *Feest/Lesting*, ZfStrVo 2005, 76 (81); *Bierschwale*, ZfStrVo 1997, 67 (69).

599 Vgl. dazu zusammenfassend beispielsweise den Abschlussbericht der Expertenkommission des Justizministeriums Baden-Württemberg vom 14. September 2015, veröffentlicht unter: http://www.bvaj.de/docs/Blankenburg/8_Abschlussbericht.pdf.

hervorbringen, die im Verdacht stehen, mit tradierten Behandlungsmethoden nicht oder nur schwer erreichbar zu sein.

Ein Blick auf die Verwaltungsvorschriften zu den Vollzugslockerungen (vgl. insb. VV Nr. 2, Nr. 3 und Nr. 4 zu Art. 13 BayStVollzG, VV Nr. 3, Nr. 4 und Nr. 7 zu Art. 14 BayStVollzG bzw. VV Nr. 6 und Nr. 7 zu § 11 StVollzG und VV Nr. 3 und Nr. 4 zu § 13 StVollzG) offenbart die Kollision obiger Entwicklungen mit der Gewährung von Vollzugslockerungen. Die Gefangenenpopulation hat sich in Richtung derer verschoben, die durch die entsprechenden Verwaltungsvorschriften von der Gewährung von Vollzugslockerungen ausgeschlossen werden oder zumindest als ungeeignet gelten. Einzelne Gefangenengruppen mangels Eignung für vollzugsöffnende Maßnahmen allein aufgrund einer Gruppenzugehörigkeit als „nicht resozialisierungswillig oder nicht resozialisierungsfähig" zu beurteilen, sie einem humanen Verwahrungsvollzug zu unterwerfen und so – zumindest für diese Gefangenen – das Ende des Resozialisierungsvollzuges einzuläuten, wäre dennoch aus mehreren Gründen verfehlt.

Zunächst existiert keine einheitliche Festlegung der Kriterien, aus denen eine „Resozialisierungsresistenz" gefolgert werden kann, was aber im Hinblick auf die Schwere der Rechtsfolgen, nämlich dem Ausschluss von Resozialisierungsmaßnahmen, erforderlich wäre.[600] Der Eintritt einer solchen Rechtsfolge verlangt eine Ursachenforschung, durch die andere, die Bereitschaft oder Fähigkeit zu Wiedereingliederung förderliche Gründe ausgeschlossen werden können und darüber hinaus eine Prognose, dass weitere Resozialisierungsbemühungen erfolglos verbleiben werden.[601] Einer solchen (endgültigen) prognostischen Kategorisierung steht aber die verfassungsrechtlich gebotene resozialisierende Grundausrichtung des Vollzuges entgegen. Vielmehr ist regelmäßig zu prüfen, ob seitens eines Gefangenen nicht doch die Bereitschaft gezeigt wird, an der Gestaltung seiner Behandlung und der Erreichung des Vollzugsziels mitzuwirken, bzw. ob es Möglichkeiten gibt, eine solche Bereitschaft zu wecken und zu fördern.[602] Diese Prämisse ist in Gestalt des Mitwirkungsgrundsatzes (§ 4 Abs. 1 S. 2 StVollzG, Art. 6 Abs. 1 S. 2 BayStVollzG) in Gesetzesform gegossen.

---

600 Vgl. *Dünkel*, in: Täterbehandlung, S. 379 (402); *Feest/Lesting*, ZfStrVo 2005, 76 (81); *Köhne*, ZRP 2003, 207 (208).

601 Vgl. *Köhne*, ZRP 2003, 207 (208).

602 Vgl. *Rotthaus*, in: Strafvollzug im Wandel, S. 225 (231) mit dem Hinweis auf das Gesetz zur Bekämpfung von Sexualdelikten und anderen schweren Straftaten, in dem diese gesetzgeberische Wertung durch die alle 6 Monate zu erfolgende Eignungsprüfung für die Unterbringung in einer sozialtherapeutischen Anstalt zum Ausdruck komme. Zum Prozess der Behandlungs(un)willigkeit auch *Bierschwale*, ZfStrVo 1997, 67 (73).

Veränderungen der Gefangenenpopulation hin zu einer der Resozialisierung (womöglich) schwerer zugänglichen Gefangenengruppe sind zudem kein Phänomen der letzten Jahre. Bereits 1985 hielt *Peter-Alexis Albrecht* als Reaktion auf neue Tätergruppen fest: „Es mag – vermittelt vorwiegend durch Medien und bestimmte Interessengruppen – da und dort der Eindruck erweckt werden, als sei <krimineller Notstand> ausgebrochen, der die geballte und kompromißlose Strafverfolgung auf den Plan zu rufen hätte."[603] Auch in den resozialisierungsfreudigeren 1970er Jahren gab man sich nicht der Illusion hin, alle Gefangenen vor einem Rückfall bewahren zu können.[604] Klagen über ein immer schwierigeres Klientel und ein (möglicherweise verklärender Blick) auf die Gefangenen von früher, leisten keinen Beitrag zur Lösung des Problems.[605] Als Spiegel der Gesellschaft ist die Gefangenenpopulation einem ständigen Wandel unterworfen. Ebenso wenig wie sich das materielle und prozessuale Strafrecht vor der grenzüberschreitenden, zunehmend internationalisierten und darüber hinaus chemisch, technisch und wirtschaftlich fortentwickelten Kriminalitätsentwicklung verschließen darf, sondern diese neuen Deliktsarten und Begehungsweisen strafrechtlich erfassen und prozessual verarbeiten muss, darf auch der Resozialisierungsvollzug nicht im Angesicht von Veränderungen der Gefangenenpopulation kapitulieren. Es wäre eine kriminalpolitische Katastrophe, nachgerade eine Pervertierung des Resozialisierungsgedankens, gerade diejenigen, die den höchsten Behandlungsbedarf aufweisen, vom Resozialisierungs- und Behandlungsvollzug auszunehmen. Vielmehr sind Vollzug und Vollzugswissenschaft gehalten, der neuen Vollzugsklientel mit modifizierten Behandlungsangeboten entgegenzutreten.[606] Es gilt hier, den Anschluss an die „neue" Vollzugsklientel nicht zu verlieren. Der Wandel der Gefangenenpopulation ist ein dynamischer Prozess, der keinen „Endpunkt" kennt, sondern stetig voranschreitet. Ganz neue Tätertypen, auf die sich der Vollzug einzustellen hat, bilden beispielsweise IS-Rückkehrer und Rückkehrerinnen ebenso wie Cyberkriminelle, die sich in der

---

603 *P.-A. Albrecht*, ZStW 97 (1985), 831 (860).

604 Vgl. *Dünkel*, NK 2003, 8 (9); *Rotthaus*, in: Strafvollzug im Wandel, S. 225 (227). *Ortmann*, Resozialisierung im Strafvollzug, S. 384 attestierte den Gefangenen schon in den 1980er eine geringe Änderungsbereitschaft.

605 Vgl. *Cornel*, in: Handbuch Resozialisierung, S. 310 (317); *Dünkel*, NK 2003, 8 (9): „Die Argumente sind nicht neu und werden auch durch Wiederholung nicht besser."

606 Vgl. *Dünkel*, in: Täterbehandlung, S. 379 (387 f., 407); *Dünkel/Drenkhahn*, in: Forschungsthema Strafvollzug, S. 387 (387 ff.); *Lindemann*, in: AK-StVollzG, § 2 Rn. 12; *Rotthaus*, in: Strafvollzug im Wandel, S. 225 (228); *Walter*, in: Strafvollzug im Wandel, S. 25 (37); *Seebode*, Strafvollzug, S. 52.

Parallelwelt des Darknets bewegen. Ein behandlungsorientierter Strafvollzug ist auf vielfältige wirkungsorientierte Behandlungsmaßnahmen und Behandlungsprogramme angewiesen, um den unterschiedlichsten Tätertypen Resozialisierungshilfen zuteil werden zu lassen. Um den Resozialisierungs- und Behandlungsvollzug als self-fulfilling prophecy nicht zur bloßen Leerformel verkommen zu lassen, wäre es wünschenswert und notwendig, den Strafvollzug nicht auf sich allein gestellt zurückzulassen, sondern empirische Forschung gerade vor dem Hintergrund der neuen und neusten Klientel weiter auszudehnen und die Vollzugsbediensteten entsprechend aus- und fortzubilden.

c) Fazit: Krise ja, Ende nein!

Die Resozialisierungsidee befindet sich in einer Krise. Ihr Grundgerüst bröckelt mittlerweile an verschiedenen Fronten. Und doch ist mit dem Fazit „Resozialisierung – was sonst?“[607] an ihr festzuhalten. Mit den Worten von *Rehn* und *Albrecht* auf den Punkt gebracht: „Zum Resozialisierungsziel gibt es keine vernünftige Alternative, die in gleicher Weise humanitären, sicherheitsrelevanten und sozialstaatlichen Ansprüchen genügt und verantwortbar ist.“[608] „Rechtsstaatlich ausgerichtete Spezialprävention auf den Ebenen des Gesetzes, des Strafprozesses und des Strafvollzugs steht nicht zur Disposition von niemanden, es sei denn, der Rechtsstaat selbst wolle sich in Frage stellen.“[609]

2. Vollzugslockerungen als Beitrag zur Resozialisierung? – Empirische Befunde zur Effizienz

Denknotwendig schließt sich die Frage an, ob Vollzugslockerungen einen empirischen belegbaren Beitrag zur Resozialisierung und damit letztlich auch einen gesamtgesellschaftlichen Beitrag zum Schutz der Allgemeinheit leisten können. Dabei scheint das Evaluationskriterium der Legalbewährung noch am geeignetsten um Rückschlüsse auf die Effizienz der Vollzugslockerungen zu ziehen.[610]

Schon vielfach wurde dargelegt, dass Gefangene, die im offenen Vollzug untergebracht waren und aus diesem entlassen werden, eine geringere Rückfallquote

---

607 Vgl. nur *Arloth*, in: FS Schöch, S. 337 (343); *Rotthaus*, in: Strafvollzug im Wandel, S. 225 ff.; ferner *Aebersold*, in: Resozialisierung, S. 17 (30 ff.); *Walter*, in: Strafvollzug im Wandel, S. 25 ff.

608 Vgl. *Rehn*, in: Strafvollzug in Deutschland, S. 75 (76).

609 *P.-A. Albrecht*, ZStW 97 (1985), 831 (859).

610 Kritisch zur Legalbewährung als Erfolgsindikator aber *Bock*, in: FS Böhm, S. 285 (287); *Obergfell-Fuchs/Wulf*, FS 2008, 231 ff.

aufweisen, als diejenigen Gefangen, die aus dem geschlossenen Vollzug entlassen werden.[611] In Folgenden soll der Blick aber den wenigen Untersuchungen zugewandt werden, die sich der Frage der rückfallmindernden Wirkung bestimmter Vollzugslockerungen in besonderem Maße widmen.[612]

a) Untersuchungen zur Effizienz des Freigangs

Zunächst sollen einige Untersuchungsergebnisse, die sich der Effizienzüberprüfung des **Freigangs** widmen, dargestellt werden. *Smolka* ermittelte in seiner Untersuchung eine Rückfallquote von 47% bei den Freigängern im Erwachsenenvollzug während in der Kontrollgruppe der Nichtfreigänger 61,6% rückfällig wurden.[613] Die Untersuchung von *Schalt* gelangt bei Freigängern im Jugendstrafvollzug zu einer Rückfallquote von 61% bzw. von 40% beim Ausschluss der Verurteilungen, die lediglich zu einer Geldstrafe oder einer Jugend- oder Freiheitsstrafe unter einem Monat führten.[614] Bedauerlicherweise unternahm *Schalt* noch nicht einmal den Versuch, die Ergebnisse einer Kontrollgruppe vergleichbar gegenüberzustellen.[615] Ergiebiger ist daher die Untersuchung von Nolting, bei der sich bei den Freigängern im Jugendstrafvollzug signifikant günstigere Legalbewährungsquoten darstellen lassen. *Nolting* ermittelte eine um 13% geringere Rückfallquote bei den Freigängern, nämlich 72%, statt wie bei Nichtfreigängern 85%.[616] Nach der Untersuchung von *Grosch* wurden 60% der Probanden, die Freigang erhielten, und nahezu 80% der Nichtfreigänger erneut verurteilt, und 20% bzw. 55% erneut inhaftiert.[617] Interessant ist auch eine Untersuchung von *Klotz* zum erhöhten Wirkpotential der Vollzugslockerungen im offenen Vollzug im Gegensatz zum geschlossenen Vollzug. *Klotz* arbeitete heraus, dass eine positive Wirkung des Freigangs im geschlossenen Vollzug kaum festgestellt

611 Vgl. nur *Baumann/Maetze/Mey*, MschrKrim 1983, 133 (144 f.); *Klotz*, ZfStrVo 1980, 70 (78 ff., 82); *Rüther/Neufeind*, MschrKrim 1978, 363 (373 ff.); speziell bei Sexualstraftätern *Suhling/Rehder*, FPPK 2009, 37 (42 f.).

612 Eine ausführliche Darstellung vorhandener Untersuchungen findet sich bei *Grosch*, Lockerungen im Jugendstrafvollzug, S. 145 ff.

613 Vgl. *Smolka*, Freigang, S. 153 Tabelle 34. Bei Einbeziehung geringwertiger Delikte erhält *Smolka* eine Rückfallquote von 58,5% bei den Freigängern und 69,6% bei den Nichtfreigänger, S. 151 Tabelle 33, 153 Fn. 4.

614 Vgl. *Schalt*, Freigang, S. 83.

615 Zur diesbezüglichen Kritik vgl. *Nolting*, Freigänger im Jugendstrafvollzug, S. 11 f., *Grosch*, Lockerungen im Jugendstrafvollzug, S. 166 f.

616 Vgl. *Nolting*, Freigänger im Jugendstrafvollzug, S. 147.

617 Vgl. *Grosch*, Lockerungen im Jugendstrafvollzug, S. 405 ff.

werden konnte, dieser sich also nur bei seiner Gewährung aus dem offenen Vollzug heraus positiv auf die Rückfallquote niederschlug. Bei Freigängern aus dem offenen Vollzug betrug die Rückfallquote demnach 34%, während Gefangene, die im geschlossenen Vollzug untergebracht waren und Freigang erhielten, zu 73% rückfällig wurden.[618] Dieses Ergebnis bestätigt auch eine neuere Untersuchung, die sich dem Zusammenhang zwischen Vollzugslockerungen, offenem Vollzug und Legalbewährung speziell bei Sexualstraftätern widmet. Im Hinblick auf die Rückfälligkeit mit einem Sexual- oder Aggressionsdelikt erwies es sich als kaum signifikant, ob dem Gefangenen aus dem geschlossenen Vollzug gar keine bzw. nur begleitete Lockerungen (37,9%) oder unbegleitete Lockerungen (35,1%) gewährt wurden.[619]

b) Untersuchungen zur Effizienz von Ausgang und Urlaub

Ebenso, wenn auch nicht ganz so klar, deutet sich ein positiver Zusammenhang zwischen Ausgangs- und Urlaubsgewährung und der Legalbewährung an. *Klotz* kam bezüglich der Hafturlaube aus dem offenen Vollzug heraus zu einem ähnlichen Ergebnis wie beim Freigang. Die Rückfallquote betrug hier 41%, wohingegen Gefangene des geschlossenen Vollzugs ohne Urlaub zu 68% und erstaunlicherweise Gefangene mit Urlauben zu 81% wieder rückfällig wurden.[620] Ganz andere Ergebnisse erzielte *Nesselrodt* in seiner Untersuchung aus dem Jahr 1979. Bei den Gefangenen, die Urlaub erhielten, ermittelte *Nesselrodt* eine Rückfallquote von 67%, wohingegen bei der von ihm gebildeten Vergleichsgruppe Gefangener ohne Hafturlaube 72% rückfällig wurden.[621] Diese Untersuchung konnte eine rückfallmindernde Wirkung des Hafturlaubes demnach kaum stützen.

618 Vgl. *Klotz*, ZfStrVo 1980, 70 (78), wobei *Koltz* zunächst von einer weitgefassten Rückfalldefinition ausgeht, S. 72. Allerdings weist *Smolka*, Freigang, S. 33 zutreffend darauf hin, dass hieraus nicht der Schluss auf eine Wirkungslosigkeit der Vollzugslockerungen im geschlossenen Vollzug gezogen werden darf, da Erkenntnisse über die Zusammensetzung der jeweiligen Gefangenengruppen im offenen und in geschlossenen Vollzug fehlen.

619 Vgl. *Suhling/Rehder*, FPPK 2009, 37 (43).

620 Vgl. *Klotz*, ZfStrVo 1980, 70 (79); vgl. auch *Grosch*, Lockerungen im Jugendstrafvollzug, S. 409 ff.

621 Vgl. *Nesselrodt*, Strafurlaub, S. 255 ff.; kritisch zur der von *Nesselrodt* vorgenommenen Vergleichsgruppenbildung aber *Grosch*, Lockerungen im Jugendstrafvollzug, S. 148.

c) *Kritische Würdigung dieser Untersuchungen im Hinblick auf Selektionseffekte*

Die vorgestellten Untersuchungsergebnisse deuten zunächst auf einen positiven Zusammenhang zwischen Vollzugslockerungen und Legalbewährung hin. Gefangene, die im offenen Vollzug untergebracht wurden und Vollzugslockerungen erhielten, wiesen geringere Rückfallquoten als Gefangene des geschlossenen Vollzugs auf. Dennoch kann ein Wirksamkeitsbeweis im Sinne einer Kausalitätsbeziehung zwischen Lockerungsgewährung und Rückfallreduzierung nicht erbracht werden. Vielschichtige **Selektionsmechanismen**, die einer Lockerungs- oder Unterbringungsentscheidung im offenen Vollzug vorausgehen, begrenzen die Aussagekraft der gewonnenen Daten, worauf die vorgenommenen Untersuchungen in der Regel selbst hinweisen.[622] Ein Vergleich der Rückfallquoten von gelockerten und nicht gelockerten Gefangenen, die ein Kausalitätsnachweis voraussetzen würde, scheitert an der Unmöglichkeit der Abbildbarkeit einer vergleichenden Kontrollgruppe. Jegliche vollzugsöffnende Maßnahme setzt eine positive Flucht- und Missbrauchsprognose voraus, eine Vorauswahl, die Untersuchungs- und Kontrollgruppe kriminalprognostisch unvergleichbar macht.[623]

Auffällig ist, dass die wenigen Untersuchungen, die den Schwerpunkt auf die Evaluation von Vollzugslockerungen richten, größtenteils der Zeitspanne zwischen den späten 1970er und den frühen 1990er Jahren entstammen. Dass nur wenige neuere Untersuchungen zum Einfluss der Vollzugslockerungen auf die Rückfallquote vorliegen, mag zu einen daran liegen, dass ein genereller Rückzug der Forschung aus dem Feld des Strafvollzuges zu beklagen ist.[624] Zum anderen scheint das Unterfangen, den Erfolg einzelner Lockerungen über die Rückfallquote evaluieren zu wollen, im Anbetracht der Selektionseffekte zu Recht aufgegeben worden zu sein. Gerade die isolierte Evaluation einzelner Lockerungsformen lässt sich nicht vornehmen, weil diese im Regelfall beim Vorliegen einer positiven Prognose nicht einzeln, sondern kumulativ im Zusammenspiel mit anderen Behandlungsmaßnahmen gewährt werden.

Fazit: Empirisch lässt sich eine unmittelbar kausale Wirkung der Vollzugslockerungen auf die Rückfallquote weder nachweisen noch widerlegen. Die

---

622 Vgl. nur *Breckhauer/Hasenpusch*, MschrKrim 1982, 318 (323); *Klotz*, ZfStrVo 1980, 70 (71); *Nolting*, Freigänger im Jugendstrafvollzug, S. 148, 188 f.; *Rüther/Neufeind*, MschrKrim 1978, S. 363 (367); *Schalt*, Freigang, S. 90; *Smolka*, Freigang, S. 104 ff.

623 Vgl. *Böhm*, Strafvollzug, Rn. 40 ff.; *Dünkel*, in: Täterbehandlung, S. 379 (389); *ders./Drenkhahn*, in: Forschungsthema Strafvollzug, 387 (391).

624 Vgl. *Dünkel*, Empirische Forschung im Strafvollzug, S. 29.

vorgenommenen Untersuchungen können allenfalls eine Plausibilitätsprüfung[625] leisten und derart Anhaltspunkte für die Effizienz der Vollzugslockerungen liefern.

C. Faktische Bedeutung und Schwachstellen der Vollzugslockerungen

I. Gefährdungsfaktor für innere Sicherheit als Nebenwirkung

Vielfach wird auf die positiven Einflussmöglichkeiten der Lockerungen auf die inneranstaltliche Atmosphäre hingewiesen. Neben dem oben geschilderten Potential für den individuellen Resozialisierungsprozess des Gefangenen können Lockerungen auch zum Abbau des Spannungsverhältnisses zwischen Gefangenen und Justizvollzugsanstalt und damit mit Blick auf Anpassung, Motivation und Arbeitsproduktivität zu einer allgemeinen Besserung des Anstaltsklimas führen.[626] Eine lebensnahe Betrachtung gebietet darüber hinaus, der Tatsache ins Auge zu sehen, dass vollzugsöffnende Maßnahmen der **inneren Sicherheit** und dem Anstaltsklima nicht ausschließlich zuträglich sind, sondern als Kehrseite der Medaille sogar schädliche **(Neben-)Wirkungen** entfalten können. Der gelockerte Gefangene ist der Missgunst und dem Neid anderer Gefangener ausgesetzt, was sich umso mehr verstärkt, je restriktiver die Vollzugsanstalt Lockerungen handhabt und desto seltener Lockerungen gewährt werden.[627] Als nicht lockerungsgeeigneter Gefangener zusehen zu müssen, wie Mitgefangene in den Genuss von Vollzugslockerungen kommen, kann Frustration und Aggression schüren. Darüber hinaus werden Vollzugslockerungen als Hauptweg für das Hinausschmuggeln (beispielsweise der Schriftüberwachung entzogener Briefwechsel) oder das Einbringen verbotener Gegenstände missbraucht. Sie werden zum Türöffner für unerlaubte Geschäfte unter Gefangenen. Verschärft wird die vollzugsinterne Sicherheitsrelevanz, wenn man sich eingesteht, dass die Mitnahme unerlaubter Gegenstände bei Lockerungen noch nicht einmal immer aus freien Stücken vorgenommen wird, sondern unter psychischem oder physischem

---

625 Vgl. *Breckhauer/Hasenpusch*, MschrKrim 1982, 318 (323).

626 Vgl. *Brosch*, Hafturlaub, S. 182, 137 Tab. 65; *Grosch*, Lockerungen im Jugendstrafvollzug, S. 22; *Dünkel*, in: Wiedereingliederung, S. 42 (60); *ders.*, in: FS Schüler-Springorum, S. 641 (664); *Kühling*, in: Strafvollzug, S. 347 (356 f.); *Straube*, MSchKrim 1998, 329 ff.; *Walter*, Strafvollzug, Rn. 303; *Wohlgemut*, in: Ambulante Maßnahmen S. 373 (375 ff.).

627 Vgl. *Brosch*, Hafturlaub, S. 138, 178; *Müller/Wulf*, ZfStrVo 1999, 3 (5); *Schneider* (Anm.), NStZ 1999, 157 (158).

Druck Mitgefangener geschehen kann.[628] Leider bringt die Vollzugspraxis Fälle hervor, in denen lockerungsgeeignete Gefangene auf Vollzugslockerungen verzichten, um sich und die Familienangehörigen nicht dem Druck der Mitgefangenen oder deren Komplizen außerhalb der Vollzugsanstalt auszusetzen und so in illegale Machenschaften verstrickt zu werden. Vollzugslockerungen wohnt daher ein erhebliches, die innere Sicherheit gefährdendes Moment inne, das im Hinblick auf das Behandlungsziel kontraproduktiv wirkt.

II. Vollzugslockerungen als Indikator eines Zwei-Klassenvollzugs

Ein Blick auf die Gruppenmerkmale der Gefangenen, die Vollzugslockerungen erhalten, lässt einen möglichen Anteil der Vollzugslockerungen an der Resozialisierung noch fragwürdiger erscheinen. Denn die vielfach geäußerte Befürchtung, dass Lockerungen vorrangig den ohnehin besser sozialisierten Gefangenen zu Teil werden, während den gesellschaftlich schlechter aufgestellten, kriminell vorbelasteten Gefangenen, der Zugang zu Lockerungen verwehrt bleibt,[629] fand mittlerweile empirische Bestätigung. In ihrer im Folgenden dargestellten Untersuchung aus dem Jahr 1990 stellte *Freimund* zwei verschieden sozialisierte Gefangenengruppen, Wirtschaftskriminelle auf der einen Seite und Diebe fortgeschrittenen Alters auf der anderen Seite, gegenüber.[630] Die Gruppe der Wirtschaftskriminellen zeichnete sich durch stabilere Familienverhältnisse und eine bessere Schul- und Berufsausbildung aus als die Gruppe der Diebe. Zudem waren die Wirtschaftskriminellen erheblich weniger vorstrafenbelastet und wurden seltener disziplinarisch belangt.[631] Obwohl also die Gruppe der Diebe vermehrt Merkmale aufwiesen, die für einen erhöhten Behandlungsbedarf sprachen, wurden der Gruppe der Wirtschaftskriminellen zeitlich schneller und zahlenmäßig mehr (unbeaufsichtigte) Lockerungen gewährt, weil bei letzteren das Flucht- und Missbrauchsrisiko regelmäßig als geringer eingestuft wurde.[632] *Freimund* gelangte in ihrer Untersuchung daher zu dem Ergebnis, dass

---

628 Vgl. *Grosch*, Lockerungen im Jugendstrafvollzug, S. 22; *Pickl*, ZfStrVo 1977,105 (105); *Rotthaus*, in: Strafvollzug im Wandel, S. 225 (226).

629 Vgl. *Böhm*, NStZ 1986, 201 (202 ff.); *ders.*, in: Vollzugslockerungen im Spannungsfeld, S. 17 (46); *Dolde*, in: Langer Freiheitsentzug, S. 105 (108); *Müller-Dietz*, BewHi 1986, 331 (336); *Scholz*, BewHi 1986, 361 (363); *Wohlgemuth*, in: Ambulante Maßnahmen, S. 373 (375 f.).

630 Vgl. *Freimund*, Vollzugslockerungen, S. 20 ff.

631 *Ebenda*, S. 68 ff.

632 Dies zeigte sich bei den Hafturlauben *Freimund*, Vollzugslockerungen, S. 97 ff., S. 117 ff.; beim Ausgang S. 134 ff. wie auch beim Freigang S. 145 ff., bei der

die faktische Lockerungspraxis die ursprüngliche Hauptintention der Vollzugslockerungen, nämlich gezieltes Belastungstraining und Beseitigung von Sozialisationsdefiziten zur Vorbereitung eines straffreien Lebens in Freiheit, weitgehend verfehlt. Vielmehr werden Lockerungen vor allem bei weniger behandlungsbedürftigen, ohnehin relativ gut sozialisierten Gefangenen eingesetzt und so auf ihre haftschädenvermeidende Funktion reduziert.[633] Lockerungen bergen die der Flucht- und Missbrauchsklausel geschuldeten Gefahr einer Zweiteilung der Gefangenenpopulation in „lockerungsgeeignet" und „nicht lockerungsgeeignet", statt auch Lockerungsbedürftigkeit in die Frage der Lockerungsgewährung einzubeziehen. Letztlich ist die geltende Lockerungspraxis in weiten Teilen weniger Ausfluss des Resozialisierungsgedankens, als Konsequenz des dem Schutz der Allgemeinheit eingeräumten Vorrangs. Die der Flucht- und Missbrauchsprognose zugrunde liegenden Kriterien erweisen sich daher als „Fallstricke für sozial Benachteiligte".[634]

III. Quid pro quo: Lockerungen als Belohnungs- und Disziplinierungsmaßnahme

Der hohe Stellenwert, den sowohl Inhaftierte als auch Bedienstete den Lockerungen zuschreiben, birgt die Gefahr des Einsatzes als Belohnungs- oder Disziplinierungsmittel. Fest steht zunächst, dass der Ausschluss von Lockerungen oder die Verhängung einer zumindest temporären Lockerungssperre keine disziplinarische Reaktion auf zu ahndendes Fehlverhalten darstellen kann.[635] Der Entzug von Lockerungen unterfällt schon nicht dem abschließenden Katalog zulässiger Disziplinarmaßnahmen des Art. 110 BayStVollzG (§ 103 StVollzG). Ferner verletzt eine Lockerungssperre den Anspruch des Gefangenen auf sachgerechte und fehlerfreie Ermessensausübung. Eine solche verlangt nämlich, dass im Rahmen und im Zeitpunkt der konkret zu treffenden Lockerungsentscheidung alle relevanten Abwägungsgesichtspunkte berücksichtigt werden und in die Ermessensentscheidung einfließen.[636] Den Anforderungen an eine

Außenbeschäftigung wie bei der Ausführung war dagegen die Gruppe der Diebe überrepräsentiert, S. 156 f.

633 *Ebenda*, S. 187 f.

634 *Böhm*, in: Kriminologische Forschung, S. 575 (598).

635 Zur Urlaubssperre vgl. OLG Bremen NStZ 1982, 84 (84); OLG Celle ZfStrVo 1983, 317 (318) m. krit. Anm. *Skirl*; OLG Rostock ZfStrVo 1995, 244 (245).

636 Vgl. OLG Bremen NStZ 1984, 84 (84).

Ermessensentscheidung wäre nicht Genüge getan, wenn die Lockerungssperre den Abwägungsprozess temporär obsolet machen würde.

Damit ist aber noch keine Aussage darüber getroffenen, ob Entzug oder Gewährung von Vollzugslockerungen unterhalb der Schwelle einer offiziellen Disziplinarmaßnahme nicht als **inoffizielle Disziplinierungsmöglichkeit** Einfluss auf das Gefangenenverhalten und auf das Vollzugsgeschehen nehmen. Durchaus nachvollziehbar empfinden Gefangene ihrerseits Vollzugslockerungen nicht als Behandlungsmaßnahme. Ihre Gewährung wird eher als Belohnung oder Vergünstigung wahrgenommen, während ihrem Entzug, der als noch unerwünschter als die offiziellen Disziplinarmaßnahme aus dem Katalog des Art. 110 BayStVollzG (§ 103 StVollzG) gilt, Bestrafungscharakter zugeschrieben wird.[637] Es liegt nahe, vollzugsöffnende Maßnahmen als Disziplinierungs- und Steuerungsmaßnahme zur Förderung der Anstaltsdisziplin zu nutzen. Ihrem Wesen als Behandlungsmaßnahme ist es aber fremd, Lockerungen als **Belohnung** für Wohlverhalten zu gewähren.[638] Eine solche Vorgehensweise, die natürlich auch den Gefangenen bewusst ist, birgt die Gefahr der Scheinanpassung von Gefangenen, die letztendlich die Erstellung der Lockerungsprognose erschwert und einem Zwei-Klassen-Vollzug weiter Vorschub leistet. Umgekehrt dürfen Lockerungen auch nicht vorenthalten werden, um nicht erfüllte Verhaltenserwartungen gezielt und gewollt zu sanktionieren.[639] Dies entspricht weder dem abschließenden Katalog zulässiger Disziplinarmaßnahmen, noch den Gewährungs- und Versagungsgründen der Art. 13 ff. BayStVollzG (§§ 11 ff. StVollzG). Es ist de lege lata unvereinbar, die Vorenthaltung oder den Entzug von Lockerungen als „apokryphe“[640] Disziplinarmaßnahme einzusetzen.

In der Praxis erhält das Gefangenenverhalten im Vollzug als prognostisches Entscheidungskriterium gleichwohl Einzug in die Lockerungsentscheidung.[641] Unangepasstes oder hausordnungswidriges Verhalten kann das Vertrauen in den Gefangenen, die Vollzugslockerung nicht zu Flucht oder Missbrauch zu nutzen, erschüttern und die Prognose negativ beeinflussen. Während es unzulässig ist,

---

637 Vgl. *Grosch*, in: Kriminologische Forschung, S. 157 (170 ff.).

638 OLG Celle StV 1985, 542 (542 f.); OLG Rostock ZfStrVo 1995 244 (245); *Beyer*, in: Bruchstücke, S. 85 (87); *Lesting/Burkhardt*, in: AK-StVollzG, § 38 Rn. 20; *Laubenthal*, Strafvollzug, Rn. 524; *Meier*, Ausgang und Urlaub aus der Haft, S. 4; *Ullenbruch*, in: SBJL, StVollzG, § 13 Rn. 1.

639 Vgl. *Lesting/Burkhardt*, in: AK-StVollzG, § 38 Rn. 20; *J. Walter*, NK 2005, 130 ff.

640 Zum Begriff der apokryphen (griech. verborgen) Disziplinarmaßnahmen *J. Walter*, NK 2005, 130 (131 f.).

641 Vgl. *Wohlgemut*, in: Ambulante Maßnahmen, S. 373 (375 ff.).

vorangegangenes Fehlverhalten des Gefangenen disziplinarisch mit der künftigen Versagung von Lockerungen zu beantworten, ist es möglich und zulässig, das (negative) Vollzugsverhalten des Gefangen im Rahmen der Lockerungsprognose zu berücksichtigen und die gewünschte Lockerung aufgrund einer negativ gewordenen Prognose zu versagen. Bis zu einem gewissen Maße ist die Lockerungspraxis eine legitime **quid pro quo** Entscheidung. Eine klare Trennlinie zum Missbrauch als Disziplinierungsmittel lässt sich hier freilich nicht ziehen.

IV. Reduzierung auf offenen Vollzug und Entlassungsvorbereitung

Die Gewährung von Vollzugslockerungen zentriert sich zunehmend auf den offenen Vollzug und die Phase der Entlassungsvorbereitung.[642] Im geschlossenen Vollzug sowie in frühen und mittleren Haftphasen insbesondere bei langen und lebenslangen Freiheitsstrafen spielen Vollzugslockerungen, vor allem deren unbeaufsichtigte Formen, eher eine untergeordnete Rolle. Erst nach Überstellung in den offenen Vollzug und/oder dem Eintritt in die unmittelbare Entlassungsvorbereitungsphase gewinnen Vollzugslockerungen an Bedeutung. De facto wird in der Vollzugspraxis eine Reduzierung der Vollzugslockerungen auf den offenen Vollzug und die Entlassungsvorbereitungsphase vorgenommen, die im Gesetzeswortlaut nicht unmittelbar angelegt ist.

1. Offener Vollzug

Dass der Erhalt von Vollzugslockerungen nicht notwendigerweise an eine Unterbringung im offenen Vollzug geknüpft ist und dass umgekehrt allein der Verbleib im geschlossenen Vollzug nicht ungeprüft als Ablehnungsgrund herangezogen werden kann, wurde bereits festgestellt. Es ist rechtswidrig, Gefangenen des geschlossenen Vollzugs generell den Weg zu Vollzugslockerungen zu verschließen.[643] Dennoch ist die Zahl der gewährten Lockerungen im offenen Vollzug um ein Vielfaches erhöht, was insbesondere bei den unbeaufsichtigten Lockerungsformen deutlich wird. Folgende Abbildung bietet anhand der Gesamtzahl gewährter Ausgänge, Urlaube und Freigänge aus dem Jahr 1996 einen guten Überblick über das Verhältnis von Lockerungen im offenen und im geschlossenen Vollzug.

---

642 Vgl. bereits *Feest/Lesting*, ZfStrVo 2005, 76 (79 ff.).

643 Dazu schon oben 1. Kapitel Gliederungspunkt A. III.

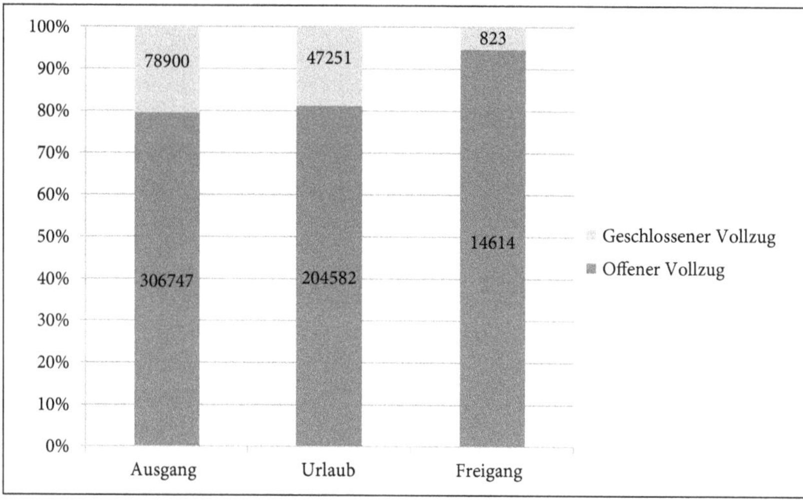

Abbildung 5: Vollzugslockerungen im offenen und geschlossenen Vollzug (1996)[644]

Freilich sind die Prognosevoraussetzungen für Lockerungen aus dem offenen Vollzug heraus leichter zu erbringen als aus dem geschlossenen.[645] Dies ist insoweit nicht überraschend, als eine Unterbringung im offenen Vollzug gem. Art. 12 Abs. 2 BayStVollzG, § 10 Abs. 1 StVollzG voraussetzt, dass die Gefangenen „den besonderen Anforderungen des offenen Vollzugs genügen und namentlich nicht zu befürchten ist, dass sie sich dem Vollzug der Freiheitsstrafe entziehen oder die Möglichkeit des offenen Vollzugs zu Straftaten missbrauchen werden." Die Prognosekriterien für die Unterbringung im offenen Vollzug einerseits und der Gewährung von Vollzugslockerungen auf der anderen Seite mögen ähnlich sein, sind aber nicht deckungsgleich. Beispielsweise setzt der offene Vollzug nicht zuletzt wegen der üblichen Mehrfachbelegung von Hafträumen ein gewisses Maß an Gemeinschaftsfähigkeit voraus[646], das für einzelne Lockerungsarten nicht unbedingt erforderlich ist. Denkbar ist auch, dass zwar eine Unterbringung im offenen Vollzug angezeigt ist, eine Beurlaubung aber in Ermangelung geeigneter Bezugspersonen oder einer geeigneten Bleibe nicht in Frage kommt. In der weit

644 Vgl. *Feest/Lesting*, ZfStrVo 2005, 76 (80) mit dem Hinweis, dass die nach offenen und geschlossenen Vollzug getrennte Erfassung der Vollzugslockerungen bundesweit nur bis 1996 stattfand.

645 *Schöch*, in: Kaiser/Schöch, Strafvollzug, § 7 Rn. 53.

646 Vgl. OLG Zweibrücken, ZfStrVo 1990, 373 (374); allgemein zu den Voraussetzungen der Unterbringung im offenen Vollzug *Loos*, Offene und halboffene Anstalt, S. 164 ff.

überwiegenden Anzahl der Fälle hat ein Vorliegen der Unterbringungsvoraussetzungen im offenen Vollzug eine Indizwirkung für die Eignung für Vollzugslockerung. Die Verlegung und Unterbringung von Gefangenen in den offenen Vollzug „entzieht" dem geschlossenen Vollzug lockerungsgeeignete Gefangene, was sich naturgemäß statistisch durch eine geringe Anzahl von Lockerungen im geschlossenen Vollzug niederschlägt. Der Auswirkungen eines weiteren Rückzuges des offenen Vollzugs aus der Vollzugslandschaft auf die Vollzugslockerungen muss man sich freilich in diesem Zusammenhang bewusst sein.[647]

2. *Entlassungsvorbereitung*

Für die unmittelbare Entlassungsvorbereitung, der letzten Phase der Inhaftierung, gilt für die Gewährung von Lockerungen schon auf normativer Ebene eine andere Ausgangslage. Art. 17 BayStVollzG bzw. § 15 Abs. 1 StVollzG schreibt explizit vor, dass der Vollzug gelockert werden *soll*, um die Entlassung vorzubereiten. Während die Vorschrift des Art. 13 BayStVollzG bzw. § 11 StVollzG, die gerade keine bestimmte Haftphase vor Augen hat, als Kann-Vorschrift gestaltet ist, wird die Lockerungsgewährung mit dem Zeitraum der Entlassungsvorbereitung zur Soll-Vorschrift modifiziert und das behördliche Ermessen dahingehend verdichtet.

Mit Hilfe des nachstehenden Diagramms, das die Gründe für Beurlaubungen für das Jahr 2016 bundesweit ausweist, lässt sich die herausragende Bedeutung des explizit als Entlassungsurlaub gewährten Urlaubs darstellen. Bedauerlicherweise geben die Daten des Bundesamtes keinen Aufschluss darüber, in welcher Phase der Haft der Regelurlaub gem. § 13 StVollzG gewährt wurde. Schon allein vor dem Hintergrund der entsprechenden Verwaltungsvorschriften, namentlich der sechsmonatigen Wartefrist des § 13 Abs. 2 StVollzG und der 18-monatigen Reststrafenregelung (VV Nr. 4 Abs. 2 Buchst. a zu § 13 StVollzG) ist davon auszugehen, dass sich der Regelurlaub insbesondere bei langen und lebenslangen Freiheitsstrafen ebenfalls auf eine spätere Phase der Haft zentriert und so kumulativ mit dem Urlaub zur Entlassungsvorbereitung zusammenfällt. In Bayern ist qua Verwaltungsvorschrift darüber hinaus auch für Ausgang und Freigang festgelegt, dass Gefangene, die sich im geschlossenen Vollzug befinden und gegen die bis zum voraussichtlichen Strafende noch mehr als 18 Monate Freiheitsstrafe zu vollziehen sind, für diese Lockerungen als ungeeignet gelten, vgl. VV Nr. 2 Abs. 3 zu Art. 13 BayStVollzG. Dem häufig formulierten Postulat, dass die Entlassungsvorbereitung mit dem Haftantritt zu beginnen habe, wird, was die Vollzugslockerungen angeht, de facto nicht gefolgt.

---

647 Vgl. *Dünkel/Schüler-Springorum*, ZfStrVo 2006, 145 (145 ff.); *Dünkel/Geng*, FS 2010, 22 (30 ff.); *Feest/Lesting*, ZfStrVo 2005, 76 (79 ff.).

V. Erprobungsfunktion als Grundlage für eine vorzeitige Entlassung zur Bewährung

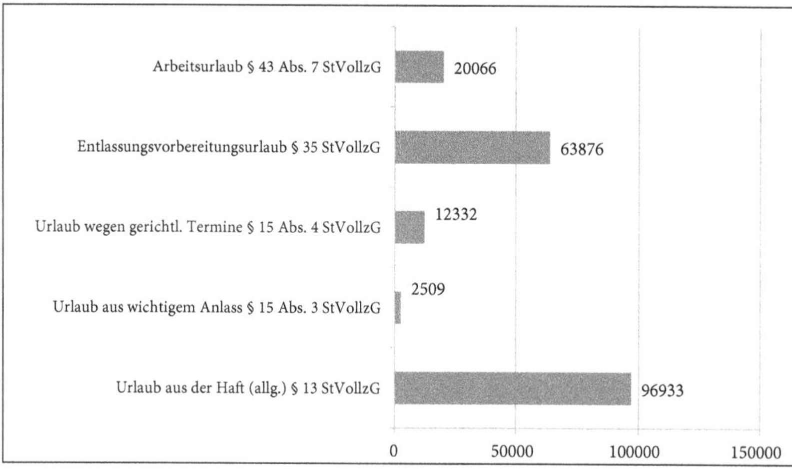

Abbildung 6: Gründe für Beurlaubungen (bundesweit) 2016[648]

Das Verhältnis zwischen Vollzugslockerungen und Entlassung erschöpft sich nicht in der vermehrten Gewährung in der Entlassungsphase. Vielmehr spielt es auch bei der Frage, ob überhaupt und ggf. zu welchem Zeitpunkt eine vorzeitige Entlassung zur Bewährung möglich, ist eine entscheidende Rolle. Bei **zeitigen** Freiheitsstrafen kann die Vollstreckung des Strafrestes gem. § 57 StGB zur Bewährung ausgesetzt werden, wenn bereits zwei Drittel[649] der verhängten Strafe verbüßt sind (Abs. 1 S. 1 Nr. 1), der Gefangene einwilligt (Abs. 1 S. 1 Nr. 3) und dies unter Berücksichtigung des Sicherheitsinteresses der Allgemeinheit verantwortet werden kann (Abs. 1 S. 1 Nr. 2). Die Strafrestaussetzung einer **lebenslangen** Freiheitsstrafe nach § 57a StGB verlangt, dass 15 Jahre verbüßt sind (Abs. 1 S. 1 Nr. 1), die besondere Schwere der Schuld des Verurteilten eine weitere Vollstreckung nicht gebietet (Abs. 1 S. 1 Nr. 2) und verweist im Übrigen auf die Voraussetzungen des § 57 Abs. 1 Nr. 2 und Nr. 3 StGB (Abs. 1 S.1 Nr. 3). Herzstück des Aussetzungsverfahrens wird sowohl in Fällen zeitiger Freiheitsstrafe als auch bei der lebenslänglichen Freiheitsstrafe die Frage, ob die Aussetzung des Strafrestes unter

648 Quelle: Bundesamt für Justiz, Strafvollzugsstatistik 9.

649 Bei Erstverbüßen, deren Freiheitsstrafe zwei Jahre nicht übersteigt, kommt eine Strafrestaussetzung bereits nach der Hälfte in Betracht, § 57 Abs. 2 Nr. 1 StGB.

Berücksichtigung des Sicherheitsinteresses der Allgemeinheit verantwortet werden kann. Zur Erstellung dieser **Legalbewährungsprognose** gibt § 57 Abs. 1 S. 2 StGB verschiedene Kriterien an die Hand, wobei sich aus der Verwendung des Begriffs „insbesondere" schließen lässt, dass die Aufzählung nicht abschließend ist. Neben der Täterpersönlichkeit, dessen Lebensumständen und den Umständen der Tat bewertet das Gesetz **auch das Verhalten der verurteilten Person im Vollzug** als prognoserelevant. Neben dem Arbeitsverhalten, der Absolvierung schulischer oder beruflicher Aus- und Fortbildungsmaßnahmen, der Teilnahme an sozialpädagogischen, psychologischen oder therapeutischen Programmen, dem disziplinarischen Verhalten und den außeranstaltlichen sozialen Kontakten spielt dabei die Frage der Gewährung oder der Nichtgewährung von Vollzugslockerungen eine entscheidende Rolle. Konnte sich der Gefangene bereits in Vollzugslockerungen erproben und bewähren, kann er einen wesentlichen Beitrag zu einer positiven Stellungnahme für die Aussetzung des Strafrestes zur Bewährung leisten. Umgekehrt kommt der Versagung von Vollzugslockerungen mit der Folge, dass sich der Gefangene im Hinblick auf das Vollzugsziel und auf die (vorzeitige) Entlassung eben nicht erproben konnte, ebenfalls indizielle Bedeutung für die Aussetzungsentscheidung zu.[650] Eine solche Erprobungsfunktion der Vollzugslockerungen scheint allgemein anerkannt zu sein, findet aber in der Flucht- und Missbrauchklausel keine gesetzliche Stütze.[651] Die faktische Bedeutung, die die Frage der (Nicht-)Gewährung von Vollzugslockerungen im Zusammenspiel mit der Erstellung einer Sozialprognose im Aussetzungsverfahren erlangt, ist indirekter Natur.[652] Zweifelsohne bieten Vollzugslockerungen einen gewichtigen Baustein bei der Erstellung einer positiven oder negativen Sozialprognose. Jedoch beschränkt sich die Erprobungsfunktion der Vollzugslockerungen nicht ausschließlich auf diesen Fokus. Nicht zu unterschätzen ist der diagnostische und behandlerische Erkenntniswert, der aus dem Verhalten in Vollzugslockerungen gewonnen und so hinsichtlich des weiteren Vollzugsgeschehens nutzbar gemacht werden kann.[653] Es darf nicht vergessen werden, dass sich ein solcher Erkenntniswert sogar aus einem Lockerungsversagen gewinnen lässt.[654] Die Rückkehr von der Unfreiheit in die Freiheit kann schrittweise erprobt und erweitert werden und die vollzuglichen Resozialisierungsbemühungen können genau dort anknüpfen, wo der Übergang in ein Leben außerhalb

650 Zum Ganzen Kapitel 4.

651 Vgl. *Endres*, ZfStrVo 2000, 67 (81).

652 Vgl. *Ullenbruch*, in: SBJL, StVollzG, § 11 Rn. 1.

653 Vgl. *Endres/Breuer*, in: Gefängnis auf dem Prüfstand, S. 89 (102).

654 Vgl. *Böhm*, in: FS Lüderssen, S. 807 (814).

der Anstalt Schwierigkeiten bereitet.[655] Da die Rückfallgefährdung bekanntlich in den ersten Monaten nach der Haftentlassung am höchsten ist[656] und sich die offenen Problemfelder ohne Vollzugslockerungen größtenteils lediglich in den Zeitraum nach der Entlassung verlagern, darf auf das Potential einer gezielten Vor- und Nachbereitung der Vollzugslockerungen durch die Fachdienste der Justizvollzugsanstalten zur Reduzierung rückfallbegünstigender Faktoren hingewiesen werden. Auch dieser „rein vollzugliche" Gesichtspunkt unterfällt der Erprobungsfunktion. Ohne bereits an dieser Stelle detailliert auf die Flucht- und Missbrauchsklausel einzugehen, das soll dem folgenden Kapitel vorbehalten bleiben, so bleibt festzuhalten, dass die rechtliche Ausgestaltung der Vollzugslockerungen ihr behandlerisches Potential hemmt.[657]

VI. Das Verantwortungsdilemma

Obwohl der Strafvollzug dem Resozialisierungsziel und der Schutzaufgabe mindestens gleichermaßen verpflichtet ist, scheint der Bedeutungszuwachs der Schutzaufgabe, dem eigentlichen Minimalziel, dazu geführt zu haben, dass sich die institutionelle Funktionalität des Justizvollzugs zunehmend an dieser Aufgabe als an dem Ziel der Resozialisierung messen lassen muss. Das kurzfristige, zahlenmäßig geringere Risiko, das der Allgemeinheit durch ein Lockerungsversagen auferlegt wird, nimmt in der öffentlichen Diskussion einen viel breiteren Raum ein als das viel höhere und langfristige Risiko durch rückfällige Straftäter nach Haftentlassung. Erstaunlicherweise verursacht die durch die Allgemeinheit kaum wahrgenommene Rückfälligkeit nach Entlassung, insbesondere auch ein Bewährungsversagen inklusive anschließenden Widerrufs der Strafaussetzung, selten öffentliche Erregung. Die hohen Rückfallquoten rufen kaum Bereitschaft hervor, die Funktionalität des Strafvollzugs in Frage zu stellen, während der verhältnismäßig seltene Lockerungsmissbrauch im Falle eines Lockerungsversagens das öffentliche Verständnis für diese Behandlungsmaßnahme gen Null schrumpfen lässt und den Strafvollzug sofort in die Rechtsfertigungs- und Verantwortungspflicht drängt.[658]

---

655 Ausführlich zur Erprobungsfunktion *Frisch*, ZStW 102 (1990), 707 (748 ff.); *ders.*, StV 1988, 359 ff., Anm. zu OLG Celle StV 1988, 349 f.

656 Vgl. dazu *Eisenberg/Kölbel*, Kriminologie, § 37 Rn. 32, 42 f.

657 Vgl. *Endres/Breuer*, in: Gefängnis auf dem Prüfstand, S. 89 (101 f.).

658 Ähnlich auch *Geiter*, ZfStrVo 1991, 326 f.; *Dünkel*, in: FS Schüler-Springorum, S. 641 (659).

Freilich steckt in der Argumentation der Kritiker einer restriktiveren Lockerungspolitik, dass es für die öffentliche Sicherheit nicht entscheidend darauf ankommen kann, ob durch den Verzicht auf Vollzugslockerungen eine mögliche Begehung von Straftaten nur um einige Zeit verschoben wird,[659] viel Wahres. Und doch wird diese Argumentation der Problematik nicht ganz gerecht. Zum einen scheint die Argumentation vornehmlich auf Straftaten zugeschnitten, die von langer Hand geplant waren. Dabei wird übersehen, dass gerade der kurzfristige und situative Reiz der temporären Aufhebung des Freiheitsentzugs oder die Ausnutzung einer Lockerung mit der anschließenden Rückkehr in den Vollzug (Stichwort Handy-, Betäubungs- und Medikamentenschmuggel) Straftaten hervorrufen. Mit dem eingangs erwähnten politischen und öffentlichen Rechtfertigungsdruck spricht ein weiteres gewichtiges Argument gegen die postulierte Gleichgültigkeit der Begehung einer Straftat vor oder eben nach Haftentlassung. Bei der Begehung einer Straftat nach Haftentlassung mag man dem Vollzug mittelbar eine Mitverantwortung für eine unzulängliche Resozialisierung anlasten. Allerdings verursachen unterbliebene Resozialisierungshilfen, wie beispielsweise die unvorbereitete Entlassung in Wohnungs- oder Arbeitslosigkeit und gerade auch die Nichtgewährung von Vollzugslockerungen selten Schlagzeilen, die den Vollzug in Erklärungsnot bringen. Während des laufenden Freiheitsentzugs erschöpfen sich die Konsequenzen einer (womöglich unberechtigten) Nichtgewährung von Vollzugslockerungen im Schriftverkehr mit dem Gefangenen oder seinem Rechtsanwalt, gelegentlich auch in einem Verfahren vor der Strafvollstreckungskammer. „Schlimmstenfalls“ ist neu zu bescheiden. Bei einem Lockerungsversagen dagegen müssen die Entscheidungsträger nicht nur die institutionelle, sondern womöglich auch die persönliche Verantwortung bis an die Grenzen des Strafrechts und darüber hinaus übernehmen. Dies zeigt zuletzt auch das in der Einleitung erwähnte Urteil des LG Limburg, durch das 2 von 3 mit der Lockerungs- und Unterbringungsentscheidung im offenen Vollzug befasste Entscheidungsträger zu Freiheitsstrafen auf Bewährung verurteilt wurden.[660] Der Verurteilung wegen fahrlässiger Tötung lag zugrunde, dass die beiden Beamten einem mehrfach wegen Straßenverkehrdelikten vorbestraften Gefangenen Freigänge gewährt hatten, die dieser dann zur Begehung weiterer

---

659 Beispielsweise *Bölter*, ZfStrVo 1991, 71 (72); *Streng*, Strafrechtliche Sanktionen, Rn. 251 und *Kett-Straub/Streng*, Strafvollzugsrecht, S. 137: bloßer kriminalitätsverzögernder Effekt; ähnlich auch *Frisch*, ZStW 102 (1990), 707 (735 f., 757 f.).

660 Vgl. Urteil des LG Limburg vom 07.06.2018 (Az.: 5 KLs – 3 Js 11612/16) veröffentlicht unter: www.lareda.hessenrecht.hessen.de (zuletzt abgerufen am 27.07.2019).

Straßenverkehrsdelikte missbrauchte und letztlich einen Verkehrunfall mit tödlichem Ausgang verursachte, weshalb er zu einer lebenslangen Freiheitstrafe verurteilt wurde. Dass dieser Gefangene im offenen Vollzug untergeracht wurde und ihm Vollzugslockerungen u.a. in Form von Freigängen gewährt wurden, wertete das LG Limburg als „objektiv willkürlich" und „unvertretbar" und stützte hierauf den Sorgfaltspflichtverstoß. Bis zur wegweisenden Revisionsentscheidung schwebte das prognostische Flucht- und Missbrauchsrisiko mehr noch als zuvor als „Damoklesschwert" über den Verantwortlichen.[661] Es blieb nur zu hoffen, dass der Bundesgerichtshof „eine zukunftsorientierte, weise Entscheidung treffen wird, die den gesellschaftlichen Auftrag des Vollzuges anerkennt, respektiert und wieder vernünftig handhabbar macht"[662] und den eingeschlagenen Weg des LG Limburg in der Revision korrigiert. Glücklicherweise hat der Bundesgerichtshof dieses Urteil auf die Revision der Angeklagten aufgehoben und beide vom Vorwurf der fahrlässigen Tötung freigesprochen.[663]

Nach Haftentlassung liegt die Verantwortung für den Gefangenen dagegen nicht mehr beim Vollzug und seinen Entscheidungsträgern. Es wird kaum überraschen, dass Entscheidungen prognostischer Zweifelsfälle weit überwiegend zu Lasten der Gefangenen ergehen werden. Mit der gegenwärtigen normativen (Schief-)Lage, die sich ergibt, weil die Konsequenzen einer sich als falsch erwiesenen Lockerungsentscheidung viel ernstlicher und schwerwiegender sein können als die einer (womöglich falschen) Entscheidung, einem Gefangenen keine Lockerungen zu gewähren, scheinen der Vollzug, und mit ihm die Gesellschaft, derzeit leben zu müssen.

D. Zusammenfassung und Ausblick

Obwohl es – schon in Ermangelung eines empirischen Wirksamkeitsbeweises – das einfachere Unterfangen ist, die Auswirkungen der Nichtgewährung von Lockerungen zu beschreiben[664] als diejenigen der Lockerungsgewährung,

---

661 Vgl. *Dolde*, in: Langer Freiheitsentzug, S. 105 (117).

662 So die Stellungnahme des Bundes der Strafvollzugsbediensteten Deutschland – Landesverband Nordrhein-Westfalen e.V. vom 24. Mai 2019 abrufbar unter: www.bsbd-nrw.de/aktuelles/aktuelles-bsbd/784-landgericht-limburg-wird-das-urteil-gegen-zwei-strafvollzugsbedienstete-vom-bundesgerichtshof-kassiert (zuletzt abgerufen am 27.07.2019).

663 BGH, Urteil vom 26. November 2019, Az.: 2 StR 557/18.

664 Allg. zu den Folgen negativer (Falsch-)Prognosen im strafrechtlichen Sanktionssystem, *Streng*, Strafrechtliche Sanktionen, Rn. 778 ff.

sollte erkennbar geworden sein, welche gewichtige Rolle den Vollzugslockerungen als integrativer Bestandteil der Resozialisierung zukommt. Dabei ist aber zugleich deutlich geworden, dass normative und faktische Wirkung der Vollzugslockerungen Überschneidungen aufweisen, aber nicht deckungsgleich nebeneinanderstehen. Die Ansprüche, die die Strafvollzugsgesetze und die (verfassungsgerichtliche) Rechtsprechung bei Lockerungen erheben, stoßen an harte Grenzen vollzuglicher Realität. Die Strafvollzugsgesetze scheinen das Bild von Gefangenen zu zeichnen, die zwar auf „die schiefe Bahn" geraten sind, aber die Fähigkeit und den Willen besitzen, mit Hilfe des Rückhalts rechtstreuer Familien die Resozialisierungsangebote der Justizvollzugsanstalten anzunehmen und so den Weg zurück in ein straffreies Leben zu finden. Die vollzugliche Realität schreibt (im Regelvollzug in besonderem Maße) eine gänzlich andere Geschichte. Arabische Clans, mafiöse Strukturen, organisierte Kriminalität, ein ganz eigenes subkulturelles Werte- und Normengeflecht, Spezifika der vollzuglichen Ausländerproblematik und eine ausgeprägte Sucht- und Betäubungsmittelproblematik beherrschen die Vollzugslandschaft. Selbstverständlich ist und bleibt die Resozialisierung als oberste Prämisse des Strafvollzugs alternativlos. Doch wird man sich eingestehen müssen, dass es Fälle gibt, in denen eine Rückkehr in ein gesellschaftliches und rechtliches Werte- und Normensystem, dem Gefangene nicht (mehr) angehören, nur schwer oder gar nicht zu erreichen sein wird. Daher darf auch der leistbare Beitrag der Lockerungen zur Resozialisierung nicht als allgemeingeeignete Resozialisierungsmaßnahme für alle Gefangenen überbewertet werden.[665] Freilich weisen Gefangene den Vollzugslockerungen einen enorm hohen Stellenwert zu, womöglich den höchsten unter allen Resozialisierungs- und Behandlungsmaßnahmen. Dabei sollte aber nicht vergessen werden, dass noch eine Vielzahl anderer Behandlungsangebote in Betracht kommt, deren Nutzen für den individuellen Resozialisierungsprozess mindestens ebenso hoch und gerade in Fällen problematischer Gefangenengruppen womöglich noch höher einzustufen ist. Zu denken ist hier an die sozialtherapeutische Behandlung für Gewalt- und Sexualstraftäter, soziales Training, eine opferbezogene Vollzugsgestaltung, berufliche- und schulische Fortbildung, Sprachkurse, therapeutische und psychologische Unterstützung insbesondere in Form der Suchtbekämpfung. Hier gibt es teilweise erheblichen (Nachhol-)Bedarf. Dass ein Anstaltspsychologe alleine für eine viel zu große Anzahl von Gefangenen zuständig ist, ist bedauerlicherweise keine Seltenheit. Es müsste eigentlich nicht erwähnt werden, dass hier allenfalls eine haftschädenvermeidende Behandlung,

665 In diese Richtung auch *Böhm*, in: Vollzugslockerungen im Spannungsfeld, S. 17 (19).

aber keine Tataufarbeitung, schon gar nicht für alle Gefangene stattfinden kann. Um die psychiatrische Begleitung steht es oft noch schlechter. Angesichts der verheerenden Zahlen zur Suchtmittelabhängigkeit, derzeit ist schätzungsweise mindestens ein Drittel der Gefangenen im geschlossenen Vollzug betroffen, wäre ein Schwerpunkt in der Suchthilfe mehr als wünschenswert. Führt man sich vor Augen, dass individualisierte, auf bestimmte Probleme und Lebenslagen zugeschnittene Behandlungsprogramme am erfolgversprechendsten sind[666], so scheint der Ausbau solcher differenzierter Angebote die einzig logische Antwort auf das Problemfeld der schwieriger werdenden Gefangenenklientel zu sein. Schlägt man nun wieder den Bogen zu den Vollzugslockerungen, so obliegt es den Justizvollzugsanstalten den gelockerten Gefangenen einen geschützten Rahmen zu schaffen, der das Potential der Vollzugslockerungen bestmöglich ausschöpft und die schädlichen Nebenwirkungen soweit wie möglich minimiert. Andernfalls, wenn nämlich ein Gefangener des geschlossenen Vollzugs als einer von wenigen seiner Abteilung Lockerungen erhält, kann es sein, dass seine Vollzugslockerungen ihm letztendlich mehr Schaden als Nutzen bringen, da er sich den subkulturellen Strömungen nur schwer entziehen kann. Zwar existieren durchaus spezielle Abteilungen für lockerungsberechtigte Gefangene. Ihr Zweck wird aber vereitelt, wenn die Trennung von Mitgefangenen nicht konsequent durchgehalten wird und die Gefangenen bei Vorführungen zum Besuch oder dem medizinischen Dienst gemeinsam im Wartebereich sitzen oder während der Arbeit, den Aufschlusszeiten und beim Hofgang zusammenkommen und dabei dem Druck nicht gelockerter Mitgefangenen ausgesetzt sind. Die Ausschöpfung des Behandlungspotentials der Vollzugslockerungen kann im offenen Vollzug oder in konsequent separierten Lockerungsabteilungen am besten gelingen.

---

666 Vgl. bereits *Lösel*, in: Straftäterbehandlung, S. 13 (34).

3. Kapitel Die Lockerungsentscheidung der Justizvollzugsanstalt

A. Normstruktur des Art. 13 BayStVollzG (§ 11 StVollzG)

Neben der nicht abschließenden Listung der Lockerungsarten normiert Art. 13 BayStVollzG (§ 11 StVollzG) die Gewährungsvoraussetzungen, die der Lockerungsentscheidung der Vollzugsanstalt zugrunde liegen. Nahezu deckungsgleich aus § 11 Abs. 2 des Bundesstrafvollzugsgesetzes übernommen, dürfen Lockerungen in Bayern gem. Art. 13 Abs. 2 BayStVollzG mit Zustimmung der Gefangenen angeordnet werden, wenn nicht zu befürchten ist, dass sich die Gefangenen dem Vollzug der Freiheitsstrafe entziehen oder die Lockerungen des Vollzugs zu Straftaten missbrauchen werden. Aufgrund des Verweises in Art. 14 Abs. 1 S. 2 BayStVollzG auf Art. 13 Abs. 2 BayStVollzG (bzw. § 13 Abs. 1 S. 2 StVollzG auf § 11 Abs. 2 StVollzG) folgt auch die Gewährung des Hafturlaubs dieser Normstruktur. Art. 13 Abs. 2 BayStVollzG enthält mit der Flucht- und Missbrauchs(gefahr)klausel einen ausfüllungsfähigen und -bedürftigen unbestimmten Rechtsbegriff, der der Vollzugsbehörde auf Tatbestandsseite einen Beurteilungsspielraum zugesteht. Auf der Rechtsfolgenseite besitzt die Vollzugsbehörde bei der Ausübung des Handlungsermessens einen Ermessensspielraum (vgl. die „kann"-Formulierung in Art. 13 Abs. 1 BayStVollzG, § 11 Abs. 1 StVollzG sowie „dürfen" in Art. 13 Abs. 2 StVollzG, § 11 Abs. 2 StVollzG und „kann" in Art. 14 Abs. 1 S. 1 BayStVollzG, 13 Abs. Abs. 1 S. 1 StVollzG ferner darüberhinausgehend die „soll"-Formulierung bei Art. 17 BayStVollzG bzw. § 15 StVollzG). Welche Kriterien im Einzelnen zur Prüfung des gesetzlichen Tatbestands heranzuziehen sind, lässt die Norm selbst ebenso offen und unbestimmt wie die Rechtsfolgen, die daran zu knüpfen sind.[667] Ermächtigungsnormen, in der Beurteilungs- und Ermessensspielräume wie bei den Vollzugslockerungen

667 Die in diesem Zusammenhang gebräuchliche Wendung „Lockerung und Abschwächung der Gesetzesbindung", so beispielsweise *Schneider*, MZJ 2000, 5 (6 f.), ist mit *Jestaedt* insoweit kritisch zu betrachten, als hierdurch suggeriert wird, dass Verwaltungshandeln grundsätzlich ohne jeglichen Freiraum determiniert sei und die Einräumung von Entscheidungsspielräumen vom gesetzlichen Normalfall abweiche. Es wird dabei übersehen, dass auch die Gewährung von Freiräumen Ausfluss des gesetzgeberischen Willens ist, vgl. *Jestaedt*, in: Ehlers/Pünder, AllgVerwR, § 11 Rn. 10 Fn. 34, Rn. 17.

kumulativ aufeinandertreffen, werden als Koppelungsvorschriften oder als Mischtatbestände bezeichnet.[668]

B. Dichotomie von unbestimmtem Rechtsbegriff und Ermessen?

Um bei der Anwendung von Koppelungsvorschriften bestmögliche Rechtssicherheit und -klarheit zu gewährleisten, bietet es sich an, der in der Norm angelegten Dichotomie zu folgen und Anwendungs- und Entscheidungsfindungsebene unabhängig voneinander und nacheinander zu beurteilen.[669] Demnach würde die Justizvollzugsbehörde bei ihrer Lockerungsentscheidung zunächst die positive (Gefangenenzustimmung) und sodann die negative (Ausschluss von Flucht- und Missbrauchsgefahr) Tatbestandsvoraussetzung des Art. 13 BayStVollzG prüfen und im Anschluss beim Vorliegen beider Voraussetzungen aufgrund des ihr nunmehr eröffneten Ermessensspielraums ihre Ermessensentscheidung treffen. Ein solches zweistufiges Vorgehen setzt allerdings voraus, dass Tatbestand und Rechtsfolgenseite im praktischen Entscheidungsfindungsprozess tatsächlich voneinander abgrenzbar sind und gerade nicht eine einheitliche Gesamtermessensentscheidung ergeht. Dies galt vornehmlich beim Hafturlaub in der Anlaufphase des Strafvollzugsgesetzes keineswegs als unbestritten.[670]

I. Reine Ermessensgesamtentscheidung (Strenge Ermessenstheorie)

Die Rechtsprechung der späten 1970er Jahre nach Inkrafttreten des Strafvollzugsgesetzes begriff die Lockerungsentscheidung als einheitliche Ermessensgesamtentscheidung. Die Urlaubsregelung galt als reine Ermessensvorschrift, die Verwaltungsvorschriften – insoweit konsequent – als (konkretisierende) Ermessensrichtlinien und die Befürchtung von Flucht- oder Missbrauch war als einer von möglicherweise weiteren Abwägungsgesichtspunkten in die Ermessensentscheidung einzustellen.[671] Das Rechtsfolgeermessen wäre

---

668 Vgl. beispielsweise OLG Nürnberg NStZ 1998, 215 (215); auch *Maurer/Waldhoff*, AllgVerwR, § 7 Rn. 48; *Sachs*, in: Stelkens/Bonk/Sachs, VwVfG, § 40 Rn. 36 m.w.N. aus der Rspr.; strafvollzugsspezifisch: *Justen*, Unbestimmte Rechtsbegriffe, S. 98 ff.; *Treptow*, ZfStrVo 1980, 67 (67); Grundlegend zum Ganzen etwa *Laubenthal*, Strafvollzug, Rn. 532 ff.; *Schneider*, MZJ 2000, S. 5 ff.

669 Ausführlich zur Dichotomie von unbestimmten Rechtsbegriffen und Ermessen und der hierzu vorgebrachten Kritik *Jestaedt*, in: Ehlers/Pünder, AllgVerwR, § 11 Rn. 12 ff.

670 Vgl. zum Ganzen auch *Meißner*, Urlaub, S. 131 ff.

671 Vgl. OLG Koblenz ZfStrVo 1978, 123 (123); KG NJW 1979, 2574 (2575); weitere umfangreiche Nachweise zur Rspr. *Meier*, Ausgang und Urlaub, S. 92 dort Fn. 2 bis 5; *Treptow*, NJW 1978, 2227 (2229) dort Fn. 26.

demnach sogleich eröffnet, ohne dass eine vorweggenommene Prüfung bzw. eine Verneinung von Flucht- und Missbrauch erfolgen müsste, weshalb diese Rechtsprechung hier schlagwortartig als **strenge Ermessenstheorie** bezeichnet wird.

Völlig zu Recht stieß dieses Verständnis auf massive Kritik. Dieser Rechtsprechung wurden „Anlaufschwierigkeiten“[672] im Umgang mit verwaltungsgerichtlichen Normen diagnostiziert, eine „reflektierte Abweichung vom Normtext“[673] wurde in Frage gestellt, sogar der Vorwurf der „Begriffsverwirrung“[674] fiel. Lediglich eine isolierte Betrachtung der Urlaubsvorschrift des Art. 14 BayStVollzG (§ 13 StVollzG) ließe in Anbetracht des „kann“-Wortlauts eine Einordnung als reine Ermessensnorm vertreten. Unter Einbeziehung des Verweises auf Art. 13 BayStVollzG (§ 11 StVollzG) und dem darin enthaltenen unbestimmten Rechtsbegriff der Flucht- und Missbrauchsgefahr wird die Zweistufigkeit auch bei der Urlaubsentscheidung vorgeformt, sodass sich ein Verständnis als Ermessensgesamtnorm nicht mit dem eindeutigen Wortlaut der Art. 13, 14 BayStVollzG (§§ 11, 13 StVollzG) in Einklang bringen lässt.[675]

II. Ermessen als Tatbestandsergänzung (Strenge Tatbestandstheorie)

Vereinzelt wird das Ermessen als Tatbestandsergänzung verstanden, weshalb hier die Bezeichnung der **strengen Tatbestandstheorie** gewählt wird. Aus der Bindung der Ermessensentscheidung an den Verhältnismäßigkeitsgrundsatz, insb. an Geeignetheit und Erforderlichkeit, folgert *Dopslaff* eine so weitgehende Einschränkung des Rechtsfolgeermessens, dass die Optionen der Vollzugsbehörde bei der Lockerungsentscheidung letztlich auf nur eine denkbare Rechtsfolge reduziert werden würde.[676] Die Geeignetheit misst *Dopslaff* nach gängiger Definition an der Fähigkeit des Mittels zur Zweckförderung und unterstellt diese am Beispiel des Hafturlaubes bereits dann, wenn die Erreichung des Resozialisierungszwecks mit Hafturlaub wahrscheinlicher ist als ohne.[677] Erforderlich werde eine Vollzugslockerung seiner Ansicht zufolge bereits deshalb, da bei Ausübung

672 *Meier*, Ausgang und Urlaub, S. 93.
673 *Meier*, Ausgang und Urlaub, S. 93.
674 *Treptow*, NJW 1978, 2227 (2229).
675 Vgl. *Meier*, Ausgang und Urlaub, S. 93; *Treptow*, NJW 1978, 2227 (2230).
676 Vgl. *Dopslaff*, ZStW 100 (1988), 567 (573 ff., 583 f.).
677 Vgl. *Dopslaff*, ZStW 100 (1988), 567 (572, 577 ff.).

der Wahl zwischen Gewährung und Versagung erstgenannte die geringere Belastungswirkung für den Gefangenen aufweisen würde.[678] Aus diesem Grund sei nur eine einzige Rechtsfolge, nämlich die Gewährung der begehrten Lockerung, zulässig. Eine solche richtungsweisende Einengung der Rechtsfolge geschehe typischerweise vorgelagert auf Tatbestandsebene. Ermessen sei daher als Tatbestandsergänzung zu begreifen.[679]

Dopslaffs Vereinheitlichung und Verobjektivierung der Lockerungsentscheidung unter höchstmöglicher Reduzierung subjektiv gefärbter Prognose-, Beurteilungs- und Ermessenselementen lässt sich mit dem eindeutigen Gesetzeswortlaut, der Normstruktur und dem Willen des Gesetzgebers allerdings nicht in Einklang bringen. Eine derartig strenge Tatbestandstheorie verkennt, dass der Behörde qua Gesetzeswortlaut eine Prognoseeinschätzung abverlangt und ein Ermessen eingeräumt wird. Trotz hehrer Motive, nämlich dem Strafvollzugsgesetz zu seiner Verwirklichung zu verhelfen,[680] ist sie als zu weitgehend abzulehnen.

III. Zweistufigkeit der Entscheidung mit offenen Grenzen (Eingeschränkte Ermessenstheorie)

Daher vollzog sich in der Rechtsprechung eine tendenzielle Abkehr von der strikten Einheitlichkeit der Ermessensentscheidung zu Gunsten einer mehrstufigen Entscheidungsfindung, ohne aber Beurteilungsspielraum und Ermessen starr voneinander abzugrenzen. Diese Ansicht soll hier als **eingeschränkte Ermessenstheorie** bezeichnet werden. Mit dem OLG Frankfurt bekannte sich erstmals ein Gericht in den Leitsätzen unmissverständlich zur Zweistufigkeit, hielt es aber für möglich, Abwägungsgesichtspunkte, die zwar eine Missbrauchsgefahr vermuten lassen könnten, zu ihrer sicheren Begründung aber eventuell nicht ausreichen, in die Ermessensausübung bei der Urlaubsentscheidung einzustellen.[681] Konsequenz hieraus wäre die Eröffnung einer (weiteren) Versagungsmöglichkeit auf Ermessensebene zu Lasten des Vollzugsinsassen. Andere Verfechter einer eingeschränkten Ermessenstheorie führen spiegelbildlich zum

---

678 Vgl. *Dopslaff*, ZStW 100 (1988), 567 (572, 580 ff.).

679 Vgl. *Dopslaff*, ZStW 100 (1988), 567 (586).

680 Vgl. *Dopslaff*, ZStW 100 (1988), 567 (567 ff.).

681 OLG Frankfurt ZfStrVo 1981, 188 (188 f.); zuvor schon *Stilz*, ZfStrVo 1979, 67 (68 f); in diese Richtung auch *Meißner*, Urlaub, S. 135, der von einem „Wechselspiel zwischen der Ausfüllung des unbestimmten Rechtsbegriffs und der Ermessensentscheidung" spricht.

Sicherheitsaspekt der Rechtsprechung gerade den Resozialisierungsgedanken als Argument für eine bloß aufgeweichte, ineinander verzahnte Zweistufigkeit der Lockerungsentscheidung ins Feld. Über eine Einbeziehung des Resozialisierungsaspekts auf Ermessensebene könne man gerade den Gefangenen gerecht werden, die andernfalls durch das Raster des Lockerungsvollzugs fallen würden.[682] Trotz Zweifeln, ob die Lockerungsentscheidung überhaupt trennbar ist, oder „nur in der Theorie klar zu ziehen ist"[683], wird für ein offenes Verständnis der Normstruktur angeführt, Sachverhalte aus der Grauzone des Mittelfeldes, in denen eine eindeutige Prognose weder für noch gegen ein Flucht- oder Missbrauchsrisiko erstellt werden kann, lösbar zu machen, da offene Grenzen zwischen Tatbestands- und Rechtsfolgenebene die Lockerungsentscheidung sowohl zu Gunsten als auch zu Lasten des Gefangenen beeinflussen können.[684]

Zum einen darf bezweifelt werden, dass die vollzugliche Lockerungspraxis sich, wie von den Verfechtern der Ermessenstheorie erhofft, allein durch offenere Ermessensgrenzen verändern und die Entscheidungs- und Vergabelinie sich tatsächlich zu Gunsten der Gefangenen verschieben würde. Eher steht zu befürchten, dass die Dominanz des Sicherheitsaspekts im Normtext des Art. 13 BayStVollzG bzw. § 11 StVollzG vor den Hintergrund der gegenwärtigen gesellschaftspolitischen Entwicklungen durch dessen Ausweitung auf Ermessensebene eine gegenteilige Wirkung hätte und zum Einfallstor weiterer Restriktionen werden würde. Zum anderen erweist sich der angebliche Vorzug einer eingeschränkten Ermessenstheorie, nämlich die Lockerungsentscheidung sowohl zu Gunsten als auch zu Lasten des Gefangenen im Rahmen der Ermessensabwägung beeinflussen können, unter den Stichworten Rechtssicherheit und Rechtsklarheit als trügerisch und letztlich als argumentative Stütze der im Folgenden darzustellenden Trennbarkeitstheorie.

---

682 Vgl. *Freimund*, Vollzugslockerungen, S. 217 ff., 234 f., die sogar eine Rückkehr zur einheitlichen Ermessensentscheidung fordert.

683 Vgl. *Stilz*, ZfStrVo 1979, 67 (68 f.); auch in diese Richtung BGHSt 30, 320 (325), wobei der BGH aus der Nichttrennbarkeit folgert, „den Begriff der Flucht- und Missbrauchsbefürchtung ermessensähnlich zu beurteilen." Als zu kurz gegriffen abgelehnt von *Heghmanns*, ZStW 111 (1999), 647 (653) Fn. 25.

684 Vgl. *Stilz*, ZfStrVo 1979, 67 (68). Vgl. zur Mittelfeldproblematik sogleich unten Gliederungspunkt C.II.2.d).

IV. Konsequente Zweistufigkeit von Beurteilungsspielraum und Ermessen (Trennbarkeitstheorie)

Vorzugswürdiger ist daher es, der Dichotomie von unbestimmten Rechtsbegriffen und Ermessen zu folgen und Tatbestands- und Rechtsfolgenebene scharf voneinander zu trennen. Eine solche normtextorientierte Vorgehensweise soll hier als **Trennbarkeitstheorie** bezeichnet werden. Nur wenn und soweit eine tatbestandliche Negativindikation der Flucht- und Missbrauchsgefahr für die zu gewährenden Lockerung nicht greift, ist der Ermessensspielraum der Justizvollzugsanstalt auf Rechtsfolgenseite eröffnet.[685] Geht die Vollzugsbehörde dagegen vom Vorliegen einer Flucht- und Missbrauchsgefahr aus, bleibt der Weg zur Ermessensentscheidung verschlossen. Der gesetzgeberischen Intention, die Flucht- und Missbrauchsklausel als „Experimentierklausel" auszugestalten und so den notwendigen Raum für ein ohnehin nicht ausschließbares Restrisiko zu lassen,[686] kann besser entsprochen werden, wenn das Flucht- und Missbrauchsrisiko ausschließlich nach Prognosekriterien bestimmt wird und nicht als einer von zahlreichen anderen Wertungsgesichtspunkten in die Abwägung eingestellt wird.[687] Schon geringfügige Sicherheitsbedenken könnten im Rahmen einer einheitlichen Ermessensentscheidung zu einer Ablehnung führen und so die gesetzgeberische Entscheidung, ein prognoseimmanentes Risiko in Kauf zu nehmen, umgehen.[688] Die im Gesetz angelegte Zweistufigkeit würde so durch die Hintertür wieder aufgeweicht werden.

Neben diesen normativen Erwägungen sprechen aber auch praktische Gründe für eine Separation. Entscheidungsaufbau und Entscheidungsfindung durch die Vollzugsbehörde können strukturierter und besser gegliedert vonstattengehen, so dass der antragstellende Gefangene die für ihn maßgeblichen Kriterien besser nachvollziehen kann.[689] Nicht zuletzt vermag eine transparente

---

685 Vgl. *Arloth*, in: Arloth/Krä, StVollzG, § 11 Rn. 9; *Frellesen*, NJW 1977, 2050 (2050); *Grunau*, DRiZ 1978, 111 (111 f.); *Häuser*, Gefahrenbegriff, S. 144 f.; *Heghmanns*, ZStW 111(1999), 647 (652 f.); *Spaniol*, in: AK-StVollzG, § 115 Rn. 24 ff.; *Laubenthal*, in: LNNV, StVollzG, Abschn. E Rn. 174; *Meier*, Ausgang und Urlaub, S. 96 f.; *Müller-Dietz*, NStZ 1981, 409 (411); *Treptow*, NJW 1978, 2227 (2229 ff.); *ders.*, ZfStrVo 1980, 67 (67); vgl. *Ramsauer*, in: Kopp/Ramsauer, VwVfG, § 40 Rn. 24 m.w.N. aus der verwaltungsgerichtlichen Rspr.

686 Vgl. BT-Drs. 7/3998, S. 9.

687 Vgl. *Häuser*, Gefahrenbegriff, S. 144.

688 Vgl. *Häuser*, Gefahrenbegriff, S. 144 f.; *Meier*, Ausgang und Urlaub, S. 96 f.

689 Vgl. *Meier*, Ausgang und Urlaub, S. 97 ff. kommt in seiner Untersuchung zu dem Ergebnis, dass bei 65 % der abgelehnten Urlaubsanträge die maßgeblichen Gründe für den Gefangenen nur unsicher oder gar nicht erkennbar waren.

Vollzugsentscheidung ihren Beitrag zu Rechtsklarheit zu leisten, indem der Weg aussichtloser Rechtsbehelfe erst gar nicht beschritten wird, was sowohl den Interessen des Betroffenen, der Anstalt als auch der Gerichte entsprechen dürfte.[690] Sollte ein gerichtliches Verfahren dennoch nicht vermeidbar sein, lässt sich nur durch die Zweiteilung Klarheit über Umfang und Reichweite richterlicher Nachprüfbarkeit gewinnen, was im folgenden 4. Kapitel darzulegen sein wird. Ein zweistufiger Entscheidungsprozess ist dogmatisch vorzugswürdig und wie die Strukturierung dieses Kapitels, nämlich die zunächst stattfindende Beleuchtung der Tatbestandsseite und anschließend die der Rechtsfolgenseite, darlegen wird, weitgehend auch möglich.

C. Der Tatbestand des Art. 13 Abs. 2 BayStVollzG (§ 11 Abs. 2 StVollzG)

Die tatbestandlichen Gewährungsvoraussetzungen des Urlaubs entsprechen aufgrund des Verweises in Art. 14 Abs. 1 S. 2 BayStVollzG (§ 13 Abs. 1 S. 2 StVollzG) denen des Art. 13 BayStVollzG (§ 11 Abs. 2 StVollzG) und werden folglich hier mitbehandelt.

I. Zustimmung des Gefangenen

Dem eindeutigen Gesetzeswortlaut des Art. 13 Abs. 2 BayStVollzG (§ 11 Abs. 2 StVollzG) folgend, bedarf es der **Zustimmung** des Gefangenen. Eine Lockerung ohne oder gegen den Willen des Gefangenen anzuordnen, ist demnach in Bayern nicht möglich.[691] Dieser Zustimmungsvorbehalt dient der Absicherung des Selbstbestimmungsrechts des Gefangenen.[692] Bei Lockerungen, die vom (evtl. uniformierten) Anstaltspersonal begleitet werden, ist der Gefangene in der Öffentlichkeit als solcher wahrnehmbar.[693] Ob sich der Gefangene der Gefahr des Erkanntwerdens oder gar möglicher Bloßstellungen durch Dritte aussetzen möchte, ist seinem autonomen Entscheidungsbereich zu belassen.[694] Eine dem Gefangenen gegen seinen Willen auferlegte, erzwungene Lockerung

690 Vgl. *Häuser*, Gefahrenbegriff, S. 144. Allg. für eine klare Unterscheidung von Beurteilungsspielraum und Ermessen auch im Rahmen von Koppelungsvorschriften *W.-R. Schenke/Ruthig*, in: Kopp/Schenke, VwGO, § 114 Rn. 32 a.E.

691 Wie in Art. 13 Abs. 2 BayStVollzG auch § 13 Abs. 1 NJVollzG (Niedersachsen) und § 9 Abs. 1 JVollzGB III (Baden-Württemberg).

692 Vgl. *Lesting/Burkhardt*, in: AK-StVollzG, § 38 Rn. 58.

693 Vgl. *Laubenthal*, Strafvollzug, Rn. 533.

694 Vgl. *Ullenbruch*, in: SBJL, StVollzG, § 11 Rn. 7.

hätte unter behandlerischen Gesichtspunkten ohnehin geringe Erfolgsaussichten und würde ihren Zweck unter Umständen sogar verfehlen.[695] Bundesländer, die in ihren Strafvollzugsgesetzen auf das Erfordernis eines Zustimmungsvorbehalts verzichten[696], müssen daher in besonderem Maße auf die aus der Verhältnismäßigkeit und der Menschenwürde erwachsenden verfassungsmäßen Grenzen einer (Zwangs-)Resozialisierung achten.[697] Dass ein Gefangener gegen seinen Willen gelockert wird, ist in Anbetracht des ohnehin schon bestehenden Risikos aber ohnehin eher unwahrscheinlich.

II. Die Flucht- und Missbrauchsklausel

1. *Die Befürchtung von Flucht oder Missbrauch als unbestimmter Rechtsbegriff*

Dreh- und Angelpunkt der Lockerungsentscheidung ist das zweite Tatbestandsmerkmal, das sich mit der Flucht- und Missbrauchsklausel eines unbestimmten Rechtsbegriffes bedient. Wobei an dieser Stelle der Hinweis, dass der häufig verwendete Terminus der Flucht- und Missbrauchsgefahr den Gesetzeswortlaut eigentlich nur unzureichend wiedergibt, nicht unterbleiben soll. Genau genommen stellt Art. 13 BayStVollzG wie bereits § 11 StVollzG nicht auf eine *Gefahr,* sondern auf eine *Befürchtung* ab. Zudem ist eine *Entziehung* des Vollzugs der Freiheitsstrafe nicht gänzlich kongruent mit der *Entweichung,* wenngleich letzteres der Hauptanwendungsfall des Entziehens sein wird, während andere Alternativen, wie die von *Grunau/Tiesler* beispielhaft genannte Flucht in eine vorgetäuschte oder herbeigeführte erhebliche Krankheit, in der Vollzugspraxis eine verschwindend geringe Rolle spielen werden.[698] Genau genommen müsste von der Entziehungs- und Missbrauchs*befürchtung* gesprochen werden. Aufgrund ihrer Prägnanz sollen aber gegen die Verwendung der Flucht- und Missbrauchsklausel vorerst keine weiteren Einwendungen erhoben werden.

Unbestimmter normativer Rechtsbegriffe bedient sich der Gesetzgeber, um abstrakte, ausfüllungs- und auslegungsfähige wie -bedürftige Tatbestandsmerkmale dem konkreten Einzelfall zugänglich zu machen. Die Notwendigkeit eines hinreichenden Abstraktionsgrades erwächst den Grenzen sprachlichen Ausdrucksvermögens, an die man insbesondere bei dem Versuch der normativen

---

695 Vgl. *Kudlich,* JA 2003, 704 (710); *Lüderssen,* JA 1991, 222 (226).
696 Vgl. dazu bereits Kapitel 1, Gliederungspunkt D.II.
697 Dazu bspw. *Lüderssen,* JA 1991, 222 (225 f.).
698 Vgl. *Grunau/Tiesler,* StVollzG, § 13 Rn. 2.

Vorformulierung von Prognoseentscheidungen, die ein Werturteil des Entscheidungsträgers verlangen, stoßen würde.[699] Es nimmt nicht wunder, dass die Strafvollzugsgesetze vielfach auf unbestimmte Rechtsbegriffe zurückgreifen, um den Vollzugsbehörden Raum zu lassen, sich in einem immer wieder verändernden, dynamischen Strafvollzug an neue Gegebenheiten und Entwicklungen anzupassen und in ihren Entscheidungen entsprechend reagieren zu können.[700] Es wäre schlichtweg nicht möglich, eine für alle Gefangenen und sämtliche Konstellationen anwendbare Definition der Flucht- und Missbrauchsgefahr im Rahmen der Lockerungsprognose zu finden, die einerseits hinreichend präzise und bestimmt vorformuliert ist und doch die Offenheit für eine einzelfallorientierte Betrachtung lässt.[701] Die Biografien, die Persönlichkeitsstrukturen und die Delinquenz sind zu unterschiedlich, als dass sie generalisiert werden könnten. Zudem darf nicht unberücksichtigt bleiben, dass im Zusammenhang mit der Missbrauchsklausel stehende Einschätzungsgrundlagen, wie beispielsweise Rückfall- und Missbrauchsstudien, welche einheitliche Definitionen aber erfordern würden, zum Zeitpunkt des Erlasses des Strafvollzugsgesetzes noch nicht hinreichend empirisch abgesichert waren und auch bis heute nicht abschließend sind.[702]

2. *Die Lockerungsprognose der Vollzugsbehörde*

Um diesen offenen Raum auszufüllen, trifft die Vollzugsbehörde eine nach allgemeiner Ansicht als Prognose einzuordnende Entscheidung. Vereinzelt wurde der prognostische Charakter in Zweifel gezogen und die Beurteilung der Flucht – und Missbrauchsgefahr auf eine reine Prüfung der persönlich-individuellen Zuverlässigkeit reduziert.[703] Selbst wenn man aber die Zuverlässigkeitscharakterisierung in den Vordergrund stellen würde, müsste entschieden werden, ob die Zuverlässigkeit des gelockerten Gefangenen unter den situativen Einflüssen der Lockerung gewahrt bleiben könnte, was letztlich nur prognostisch beantwortet werden kann.[704]

699 Vgl. *Jestaedt*, in: Ehlers/Pünder, AllgVerwR, § 11 Rn. 23.

700 Allg. zur Verwendung unbestimmter Rechtsbegriffe im Strafvollzugsgesetz *Schneider*, MZJ 2000, S. 5 ff.

701 Dazu *Heghmanns*, ZStW 111 (1999), 647 (653 f.).

702 Vgl. BT-Drs. 7/918, S. 53.

703 So *Volckart*, (Anm. zu BGHSt 30, 320 ff. = NStZ 1982, 173 f.), NStZ 1982, 174 (174).

704 Vgl. *Frisch*, StV 1988, 359 (360).

a) Besonderheiten der Lockerungsprognose

Grundsätzlich befasst sich die Prognose mit der Vorhersage künftigen Verhaltens aufgrund vergangener und gegenwärtig verfügbarer Faktoren, wobei die (erneute) Straffälligkeit als vorherzusehendes Ereignis im Fokus der individuellen Kriminalprognose steht.[705] Es ist eine Aussage über die Wahrscheinlichkeit künftigen Legalverhaltens und über das Risiko der Begehung (weiterer) Straftaten zu treffen.[706] Während die sachverständigen forensisch-psychiatrischen Gutachter bei der Erstellung von Schuldfähigkeits- und Gefährlichkeitsgutachten für die bekannteren Anwendungsfälle der richterlichen Kriminalprognose im Erkenntnis- und Aussetzungsverfahren[707] auf umfangreiches Material aus

---

705 Vgl. *Brettel*, in: Göppinger, Kriminologie, § 14 Rn. 1, 4 f.; *Konrad/Huchzermeier/Rasch*, Forensische Psychiatrie, S. 420 ff.

706 Vgl. *Eisenberg/Kölbel*, Kriminologie, § 21 Rn. 1 f., 8; *Kaiser*, Kriminologie, § 86 Rn. 1.

707 Zudem bietet dort der Gesetzestext selbst Hilfestellungen der richterlichen Prognose, vgl. nur:

§ 56 StGB

Abs. 1: Bei der Verurteilung zu Freiheitsstrafe von nicht mehr als einem Jahr setzt das Gericht die Vollstreckung der Strafe zur Bewährung aus, wenn zu erwarten ist, dass der Verurteilte sich schon die Verurteilung zur Warnung dienen lassen und künftig auch ohne die Einwirkung des Strafvollzugs keine Straftaten mehr begehen wird. **Dabei sind namentlich die Persönlichkeit des Verurteilten, sein Vorleben, die Umstände seiner Tat, sein Verhalten nach der Tat, seine Lebensverhältnisse und die Wirkungen zu berücksichtigen, die von der Aussetzung für ihn zu erwarten sind.**

Abs. 2: Das Gericht kann unter den Voraussetzungen des Absatzes 1 auch die Vollstreckung einer höheren Freiheitsstrafe, die zwei Jahre nicht übersteigt, zur Bewährung aussetzen, wenn nach der Gesamtwürdigung von Tat und Persönlichkeit des Verurteilten besondere Umstände vorliegen. **Bei der Entscheidung ist namentlich auch das Bemühen des Verurteilten, den durch die Tat verursachten Schaden wiedergutzumachen, zu berücksichtigen.**

§ 57 StGB:

Abs. 1: Das Gericht setzt die Vollstreckung des Restes einer zeitigen Freiheitsstrafe zur Bewährung aus, wenn

1. zwei Drittel der verhängten Strafe, mindestens jedoch zwei Monate, verbüßt sind,
2. dies unter Berücksichtigung des Sicherheitsinteresses der Allgemeinheit verantwortet werden kann, und
3. die verurteilte Person einwilligt.

Bei der Entscheidung sind insbesondere die Persönlichkeit der verurteilten Person, ihr Vorleben, die Umstände ihrer Tat, das Gewicht des bei einem Rückfall bedrohten Rechtsguts, das Verhalten der verurteilten Person im Vollzug, ihre

Rechtsprechung und Wissenschaft zurückgreifen können,[708] hat die wissenschaftliche Aufarbeitung der **vollzugsbehördlichen** Lockerungsprognose bislang nur in einem äußerst überschaubaren Rahmen stattgefunden. *Warmuth* spricht von einem „psychowissenschaftlich weitgehend unbearbeitete(n) Feld der Ausgangs- und Urlaubsprognose".[709] *Wulf* bemängelt, dass es zur „Fluchtprognose keine erfahrungswissenschaftlichen Beiträge, geschweige denn Ansätze einer systematischen (Flucht)Prognoseforschung gibt."[710] Wenn es überhaupt Abhandlungen gibt, die sich ganz oder zumindest zum Teil der Prognose im Strafvollzug widmen, dann steht dort die forensisch-psychiatrische Begutachtung im Mittelpunkt, nicht jedoch die vollzugsbehördliche Lockerungsprognose unterhalb der Schwelle der externen Begutachtung.[711] Ohne weiteres lassen sich die vorhandenen Erkenntnisse und Leitfäden anderer kriminalprognostischer Themenfelder nicht auf die (vollzugsbehördliche) Lockerungsprognose übertragen.[712] Denn anders als Urteils- oder Entlassungsprognosen, die das gesamte künftige Legalverhalten zu beurteilen haben, ist die Lockerungsprognose durch ihren zeitlich, örtlich und situativ begrenzten Prognoserahmen gekennzeichnet.[713] Der Zeitraum, auf den sich die Lockerungsprognose erstreckt, ist ein viel überschaubarer von wenigen Tagen oder sogar nur einigen Stunden. Lockerungsspezifiziert stellt sich die prognostische Ausgangsfrage, ob der Gefangene

---

Lebensverhältnisse und die Wirkungen zu berücksichtigen, die von der Aussetzung für sie zu erwarten sind.

708 Vgl. nur *Nedopil/Müller*, Forensische Psychiatrie; *Venzlaff/Foerster*, Psychiatrische Begutachtung. Zu den Mindestanforderungen für Prognosegutachten *Boetticher/Kröber*, NStZ 2006, 537 ff.; auch *Kröber*, NStZ 1999, 593 ff.; *Tondorf*, StV 2004, 279 ff.

709 *Warmuth*, R&P 1995, 15 (16).

710 *Wulf*, in: FS Kury, S. 535 (536). Ähnlich für den Maßregelvollzug auch *Nedopil*, Prognosen, S. 140.

711 Vgl. z.B. *Endres*, ZfStrVo 2000, 67 ff. Zum Mangel an systematischen Studien zur Qualitätssicherung bei der Begutachtung im Strafvollzug vgl. auch *Suhling*, NK 2003, 85 (86). Zu den Lockerungsprognosen im Maßegelvollzug *Nedopil*, Prognosen, S. 137 ff. Die noch von *Rasch/Konrad*, Forensische Psychiatrie, S. 390 f. geschilderte Beobachtung eines gesteigerten wissenschaftlichen Interesses an der Verbesserung der Lockerungs- und Entlassungsprognose lässt sich in der aktuellen 5. Auflage von *Konrad/Huchzermeier/Rasch*, Forensische Psychiatrie nicht mehr finden.

712 *Nedopil*, Prognosen, S. 137; *Kaiser*, Kriminologie, § 89 Rn. 7; *Schöch*, in: Kaiser/Schöch, Strafvollzug, § 7 Rn. 48

713 Vgl. *Endres*, ZfStrVo 2000, 67 (81); *Nedopil*, Prognosen, S. 137; *Konrad/Rasch/Huchzermeier*, Forensische Psychiatrie, S. 181, 439; *Streng*, Strafrechtliche Sanktionen, Rn. 772; *Warmuth*, R&P 1995, 15 (16).

die ihm zu gewährende Lockerung, in dem zeitlich und örtlich vorgesehenen Rahmen zur Flucht oder zur Begehung von Straftaten missbrauchen wird.[714] Die Erteilung von Weisungen, beispielsweise bestimmten Orten fernzubleiben, die Möglichkeit, Ausgänge durch Anstaltspersonal begleitet abzuhalten, die Zuziehung von ehrenamtlichen Vollzugshelfern oder Familienangehörigen und nicht zuletzt eine gezielte Vorbereitung der einzelnen Lockerung, kennzeichnen den lockerungsspezifischen Risikobereich.[715] Durch die Option einer stufenweisen Lockerungsgewährung, erhöhten Planungs- und sozialer Kontrollmechanismen sowie letztlich einer gezielten Vor- und Nachbereitung des Lockerungsverlaufs unterscheidet sich die Lockerungsprognose nicht unerheblich von der bei einer vorzeitigen Entlassung nach §§ 57, 57a StGB zu treffenden Gefährlichkeitsprognose.

b) Überblick über die Prognosemethoden

Grundsätzlich stehen zur Gewinnung der Lockerungsprognose dieselben Hilfsmittel und Methoden zu Verfügung, die auch bei anderen Legalprognosen heranzuziehen sind. Als **methodische Werkzeuge** gelten insbesondere die statistische, die klinische sowie die intuitive Prognose.[716] Die **statistischen** Prognosen bedienen sich der aus Verlaufsstudien gewonnenen Prognosetafeln, wobei lediglich gruppenspezifische Wahrscheinlichkeitsaussagen getroffen werden können.[717] Einzelfallorientierter arbeitet der **klinische** Ansatz. Ihm zugrunde liegen die psychiatrisch-forensische sachverständige Analyse biografischer Lebensumstände des Probanden und die Durchführung psychodiagnostischer und körperlicher Testverfahren.[718] Demgegenüber als „vorwissenschaftlich"[719] gilt die **intuitive** Prognose. Dabei bedienen sich die Entscheidungsträger individuell entwickelter und auf die konkrete Fragestellung zugeschnittener

---

714 Vgl. OLG Karlsruhe StV 2002, 34 (35); OLG Karlsruhe StV 2004, 557 (558); KG FS 2008, 42 (45).

715 Hierzu auch *Warmuth*, R&P 1995, 15 (16).

716 Grundlegend zu den Prognosemethoden: *Eisenberg/Kölbel*, Kriminologie § 21 Rn. 17 ff.; *Streng*, Strafrechtliche Sanktionen, Rn. 781 ff.; strafvollzugsspezifisch *Endres*, ZfStrVo 2000, 67 (75 ff.).

717 Vgl. *Streng*, Strafrechtliche Sanktionen, Rn. 785 ff.; *Haller*, Gutachten, S. 212; kritisch zu dem Grenzen statistischer Prognosen bei der Aussetzungs- und Lockerungsentscheidung *Frisch*, ZStW 102 (1990), 707 (727 ff.).

718 Vgl. *Kaiser*, Kriminologie, § 88 Rn. 6.

719 *Eisenberg/Kölbel*, Kriminologie, § 21 Rn. 18; ähnlich auch *Kaiser*, Kriminologie, § 88 Rn. 4.

Vorgehensweisen.[720] Das Ergebnis der intuitiven Methode erhält der Prognosesteller maßgeblich aufgrund einer gefühlsmäßigen Herangehensweise, ohne systematische Einbeziehung wissenschaftlicher Erkenntnisse.[721] Kennzeichnend ist ein regelloses Zustandekommen der Prognose ohne feste formale, systematisierte Prognosemerkmale.[722] Ein gänzlicher Verzicht auf einen Katalog an verobjektivierten, biografischen und sozialen Entscheidungskriterien geht mit der intuitiven Prognose aber nicht einher. Zahlreiche Kriterien, insbesondere die soziale und strafrechtliche Vorgeschichte, das Vollzugsverhalten, Entlassungsperspektiven, die zur klinischen und statistischen Untersuchung herangezogen werden, finden ihren Niederschlag auch in der intuitiven Prognose.[723]

Von den Fällen der zwingenden Einholung externer Gutachten vor Vollzugslockerungen bei lebenslangen Freiheitsstrafen und Sexualstraftaten abgesehen (VV Nr. 2 Abs. 1 zu Art. 13 BayStVollzG; VV Nr. 7 Abs. 3 zu Art. 14 BaySt-VollzG und VV Abs. 6 zu Art. 15 BayStVollzG), ist die Lockerungsprognose allein durch die Vollzugsbehörde zu fällen. Die originäre Befugnis hierzu hat der Anstaltsleiter inne. Die Entscheidung kann und sollte unter Einbeziehung des sozialpädagogischen sowie psychologischen Fachdienstes und des allgemeinen Vollzugsdienstes auf eine durch einen juristischen oder psychologischen Abteilungsleiter geführte anstaltsinterne Vollzugskonferenz übertragen werden, vgl. Art. 177 BayStVollzG (156 StVollzG).

Weit überwiegend wird die Lockerungsentscheidung mittels intuitiver Prognose gefällt, womit kriminologische Erfahrungssätze gegenüber der der Entscheidung vorrangig zugrunde gelegten Berufs- und Lebenserfahrung oder Alltagstheorie zurücktreten (können). Dabei kann es von Vorteil sein, über eine gute Menschenkenntnis und eine lange Berufserfahrung zu verfügen. Oft birgt die intuitive Prognose aber die Gefahr, sich zu sehr vom angenehmen oder unsympathischen Auftreten des Gefangenen leiten zu lassen.[724] Auch auf dieser Ebene stößt man wieder auf das vielschichtige Problem, dass es Gefangene gibt, die ihre Persönlichkeit in ein günstiges Licht stellen können, während andere dazu nur schwerer in der Lage sind. Zwingende Schlüsse auf die Gefährlichkeit lassen sich hieraus nicht ziehen. Ein Verhalten(smuster), das der Gefangene im Vollzugsalltag hinter Gittern an den Tag legt, gibt nur bedingt Aufschluss über

720 Vgl. *Eisenberg/Kölbel*, Kriminologie, § 21 Rn. 17.

721 Vgl. *Dahle*, in: Psychologische Begutachtung im Strafverfahren, S. 133 (146 f.); *Rasch/Konrad*, Forensische Psychiatrie, S. 388; *Streng*, Strafrechtliche Sanktionen, Rn. 782 ff.

722 Vgl. *Dahle*, in: Psychologische Begutachtung im Strafverfahren, S. 133 (146 f.).

723 Vgl. auch *Häuser*, Gefahrenbegriff, S. 36.

724 Vgl. *Streng*, Strafrechtliche Sanktionen, Rn. 781.

das während der Lockerung zu erwartende Verhalten.[725] Schließlich sollte auch der aus dem Berufsbild eines Justizjuristen erwachsende Erfahrungs- bzw. Verzerrungsfaktor nicht unerwähnt bleiben. Der Prognosesteller in der Justiz wird häufiger von erneuter Straffälligkeit als von Straffreiheit Notiz nehmen müssen, was die Entstehung eines negativ von der Rückfallrealität abweichenden Eindrucks fördert, der sich dann auf die Prognose niederschlagen kann.[726]

c) Der negative Prognosemaßstab

Wie schon § 11 StVollzG folgt auch das Bayerische Strafvollzugsgesetz in Art. 13 und Art. 14 der im Regierungsentwurf vorgeschlagenen Fassung, den Prognosemaßstab negativ („*wenn Flucht und Missbrauch nicht zu befürchten sind*“) anzusetzen. Gegenüber der vom Bundesrat eingebrachten Erwartensklausel, sind die Anforderungen zum Erhalt einer positiven Prognose herabgesetzt.[727]

Einen anders formulierten, großzügigeren Prognosemaßstab setzen die dem Musterentwurf folgenden Länderstrafvollzugsgesetze an. Demnach dürfen Lockerungen gewährt werden, „*wenn verantwortet werden kann zu erproben*, dass die Gefangenen sich dem Vollzug der Freiheitsstrafe nicht entziehen oder die Lockerungen nicht zu Straftaten missbrauchen werden“ (§ 38 Abs. 2 ME). Der Einführung der **Erprobungsklausel** lag die Idee zugrunde, die Eingliederung des Gefangenen von Beginn der Haft an im Einklang mit den Gestaltungsgrundsätzen konsequenter vorantreiben zu können.[728]

d) Konkretisierung des Prognosemaßstabs

Bedarf und Notwendigkeit, den Prognosemaßstab zu konkretisieren, stellt sich vor allem im sog. **Mittelfeld** unsicherer Prognosesachverhalte. Die weit überwiegende Anzahl der Prognosesachverhalte bewegt sich innerhalb der äußeren Randbereiche zwischen den eindeutig positiven und den offensichtlich negativ ausfallenden Prognosen als sog. **Fraglich-Fälle** im Mittelfeld des

---

725 Vgl. *Streng*, Strafrechtliche Sanktionen, Rn. 783 m.w.N u.a. *Rasch/Konrad*, Forensische Psychiatrie, S. 394 f.

726 Vgl. *Streng*, Strafrechtliche Sanktionen Rn. 781. So auch *Rasch/Konrad*, Forensische Psychiatrie, S. 391 f. speziell für den Diagnostiker im Bereich von Vollzugslockerungen und vorzeitigen Entlassungen im Vollzug.

727 Vgl. *Callies/Müller-Dietz*, StVollzG, 11. Auflage (Vorauflage), § 11 Rn. 14 sowie bereits die Ausführungen in Kapitel 1 Gliederungspunkt D.

728 Vgl. die Begründung zum Musterentwurf S. 107.

Prognosespektrums.[729] Auch bei der Lockerungsprognose treten die Fälle, in denen eine Flucht- und Missbrauchsgefahr eindeutig bestätigt oder widerlegt werden kann, zahlenmäßig weit hinter dem breiten Feld unsicherer Prognosesachverhalte zurück.[730]

Vorschläge, sich diesem Problemfeld durch eine pauschal positive Behandlung von Mittelfeldssachverhalten aus Verhältnismäßigkeitserwägungen heraus[731] oder unter Anwendung des in dubio pro reo-Grundsatzes zu nähern, würden die gesetzgeberischen Prognoseanforderungen sowie deren Wertungen zur Risikoverteilung unterlaufen.[732] Zudem ist die Anzahl der Mittelfeldssachverhalte zu hoch, um sie einer pauschalen Behandlung, ob zu Gunsten oder zu Lasten des Gefangenen, zu unterwerfen.[733]

Dieser Quote erwächst das Bedürfnis, den anzuwendenden Prognosemaßstab zu präzisieren. Wie eingangs bereits erwähnt, verlangt die Prognoseklausel des Art. 13 Abs. 2 BayStVollzG (§ 11 Abs. 2 StVollzG), dass Flucht- oder Missbrauch *nicht zu befürchten* sein darf. Der zugrunde gelegte **Gesetzeswortlaut** *Befürchtung* suggeriert bei einer ersten Betrachtung die Anlegung eines strengeren Maßstabes als es der Wortlaut einer *Gefahr* verlangen würde.[734] Begibt man sich auf die Suche nach speziell strafvollzugsrechtlicher Literatur, so stellt man rasch fest, dass sich nur wenige Abhandlungen mit dieser Thematik befassen. Ganz im Gegenteil scheint auf Differenzierung wenig Wert gelegt und die Begrifflichkeiten oft austauschbar verwendet zu werden.[735] Fasst man den Schriftstand zusammen, so wird schnell deutlich, dass es ein äußerst müßiges Unterfangen ist, eine begriffliche Differenzierung herauszuarbeiten. Wenn überhaupt ein Unterschied zwischen den Begrifflichkeiten festgemacht werden kann, dann ist es derjenige,

---

729 Vgl. *Frisch*, Prognoseentscheidungen im Strafrecht, S. 39 ff; *Streng*, Strafrechtliche Sanktionen, Rn. 823 ff.

730 Erstmals OLG Celle StV 1988, 349 f. m. Anm. *Frisch*, StV 359 ff.; zum Ganzen auch *Häuser*, Gefahrenbegriff, S. 41 ff.

731 So beispielsweise *Dopslaff*, ZStW 100 (1988), 567 (589 ff.), der kurzfristige Risiken für die Allgemeinheit durch Lockerungsmaßnahmen hinter den langfristigen Schutz der Allgemeinheit durch eine gelungene Resozialisierung stellt.

732 Vgl. *Häuser*, Gefahrenbegriff, S. 43; *Justen*, Unbestimmte Rechtsbegriffe, S. 93 f.; *Streng*, Strafrechtliche Sanktionen, Rn. 824 ff.

733 Vgl. *Frisch*, StV 1988, 359 (361 f.); *Häuser*, Gefahrenbegriff, S. 51; kritisch auch *Meißner*, Urlaub, S. 142; *Schöch*, in: FS Kaiser, Bd. 2, S. 1238 (1255).

734 Vgl. auch *Schöch*, in: Kaiser/Schöch, Strafvollzug, § 7 Rn. 48.

735 So *Häuser*, der neben der Kommentierung von *Grunau/Tiesler* zu § 13 StVollzG mit seiner Dissertation zum Gefahrenbegriff im Strafvollzugsrecht und *Justen*, Unbestimmte Rechtsbegriffe, S. 94 f. eine der wenigen Ausnahmen darstellt.

dass die *Befürchtung* eine subjektivere Einfärbung beinhaltet und deren Voraussetzungen begrifflich und zeitlich eher vorliegen als die einer *Gefahr.*[736] Sollte eine Befürchtungsprognose ohne objektive und konkrete Gefährdungsmomente auskommen, hätte dies zur Folge, dass schon geringste Anzeichen von Flucht oder Missbrauch zu einer Schlechtprognose führen würden, die dann eine Lockerungsversagung zur Folge hätte. Die Versagungsschwelle würde auf ein Minimum herabgesetzt werden.

Dem treten **systematische und teleologische Erwägungen** entgegen.[737] Dem Wesen der Kriminalprognose, nämlich der Einschätzung der Wahrscheinlichkeit des Eintritts eines bestimmten Ereignisses, ist immanent, dass sie eine hundertprozentige (Treff-)Sicherheit nicht zu leisten vermag. Nicht anders stellt sich die Situation bei der Lockerungsprognose dar. Die Unberechenbarkeit äußerer Umstände, auf die der Gefangene außerhalb der Anstalt treffen wird[738] und vor allem die diagnostische Unklarheit, ob und inwieweit der Gefangene, die Ursachen, die zu Begehung von Straftaten führten, mittlerweile beseitigt und abgeschwächt hat oder wenigstens kontrollierbar machen konnte, erschwert die Prognostizierbarkeit.[739] Daher kann und darf bei der Lockerungsprognose nicht verlangt werden, dass eine Flucht oder die Begehung neuer Straftaten *mit hinreichender Sicherheit* ausgeschlossen werden kann; „denn diese Formulierung gibt ein bloßes »non liquet« wieder, und aufgrund der stets gegebenen und nicht aufhebbaren Restunsicherheit stände die Gewährung von Vollzugslockerungen damit vollständig im Belieben der Anstalt.“ [740]

Die Tatsache, dass der Gesetzgeber Vollzugslockerungen als Resozialisierungs- und Erprobungsoption, wohlwissend, dass das Flucht- und Missbrauchsrisiko nicht mit Sicherheit beurteilbar ist, zugelassen hat, spricht für die Inkaufnahme eines gewissen Restrisikos.[741] Dieses Risiko allerdings muss unter

---

736 Vgl. *Grunau*, DRiZ 1978, 111 (111); *Grunau/Tiesler*, StVollzG, § 13 Rn. 2 f.; *Häuser*, Gefahrenbegriff, S. 10 ff., 24 f., 56 f.; *Meißner*, Urlaub, S. 136 f. Zur Befürchtung in diesem Zusammenhang auch *Dopslaff*, ZStW 100 (1988), 567 (587 f.); a.A. wohl *Meier*, (Anm. zu OLG Hamburg NStZ 1981, 237 ff.), NStZ 1981, 406 (406), für den der Wortlaut der Befürchtung nur die zwangsläufig subjektive Einfärbung der Prognose zum Ausdruck bringt.

737 Vgl. *Frisch*, StV 1988, 359 (363 ff.); *ders.*, ZStW 102 (1990), 707 (748 ff.); auch *Lesting/Burkhardt*, in: AK-StVollzG, § 38 Rn. 68.

738 Vgl. OLG Celle StV 1988, 349 (350) m. Anm. *Frisch*, StV 1988, 359 ff.

739 Vgl. *Frisch*, StV 1988, 359 (361).

740 KG StV 2010, 644 (646) m.w.N.

741 Vgl. *Kudlich*, JA 2003, 704 (710); *Laubenthal*, Strafvollzug, Rn. 534 f.; für eine sehr weitgehende Risikobereitschaft *Frisch*, ZStW 102 (1990), 707 (752 ff.).

Berücksichtigung des Schutz- und Sicherungsinteresses der Allgemeinheit verantwortbar[742] bleiben, bzw. anders formuliert, es darf die Grenze zur Unvertretbarkeit[743] nicht überschreiten.

Für eine solche Auslegung lässt sich auch der **systematische** Vergleich mit den Voraussetzungen der Aussetzungsentscheidung in § 57 StGB anführen. Demnach wird die Vollstreckung des Restes einer zeitigen Freiheitsstrafe ausgesetzt, u.a. wenn dies unter Berücksichtigung des Sicherheitsinteresses der Allgemeinheit verantwortet werden kann (§ 57 Abs. 1 S. 1 Nr. 2 StGB). Diese Verantwortungsklausel schließt es mit ein, dass ein vertretbares Risiko eingegangen wird.[744] Dem Wortlaut folgend scheint die Lockerungsentscheidung einen strengeren Prognosemaßstab anzulegen als die Aussetzungsentscheidung. Die Tatsache, dass eine Vollzugslockerung im Gegensatz zur zeitlich unbeschränkten Aussetzung der Vollstreckung der Freiheitsstrafe einen kürzeren, kontrollierbareren und planbareren Prognosezeitraum umfasst und der ihr zugeschriebene Erprobungscharakter gebieten aber gerade, einen weniger strengen Maßstab als den des § 57 StGB anzuwenden. Wenn schon der viel weitgehenderen Aussetzungsentscheidung eine gewisse Risikobereitschaft zugrunde gelegt werden muss, so lässt sich vertreten, dass dies erst Recht bei der Lockerungsentscheidung zu gelten habe.[745]

Einer solchen erst-Recht-Argumentation ist allerdings entgegen zu halten, dass bei der regelmäßig kürzeren und auch genauer überwachbaren Lockerung von vorherein eine bessere Prognose gelingen kann, als dies bei der Strafrestaussetzung möglich ist. In den argumentativen Vordergrund soll daher der Ansatz rücken, dass eine Strafrestaussetzung idealerweise durch Vollzugslockerungen geebnet wird. Es erscheint sinnvoll, die Voraussetzungen entsprechend anzugleichen und zunächst im engeren Prognosezeitraum der Vollzugslockerungen verantwortbar zu erproben, ob die dort gewährten Freiheiten absprachegemäß

742 Vgl. *Laubenthal*, Strafvollzug, Rn. 535.

743 Vgl. BVerfG ZfStrVo 1998, 180 (183); BVerfG NStZ 1998, 430 (430); zuletzt BVerfG BeckRS 2018, 27494, Rn. 26; jeweils mit Hinweis auf die zur Unterbringung in einem psychiatrischen Krankenhaus ergangenen Entscheidung des Bundesverfassungsgerichts BVerfGE 70, 297 (313).

744 Vgl. BVerfG NStZ 1998, 373 (374) unter Hinweis auf BVerfGE 70, 292 (313).

745 Vgl. *Dünkel*, in: Wiedereingliederung, S. 42 (61); *Frisch*, ZStW 102 (1990), 707 (752); *Kaiser*, Kriminologie, § 89 Rn. 7; *Schöch*, in: Kaiser/Schöch, Strafvollzug, § 7 Rn. 48; vgl. dazu auch OLG Frankfurt a.M. NStZ-RR 2000, 251 (252); a.A. *Begemann* (Anm.), NStZ 1992, 151(151), der im Vergleich zu § 57 StGB bei § 11 StVollzG den strengeren Maßstab anlegt.

ausgefüllt werden, ehe die weitreichendere Entscheidung getroffen wird, ob auch die Strafrestaussetzung verantwortet werden kann. Schließlich kann, wie oben bereits ausgeführt, eine Gewissheit (in Form des Ausschlusses eines Lockerungsmissbrauchs zu Flucht oder Straftaten) selbst bei den prognostisch leichter handhabbaren Lockerungen nicht garantiert werden.

Freilich spielt hier hinein, dass dem Vollzug während der Dauer der Inhaftierung des Gefangenen eine besondere Verantwortung und Schutzfunktion trifft, dem kein entsprechendes Pendant nach der Haftentlassung gegenübersteht. Wie hoch das verantwortbare oder eben nicht mehr verantwortbare Risiko, das der Allgemeinheit zugemutet werden darf, letztlich ist, lässt sich nicht generell festlegen. Das Maß des Verantwortbaren ist anhand einer „gleitenden Skala“[746] zu bemessen, in der Art, Schwere und Grad der Wahrscheinlichkeit befürchteter Straftaten Berücksichtigung finden. **Umgekehrt proportional** sinkt das Maß des verantwortbaren Risikos mit zunehmender Wahrscheinlichkeit und Schwere drohender Straftaten.[747] Dabei wird der Gesellschaft das Risiko, mit Vermögensdelikten belastet zu werden, eher zuzumuten sein, als sie mit dem Risiko der irreparablen Folgen von Straftaten gegen Leib oder Leben bzw. die sexuelle Selbstbestimmung zu belasten. Das Maß des verantwortbaren Risikos lässt sich nicht statisch für die gesamte Dauer der Inhaftierung festlegen, sondern es kann sich gerade bei lebenslangen Haftstrafen während des Haftverlaufs, mit Blick auf eine (vorzeitige) Haftentlassung, verändern. Mit zunehmender Dauer der Vollstreckung der Freiheitsstrafe wiegt das Interesse des Gefangenen, vor den schädlichen Folgen der Inhaftierung bewahrt zu werden, vor dem Hintergrund des Resozialisierungs- und Verhältnismäßigkeitsgebots schwerer.[748]

Darüber hinaus konkretisiert und spezifiziert sich der Prognose- und Risikomaßstab durch die zu **genehmigende Lockerungsform**. Da sich die

---

746 *Kunert*, NStZ 1982, 89 (93) in Bezug auf die Aussetzung des Restes der lebenslangen Freiheitsstrafe.

747 Vgl. *Häuser*, Gefahrenbegriff, insb. S. 53 f.; *Jehle*, in: SBJL, StVollzG, § 2 Rn. 20; *Kudlich*, JA 2003, 704 (710 f.); *Laubenthal*, Strafvollzug, Rn. 535. *Frisch*, ZStW 102 (1990), 707 (752 ff.) votiert sogar gegen eine deliktsorientierte Risikobemessung und forciert allein das Streben nach einer gestuften Erprobung in Lockerungen vor dem Hintergrund der Aussetzungsentscheidung, was sich aber auch mit dem Wortlaut und den Wertungen des § 57 StGB („Sicherheitsinteresse der Allgemeinheit“ und dem „Gewicht des bei einem Rückfall bedrohten Rechtsguts“) nicht in Einklang bringen lässt. Zu Recht kritisch daher *Häuser*, Gefahrenbegriff, S. 48 ff.

748 Vgl. BVerfGE 64, 261 (272 f.); 70, 297 (315); BVerfG ZfStrVo 1998, 180 (182 f.); *Ullenbruch*, in: SBJL, StVollzG, § 11 Rn. 16.

Vollzugslockerungen nach Zweck, Dauer und Grad der Beaufsichtigung gravierend unterschieden, verbietet sich die Anwendung eines einheitlichen, rein schematischen Maßstabs bei der Prüfung der Flucht- und Missbrauchsgefahr. Das Bundesverfassungsgericht hat wiederholt eine nicht nach Lockerungsform differenzierende Flucht- und Missbrauchsprüfung als unzureichend bewertet. Das Flucht- und vor allem das Missbrauchspotential einer Ausführung gleicht nicht dem eines mehrtägigen Hafturlaubs. Aus der Ablehnung einer Ausführung, die ja gerade in Begleitung von Vollzugsbediensteten durchgeführt wird um das Flucht- und Missbrauchsrisiko herabzusetzen, muss im Einklang mit der Rechtsprechung des Bundesverfassungsgerichts hervorgehen, dass der Gefahr einer Flucht oder der Begehung von Straftaten auch durch die ständige Begleitung des Gefangenen nicht entgegengewirkt werden kann.[749] Schwerpunkt der Prüfung eines Ausführungsbegehrens liegt demnach auf dem Tatbestandsmerkmal der Fluchtgefahr und der Frage, ob der Gefährlichkeit des Gefangenen oder der Gefahr von gewalttätigen Befreiungsaktionen durch außenstehende Dritte durch ausreichende Sicherungsmaßnahmen begegnet werden kann oder nicht.[750]

e) *Begründungsanforderungen einer Lockerungsversagung*

Der von den Vollzugsbehörden abzuverlangende Begründungsaufwand richtet sich stets nach den Umständen des konkreten Einzelfalles. Pauschale Wertungen oder abstrakte Hinweise auf Flucht- oder Missbrauch halten diesen Begründungsanforderungen nicht stand.[751] Vielmehr muss die Vollzugsbehörde die Anhaltspunkte ermitteln, die geeignet sind, die Flucht- und Missbrauchsprognose nach den Umständen des Einzelfalls in der Person des Gefangenen zu konkretisieren und hat die für oder gegen die Gewährung einer Lockerung sprechenden Gesichtspunkte im Rahmen einer Gesamtwürdigung gegeneinander abzuwägen.[752] Eine ordnungsgemäße Sachverhaltsermittlung- und bewertung setzt voraus, dass die Vollzugsbehörde neben den eine Flucht- und Missbrauchsgefahr

749 Vgl. BVerfG StV 2012, 681 (682); BVerfG BeckRS, 10433, Rn. 31 f., 38 f.; BVerfG BeckRS 2018, 27494, Rn. 32 f.; zuletzt beispielsweise BVerfG NStZ-RR 2019, 391 (392).

750 Vgl. OLG Karlsruhe NStZ-RR 2007, 325 (325).

751 Vgl. BVerfG ZfStrVo 1998, 180 (183); BVerfG NStZ 1998, 373 (375); BVerfG NStZ 1998, 430 (431) m. Anm. *Schneider*, NStZ 1999, 157 f. und Bespr. *Müller/Wulf*, ZfStrVo 1999, 3 ff.; OLG Celle NStZ 2000, 615 (615); OLG Karlsruhe NStZ-RR 2004, 255 (255).

752 Vgl. BVerfGE 64, 261 (277); BVerfGE 70, 297, (312 ff.); BVerfG ZfStrVo 1998, 180 (183); BVerfG NStZ 1998, 430 (431) m. Anm. *Schneider*, NStZ 1999, 157 f. und Bespr. *Müller/Wulf*, ZfStrVo 1999, 3 ff.; umfassend zu den Begründungsanforderungen auch OLG Frankfurt NStZ 1983, 93 (93 f.); OLG Frankfurt NStZ-RR 2000, 350 (351).

begründenden Aspekten auch die gegen sie sprechenden Indikatoren mit in die Entscheidung einbezieht.[753] Alle Tatsachen, die die Vollzugsbehörde ihrer Entscheidung zugrunde gelegt hat, wie auch die Schlussfolgerungen, die aus diesen gezogen werden, muss die Vollzugsbehörde offenlegen.[754] Mit zunehmender Komplexität der Beurteilung der Flucht- und Missbrauchsgefahr wächst auch der Darlegungs- und Begründungsaufwand.[755] Eine eingehende Schilderung der persönlichen und strafrechtlichen Entwicklung des Gefangenen bis zur Tat ist im Regelfall nicht vonnöten. Die Darlegung des vergangenen und gegenwärtigen Vollzugsverhaltens des Gefangenen, insbesondere eines daraus ableitbaren positiven oder negativen Entwicklungsprozesses, ist hingegen unentbehrlich.[756] Ruft ein gewichtiger Gesichtspunkt für sich genommen schon eine Schlechtprognose hervor, nach einer Entscheidung des OLG Frankfurt beispielsweise ein kürzlich erfolgter Fluchtversuch während eines Hafturlaubes, so genügt eine kurze Mitteilung hierüber, um die begehrte Vollzugslockerung abzulehnen oder im Vollzugsplan für den gegenwärtigen Zeitpunkt zu versagen.[757] Abgesehen von diesem Beispiel enthält sich die Entscheidung des OLG weiterer Hinweise darüber, wann von einem einfach gelagerten und wann von einem komplexeren Fall auszugehen ist. Das angeführte Beispiel führt aber deutlich vor Augen, dass der Verzicht auf ausführliche Begründungen als Ausnahmefall zu gelten hat. Am Ende der Begründung muss die Vollzugsanstalt darlegen, dass sie positiv vom Vorliegen einer Flucht- und Missbrauchsbefürchtung ausgeht. Zusammenfassend lässt sich festhalten, dass der Versagungsbescheid mit seiner Aktualität und Individualität steht und fällt.

---

753 Vgl. OLG Karlsruhe StV 2002, 34 (35); OLG Stuttgart StV 1985, 27(28).

754 Vgl. BVerfG NJW 1998, 430 (431); OLG Celle ZfStrVo 1983, 301 (301); OLG Celle NStZ 2000, 615 (615); *Ullenbruch*, in: SBJL, StVollzG, § 11 Rn. 11; a.A. OLG Hamm NStZ 2008, 679 (679 f.): „Eine Darstellung *aller* in Betracht kommenden Gesichtspunkte kann wegen der Vielzahl der von der Vollzugsbehörde zu treffenden Urlaubsentscheidungen nicht verlangt werden"; ähnlich auch *Arloth*, in: Arloth/Krä, StVollzG, § 11 Rn. 11 m.w.N.

755 OLG Frankfurt NStZ 1983, 93 (93). Daher ist ein pauschaler Hinweis auf zu beanstandendes Vollzugsverhalten nicht ausreichend vgl. auch OLG Karlsruhe ZfStrVo 1983, 181 (183).

756 Vgl. OLG Frankfurt NStZ 1983, 93 (93).

757 Vgl. OLG Frankfurt NStZ 1983, 93 (93).

D. Die Rechtsfolge des Art. 13 BayStVollzG (§ 11 StVollzG): Ermessensentscheidung der Justizvollzugsanstalt

Gelangt die tatbestandliche Prüfung zu dem Ergebnis, dass keine Flucht- und Missbrauchsbefürchtung besteht bzw. dass das einzugehende Risiko vertretbar erscheint, *kann* (Art. 13 Abs. 1 BayStVollzG, § 11 Abs. 1 StVollzG) bzw. *darf* (Art. 13 Abs. 2 Bay-StVollzG, § 11 Abs. 2 StVollzG) die Vollzugsbehörde eine Vollzugslockerung anordnen. Dieser Kann-Wortlaut indiziert ein Ermessen der Vollzugsbehörde auf Rechtsfolgenseite. Mit der herrschenden Meinung hat der Gefangene daher auch nach Verneinung der Negativindikatoren keinen subjektiven Anspruch auf die begehrte Lockerung. Im Rahmen des der Vollzugsbehörde eröffneten Ermessens hat der Gefangene lediglich einen **Anspruch auf eine ermessensfehlerfreie Entscheidung.**[758] In der Gesetzesbegründung zu § 13 des Bundesstrafvollzugsgesetzes wurde der Weg, einen Anspruch auf die Vollzugslockerung selbst zu etablieren, ausdrücklich nicht verschlossen, sondern lediglich als „verfrüht" auf unbestimmte Zeit vertagt, weil der damalige kriminologische Wissenstand eine *sichere* Aussage über die Wahrscheinlichkeit von Flucht- und Missbrauch nicht zulasse.[759] Die Befähigung, eine *sichere* Prognose treffen zu können, welche die Gesetzesbegründung als Grundvoraussetzung der Einführung eines subjektiven Anspruchs auf die begehrte Vollzugslockerung anführt, vermag der gegenwärtige und wohl auch der zukünftige kriminologische Forschungsstand aufgrund der Vielzahl prognostisch nicht zu erfassender Faktoren nicht zu treffen. Der derzeitige kriminologische Forschungsstand zwingt insoweit auch nicht zu der Einführung eines gebundenen Anspruchs.

Etwas anderes gilt allenfalls dann, wenn sich die Auswahlmöglichkeit der rechtsanwendenden Vollzugsbehörde so verengt hat, dass von vornherein nur eine Entscheidung als die rechtmäßige getroffen werden kann.[760] In diesem Fall läge eine Ermessensreduzierung auf Null vor. Ansonsten wählt die Vollzugsbehörde zwischen zwei zur Verfügung stehenden, gegenläufigen Entscheidungsalternativen, der Gewährung oder der Verweigerung von Vollzugslockerungen, und übt so ihr **Entschließungsermessen** aus. Darüber hinaus erstreckt sich die Reichweite des Ermessens auch auf die äußeren Rahmenbedingungen der

758 Vgl. OLG Bremen NJW 1978, 960 (960); *Arloth*, in: Arloth/Krä, StVollzG, § 11 Rn. 3; *Kett-Straub/Streng*, Strafvollzugsrecht, S. 133; *Laubenthal*, Strafvollzug, Rn. 552; *ders.*, in: LNNV, StVollzG, Abschn. E Rn. 138; *Lesting/Burkhardt*, in: AK-StVollzG, § 38 Rn. 47; *Ullenbruch*, in: SBJL, StVollzG; § 11 Rn. 2; vgl. auch BT-Drs. 7/918, S. 53.

759 Vgl. BT-Drs. 7/918, S. 53.

760 Vgl. *Wolff/Bachof*, VerwR I, Rn. 65 f.

Lockerungsmaßnahme. Die Justizvollzugsanstalt ist im Rahmen des ihr zustehenden **Auswahlermessens** berechtigt, den Zeitpunkt und die Dauer der Vollzugsöffnung festzulegen und Verhaltensvorschriften in Form von Auflagen oder Weisungen für diesen Zeitraum festzusetzen.[761] Entscheidungsfreiräume der Vollzugsanstalt werden nicht in unbeschränktem Maße überlassen. Die allgemeine Ermessensfehlerlehre[762] vor dem Hintergrund vollzugsspezifischer Besonderheiten setzt die Grenzen zulässigen Ermessens. Der allgemein in § 40 VwVfG niedergelegte Gedanke, dass das Ermessen entsprechend dem **Zweck** der Ermächtigungsnorm auszuüben ist, führt im Strafvollzug zu einer Rückbesinnung auf das Resozialisierungsziel unter Achtung des Verhältnismäßigkeitsgrundsatzes.[763] Der Stand des individuellen Behandlungsprozesses, die Behandlungsbedürftigkeit und die Eignung der Lockerung zur Erreichung des Vollzugszieles und der Gestaltungsgrundsätze sind bei der Ermessensentscheidung nie aus den Augen zu verlieren.[764]

Da es sich bei der Lockerungsentscheidung um eine vollzugliche Gestaltungsentscheidung handelt, ist anders als bei strafgerichtlichen Statusentscheidungen[765] die **unmittelbare Berücksichtigung allgemeiner Strafzwecke,** insb. die Schwere der Tatschuld, der Schuldausgleich, die Sühne oder die Verteidigung der Rechtsordnung nicht zulässig. Als Reflexwirkung kann die **besondere Schuldschwere** (u.a. bei der Abschätzung des voraussichtlichen Entlassungszeitpunkts; evtl. auch einer Gefährlichkeit) aber dann doch mittelbar Einfluss auf die Lockerungsentscheidung nehmen, allerdings nicht auf Ermessensebene, sondern bereits im Tatbestand bei der Erstellung der Flucht- und Missbrauchsprognose.[766]

761 Vgl. *Ullenbruch*, in: SBJL, StVollzG, § 13 Rn. 6. Zu den Begrifflichkeiten des Auswahl- und Entschließungsermessens *Maurer/Waldhoff*, AllgVerwR, § 7 Rn. 7.

762 Allg. zur Ermessensfehlerlehre *W.-R. Schenke/Ruthing*, in: Kopp/Schenke, VwGO, § 114 Rn. 7; *Maurer/Waldhoff*, AllgVerwR, § 7 Rn. 19 ff.

763 Vgl. *Dopslaff*, ZStW 100 (1988), 567 (571).

764 Vgl. *Laubenthal*, in: LNNV, StVollzG, Absch. E Rn. 174.

765 Vgl. dazu *Kett-Straub*, Lebenslange Freiheitsstrafe, S. 209 ff.; *Laubenthal*, Strafvollzug, Rn. 175 ff., Rn. 539.

766 Vgl. *Kett-Straub*, Lebenslange Freiheitsstrafe, S. 287 ff.; *Kett-Straub/Streng*, Strafvollzug, S. 23 f.; *Laubenthal*, Strafvollzug, Rn. 175 ff., Rn. 539; *ders.*, in: LNNV, StVollzG, Abschn. E Rn. 145; *Lesting/Burkhardt*, in: AK-StVollzG, § 38 Rn. 97; *Neubacher*, in: LNNV, StVollzG, Abschn. B Rn. 46; *Schöch*, in: Kaiser/Schöch, § 7 Rn. 57; a.A. aber *Höflich/Schriever*, Grundriss Vollzugsrecht, S. 12; *Arloth*, in: Arloth/Krä, StVollzG, § 11 Rn. 13, 17; *Ullenbruch*, in: SBJL, StVollzG, § 11 Rn. 3. Mittlerweile scheint sich auch in der Rechtsprechung eine Abkehr von der umstrittenen Entscheidung BVerfG 64, 261 (dort insb. 264), die die Berücksichtigung der Schwere der Tatschuld bei

E. Die Doppelfunktion der Verwaltungsvorschriften

Den Regelungskomplex der Vollzugslockerungen im Strafvollzugsgesetz durchziehen zahlreiche Verwaltungsvorschriften, die sich neben der konkreten Ausgestaltung vor allem dem vorgelagerten Feld der Entscheidungsfindung widmen. Die VV Nr. 3 und Nr. 4 zu Art. 13 BayStVollzG (VV Nr. 6 und Nr. 7 zu § 11 StVollzG) und die VV Nr. 3 und Nr. 4 zu Art. 14 BayStVollzG (VV Nr. 3 und Nr. 4 zu § 13 StVollzG), die sich mit der Lockerungsentscheidung i.e.S. und nicht mit ihren bloßen Modalitäten befassen, enthalten sich positiv formulierter Hinweise darauf, in welchen Fällen Lockerungen zu gewähren sind. Es werden Fallkonstellationen erfasst, die regelmäßig eine Versagung von Lockerungen nach sich ziehen. Die VV Nr. 3 zu Art. 13 und die VV Nr. 3 zu Art. 14 BayStVollzG (VV Nr. 6 zu § 11 und VV Nr. 3 zu § 13 StVollzG) benennen Fallkonstellationen, die Lockerungen **ausschließen** oder nur unter Beteiligung der Aufsichtsbehörde, der Ausländerbehörde oder unter Zuziehung der zuständigen Vollstreckungsbehörde bzw. des zuständigen Gerichts zulassen. Zum Ausschlusskriterium werden v.a. vollstreckungs- und ausländerrechtlich relevante Konstellationen, in denen entweder ein Verbleib im (deutschen) Strafvollzug noch ungeklärt ist (z.B. weitere Untersuchungshaft in anderer Sache), oder in denen vor einer Entlassung aus dem Vollzug in die Freiheit weitere Maßnahmen (angeordnete und/oder bereits vollziehbare ausländerrechtliche Maßnahmen, angeordnete Maßregeln der Besserung und Sicherung) durchzuführen sind.

VV Nr. 4 Abs. 2 zu Art. 13 BayStVollzG (VV Nr. 7 Abs. 2 zu § 11 StVollzG) und VV Nr. 4 Abs. 2 zu Art. 14 BayStVollzG (VV Nr. 4 Abs. 2 zu § 13 StVollzG) stellen Kriterien heraus, die die **Ungeeignetheit** zu Lockerungen einerseits auf den vollstreckungsrechtlichen Status (VV Nr. 4 Abs. 2 Buchst. d zu Art. 13 BayStVollzG, VV Nr. 4 Abs. 2 Buchst. a und Buchst. e zu Art. 14 BayStVollzG) und zum anderen auf Gründe, die in der Person des Gefangenen liegen (VV Nr. 4 Abs. 2 Buchst. a bis c zu Art. 13 BayStVollzG und VV Nr. 4 Abs. 2 Buchst. b bis d), zurückführen. Nur ausnahmsweise und nur beim Vorliegen besonderer Umstände können Ausnahmen von der Ungeeignetheit gemacht werden (VV Nr. 4 Abs. 3 zu Art. 13 BayStVollzG und VV Nr. 4 Abs. 3 zu Art. 14 BayStVollzG).

Als Ausdruck der gesammelten kriminologischen Erfahrung sollten die Verwaltungsvorschriften der Vereinfachung und Vereinheitlichung der

---

der vollzugsbehördlichen Entscheidung über Urlaub aus der Haft für zulässig erachtete, anzudeuten. Vgl. beispielsweise bereits OLG Frankfurt ZfStrVo 1983, 300; OLG Frankfurt NStZ 2002, 53 ff. allerdings mit krit. Anm. *Arloth*, NStZ 2002, 280 ff.; KG BeckRS 2015, 08296; sodann auch BVerfG NJW 2004, 739 (746).

vollzugsbehördlichen Entscheidungsfindung dienen und ursprünglich den im Gegensatz zum Regierungsentwurf weiter gefassten § 11 StVollzG konkretisieren.[767] Dabei wirken sie **doppelfunktional** als Auslegungs- und Ermessensrichtlinien.[768] Zunächst fungieren die zu Art. 13, 14 BayStVollzG (§§ 11, 13 StVollzG) ergangenen Verwaltungsvorschriften als **tatbestandsinterpretierende Richtlinien zur Auslegung der unbestimmten Rechtsbegriffe der Flucht- und Missbrauchsklausel.**[769] Einer allgemeinen Definition des Bundesverwaltungsgerichts zufolge sind Auslegungsrichtlinien bei Koppelungsnormen als „Weisung zur Auslegung des das Ermessen eröffnenden Tatbestandes" zu verstehen.[770] Im Strafvollzugsrecht bündeln sie Fallkonstellationen, denen typischerweise ein erhöhtes Flucht- und Missbrauchspotential zugeschrieben wird.[771] Daneben übernehmen die Verwaltungsvorschriften auf **Rechtsfolgenebene** die Aufgabe einer **Ermessensrichtlinie**,[772] die das Bundesverwaltungsgericht allgemein schlichtweg als „Weisung zur Handhabung des Ermessens" definiert.[773] Der Spielraum, der der Vollzugsbehörde durch die Verwendung unbestimmter Rechtsbegriffe und bei der Ermessensausübung auf Rechtsfolgenseite durch den Gesetzgeber eingeräumt wurde, wird durch die Verwaltungsvorschriften wiederum verengt und die Entscheidungsfindung wieder eine Stück weit auf den Gesetzgeber zurückverlagert.[774] Dennoch verbietet sich eine schematische Anwendung der Verwaltungsvorschriften.[775] Nicht zuletzt aufgrund der Tatsache, dass die Verwaltungsvorschriften keine Rechtsnormqualität besitzen und die einen Versagungsbescheid überprüfenden Strafvollstreckungskammern in keiner Weise binden, befreit keine der regelbeispielhaften Verwaltungsvorschriften die Justizvollzugsanstalt von der Prüfung, ob die in der Verwaltungsvorschrift zugrunde gelegte Regelvermutung auch im konkreten Einzelfall

---

767 Vgl. BT-Drs. 7/3889, S. 9; BT-Drs. 7/918, S. 53; *Joester/Quensel*, ZfStrVo 1977, 93 (100).

768 Vgl. *Arloth*, in: Arloth/Krä, StVollzG, § 11 Rn. 14; *Frellesen*, NJW 1977, 2050 (2050); *Müller-Dietz*, NStZ 1981, 409 (412); *Treptow*, NJW 1978, 2227 (2227, 2229 f.).

769 Vgl. *Arloth*, in: Arloth/Krä, StVollzG, § 11 Rn. 14; *Laubenthal*, in: LNNV, StVollzG, Abschn. E Rn. 150, 177; *Laubenthal*, Strafvollzug, Rn. 537; *Frellesen*, NJW 1977, 2050 (2050); *Treptow*, NJW 1978, 2227 (2227).

770 BVerwG, NJW 1970, 675 (675).

771 Vgl. *Laubenthal*, in: LNNV, StVollzG, Abschn. E Rn. 150.

772 Vgl. *Frellesen*, NJW 1977 2050 (2050); *Treptow*, NJW 1978, 2227 (2227).

773 BVerwG NJW 1970, 675 (675).

774 Vgl. *Schneider*, MZJ 2000, 5 (7).

775 Vgl. bereits *Joester/Quensel*, ZfStrVo 1977, 93 (100 ff.).

einschlägig ist.[776] Keinesfalls kann die Anwendung einer Verwaltungsvorschrift die Flucht- und Missbrauchsprognose ersetzen.[777] Von Anbeginn der Einführung der bundeseinheitlichen Verwaltungsvorschriften bis zur Überführung in landeseigene Verwaltungsvorschriften waren und sind die Verwaltungsvorschriften zum Gegenstand teils scharfer Kritik der Literatur geworden. Insbesondere sind sie dem Vorwurf ausgesetzt, den Schwerpunkt zu sehr auf formale und vergangenheitsorientierte Gesichtspunkte zu setzen, wodurch einer gesetzeswidrigen Generalisierung zu Lasten einer prognostischen Einzelfallprüfung, in der die aktuelle positive Entwicklung des Gefangenen besser berücksichtigt werden könnte, Vorschub geleistet wird.[778]

Der Fokus der folgenden Ausführungen liegt auf einer näheren Betrachtung besonders praxisrelevanter Verwaltungsvorschriften. Dabei wird zwischen tatbestandsinterpretierenden Richtlinien und Ermessensrichtlinien unterschieden und bzgl. ersterer deren Befürchtungsschwerpunkt in Form von Flucht oder Missbrauch bestimmt, soweit dies trennscharf möglich ist. Obwohl diese Arbeit den Schwerpunkt auf das Bayerische Strafvollzugsgesetz legt, wird nicht der Anspruch erhoben, die folgenden Ausführungen allein der bayerischen Rechtsprechung zu widmen. Vielmehr ist beabsichtigt, die Aufmerksamkeit auf Problemfelder bei der Anwendung der Verwaltungsvorschriften zu richten, die sich so oder in ähnlicher Form in allen Bundesländern ergeben, weshalb eine Differenzierung nach landesspezifischer Rechtsprechung und Literatur nicht vorgenommen wird.

I. Untersuchungshaft, anhängige Straf- und Ermittlungsverfahren und ausländerrechtliche Maßnahmen als tatbestandsinterpretierende Richtlinien zur Fluchtgefahr

Unbegleitete und unbeaufsichtigte Lockerungsformen sind ausgeschlossen bei Gefangenen, gegen die Untersuchungs-, Auslieferungs- oder Abschiebehaft angeordnet ist (VV Nr. 3 Abs. 1 Buchst. b zu Art. 13 BayStVollzG und VV Nr. 3 Abs. 1

776 Vgl. OLG Hamm NStZ 1984, 143 (143); OLG Celle NStZ 1998, 397 (400); *Arloth*, in: Arloth/Krä, StVollzG, § 13 Rn. 16; *Lesting/Burkhardt*, in: AK-StVollzG, § 38 Rn. 75: VV als „Anfangsvermutungen und Entscheidungshilfen"; vgl. auch *Laubenthal*, in: LNNV, StVollzG, Abschn. E Rn. 124, 150; *Müller-Dietz*, NStZ 1981, 409 (415).

777 Vgl. *Ullenbruch*, in: SBJL, StVollzG, § 11 Rn. 18.

778 Vgl *Dünkel*, in: Wiedereingliederung, S. 42 (48 f.); *Feest/Lesting*, ZfStrVo 2005, 76 (76 ff.); *Joester/Quensel*, ZfStrVo 1977, 93 (100 ff.); *Jung*, ZfStrVo 1977, 86 (88 f.); *Koepsel*, ZfStrVo 1992, 46 (47); *Müller-Dietz*, NStZ 1981, 409 ff.

Buchst. b zu Art. 14 BayStVollzG bzw. VV Nr. 6 Abs. 1 Buchst. b zu § 11 StVollzG und VV Nr. 3 Abs. 1 Buchst. b zu § 13 StVollzG) oder gegen die eine vollziehbare Ausweisungsverfügung vorliegt und beabsichtigtet ist, die Abschiebung aus der Haft heraus zu betreiben (VV Nr. 3 Abs. 1 Buchst. c zu Art. 13 BayStVollzG und VV Nr. 3 Abs. 1 Buchst. c zu Art. 14 BayStVollzG bzw. VV Nr. 6 Abs. 1 Buchst. c zu § 11 StVollzG und VV Nr. 3 Abs. 1 Buchst. c zu § 13 StVollzG). Als zumindest ungeeignet gelten den Verwaltungsvorschriften zufolge Gefangene, bei denen ein Ausweisungs-, Auslieferungs-, Ermittlungs- oder Strafverfahren anhängig ist (VV Nr. 4 Abs. 2 Buchst. d zu Art. 13 BayStVollzG und VV Nr. 4 Abs. 2 Buchst. e zu Art. 14 BayStVollzG bzw. VV Nr. 7 Abs. 2 Buchst. d zu § 11 StVollzG, VV Nr. 4 Abs. 2 Buchst. e zu § 13 StVollzG). In allen Fällen, in denen entweder die Verhängung einer (weiteren) (Freiheits-)Strafe zu befürchten steht oder eine ausländerrechtliche Maßnahme droht, wird kategorisch ein zum Ausschluss der Lockerungen führendes erhöhtes Fluchtrisiko unterstellt, obwohl bei der Anwendung dieser VV Differenzierungen geboten sind.

Komplikationslos gestaltet sich die Anwendung der VV bei **Untersuchungs-, Auslieferungs- und Abschiebehaftgefangenen**. Die Gefahr, dass sich der Betroffene durch Flucht dem Straf- oder Auslieferungsverfahren bzw. der Abschiebung entziehen könnte, begründet in diesen Fällen meist schon eine Anordnungsvoraussetzung der Haft. Der im Haftbefehl niedergelegte Anordnungszweck dieser Haftarten schließt begriffsnotwendig die tatbestandlichen Voraussetzungen einer Vollzugslockerung aus. Daher entfällt in der Regel das grundsätzlich bei der Anwendung der Verwaltungsvorschriften gebotene Einzelfallprüfungserfordernis.[779]

Dagegen reicht weder die Absicht, einen ausländischen Gefangenen aufgrund einer **vollziehbaren Ausweisungsverfügung** nach der (zumindest teilverbüßten) Haft aus der Bundesrepublik abzuschieben noch ein anhängiges **Ausweisungsverfahren** um die Vollzugslockerung pauschal ohne Berücksichtigung der Besonderheiten des Einzelfalles allein aufgrund der bevorstehenden aufenthaltsbeendenden ausländerrechtlichen Maßnahme zu versagen.[780] Zunächst berücksichtigt die wortlautgetreue Anwendung der Verwaltungsvorschriften zum Ausweisungsverfahren nicht hinreichend, dass sogar eine rechts- und

---

779 Vgl. OLG Bremen NJW 1978, 960 (961); *Arloth*, in: Arloth/Krä, StVollzG, § 13 Rn. 18; *Ullenbruch*, in: SBJL, StVollzG, § 11 Rn. 19, § 13 Rn. 16; a.A. für die Abschiebehaft *Laubenthal*, in: LNNV, StVollzG, Abschn. E Rn. 190.

780 Vgl. OLG Frankfurt NStZ 1983, 93 (94); BVerfG StV 2003, 677 (677 f.) m.w.N aus der fachgerichtlichen Rechtsprechung, BVerfG StV 2014, 350 (350); dagegen als ausreichend erachtet vom OLG Nürnberg NStZ 1994, 376 (376).

bestandskräftige **Ausweisungs**verfügung aufgrund von Abschiebungshindernissen nicht zwingend in eine **Abschiebung** münden muss, sondern unter Umständen eine aufenthaltsgestattende Duldung ausgesprochen werden kann, die der Indikation der Fluchtgefahr entgegensteht.[781] In Ermangelung eines allgemeinen, einen Zusammenhang zwischen ausländerrechtlichen Maßnahmen und Fluchtgefahr herstellenden Erfahrungssatzes, kann die Gewinnung einer ausreichenden Prognosebasis die Auseinandersetzung mit den konkreten Lebensumständen des Gefangenen und seiner Angehörigen erforderlich machen und im Einzelfall zu einer von den Verwaltungsvorschriften abweichenden Einschätzung der Fluchtgefahr führen.[782] Besitzt der Gefangene stabile soziale Bindungen im Inland, denen eine Fluchtgefahr minimierende Bedeutung beigemessen werden kann, kann der vielfach, u.a. vom Bundesverfassungsgericht, geäußerten Befürchtung, „dass die Strafhaft in rechtsstaatlich unzulässiger Weise zur Abschiebehaft umfunktioniert und der Strafvollzug für ausländische Inhaftierte zum bloßen „Verwahrungsvollzug“[783] würde, wirksam begegnet werden.

Einer Vielzahl von Gefangenen, vor allem jenen, die ihre familiären Bindungen im Ausland besitzen, bleibt – nicht zuletzt aufgrund des erforderlichen Benehmens mit der Ausländerbehörde – der Zugang zu Lockerungen als Behandlungsmaßnahme verwehrt.[784] Demzufolge sollte, soweit es mögliche Sprachbarrieren zulassen, auf andere Behandlungsmaßnahmen zurückgegriffen und die weitere Vollstreckung der Freiheitsstrafe im Heimatland vorangetrieben werden, damit dort entsprechende Behandlungsmaßnahmen durchgeführt werden können, oder von der Vollstreckung gem. § 456a StPO gänzlich abgesehen werden kann.

Entsprechendes gilt es zu beachten, wenn die Justizvollzugsanstalt dem Lockerungsbegehren eines Gefangenen in Anwendung der Regelvermutung der VV Nr. 4 Abs. 2 Buchst. d Var. 3 und Var. 4 zu Art. 13 BayStVollzG, VV Nr. 4 Abs. 2 Buchst. e Var. 3 und Var. 4 zu Art. 14 BayStVollzG (bzw. VV Nr. Nr. 7 Abs. 2 Buchst. b Var. 3 und Var. 4 zu § 11 StVollzG und VV Nr. 4 Abs. 2 Buchst. e Var. 3 und Var. 4 zu § 13 StVollzG) ein gegen diesen **eingeleitetes Ermittlungs- oder Strafverfahren** entgegensetzt. Der auf Erstattung einer Strafanzeige fußende Verdacht einer neuen Straftat kann für sich betrachtet nicht zum Anlass

781 Vgl. *Graebsch*, in: AK-StVollzG, Teil VII 1 Rn. 91.

782 Vgl. insb. OLG Frankfurt NStZ 1983, 93 (94); OLG Frankfurt NStZ-RR 2000, 350 (351).

783 BVerfG StV 2003, 677 (678).

784 Vgl. zum Ganzen etwa *Rieder-Kaiser*, Vollzugliche Ausländerproblematik, insb. S. 72 ff.

genommen werden, die Lockerungsentscheidung zu Ungunsten des Gefangenen zu treffen.[785] Wie schon der Wortlaut der VV belegt, muss sich der Anfangsverdacht zureichend erhärtet haben und ein Ermittlungs- oder Strafverfahren **anhängig** geworden sein.[786] Dazu bedarf es eines formalen Inkulpationsaktes, durch den die Ermittlungsbehörde zum Ausdruck bringt, dass gegen den Gefangenen ein Verfahren als Beschuldigter betrieben wird.[787]

Darüber hinaus sollte die zur Last gelegte neuerliche Straftat nach Art und Schwere eine Bagatellgrenze überschritten haben, um eine abschlägige Bescheidung (allein) tragen zu können. Dies ist insbesondere dort zu beachten, wo es nicht um die erstmalige Gewährung einer vollzugsöffnenden Maßnahme geht, sondern um die Frage, ob ein bereits bewilligter evtl. auch schon praxiserprobter Lockerungsstatus widerrufen werden muss, weil die vormals angenommene positive Prognose nun nicht mehr aufrechtzuerhalten ist.[788] Die Justizvollzugsanstalt muss sich demnach darüber in Kenntnis setzen, „welche Tat die in Erwägung gezogenen Verfahren zum Gegenstand haben, wie stark sich der Verdacht gegen den Strafgefangenen verdichtet hat und mit welcher Strafe er zu rechnen haben wird."[789] Entscheidend aber auch ausreichend ist, dass die Justizvollzugsanstalt darlegt, dass das neue Straf- oder Ermittlungsverfahren Einfluss auf die Flucht- und Missbrauchsprognose nimmt.[790] Der Umfang der einzuholenden Informationen richtet sich auch hier nach den Erfordernissen des Einzelfalls. Überhöhte Anforderungen dürfen an die von der fachgerichtlichen Rechtsprechung auferlegten Ermittlungspflichten jedenfalls nicht gestellt werden.[791] Zum einen ist es jedem laufenden Ermittlungsverfahren immanent, dass der Sachverhalt noch nicht vollständig feststeht bzw. (aus-)ermittelt ist und der Ausgang des

785 Vgl. OLG Celle NStZ-RR 2005, 29 (29 f.) in Bezug auf die Ablösung aus dem offenen Vollzug.

786 Vgl. OLG Celle NStZ-RR 2005, 29 (30).

787 Vgl. § 157 StPO; *Meyer-Goßner/Schmitt*, StPO, Einl. Rn. 76 m.w.N.

788 Nach OLG Celle NStZ-RR 2005, 29 (29) muss beispielsweise eine einmalige Schwarzfahrt mit öffentlichen Verkehrsmitteln nicht zwingend zur Ablösung vom offenen Vollzug führen. Vgl. auch KG NStZ 2003, 391 (392).

789 OLG Hamm NStZ 1984, 143 (143) mit krit. Anmerkung *Ballhausen*; vgl. weitergehend auch OLG Celle NStZ-RR 2005, 29 (30).

790 Vgl. OLG Frankfurt ZfStrVo 1984, 376 (377).

791 Zu weitgehend daher OLG Hamm NStZ 1984, 143 (143), als es der Justizvollzugsbehörde auferlegt, die Erfolgsaussichten eines Rechtsmittels in die Prüfung einzubeziehen, vgl. Anm. v. *Ballhausen* NStZ 1984, 144 (144), der darin die gesetzeswidrige Erhebung der Justizvollzugsanstalten zur „Superrevisionsinstanz" erblickt.

Verfahrens zumindest in Teilen offen ist.[792] Zum anderen sind die Ermittlungsmöglichkeiten der JVA in Anbetracht der tatsächlichen, rechtlichen und personellen Ausgangsbasis beschränkt, so dass sich die Ermittlungspflicht auf eine Auskunftseinholungsobliegenheit bei den zuständigen Ermittlungsbehörden reduziert und die Justizvollzugsbehörde im Regelfall nicht gehalten ist, eigene strafrechtliche Ermittlungen anzustellen.[793]

II. Tatbestandsinterpretierende Richtlinien zur Flucht- und Missbrauchsgefahr

1. Reststrafenregelung

Der VV Nr. 4 Abs. 2 Buchst. a zu Art. 14 BayStVollzG (VV Nr. 4 Abs. 2 Buchst. a zu § 13 StVollzG) zufolge gelten Gefangene, die sich im geschlossenen Vollzug befinden und gegen die bis zum voraussichtlichen Entlassungszeitpunkt noch mehr als 18 Monate Freiheitsstrafe zu vollziehen sind, regelmäßig als ungeeignet für Hafturlaube. In Bayern ist die sog. **Reststrafenregelung** auch auf Ausgang und Freigang ausgedehnt (VV Nr. 2 Abs. 3 zu Art. 13 BayStVollzG). Aufgrund der ständigen und unmittelbaren Beaufsichtigung wird bei der Außenbeschäftigung auf eine ausdrückliche Befristung verzichtet, was aber nicht bedeutet, dass nicht anstaltsinterne Reststrafenregelungen zur Anwendung kommen können.

Als Auslegungsrichtlinie[794] vornehmlich für das Tatbestandsmerkmal Fluchtbefürchtung wird die VV von der Annahme einer Korrelation von hohem Strafrest und Fluchtgefahr getragen.[795] Vorgeschlagen wird daneben, die zu verbüßende Reststrafe bei der Ausübung des Ermessens heranzuziehen.[796] Für diese VV ließe sich anführen, dass sie durch die pauschale Berücksichtigung des Strafrestes – wie die anderen Regelvermutungen der VV Nr. 4 Abs. 2 zu Art. 14 BaySt-VollzG bzw. § 13 StVollzG auch – ein höheres Maß an Egalität, Transparenz und Vorhersehbarkeit bei der Lockerungsentscheidung schaffen kann.[797] Dennoch

---

792 Vgl. OLG Nürnberg NStZ 1998, 215 (215 f.).

793 Vgl. KG NStZ 2003, 391 (392); OLG Nürnberg NStZ 1998, 215 (216); *Arloth*, in: Arloth/Krä, StVollzG § 13 Rn. 26.

794 So *Laubenthal*, in: LNNV, StVollzG, Abschn. E Rn. 180; a.A. Ermessensrichtlinie *Frellesen*, NJW 1977, 2050 (2050); OLG Frankfurt, NJW 1978, 334 (33 f.).

795 Vgl. OLG München ZfStrVo 1978, 183 (184); OLG Hamm NStZ 1984, 189 (190).

796 Vgl. *Arloth*, in: Arloth/Krä, StVollzG, § 13 Rn. 22; ablehnend *Laubenthal*, in: LNNV, StVollzG, Abschn. E Rn. 182.

797 Vor dem Hintergrund der Interessen der Gefangenengemeinschaft fordert *Schneider* (Anm.), NStZ 1999, 157 (158) daher eine in Gesetzesform gegossene Etablierung des Kriteriums des Strafrests.

ist sie in ihrer Absolutheit aus historischen, tatsächlichen und systematischen Erwägungen mit der herrschenden Meinung als rechtswidrig abzulehnen.[798]

Es existiert kein empirisch nachgewiesener Erfahrungssatz, der den Schluss eines langen Strafrestes auf eine erhöhte Fluchtgefahr erlaubt.[799] Gegenteilig konnte belegt werden, dass die Rückkehr aus Lockerungen umso schwerer fällt, je näher das Strafende rückt.[800] Ferner lässt sich die Annahme, dass ein längerer Strafrest Gefangene „gefährlicher" macht als ein kürzerer Strafrest, nicht halten.[801] Bislang ist die Reststrafenregelung mehr unbewiesene Alltagstheorie als empirisch belegtes Kausalverhältnis.

Dies waren auch die ausschlaggebenden Gedanken, aufgrund derer die noch in § 13 Abs. 2 S. 2 des Regierungsentwurfes aus dem Jahr 1973 enthaltene Reststrafenregelung auf Betreiben des Bundestages ersatzlos gestrichen wurde.[802] Nur schwer lassen sich die gesetzlich zugeschriebenen Lockerungszwecke, speziell vor dem Hintergrund des Gegenwirkungsgrundsatzes, mit der Reststrafenregelung in Einklang bringen.[803] Faktisch erhält durch die Reststrafenregelung eine Begrenzung der Vollzugslockerungen auf die Entlassungsvorbereitung durch die „Hintertür" dann doch Einzug in den Strafvollzug. Systematisch steht dem sowohl die 6-Monatsfrist des Art. 14 Abs. 2 BayStVollzG (§ 13 Abs. 2 StVollzG) entgegen, mit deren Ablauf Hafturlaub grundsätzlich gewährt werden kann, als

---

798 Vgl. OLG Celle JR 1978, 258 (258) mit Anm. *Grunau*; OLG Frankfurt NJW 1978, 334 (334 f.); *Lesting/Burkhardt*, in: AK-StVollzG, § 38 Rn. 33; *Frellesen*, NJW 1977, 2050 (2050 ff.); *Laubenthal*, Strafvollzug, Rn. 549; *Köhne/Feest*, in: Feest/Lesting (6. Aufl.), § 13 Rn. 20; *Laubenthal*, in: LNNV, StVollzG, Abschn. E Rn. 180; *Jung*, ZfStrVo 1977, 89 (89).

799 Vgl. OLG Frankfurt NJW 1978, 334 (334); OLG Frankfurt NStZ-RR 2000, 350 (351); *Meier*, Ausgang und Urlaub, S. 160; a.A. OLG München ZfStrVo 1978, 183 (184).

800 Vgl. *Brosch*, Hafturlaub, S. 147; *Meier*, Ausgang und Urlaub, S. 160, 182; *Plewig/Boogaart*, Vollzugslockerungen und Missbrauch, konnten in ihrer Untersuchung auch keinen Kausalzusammenhang zwischen Strafresten und Häufigkeit von Übertretungen feststellen, S. 35 f.

801 Vgl. beispielsweise *Meier*, Ausgang und Urlaub; S. 148 ff.; auch *Plewig/Boogaart*, Vollzugslockerungen und Missbrauch, S. 35 f., konnten in ihrer Untersuchung keinen Kausalzusammenhang zwischen Strafresten und Häufigkeit von Übertretungen feststellen.

802 Vgl. BT-Drs. 7/3998, S. 11; ausführlich *Frellesen*, NJW 1977, 2050 (2051 f.) auch mit weiteren Nachweisen aus dem Gesetzgebungsverfahren.

803 Vgl. OLG Frankfurt NJW 1978, 334 (334); *Frellesen*, NJW 1977, 2050 (2052 f.).

auch die Tatsache, dass selbst Gefangenen, die eine lebenslange Freiheitsstrafe verbüßen, eine Urlaubsmöglichkeit eingeräumt wird.[804]

Die Reststrafenregel bewegt sich allenfalls dann in den Grenzen des Rechtmäßigen, wenn ihr im Rahmen einer Gesamtabwägung, in der alle Umstände des konkreten Einzelfalls hinreichend Berücksichtigung finden, nicht mehr als eine Indizfunktion zugeschrieben wird.[805] Soweit die Reststrafe als Abwägungskriterium in die Lockerungsentscheidung eingestellt wird, muss die Vollzugsbehörde bei der Bemessung des voraussichtlichen Entlassungszeitpunktes mittels einer weiteren Prognose ermitteln, ob eine vorzeitige Entlassung zur Bewährung nach § 57 StGB in Betracht kommen kann. Tatsächlich wird die spätere richterliche Aussetzungsentscheidung maßgeblich davon abhängen, ob der Gefangene schon Vollzugslockerungen erhalten hat.

2. *Erhebliche Suchtgefährdung*

Als ungeeignet für Lockerungen gelten gem. den VV Nr. 4 Abs. 2 Buchst. a zu Art. 13 BayStVollzG, VV Nr. 4 Abs. 2 Buchst. b zu Art. 14 BayStVollzG (VV Nr. 7 Abs. 2 Buchst. a zu § 11 StVollzG, VV Nr. 4 Abs. 2 Buchst. b zu § 13 StVollzG) Gefangene, die erheblich **suchtgefährdet** sind. Erfasst ist die Sucht nach illegalen Substanzen ebenso wie der Missbrauch legaler Suchtmittel in Form von Medikamenten und Alkohol. Der in der VV angelegte Ausschluss suchtgefährdeter Gefangener vom gelockerten Vollzug stützt sich auf die Annahme, dass nicht erst eine akut bestehende Sucht, sondern schon die bloße Suchtgefährdung zu einer erhöhten Gefahr des suchtindizierten Missbrauchs von Lockerungen führt. Zu bedenken steht aber, dass selbst eine über die Suchtgefährdung hinausgehende Abhängigkeit, beispielsweise eine Alkoholabhängigkeit, nicht zwingend mit der Begehung von Straftaten einhergeht, da sowohl Konsum als auch Beschaffung legal vorgenommen werden können.[806] Aufgrund des weit gefassten Wortlauts der Suchtgefährdung birgt die Anwendung der VV die Gefahr, dass einer Vielzahl von Gefangenen entgegen dem Gebot der Erstellung einer individualisierten Flucht- und Missbrauchsprognose mögliche Vollzugslockerungen undifferenziert und pauschalisiert verwehrt werden.[807] Zumindest zum

---

804 Vgl. BVerfG ZfStrVo 1998, 180 (181); OLG Frankfurt NJW 1978, 334 (334); OLG Frankfurt NStZ 1983, 93 (94).

805 Vgl. BVerfG ZfStrVo 1998, 180 (181); OLG Frankfurt NStZ 1983, 93 (94); OLG Koblenz NStZ 1999, 444 (444); OLG Frankfurt NStZ-RR 2000, 350 (351); *Laubenthal*, in: LNNV, Abschn. E Rn. 181; auch *Arloth*, in: Arloth/Krä, StVollzG, § 13 Rn. 22.

806 Vgl. *Lesting/Burkhardt*, in: AK-StVollzG, § 38 Rn. 85.

807 Kritisch beispielsweise *Callies/Müller-Dietz*, StVollzG 11. Auflage, § 13 Rn. 13.

Teil begegnet die VV selbst dieser Gefahr, indem sie die Überschreitung einer Erheblichkeitsschwelle verlangt, was letztlich doch eine Differenzierung nach Art, Ausmaß und Aktualität der Suchtproblematik erforderlich macht.

In die Missbrauchsprognose sind auch das Vollzugsverhalten und der Stand des Behandlungsprozesses mit einzubeziehen.[808] Positiv beeinflusst werden kann die Prognose durch eigeninitiatives Handeln des Gefangenen zur Bekämpfung der Sucht, wie beispielweise die Wahrnehmung von Angeboten der Suchtberatung im Vollzug.[809] Nachgewiesener Drogenkonsum im laufenden Vollzug, die Verweigerung der Abgabe einer Urinkontrolle oder die ausbleibende Bereitschaft, die Suchtproblematik therapeutisch aufzuarbeiten, wird regelmäßig die Ungeeignetheit zum gelockerten Vollzug nahelegen.[810]

III. Wohlverhalten als Entscheidungsrichtlinie

VV Nr. 4 Abs. 1 S. 2 zu Art. 13 BayStVollzG und VV Nr. 4 Abs. 1 S. 2 zu Art. 14 BayStVollzG (vgl. bereits VV Nr. 7 Abs. 1 S. 2 zu § 11 StVollzG und VV Nr. 4 Abs. 1 S. 2 zu § 13 StVollzG) erklären die Bereitschaft des Gefangenen, durch sein **Verhalten im Vollzug** an der Erreichung des Vollzugsziels mitzuwirken, zum berücksichtigungsfähigen Entscheidungskriterium bei der Lockerungsprüfung. Ausführungen sind hiervon ausgenommen. Zum Teil wird diese Verwaltungsvorschrift vor dem Hintergrund des Vollzugsziels der Resozialisierung und der Mitwirkung des Gefangenen hieran als Konkretisierung des vollzugsbehördlichen Ermessens, mithin als Ermessensrichtlinie, verstanden.[811] Der

808 Vgl. *Arloth*, in: Arloth/Krä, StVollzG, § 13 Rn. 23; OLG München ZfStrVo 1981, 57 (57).

809 Vgl. *Arloth*, in: Arloth/Krä, StVollzG, § 13 Rn. 23; vgl. auch OLG Zweibrücken StV 1992, 589 (589 f.), wonach der Nichtantritt einer stationären Langzeittherapie mangels Mitwirkungspflicht für sich genommen nicht zu einer Versagung von Vollzugslockerungen führen kann, wohl aber die deshalb fortbestehende Alkoholabhängigkeit, vgl. *Ullenbruch*, in: SBJL, StVollzG, § 13 Rn. 23.

810 Vgl. OLG Saarbrücken ZfStrVo 2001, S. 246 ff.; auch bei sog. leichten Drogen wie Cannabis, insb. wenn der Konsum kurz vor der begehrten Lockerung erfolgt ist, OLG Hamm NStZ 1995, 381 (381); kritisch zu Urinproben im Strafvollzug *Lesting/Burkhardt* in: AK-StVollzG, § 38 Rn. 86.

811 Vgl. *Arloth*, in: Arloth/Krä, StVollzG, § 13 Rn. 21; *Schöch*, in: Kaiser/Schöch, Strafvollzug, § 7 Rn. 50, der darauf hinweist, dass unauffälliges und hausordnungsgemäßes Verhalten nicht mit der Bereitschaft zur Mitwirkung an der Erreichung des Vollzugsziels gleichzusetzen ist. Vielmehr dürfe wegen des Sicherheitsrisikos der Vollzugslockerungen durchaus erwartet werden, dass der Gefangene bemüht sei, an seiner „Ersatzsozialisation" mitzuwirken.

Abs. 1 S. 2 der VV ist aber jeweils im Zusammenhang mit Abs. 1 S. 1 der VV zu lesen, der die Eignung von Gefangenen in Zusammenhang mit der Missbrauchsbefürchtung setzt, so dass eine eindeutige Zuordnung weder zur Tatbestands- noch zur Ermessensebene vorgenommen werden kann.[812] Ob die Etablierung einer Mitwirkungspflicht sinnvoll bzw. rechtlich zulässig ist und welche Folgen an eine unzulängliche Mitwirkungsbereitschaft zu knüpfen sind, ist ebenso strittig, wie die Frage, ob und inwieweit das Vollzugsverhalten prognostisch zu beurteilen ist. Da es aber durchaus Anhaltspunkte gibt, die für eine Funktionalität des Vollzugsverhaltens als missbrauchsrelevantes Kriterium zur Erstellung einer Kurzzeitprognose sprechen[813], scheint es vorzugswürdig, sich soweit als möglich bereits auf Tatbestandsebene bei der Prognoseerstellung mit der Frage auseinanderzusetzen, ob der Gefangene durch sein Vollzugsverhalten die Bereitschaft gezeigt hat, an der Erfüllung des Behandlungsauftrags mitzuwirken. Die Einbeziehung auf Ermessensebene könnte die unzulässige Nutzung als Disziplinierungs- oder Belohnungsmittel fördern. Verhält sich der Gefangene im Vollzug ungebührlich, missachtet Anordnungen und muss mit Disziplinarmaßnahmen belegt werden, so kann dieses Verhalten bereits indiziell flucht- oder missbrauchsbegründend bewertet werden und muss nicht erst auf Ermessensebene Berücksichtigung finden.

IV. Befürchteter negativer Einfluss auf Mitgefangene als Ermessensrichtlinie

Als Ermessenskriterium stellt sich dagegen die VV Nr. 4 Abs. 2 Buchst. e zu Art. 13 BayStVollzG (vgl. bereits VV Nr. 7 Abs. 2 Buchst. e zu § 11 StVollzG) dar. Demnach kann ein Gefangener als ungeeignet für Außenbeschäftigung, Freigang und Ausgang[814] eingestuft werden, wenn zu befürchten steht, dass der Gefangene negativen Einfluss auf Mitgefangene nehmen könnte und dadurch die Erreichung des Vollzugsziels bei anderen Gefangenen gefährden würde. Als Ausfluss des vollzuglichen Ermessens kann dem Gefangenen die Lockerung versagt werden, obwohl die tatbestandlichen Voraussetzungen mangels Flucht- oder Missbrauchsbefürchtung vorlägen.

---

812 Vgl. *Laubenthal*, in: LNNV, StVollzG, Abschn. E Rn. 147; *Schöch*, in: Kaiser/Schöch, Strafvollzug, § 7 Rn. 50.

813 Vgl. beispielsweise *Kröber* (Anm. zu BVerfG, NStZ 2000, 109 ff.), NStZ 2000, 613 (613). Zum Zusammenhang des Verhaltens im Maßregelvollzug und der Legalprognose, vgl. *Gretenkord*, in: Forensische Psychiatrie, S. 163 ff.

814 Ein Pendant zu dieser VV lässt sich in den VV zum Hafturlaub nicht finden.

V. Zusammenfassung

Resümiert man die Anforderungen, die Rechtsprechung und Literatur zur Anwendung der Verwaltungsvorschriften herausgearbeitet haben, so wird deutlich, dass sich die Justizvollzugsanstalt auf äußerst unsicheres Terrain begibt, wenn sie die Lockerungsversagung lediglich auf eine Verwaltungsvorschrift stützt. Versagungsbescheide, die die Justizvollzugsanstalt auf eine schematische Anwendung der Verwaltungsvorschriften stützt, werden einer gerichtlichen Überprüfung nicht standhalten. Um die entscheidungsrelevanten Umstände ausreichend zu berücksichtigen und nicht hinter einem allgemeinen Katalog verschiedener Regelvermutungen zurücktreten zu lassen, ist die Prüfung und Abwägung aller Gesichtspunkte des konkreten Einzelfalles unerlässlich. Eine prognostische Einschätzung des Flucht- und Missbrauchsrisikos kann keine der Verwaltungsvorschriften ersetzen. Die strikte Einhaltung des Einzelfallprüfererfordernisses kann der an den Verwaltungsvorschriften geübten Kritik zumindest zum Teil begegnen.

F. Berücksichtigungsfähigkeit weiterer Aspekte auf Tatbestandsebene

Neben den in Art. 13 BayStVollzG (§ 11 StVollzG) aufgeführten tatbestandlichen Voraussetzungen darf die Vollzugsbehörde die Erfüllung weiterer Merkmale nicht verlangen. Der Tatbestand ist abschließend normiert. Fraglich ist, ob über die bereits in den Verwaltungsvorschriften vorgenommenen Konkretisierungen weitere Kriterien herangezogen werden dürfen. Beispielhaft werden im Folgenden Kriterien genannt, mit denen die Rechtsprechung im Zusammenhang mit Lockerungsentscheidungen befasst war.

I. Nichtoffenbarung der Tatbeute

Verweigerte der Gefangene während des vorangegangenen Strafprozesses seine Mitwirkung an der Tataufklärung und zeigte insbesondere keine Bereitschaft, den Verbleib der bei den gegenständlichen Vermögensdelikten erlangten Tatbeute aufzuklären, kann und darf sich dies zu seinen Lasten auch im Hinblick auf Vollzugslockerungen auswirken, soweit sich hieraus Anhaltspunkte für die Flucht- und Missbrauchsbefürchtung ableiten lassen.

Wie im Falle der Strafrestaussetzung zur Bewährung zu verfahren ist, wenn der Täter den Verbleib der Tatbeute nicht offenlegt, regelt § 57 Abs. 6 StGB recht eindeutig. Macht der Verurteilte unzureichende oder falsche Angaben über den Verbleib der Tatbeute, kann das Gericht von der Strafrestaussetzung absehen. Dabei ist § 57 Abs. 6 StGB von dem Gedanken getragen, dass sich Straftaten nicht positiv auf die finanzielle Lage des Delinquenten auswirken sollen und es ihm durchaus zuzumuten ist, durch die Offenlegung des Verbleibs der Tatbeute einen Beitrag zur Schadenswiedergutmachung zu leisten, wenn ihm die Verbüßung der restlichen Freiheitsstrafe zur Bewährung erlassen werden soll.[815] Auf Erwägungen zu dem ohnehin umstrittenen Schluss von der Nichtoffenbarung der Tatbeute auf eine negative Sozialprognose kommt es im Falle des § 57 Abs. 6 StGB nicht an.[816] Die teleologische Ausrichtung dieser Norm fokussiert neben dem Opferschutz auch die Funktionalität von Strafrechtspflege und Kriminalitätsbekämpfung.[817]

Bei den Vollzugslockerungen gibt es kein entsprechend eindeutiges Pendant zu § 57 Abs. 6 StGB. Nicht zuletzt aufgrund unterschiedlicher teleologischer Ausrichtung der § 57 Abs. 6 StGB und Art. 13, 14 BayStVollzG ist bei einer Übertragung der Grundsätze der Aussetzungs- auf die Lockerungsentscheidung Vorsicht geboten.[818] Eine kategorische Versagung von Vollzugslockerungen, allein um dem Gefangenen das fortwährende Unrecht seiner Tat vor Augen zu führen, ist demnach nicht möglich. Die unzureichende Bereitschaft, an der Aufklärung des Verbleibs des rechtswidrigen Vermögensvorteils mitzuwirken, kann aber dann eine negative Bescheidung verursachen, wenn hieraus Anhaltspunkte für Flucht oder Missbrauch der Lockerungen zum Erhalt bzw. Sicherung der verborgenen Tatbeute und weiterer Straftaten abgeleitet werden können.[819]

II. Leugnen der Urteilsfeststellungen

Bemühungen zur Deliktsaufarbeitung und Tatreflexion können die Prognose positiv beeinflussen, wohingegen das Leugnen der Tat, das Bestreiten der Schuld oder der Rechtmäßigkeit der Verurteilung prognostisch ungünstige Kriterien sein können.[820] Stehen den hervorgerufenen Flucht- und

---

815 OLG Düsseldorf NStZ-RR 2010, 220; OLG Zweibrücken NStZ 1999, 104 (104).

816 Vgl. *Fischer*, StGB, § 57 Rn 34.

817 Vgl. OLG Zweibrücken NStZ 1999, 104 (104); *Terhorst* (Anm.), JR 1988, 295 (295 f.).

818 Vgl. dazu OLG Hamburg NStZ 1990, 510 (511).

819 Vgl. OLG Hamburg NStZ 1988, 274 (274).

820 A.A. aber beispielsweise *Zieger*, StV 2006, 375 (381), der hierin zu Unrecht lediglich eine „schlechte Übung" der Vollstreckungsgerichte und Justizvollzugsanstalten. Zu den Motiven und Formen des Leugnens bei inhaftierten Sexualstraftätern, *Endres/Breuer*, Forensische Psychiatrie, Psychologie, Kriminologie 2014, 263 (264 ff.). *Endres/Breuer* weisen zwar darauf hin, dass das Leugnen und die fehlende Verantwortungsübernahme in mehreren standardisierten Prognoseverfahren gegenständlich sind,

Missbrauchsbefürchtungen allerdings andere gewichtige Umstände entgegen, reicht die Tatleugnung allein nicht zur Begründung einer Flucht- und Missbrauchsgefahr aus.[821] Das Tatleugnen kann demnach an Gewicht verlieren, „wenn andere Umstände in der Person oder im sozialen Umfeld des Strafgefangenen die Missbrauchsgefahr auf ein vertretbares Maß reduzieren."[822] Daher ist anhand weiterer Prognosekriterien das Gewicht und der Aussagewert der Tatleugnung für die Missbrauchsgefahr zu konkretisieren, indem herausgestellt wird, inwieweit die Tatleugnung auch mangelnde Unrechtseinsicht und fehlende Tataufarbeitung bedingt. Dies gebietet die Berücksichtigung der Persönlichkeit des Gefangenen, seine Entwicklung bis zur Tat, die Tat selbst, sein Verhalten im Vollzug, seine Therapieeignung und mögliche Motive des Leugnens.[823] An die Motivforschung dürfen aber keine unverhältnismäßig hohen Anforderungen gestellt werden. Zu weitgehend und mit dem Prinzip der objektiven Wahrheit unvereinbar ist die Forderung, neben der Tatsache der rechtskräftigen Verurteilung durch ein Amtsgericht zusätzlich auch die Einlassung des Gefangenen in der Hauptverhandlung und die Argumente, mit denen er seine Schuld bestreitet, bei der Beurteilung der Missbrauchsgefahr heranzuziehen.[824]

III. Selbsterstellung und polizeiliche Festnahme zum Strafantritt

Keines der Strafvollzugsgesetze weist der Frage, ob der Gefangene sich selbst zum Strafantritt gestellt hat oder ob er aufgrund eines Haftbefehls polizeilich festgenommen werden musste, eine Relevanz zu. In der Vollzugspraxis spielt dieses Kriterium zur Erstellung der Lockerungsprognose gleichwohl eine herausragende Rolle. Handelt es sich bei dem Gefangenen um einen sog. Selbststeller, so sprechen gewiss einige Indizien dafür, dass er sich dem weiteren

---

kommen dann aber in ihrer empirischen Erhebung zu dem Ergebnis, dass das Tatleugnen nicht mit einer höheren Rückfälligkeit nach Haftentlassung einhergeht.

821 Vgl. BVerfG NStZ 1998, 373 (375); OLG Frankfurt NStZ-RR 2000, 251 (252); OLG Celle NStZ 2000, 464 (464); OLG Stuttgart NStZ-RR 2001, 285 (285); OLG Hamm NStZ 2004, 227 (228); OLG Frankfurt a.M. NStZ-RR 2004, 94 (94); OLG Hamm BeckRS 2009, 24212; OLG Hamm StV 2011, 226 (227).

822 OLG Hamm BeckRS 2009, 24212.

823 Vgl. OLG Frankfurt NStZ-RR 2000, 251 (252); OLG Hamm StV 2011, 226 (227).

824 So aber OLG Celle NStZ 2000, 464 (464) mit dem Hinweis, dass anderenfalls das dem Gefangene zugestandene Recht eines Wiederaufnahmeantrags vereitelt werden könnte; auch OLG Stuttgart, NStZ-RR 2001, 285 (285).

Strafvollzug nicht entziehen wird.[825] Daher kann dieses Kriterium zur Einschätzung der Fluchtgefahr eine Rolle spielen. Dennoch ist äußerste Vorsicht geboten, die Tatsache des Sichselbststellens zum Erhalt einer positiven Prognose überzubewerten.[826] Bedauerlicherweise tauchen in der Praxis immer wieder Fälle auf, in denen der vermeintlich reuige, sich den Konsequenzen seines Handelns stellende Gefangene die Gunst des zeitlich (zumindest in den auferlegten zeitlichen Grenzen der Vollstreckungsbehörde) selbstbestimmten Strafantritts nutzt, um unerlaubte Gegenstände in die Justizvollzugsanstalt einzubringen. Bei einer polizeilichen Festnahme, deren Zeitpunkt für den zu einer Freiheitsstrafe Verurteilten nicht genau vorhersehbar ist, wäre dies nicht oder zumindest nicht derart möglich. Zudem hält sich der Aussagewert des Selbststellens in Bezug auf die Missbrauchsgefahr in äußerst überschaubaren Grenzen. Die Art und Weise des Haftantritts kann daher nur als eines von vielen Kriterien zur Prognoseerstellung herangezogen werden.

G. Weitere Versagungsgründe auf Ermessensebene

I. Schutz der Allgemeinheit

Aus der Schutzwürdigkeit und der Schutzbedürftigkeit der Bevölkerung vor weiteren Straftaten lässt sich ein zusätzliches zulässiges Ermessenskriterium nicht herleiten, da der Schutz der Allgemeinheit bereits hinreichend im Tatbestand in Gestalt der Missbrauchsklausel normative Berücksichtigung gefunden hat.[827] Nur eine tatbestandliche Einzelfallprüfung, die mit dem Ergebnis schließt, dass im konkreten Fall neue Straftaten nicht zu befürchten sind, eröffnet dem Rechtsanwender den Zugang zur Ermessensebene. Insofern ist eine Bewertung des Straftatenrisikos der Ermessensausübung zwingend vorgelagert. Daher besteht – nicht zuletzt aufgrund des in Art. 6 Abs. 2 Bay StVollzG (§ 4 Abs. 2 StVollzG) niedergeschriebenen ultima-ratio Charakters der Schutzaufgabe – keine Notwendigkeit, negativ spezialpräventive Gesichtspunkte auf Ermessensebene zum wiederholten Male in die Prüfung einzustellen.[828] Anders als positiv

825 Für einen Ausschluss der Flucht- und Missbrauchsgefahr bei Selbststellern beispielsweise *Grunau/ Tiesler*, StVollzG, § 13 Rn. 11, kritischer dagegen *Häuser*, Gefahrenbegriff, S. 57 f.

826 Kritisch auch *Kett-Straub/Streng*, Strafvollzugsrecht, S. 134 f.

827 Vgl. OLG Celle ZfStrVo 1984, 251 (251); *Dopslaff*, ZStW 100 (1988), 567 (575); a.A. *Stilz*, ZfStrVo 1979, 67 (69).

828 Vgl. *Schöch*, in: Kaiser/Schöch, Strafvollzug, § 6 Rn. 2; OLG Celle ZfStrVo 1984, 251 (251 f.).

spezialpräventive Gesichtspunkte, die in Art. 13 BayStVollzG (§ 11 StVollzG) gerade keinen ausdrücklichen normativen Niederschlag finden, entzieht die insofern abschließende Normierung negativ spezialpräventiver Aspekte im Tatbestand und in den die Missbrauchsprognose konkretisierenden Verwaltungsvorschriften einer Berücksichtigung der vollzuglichen Schutzaufgabe auf Ermessensebene den Boden.

II. Personelle und finanzielle Erwägungen

Allen bis zu diesem Punkt behandelten Aspekten ist gemeinsam, dass sie sich einzelfallorientiert auf die Persönlichkeit und das Gefährdungspotential des Gefangenen, seine Tat oder den Stand der Vollstreckung beziehen. Da gelegentlich auch Haushaltsengpässe und Personalmangel von den Justizvollzugsanstalten herangezogen werden (müssen), um die Ablehnung v.a. von personalintensiven Lockerungen, etwa begleiteten Ausführungen, mit entsprechendem Hinweis zu begründen, stellt sich überdies die Frage, ob und inwieweit allgemeine organisatorische, finanzielle und personelle Erwägungen auf Ermessensebene in die individuelle Lockerungsentscheidung einfließen dürfen.

Anders als die nationalen Strafvollzugsgesetze, die keine Regelung zur Zulässigkeit einer Überlagerung individueller Interessen des Gefangenen mit vollzugsorganisatorischen Belangen enthalten, scheinen die European Prison Rules[829] dieser Argumentationslinie eine deutliche Absage zu erteilen.[830] Gemäß Nr. 4 EPR kann Mittelknappheit nicht zur Rechtfertigung für Vollzugsbedingungen, welche gegen Menschenrechte von Gefangenen verstoßen, dienen. So legt auch das Bundesverfassungsgericht dem Staat in ständiger Rechtsprechung die Verpflichtung auf, den Strafvollzug in einer Weise auszustatten, wie es zur Wahrung der Grundrechte und zur Realisierung des Vollzugsziels erforderlich ist.[831] Weitblickend mahnt das Bundesverfassungsgericht den Staat, „grundrechtliche und einfachgesetzlich begründete Ansprüche Gefangener nicht nach Belieben dadurch zu verkürzen, dass er die Vollzugsanstalten nicht so ausstattet, wie es zur Wahrung ihrer Rechte erforderlich wäre."[832] Den tatsächlichen Gegebenheiten und praktischen Bedürfnissen Rechnung tragend bringt das

829 Rec (2006)2 (Europäische Strafvollzugsgrundsätze).
830 So *Feest*, ZfStrVo 2005, 259 (259).
831 Vgl. BVerfGE 35, 202 (235); 36, 264 (275); 40, 276 (284); 45, 187 (240 f.); zuletzt BVerfG StV 2012, 678 (679) m.w.N.
832 BVerfG StV 2012, 678 (679).

Bundesverfassungsgericht andererseits zum Ausdruck, dass Gefangene den Vollzugsbehörden und den Justizhaushalten nicht den unbegrenzten Einsatz sachlicher und personeller Mittel abverlangen können, um vollzugsbedingte grundrechtliche Einschränkungen des Gefangenen zu vermeiden.[833] Es obliegt dem Staat lediglich im Rahmen des Zumutbaren, den Vollzugsanstalten die zur Erfüllung der vollzuglichen Aufgaben erforderlichen Personal- und Sachmittel zur Verfügung zu stellen.[834] Ohne zahlenmäßig zu beziffern, wo die Grenze zumutbaren Personaleinsatzes verläuft, schreibt das Bundesverfassungsgericht Leitgedanken zur Beschaffenheit staatlicher Einrichtungen fest. Wird diese Grenzlinie überschritten, dürfen personelle Engpässe als Begründung zur Verweigerung einer begleiteten Lockerung (mit-)herangezogen werden.[835] Zugeschnitten sind diese Grundsätze auf temporäre personelle Notstände, so dass eine positive Personalentwicklung eine erneute Prüfung des Lockerungsbegehrens nach sich zieht.[836] Als vollzugspraktische Konsequenz ist den Anforderungen des Bundesverfassungsgerichts mit einem knappen Hinweis auf die mangelhaften personellen Ressourcen nicht Genüge getan.[837] Der Justizvollzugsanstalt wird vom Bundesverfassungsgericht abverlangt, Art und Dauer der Mängellage und die zu einer Verbesserung der Personalsituation ergriffenen bzw. beantragten Abhilfemaßnahmen darzulegen, nicht zuletzt um den Weg zur fachgerichtlichen Überprüfung offen zu halten.[838]

833 Vgl. BVerfGE 34, 369 (380); BVerfG StV 2012, 678 (679) mit Hinweisen auf weitere Judikate der bundesverfassungsgerichtlichen Rechtsprechung.

834 Vgl. BVerfGE 40, 276 (284). Ausführlich zur Rechtsprechung des Bundesverfassungsgerichts zum Problem der knappen Ressourcen im Vollzug *Lübbe-Wolff*, Rechtsprechung des Bundesverfassungsgerichts, S. 40 ff.

835 Vgl. auch OLG Hamm NStZ, 1985, 189 (190) m. Anm. *Müller-Dietz*; a.A. aus der dienenden Funktion der Verwaltung einen Anspruch ableitend aber *Keller*, JZ 1979, 167 (169 f.).

836 Vgl. OLG Hamm NStZ 1988, 198 (199) m. Anm. *Matzke*.

837 Vgl. OLG München 4. Strafsenat, Beschluss vom 17. Dezember 2012Ws 204/12 (R) mit Anm. *Peglau*, jurisPR-StrafR 4/2013 Anm. 3.

838 Vgl. BVerfG StV 2012, 678 (679 f.) und die Anm. *Groß*, jurisPR-StrafR 3/2012 Anm. 4 zur Appellfunktion dieser Entscheidung gegenüber Justizvollzugsanstalten, Strafvollstreckungskammer und den für die Justizhaushalte Verantwortlichen.

H. Anordnung der besonders gründlichen Prüfung der Vollzugslockerungen bei Gewalt-, Sexual- und Betäubungsmittelstraftätern und Einholung externer Sachverständigengutachten

Bei vielen Gefangenen verlangen Verwaltungsvorschriften oder auch der Gesetzestext selbst **eine besonders gründliche Prüfung** vollzugsöffnender Maßnahmen, weil dort allein aufgrund der Gruppenzugehörigkeit das abstrakte Flucht- und Missbrauchsrisiko als erhöht erachtet wird. Dazu gehören Gefangene, gegen die wegen Verstoßes gegen das BtMG in Form des Handeltreibens eine Freiheitsstrafe verhängt wurde oder zu verhängen ist, oder gegen die ein begründeter Verdacht des Handeltreibens bzw. Einbringens von Betäubungsmitteln im laufenden Vollzug vorliegt (VV Nr. 4 Abs. 4 S. 1 zu Art. 13 BayStVollzG, VV Nr. 4 Abs. 4 S. 1 zu Art. 14 BayStVollzG bzw. VV Nr. 7 Abs. 4 S. 1 zu § 11 StVollzG, VV Nr. 4 Abs. 4 S. 1 zu § 13 StVollzG). Es geht hier nicht zwingend (nur) um das persönliche Suchtpotential des zu lockernden Gefangenen. Die Verantwortbarkeit der Lockerungen wird vielmehr an das Risiko des Einbringens und Handelns mit Drogen im Vollzug geknüpft. S. 2 der VV Nr. 4 Abs. 2 zu Art. 13 BayStVollzG bzw. S. 2 der VV Nr. 4 Abs. 4 zu Art 14 BayStVollzG (wie bereits die VV Nr. 7 Abs. 4 S. 2 zu § 11 StVollzG und VV Nr. 4 Abs. 4 S. 2 zu § 13 StVollzG) nimmt von der Pflicht zur besonderen Prüfung auch Gefangene nicht aus, die der **organisierten Kriminalität** zuzurechnen sind. Über die Verwaltungsvorschriften der §§ 11, 13 StVollzG hinausgehend, dehnt die VV Nr. 2 Abs. 2 zu Art. 13 BayStVollzG die Pflicht zur besonders gründlichen Prüfung aufgrund einer vermuteten erhöhten Fluchtgefahr auch auf Gefangene aus, die zur **Strafverfolgung oder Strafvollstreckung aus dem Ausland eingeliefert** worden sind. Beim Hafturlaub wurde auf eine ähnlich lautende VV verzichtet. In Bayern ist die Anordnung der besonders gründlichen Prüfung der vollzugsöffnenden Maßnahmen bei **Gewaltstraftätern und Sexualstraftätern** nicht mehr lediglich qua Verwaltungsvorschrift (wie dies noch in den VV Nr. 7 Abs. 4 S. 1 zu § 11 StVollzG bzw. VV Nr. 4 Abs. 4 zu § 13 StVollzG der Fall war) geregelt, sondern mit Art. 15 BayStVollzG in den Normtext des Bayerischen Strafvollzugsgesetzes überführt. In den Verwaltungsvorschriften ist darüber hinaus u.a. festgeschrieben, dass alle (Erst)Entscheidungen über vollzugsöffnende Maßnahmen in einer Konferenz gem. Art. 183 BayStVollzG vorzubereiten sind und der schriftlichen Zustimmung des Anstaltsleiters bedürfen (vgl. VV Abs. 3 und Abs. 4 zu Art. 15 BayStVollzG). Überschreitet die zu verbüßende Freiheitsstrafe wegen eines Sexualdelikts (ausgenommen §§ 180a bis 181a StGB) zwei Jahre, dann ist vor der Gewährung unbeaufsichtigter Lockerungsformen die Einholung eines

Sachverständigengutachtens, bei der Überschreitung von vier Jahren sogar die Erstellung eines weiteren Gutachtens zwingend vorgeschrieben (vgl. VV Abs. 6 zu Art. 15 BayStVollzG).[839] Während die VV Nr. 5 Abs. 1 zu § 11 StVollzG und die VV Nr. 7 Abs. 3 zu § 13 StVollzG die unbeaufsichtigten Lockerungen eines zu lebenslanger Freiheitsstrafe verurteilten Gefangenen lediglich von der Vorbereitung einer Konferenz abhängig machte, ansonsten die Anfertigung einer Konferenzniederschrift forderte und verlangte, dass gutachterliche Äußerungen aktenkundig gemacht werden, soweit solche überhaupt vorhanden sind, erfordert die VV Nr. 2 zu Art. 13 BayStVollzG (mit Ausnahme von Ausführungen aus besonderem Anlass) wie auch die VV Nr. 7 Abs. 3 zu Art. 14 BayStVollzG neben der Zustimmung der Aufsichtsbehörde, die Vorbereitung der Entscheidung in einer Konferenz und auch zwingend die Einholung zweier Gutachten externer Sachverständiger.

Auch ohne ausdrückliche Festschreibung in den Verwaltungsvorschriften ist eine besonders gründliche bzw. sorgfältige Prüfung dieser Fallgruppen bei der Lockerungsentscheidung eine Selbstverständlichkeit. Mit der Festschreibung einher geht nicht die Anlegung eines strengeren Maßstabs durch weitergehende Eingriffsbefugnisse. Bezweckt ist lediglich eine Erweiterung der Entscheidungs- und Erkenntnisbasis.[840] Dass nicht nur in Fällen der lebenslangen Freiheitsstrafe, sondern eben auch bei Sexual- und Gewaltstraftätern eine Begutachtung zu erfolgen hat, ist bei der derzeitig hohen Auslastung (kompetenter) Sachverständiger bei der Lockerungsplanung frühzeitig zu beachten, um die Öffnung nach außen nicht in die Länge zu ziehen.

I. Weitere Zustimmungs- und Beteiligungserfordernisse

Nicht wenige Regelungen, die Gefangene aufgrund von flucht- oder missbrauchsrelevanten **straf-, vollstreckungs- oder ausländerrechtlichen Besonderheiten** (insb. Staatsschutzdelikte, Untersuchungshaft, Auslieferungs- oder Abschiebungshaft, Ausweisungsverfügung, Anordnung einer freiheitsentziehenden Maßregel der Besserung und Sicherung) von Vollzugslockerungen ausschließen oder zumindest als ungeeignet statuieren, knüpfen die Zulassung einer Ausnahme qua Verwaltungsvorschrift an die Zustimmung der Aufsichtsbehörde und/oder an ein Einvernehmen oder wenigstens eine Anhörung anderer beteiligter Behörden, wie der Vollstreckungs- oder Ausländerbehörde bzw.

839 Kritisch hierzu *Suhling*, NK 2003, S. 85 ff.
840 Vgl. *Arloth*, in: Arloth/Krä, StVollzG, Art. 15 Rn. 1; *Laubenthal*, in: LNNV, StVollzG, Abschn. E Rn. 153.

des zuständigen Gerichts (VV Nr. 3 und VV Nr. 4 Abs. 3 zu Art. 13 BayStVollzG und VV Nr. 3 und VV Nr. 4 zu Art. 14 BayStVollzG).

Bei Gefangenen, die eine lebenslange Freiheitsstrafe verbüßen, ist die erstmalige Anordnung von Vollzugslockerungen neben der Einholung zweier externer Gutachten von der **Zustimmung der Aufsichtsbehörde** abhängig, vgl. VV Nr. 2 Abs. 1 zu Art. 13 BayStVollzG und VV Nr. 7 Abs. 3 zu Art. 14 BayStVollzG.[841] Über diese Verwaltungsvorschrift, die die Justizvollzugsanstalten als innerdienstliche Weisung bindet, behält sich die Aufsichtsbehörde ein Eingriffsrecht vor (vgl. Art. 151 BayStVollzG). Nützliche Funktion hat dieses Zustimmungserfordernis als Absicherung der Justizvollzugsanstalt und als Mittel zur Steuerung einer einheitlichen Handhabung. Aus Sicht des Gefangenen ist das Zustimmungserfordernis eine Unsicherheitskomponente und letztlich eine weitere Hürde, die er auf dem Weg zum Erhalt von Vollzugslockerungen überwinden muss. Da es sich um ein Verwaltungsinternum handelt, darf die Justizvollzugsanstalt eine ablehnende Bescheidung nicht allein auf das Fehlen der aufsichtsbehördlichen Zustimmung stützen.[842] Sowohl für den Resozialisierungsfortschritt als auch für die Effektivität des Rechtsschutzes als besonders heikel, u.a. weil die Vollzugsanstalt im gerichtlichen Verfahren Antragsgegner bleiben würde, erweist sich die glücklicherweise seltene Konstellation, in der die Anstalt für Vollzugslockerungen votiert, die Aufsichtsbehörde aber ihre Zustimmung verweigert.[843]

In der Praxis erweisen sich vor allem die Beteiligungserfordernisse als ambivalent. Einerseits werden Erkenntnisse und Einschätzungen anderer beteiligter Behörden in Konstellationen mit erhöhten Flucht- und Missbrauchsverdacht von den Vollzugsbehörden dankbar angenommen. Auf der anderen Seite steht zu befürchten, dass der Schwerpunkt der Stellungnahme auf (ohnehin bereits bekannten) aktenkundigen und formalen Gesichtspunkten basiert, was sich neben dem erhöhten Zeitaufwand und -vorlauf für die Lockerungsplanung oft als Hürde für die Lockerungsgewährung erweist; es wird vermutlich nicht häufig vorkommen, dass sich das Justizministerium, die Ausländer- oder die Ermittlungsbehörde gegen das Votum der Justizvollzugsanstalt für die Lockerungsgewährung eines Gefangenen einsetzt.

841 Kritisch *Lesting/Burkhardt*, in: AK-StVollzG, § 38 Rn. 100; *Feest/Lesing*, ZfStrVo 2005, 76 (77 f.).

842 Vgl. KG ZfStrVo 2002, 310; OLG Hamm BeckRS 2010, 3568; OLG Hamm BeckRS 2009, 29072; *Arloth*, in: Arloth/Krä, StVollzG, § 13 Rn. 30, 32.

843 Vgl. OLG Hamburg NStZ 1982, 486 (486); *Eschke*, Mängel im Rechtsschutz, S. 8 f.; auch *Grunau/Tiesler*, StVollzG, § 13 Rn. 5.

J. Zusammenfassung und Lösungsansätze

Es hat sich gezeigt, dass eine konsequente Zweistufigkeit bei der tatbestandlichen Prüfung und des erst hieraus erwachsenden Ermessensspielraums im Rahmen der Art. 13, 14 BayStVollzG weitgehend möglich und zur Wahrung der Übersichtlichkeit und Rechtmäßigkeit der Lockerungsentscheidung auch sinnvoll ist. Alle Kriterien, die sowohl auf Tatbestands- als auch auf Ermessensebene berücksichtigbar sind, sollten soweit als möglich bereits in die Flucht- und Missbrauchsprognose einfließen und nicht erst oder gar zusätzlich bei der Ermessensausübung zum Tragen kommen.

Um sich des unbestimmten Rechtsbegriffs der Flucht- und Missbrauchsgefahr zu nähern, bedarf es einer prognostischen Beurteilung. Das ist trotz ihres immanenten Makels, eine prognostische Sicherheit nicht bieten zu können, alternativlos. Eine absolute Überlegenheit einer bestimmten Prognosemethode lässt sich derzeit nicht feststellen. Insbesondere fällt die Fehlerquote der intuitiven Prognose allenfalls unwesentlich höher aus als bei den wissenschaftlichen Prognosemethoden.[844] Alle Prognosemethoden kranken an einer Überschätzung des Kriminalitätsrisikos im breiten Mittelfeld und bringen eine überhöhte Anzahl der sog. *false positives* hervor.[845] Eine Vielzahl der Gefangenen erhält nicht die Chance, sich in Lockerungen zu bewähren, obwohl sie diese nicht zu Flucht oder Missbrauch nutzen würden.[846] Sieht man einmal von den Fällen einer zwingend vorgeschriebenen externen Begutachtung bei Lockerungen von Gefangenen mit einem schweren Gewalt- und Sexualdelikt oder mit lebenslangen Freiheitsstrafen ab, dann wird die vollzugsbehördliche Lockerungsprognose intuitiv gefällt. Wie eingangs bereits erwähnt, ist diese Vorgehensweise nicht zwingend mit einer höheren Fehleranfälligkeit als andere Methoden belastet. Um die negativen Auswirkungen falscher Prognosen zu minimieren, ist es geboten, die Lockerungsprognose so gut zu fällen, wie der gegenwärtige Wissensstand es eben zulässt. Unentbehrlich ist es daher, die Entscheidungsträger mit kriminologischen Basiswissen auszustatten und mit dem aktuellen Stand der Prognoseforschung zu konfrontieren.[847] Die Entscheidungsträger sollten über

844 Vgl. *Eisenberg/Kölbel*, Kriminologie, § 21 Rn. 30 m.w.N.

845 Vgl. zu den kriminologischen Grenzen der Prognose beispielsweise *Kaiser*, Kriminologie, § 88 Rn. 6, § 89 Rn. 5; *Schöch*, in: FS Kaiser, 1239 ff.; *Endres*, ZfStrVo 2000, 67 (68 ff.); *Nedopil/Stadtland*, in: Kriminologie und Kriminalpolitik, S. 541 (546 ff.).

846 Vgl. *Feest/Lesting*, ZfStrVo 2005, 76 (81); *Eisenberg/Kölbel*, Kriminologie, § 21 Rn. 13; *Kühl/Schuhmann*, R&P 1989, 134 ff.; *Streng*, Strafrechtliche Sanktionen, Rn. 776 f.

847 Vgl. nur *Endres*, ZfStrVo 2000, 67 (79 f.); *Streng*, Strafrechtliche Sanktionen, Rn. 784, 815 *Wulf*, in: FS Kury, S. 535 (542).

fundiertes Grundwissen über die aktuelle Rückfallforschung verfügen. *Endres* beispielsweise wirbt als einer von vielen für die kombinatorische Anwendung verschiedener Prognoseverfahren bei der vollzuglichen Prognosebegutachtung und schlägt vor, mittels eines statistischen Prognoseverfahrens zunächst eine erste Einschätzung des Rückfallrisikos zu ermitteln und in einem zweiten Schritt den individuellen Persönlichkeits- und Deliktsverlauf zu fokussieren.[848] Ausgehend von diesem Ansatz lässt sich auch ein Denkanstoß für die Vorgehensweise bei der anstaltsinternen Lockerungsprognose gewinnen. Einer Orientierung und Systematisierung der Entscheidung dienlich können statistische Prognosetafeln sein, die durch Weiterentwicklung spezifizierter Checklisten zur Bestimmung des Kriminalitätsrisikos in den letzten Jahren eine Renaissance erleben.[849] Erwähnt werden sollte an dieser Stelle beispielsweise die von **Robert Hare entwickelte Psychopathie-Checkliste** (PCL-R)[850], die mit Hilfe von 20 Items eine Einschätzung des allgemeinen Kriminalitätsrisikos mit durchaus bemerkenswerter Treffsicherheit ermöglicht.[851] Besondere Erwähnung verdient auch die **Dittmann-Liste**[852], die der in der Schweiz tätige forensische Psychiater *Volker*

848 Vgl. *Endres*, ZfStrVo 2000, 67 (77 f.).

849 Vgl. *Endres*, ZfStrVo 2000, 67 (75 f.). Zur umfassenden Darstellung der Prognoseinstrumente und -verfahren mit allgemeiner und spezifizierter Indikation vgl. *Rettenberger/v. Franqué*, Handbuch kriminalprognostischer Verfahren.

850 Kriterienkatalog der PCL-R: (1) trickreich sprachgewandter Blender mit oberflächlichem Charme, (2) erheblich übersteigertes Selbstwertgefühl, (3) Stimulationsbedürfnis (Erlebnishunger), ständiges Gefühl der Langeweile, (4) pathologisches Lügen (Pseudologie), (5) betrügerisch-manipulatives Verhalten, (6) Mangel an Gewissensbissen oder Schuldbewusstsein, (7) oberflächliche Gefühle, (8) Gefühlskälte, Mangel an Empathie, (9) parasitärer Lebensstil, (10) unzureichende Verhaltenskontrolle, (11) Promiskuität, (12) frühere Verhaltensauffälligkeiten, (13) Fehlen von realistischen, langfristigen Zielen, (14) Impulsivität, (15) Verantwortungslosigkeit, (16) mangelnde Bereitschaft und Fähigkeit, Verantwortung für eigenes Handeln zu übernehmen, (17) viele kurzzeitige ehe(ähn)liche Beziehungen, (18) Jugendkriminalität, (19) Missachtung von Weisungen und Auflagen, (20) Polytrope Kriminalität.

851 Die PCL-R hat sich nach *Endres*, ZfStrVo 2000, 67 (71) „als die beste einzelne Variable zur Kriminalitätsvorhersage erwiesen" und findet zunehmend prognostische Anwendung, vgl. *Streng*, Strafrechtliche Sanktionen Rn. 804 dort Fn. 2853 mit zahlreichen Nachweisen; auch *Nedopil/Stadtland*, in: Kriminologie und Kriminalpolitik, S. 541 (544).

852 Die Dittmann-Liste enthält einen Kriterienkatalog von 12 Merkmalsbereichen, wobei jeweils günstige und ungünstige Prognosekriterien genannt sind, die zunächst einzeln zu werten und sodann einer abschließenden Gesamtwürdigung zuzuführen sind, vgl. *Dittmann*, in: „Gemeingefährliche" Straftäter, S. 67 ff.

Dittmann für die Fachkommission des Strafvollzugskonkordats der Nordwest- und Innerschweiz als Arbeitsinstrument zur Beurteilung des Rückfallrisikos besonders gefährlicher Straftäter geschaffen hat. Das Justizministerium Baden-Württemberg hat ihren Justizvollzugsanstalten die Dittmann-Liste als Entscheidungshilfe bereits vor Jahren an die Hand gegeben.[853] Schließlich soll auch ein Hinweis auf den Ansatz von **Dahle**[854] nicht unterbleiben, der ein standardisiertes Prognoseverfahren hinsichtlich der Eignung für den offenen Vollzug entwickelt hat.

Freilich soll an dieser Stelle nicht unerwähnt bleiben, dass die Anwendung von Risikolisten und Prognoseinstrumenten forensisch-psychiatrisch geschultem Fachpersonal vorbehalten bleiben sollte.[855] Es spricht aber nichts dagegen, den vollzugsbehördlichen Entscheidungsträgern Hilfsmittel und Leitlinien an die Hand zu geben, um deren intuitive Prognose auf wissenschaftlicher Basis abzusichern. Der schon seit den 1980er Jahren beklagten Absicherungsmentalität[856] der vollzuglichen Entscheidungsträger könnte so begegnet werden. Zudem kann auf diese Weise ein Beitrag zu einer anstaltsübergreifenden, vereinheitlichten Prognostik geleistet werden. Etwaige Ungerechtigkeiten, die differenzierende Entscheidungsstile der verschiedenen Abteilungsleiter bedingen können[857], könnten abgemildert werden. Darüber hinaus könnte ein Kriterienkatalog die intuitive Prognose vom Vorwurf der Verwendung naiver Alltagstheorien befreien und letztlich auch einen Schutz vor den strafrechtlichen Folgen einer Falschprognose bieten. Daher wäre die anstaltsübergreifende Erarbeitung eines wissensbassierten, empirisch abgesicherten Kriterienkatalogs zur Lockerungsprognose mehr

---

(1) Analyse der Anlasstat(en), (2) Bisherige Kriminalitätsentwicklung, (3) Persönlichkeit, vorhandene psychische Störungen, (4) Einsicht des Täters in seine Krankheit oder Störung, (5) Soziale Kompetenz, (6) Spezifisches Konfliktverhalten, (7) Auseinandersetzung mit der Tat, (8) Allgemeine Therapiemöglichkeiten, (9) Reale Therapiemöglichkeiten, (10 Therapiebereitschaft, (11) Sozialer Empfangsraum bei Lockerung, Urlaub, Entlassung sowie (12) Bisheriger Verlauf nach der (den) Tat(en). Dieser Methodik ist zwar weniger zeitintensiv als das vom den Schweizer Frank Urbaniok im Jahr 2004 entwickelte Forensische Operationalisierte Therapie-Risiko-Evaluations-System (kurz FOTRES), kommt aber nicht ohne psychiatrisch-psychologisches Fachwissen aus.

853 Vgl. *Wulf*, in: FS Kury, S. 535 (550 f.).

854 Dahle/*Harwardt*, LSI-R (Inventar zur Einschätzung des Rückfallrisikos und des Betreuungs- und Behandlungsbedarfs von Straftätern).

855 Beispielsweise *Haller*, Gutachten, S. 216.

856 Vgl. *Böhm*, in: Vollzugslockerungen im Spannungsfeld, S. 17 (26).

857 Vgl. dazu *Straube*, MschrKrim 1988, 329 (331 f.).

als nur wünschenswert.[858] Die Verwaltungsvorschriften legen hier zwar einen Grundstein, erweisen sich aber zu starr und unflexibel. Sie müssten zum Teil an neuere kriminologische Erkenntnisse angepasst werden.

Dennoch muss man sich im Klaren bleiben, dass die Treffsicherheit der Prognose nur äußerst begrenzt verbesserbar ist.[859] Gerade Gefangene des Regelvollzugs, die eine teils beachtliche Anzahl an Vorstrafen aufweisen, dürften auch unter Zuhilfenahme anderer Prognoseinstrumente keine wesentlich bessere Lockerungsprognose erhalten, als dies bei der intuitiven Prognose der Fall wäre. Hier obliegt es dem **Gesetzgeber** Abhilfe zu schaffen.

Vorgeschlagen wird zunächst, den Gesetzestext des Art. 13 Abs. 2 BaySt-VollzG durch den Austausch der Flucht- und Missbrauchs**befürchtung** durch die Flucht- und Missbrauchs**gefahr** abzuändern, um deutlicher herauszuarbeiten, dass objektive, konkretisierte Anhaltspunkte vorliegen müssen. Um zu verdeutlichen, dass abstrakte Gefahren die Versagung nicht rechtfertigen können, bietet sich folgende Formulierung an:

> *Vollzugslockerungen dürfen gewährt werden, wenn keine konkreten Anhaltspunkte die Gefahr begründen, der Gefangene werde sich dem Vollzug der Freiheitsstrafe entziehen oder die Vollzugslockerung zur Begehung von Straftaten missbrauchen.*[860]

Obwohl Rechtsprechung und Literatur hinreichend herausgearbeitet haben, dass das einzugehende Risiko vor dem Hintergrund des Resozialisierungsziels nicht ausgeschlossen, sondern eben „nur" verantwortbar bleiben muss, lässt der bloße Wortlaut der Befürchtensklausel wenig Raum für eine Risikoabwägung.[861] Einseitig dominiert der Schutz der Allgemeinheit, der über die Flucht- und Missbrauchsklausel Einzug in die Lockerungsentscheidung erhält, wohingegen der Resozialisierungs- und Behandlungsaspekt keinen direkten Auftritt in Art. 13, 14 BayStVollzG (§ 11, 13 StVollzG) erhält. Selbst bei entlassungsvorbereitenden Vollzugslockerungen, die nach Art. 17 BayStVollzG gewährt werden *sollen*, verbleibt der Vollzugsbehörde durch den Verweis auf Art. 13 BayStVollzG wenig Spielraum, da auch dort eine Bindung zu den tatbestandlichen Voraussetzungen und damit zur Flucht- und Missbrauchsprognose besteht.

---

858 In diese Richtung auch *Steindorfer*, ZfStrVo 2003, 3 (8).

859 Vgl. *Frisch*, ZStW 102 (1990), 707 (727 ff.).

860 So Art. 54 BaySvVollzG zur Umsetzung des vom Bundesverfassungsgericht aufgestellten Minimalisierungsgebots, vgl. BT-Drs. 17/9874, S. 17.

861 So Frisch, ZStW 1990, 102 (1990), 707 (752 f., 756); ähnlich auch *Grunau/Tiesler*, StVollzG, § 13 Rn. 3; *Häuser*, Gefahrenbegriff, S. 58.

Von beiden wenigstens gleichwertigen Vollzugszielen bzw. Aufgaben wird eines, nämlich der Schutz der Allgemeinheit, ausdrücklich bereits auf Tatbestandsebene berücksichtigt, während das Vollzugsziel der Resozialisierung dahinter zurücktritt und bei wortlautgetreuer Anwendung der Art. 13, 14 BayStVollzG, wenn überhaupt, allenfalls auf Ermessensebene zum Tragen kommt. Eine Abwägung des Risikos, das der Allgemeinheit durch die Lockerung auferlegt wird, mit ihrem Wert für den individuellen Resozialisierungsprozess kommt im Normtext nicht adäquat zum Ausdruck.

Sinnvoll erscheint es daher, den Resozialisierungsgedanken bereits auf Tatbestandsebene zu stärken. Es bietet sich an, das Risiko mit der Bedeutung der Lockerungen in Verhältnis zu setzen und mehr Risiken in Kauf zu nehmen, je gewichtiger die Lockerungsmaßnahme für die Erreichung der Vollzugszieles Resozialisierung ist.[862] Denkbar wäre folgende Formulierung:

Vollzugslockerungen dürfen mit Zustimmung des Gefangenen angeordnet werden, wenn die von der konkret zu gewährenden Lockerung ausgehende Gefahr, der Gefangene werde sich dem Vollzug der Freiheitsstrafe entziehen oder die Lockerungen des Vollzugs zu Straftaten missbrauchen, das Resozialisierungsinteresse des Gefangenen am Erhalt der Vollzugslockerung nicht übersteigt.

Zuzugeben ist allerdings, dass dieser Vorschlag für die Praxis wenig greifbar ist, da wohl nur schwer zu beurteilen ist, wie gewichtig das Resozialisierungsinteresse eines Gefangenen im Zusammenhang mit der Lockerung ist.

Denkbar und vorzugswürdig ist daher, den Vorschlag des Musterentwurfs (vgl. §§ 38 Abs. 2 und 42 Abs. 4 ME)[863] aufzugreifen und wenigstens die Lockerungen zur Entlassungsvorbereitung zu gewähren, wenn verantwortet werden

862 Vgl. dazu *Böhm*, in: Kury, Kriminologische Forschung in der Diskussion, S. 575 (590) m.w.N.; *Böhm*, NStZ 1986, 201 (205). In diese Richtung weist auch der normative Lösungsansatz von *Frisch*, ZStW 102 (1990), 707 ff. zur Lösung ungeklärter Mittelfeldsachverhalte. Allerdings ist sein Vorschlag zur normorientierten Vertatbestandlichung des § 56 StGB mit *Streng*, in: Täter-Individualprognose, S. 97 (117 f.) zwar als de lege ferenda wünschenswert, aber de lege lata als problematisch zu bewerten. Mit einer gesetzlichen Klarstellung könnte das gewünschte Ergebnis, nämlich eine weitreichendere Berücksichtigung des Resozialisierungsgedankens, nicht erst durch eine teleologische Auslegung erzielt werden.

863 § 38 Abs. 2 ME stellt bei vollzugsöffnenden Maßnahmen auf die Erwartensklausel ab. § 42 Abs. 4 ME lässt vollzugsöffnende Maßnahmen zur Entlassungsvorbereitung zu, sofern nicht mit hoher Wahrscheinlichkeit zu erwarten ist, dass die Gefangenen sich dem Vollzug der Freiheitsstrafe entziehen oder die Lockerung zu Straftaten missbrauchen werden.

kann zu erproben, dass der Gefangene sich dem Vollzug der Freiheitsstrafe nicht entziehen oder die Lockerungen zu Straftaten missbrauchen wird. Zumindest kann durch die Verwendung der Erprobungsklausel besser zum Ausdruck gebracht werden, dass Lockerungen eine Erprobungsfunktion innehaben, der nicht losgelöst vom Eingehen eines verantwortbaren Risikos nachgekommen werden kann.[864] Vorteil beider Lösungsvorschläge wäre zudem, dass eine bessere Abstimmung mit der Strafrestaussetzungsentscheidung erreicht werden könnte, die als weitergehende Entscheidung denknotwendig strengere Voraussetzung als die Lockerungsentscheidung verlangen müsste.

864 Vgl. *Lesting/Burkhardt*, in: AK-StVollzG, § 38 Rn. 68.

4. Kapitel Recht bekommen – Die gerichtliche Überprüfung der Versagung von Vollzugslockerungen

A. Überblick zur Historie gerichtlichen Rechtsschutzes im deutschen Strafvollzug

In die lange Geschichte des Strafens und ihres Vollziehens reiht sich das Kapitel des gerichtlichen Rechtsschutzes der Gefangenen gegen Maßnahmen des Strafvollzuges erst spät ein.[865] Lange konnten Gefangene ihre Beschwerden allenfalls gegenüber der Justizvollzugsanstalt selbst oder der Aufsichtsbehörde vortragen. Der von der Reichsregierung vorgelegte „Entwurf eines Gesetzes über die Vollstreckung von Freiheitsstrafen" vom 19. März 1879 sah in § 41 ein Beschwerderecht gegen die Art der Vollstreckung und gegen die Verhängung von Disziplinarstrafen bei der Aufsichtsbehörde oder der Oberaufsichtsbehörde vor. Die Bundesratsgrundsätze vom 28. Oktober 1897[866] hielten sodann an dem aufsichtsrechtlichen Beschwerderecht fest, verwiesen zur Gewähr gerichtlichen Rechtsschutzes jedoch auf § 490 der damals geltenden Fassung der Strafprozessordnung. Danach konnte bei Zweifeln über die Auslegung des Strafurteils oder die Berechnung der erkannten Strafe oder, wenn Einwendungen gegen die Zulässigkeit der Strafvollstreckung erhoben wurden, die Entscheidung des Gerichts herbeigeführt werden. Von einer Implementierung gerichtlichen Rechtsschutzes in den Strafvollzug im eigenlichen Sinne kann hierbei noch nicht gesprochen werden, da lediglich straf- und strafvollstreckungsrechtliche Fragen einer richterlichen Kontrolle zugeführt worden waren. Strafvollzugsrechtliche Fragestellungen blieben der gerichtlichen Kontrolle weiterhin entzogen.[867] Die strafrechtlichen Reformbestrebungen des 20. Jahrhunderts griffen die in den Hintergrund geratene Idee einer einheitlichen Kodifikation des Straf- und des Strafvollzugsrechts wieder auf. Die erstarkte Forderung, die Rechtsposition Strafgefangener zu stärken[868], schlug sich exemplarisch im Entwurf eines Strafgesetzbuches von

865 Ausführlich zur historischen Entwicklung des gerichtlichen und außergerichtlichen Rechtsschutzes, vgl. *Diepenbruck*, Rechtsmittel, S. 16 ff.

866 Zentralblatt für das Deutsche Reich, XXV. Jahrgang Nr. 45, vom 12. November 1987, S. 308 ff.

867 Vgl. *Andrae*, Strafvollzug, S. 52 ff.

868 Vgl. *Freudenthal*, Frankfurter Rektoratsrede (1909), ZfStrVo 1955, S. 157 ff.

1911[869] nieder. In § 53 des Entwurfs war erstmals die Einlegung einer gerichtlichen Beschwerde gegen die Art und Weise der Vollstreckung und explizit auch gegen besonders einschneidende Disziplinarmaßnahmen niedergeschrieben. Der Beginn des ersten Weltkrieges und die anschließend destabilisierte ökonomische und politische Lage des Deutschen Reiches nach Beendigung der Kampfhandlungen legten die Reformbestrebungen und mit ihr die Verrechtlichungsbemühungen im Strafvollzug vorerst still.

Den Grundstein für eine organisatorische Neustrukturierung des Strafvollzugs in ein Stufensystem legten als gemeinsame Ländervereinbarung die Reichsgrundsätze von 1923, die die Bundesratsgrundsätze von 1897 aufgriffen und fortentwickelten.[870] Der Glaube an die Funktionalität eines erziehenden Progressionssystems war zunächst so verwurzelt, dass er die Notwendigkeit der eigentlich längst überfälligen Einführung (gerichtlicher) Rechtsschutzgarantien abermals in den Hintergrund geraten ließ.[871] Immerhin brachten die Reichsgrundsätze wenigstens ein anstaltsinternes Beschwerderecht hervor, das der aufsichtsrechtlichen Prüfung vorgeschaltet werden konnte (§§ 148 ff.). Justiziabel wurden Maßnahmen der Vollzugsbehörde letztlich erst 1960 durch die Einführung der §§ 23 ff. EGGVG (a.F.), nach in Kraft treten der Dienst- und Vollzugsordnung am 01. Juli 1962 dann i.V.m. § 196 DVollzO. Als Justizverwaltungsakte konnten diese nun einer bei den Oberlandesgerichten recht hoch angesiedelten richterlichen Kontrolle zugeführt werden. Zwar galten Hafturlaube in den 1960er noch als Akt des Gnadenerweises und waren daher nicht oberlandesgerichtlich justiziabel.[872] Doch fand der aufkeimende Zuständigkeitsstreit zwischen Justiz- und Verwaltungsgerichtsbarkeit[873] sein Ende. Obwohl die Figur des besonderen Gewaltverhältnisses noch Geltung beanspruchte, war die Erweiterung der gerichtlichen Kontrollmöglichkeiten ein weiterer gewichtiger Schritt einer Verrechtlichung des Strafvollzugs. Dass die Einschränkung von Grundrechten von Gefangenen sich allein aus der Rechtsfigur des besonderen Gewaltverhältnisses rechtfertigen ließ, stellte das Bundesverfassungsgericht in der auch

869 Gegenentwurf zum Vorentwurf eines deutschen Strafgesetzbuches von 1911 abgedr. bei *Vormbaum/Rentrop*, Reform des Strafgesetzbuches, Bd. 1, S. 63 ff.

870 Vgl. RGBl. II 1923, S. 263 ff. Vgl. beispielsweise auch die preußische „Verordnung über den Strafvollzug in Stufen" von 1929. Zur Blütezeit der deutschen Stufensysteme von 1914 bis 1933 *Schattke*, Progression im Strafvollzug, S. 129 ff.

871 Vgl. *Kaiser*, in: Kaiser/Schöch, Strafvollzug, § 2 Rn. 58.

872 Vgl. *Meißner*, Urlaub, S. 3 ff.

873 Vgl. dazu *Kaiser*, in: Kaiser/Schöch, Strafvollzug, § 3 Rn. 61 dort Fn. 273, 274 m.w.N. aus der Rspr.

für den Rechtsschutz wegweisenden Entscheidung im Jahr 1972 in Abrede und es forderte ein förmliches Gesetz, in dem die Rechte und Pflichten der Gefangenen niedergeschrieben sind.[874] Diese Entscheidung entzog der bis dato geltenden Legitimationsgrundlage des besonderen Gewaltverhältnisses den Boden und zeichnete den Weg in ein Strafvollzugsgesetz vor.

Es hatte mehr als ein Jahrhundert gedauert, bis mit Inkrafttreten des Strafvollzugsgesetzes ein einheitliches und umfassendes Regelwerk geschaffen war, das den Anspruch erheben konnte, diesen Anforderungen, auch in Bezug auf die Rechtsschutzmöglichkeiten, gerecht geworden zu sein. Um sich (unberechtigter) Eingriffe zu erwehren, haben sich mit den §§ 108 ff. StVollzG verschiedene gerichtliche und außergerichtliche Rechtsbehelfe herausgebildet, auf die Gefangene zurückgreifen können. Mit den §§ 109 ff. StVollzG wurde dem Gefangenen ein gerichtlicher Rechtsbehelf zur Verfügung gestellt, mit dem er sich gegen vollzugliche Maßnahmen zur Wehr setzen kann.[875] Zur erstinstanzlichen Entscheidung über Anträge von Gefangenen auf gerichtliche Entscheidung sind die bei den Landgerichten angesiedelten Strafvollstreckungskammern (vgl. § 78a I Nr. 2 GVG) zuständig. Die Föderalismusreform von 2006 ließ das gerichtliche Rechtsschutzverfahren nach §§ 109 ff. StVollzG weitgehend unberührt, da dieser Bereich als Gegenstand der konkurrierenden Gesetzgebung im Zuständigkeitsbereich des Bundes verblieben ist (vgl. Art. 70 Abs. 1, 72, 74 Abs. 1 Nr. 1 GG, Art. 1, 208 BayStVollzG). Lediglich das vollzugsinterne Beschwerderecht wurde in den Kompetenzbereich der Länder, in Bayern Art. 115 BayStVollzG, überführt.

B. Die außergerichtlichen Rechtsschutzmöglichkeiten gegen die Versagung von Vollzugslockerungen

Mit der Frage nach der Ergreifung eines Rechtsbehelfes sieht sich der Gefangene dann konfrontiert, wenn entweder sein konkreter Antrag, eine bestimmte Vollzugslockerung zu erhalten, ablehnend beschieden wurde, oder wenn ihm schon im Vollzugsplan die generelle Eignung für Vollzugslockerungen abgesprochen

874 Vgl. BVerfGE 33, 1 ff.

875 Die aus dem Regierungsentwurf stammende Fassung (vgl. § 97 Abs. 1 RE) reduziert den gerichtlichen Rechtsschutz nicht auf Maßnahmen des Anstaltsleiters oder der Aufsichtsbehörde, so aber § 100 des Kommissionsentwurfs, sondern gewährt Rechtsschutz gegen Maßnahmen des Strafvollzuges, was gegenüber dem Rechtsschutzverfahren in der Dienst- und Vollzugsordnung zu einer weiteren Aufwertung führte, vgl. *Diepenbruck*, Rechtsmittel, S. 27.

wird. Die folgenden Ausführungen sollen einen Überblick über die außergerichtlichen Rechtsschutzmöglichkeiten bieten, mit denen sich der Gefangene gegen die Versagung von Vollzugslockerungen zur Wehr setzen kann.[876]

I. Vollzugsinterne (Selbst-)Kontrolle

1. Beschwerderecht gem. Art. 115 BayStVollzG (§ 108 StVollzG)

Zunächst kann auf vollzugsinterne Kontrollmechanismen zurückgegriffen werden. Der Gefangene kann sich schriftlich oder mündlich im Wege der Gegenvorstellung mit der für die Versagung verantwortlichen Abteilungsleitung in Verbindung setzen. Gemäß Art. 115 Abs. 1 BayStVollzG (§ 108 Abs. 1 StVollzG) erhält der Gefangene darüber hinaus Gelegenheit, sich mit Wünschen, Anregungen und Beschwerden in ihn selbst betreffenden Angelegenheiten an den **Anstaltsleiter** zu wenden. Da die Beteiligung einer dritten Person oft erfolgsversprechender erscheint, als die Überprüfung durch den Entscheidungsträger selbst, räumt das Strafvollzugsgesetz dem Gefangenen ein **Beschwerderecht** ein.[877] Seine Einwände gegen die Lockerungen ablehnende Entscheidung kann der Gefangene jederzeit schriftlich (vgl. VV Nr. 1 Abs. 1 zu Art. 115 BayStVollzG bzw. zu § 108 StVollzG) oder auch mündlich vortragen, wobei er bei letzteren aus vollzugsorganisatorischen Gründen auf die in der Regel wöchentlich stattfindenden Sprechstundenzeiten der Anstaltsleitung (vgl. Art. 108 Abs. 1 S. 2 BayStVollzG, § 108 Abs. 1 S. 2 StVollzG) verwiesen werden kann.[878]

Daneben räumt Art. 115 Abs. 2 BayStVollzG, § 108 Abs. 2 StVollzG den Gefangenen ein, sich bei Gelegenheit des Besuches eines **Vertreters der Aufsichtsbehörde** mit ihren Angelegenheiten an diesen zu wenden. Die Aufsicht über bayerische Justizvollzugsanstalten führt das Bayerische Staatsministerium der Justiz (Art. 173 Abs. 1 BayStVollzG).[879] Zum Beschwerdegegenstand kann auch die Versagung von Lockerungen gemacht werden. Der Gefangene kann sich zu dem mindestens einmal im Jahr stattfindenden Termin zur Vorsprache vormerken lassen, vgl. VV Nr. 1 zu Art. 174 BayStVollzG i.V.m. VV Nr. 1 Abs. 3 zu Art. 115 BayStVollzG (VV Nr. 1 zu § 151 StVollzG, VV zu Nr. 1 Abs. 3 zu

---

876 Vgl. hierzu und weiterführend zu den anderen außergerichtlichen Rechtsschutzmöglichkeiten *Dünkel*, GA 1996, 518 ff.

877 Eine Untersuchung aus Nordrhein-Westfalen bescheinigt dieser vollzugsinternen Kontrollmöglichkeit eine Erfolgsquote von bis zu einem Drittel, vgl. *Diepenbruck*, Rechtsmittel, S. 206.

878 Vgl. *Laubenthal*, in: SBJL, StVollzG, § 108 Rn. 3.

879 Zur Aufsicht über Justizvollzugsanstalten vgl. *Steinhilper/Steinhilper*, NK 2005, 19 ff.

§ 108 StVollzG). Allerdings geht damit kein Recht des Gefangenen einher, einen Besuch eines Vertreters des Ministeriums zu dem von ihm gewünschten Zeitpunkt zu verlangen.[880] Da der Besuch der Aufsichtsbehörde nicht immer zeitlich mit einem abgelehnten Lockerungsantrag zusammenfallen wird, kann sich der Gefangene sein Beschwerderecht nach Art. 115 Abs. 2 StVollzG nur innerhalb eines engen zeitlichen Rahmens nutzbar machen, wodurch sich dieser Rechtsbehelf zur Überprüfung von Vollzugslockerungen nur bedingt eignet.

2. Dienst- und Sachaufsichtsbeschwerden

Mit rein deklaratorischer Wirkung erklärt Art. 115 Abs. 3 BayStVollzG (§ 108 Abs. 3 StVollzG) die Dienstaufsichtsbeschwerde neben dem Beschwerderecht nach Abs. 1 und Abs. 2 für zulässig. Steht die inhaltliche Richtigkeit der Entscheidung in Frage, so ist von einer Sachaufsichtsbeschwerde auszugehen. Richtet sich die Beschwerde dagegen gegen das persönliche Verhalten eines Bediensteten, ist sie als Dienstaufsichtsbeschwerde an den Dienstvorgesetzen (i.d.R. an den Anstaltsleiter) zu richten.[881] Kommt die Prüfung zu dem Ergebnis, dass ein begründeter Einwand vorgebracht wurde, wird der untergeordnete Entscheidende oder die untergeordnete Behörde zur Neubescheidung angewiesen. Wird der Beschwerde nicht abgeholfen, wird dem Gefangenen lediglich mitgeteilt, dass die Sach- und Rechtslage (erneut) geprüft wurde, aber kein Anlass zu einem dienstaufsichtsrechtlichen Vorgehen besteht. Da eine Aufsichtsbeschwerde keine unmittelbare Rechtswirkung entfaltet, sondern durch eine höhere Instanz auf die untergeordnete Instanz behördenintern eingewirkt werden soll, ist die Zurückweisung der Beschwerde durch die höhere Instanz als solche nicht gerichtlich nachprüfbar.[882] Eine Ausnahme liegt nur dann vor, wenn der die Dienstaufsichtsbeschwerde zurückweisende Bescheid erstmals eine den Gefangenen betreffende Sachentscheidung enthält.[883] Ist der zugrundeliegende Beschwerdegegenstand allerdings zugleich eine ohnehin nach §§ 109 ff. StVollzG anfechtbare Maßnahme, so kann der Rechtsweg seinetwegen durchaus beschritten werden.[884]

---

880 Vgl. *Arloth*, in: Arloth/Krä, StVollzG, § 108 Rn. 5.

881 Vgl. *Arloth*, in: Arloth/Krä, StVollzG, Vorb. § 108 ff. Rn. 3; *Nestler*, in: LNNV, StVollzG, Abschn. P Rn. 10.

882 Vgl. *Laubenthal*, Strafvollzug, Rn. 758; OLG Hamburg NStZ 1991, 560; KG NStZ 1991, 382; OLG Hamm NStZ 1993, 425.

883 Vgl. *Laubenthal*, Strafvollzug, Rn. 758; KG NStZ 1991, 382; KG NStZ 1997, 428.

884 Vgl. OLG Hamburg NStZ 1991, 560.

3. *Allgemeine und lockerungsspezifische Möglichkeiten und Grenzen der vollzugsinternen Kontrollmechanismen*

Der Vorteil vollzugsinterner Kontrollmechanismen besteht darin, dass dem Gefangenen keine Gerichtskosten entstehen, die (kostenpflichtige) Hinzuziehung eines Rechtsanwaltes entbehrlich sein kann, der Zeitaufwand (u.a. aufgrund der Möglichkeit eines kurzfristigen, mündlichen Vorbringens und einer ggf. zeitnahen Abhilfe) minimiert wird und eine gerichtliche Auseinandersetzung, die das Verhältnis zwischen Gefangenen und Vollzugsbehörde nachhaltig belasten könnte, zu Gunsten einer einvernehmlichen Konfliktlösung vermieden werden kann. In seiner Untersuchung zu den Rechtsmitteln im Strafvollzug zu Beginn der 1980er Jahre kam *Diepenbruck* zu dem Ergebnis, dass die mündliche Beschwerde beim Anstaltsleiter die am häufigsten genutzte und darüber hinaus die erfolgversprechendste Kontrollmöglichkeit darstellt.[885]

Die im Zusammenhang mit der Dienstaufsichtsbeschwerde oft fallenden Schlagwörter „formlos, fristlos, fruchtlos" bringen die Schwachstellen vollzugsinterner Kontroll- und Beschwerdemöglichkeiten auf den Punkt. Gerade bei der Entscheidung über Vollzugslockerungen sind die Chancen nicht allzu hoch, dass der Anstaltsleiter oder die Aufsichtsbehörde die Bedenken, die der entscheidende Abteilungsleiter zugunsten des Schutzes der Allgemeinheit in der Verbescheidung angestellt hat, hinter dem Lockerungsbegehren des Gefangenen zurückstellen wird. Die Aufsichtsbehörde und die Justizvollzugsbehörde verfolgen ähnliche Interessen, weshalb sich die aufsichtsrechtliche Prüfung dem Vorwurf der „unkritische(n) Nähe" ausgesetzt sieht und die Forderung nach vollzugsunabhängigen Kontrollgremien zumindest nicht überrascht.[886] Darüber hinaus liegt der Schwerpunkt des aufsichtsrechtlichen Selbstverständnisses bei der Kontrolle weniger in der Regulierung von Einzelfällen, sondern auf einer rahmenplanenden, globalen Steuerung des (bayerischen) Vollzugs, weshalb der Justizvollzugsbehörde bei einzelnen Lockerungsentscheidungen tendenziell eine Entscheidungs- und Gestaltungsfreiheit belassen wird.[887]

Aus Sicht des Gefangenen bergen vollzugsinterne Rechtsbehelfe nichtsdestotrotz konfliktlösendes Potential, das nicht ungenutzt bleiben sollte.

---

885 Vgl. *Diepenbruck*, Rechtsmittel, S. 206, 209.

886 So beispielsweise *Dünkel*, GA 1996, S. 518 (533).

887 Vgl. *Dünkel*, GA 1996, 518 (532 f.); *Eschke*, Mängel im Rechtsschutz, S. 9; *Arloth*, in: Arloth/Krä, StVollzG, § 151 Rn. 2; *Laubenthal*, in: LNNV, StVollzG, Abschn. N Rn. 13.

II. Sonstige außergerichtliche Rechtsbehelfe

Möchte der Gefangene sein Lockerungsbegehren auf öffentlich-politischer Ebene verfolgen, so kann er gem. Art. 187 Abs. 1 S. 1 BayStVollzG (§ 164 Abs. 1 S. 1 StVollzG) sein Anliegen beim Anstaltsbeirat vortragen oder von seinem Petitionsrecht nach Art. 17 GG bzw. Art. 115 BayVerf Gebrauch machen. Die Justizvollzugsanstalt ist angehalten, ihre getroffene Entscheidung erneut zu überdenken und gegebenenfalls zu rechtfertigen. Da weder dem Anstaltsbeirat[888], noch der zuständigen Volksvertretung unmittelbare Entscheidungskompetenz eingeräumt ist[889], eignen sich diese außergerichtlichen Rechtsbehelfe weniger, um die Gewähr von Vollzugslockerungen durchzusetzen.

C. Der gerichtliche Rechtsschutz

Blieben außergerichtliche Rechtsbehelfe erfolglos oder ungenutzt, kann der Gefangene unmittelbar gerichtlichen Rechtsschutz ersuchen, ohne ein obligatorisches Verwaltungsvorverfahren vorschalten zu müssen.[890]

I. Überblick zu den gerichtlichen Rechtsschutzoptionen

Gegen die Lockerungsentscheidung der Justizvollzugsbehörde kann der Gefangene versuchen, mittels Anfechtungs- oder Verpflichtungsantrags eine gerichtliche (Eil-)Entscheidung der Strafvollstreckungskammern **gem. §§ 109 ff. StVollzG** herbeiführen. Gegen die Entscheidung der Strafvollstreckungskammer kann der Gefangene in zweiter Instanz gem. § 116 StVollzG Rechtsbeschwerde vor dem Oberlandesgericht erheben.

Nach Ausschöpfung des fachgerichtlichen Instanzenzuges kann der Gefangene sich auch mit einer Verfassungsbeschwerde an das Bundesverfassungsgericht wenden, wenn und soweit eine Verletzung von Verfassungsrecht durch die Justizvollzugsbehörde oder eine Gerichtsentscheidung des OLG

---

888 Vgl. *Laubenthal*, Strafvollzug, Rn. 759.

889 Vgl. *Laubenthal*, in: SBJL, StVollzG, § 108 Rn. 3; allg. zum Grundrecht der Petitionsfreiheit *Vitzthum/März*, JZ 1985, S. 809 ff.

890 § 109 Abs. 3 a.F. StVollzG ermächtigte die Länder zur Etablierung eines obligatorischen Widerspruchverfahrens. Da aber ohnehin nur ein Teil der Länder von dieser Ermächtigung Gebrauch gemacht hatten, und mit dem Verzicht auf ein Vorverfahren dem Gebot effektiven Rechtsschutzes und dem Beschleunigungsgrundsatz besser entsprochen werden kann, wurde die Regelung im Jahr 2012 endgültig gestrichen, vgl. BGBl. I 2012, S. 2425 ff.; BT-Drs. 17/9847, S. 27 f.; *Laubenthal*, Strafvollzug, Rn. 783 f.

als Rechtsbeschwerdeinstanz gerügt wird. Da die Zulässigkeit einer Rechtsbeschwerde gem. § 116 Abs. 1 StVollzG voraussetzt, dass sie zur Fortbildung des Rechts oder zur Sicherung einer einheitlichen Rechtsprechung geboten ist, mithin eine grundsätzliche Bedeutung erlangt, ist der Rechtsweg in Strafvollzugssachen häufig relativ schnell ausgeschöpft und der Rechtsweg zu den Verfassungsgerichten eröffnet.[891] Nach Abschluss des innerstaatlichen Rechts- und Instanzenzuges kann der Gefangene final eine Individualbeschwerde am europäischen Gerichtshof für Menschenrechte erheben (Art. 34, 35 EMRK).

II. Allgemeine Probleme des (gerichtlichen) Rechtsschutzes im Strafvollzug

Der obige historische Überblick zeigt, dass Gefangene durch die §§ 109 ff. StVollzG als Konkretisierung der grundgesetzlichen Rechtsweg- und Rechtsschutzgarantie mittlerweile auf ein normatives Fundament zur Erlangung gerichtlichen Rechtsschutzes zurückgreifen können. Der situative Umstand der Inhaftierung kann allerdings Zugangsbarrieren und Hemmnisse hervorrufen, die geschaffenen Rechtsschutzmöglichkeiten auch zu ergreifen. Im Folgenden werden Gründe dargestellt, die für einen erschwerten Zugang zur Wahrnehmung und Verfolgung von Rechten verantwortlich gemacht werden.

1. Rechtsschutz in der „totalen Institution“

Vollzugsspezifische Besonderheiten, die der Position des antragstellenden Rechtsschutzsuchenden als Gefangener geschuldet sind, bewirken ein Gefälle zwischen den Prozessbeteiligten, das sich belastend auf Praktikabilität und Effizienz des gerichtlichen Rechtsschutzes auswirken kann. Als ein „unlösbares Dilemma“, zu dem es mehr Fragen als Antworten gibt, beschreibt ein Tagungsbericht den Rechtsschutz in dem von *Goffman* als totale Institution begriffenen Gefängnis.[892] Von Anbeginn der Inhaftierung muss sich der Gefangene zu Lasten seiner autonomen Lebensführung in ein neues, geschlossenes System einfügen und sich den zahlreichen Rechtsbeschränkungen der Justizvollzugsanstalt unterwerfen.[893] Die Deprivationen des Freiheitsentzugs und das unfreiwillig eingegangene Abhängigkeitsverhältnis zur Anstalt schärfen das Bewusstsein um die (noch) vorhandenen Rechtspositionen und erhöhen die Empfindsamkeit

891 Vgl. *Koeppel*, Kontrolle, S. 12.

892 Vgl. *Wegner-Brandt*, ZfStrVo 1993, S. 153 (153) und bereits die Ausführungen in Kapitel 2.

893 Vgl. *Laubenthal*, in: GS Meurer, S. 483 (483 f.).

für tatsächliche oder vermeintliche Eingriffe, so dass Rechtsbehelfen gesteigerte Bedeutung beigemessen wird.[894] Gleichwohl spiegelt sich die Zahl derer, die sich während des Vollzuges der Freiheitsstrafe ungerecht behandelt oder in ihren Rechten verletzt fühlen, nicht gleichläufig im Beschwerdeaufkommen wider.[895] Viele Gefangene meiden Konflikte mit der Anstalt, scheuen den Weg zu Gerichten und sehen sich psychischen Hemmschwellen ausgesetzt, die sie – etwa aus Angst vor vollzuglichen Nachteilen – von der Ergreifung von Rechtsmitteln abhalten.[896] Andere Gefangene machen von den ihnen eingeräumten Rechtsmitteln bis zum Übermaß Gebrauch. Einige wenige Gefangene verursachen eine sehr hohe Zahl an Beschwerden, Anträgen auf gerichtliche Entscheidungen oder Landtagseingaben, wobei die teils extensive (Aus)Nutzung der Rechtsschutzmöglichkeiten nicht immer nur auf die Klärung streitiger Rechtsfragen, sondern bewusst auch auf die Verfolgung verfahrensfremder Zwecke abzielt.[897]

2. *Rechts(un)kundigkeit, Rechtsberatung und Verteidigung in Vollzugssachen, Kostenlast*

Die Durchsetzung und Verteidigung der eigenen Rechte setzt deren Kenntnis und das Wissen um die geeigneten Rechtsschutzmöglichkeiten voraus. Daher ist den Gefangenen Zugang zu den einschlägigen Gesetzen und Kommentaren einzuräumen. Bei bildungsfernen oder ausländischen, der (deutschen) (Rechts-) Sprache nicht mächtigen Gefangenen, läuft dieses Informations(an)gebot oftmals ins Leere. Die grundsätzliche Verpflichtung der Justizvollzugsanstalten, ihre Gefangenen bei der Wahrnehmung ihrer Rechte und Pflichten unterstützend zu beraten, eignet sich nur bedingt, um etwaige Informationsdefizite der

---

894 Vgl. *Böhm*, Strafvollzug, Rn. 390; *Müller-Dietz*, Strafvollzugsrecht, S. 214 f., der in diesem Zusammenhang von einer „Ventilfunktion der gerichtlichen Kontrolle" spricht; *Nestler*, in: LNNV, StVollzG, Abschn. P Rn. 2 f.; vgl. auch Voraufl. CMD, StVollzG, 11. Aufl. § 108 Rn. 4; *Schüler-Springorum*, Strafvollzug im Übergang, S. 35 f.

895 Vgl. *Rotthaus*, NStZ 1990, 164 (165); *Litwinski*, Strafverteidigung im Strafvollzug, S. 54 ff., der seine Befragung mit dem Ergebnis abschließt, dass sich 70% der Gefangenen wenigstens einmal während ihrer Inhaftierung ungerecht behandelt fühlten; *Wagner*, MschrKrim 1976, 241 (248 f.).

896 Vgl. *Kamann*, Gerichtlicher Rechtsschutz, S. 44; *Nestler*, in: LNNV, StVollzG, Abschn. P Rn. 3.

897 Vgl. *Gross/Laub*, FS 2012, 277 (277); *Laubenthal*, in: GS Meurer, S. 483 (488 f.); *Laubenthal*, Strafvollzug, Rn. 753; *Bergmann*, Verrechtlichung des Strafvollzugs, S. 213; dazu und allgemein zu querulatorischen Gefangenen *Eschke*, Mängel im Rechtsschutz, S. 10 ff.; Zum Ganzen vgl. auch *Dinger/Koch*, Querulanz, insb. S. 71 ff.

Gefangenen bei der Wahrnehmung und gerichtlichen Geltendmachung eigener Rechtspositionen gegenüber der Justizvollzugsanstalt zu beseitigen. Die einschlägigen Art. 78 Abs. 1 BayStVollzG, § 73 StVollzG finden sich im Abschnitt „Soziale Hilfe“ und verpflichten den Sozialdienst, den Gefangenen in Unterhalts-, Wohnungs-, Renten- oder Sozialleistungen beratend zu unterstützen. Eine darüber hinausgehende juristische Rechtsberatung kann, soll und darf weder in allgemeinen noch in vollzugsspezifischen Rechtsfragen geleistet werden.[898] Im Hinblick auf belastende und damit anfechtbare Maßnahmen auf dem Gebiet des Strafvollzugs wäre wünschenswert, aber auch ausreichend, dass der Gefangene durch die Anstalt unter Hinweis auf etwaige Fristen darauf aufmerksam gemacht wird, dass es ihm freistehe, anwaltliche Beratung und (gerichtlichen) Rechtsschutz in Anspruch zu nehmen.

Gerade hierin wurzelt die nächste Erschwernis. Im weiten Feld des anwaltlichen Aufgabenspektrums scheint die Beratung und Verteidigung in Straf- oder Maßregelvollzugssachen eine nachgeordnete Rolle einzunehmen. Dies mag darauf zurückzuführen sein, dass diese Tätigkeitsfelder an den Randbereichen der universitären und auch der fachanwaltlichen Ausbildung liegen.[899] In dem strukturell an das Verwaltungs- und Verwaltungsprozessverfahren angelehnten Strafvollzugsverfahren sind selbst umfangreiche Kenntnisse eines erfahrenen Strafverteidigers im Straf- und Strafprozessrecht oft nicht ausreichend.[900] Darüber hinaus beansprucht die Verteidigung und Vertretung in Strafvollzugsangelegenheiten einen hohen Zeit- und Arbeitsaufwand, dessen gesellschaftliche und finanzielle Würdigung oftmals nicht als angemessen empfunden wird.[901] Der Rechtsanwalt muss seinen Mandanten in der oftmals weiter entfernten Justizvollzugsanstalt aufsuchen und ist an die dortigen Besuchs- und Sprechzeiten gebunden. Soweit ein schriftlicher Bescheid nicht vorliegt, muss der Gefangene seinem Rechtsanwalt sein Vorbringen zunächst mündlich schildern. Aus Gründen der Sicherheit und Ordnung der Anstalt gerechtfertigt, aber aus Sicht des Verteidigers und des Gefangenen die Rechtsberatung erschwerend wirkt, dass weder dem Gefangenen noch seinem Rechtsbeistand ein umfassendes Einsichtsrecht in die Gefangenenpersonalakten gewährt wird, sondern er sich auf ein nur stufenweise gewährtes Informationsrecht verweisen lassen muss, vgl. Art. 204

---

898 Vgl. *Arloth*, in: Arloth/Krä, StVollzG, § 73 Rn. 2.

899 Vgl. *Zieger*, StV 2006, 375 (376).

900 Vgl. *Kamann*, Gerichtlicher Rechtsschutz, S. 87 ff.; *Rotthaus*, NStZ 1990, 164 (165, 168); *Weißbrodt*, FS 2012, 260 (263).

901 Vgl. *Dünkel*, GA 1996, 518 (523); *Rotthaus*, NStZ 1990, 164 (165); *ders.*, NStZ 1993, 218 (220); *Zieger*, StV 2006, 375 (376).

BayStVollzG (§ 185 StVollzG). Zunächst muss dargelegt werden, dass die Erteilung entsprechender Auskünfte, oder einzelne Ausdrucke oder Kopien zur Wahrung der rechtlichen Interessen nicht ausreichen.[902] In Ermangelung eines umfassenden Akteneinsichtsrechts muss der Anwalt seine Verteidigung auf die (subjektiv gefärbten) Informationen stützen, die ihm sein inhaftierter Mandant übermittelt.

Der **monetäre Aspekt** der gerichtlichen und außergerichtlichen Rechtsberatung hemmt beide Seiten, den Rechtsanwalt und den Gefangenen, naturgemäß aus verschiedenen Gründen. Die für den Rechtsanwalt unter Umständen als zu niedrig empfundenen **Gebühren**, erscheinen für einen nicht arbeitenden, außerhalb der Anstalt finanziell nicht unterstützen Gefangenen noch immer zu hoch.[903] Wie jedes andere Gerichtsverfahren, verursacht auch der Weg zu den Strafvollstreckungskammern zunächst einmal **Kosten** zu Lasten des antragstellenden Gefangenen. Nur wenige Gefangene verfügen über ausreichend finanzielle Mittel, um die Gerichtskosten tragen zu können und den Rechtsanwalt entsprechend der gesetzlichen Gebührensätze oder darüberhinausgehend durch eine individuelle Vergütungsvereinbarung nach § 4 RVG zu vergüten. Grundlage für die Bemessung der anfallenden Gerichtskosten (§ 62 GKG) und der Rechtsanwaltsgebühren (§ 32 RVG) ist eine Streitwertfestsetzung, die durch Beschluss der Strafvollstreckungskammer erfolgt. Der Streitwert ist so zu bemessen, dass die finanziellen Interessen der Beteiligten bestmöglich zum Ausgleich gebracht werden. Das bedeutet einerseits, dass der Streitwert aus rechtsstaatlichen Gründen angesichts der geringen finanziellen Leistungsfähigkeit der Gefangenen niedrig gehalten werden muss, um den gerichtlichen Rechtsschutz nicht durch ein unzumutbar hohes Kostenrisiko zu verkürzen und andererseits, dass der Streitwert so hoch angesetzt werden soll, dass die wirtschaftlichen Interessen des Verteidigers Berücksichtigung finden können.[904] Bei hinreichenden Erfolgsaussichten erfährt der persönlich und wirtschaftlich bedürftige Gefangene finanzielle Unterstützung im Wege der Prozesskostenhilfe (§§ 120 Abs. 2 StVollzG i.V.m. § 114 ff. ZPO). Einen Anspruch auf kostengünstige Rechtsberatung außerhalb eines gerichtlichen Verfahrens stellt das (in Vollzugssachen wenig bekannte und wenig genutzte) Beratungshilfegesetz dem mittellosen Gefangenen zur Seite.[905] Allerdings dürfte die Übernahme eines Mandats auf Grundlage von

902 Vgl. zum Ganzen *Arloth*, in: Arloth/Krä, StVollzG, § 185 Rn. 1 ff.

903 Vgl. *Dünkel*, GA 1996, 518 (531); *Eschke*, Mängel im Rechtsschutz, S. 13, 149 ff.; *Rotthaus*, NStZ 1990, 164 (165); *Zieger*, StV 2006, 375 (376 f.).

904 Vgl. KG BeckRS 2014, 10369 m.w.N.

905 Vgl. dazu *Eschke*, Mängel im Rechtsschutz, s. 149 ff.

Prozesskosten- oder Beratungshilfe aus anwaltlicher Sicht kaum kostendeckend und daher nur minder attraktiv sein.

3. *Geringe Erfolgsaussichten*

Begibt man sich wieder zurück auf die Suche nach den Gründen, die Rechtsanwälte und Strafverteidiger von einer Mandatierung in Strafvollzugsachen abhalten, so wird ein resignatives Ohnmachtsgefühl und die Angst vor Misserfolgen beschrieben, die gerade in Strafvollzugssachen einen großen Raum einzunehmen scheinen.[906] Vor dem Hintergrund niedriger Erfolgsquoten lassen sich auch die Gefangenen oftmals vom Klageweg abschrecken. Ein erster Blick auf die **Erfolgsquoten** in Strafvollzugsangelegenheiten hinterlässt tatsächlich den Eindruck mangelnder Effektivität des gebotenen Rechtsschutzes. Diese betragen bei erstinstanzlichen Verfahren vor den Strafvollstreckungskammern üblicherweise 2 bis 5%.[907] Auffällig ist, dass höhere Instanzen eine etwas höhere Erfolgsquote aufweisen. Im Rechtsbeschwerdeverfahren liegen die Erfolgsaussichten bei etwa 8%.[908] Verfassungsbeschwerden in Strafvollzugssachen weisen eine Erfolgsquote von 5–10% auf, während die Erfolgsquoten bei Verfassungsbeschwerden üblicherweise bei etwa 2% liegen.[909]

Aus den geringen Erfolgsquoten muss aber nicht zwingend ein Wirksamkeitsdefizit im gerichtlichen Rechtsschutzsystem gefolgert werden. Von anderer Warte aus lassen sich diese als Indiz für eine „prinzipielle Gewissenhaftigkeit der Justizvollzugsbehörden“ werten.[910] Wenn man nämlich bedenkt, dass der zunächst nur für den konkreten Einzelfall erstrittene Erfolg die künftige Verfahrensweise der Strafvollzugsbehörden in vergleichbaren Fällen vor dem Hintergrund der nunmehr existierenden Rechtsprechung der zuständigen Strafvollstreckungskammern oder der Oberlandesgerichte dauerhaft verändert und so die Rechtsposition *aller* Gefangener nachhaltig gestärkt wird, entkräftet sich der Vorwurf der Unwirksamkeit gerichtlicher Kontrolle des Strafvollzugs ein weiteres Stück.[911]

---

906 Vgl. *Zieger*, StV 2006, 375 (377); *Wagner*, MschrKrim 1976, 241 (249).

907 Vgl. *Kamann*, Gerichtlicher Rechtsschutz, S. 180: 5,4%. *Diepenbruck*, Rechtsmittel, S. 206: 3 %. Erste frühe Analysen brachten noch niedriger Erfolgsquoten hervor: *Feest/Seeling*, in: Kriminologische Forschung, S. 247 (261) kommen auf eine Gesamterfolgsquote aller Rechtsmittel von 1%; für die JVA Fühlsbüttel *Gross/Laub*, FS 2012, 277 (278).

908 Vgl. *Feest/Selling*, in: Kriminologische Forschung, S. 247 (258 f.).

909 Vgl. *Koeppel*, Kontrolle, S. 33 f.

910 Vgl. *Bachmann*, in: LNNV, StVollzG, Abschn. P Rn. 18.

911 Vgl. auch *Gross/Laub*, FS 2012, 277 (278).

Gerichtliche Anträge von Gefangenen haben eine umfangreiche Strafvollzugsrechtsprechung hervorgebracht, die die Vollzugspraxis nachhaltig verändert und so ihren Beitrag zur Verrechtlichung des Strafvollzuges geleistet hat.

D. Der gerichtliche Rechtsschutz Gefangener im Verfahren gem. §§ 109 ff. StVollzG gegen die Versagung von Vollzugslockerungen – Ausfluss der Rechtsschutzgarantie?

Ein solches resignatives Ohnmachtsgefühl, dem sich Gefangene und Verteidiger oftmals gegenüber der Justizvollzugsanstalt ausgesetzt fühlen, wäre begründet, wenn die vorhandenen Rechtsschutzmöglichkeiten nicht die erforderliche Effizienz und Effektivität aufweisen würden, um eine vollzugliche Entscheidung einer richterlichen Kontrolle zu unterziehen. Am Beispiel der Vollzugslockerungen soll im Folgenden das Rechtsschutzverfahren vor der Strafvollstreckungskammer näher beleuchtet werden. Insbesondere wird der Frage nachgegangen, welche Prüfungs- und Kontrollkompetenzen die §§ 109 ff. StVollzG den Gerichten einräumen und ob diese Kompetenzen den verfassungsrechtlichen Ansprüchen genügen.

I. Rechtsschutzgewährung durch die Strafvollstreckungskammer

Die gerichtliche Überprüfung vollzugsbehördlicher Maßnahmen obliegt gem. §§ 109 ff. StVollzG, 78a Abs. 1 S. 2 Nr. 2 GVG den Strafvollstreckungskammern, die als besondere Spruchkörper bei allen Landgerichten, in deren Bezirk sich eine Einrichtung des Straf- oder Maßregelvollzugs befindet, zu bilden sind (vgl. § 78a Abs. 1 S. 1 GVG).

1. Geschichte und Idee eines vollzugsnahen Gerichts

Mit Einfügung der §§ 78a, 78b ins Gerichtsverfassungsgesetz unter dem Titel 5a und der Überschrift „Strafvollstreckungskammern" wurde die im Jugendstrafvollzug schon lange praktizierte Idee eines unabhängigen Vollstreckungsleiters bzw. eines eigenständigen Vollzugsgerichts (§§ 82 bis 85 JGG)[912] mit Wirkung vom 01. Januar 1975 in den (Erwachsenen-)Strafvollzug implementiert.[913] In

912 Vgl. *Blau*, in: Schwind/Blau, Strafvollzug, S. 338 (341). Zur Tätigkeit des Vollstreckungsleiters im JGG vgl. *Streng*, Jugendstrafrecht, Rn. 499 ff.; *ders.*, ZIS 2015, 605 ff. mit empirischen Befunden zum professionellen Profil in der Jugendjustiz.

913 Vgl. BGBl. 1974 I, S. 469 (517 ff.); BT-Drs. 7/550, S. 312 ff. Zu der während der Reformarbeiten geführten Diskussion um die Bezeichnung als Strafvollstreckungskammer vgl. *Müller-Dietz*, Jura 1981, 57 (59); befürwortend *Schäfer*, in Löwe/Rosenberg, StPO,

diesem ersten Schritt wurde den Strafvollstreckungskammern die Zuständigkeit für sanktionsanpassende **Nachtragsentscheidungen** gem. §§ 462a, 463 StPO (insb. Entscheidungen über die Aussetzung des Strafrests zur Bewährung nach §§ 57, 57a StGB, nachträgliche Bewährungsmodalitäten sowie Führungsaufsichtsfragen) übertragen, die bis dahin von den erkennenden Gerichten mitbehandelt worden waren. Mit Inkrafttreten des Strafvollzugsgesetzes knüpfte der Gesetzgeber an die bisher mit den Strafvollstreckungskammern gemachten Erfahrungen an und erweiterte ihre Kompetenz in einem zweiten Schritt mit §§ 109 ff. StVollzG wesensgestaltend um die Wahrnehmung vollzuglichen **Rechtsschutzes**, der zuvor gem. §§ 23 ff. GVG bei den Oberlandesgerichten angesiedelt war.[914] Der Übertragung beider Zuständigkeitskomplexe lagen dieselben Überlegungen zugrunde, die unter den Stichpunkten **Konzentrationsmaxime** und **Vollzugsnähe** zusammengefasst werden können. Durch die Konzentration aller den verurteilten Straftäter betreffenden Angelegenheiten bei der Strafvollstreckungskammer sollten zunächst Organisations- und Zuständigkeitsprobleme behoben werden, die v.a. bei Mehrfachverurteilungen durch verschiedene örtlich und sachlich zuständige Gerichte entstanden waren.[915] Zudem erhoffte man sich, die Gefahr unterschiedlicher Entscheidungspraktiken bei gleichgelagerten Fällen von Inhaftierten in derselben JVA einzudämmen.[916] Die Zulassung der Rechtsbeschwerde unter den Voraussetzungen des § 116 StVollzG sollte divergierende Entscheidungen durch unterschiedliche Rechtsauffassungen örtlicher Strafvollstreckungskammern begegnen und eine großflächige Vereinheitlichung der Rechtsprechung ansteuern.[917]

Dem Grundgedanken der Vollzugsnähe lagen eine örtliche und eine sachliche Komponente zugrunde. Die räumliche Nähe zu den Vollzug- und Maßregelanstalten im Bezirk der Strafvollstreckungskammern sollte zunächst das praktische und prozessökonomische Ziel kurzer Wege sichern.[918] Die Strafvollstreckungskammern sollten im besonders engen Dialog mit „ihren" Vollzugsanstalten stehen. Durch mehrjährige Zusammenarbeit mit den im Vollzug tätigen Bediensteten verschiedenster Fachrichtungen, durch regelmäßige

---

Anhang GVG, 24. Aufl., Vor § 78a Rn. 3; als zu eng ablehnend *Blau*, in: Schwind/Blau, Strafvollzug, S. 339 (341).

914 Vgl. BGBl. 1976 I, S. 581 (596, 604).

915 Vgl. *Müller-Dietz*, Jura 1981, 57 (58); *Northoff*, Strafvollstreckungskammer, S. 42 ff.; *Thomann*, Vollstreckungs- und Vollzugsgericht, S. 34.

916 Vgl. BT-Drs. 7/550, S. 313.

917 Vgl. *Treptow*, NJW 1977, 1037 (1037).

918 Vgl. BT-Drs. 7/550, S. 313.

Besichtigungen der Anstalt und nicht zuletzt durch Gespräche mit den Insassen sollten sich die Richter der Strafvollstreckungskammern durch das Wissen um die allgemeinen Zustände und faktischen Gegebenheiten auszeichnen.[919] Durch die stetige Befassung mit vollzugs- und vollstreckungsrechtlichen Fragestellungen sollten die Richter sich auf diesen in der juristischen Ausbildung eher stiefmütterlich behandelten Gebieten besondere vollzugliche und kriminologische Sachkunde aneignen.[920] Dieser Idee folgend soll(t)en die Strafvollstreckungskammern ihren Beitrag zu Rechtsstaatlichkeit und Humanisierung im Strafvollzug leisten.

2. Divergenz zwischen Anspruch und Wirklichkeit

Die Vielzahl kritischer, teils gar verheerender Stimmen bringt eine deutliche Divergenz zwischen konzeptionellem Anspruch und praktischer Wirklichkeit der Tätigkeit der Strafvollstreckungskammern zum Ausdruck.[921] Bereits der Einordnung der Vorschriften im damals neu geschaffenen, eingeschobenen Titel 5a des GVG haftet die Kritik an, den Strafvollstreckungskammern nur eine temporäre Daseinsberechtigung zuzuschreiben.[922] Auch die angedachte Zuständigkeitskonzentration ließ sich in der Rückschau nicht so konsequent und übersichtlich verwirklichen, wie zunächst erhofft.[923] Dabei spielt auch der Geschäftsverteilungsplan eine Rolle, der Konstellationen zulässt, in denen ein Richter der Strafvollstreckungskammer eine Reststrafenaussetzung bewilligt, während ein anderer die Lockerungsversagung der JVA im 109er Verfahren nicht beanstandet.[924]

---

919 Vgl. *Laubenthal*, in: GS Meurer, S. 483 (485 f.); *Laubenthal*, in: FS Böttcher, 325 (326 f.); *Müller-Dietz* (Anm.), JR 1983, 38 (42); *Peters*, JR 1977, 397 (400 f.).

920 Vgl. *Northoff*, Strafvollstreckungskammer, S. 33 ff.; *Müller-Dietz*, Jura 1981, 57 (59); *Thomann*, Vollstreckungs- und Vollzugsgericht, S. 26 ff.

921 Vgl. *Blau*, in: Schwind/Blau, Strafvollzug, S. 339 (342); *H. P. Dünkel*, BewHi 1992, 92 (92); *Eschke*, Mägel im Rechtsschutz, S. 14 f.; *Laubenthal*, in: GS Meurer, S. 483 (487); *ders.*, in: FS Böttcher, S. 325 (329); *Kamann*, Gerichtlicher Rechtsschutz im Strafvollzug, S. 8; *Northoff*, Strafvollstreckungskammer, S. 30 ff., 134 ff.; *ders.*, ZfStrVo 1987, 207 ff; *Spaniol*, FS 2012, 253 ff.; *Voigtel*, Entscheidungen der Strafvollstreckungskammer, S. 36, 57. Die Idee der Strafvollstreckungskammern zumindest für die Aussetzungsverfahren nach §§ 57, 57 a StGB als nicht praxistaugliche „pure Theorie“ bezeichnend: *Meyer-Goßner*, ZRP 2000, 345 (346).

922 Vgl. *Northoff*, Strafvollstreckungskammer, S. 26.

923 Vgl. *Northoff*, Strafvollstreckungskammer, S. 42 ff.

924 Vgl. *Northoff*, Strafvollstreckungskammer, S. 47; *Spaniol*, FS 2012, 253 (259).

Im Wesentlichen betrifft die Kritik aber den Themenkomplex „Vollzugs- und Sachnähe", einst die treibende Kraft der konzeptionellen Gestaltung der Strafvollstreckungskammern. Häufig wird angeführt, dass die Tätigkeit in den Strafvollstreckungskammern einen schlechten innergerichtlichen Ruf genießt und auf der Beliebtheitsskala richterlicher Tätigkeiten einen der unteren Ränge besetzt.[925] Das mag zum einen an der quantitativen Belastung liegen, die die Arbeit in der Strafvollstreckungskammer mit sich bringt. Einen Einblick in die Arbeitsbelastung aus den Jugendjahren der Strafvollstreckungskammern gewährt der **Pensenschlüssel,** der zur Ermittlung des richterlichen Personalbedarfs herangezogen wurde und zugleich indizielle Schlüsse auf Zeit-wie Arbeitsaufwand und Schwierigkeitsgrad zulässt. Der Pensenschlüssel des LG Hamburg, der auf Grundlage des Geschäftsanfalls aus dem Jahr 1979 entwickelt worden war, wies einem Richter im Verfahren der Kleinen Strafvollstreckungskammer demnach 600 Akten, der Großen Strafvollstreckungskammer 300 Akten pro Jahr zu, wohingegen Strafsachen erster Instanz lediglich mit einer Bewertungszahl von 23 qualifiziert wurden.[926] Damit wurde den kleinen Strafvollstreckungskammern von Anbeginn an die mit Abstand höchste Bewertungszahl auferlegt. Bei den Nachtragsentscheidungen verblieb für Inhaftierte auch in den 1970er Jahren nur eine durchschnittliche Anhörungszeit von 20 Minuten[927], was die individuelle, ausführliche Erörterung und Abwägung aller prognoserelevanten Belange erschwert und die automatisierte und schematische Entscheidungsfindung fördert.[928] Die gesetzliche Konzeption leidet unter der hohen Arbeitsbelastung. Den Richtern der Strafvollstreckungskammern wird darüber hinaus zum Vorwurf gemacht, dass Anhörungen bei Nachtragsentscheidungen lediglich im vollzugsorganisatorischen oder sicherheitsrelevanten Ausnahmefall in der Justizvollzugsanstalt ansonsten aber im Gericht stattfinden und bei der richterlichen Kontrolle von Vollzugsentscheidungen (bei der eine mündliche Anhörung des betroffenen Gefangenen nicht obligatorisch ist) gänzlich unterbleiben und so die Möglichkeit, nähere Kenntnisse über sachliche und persönliche Verhältnisse der Gefangenen in den Vollzugsanstalten zu erlangen, oft ungenutzt bleibt.[929]

---

925 Vgl. *Blau*, in: Schwind/Blau, Strafvollzug, S. 339 (342 f.); *H. P. Dünkel*, BewHi 1992, 196 (197); *Northoff*, Strafvollstreckungskammer, S. 28 ff.; *Laubenthal*, in: GS Meurer, S. 483 (487); *Laubenthal*, in: FS Böttcher, S. 325 (330 f.); *Spaniol*, FS 2012, 253 (257 f.).

926 Vgl. *Northoff*, Strafvollstreckungskammer, S. 26 ff.

927 Vgl. *Doller*, DRiZ 1976, 169 (170).

928 Vgl. *Meyer-Goßner*, ZRP 2000, 345 (346); *Northoff*, Strafvollstreckungskammer, S. 94.

929 Vgl. *Blau*, in: Schwind/Blau, Strafvollzug, S. 339 (343); *H. P. Dünkel*, BewHi 1992, 196 (197); *Northoff*, Strafvollstreckungskammer, S. 136 ff.

Die Bezeichnung der Strafvollstreckungskammer als „unbeliebter Torso“ rührt womöglich auch daher, dass den Richtern der Strafvollstreckungskammern eine hohe Frustrationsschwelle abverlangt wird, die eine sich als unzutreffend erwiesene richterliche Prognose und der anschließende Widerruf einer aussichtsreich erachteten Strafaussetzung zur Bewährung mit sich bringen.[930] Eine hohe Fluktuation, der Ruf als bloße Durchgangskammer, personelle Engpässe und die Einhaltung bestimmter Besetzungshierachien und -mechanismen[931] erschweren die Besetzung der Strafvollstreckungskammern und stehen auch der Erlangung vertiefter strafvollzuglicher und kriminologischer Kenntnisse durch personelle Beständigkeit entgegen.[932] Verstärkt wird dieses Problem in der Praxis zusätzlich dadurch, dass nicht in allen Fällen eigenständige Strafvollstreckungskammern an den Landgerichten gebildet werden, die ausschließlich mit Strafvollstreckungs- und Vollzugssachen betraut sind, sondern die Aufgaben faktisch auf verschiedene Zivil- und Strafkammern verteilt werden, die die Strafvollstreckungskammersachen mitbehandeln.[933] Von der ursprüngliche Idee, durch die Einführung der Strafvollstreckungskammern ein Gegenmodell zu dem häufigen Richterwechsel in den Spruchgerichten und einer oft auf bloßer Aktenkenntnis basierenden Entscheidung zu schaffen, sind Abstiche zu machen.[934] Aus alldem ziehen Kritiker den Schluss, dass eine besondere (Sach-)Nähe der Strafvollstreckungskammer, wenn eine solche denn überhaupt existiert, allenfalls den Justizvollzugsanstalten, nicht jedoch den Gefangenen zu Gute kommt.[935]

---

930 *H. P. Dünkel*, BewHi 1992, 196 (198).

931 Vgl. dazu *Northoff*, Strafvollstreckungskammer, S. 38 ff.

932 *Blau*, in: Schwind/Blau, Strafvollzug, S. 339 (343); *Laubenthal*, in: GS Meurer, S. 483 (487); *Laubenthal*, in: FS Böttcher, S. 325 (331).

933 *Blau*, in: Schwind/Blau, Strafvollzug, S. 339 (343) weist auf die Verteilung der Strafvollstreckungskammersachen auf 9 verschiedene Straf- und Zivilkammern des LG Darmstadt aus dem Jahr 1987 hin.

934 *Meyer-Goßner*, ZRP 2000, 345 (346). *Meyer-Goßner* ist sogar der Auffassung, „dass dieses Manko mit Einrichtung der Strafvollstreckungskammer ja geradezu institutionalisiert wurde“. Daher plädiert er zumindest im Aussetzungsverfahren gegen eine Abgabe der Zuständigkeit des urteilenden Richters an die Strafvollstreckungskammer, weil der Richter sich während der Hauptverhandlung ein umfassendes Bild vom Angeklagten machen konnte, das er auch zur Beurteilung der Strafaussetzung heranziehen könne, ohne auf reine Aktenkenntnis oder bestenfalls eine kurze Anhörung angewiesen zu sein, ähnlich auch *Bohlander*, NStZ 1999, 494 (494).

935 Vgl. *Kamann*, in: Feest/Lesting, AK-StVollzG, Voraufl., Vor § 108 Rn. 2; a.A. *Arloth*, in: Arloth/Krä, StVollzG, Vor § 108 Rn. 10. Vgl. hierzu aber auch *Kamann*, Gerichtlicher Rechtsschutz, S. 57 ff. der sich mit Kritik an der Justizvollzugsanstalt und deren Verständnis zur Rolle des Richters der Strafvollstreckungskammer nicht zurückhält.

3. *Fazit: Scheitern der Idee vom vollzugsnahen Gericht?*

In Anbetracht der hohen Ziele, die mit Einführung der Strafvollstreckungskammern erfüllt werden sollten, lässt sich eine gewisse Ernüchterung bei Betrachtung der Praxis nicht negieren. Die vielfach geäußerte Kritik ist aber in ihrer Schärfe und Weite unberechtigt, soweit die Idee der Strafvollstreckungskammern als vollzugsnahes Gericht mit dem Verdikt des Scheiterns belegt wird.

So ist die Ansiedlung der Strafvollstreckungskammern bei den Landgerichten zweifelsohne vollzugsnäher (und sei es nur örtlich) als die vorherige Wahrnehmung dieser Aufgaben durch die Oberlandesgerichte.[936] Selbst wenn nicht jeder Vollstreckungsrichter umfassend detailreiche Kenntnisse über die sachliche und personelle Ausgangslage in „seiner" JVA gewinnen kann oder will, gibt es doch eine Vielzahl von Richtern, die über eine enge Verbindung zu den Anstalten in ihrem Bezirk verfügen und den persönlichen Kontakt zu den Gefangenen sowie den vollzugs- und entlassungsbegleitenden Institutionen stetig pflegen. Ob die Einführung der Strafvollstreckungskammer einen gänzlich neuen Richtertyp hervorgebracht hat, der sich vom „eher negative(n) Fremdbild des vermeintlich vor allem repressiven Strafrichters"[937] unterscheidet, lässt sich allgemeingültig nicht beantworten. Es erscheint bereits eine generelle Kategorisierung und Typisierung von Richtern anhand ihrer Aufgabenbereiche fernliegend. Zudem vermag die Einführung und Besetzung eines Spruchkörpers allein nicht in der Lage zu sein, einen neuen Richtertypus hervorzubringen. Im Mittelpunkt der Betrachtung steht die Person des entscheidenden Richters, seine persönlichen und wissenschaftlichen Ansichten, seine individuelle Ausbildung, seine Fortbildungsbereitschaft und die Frage, ob er auf eigenen Wunsch hin in der Strafvollstreckungskammer tätig wurde, sowie die Länge seiner Tätigkeit in der StVK. Dabei erscheint durchaus möglich, dass sich die Institution der Strafvollstreckungskammer in der Praxis weit mehr bewährt hat, als dies von der strafvollzuglichen Literatur angenommen wird. Dem vollzuglichen Alltag erwächst der Eindruck, dass Gefangene die Möglichkeit, eine richterliche Amtsperson – die weder erkennender Richter noch vollziehender Anstalts- oder Abteilungsleiter ist – mit ihren Angelegenheiten zu betrauen, durchaus schätzen und dankbar annehmen. Dies gilt umso mehr, als ihnen die Möglichkeit der mündlichen Anhörung eingeräumt und nicht das Gefühl vermittelt wird, dass eine Entscheidung ohne persönlichen Eindruck ausschließlich nach Aktenlage getroffen

---

936 Ob diese Verlagerung als vorteilhaft zu bewerten ist, sei „schwer abzuschätzen" *Blau*, in: Schwind/Blau, Strafvollzug, S. 339 (345).

937 Vgl. *Blau*, in: Schwind/Blau, Strafvollzug, S. 339 (343, 345).

wird. Freilich lassen wandelnde gesellschaftliche und politische Ansichten die Arbeit in den Strafvollstreckungskammern nicht unberührt. Das ursprüngliche Idealbild eines Richters der Strafvollstreckungskammer besaß seine Wurzeln in den resozialisierungs- und reformfreudigen 1970er Jahren. Das damals vorherrschende resozialisierungsfreundliche Klima wurde seither stetig von punitiveren Zügen überlagert, die sich parallel gleichlaufend zu gesellschaftlichen Anschauungen zunehmend auch bei Juristen verbreiten.[938] Das allein schließt aber die Erlangung und Anwendung vertieften kriminologischen und vollzuglichen Wissens nicht aus, sondern unterstreicht die Bedeutung einer spezifizierten Fort- und Weiterbildung.[939] Die Strafvollstreckungskammern haben im Laufe der Jahre eine „überaus reichhaltige Judikatur hervorgebracht (…), die das Vollzugsgeschehen mittelbar und unmittelbar, oft bis ins Detail" regelt[940] und haben so einen gewichtigen Beitrag zur Vereinheitlichung der Entscheidungspraxis und der Einhaltung rechtsstaatlicher Grenzen geleistet und sind aus der Vollzugslandschaft nicht mehr wegzudenken. Daher ist dem Resümee von *Blau*, dass trotz aller Divergenzen zwischen konzeptionellem Anspruch und Realität niemand daran denke, die Strafvollstreckungskammern wieder abzuschaffen, auch heute noch beizupflichten.[941]

II. (Lockerungsspezifische) Zulässigkeitsvoraussetzungen im Verfahren nach §§ 109 ff. StVollzG

Das strafvollzugsrechtliche Rechtsschutzsystem ist dem verwaltungsgerichtlichen Verfahren entlehnt. Im Verfahren nach §§ 109 ff. StVollzG können Maßnahmen, die zur Regelung einer einzelnen Angelegenheit auf dem Gebiet des Strafvollzuges erlassen wurden, einer gerichtlichen Überprüfung zugeführt werden, soweit der Antragsteller geltend macht, durch die Maßnahme oder ihre Ablehnung oder ihre Unterlassung in seinen Rechten verletzt zu sein, vgl. § 109 Abs. 1 S. 1, Abs. 2 StVollzG. Diese Zulässigkeitsvoraussetzungen liegen zweifelsohne vor, wenn dem Gefangenen die **beantragte Vollzugslockerung** abgelehnt wird. Im Wege eines Anfechtungs- und oder eines Verpflichtungsantrags kann die Rechtmäßigkeit der Ablehnungsentscheidung überprüft werden. Überdies eröffnen Vollzugsplanerstellungen oder Vollzugsplanfortschreibungen, durch die der Gefangene vom gelockerten Vollzug ausgeschlossen wird, den Rechtsweg zu

---

938 Vgl. dazu insb. *Streng*, Kriminalitätswahrnehmung und Punitivität.
939 Ähnlich auch *Müller-Dietz*, Jura 1981, 113, (123 f.).
940 *Blau*, in: Schwind/Blau, Strafvollzug, S. 339 (345).
941 Vgl. *Blau*, in: Schwind/Blau, Strafvollzug, S. 339 (345).

den Strafvollstreckungskammern. Allein die dem Vollzugsplan zugrunde gelegte Negativbeurteilung besitzt den für die Beschreitung des Rechtsweges erforderlichen, belastenden Maßnahmen- und Regelungscharakter und dies unabhängig davon, ob der Gefangene im Vorfeld bereits Vollzugslockerungen beantragt hat, oder nicht.[942] Irrelevant in diesem Kontext ist auch, ob der Gefangene sich gegen den Ausschluss von Vollzugslockerungen schon bei der Ersterstellung des Vollzugsplanes oder erst bei der Vollzugsplanfortschreibung wendet, sofern diese auf einer erneuten Prüfung beruht.[943] Als weitere Zulässigkeitsvoraussetzung muss der Antragsteller die Frist des § 112 Abs. 1 S. 1 StVollzG wahren. Nach Zustellung oder schriftlicher Bekanntgabe der Maßnahme oder – im Falle der Vollzugslockerungen relevanter – ihrer Ablehnung wird dem inhaftierten Antragsteller eine zweiwöchige Frist eingeräumt, um den Antrag schriftlich oder zur Niederschrift der Geschäftsstelle einzulegen.[944]

III. Zur gerichtlichen Überprüfung von Beurteilungs- und Ermessensspielräumen im Fokus der Begründetheitsprüfung

Liegen die Zulässigkeitsvoraussetzungen eines Antrags auf gerichtliche Entscheidung vor, entscheidet die Strafvollstreckungskammer ohne mündliche Verhandlung durch Beschluss, vgl. § 115 Abs. 1 S. 1 StVollzG. Dabei ist jedoch keinesfalls ausgeschlossen, dass ein Richter im Wege des geltenden Amtsermittlungsgrundsatzes eine mündliche Anhörung des Antragstellers vornimmt. Der Fokus der gerichtlichen Kontrolle einer Lockerungsentscheidung liegt insbesondere auf der Überprüfung der Flucht- und Missbrauchsprognose, die die Justizvollzugsbehörde zu Lasten des Gefangenen getroffen hat. Der Vollzugsbehörde steht bei dem unbestimmten Rechtsbegriff der Flucht- und Missbrauchsgefahr auf Tatbestandsebene ein Beurteilungsspielraum und auf Rechtsfolgenebene ein Ermessensspielraum zu.[945] Die Vielzahl an unbestimmten Rechtsbegriffen und daraus resultierenden Beurteilungs- und Ermessensspielräumen, die das Strafvollzugsgesetz den Vollzugsbehörden einräumt, wird in der Literatur häufig zur Kritik am strafvollzuglichen Rechtsschutzsystem herangezogen, da die richterliche Kontrollkompetenz nicht weit genug in diese Entscheidungsspielräume

---

942 Vgl. BVerfG NJOZ 2007, 84 (86 ff.) m.w.N.; OLG Frankfurt NStZ-RR, 2000, 251 (251); OLG Hamburg, BeckRS 2007, 10374; auch KG StV 2011, 230 ff. *Spaniol,* in: AK-StVollzG, Teil IV § 109 Rn. 12.

943 Vgl. BVerfG NJOZ 2007, 84 (87).

944 Umfassend zu den Zulässigkeitsvoraussetzungen *Müller-Dietz,* Jura 1981, S. 113 ff.

945 Vgl. dazu bereits Kapitel 3.

vordringen würde.[946] Die Entscheidungsfreiräume der Vollzugsbehörden werden maßgeblich dafür verantwortlich gemacht, dass dem Behandlungskonzept des Strafvollzugsgesetzes von 1977 nicht im Wege eines effektiven gerichtlichen Rechtsschutzes zur Geltung verholfen werden kann.[947] Berechtigt wäre diese Kritik, wenn die richterlichen Kontrollbefugnisse tatsächlich unzureichend wären und eine höhere Kontrolldichte Abhilfe verschaffen würde.

Die Frage, ob und inwieweit Beurteilungs- und Ermessensentscheidungen der Vollzugsanstalten einer richterlichen Kontrolle zugänglich sind, ist letztlich eine Frage der Kompetenzabgrenzung zwischen Justizvollzugsbehörden und Gerichten.[948] Der den Gerichten eingeräumte Kontrollmaßstab beantwortet diese Fragen, da durch ihn gesteuert wird, wer die letztverbindliche Entscheidung treffen darf bzw. treffen muss.[949] Einer gesetzlichen Bestimmung, die den Kontrollumfang der Überprüfung von unbestimmten Rechtsbegriffen ausdrücklich regelt, ermangelt es sowohl dem Verwaltungsrecht als auch dem Strafvollzugsrecht. Bei letzterem wurde die Frage um die gerichtliche Kontrolldichte einer Entscheidung über die Gewährung des Hafturlaubs zum „Paradebeispiel"[950] dieser Kompetenzabgrenzung. Da der Kompetenzstreit aber kein „Urlaubsspezifikum" darstellt, sondern in der Überprüfung der getroffenen Flucht- und Missbrauchsprognose wurzelt, betrifft dieser Streit alle Vollzugslockerungen. Streitentscheidend ist auch hier, ob das Gericht oder die Vollzugsbehörde als Letztentscheidungsinstanz die „Prognosemacht"[951] hat, um über die Vergabe von Vollzugslockerungen zu entscheiden.

---

946 Vgl. *Dopslaff*, ZStW 100 (1988), 567 (595 f.); *H. P. Dünkel*, BewHi 1992, 196 (199); *Dünkel*, GA 1996, 518 (519 ff.); *Eschke*, Mängel im Rechtsschutz, S. 16 ff.; *Lesting*, FS 2012, 273 (273); *Hoffmann*, Grenzen der Unfreiheit, S. 103 ff.; *Jehle*, in: Reform der freiheitsentziehenden Sanktionen, S. 65 (69, 73) *Kamann*, Gerichtlicher Rechtsschutz, S. 28 ff.; *Kamann*, ZRP 1994, 474 (474 ff.); *Kamann*, in: Wiedereingliederung, S. 95 (96 ff.); *Koeppel*, Kontrolle, S. 16 ff., 26; *Krehl*, in: FS Rissing-van Saan, S. 301 (312 f.); *Kretschmer*, ZfStrVo 2005, 217 (218); *Laubenthal*, in: GS Meurer, S. 483 (493 f.); *Müller-Dietz*, in: Langer Freiheitsentzug, S. 43 (49); *Spaniol*, FS 2012, 253 (255 f.); *Schneider*, ZfStrVo 1999, 140 ff.; *Treptow*, NJW 1978, 2227 ff.; *ders.*, ZfStrVo 1980, 67 ff.; *Volckart*, (Anm. zu BGHSt 30, 320 ff. = NStZ 1982, 173 f.), NStZ 1982, 174 (174 f.); *Weber*, ZRP 1990, 65 (68, 70); *Zieger*, StV 2006, 375 (378, 381).

947 Vgl. *Dopslaff*, ZStW 100 (1988), 567 (567, 594 ff.).

948 Vgl. *Müller-Dietz* (Anm.), JR 1983, 40 (41).

949 Vgl. *Maurer/Waldhoff*, AllgVerwR, § 7 Rn. 6; *Treptow*, ZfStrVo 1980, 67 (67) mit Hinweis auf *Ossenbühl*, DVBl. 1974, S. 309 ff.

950 *Müller-Dietz* (Anm.), JR 1983, 40 (41).

951 *Volckart*, (Anm. zu BGHSt 30, 320 ff. = NStZ 1982, 173 f.), NStZ 1982, 174 (175).

1. *Justiziabilität von Beurteilungsspielräumen bei unbestimmten Rechtsbegriffen*

Als Ausgangspunkt für folgende Überlegungen, soll der Blick zunächst dem **Verwaltungsrecht** und den dort geltenden Grundsätzen zur Justiziabilität von unbestimmten Rechtsbegriffen zugewendet werden. Sodann wird anhand der richtungweisenden Entscheidung des BGH, die sich den gerichtlichen Kontrollbefugnissen bei der Urlaubsentscheidung widmete, die Übertragbarkeit dieser Grundsätze in das Strafvollzugsrecht fokussiert. Vor dem Hintergrund neuerer Entscheidungen des Bundesverfassungsgerichts wird geprüft, ob die vom BGH aufgestellten Grundsätze noch Geltung beanspruchen können.

a) *Verwaltungsrechtliche Lehre zum (begrenzt justiziablen) Beurteilungsspielraum*

Nach herrschender Meinung in der verwaltungsgerichtlichen Rechtsprechung und Lehre unterliegen unbestimmte Rechtsbegriffe grundsätzlich der vollen gerichtlichen Nachprüfbarkeit.[952] Weder bei der Auslegung noch bei der Anwendung unbestimmter Rechtsbegriffe kann sich die Behörde auf einen der richterlichen Kontrolle entzogenen Beurteilungsspielraum stützen. Zur Begründung dieser Letztentscheidungsbefugnis des Gerichts wird auf die ureigene richterliche Aufgabe der Interpretation und Subsumtion unbestimmter Rechtsbegriffe verwiesen, weshalb eine bloße Vertretbarkeitskontrolle gerichtlichen Rechtsschutz schmälern würde und letztlich im Widerspruch zur Rechtsweggarantie des Art. 19 Abs. 4 GG stünde.[953] Dementsprechend konnten sich Literaturansichten, die der Behörde bei der Auslegung unbestimmter Rechtsbegriffe grundsätzlich einen Beurteilungsspielraum einräumen und die gerichtliche Überprüfung auf eine reine Vertretbarkeitskontrolle reduzieren wollen[954], in dieser Absolutheit nicht durchsetzen.[955]

Eine differenziertere Betrachtungsweise, die unter dem Begriff der normativen Ermächtigungslehre Einzug in die Verwaltungswissenschaft gefunden und sich in der verwaltungsrechtlichen Rechtsprechung und dem zugehörigen

952 Vgl. *Maurer/Waldhoff*, AllgVerwR, § 7 Rn. 35 f.; mit zahlreichen Nachweisen aus der bundesverwaltungs- und verfassungsgerichtlichen Rechtsprechung.

953 Vgl. *W.-R. Schenke/Ruthig*, in: Kopp/Schenke, VwGO, § 114 Rn. 24 a.

954 Vgl. beispielsweise *Wolff*, Verwaltungsrecht I, 7. Aufl., § 31 I c 4, S. 167 ff.; *Bachof*, JZ 1955, S. 97 (99 ff.); zum Ganzen auch *Maurer/Waldhoff*, AllgVerwR, § 7 Rn. 31 f. m.w.N.

955 Vgl. *W.-R. Schenke/Ruthig*, in: Kopp/Schenke, VwGO, § 114 Rn. 24a.

Schrifttum stattdessen durchgesetzt hat, brachte einzelne Fallgruppen hervor, die aufgrund der Spezifika der zugrunde liegenden Materie oder der Eigenart einzelner unbestimmter Rechtsbegriffe der Verwaltungsbehörde als Ausnahme vom Grundsatz umfassender gerichtlicher Kontrolle einen nur eingeschränkt justiziablen Beurteilungsspielraum belassen.[956] Das Bundesverwaltungsgericht geht demnach in ständiger Rechtsprechung von einem Beurteilungsspielraum aus „wenn der zu treffenden Entscheidung in hohem Maße wertende Elemente anhaften und das Gesetz für sie deshalb ein besonderes Verwaltungsorgan für zuständig erklärt, das weisungsfrei, mit besonderer fachlicher Legitimation und in einem besonderen Verfahren entscheidet".[957] Den Beurteilungsspielraum der Bundesprüfstelle im Rahmen der Frage um die Aufnahme in die Liste jugendgefährdender Schriften beispielsweise rechtfertigte das Bundesverwaltungsgericht damit, dass die Entscheidung über die Eignung zur Jugendgefährdung ein „vorausschauendes und zugleich richtungsweisendes Urteil mit erheblichem Einschlag wertender Elemente" erfordere.[958] Der Fiktion, dass die prognostische Einschätzung mit einem einzig denkbaren Entscheidungsausgang einhergeht, gibt sich das Bundesverwaltungsgericht nicht hin. Richtungsweisend schließt das BVerwG (1) aus der Eigenart der Entscheidung (die Vorhersage künftiger Entwicklungen und die Einbeziehung subjektiver, wertender Gesichtspunkte) und (2) der besonderen Zusammensetzung des mehrköpfigen Spruchkörpers der Bundesprüfstelle (Vermutung von Fachkenntnissen und gesellschaftlicher Repräsentanz) auf eine in ihrem Kern unvertretbare (i.S. von unersetzbar) Entscheidung der Prüfstelle.[959] „Es wäre daher widersprüchlich, wenn die Verwaltungsgerichte befugt wären, aufgrund eigener Ermittlungen mit Hilfe von Sachverständigen ihre Entscheidung an die Stelle der Entscheidung der Prüfstelle zu setzen."[960] Zuerkannt wurde ein Beurteilungsspielraum beispielsweise auch bei der Frage, ob ein in das Beamtenverhältnis zu berufender Bewerber die Gewähr bietet, für die freiheitlich demokratische Grundordnung einzustehen, da auch hier ein prognostisches Urteil über die Persönlichkeit des Bewerbers erforderlich ist, das nicht selten vom persönlichen Eindruck des Behörden- oder

956 Vgl. *Maurer/Waldhoff*, AllgVerwR, § 7 Rn. 34 m.w.N. Ausführlich zu den Fallgruppen administrativer Beurteilungsspielräume auch *Justen*, Unbestimmte Rechtsbegriffe, S. 60 ff.

957 BVerwGE 130, 180 (194 f.); vgl. etwa auch BVerwGE 39, 197 (203); 59, 213 (217); 129, 27 (33).

958 BVerwGE 39, 197 (203).

959 Vgl. BVerwGE 39, 197 (203) m.w.N.

960 BVerwGE 39, 197 (204).

Referatsleiters abhängen kann.[961] In der bundesverwaltungsgerichtlichen Rechtsprechung zu Prüfungsentscheidungen, beamtenrechtlichen Beurteilungen aber auch aus dem öffentlichen Wirtschafts- und Umweltrecht ließen sich noch zahlreiche ähnlich gelagerte Beispiele finden.[962] Gemeinsam ist all diesen, zu einem Beurteilungsspielraum führenden Fallkonstellationen, dass die Behörde ihrer Entscheidung eine prognostische Einschätzung, die durch die Notwendigkeit der Vorhersage künftiger Entwicklungen und die Einbeziehung subjektiver, wertender Gesichtspunkte geprägt ist, zugrunde legen muss. Das Fehlen eines objektiven Prüfungsmaßstabes kann nun dazu führen, dass die prognostische Einschätzung zu unterschiedlichen Lösungen führt, die dennoch gleichsam vertretbar sind.[963] Justiziabel ist aber, „ob die Behörde den maßgebenden Sachverhalt zutreffend und vollständig ermittelt, die entscheidungserheblichen Gesichtspunkte erkannt und den möglichen Verlauf der Entwicklung nicht offensichtlich fehlerhaft eingeschätzt hat“[964] bzw. ob sie die Grenzen ihrer Einschätzungsprärogative eingehalten und die richtigen Wertmaßstäbe angelegt hat.[965] Auch wenn die von den Bundesgerichten angelegten Prüfungsmaßstäbe im Detail nicht deckungsgleich sind, so sind doch die gleichen Schlussfolgerungen zu ziehen: In all diesen (Ausnahme-)Fällen ist die gerichtliche Nachprüfung auf eine Rechtmäßigkeitskontrolle beschränkt, ohne dass hierbei eine Zweckmäßigkeitsprüfung erfolgen darf.

b) Die Grundsätze des Bundesgerichtshofs zum Beurteilungsspielraum im Strafvollzugsrecht BGHSt 30, 320 ff.

Auf eine Vorlage des OLG Hamm hin, das in Abkehr zur bisherigen Rechtsprechung[966] eine Reduzierung des behördlichen Beurteilungsspielraums bei dem Versagungsgrund der Flucht- und Missbrauchsgefahr im Rahmen der Urlaubsentscheidung vornehmen und damit einen weitreichenderen gerichtlichen Überprüfungsmaßstab anlegen wollte[967], beendete der BGH den in vollzuglicher Rechtsprechung und Schrifttum aufflammenden Streit entgegen der Ansicht des

---

961 Vgl. BVerfGE 39, 334 (351 ff.).

962 Vgl. zu den in der Rechtsprechung anerkannten Fallkonstellationen eines Beurteilungsspielraums etwa *Maurer/Waldhoff*, AllgVerwR, § 7 Rn. 37 ff.; *W.-R. Schenke/Ruthig*, in: Kopp/Schenke, VwGO, § 114 Rn. 23 ff.

963 Vgl. BVerwGE 39, 197 (203).

964 BVerwGE 79, 208 (213); ähnlich bereits BVerwGE 64, 238 (242).

965 Vgl. BVerwGE 39, 197 (203) mit Hinweis auf *Wolff*, Verwaltungsrecht I, 8. Aufl., § 31 c 4 S. 182.

966 Vgl. KG NJW 1979, 2574 (2574 f); OLG Nürnberg ZfStrVo SH 79, 12.

967 Vgl. OLG Hamm NStZ 1981, 198 (199).

Vorlagegerichts.[968] Der BGH überträgt die Grundsätze zur richterlichen Überprüfung von Ermessensentscheidungen (vgl. der explizite Verweis auf Art. 115 Abs. 5 StVollzG) auf die Flucht- und Missbrauchsprognose und billigt der Verwaltungsbehörde bei der Urlaubsentscheidung schon auf Tatbestandsseite einen beschränkt justiziablen Beurteilungsspielraum zu. Der Vollzugsbehörde steht ein Beurteilungsspielraum zu, „in dessen Rahmen sie mehrere Entscheidungen treffen kann, die gleichermaßen rechtlich vertretbar sind.“[969] Der richterlichen Überprüfung einer ablehnenden Entscheidung der Justizvollzugsanstalt zugänglich ist nur, „ob die Vollzugsbehörde bei ihrer Entscheidung von einem zutreffend und vollständig ermittelten Sachverhalt ausgegangen ist, ob sie ihrer Entscheidung den richtigen Begriff des Versagungsgrundes zugrunde gelegt und ob sie dabei die Grenzen des ihr zustehenden Beurteilungsspielraums eingehalten hat.“[970] Den Strafvollstreckungskammern obliegt demnach die Ermittlung und Überprüfung der tatsächlichen Entscheidungsgrundlagen, ob der unbestimmte Rechtsbegriff um die Flucht- und Missbrauchsgefahr richtig ausgelegt wurde und ob die behördliche Entscheidung innerhalb der Grenze ihres Beurteilungsermessens entsprechend § 115 Abs. 5 StVollzG getroffen wurde. Der justiziable Prüfungsumfang umfasst Beurteilungsdefizite, Beurteilungsmissbräuche und Beurteilungsüberschreitungen.[971] Während die richterliche Prüfung des ermittelten Sachverhalts und der Einhaltung der Grenzen des Beurteilungsspielraums keine weiteren Fragen zum Prüfungsumfang aufwerfen, hinterlässt die Überprüfungskompetenz bei der Zugrundelegung des richtigen Versagungsgrundes Klärungsbedarf.[972] Der BGH selbst trifft hier keine aufklärenden Aussagen. Diese Fragestellung zumindest erhellend, konkretisiert das OLG Hamburg, das sich zwischenzeitlich noch vor der BGH-Entscheidung der Rechtsauffassung des KG Berlin und des OLG Nürnberg angeschlossen hatte, diese zweite Prüfungskomponente mit der gerichtlich zu beantwortenden Frage, ob die Justizvollzugsanstalt „allgemein gültige Bewertungsgrundsätze beachtet hat“.[973] *Müller-Dietz* bringt deutlicher auf den Punkt, dass dieser zweite Aspekt die Überprüfung beinhaltet, ob der unbestimmte Rechtsbegriff durch die Vollzugsbehörden

968 BGHSt 30, 320 (320).

969 BGHSt 30, 320 (324) mit Hinweis auf BVerfGE 39, 197, 203, 205.

970 BGHSt 30, 320 (327) mit Hinweis auf KG NJW 1979, 2574 (2575) im Anschluss an BVerwGE 39, 197, 204.

971 Vgl. *Laubenthal*, Strafvollzug, Rn. 813.

972 Vgl. dazu *Häuser*, Gefahrenbegriff, S. 139 f.

973 OLG Hamburg NStZ 1981, 237 (237).

„richtig interpretiert“[974], also ausgelegt, wurde. Gemeint kann aber nur sein, dass die Strafvollstreckungskammern prüfen dürfen, können und müssen, ob die von den Justizvollzugsanstalten zur Versagung der Vollzugslockerung(en) herangezogenen Kriterien die Flucht- und Missbrauchsbefürchtung konkretisieren können.[975] Uneingeschränkt gerichtlich nachprüfbar bleibt die richtige Auslegung des unbestimmten Rechtsbegriffs der Flucht- und Missbrauchsgefahr. Ebenfalls der vollumfänglichen gerichtlichen Nachprüfung zugänglich ist der entscheidungstragende Sachverhalt, der vollständig und zutreffend ermittelt worden sein muss. Lediglich bei der Subsumtion des ermittelten Sachverhalts unter den unbestimmten Rechtsbegriff der Flucht- und Missbrauchsgefahr, also bei der Prognose, wird der Justizvollzugsanstalt eine Einschätzungsprärogative zugestanden, die die richterliche Kontrolle auf eine Prüfung nach Vertretbarkeitsgesichtspunkten beschränkt, jedoch keine fachgerichtliche Letztentscheidungsbefugnis einräumt.[976] Daher ist es den Strafvollstreckungskammern im Grunde verwehrt, eigene Erwägungen zur Flucht- und Missbrauchsgefahr anzustellen oder gar die Prognoseentscheidung der Justizvollzugsbehörde durch eine eigene zu ersetzen.[977]

Damit bremst der BGH eine Einengung des behördlichen Beurteilungsspielraums bei Vollzugslockerungen nicht nur ein, sondern etabliert auch im Strafvollzugsrecht eine Fallgruppe, die aufgrund der prognostischen Elemente bei der Einschätzung der Flucht- und Missbrauchsgefahr, eine Ausnahme vom Grundsatz der vollen gerichtlichen Nachprüfbarkeit von unbestimmten Rechtsbegriffen rechtfertigen.

---

974 *Müller-Dietz* (Anm.), JR 1983, 40 (41).

975 Vgl. dazu *Häuser*, Gefahrenbegriff, S. 140.

976 Vgl. *Laubenthal*, in: LNNV, StVollzG, Abschn. E Rn. 141 f.; *Müller-Dietz*, NStZ 1981, 409 (412).

977 Seit BGHSt 30, 320 (327) ist die Anerkennung eines vollzugsbehördlichen Beurteilungsspielraums st. Rspr. des BGH und der Oberlandesgerichte, vgl. nur OLG Frankfurt NStZ 1982, 349 (349 f.); OLG Stuttgart NStZ 1984, 429 (429); OLG Frankfurt ZfStrVo 1984, 376 (377); KG StV 1986, 349; OLG Hamburg NStZ 1990, 606 (606); OLG Hamm NStZ 1991, 303 (303); OLG Hamm NStZ 1992, 149 (150) m. Anm. *Begemann* OLG Frankfurt NStZ-RR 1998, 91 (92); OLG Frankfurt NStZ-RR 2001, 311 (314); OLG Karlsruhe NStZ 2002, 614 (614 f.) m.w.N; OLG Frankfurt NStZ 2002, 53 (54) m. Anm. *Arloth* NStZ 2002, 280; OLG Karlsruhe BeckRS 2008, 01714; OLG Frankfurt NStZ-RR 2004, 62 (63); OLG Hamm BeckRS 2010, 3568; OLG München FS 2011, 53; KG StV 2011, 230 (231).

c) *Kritische Auseinandersetzung mit der Argumentation des BGH*

Die Entscheidung des BGH, den Vollzugsbehörden im Rahmen der Lockerungsentscheidung einen beschränkt justiziablen Beurteilungsspielraum zu belassen, ist zwar bis heute in der Lehrbuch- und Kommentarliteratur weitgehend akzeptiert, hat aber doch teilweise recht erhebliche Kritik erfahren, die noch immer nachhallt.[978] Daher soll eine kritische Auseinandersetzung mit den Argumenten, die der BGH seiner Entscheidung zugrunde gelegt hat, nicht ausbleiben.

aa) Nichtberücksichtigung anderer Ansichten der Rechtsprechung und Literatur

Als der BGH im Jahr 1981 den aufgeflammten Streit um den Beurteilungsspielraum durch seinen Grundsatzbeschluss – zumindest in der Rechtsprechung – zum Erliegen brachte, existierte neben dem vorlegenden OLG Hamm bereits eine nicht unerhebliche Anzahl oberlandesgerichtlicher Rechtsprechung und (Kommentar-)Literatur, die ganz ähnlich für einen restriktiveren Beurteilungsspielraum und einen weiterreichenden gerichtlichen Überprüfungsmaßstab votierten.[979] Es wäre wünschenswert gewesen, dass der BGH auch die Auffassung des Vorlagegerichts stützende Ansichten aus Literatur und Rechtsprechung in seinen Beschluss aufgenommen hätte. Doch die fundierte Auseinandersetzung mit weiteren Vertreter der gegenteiligen Auffassung unterblieb. Eher entstand der unzutreffende Eindruck, als stünde das vorlegende OLG Hamm mit seiner Auffassung allein auf weiter Flur.

Letztlich lässt sich aus der Nichtberücksichtigung aber kein gewichtiger Kritikpunkt ableiten, weil der BGH sich durchaus fundiert mit der Gegenansicht des OLG Hamm auseinandersetzte und alle Argumente aufgriff, die das OLG ins Feld führte. Zusätzliche Argumente, die eine weitere Begründung in den Ausführungen der BGH erforderlich gemacht hätten, gehen auch aus der nicht ausdrücklich berücksichtigten Judikatur und dem Schrifttum nicht hervor.

---

978 Vgl. *P.-A. Albrecht*, ZStW 97 (1985), 831 (849 f.) „kaum noch nachvollziehbare Entscheidung“, „zum rechtsfreien Raum erhoben“; *Dopslaff*, ZStW 100 (1988), 567, 595 ff.; *Volckart*, (Anm. zu BGHSt 30, 320 ff. = NStZ 1982, 173 f.), NStZ 1982, 174 f.; auch *Justen*, Unbestimmte Rechtsbegriffe, S. 91 ff. Vgl. im Übrigen bereits Fn. 946.

979 Beispielsweise OLG Frankfurt ZfStrVo 1981, 188 (189); OLG Karlsruhe ZfStrVo 1979, 54; auch *Callies/Müller-Dietz*, 2. Aufl., § 13 Rn. 3; *Franke*, NStZ 1981, 212 (213); *Grunau*, DRiZ 1978, 111 (111); *Treptow*, NJW 1978, 2227 (2227 ff.); *ders.*, ZfStrVO 1980, 67 ff.; zurückhaltend auch *Müller-Dietz*, NStZ 1981, 409 (412); *ders.*, Jura 1981, 113 (119 f.); gegenteilig bereits *Meier* (Anm.), NStZ 1981, 406 (407); *Stilz*, ZfStrVo 1979, 67 (69).

bb) Zur Frage der (Un-)Übertragbarkeit verwaltungsrechtlicher Grundsätze zum Beurteilungsspielraum auf das Strafvollzugsrecht

In der strafvollzuglichen Lehrbuchliteratur finden sich regelmäßig einleitende Ausführungen, die sich der Frage der Einordnung des Strafvollzugsrechts zwischen dem Straf- und dem Verwaltungsrecht verschreiben.[980] Daher erscheint es zumindest verwunderlich, dass der BGH die verwaltungs(prozess)rechtlichen Grundsätze zur Justiziabilität unbestimmter Rechtsbegriffe und Ermessensentscheidungen scheinbar problemlos übertrug, ohne sich mit der Frage der Übertragbarkeit verwaltungsrechtlicher Prinzipien auf das Strafvollzugsrecht im Allgemeinen, noch mit der Übertragbarkeit der Lehre vom Beurteilungsspielraum im Speziellen auseinandergesetzt zu haben.[981]

Diesen Überlegungen denknotwendig vorgelagert ist die bekanntermaßen diskutable Frage der Ein- und Zuordnung des Strafvollzugsrechts in das Rechtssystem.[982] Einer Eingruppierung des Strafvollzugsrechts neben dem materiellen Strafrecht und dem Strafverfahrensrecht als eine der drei Säulen unter dem Dach der Strafrechtspflege[983] steht eine Qualifizierung als Teilgebiet des besonderen Verwaltungsrechts[984] gegenüber. Im Verhältnis zwischen Staat und Bürger verrichtet der Vollzug durchaus eingreifende und leistende Verwaltung, die aber aufgrund der Intensität der zu verwaltenden Grundrechtseingriffe gerade nicht dem Verhältnis des Bürgers zu einer außerhalb des Strafvollzugs agierenden Verwaltungsbehörde entspricht, weshalb sich ein blinder Gleichlauf mit dem Verwaltungsrecht verbietet.[985] Diesen Besonderheiten des Strafvollzugsrechts geschuldet lässt sich eine eindeutige Zuordnung weder zu dem einen noch zu dem anderen Rechtsgebiet vornehmen. Aufgrund der Nähe und den Parallelen zu beiden Rechtsgebieten ist einer Zuordnung genüge getan, wenn man den Strafvollzug als eine eigenständige Materie[986] der Kriminalwissenschaften begreift, die dem Öffentlichen Recht im weiteren Sinn unterfällt. Der Verzicht

---

980 Exemplarisch *Höflich/Schriever*, Grundriss Strafvollzugsrecht, S. 12.

981 Vgl. *Schneider*, ZfStrVo 1999, 140 (142); in diese Richtung auch *Justen*, Unbestimmte Rechtsbegriffe, S. 69, 70 ff.

982 Spezifisch vor dem Hintergrund der Frage um die Justiziabilit im Strafvollzugsrecht vgl. *Justen*, Unbestimmte Rechtsbegriffe, S. 75 f.

983 Vgl. beispielsweise *Jescheck/Weigend*, Strafrecht AT, S. 16 ff. u.a. m. Hinw. auf Maurach/Zipf, Strafchrecht AT, Bd. 1, § 2 Rn. 4.

984 So beispielsweise *Freudenthal*, ZStW 39 (1918), 493 (493); *Schüler-Springorum*, Strafvollzug im Übergang, S. 39 f.

985 Vgl. *Heghmanns*, ZStW 111 (1999), 647 (656); *Schneider*, ZfStrVo 1999, 140 (142).

986 Vgl. *Justen*, Unbestimmte Rechtsbegriffe, S. 75: „Rechtsmaterie sui generis“ m.w.N.

auf eine eindeutige Zuordnung geht aber keineswegs mit einer Unmöglichkeit der Übertragbarkeit der verwaltungsrechtlichen und -prozessualen Dogmatik auf das strafvollzugsrechtliche Rechtsschutzverfahren einher. Lenkt man den Blick nämlich auf das vollzugsrechtliche Kontrollverfahren, fällt auf, dass dieses trotz des allgemeinen Verweises auf die StPO in § 120 Abs. 1 S. 2 StVollzG faktisch der VwGO nachgebildet ist.[987] Zwar findet über § 120 StVollzG der die StPO prägenden Amtsermittlungsgrundsatz (§ 244 Abs. 2 StPO) Anwendung, der sich so auch als wesensgestaltender Verfahrensgrundsatz im Strafvollzug positioniert.[988] Die weiteren Verfahrensgrundsätze, insbesondere die Dispositionsmaxime, die Zugrundelegung des Freibeweisverfahrens, ebenso wie die Antragsarten orientieren sich an der VwGO.[989] Diese Strukturgleichheit tritt besonders deutlich bei einer Gegenüberstellung der verwaltungs- mit der strafvollzugsgerichtlichen Tenorierung in § 113 VwGO bzw. § 115 StVollzG zum Vorschein. Lockerungsspezifisch lassen sich neben der verwaltungsrechtstypischen Normstruktur der Art. 13, 14 BayStVollzG bzw. § 11, 13 StVollzG unter anderem auch die Parallelen zwischen den Grundsätzen zum Widerruf begünstigender Verwaltungsakte (§ 49 VwVfG) mit den Widerrufs- und Rücknahmevoraussetzungen bei gewährten Vollzugslockerungen (Art. 16 Abs. 2 BayStVollzG, § 14 Abs. 2 StVollzG) anführen. Daher erscheinen die Parallelen zum Verwaltungsrecht zu reichhaltig, um die Übertragbarkeit verwaltungsrechtlicher Dogmatiken allein wegen der Besonderheit der Inhaftierungssituation auszuschließen.[990] Insofern ist dem BGH auch diesbezüglich letztlich kein Vorwurf zu machen.

cc) Schlussfolgerungen aus historischen und teleologischen Erwägungen

Sodann greift der BGH den **entstehungsgeschichtlichen** und **teleologischen** Argumentationsstrang des Kammergerichts und des Oberlandesgerichts Nürnberg auf. Das KG legte seinen Ausführungen die amtliche Begründung des Regierungsentwurfs zu Grunde, aus der hervorgeht, dass § 13 StVollzG als Ermächtigungsgrundlage für die Vollzugsbehörden ausgestaltet worden ist, die dem Gefangenen einen Anspruch auf einen ermessensfehlerfreien Bescheid, nicht jedoch einen Anspruch auf Urlaub einräumt. Da vorhandene kriminologische Kenntnisse nicht als ausreichend erachtet wurden, um eine hinreichend

---

987 Vgl. *Justen*, Unbestimmte Rechtsbegriffe, S. 75; *Laubenthal*, Strafvollzug Rn. 760; *Schneider*, ZfStrVo 1999, 140 (142).

988 Vgl. Arloth, in: Arloth/Krä, StVollzG, § 115 Rn. 2. Vgl. aber auch § 86 VwGO.

989 Vgl. zum Ganzen beispielsweise *Arloth*, in: Arloth/Krä, StVollzG, § 115 Rn. 1 ff.

990 A. A. aber *Justen*, Unbestimmte Rechtsbegriffe, S. 75 f.

sichere Flucht- und Missbrauchsprognose stellen zu können, waren der Verwaltung Verwaltungsvorschriften an die Hand gegeben worden, um diesen offenen Raum ausfüllen zu können.[991] Darüber hinausgehende Äußerungen zur Reichweite der richterlichen Prüfkompetenz lassen sich den Gesetzesmaterialien nicht entnehmen. Ungeachtet dessen folgerte das KG aus der Tatsache, dass eine Flucht- und Missbrauchsprognose weder vom Gericht noch von der Vollzugsbehörde mit hinreichender Sicherheit getroffenen werden kann, die Ausfüllung dieses unbestimmten Rechtsbegriffs nach dem Willen des Gesetzgebers folglich „im Zentrum des Verwaltungsermessens“ stünde und daher das Gericht die behördliche Entscheidung nur eingeschränkt nachprüfen könne.[992] Während das KG eine ausführliche Begründung darbietet, beschränkt sich der BGH auf den Hinweis, dass den Gesetzesmaterialien zu entnehmen sei, dass den Strafvollzugsbehörden ein Beurteilungsspielraum eröffnet wäre.[993] Allein den Ausführungen des BGH folgend lässt sich eine Aussage zum Umfang der richterlichen Kontrolldichte allenfalls erahnen. Zur Frage der richterlichen Kontrolldichte ist der Rückgriff auf die Gesetzesmaterialien wenig ergiebig. Unter Einbeziehung der Ausführungen des Kammergerichts erscheint die Argumentation für eine eingeschränkte Justiziabilität möglich, aber keinesfalls zwingend.[994]

Den zweiten gewichtigeren Argumentationsstrang stützt der BGH auf **teleologische** Erwägungen zum prognostischen Charakter der Flucht- und Missbrauchsbefürchtung. Der BGH führt aus, dass die Einschätzung des künftigen Verhaltens des Gefangenen während Vollzugslockerungen „ein innerer Vorgang sei, der ein schwer widerlegbares Wahrscheinlichkeitsurteil enthalte, das sich auf eine Vielzahl von objektiven Umständen und subjektiven Eindrücken stützt.“[995] Der Gesetzgeber belasse der Justizvollzugsbehörde Raum, ihre Zweifel am künftigen Legalverhalten des Gefangenen in der Lockerungsentscheidung zu berücksichtigen.[996] Daraus folgert der BGH, dass die Vollzugsbehörde auch ermächtigt sei, diese Prognose „ermessenähnlich“ treffen zu dürfen.[997]

---

991 Vgl. BT-Drs. 7/918, S. 53.

992 Vgl. KG NJW 1979, 2574 (2575).

993 Vgl. BGHSt 30, 320 (325).

994 Vgl. *Müller-Dietz* (Anm. zu BGHSt 30, 320), JR 1983, 40 (41); kritisch auch *Meier* (Anm. zu OLG Hamburg, NStZ 1981, 237 ff.), NStZ 1981, 406 (406).

995 BGHSt 30, 320 (325).

996 Ebenda.

997 BGHSt 30, 320 (325).

Der vom BGH vorgenommenen Einordnung der Prognose als Wahrscheinlichkeitsurteil mit subjektiven Elementen sind keine Bedenken entgegenzuhalten.[998] Indes bleibt der BGH die Antwort auf die entscheidende Frage, wie nämlich allein anhand der Qualifizierung der Flucht- und Missbrauchsklausel als Prognoseentscheidung Rückschlüsse auf die judikative und exekutive Kompetenzverteilung gezogen werden können, schuldig.[999] Gerade weil es keinen allgemeingültigen Grundsatz gibt, der Prognoseentscheidungen ausschließlich einem ureigenen Kompetenzbereich der Verwaltung zuschreibt – man denke nur an die Erstellung der Legalbewährungsprognose, die nach §§ 57, 57a StGB bei den Strafvollstreckungskammern angesiedelt ist,[1000] wäre die Begründung dieser These aber wünschenswert und erforderlich gewesen.[1001]

dd) Zweifel an der (größeren) Sachnähe der Vollzugsbehörde

Die schuldig gebliebene Erklärung liefert der BGH dann mit dem Hinweis auf die besondere Sachnähe der Vollzugsbehörde, die das Verhältnis zwischen Justizvollzugsanstalt und Gefangenen entscheidend prägt und somit zur tragenden Stütze im Begründungsgerüst des BGH wird. Denn die Vollzugsanstalten „kennen den Gefangenen und sein Verhalten im Vollzug oder haben wenigstens Erkenntnismöglichkeiten darüber, die den Gerichten nicht ohne weiteres zur Verfügung stehen. Sie können ihren Erkenntnisstand jederzeit schnell und umfassend vervollständigen. Die Gerichte sind dagegen weitgehend darauf angewiesen, den Sachverhalt durch Beiziehung von Erklärungen und Unterlagen oder durch die mündliche Anhörung des Antragstellers und Vernehmung von Zeugen aufzuklären."[1002] Aus dem stetigen persönlichen Kontakt zwischen Gefangenen und Bediensteten und dem direkteren Fluss der so gewonnenen Erkenntnisse innerhalb der Anstalt leitet der BGH einen Informationsvorsprung vor den außenstehenderen Strafvollstreckungskammern ab, der es rechtfertigt,

---

998 So auch *Müller-Dietz* (Anm. zu BGHSt 30, 320), JR 1983, 40 (41); a.A. aber *Volckart* (Anm. zu BGHSt 30, 320 ff.), NStZ 1982, 174 (174 f.), der von einer voll justiziablen Zuverlässigkeitsentscheidung ausgeht.

999 So auch *Müller-Dietz* (Anm. zu BGHSt 30, 320), JR 1983, 40 (41 f.).

1000 Vgl. *Treptow*, ZfStrVo 1980, 67 (69); *Müller-Dietz* (Anm. zu BGHSt 30, 320), JR 1983, 40 (41 f.) m.w.N.

1001 Eine volle gerichtliche Überprüfbarkeit aus teleologischen Erwägungen ablehnend daher *Treptow*, NJW 1978, 2227 (2230 f.); *Volckart* (Anm. zu BGHSt 30, 320 ff.), NStZ 1982, 174 (175); *Dopslaff*, ZStW 100 (1988), 567 (595 f.).

1002 BGHSt 30, 320 (326); ähnlich auch schon KG NJW 1978, 2574 (2575).

den Vollzugsanstalten bei der Erstellung der Flucht- und Missbrauchsprognose einen Beurteilungsspielraum zu belassen.[1003]

In der Literatur stößt gerade dieses Argument zur Rechtfertigung eines Beurteilungsspielraums auf Widerstände, die sich teilweise schon gegen die Behauptung größerer Sachnähe, insbesondere aber gegen die Herleitung einer daraus resultierenden überlegenen Stellung der Vollzugsbehörde bei der Prognoseentscheidung richten.[1004] Die Kritik an der Sachnähe der JVA fokussiert sich darauf, dass die Personen, die die Prognoseentscheidung letztlich fällen, nicht diejenigen sind, die täglichen Umgang mit den Gefangenen in den Unterkunfts- und Betriebsgebäuden pflegen. Vielmehr stütze sich der entscheidende Anstalts- oder Abteilungsleiter, dem kaum jeder einzelne Gefangene persönlich bekannt sein wird und kann, bei der Gewinnung seiner Entscheidungsgrundlagen auf die Gefangenenpersonalakten und die von Bediensteten vermittelten Informationen sowie die Möglichkeit der persönlichen Anhörung des Gefangenen, so dass sich die zur Verfügung stehenden Erkenntnisquellen letztlich kaum von denen eines Richters der Strafvollstreckungskammer unterscheiden.[1005] Soweit ein Informationsvorsprung überhaupt anerkennbar ist, wird kritisch angeführt, dass häufige Gefangenenverlegungen und Personalwechsel einen solchen Informationsvorsprung schnell wieder relativieren können.[1006] Letztlich bezweifeln die Kritiker, dass die Behörde tatsächlich die größere Sachnähe besitzt und dass es sich bei dieser Annahme lediglich um eine „typische Alltagstheorie" handle.[1007] Untermauert wird die Kritik mit der Tatsache, dass der Gesetzgeber die Strafvollstreckungskammer im Aussetzungsverfahren nach §§ 57, 57a StGB doch mit einer Prognoseentscheidung betraut hat, ihr der BGH aber die (Sach-)Kompetenz

---

1003 BGHSt 30, 320 (326): „sachgerecht und zweckmäßig"; zustimmend insb. *Arloth*, in: Arloth/Krä, StVollzG, § 11 Rn. 10, § 13 Rn. 12; *Häuser*, Gefahrenbegriff, S. 136 f.; *Laubenthal*, Strafvollzug, Rn. 540, 813; *Heghmanns*, ZStW 111 (1999), 647 (659 ff.).

1004 Vgl. *Dopslaff*, ZStW 100 (1988), 567 (595 f.); *Hoffmann*, Grenzen der Unfreiheit, S. 109 f.; *Schneider*, ZfStrVo 1999, 140 (142); *Treptow*, ZfStrVo 1980, 67 (68); *Volckart*, (Anm. zu BGHSt 30, 320 ff. = NStZ 1982, 173 f.), NStZ 1982, 173 (175). *Justen*, Unbestimmte Rechtsbegriffe, S. 97 f. bezweifelt, dass das Sachnäheargument überhaupt geeignet ist, auf die ureigene richterliche Kontrollbefugnis Einfluss zu nehmen.

1005 *Treptow*, ZfStrVo 1980, 67 (68 f.), in diese Richtung auch *Justen*, Unbestimmte Rechtsbegriffe, S. 86 ff.

1006 *Treptow*, ZfStrVo 1980, 67 (68 f.).

1007 Vgl. *Schneider*, ZfStrVo 1999, 140 (142); *Volckart*, (Anm. zu BGHSt 30, 320 ff. = NStZ 1982, 173 f.), NStZ 1982, 174 (175).

zur vollumfänglichen Überprüfung der Lockerungsprognose abspricht.[1008] Dass der Vollstreckungsrichter die weitreichendere Aussetzungsentscheidung trifft, er aber nicht mit Letztentscheidungsbefugnis verfügen darf, ob dem Gefangenen ein stundenweiser Ausgang oder ein tageweiser Hafturlaub gewährt wird, wird als befremdlich empfunden. Dementsprechend wird bezweifelt, dass die Nähe zum Gefangenen eine richtigere oder bessere Entscheidung hervorbringt, ermöglicht wird allenfalls ein zügigerer und leichterer Entscheidungsprozess.[1009]

Die dargestellten Einwände sind jedenfalls nicht geeignet an der grundsätzlichen Existenz eines solchen Näheverhältnisses zu zweifeln. Denn der Kontakt zwischen der Vollzugsanstalt und den dort Inhaftierten ist allein wegen des örtlichen und zeitlichen Kontakts ein engerer, kontinuierlicher und intensiverer, als der zwischen Gefangenen und der Strafvollstreckungskammer. Dem stehen auch etwaige Verlegungen von Gefangenen oder Personalwechsel nicht entgegen. Gerade im oftmals schwierigen Prognosebereich langer und lebenslanger Freiheitsstrafen werden Anstaltswechsel ohnehin die Ausnahme bilden.

Fraglich ist indes, ob aus der Sachnähe ein prognoserelevanter Vorteil bei der Einschätzung der Flucht- und Missbrauchsgefahr erwächst, der den Strafvollstreckungskammern in diesem Maß nicht zu Verfügung steht. Immerhin sind die Strafvollstreckungsgerichte – wie die kritischen Stimmen berechtigt anmerken – im Aussetzungsverfahren prognoseerprobt und mit den zur Verfügung stehenden kriminologischen Erkenntnissen und Prognosemethoden vertraut.[1010] Der BGH greift dieses Gegenargument der Prognoseparallelität selbst auf und sucht es unter Hinweis auf die gesetzgeberische Aufgabenverteilung zu entschärfen. Die Aussetzungsprognose, die über die Dauer der Strafvollstreckung entscheide, sei als Frage der Strafvollstreckung der Strafvollstreckungskammer zugewiesen, wohingegen die Gewährung von Lockerungen die Gestaltung des Freiheitsentzugs betreffe, als einzelfallrelevante Behandlungsmaßnahme und nicht zuletzt wegen dem Schutzbedürfnis der Allgemeinheit im Entscheidungsbereich der JVA zu verbleiben habe.[1011]

1008 Vgl. *Böhm*, Strafvollzug, Rn. 379; *ders.*, in: Kury, Kriminologische Forschung in der Diskussion, S. 575 (580); *ders.*, ZfStrVo 1992, 37 (39 f.); *Kamann*, Gerichtlicher Rechtsschutz, S. 143 ff.; *Schneider*, ZfStrVo 1999, 140 (142); *Spaniol*, in: AK-StVollzG, § 115 Rn. 30; *Treptow*, NJW 1978, 2227 (2230 f.); *Volckart*, (Anm. zu BGHSt 30, 320 ff. = NStZ 1982, 173 f.), NStZ 1982, 174 (175).

1009 *Dopslaff*, ZStW 100 (1988), 567 (595); differenzierter *Justen*, Unbestimmte Rechtsbegriffe, S. 84 f.

1010 Vgl. Fn. 1009.

1011 Vgl. BGHSt 30, 320 (326).

Der Blick auf die Prognosestellung in Vollzug und Vollstreckung zielt aber am Kernbereich des Problems um die Justiziabilität von unbestimmten Rechtsbegriffen mit Beurteilungsspielraum vorbei. Denn es ist neben der eigenen Prognoseerstellung im Aussetzungsverfahren eben auch Aufgabe der Strafvollstreckungskammer, die JVA im Rechtsschutzverfahren zu kontrollieren. Diese Aufgabe ist ihr ja nicht entzogen, sondern vielmehr ausdrücklich zugewiesen.

Widmet man sich nun der Frage, weshalb und inwieweit ein nicht überprüfbarer Beurteilungsraum besteht, dann müssen die Charakteristika der Prognose in den Mittelpunkt gerückt werden. Eine Risikoprognose stützt sich neben objektiv verifizierbaren Elementen (insb. Lebens- und Haftverlauf) auch auf eine schwerer verifizierbare subjektive Einschätzung künftigen Verhaltens. Mit *Heghmanns* ist bei der Konkretisierung des durch die Sachnähe erwachsenen Informationsvorsprungs an diese Differenzierung anzuknüpfen: Bei Gewinnung und Verifizierung objektiver Bestandteile lässt sich kein prognoserelevanter Informationsvorsprung der JVA feststellen. Ein solcher ergibt sich aber im Hinblick auf die subjektiven Entscheidungsgrundlagen.[1012] Vertreter verschiedener Fachdienste haben Gelegenheit, den Gefangenen in alltäglichen wie konfliktträchtigen Situationen kennenzulernen und sein Verhalten im Vollzugsalltag zu beobachten. Solche Gelegenheiten bieten sich auch dem über die Vollzugslockerung entscheidenden Anstalts- oder Abteilungsleiter. In Zugangsgesprächen, Sprechstunden, Disziplinarverfahren, Vollzugsplanerstellungen und -fortschreibungen, ggf. Aufnahmen in Freizeitgruppen oder spezielle Vollzugsabteilungen (z.B. Wohngruppenvollzug) ist der Entscheidungsträger unmittelbar mit dem Gefangenen befasst und erlebt (haft)alltägliche wie konfliktträchtige Situationen aus der Nähe. Aus all diesen Erfahrungen erwächst ein Gesamtbild des Gefangenen, das den Bediensteten einen Einblick in die Verhaltensweisen des Gefangenen in Stress- und Konfliktsituationen, seine Persönlichkeit und seine aktuelle psychische Situation gewährt, was sich dann als nicht zu unterschätzender Vorteil bei der Prognoseerstellung erweisen kann.[1013] Die Entscheidung über die Gewährung von Vollzugslockerungen kann auch jenseits der ausdrücklich

---

1012 Vgl. *Heghmanns,* ZStW 111 (1999), 647 (659 f.), der in diesem Zusammenhang von Defiziten der Strafvollstreckungskammer bei der „Verifizierung der Prognosebasis" spricht; zustimmend auch *Bachmann*, Bundesverfassungsgericht, S. 207 f.; kritisch hierzu aber *Hoffmann*, Grenzen der Unfreiheit, S. 109 ff. Allgemein zur Entscheidungsfindung der Strafvollzugsbehörde *Justen*, Unbestimmte Rechtsbegriffe, S. 85 ff.

1013 Vgl. *Gross/Laub*, FS 2012, 277 (279 f.); *Heghmanns*, ZStW 111 (1999), 647 (660); *Keller*, JZ 1979, 167 (169); *Laubenthal*, Strafvollzug, Rn. 540; *Müller-Dietz* (Anm.), JR 1983, 40 (42).

vorgeschriebenen Fallkonstellationen in einer Konferenz (Art. 183 BayStVollzG) mit allen an der Behandlung beteiligten Bediensteten besprochen und dann auf Grundlage des Konferenzergebnisses vom Anstalts- oder Abteilungsleiter getroffen werden. Dieser gewachsene, interdisziplinär gewonnene Gesamteindruck, lässt sich von dem Richter der Strafvollstreckungskammer selbst durch ein gewissenhaftes Aktenstudium nicht erlangen bzw. rekonstruieren.[1014] Einen Ersatz vermag auch eine kurze richterliche Anhörung, bei der der Gefangene naturgemäß versucht, einen positiven Eindruck zu hinterlassen, nicht zu leisten.[1015] Wer dies mit bloßem Hinweis auf die vollzugsnahe Ansiedlung der Strafvollstreckungskammern bestreitet[1016], verkennt, dass die praktische Realität in den Strafvollstreckungskammern in vielen Bereichen weit hinter ihrer ideellen Konzeption zurückbleibt.[1017] Allein aus der vollzugsnahen Ansiedlung der Strafvollstreckungskammer und dem Einsatz kriminologisch ausgebildeter Richter lässt sich keine Aussage über die gerichtliche Kontrolldichte ableiten.[1018] Eine Versagung der Einschätzungsprärogative der Vollzugsbehörde hätte zur Folge, dass die Strafvollstreckungskammer ihre subjektive Einschätzung über die der JVA stellen könnte, obwohl die StVK auf der Grundlage einer unsicheren Prognosebasis agieren würde.[1019] Daher sprechen die überwiegenden Gründe für die Anerkennung eines prognoserelevanten Näheverhältnisses zwischen der Vollzugsbehörde und ihren Gefangenen, das sich in Gestalt eines vollzugsbehördlichen Beurteilungsspielraums niederschlagen sollte.

ee) Verstoß gegen die Rechtsschutzgarantie nach Art. 19 Abs. 4 GG

Daher belässt der BGH der Justizvollzugbehörde bei dem Versagungsgrund der Flucht- und Missbrauchsgefahr einen Beurteilungsspielraum, in den die Gerichte bei Überprüfung der Lockerungsentscheidung nur eingeschränkt vordringen können. Mit Blick auf die Rechtsschutzgarantie des Art. 19 Abs. 4 GG

1014 Vgl. *Heghmanns*, ZStW 111 (1999), 647 (661 f.); *Müller-Dietz* (Anm.), JR 1983, 40 (42).

1015 Vgl. *Heghmanns*, ZStW 111 (1999), 647 (660).

1016 Beispielsweise *Tretptow*, ZfStrVo 1980, 67 (68 f.).

1017 S.o. Gliederungspunkte D.I.2. und D.I.3.

1018 Vgl. *Callies/Müller-Dietz*, StVollzG, 11. Aufl. § 115 Rn. 24; in diese Richtung aber *Spaniol*, in: AK-StVollzG, § 115 Rn. 30; *Treptow*, NJW 1978, 2229 (2230), die hierin ein Indiz für eine gerichtliche Letztentscheidungsbefugnis und ein Argument gegen einen behördlichen Beurteilungsspielraum erblicken.

1019 Vgl. *Heghmanns*, ZStW 111 (1999), 647 (662) der daraus folgert, dass die Entscheidung der Strafvollstreckungskammer daher zwangsläufig eine schlechtere wäre.

drängt sich die Frage auf, ob die begrenzte Justiziabilität effektiven und effizienten Rechtsschutz bei der richterlichen Überprüfung der Versagung von Vollzugslockerungen in ausreichendem Maß gewährleistet.[1020]

Der BGH selbst streift diese Problematik nur kurz. „Die Wirksamkeit des Rechtsschutzes wird dadurch entgegen der Auffassung des vorlegenden Oberlandesgerichts nicht beeinträchtigt. Der gerichtliche Rechtsschutz dient der Abwehr von Rechtsverletzungen. Sind mehrere Entscheidungen rechtlich vertretbar, verlangt Artikel 19 Abs. 4 GG nicht, daß die Auswahl unter ihnen in letzter Verantwortung von einem Gericht getroffen wird (BVerwGE 39, 197, 205).“[1021]

Dass die Auswahl der Justizvollzugsbehörde überlassen ist, erachtet *Kamann* dagegen als Einfallstor für renitente und willkürliche Entscheidungen, den vollzugsbehördlichen Beurteilungsspielraum als „Freihandelszone behördlichen Beliebens“ und als „Instrument der Verunrechtlichung“.[1022]

Hierbei wird aber gleich Mehreres verkannt. Zum einen ist stets zu bedenken, dass die Behörde weder bei der Ausübung ihres Ermessens noch bei Ausfüllung ihrer Beurteilungsspielräume gänzlich frei ist. Die behördliche Entscheidungsfreiheit reicht nur soweit, wie gesetzliche Grenzen dies gestatten.[1023] Nur innerhalb dieses Rahmens sind Behörden in ihrem Verwaltungshandeln frei. Zudem spiegelt der gängige Terminus, dass eine Behörde zwischen zwei möglichen Entscheidungen die Wahl treffen kann, das Wesen und den Kern eines Beurteilungsspielraums eigentlich nicht zutreffend wider: „denn hier <wählt> die Behörde nicht ihr Verhalten, vielmehr ergeben sich die verschiedenen Möglichkeiten ihres Verhaltens allein als (insoweit zwangsläufige) Folge der verschiedenen Beurteilungsmöglichkeiten.“[1024]

Entscheidet sich die Justizvollzugsanstalt nach ihrer prognostischen Risiko- und Wahrscheinlichkeitseinschätzung zwischen mehreren rechtlich vertretbaren Entscheidungsvarianten schlussendlich nicht für die gefangenengünstig(st)e, macht dies allein die behördliche Entscheidung nicht rechtswidrig. Rechtswidrig wird die Lockerungsentscheidung auch dann nicht, wenn der Richter der Strafvollstreckungskammer selbst eine andere, „nicht minder subjektive und – und

---

1020 Zweifelnd insb. *Justen*, Unbestimmte Rechtsbegriffe, S. 36 ff., 95 ff.; *Müller-Dietz* (Anm. zu BGHSt 30, 320 ff.), JR 1983, 40 (42).; *ders.*, NStZ 1981, 409 (412); *Treptow*, NJW 1978, 2227 (2228); *Volckart* (Anm. zu BGHSt 30, 320 ff.), NStZ 1982, 174 (175).

1021 BGHSt 30, 320 (326); vgl. auch BVerfG NStZ 1998, 430 (431); *Meier* (Anm. zu OLG Hamburg NStZ 1981, 237), NStZ 1981, 406 (406).

1022 *Kamann*, ZRP 1994, 474 (476, 477).

1023 Vgl. *Bachof*, JZ 1955, 97 (98).

1024 *Bachof*, JZ 1955, 97 (98).

das ist entscheidend – rechtlich nur begrenzt faßbare Prognose stellen" wollen würde.[1025] Schließlich kann ein Rechtsschutzanspruch nicht weiter reichen als die zugrunde liegende materiell-rechtliche Normierung.[1026] Freilich ist ein richterlicher Beschluss, aus dem hervorgeht, dass die von der JVA getroffene ablehnende Lockerungsentscheidung (noch) vertretbar ist, aus Sicht des Gefangenen wenig befriedigend. Ein Verstoß gegen die Rechtsschutzgarantie ist aber nicht zu verzeichnen. Denn die Rechtsschutzgarantie hat allein dafür Sorge zu tragen, dass rechtswidrige Entscheidungen verhindert bzw. durch die Gerichte behoben werden. Im Falle von gesetzlich eingeräumten Beurteilungs- und Ermessensfreiräumen beschränkt sich die Rechtsschutzgarantie auf eine Rechtmäßigkeitskontrolle und darf nicht auf eine Zweckmäßigkeitskontrolle ausgeweitet werden.[1027]

Es ist nicht auszuschließen, dass sich eine Verdichtung des Kontrollmaßstabs tendenziell eher zu Gunsten des Gefangenen auswirkt. Die Wahrscheinlichkeit, dass eine behördliche Entscheidung aufgehoben wird, erhöht sich, je weitreichender der richterliche Kontrollmaßstab ist.[1028] Das allein bedeutet aber nicht, dass auch die Wahrscheinlichkeit steigt, dass der Gefangene die begehrte Vollzugslockerung erhält. Eine Gleichschaltung der Reichweite gerichtlicher Kontrolle mit dem aus einer gerichtlichen Letztentscheidungsbefugnis erwachsenden Wunsch einer großzügigeren Lockerungspraxis verbietet sich dennoch. Dies würde nämlich voraussetzen, dass die Strafvollstreckungskammern grundsätzlich „lockerungsfreudiger" entscheiden würden, als es die Justizvollzugsanstalten tun würden. Und dies mag ernstlich in Zweifel gezogen werden. Auch dort würde sich eine restriktive Entscheidungspraxis einstellen.[1029] Wenn gegen die Ansicht des BGH angeführt wird, dass die Entscheidungsträger in der JVA Menschen mit moralischen, ethischen und persönlichen Stärken und Schwächen sind, die aus unterschiedlichsten Gründen Antipathie und Sympathie empfinden[1030], so darf dabei nicht übersehen werden, dass auch Richter Menschen sind, deren Entscheidungen ebenfalls nicht ohne unerheblichen subjektiven Einschlag getroffen

1025 *Meier* (Anm. zu OLG Hamburg, NStZ 1981, 237 ff.), NStZ 1981, 406 (406) m.w.N.

1026 Vgl. *Meier* (Anm.), NStZ 1981, 406 (406) unter Hinweis auf BVerwGE 39, 197 (205).

1027 Vgl. *Jestaedt*, in: Ehlers/Pünder, AllgVerwR, § 11 V 1 Rn. 38 f., nach dem die Rechtsschutzgarantie der Einräumung von Ermessens- und Beurteilungsspielräumen keine Grenzen zu setzen vermag, solche sich aber durchaus aus anderen Grundrechten, wie beispielsweise dem Freiheitsgrundrecht ergeben können. A.A aber *Justen*, Unbestimmte Rechtsbegriffe, S. 36 ff.

1028 Vgl. *Kudlich*, JA 2003, 704 (711); *Müller-Dietz*, NStZ 1981, 409 (412).

1029 Vgl. *Müller-Dietz* (Anm.), JR 1983, 40 (42).

1030 So nämlich *Kamann*, ZRP 1994, 474 (476).

werden. Wenn der JVA vorgeworfen wird, ihre Entscheidungen schematisch abzuhandeln[1031] und eine „dürftige Sachverhaltslage" durch Bezugnahme auf Vorstrafen nachzubessern"[1032], so wäre es lebensfern zu denken, dass dies bei einer richterlichen Lockerungsentscheidung nicht vorkommen könne.[1033] Der Gedanke von *Bachof*, dass „das überprüfende Gericht, ja sogar jede Gerichtsinstanz, ihre nicht weniger subjektiven Wertvorstellungen an die Stelle derjenigen der Behörde bzw. der Vorinstanz setzen müßten [...], wodurch insbesondere keine Gewähr für eine bessere Rechtsfindung gegeben wäre",[1034] lässt sich problemlos übertragen.[1035] Daher darf bezweifelt werden, dass eine weitreichendere Justiziabilität und eine Übertragung der Letztentscheidungsbefugnis auf den Richter tatsächlich zu einer großzügigeren Lockerungspraxis führt.

d) Abkehr von der Lehre des beschränkt überprüfbaren Beurteilungsspielraums durch die Rechtsprechung des Bundesverfassungsgerichts – eine Trendwende?

Aufgrund der Grundrechtsrelevanz der Vollzugslockerungen sah sich das Bundesverfassungsgericht seit den 1990er Jahren wiederholt veranlasst, ablehnende Lockerungsentscheidungen der Vollzugsbehörden und der Fachgerichte einer verfassungsrechtlichen Kontrolle zu unterziehen. Unweigerlich berühren die Entscheidungen auch die Frage der Justiziabilität der Lockerungsprognose der Vollzugsbehörde. Schon die ersten Entscheidungen veranlassten *Callies/Müller-Dietz* daher zu der Mutmaßung, dass die bundesverfassungsgerichtliche Rechtsprechung eine künftige Trendwende einleiten könnte, die sich in einer Abkehr von nur beschränkt überprüfbaren Beurteilungsspielräumen bei der Lockerungsentscheidung manifestiert.[1036] Da in einschlägigen Kommentaren und Abhandlungen im Wesentlichen dieselben Bundesverfassungsgerichtsentscheidungen im Zusammenhang mit einer (möglichen) Trendwende aufgeführt werden,[1037] werden diese Entscheidungen zunächst chronologisch dargestellt. Im Anschluss hieran wird analysiert, ob

---

1031 Vgl. beispielsweise *Treptow*, ZfStrVo 1980, 67 (68); ähnlich auch *ders.*, NJW 1978, 2227 (2230).

1032 So *Kamann*, ZRP 1994, 474 (476).

1033 *Meier* (Anm.), NStZ 1981, 406 (407).

1034 *Bachof*, JZ 1955, 97 (99).

1035 Skeptisch hinsichtlich einer gerichtlichen Letztentscheidungsbefugnis daher auch *Müller-Dietz* (Anm.), JR 1983, 40 (42).

1036 Vgl. *Callies/Müller-Dietz*, StVollzG, 7. Aufl., § 11 Rn. 16.

1037 Exemplarisch *Ullenbruch*, in: SBJL, StVollzG, § 11 Rn. 14.

die bundesverfassungsgerichtliche Rechtsprechung tatsächlich den behördlichen Beurteilungsspielraum soweit eingeengt hat, dass sich hier eine Trendwende und letztlich eine Abwendung der mit BGHSt 30, 320 ff. etablierten Lehre vom Beurteilungsspielraum manifestiert.

aa) Darstellung der Bundesverfassungsgerichtsentscheidungen

(1) Entscheidung 1: Ausführung bei lebenslanger Freiheitsstrafe

Den Auftakt einer bis heute nicht abreißenden Reihe von verfassungsgerichtlichen Beschlüssen und Entscheidungen bildet ein Beschluss der 2. Kammer des 2. Senats des Bundesverfassungsgerichts vom 12. November 1997.[1038] Der wegen Mordes zu einer lebenslangen Freiheitsstrafe verurteilte Beschwerdeführer beantragte im zehnten Jahr seiner Inhaftierung eine stundenweise Ausführung, die ihm die Vollzugsanstalt jedoch versagte, weil Vollzugslockerungen nur zur (unmittelbaren) Entlassungsvorbereitung in Betracht kämen. Bevor die Strafvollstreckungskammer keine Aussage über die Dauer der weiteren Vollstreckung getroffen habe, seien Vollzugslockerungen nach Ansicht der JVA als verfrüht abzulehnen. Weil die Vollzugsanstalt die Eigenständigkeit der Ausführung als Behandlungsmaßnahme – unabhängig vom Entlassungszeitpunkt – verkannte, verpflichtete die Strafvollstreckungskammer sie zur Neubescheidung unter Beachtung der Rechtsauffassung des Gerichts. Trotz zahlreicher günstiger Prognoseaspekte versagte die JVA das nochmals gestellte Ausführungsbegehren mit der Begründung, die der strafgerichtlichen Verurteilung zugrundeliegende Tat werde „unter dem Gesichtspunkt der Schwere der Schuld nach aller bisheriger Erfahrung unserer summarischen Prüfung zufolge noch einen langjährigen Freiheitsentzug veranlassen, der bei einem relativ jungen und vitalen Gefangenen nach wie vor einen erheblichen Fluchtanreiz begründet". Einen erneuten Antrag nach § 109 StVollzG wies die Strafvollstreckungskammer als unbegründet zurück, da sie im Rahmen des ihr zustehenden Überprüfungsmaßstabes keine Rechtsfehler bei der Annahme der Flucht- und Missbrauchsgefahr erkennen konnte. Die daraufhin eingelegte Rechtsbeschwerde beim OLG wurde als unzulässig verworfen.

Als offensichtlich begründet hatte die Verfassungsbeschwerde Erfolg. Das Bundesverfassungsgericht stellte seinen Entscheidungsgründen zunächst Ausführungen zum Bedeutungsgehalt von Lockerungen und zum bestehenden Spannungsgehalt mit dem zu gewährleistenden Schutz der Allgemeinheit voran. Insbesondere wurde ein weiteres Mal deutlich hervorgehoben, „daß das Interesse

1038 BVerfG ZfStrVo 1998, 180 ff.

des Gefangenen, vor den schädlichen Folgen aus der langjährigen Inhaftierung bewahrt zu werden und seine Lebenstüchtigkeit im Falle der Entlassung aus der Haft zu behalten, um so höheres Gewicht hat, je länger die Vollstreckung der Freiheitsstrafe bereits andauert (vgl. BVerfGE 64, 261 <272 f.>; 70, 297 <315>)".[1039] Ohne sich auf pauschale Wertungen zu berufen, müsse die JVA in einer Gesamtwürdigung nähere Anhaltspunkte darlegen, auf die sich eine Flucht- und Missbrauchsgefahr stützen könne. „Das mit jeder Lockerung verbundene Risiko eines Entweichens aus der Haft oder eines Mißbrauchs der Maßnahme zu Straftaten muß aus diesen Gründen heraus unvertretbar, die Befürchtung einer Flucht- und Mißbrauchsgefahr mithin unüberwindbar erscheinen (vgl. BVerfGE 70, 297 <313>).[1040] Bevor sich das BVerfG in den Gründen mit den einzelnen Aspekten der vorgenommenen Flucht- und Missbrauchsprognose auseinandersetzte, widmete es sich zunächst dem den Strafvollstreckungskammern zugestandenen Prüfungsmaßstab. Zunächst bekannte sich das BVerfG deutlich unter Hinweis auf BGHSt 30, 320, 324 f. zu dem vom BGH aufgestellten Grundsatz des begrenzt überprüfbaren Beurteilungsspielraums. Demnach eröffnet der Versagungsgrund der Flucht- oder Missbrauchsgefahr der Vollzugsbehörde einen – verfassungsrechtlich nicht zu beanstandenden – Beurteilungsspielraum, in dessen Rahmen sie mehrere Entscheidungen treffen kann, die gleichermaßen rechtlich vertretbar sind. „Der Beurteilungsspielraum entbindet die Vollstreckungsgerichte indes nicht von ihrer rechtsstaatlich fundierten Prüfungspflicht, den Sachverhalt umfassend aufzuklären und dabei festzustellen, ob die Vollzugsbehörde als Voraussetzung ihrer Entscheidung alle Tatsachen zutreffend angenommen und den zugrundegelegten Sachverhalt insgesamt vollständig ermittelt hat (vgl. BVerfGE 70, 297 <308>)".[1041] Dementsprechend sah sich das BVerfG in der Pflicht zu überprüfen, „ob das Strafvollstreckungsgericht der Vollzugsbehörde nicht einen zu weiten Beurteilungsspielraum zugebilligt und damit Bedeutung und Tragweite des verfassungsrechtlich geschützten Resozialisierungsanspruchs (Art. 2 Abs. 1 i.V.m. Art. 1 Abs. 1 GG) verkannt hat, und ob die angegriffene Entscheidung unter Zugrundlegung des dargestellten Maßstabs schlechthin nicht mehr nachvollziehbar ist und damit den aus dem allgemeinen Gleichheitssatz abzuleitenden Anspruch auf willkürfreie Entscheidung (Art. 3 Abs. 1 GG) verletzt."[1042] Jeweils unter Hinweis auf den selbstgewählten Prüfungsmaßstab der

1039 BVerfG ZfStrVo 1998, 182 f.
1040 BVerfG ZfStrVo 1998, 182 (183).
1041 BVerfG ZfStrVo 1998, 180 (183).
1042 BVerfG ZfStrVo 1998, 180 (183).

Strafvollstreckungskammer war das BVerfG der Auffassung, dass sowohl der hohe Strafrest als auch die Schwere der Schuld mangels eigener rechtlicher Würdigung der Strafvollstreckungskammer als tragfähige Begründung ausscheiden und daher die Bestätigung der Versagung durch die Vollzugsanstalt nicht mehr nachvollziehbar sei. Demnach müsse die Strafvollstreckungskammer das für die Versagung von Lockerungen herangezogene Kriterium der Schwere der Schuld, die aber noch nicht gerichtlich festgestellt wurde, vollumfänglich nachprüfen.[1043] Das Bundesverfassungsgericht hielt der Strafvollstreckungskammer vor, nicht in die Prüfung einbezogen zu haben, dass die Strafvollzugbehörde insofern nicht von einem zutreffend ermittelten Sachverhalt ausgegangen ist und das Resozialisierungsgebot bei der Gewichtung widerstreitender Belange nicht angemessen berücksichtigt hatte.

(2) Entscheidung 2: Ausgang bei lebenslanger Freiheitsstrafe

Nur einen Monat später erging auf eine ähnlich gelagerte Verfassungsbeschwerde hin ein weiterer Beschluss, der die Verfassungsbeschwerde zwar mangels Erfolgsaussicht nicht zur Entscheidung annahm, dennoch aber wegweisende Ausführungen zum Beurteilungsspielraum enthielt.[1044] Beschwerdeführer war ein wegen einer Vielzahl von schweren Raub- und Erpressungsdelikten zu lebenslanger Haft Verurteilter, bei dem zudem die besondere Schwere der Schuld festgestellt war und aus vorherigen Delikten eine noch zu vollstreckende Sicherungsverwahrung im Raum stand. Fünf Jahre vor Erreichen der Mindestvollstreckungsdauer begann der Beschwerdeführer Ausgänge zu beantragen, um sich für eine günstige Kriminalprognose im Hinblick auf eine Aussetzung der Strafe bewähren zu können. Aufgrund des zum damaligen Zeitpunktes noch nicht absehbaren Entlassungstermins, der noch nicht geklärten Frage, ob auch die Sicherungsverwahrung zur Bewährung ausgesetzt werden könnte und in Ermangelung eines sozialen Empfangsraums folgerte die Vollzugsbehörde eine Fluchtgefahr. Dies führte zu einer Versagung des Lockerungsbegehrens und im darauffolgenden Verfahren nach §§ 109 ff. und §§ 116 ff. StVollzG fand diese Entscheidung Bestätigung.

Umfassend widmete sich das Bundesverfassungsgericht zunächst der resozialisierungsförderlichen Wirkung der Vollzugslockerungen und deren Einfluss auf die für die Aussetzungsentscheidung durch die Strafvollstreckungskammer notwendige positive Kriminalprognose. Als Verhalten im Vollzug erweitere die Bewertung des Lockerungsverlaufs die prognostische Beurteilungsbasis für die

---

1043 Vgl. dazu schon BVerfGE 64, 261 (279).

1044 Vgl. BVerfG NJW 1998, 1133 (1133 ff.).

Aussetzungsentscheidung. „Mithin werden die Chancen, daß das Gericht, das über die Aussetzung zu entscheiden hat (§§ 454, 462a StPO), zu einer positiven Sozialprognose gelangen werde, durch die vorherige Gewährung von Vollzugslockerungen verbessert, durch deren Versagung aber verschlechtert."[1045] Letztlich stimmte das BVerfG der Ablehnungsentscheidung der Vollzugsanstalt und der Bestätigung durch die Strafvollstreckungskammer unter Hinweis auf den bestehenden prognostischen Beurteilungsspielraum (ebenfalls unter Hinweis auf BGH 30, 320 ff.) zwar zu. Jedoch müsse die Vollzugsbehörde, wie das BVerfG ergänzend anfügt, „bei einem zu lebenslanger Freiheitsstrafe Verurteilten, dessen Entlassung demnächst gem. § 57a I 1 Nr. 3 i.V.m. § 57 I 1 Nr. 2 StGB nur noch von der positiven Kriminalprognose des Richters abhängt, beachten, dass sie dem Gefangenen, soweit vertretbar, eine Bewährung ermöglichen und ihn auf eine Entlassung vorzubereiten hat, damit dessen grundrechtlich garantierter Freiheitsanspruch durch den Richterentscheid (Art. 104 II 1 GG) zeitgerecht realisiert werden kann (vgl. auch BVerfGE 86, 288 [328] = NJW 1992, 2947)."[1046] Weil die Missbrauchs- und Fluchtprognose der Vollzugsbehörde im Hinblick auf den verfassungsrechtlichen Richtervorbehalt des Art. 104 Abs. 2 S. 1 GG „nicht ohne zwingenden Grund die prognostische Basis der Richterentscheidung über die Fortdauer der Freiheitsentziehung schmälern (darf), indem sie an die Gewährung der Vollzugslockerungen einen unverhältnismäßig strengen Maßstab anlegt", hat die Strafvollstreckungskammer im Verfahren nach §§ 109 ff. StVollzG „auch der Frage nachzugehen, ob die Vollzugsbehörde diese Einschränkung beachtet hat, denen ihr Beurteilungsspielraum unterliegt."[1047]

(3) Entscheidung 3: Aussetzung der Strafvollstreckung zur Bewährung bei Mördern

In einer dritten im Zusammenhang mit der mutmaßlichen Trendwende genannten Entscheidung gab das Bundesverfassungsgericht einer Verfassungsbeschwerde statt, durch die sich ein zu lebenslanger Freiheitsstrafe verurteilter Mörder gegen die Verweigerung seiner Strafaussetzung zur Bewährung nach § 57a StGB zu Wehr setzte.[1048] Obwohl nach oberlandesgerichtlicher Feststellung die besondere Schwere der Schuld eine weitere Vollstreckung nicht mehr geboten hätte, wurden die Aussetzungsanträge des Beschwerdeführers abgelehnt,

1045 BVerfG NJW 1998, 1133 (1134).

1046 BVerfG NJW 1998, 1133 (1134).

1047 BVerfG NJW 1998, 1133 (1134).

1048 Vgl. BVerfG NStZ 1998, 373 ff. m. kritischer Anm. *Wolf*, NStZ 1998, 590 f.; kritisch auch OLG Frankfurt NStZ-RR 2001, 311 ff.

weil nicht sicher festgestellt werden konnte, ob die durch die Tat zu Tage getretene Gefährlichkeit noch fortbestehe oder nicht. Vollzugslockerungen erhielt der Gefangene bis dato keine.

In den Entscheidungsgründen widmete sich das BVerfG schwerpunktmäßig nicht der Rechtmäßigkeit der Aussetzungsentscheidung selbst, sondern setzte sich maßgeblich mit den unterbliebenen Vollzugslockerungen auseinander. Zunächst erinnerte das Bundesverfassungsgericht zum wiederholten Male daran, dass der Anspruch des Inhaftierten auf Achtung seiner Menschenwürde nach Ablauf der Mindestverbüßungszeit von 15 Jahren zunehmendes Gewicht gewinne, was sich auf die Sachverhaltsaufklärung bei der Prognosestellung niederschlage.[1049] Wie schon in BVerfG NJW 1998, 1133 ff. wies das Bundesverfassungsgericht auf die Bedeutung der Bewährungsmöglichkeit bei Vollzugslockerungen für die positive Sozialprognose im Rahmen der Aussetzungsentscheidung hin.[1050] Sodann bekannte sich das BVerfG ausdrücklich zum verfassungsrechtlich nicht zu beanstandenden prognostischen Beurteilungsspielraum der Vollzugsanstalt. Die Vollzugsbehörde dürfe es aber nicht versäumen, auch einem Gefangenen, der eine lebenslange Freiheitsstrafe zu verbüßen hat, eine Bewährung in Vollzugslockerungen im Hinblick auf seine positive Kriminalprognose zu ermöglichen.[1051] Im Anschluss führte das Verfassungsgericht weiter aus: „Ist die Vollstreckungsbehörde diesen Anforderungen nicht gerecht geworden, so muss ihr im Aussetzungsverfahren vor den Strafvollstreckungskammern deutlich gemacht werden, daß Vollzugslockerungen geboten sind. Die Strafvollstreckungskammern haben dabei ihre prozessualen Möglichkeiten auszuschöpfen. § 454a Abs. 1 StPO gestatte dem Gericht, einen künftigen Entlassungszeitpunkt so festzulegen, daß der Vollzugsbehörde noch die Möglichkeit verbleibt, die Entlassung durch Lockerungen vorzubereiten.“[1052]

Das BVerfG kam auf dieser Grundlage zu dem Ergebnis, dass die angegriffenen Entscheidungen verfassungsrechtlich unhaltbar waren, weil die Strafvollstreckungskammer sich nicht um eine vollständige Bewertungsbasis bemühte, sondern sich fehlerhaft damit abgefunden hatte, dass dem Beschwerdeführer nie die Gelegenheit gegeben wurde, sich bei Vollzugslockerungen zu bewähren.[1053]

1049 Vgl. BVerfG NStZ 1998, 373 (374).
1050 Vgl. BVerfG NStZ 1998, 373 (374 f.).
1051 BVerfG NStZ 1998, 373 (375).
1052 BVerfG NStZ 1998, 373 (375).
1053 Vgl. BVerfG NStZ 1998, 373 (375).

(4) Entscheidung 4: Ausgang eines Gefangenen im geschlossenen Vollzug

Einer vierten Entscheidung zugrunde lag der Antrag eines wegen Betäubungsmitteldelikten zu 10 Jahren Freiheitsstrafe Verurteilten, der erstmalig kurz vor Verbüßung von zwei Dritteln der Strafe einen unüberwachten Besuchsausgang begehrte, der nach Ansicht des Beschwerdeführers der Erprobung dienen und den Weg für eine Urlaubsgewährung und die Aufnahme eines freien Beschäftigungsverhältnisses ebnen sollte.[1054] Die Vollzugsbehörde versagte die beantragte Lockerung einerseits im Hinblick auf Sicherheitsbedenken aufgrund des noch bestehenden Strafrestes, anderseits auf die ihrer Ansicht nach bestehende Tatsache, dass im geschlossenen Vollzug grundsätzlich weder Ausgang noch Urlaub gewährt werden würden. Die Strafvollstreckungskammer billigte diese Argumentation zumindest auch mit Blick auf die durch den hohen Strafrest begründete Fluchtgefahr.

Unmissverständlich stellte das Bundesverfassungsgericht klar, dass der bei einer Prognose bestehende Beurteilungsspielraum die Vollstreckungsgerichte indes nicht von ihrer rechtsstaatlich fundierten Prüfungspflicht entbindet.[1055] Dabei sei der resozialisierungsfördernde Zweck der Vollzugslockerungen in den Blick zu nehmen.[1056] Auf dieser Grundlage gelangte das Bundesverfassungsgericht zu der Annahme, dass die Strafvollstreckungskammer der JVA einen zu weiten Beurteilungsspielraum zugebilligt hatte, indem die Ansicht der JVA, dass Lockerungen nur Gefangenen des offenen Vollzuges zur Verfügung stünden, unbeanstandet blieb. Das StVollzG enthalte gerade keine Rangfolge für Lockerungen, geschweige denn einen Ausschluss der im geschlossenen Vollzug Inhaftierten von dieser Behandlungsmaßnahme. Die Strafvollstreckungskammer verkenne das Gewicht des Resozialisierungsprinzips und missachte so auch den von ihr gewählten Prüfungsmaßstab.[1057] Desweiten kritisierte das BVerfG die Vorgehensweise der StVK, die von der JVA angeführten Sicherheitsbedenken eigenständig unter das Tatbestandsmerkmal Fluchtgefahr zu subsumieren. Dadurch habe die StVK eigene Erwägungen an Stelle der JVA eingeführt und so den ihr zustehenden Rahmen gerichtlicher Überprüfung überschritten.

1054 Vgl. BVerfG NStZ 1998, 430 ff. m. Anm. *Schneider*, NStZ 1999, 157 ff. und *Müller/Wulf*, ZfStrVo 1999, 3 ff.

1055 BVerfG NStZ 1998, 430 (431).

1056 Vgl. BVerfG NStZ 1998, 430 (431).

1057 BVerfG NStZ 1998, 430 (431).

(5) Entscheidung 5: Aussetzung einer Freiheitsstrafe zur Bewährung
In einem Beschluss aus dem Jahr 1999[1058] widmete sich das Bundesverfassungsgericht einem wegen Totschlags Inhaftierten, dessen zweimalig gestellten Antrag auf Strafaussetzung zur Bewährung nach zwei Dritteln der Strafzeit die Strafvollstreckungskammer mangels beanstandungsfreien Vollzugsverhalten, dem Fehlen vorheriger Lockerungen sowie in Ermangelung eines sozialen Empfangsraumes ablehnte. Die zweite abgelehnte Aussetzungsentscheidung hatte die StVK ausschließlich auf die fehlende Gewährung von Vollzugslockerungen und der daraus resultierenden Unabsehbarkeit der Wahrscheinlichkeit künftig straffreien Verhaltens gestützt.

Das Bundesverfassungsgericht erachtete die zulässige Verfassungsbeschwerde als begründet, u.a., weil die Vollstreckungsgerichte die Ablehnung der Aussetzungsentscheidung maßgeblich auf die Versagung von Vollzugslockerungen stützen, ohne sich darüber hinausgehend und selbstständig mit der Wahrscheinlichkeit der Begehung weiterer Straftaten auseinanderzusetzen. Dem richterlichen Gebot bestmöglicher Sachaufklärung widerspreche es, die Grundlagen der richterlichen Prognose nicht selbstständig zu bewerten, sondern die Bewertung einer anderen Stelle zu überlassen.[1059] Den folgenden Ausführungen stellt das Bundesverfassungsgericht sodann voran, dass eine Gewichtung der Prognosekriterien bei der Aussetzungsentscheidung nicht von Verfassungs wegen vorgeschrieben werden kann, führt aber in der Folge aus, dass den Umständen der gegenständlichen Tat bei einem lang dauernden Freiheitsentzug nur noch eine eingeschränkte Aussagekraft zukommen kann. Das Verhalten im Vollzug gewinne mit zunehmender Dauer des Freiheitsentzugs an Bedeutung für die Prognose.[1060] Allein mit der Tatsache, dass bislang noch keine Lockerungen gewährt wurden, dürfe sich das Vollstreckungsgericht nicht abfinden; „es hat vielmehr im Sinne der von Verfassungs wegen gebotenen umfänglichen Sachaufklärung auch danach zu fragen, aus welchen Gründen Lockerungen bislang versagt worden sind (vgl. BVerfG [2. Kammer der Zweiten Senats], NJW 1998, 2202). Nur wenn sich herausstellt, dass die Versagung auf einer tragfähigen Begründung beruht, darf auch die Nichtgewährung von Lockerungen in vollem Umfang zum Nachteil des Bf. verwertet werden."[1061]

1058 Vgl. BVerfG NStZ 2000, 109 ff. m. Anm. *Kröber*, NStZ 2000, 613 ff.
1059 Vgl. BVerfG NStZ 2000, 109 (110) m.w.N aus der Rspr. des BVerfG.
1060 Vgl. BVerfG NStZ 2000, 109 (110).
1061 BVerfG NStZ 2000, 109 (111).

(6) Entscheidung 6: Aussetzungsentscheidung bei anhängigen Ausweisungsverfahren

Auch die sechste in diesem Zusammenhang zu erwähnende Verfassungsbeschwerde[1062] aus dem Jahr 2002 fußt auf einer Ablehnung einer Strafaussetzung zur Bewährung, die einerseits auf einem anhängigen Ausweisungsverfahren, auf instabilen sozialen Verhältnisse und anderseits auf unterbliebenen Vollzugslockerungen basierte, ohne die eine bedingte Entlassung nicht gewagt werden könne.

Dem stellt sich das Bundesverfassungsgericht entschieden entgegen. Das Vollstreckungsgericht habe eine eigenständige Aussetzungsentscheidung zu treffen, so dass es sich verbiete, diese – aufgrund pauschaler Wertungen und abstrakter Begründungen seitens der Vollzugsbehörde – auf unterbliebene Vollzugslockerungen zu stützen. „Der Erprobung eines Strafgefangenen im Rahmen von Vollzugslockerungen kann hierbei als Indiz zwar eine erhebliche Bedeutung zukommen. Vollzugslockerungen sind zwar von Rechts wegen nicht notwendigerweise Voraussetzungen für eine bedingte Entlassung. Gegebenenfalls kann das Gericht die Vollzugsbehörde im Aussetzungsverfahren darauf hinweisen, dass Vollzugslockerungen zur Vorbereitung der bedingten Entlassung geboten erscheinen (vgl. Beschluss der 2. Kammer des Zweiten Senats des Bundesverfassungsgerichts vom 22. März 1998 – 2 BvR 77/97 – a.a.O., S. 375)."[1063] „Verfassungsrechtlich nicht mehr vertretbar ist jedenfalls die Art und Weise, in der die Fachgerichte ihre Ablehnung an das Fehlen von Vollzugslockerungen knüpfen. Denn die angegriffenen Entscheidungen setzen sich nicht bzw. unzureichend mit der Frage auseinander, ob die Vollzugsbehörde zu Recht davon abgesehen hat, gemäß § 15 StVollzG Lockerungen zur Entlassungsvorbereitung anzuordnen."[1064]

(7) Entscheidung 7: Aussetzung der lebenslangen Freiheitsstrafe

Der Umgang mit unterbliebenen Vollzugslockerungen und ihren Folgen im Aussetzungsverfahren beschäftige das Bundesverfassungsgericht erneut im Jahr 2009.[1065] Zwei Jahre vor Verbüßung der Mindestdauer der lebenslangen Freiheitsstrafe hatte sich der Beschwerdeführer stetig, aber erfolglos um Lockerungen bemüht, obwohl ein psychiatrisches Sachverständigengutachten eine

---

1062 BVerfG ZfStrVo 2002, 372 f.

1063 BVerfG ZfStrVo 2002, 372 (373).

1064 BVerfG ZfStrVo 2002, 372 (373).

1065 Vgl. BVerfG StV 2009, 708 ff. mit Anm. *Groß*, jurisPR-StraR 12/2009, Anm. 1 und Bespr. *Reichenbach*, NJW 2010, 424 ff.

grundsätzliche Eignung für Lockerungen – trotz Leugnens der Tat – unterstellte. Gegen die Ablehnung eines Antrags auf Ausgang beschritt der Beschwerdeführer den Rechtsweg, der nach eineinhalb Jahren mit der Zurückweisung des Antrags durch das LG endete. Einen Monat vor Abschluss dieses Verfahrens wurde die Aussetzung der Freiheitsstrafe nach Verbüßung der Mindestdauer von 15 Jahren von der Strafvollstreckungskammer unter Hinweis auf die fehlende Erprobung in Lockerungen abgelehnt. Ein im Aussetzungsverfahren eingeholtes Gutachten legte eine Erprobung und Entlassungsvorbereitung in Lockerungen nahe, die circa zwei Jahre in Anspruch nehmen würden. Auf dieser Grundlage versah das Gericht seine Aussetzungsentscheidung mit einer zweijährigen Sperrfrist für erneute Aussetzungsanträge.

Dieses Vorgehen wertete das Bundesverfassungsgericht als verfassungswidrig. Über die aus dem Übermaßverbot resultierenden verfahrensrechtlichen Anforderungen an die Wahrheitserforschung im Aussetzungsverfahren bei einer lebenslangen Freiheitsstrafe schlug das BVerfG den Bogen zu den Vollzugslockerungen und stellte deren besondere Bedeutung für die Prognoseentscheidung im Rahmen der Aussetzungsentscheidung dar. Die Bedeutung der Vollzugslockerung erschöpfe sich nicht in der Gestaltung des Haftalltags des betroffenen Gefangenen, sondern sie strahle auf die richterliche Prognose im Aussetzungsverfahren aus, die den Anforderungen des Art. 104 Abs. 2 S. 1 GG unterliege.[1066] Unter Hinweis auf vorherige Rechtsprechung führte das BVerfG erneut aus, dass unterbliebene Lockerungen die Prognosebasis schmälern und die Aussetzungsentscheidung präjudizieren können. Aus dieser Indikatorenwirkung der Vollzugslockerungen leitet das BVerfG besondere Prüfungspflichten der Gerichte im Aussetzungsverfahren ab. Möchte nun auch das Gericht die Lockerungsversagung im Aussetzungsverfahren heranziehen, dürfe es sich nicht mit der in den Verantwortungsbereich der Vollzugsbehörde fallenden begrenzten Tatsachengrundlage abfinden, sondern es müsse die Rechtmäßigkeit der bisherigen Lockerungsversagung eigenständig prüfen. Es dürfe nicht hingenommen werden, „dass die Exekutive über eine – ungeprüfte, möglicherweise rechtswidrige – Einflußnahme auf die Tatsachengrundlage der richterlichen Entscheidung über den Freiheitsentzug deren Inhalt faktisch vorwegnimmt."[1067] Schließlich dürfe sich eine unberechtigte Lockerungsversagung als ein von der Exekutive verursachtes Prognosedefizit nicht unbesehen zum Nachteil des Gefangenen auswirken.[1068] Das Aussetzungsgericht habe dabei zu

1066 Vgl. BVerfG StV 2009, 708 (710).
1067 BVerfG StV 2009, 708 (710) m.w.N.
1068 Vgl. BVerfG StV 2009, 708 (711).

prüfen, ob die Vollzugsbehörden die unbestimmten Rechtsbegriffe der Fluchtgefahr und der Missbrauchsbefürchtung „richtig ausgelegt und angewandt, alle relevanten Tatsachen zutreffend angenommen und den Sachverhalt vollständig ermittelt haben."[1069] Insoweit verwies das Bundesverfassungsgericht auf den Prüfungsmaßstab von BGHSt 30, 320 ff., ohne den BGH ausdrücklich zu zitieren. Sodann zeigte das BVerfG die aus dem Freiheitsgrundrecht des Gefangenen resultierenden Grenzen des Beurteilungsspielraums auf: „Die Vollzugsbehörde muss bei einem Gefangenen, dessen Entlassung nur noch von einer positiven Kriminalprognose des Richters abhängt, beachten, daß sie dem Gefangenen, soweit vertretbar, eine Bewährung zu ermöglichen und ihn auf eine Entlassung vorzubereiten hat, damit dessen grundrechtlich garantierter Freiheitsanspruch durch den Richterentscheid (Art. 104 Abs. 2 S. 1 GG) zeitgerecht realisiert werden kann."[1070] Die Überprüfung der Rechtmäßigkeit der Versagung von Lockerungen obliege dem Aussetzungsgericht unabhängig davon ob, bzw. wieweit in einem vorhergehenden Verfahren nach dem StVollzG eine Überprüfung der Versagung stattgefunden hat.[1071] Mit dem Ergebnis, dass die Aussetzungsentscheidung auf dieser Grundlage fehlerhaft erging, begnügte sich das BVerfG aber nicht. Vielmehr stellt es noch einen dreistufigen Katalog zur Verfügung, wie ein Gericht, das eine Aussetzungsentscheidung zu treffen habe, mit der Lockerungsversagung seitens der JVA (und auch der StVK) umzugehen habe. Nach dem schlichten Hinweis, dass Lockerungen nunmehr geboten seien, müsse sodann ein intensivierter Hinweis auf eine Ermessungsreduzierung auf Null erfolgen. Bei Erfolglosigkeit dieser Hinweise empfiehlt das Verfassungsgericht den Aussetzungsgerichten unter Ausschöpfung ihrer prozessualen Möglichkeiten den Entlassungszeitpunkt nach § 454a StPO festzusetzen und so die JVA mittelbar zu Lockerungen zu bewegen.[1072]

(8) Entscheidung 8: Lockerungen bei lebenslanger Freiheitsstrafe

Der Beschwerdeführer wurde unter Feststellung der besonderen Schwere der Schuld zu einer lebenslangen Freiheitsstrafe verurteilt. Bei der Fortschreibung des Vollzugsplans im dreizehnten Jahr seiner Haft wurde die Entscheidung über die Erteilung von Vollzugslockerungen trotz zahlreicher prognostisch günstiger Aspekte aufgeschoben, weil die Mindestverbüßungsdauer noch nicht gerichtlich

---

1069 BVerfG StV 2009, 708 (710).

1070 Vgl. BVerfG StV 2009, 708 (710) m.w.N aus der verfassungsgerichtlichen Rechtsprechung.

1071 Vgl. BVerfG StV, 708 (710) u.a. mit Hinweis auf BVerfG 117, 71 (107).

1072 Vgl. BVerfG StV 2009, 708 (711 ff.).

festgelegt worden war. Die nach einem erfolgslos beschrittenen Rechtsweg erhobene Verfassungsbeschwerde hatte Erfolg.[1073]

Zunächst verdeutlicht das Bundesverfassungsgericht die resozialisierungsträchtige Bedeutung der Vermeidung von Haftschäden im Rahmen der Vollzugsplanfortschreibung, unabhängig davon, ob sich der Entlassungszeitpunkt bereits abzeichne oder nicht.[1074] Es verbiete sich, den Lockerungen eine ausschließlich entlassungsvorbereitende Funktion zuzuschreiben. Gerade Ausführungen, bei denen Flucht- und Missbrauchsbefürchtungen durch geeignete Sicherungsvorkehrungen ausgeräumt werden könnten, könnten geboten sein. Ob die JVA sich dabei lediglich pauschaler Wertungen bedient habe, oder eine konkretisierte Flucht- und Missbrauchsprognose getroffen habe, unterliege dem Prüfungsprogramm der Strafvollstreckungskammer.[1075] Dem Vorgehen einer grundsätzlichen Versagung einer Lockerungsperspektive in Ermangelung eines konkretisierten Entlassungszeitpunktes attestiert das Bundesverfassungsgericht ein Prüfungs- und Abwägungsdefizit seitens der JVA, das gerichtlich nicht unbeanstandet hätte gelassen werden dürfen.

Es schlossen sich noch weitere Beschlüsse des Bundesverfassungsgerichts an. Aus Gründen der Übersichtlichkeit werden sie aber nicht mehr dargestellt, weil sie größtenteils unter Bezugnahme auf eigene Judikate ergingen und insoweit keine Ausführungen erhalten, die weitere Erkenntnisse zur Reichweite des vollzugsbehördlichen Beurteilungsspielraums hervorbringen.[1076]

bb) Aussagen aus den Entscheidungen des BVerfG im Hinblick auf den Beurteilungsspielraum

Der Frage der Reichweite des behördlichen Beurteilungsspielraums und seiner gerichtlichen Überprüfbarkeit begegnet das Bundesverfassungsgericht in den obigen Entscheidungen auf zwei unterschiedlichen Wegen. Bei den Entscheidungen, die sich unmittelbar mit der Überprüfung einer abgelehnten Vollzugslockerung auseinandersetzen, war das Bundesverfassungsgericht auch unmittelbar mit der Frage nach der Reichweite des behördlichen Beurteilungsspielraums und der fachgerichtlichen Kontrolldichte im Verfahren nach §§ 109 ff. StVollzG

1073 Vgl. BVerfG StV 2011, 488 ff.

1074 Vgl. BVerfG StV 2011, 488 (489 ff.).

1075 Vgl. BVerfG StV 2011, 488 (490).

1076 Vgl. beispielsweise BVerfG StV 2003, 677 f.; BVerfGE 117, 71 ff. = BVerfG NJW 2007, 1933 ff.; BVerfG StV 2012, 543 ff.; BVerfG BeckRS 2018, 27494. Zur Rechtsprechung des Bundesverfassungsgerichts zum Beurteilungsspielraum der Vollzugsbehörden vgl. auch *Lübbe-Wolff*, Rechtsprechung des Bundesverfassungsgerichts, S. 100 ff.

befasst. Die anderen Entscheidungen widmen sich der Aussetzung langer und lebenslanger Freiheitsstrafen nach §§ 57, 57a StGB. Da letzteren Entscheidungen gemeinsam ist, dass der betroffene Gefangene bis dato keine Vollzugslockerungen erhalten hat, nähert sich das Bundesverfassungsgericht der Frage der Justiziabilität von abschlägigen Lockerungsentscheidungen hier mittelbar über das Einfallstor der Aussetzungsentscheidung. Es folgt eine zusammenfassende Darstellung, wobei der Schwerpunkt auf den Ausführungen des Bundesverfassungsgerichts, die im Zusammenhang mit der Reichweite des fachgerichtlichen Überprüfungsmaßstabes und dem behördlichen Beurteilungsspielraum stehen, liegt.

(1) BVerfG zum Prüfungsmaßstab im Hinblick auf das Resozialisierungsgebot

In den obigen Entscheidungen wird das Bundesverfassungsgericht nicht müde zu betonen, dass der grundrechtlich geschützte Resozialisierungsanspruch gem. Art. 2 Abs. 1 i.V.m. Art. 1 Abs. 2 GG durch die Ablehnung eines Lockerungsgesuchs berührt ist.[1077] Aus dem Resozialisierungsgebot und dem verfassungsrechtlichen Gebot der Verhältnismäßigkeit folgert das Bundesverfassungsgericht, dass das Interesse des Gefangenen vor schädlichen Folgen langjähriger Inhaftierung mit zunehmender Dauer des Vollzugs höheres Gewicht erlangt.[1078] Daher untersagt die Rechtsprechung der Vollzugsbehörde, sich auf pauschale Wertungen oder den Hinweis einer abstrakten Flucht- und Missbrauchsgefahr zu stützen. Dementsprechend möchte das Bundesverfassungsgericht durch die Strafvollstreckungskammern innerhalb des vom BGH aufgestellten Prüfungsmaßstabes überprüft wissen, ob die Justizvollzugsbehörden das Interesse des Gefangenen an seiner Resozialisierung in die Entscheidung einbezogen und entsprechend gewürdigt und gewichtet haben.[1079]

(2) BVerfG zum Prüfungsmaßstab im Hinblick auf die Interdependenz zwischen Vollzugslockerung und Aussetzungsentscheidung

Den Gedanken des Interesses des Gefangenen an resozialisierenden Vollzugslockerungen und deren Einfluss auf den fachgerichtlichen Prüfungsmaßstab schreibt das Bundesverfassungsgericht fort, indem es die hohe Bedeutung der

---

1077 BVerfG ZfStrVo 1998, 180 (182 f.); NJW 1998, 1133 (1133 f.); zuletzt BVerfG BeckRS 2018, 27494 Rn. 28 ff.

1078 Ständige Rechtsprechung des Bundesverfassungsgerichts seit BGHSt 45, 187 ff.; 64, 261 ff.

1079 Insb. BVerfG ZfStrVo 1998, 180 (183); BVerfG NJW 1998, 1133 (1134); BVerfG NStZ 1999, 430 (431); BVerfG NStZ 1998, 430 (430); auch BVerfG StV 2011, 488 (490).

Gewährung von Vollzugslockerungen für die richterliche Aussetzungsentscheidung nach §§ 57, 57a StGB betont.

Grundsätzlich kann das Gericht eine (zeitige oder lebenslange) Freiheitstrafe beim Vorliegen der zeitlichen Voraussetzungen zur Bewährung aussetzen, u.a. wenn dies unter Berücksichtigung des Sicherheitsinteresses der Allgemeinheit verantwortet werden kann (§§ 57 Abs. 1 S. 1 Nr. 2, 57a S. 1 Nr. 3 StGB). Bei dieser Entscheidung sind gem. § 57 Abs. 1 S. 2 StGB insb. die Persönlichkeit der verurteilten Person, ihr Vorleben, die Umstände ihrer Tat, das Gewicht des bei einem Rückfall bedrohten Rechtsguts, das Verhalten der verurteilten Person im Vollzug, ihre Lebensverhältnisse und die Wirkungen zu berücksichtigen, die von einer Aussetzung für sie zu erwarten sind. Das Bundesverfassungsgericht subsumiert das während der Vollzugslockerungen zu Tage getretene Verhalten als Verhalten im Vollzug im Sinne des § 57 StGB. Ausgehend davon, dass das Vollzugsverhalten, neben den Lebensverhältnissen des Inhaftierten, in die er entlassen wird, und den von der Aussetzungsentscheidung zu erwartenden Wirkungen auf ihn, ein wesentliches Entscheidungsmerkmal bei der Aussetzungsentscheidung darstellt, folgert das Bundesverfassungsgericht, dass die prognostische Beurteilungsbasis für die richterliche Aussetzungsentscheidung erweitert wird, wenn dem Gefangenen bereits Lockerungen gewährt wurden und er sich während der Lockerungen bewähren konnte.[1080] Unmissverständlich folgert das Bundesverfassungsgericht sodann, dass sich die Chance zu einer für die Aussetzung der (lebenslangen) Freiheitsstrafe erforderlichen, positiven (zutreffenden) Sozialprognose zu gelangen durch die vorherige Gewährung von Vollzugslockerungen verbessert, durch deren Versagung aber verschlechtert.[1081] Insofern berührt die Versagung von Vollzugslockerungen auch den Schutzbereich des durch Art. 2 Abs. 2, 104 GG garantierten Freiheitsrechts.[1082]

Der **Vollzugsbehörde** legt das Bundesverfassungsgericht auf, sich auch diesen faktischen Zusammenhang bei ihrer Lockerungsentscheidung vor Augen zu halten. Liegen die zeitlichen Voraussetzungen einer Aussetzungsentscheidung des § 57a Abs. 1 Nr. 1 und Nr. 2 StGB vor und hängt eine baldige Entlassung nur noch von einer positiven Kriminalprognose ab, so darf es die Vollzugsbehörde nicht versäumen, dem Gefangenen – soweit vertretbar – die Bewährung

---

1080 Vgl. BVerfG NJW 1998, 373 (374); BVerfG StV 2009, 708 (710); BeckRS 2018, 27494, Rn. 25.

1081 Vgl. BVerfG NJW 1998, 1133 (1134); BVerfG NStZ 1998, 373 (374); BVerfG StV 2009, 708 (710).

1082 Vgl. nur BVerfG NJW 1998, 1133 (1134); BVerfG NStZ 1998, 373 (375); BVerfG StV 2009, 708 (710).

ermöglichende und entlassungsvorbereitende Maßnahmen in Form von Vollzugslockerungen zu gewähren.[1083]

Da die Lockerungsentscheidung der Justizvollzugsbehörde die prognostische Basis für die einem Richter vorbehaltene Entscheidung (vgl. Art. 104 Abs. 2 S. 1 GG) über Fortdauer des Freiheitsentzugs nicht durch die Anlegung eines unverhältnismäßig strengen Maßstabs schmälern und die Aussetzungsentscheidung damit faktisch präjudizieren darf, erweitert sich das **richterliche Prüfprogramm** im **Verfahren nach §§ 109 ff. StVollzG** um die Frage, ob die Vollzugsbehörden diesen Zusammenhang hinreichend berücksichtigt haben.[1084]

Beabsichtigt die Strafvollstreckungskammer eine negative Aussetzungsentscheidung u.a. auf eine fehlende Bewährung in Vollzugslockerungen zu stützen, fordert das Bundesverfassungsgericht im Hinblick auf das Gebot bestmöglicher richterlicher Sachaufklärung, dass die Strafvollstreckungskammer im **Aussetzungsverfahren** unter Beachtung des vollzugsbehördlichen Beurteilungsspielraums der Frage nachzugehen hat, ob die Vollzugslockerungen rechtswidrig oder rechtmäßig versagt worden sind, um die Bewertung der Grundlage der richterlichen Aussetzungsprognose selbstständig vorzunehmen und nicht anderen Stellen zu überlassen.[1085] Schließlich dürfe ein seitens der Exekutive verursachtes Prognosedefizit nicht ungesehen zu Lasten des Gefangenen gehen.[1086] Sollte die Strafvollstreckungskammer im **Aussetzungsverfahren** nach § 454a Abs. 1 StPO zu dem Ergebnis kommen, dass die Vollzugsbehörde die prognostische Indikatorenwirkung von Vollzugslockerungen nicht hinreichend berücksichtigt und Lockerungen unberechtigt abgelehnt hat, dann verlangt das Bundesverfassungsgericht, dass die Strafvollstreckungskammern der Vollzugsbehörde „unter Ausschöpfung ihrer prozessualen Möglichkeiten“ deutlich machen muss, dass Vollzugslockerungen geboten sind.[1087] Für den Fall einer unrechtmäßigen Lockerungsverweigerung stellt das Bundesverfassungsgericht den Strafvollstreckungskammern eine dreistufige Vorgehensweise zur Verfügung.[1088] Hat die Strafvollstreckungskammer von einer Einwirkung auf die JVA abgesehen, sich

1083 Vgl. insb. BVerfG 1998, 1133 (1134); BVerfG NStZ 1998, 373 (375); auch BVerfG StV 2009, 708 (710).

1084 Vgl. im Ansatz auch schon BVerfGE 86, 288 (328); BVerfG NStZ 1998, 1133 (1134); BVerfG 2009, 708 (710 f.).

1085 Vgl. BVerfG NStZ 1998, 373 (375); BVerfG NStZ 2000, 109 (110 f.); BVerfG ZfStrVo 2002, 372 (373); BVerfG StV 2009, 708 (710 f.).

1086 Vgl. BVerfG StV 2009, 708 (710).

1087 Vgl. BVerfG NStZ 1998, 373 (375); vgl. auch BVerfG ZfStrVo 2002, 372 (373).

1088 Dazu sogleich S. 264 f.

fehlerhaft mit einer unterbliebenen Bewährung in Vollzugslockerungen abgefunden und sich nicht um die Vervollständigung ihrer Bewertungsbasis bemüht, so wäre diese Vorgehensweise verfassungsrechtlich nicht zu halten.[1089]

cc) Kritische Würdigung einer Interpretation der bundesverfassungsgerichtlichen Rechtsprechung als Trendwende

Ganz anders als es der Wortlaut einer „Trendwende“ vermuten lässt, billigt das Bundesverfassungsgericht vor allem in den früheren Entscheidungen die Figur des eingeschränkt justiziablen Beurteilungsspielraums unter Hinweis auf BGHSt 30, 320 sogar in einer bis dato noch nicht dagewesenen Deutlichkeit. Sowohl die gerichtliche Überprüfung einer vollzugsbehördlichen Lockerungsversagung nach §§ 109 ff. StVollzG als auch die Überprüfung der Rechtmäßigkeit der Lockerungsversagung im Aussetzungsverfahren würdigt das Bundesverfassungsgericht unter Beachtung dieses Prüfungsmaßstabes.[1090] Auffällig ist aber eine Tendenz, dieses Bekenntnis zum Prüfungsmaßstab zunehmend zurückhaltender zu formulieren. Gleichwohl ist als erstes Fazit der Überprüfung vorstehender Entscheidungen festzuhalten, dass das Bundesverfassungsgericht ***keine ausdrückliche Abkehr*** von den Grundsätzen des Bundesgerichtshofs vorgenommen hat.[1091]

Fraglich bleibt indes aber, ob eine Einengung, vielleicht sogar – im Sinne einer Trendwende – eine gänzliche Abschaffung des vollzugsbehördlichen Beurteilungsspielraums **mittelbar** aus einer Gesamtbetrachtung der ergangenen Entscheidungen vor dem Hintergrund des Resozialisierungsgebots und des Zusammenspiels der Lockerungs- mit der Aussetzungsentscheidung hergeleitet werden kann bzw. muss.

Anknüpfend an die Ausführungen des Bundesverfassungsgerichts, dass schwerste Eingriffe in das Freiheitsgrundrecht und das Resozialisierungsgebot zu befürchten sind, wenn die Interdependenz zwischen Aussetzungsentscheidung und Lockerungsentscheidung nicht hinreichend Berücksichtigung gefunden hat, trifft man in der Literatur auf die Forderung, dass die Grenzen des behördlichen Beurteilungsspielraums zu einer weitreichender Justiziabilität

---

1089 Vgl. BVerfG NStZ 1998, 373 (375).

1090 Vgl. insb. BVerfG ZfStrVo 1998, 180 (183); BVerfG NJW 1998, 1133 (1134); BVerfG NStZ 1998, 373 (375); BVerfG NStZ 1998, 430 (431); auch BVerfG StV 2009, 709 (710); BVerfG BeckRS 2018, 27494, Rn. 28 ff.; zuletzt BVerfG BeckRS 2019, 24617 Rn. 20 ff.

1091 So auch *Heghmanns*, ZStW 111 (1999), 647 (649); *Schneider*, ZfStrVo 1999, 140 (140).

verschoben worden sind, oder zumindest verschoben werden müssen.[1092] Die anders lautende BGH-Rechtsprechung wird dabei nicht als hinderlich empfunden. Der BGH habe die vom Bundesverfassungsgericht aufgezeigte Interdependenz zwischen Lockerungs- und Aussetzungsentscheidung nicht berücksichtigt bzw. noch nicht berücksichtigen können, so dass diese Entscheidung des BGH vor dem Hintergrund der neuen bundesverfassungsgerichtlichen Rechtsprechung als überholt zu betrachten sei.[1093]

Dabei sind dem vom Bundesverfassungsgericht konstatierten Abhängigkeitsverhältnis zwischen Lockerungs- und Entlassungsentscheidung, auf das die Verfechter der unbeschränkten Justiziabilität ihre Argumentation stützen, normative und sachliche Bedenken entgegenzuhalten.

(1) Gesetzessystematische Bedenken

Dabei ist es im Hinblick auf das Grundrecht auf den gesetzlichen Richter und den Grundsatz der Gewaltenteilung nicht unproblematisch, dass sich die Strafvollstreckungskammern im Aussetzungsverfahren überhaupt mit unterblieben Lockerungen auseinandersetzen und deren Versagung ggf. als rechtswidrig beurteilen sollen.

Dem Gesetz selbst sind keine Hinweise auf Mitspracherechte der Strafvollstreckungskammer im Aussetzungsverfahren auf die Ausgestaltung des Vollzugs zu entnehmen. Das Strafvollzugsgesetz, das Strafgesetzbuch und die Strafprozessordnung treffen klare Zuständigkeits- und Kompetenzregelungen. Über die Strafrestaussetzung, die beim Vorliegen ihrer Voraussetzungen zwingend zu gewähren ist, entscheidet die Strafvollstreckungskammer in der Besetzung mit drei Richtern, vgl. 78b Abs. 1 Nr. 1 GVG. Die Entscheidung über Gewährung von Vollzugslockerungen obliegt als vollzugsgestaltende Entscheidung den Justizvollzugsanstalten, die diese nach pflichtgemäßen Ermessen auszuüben hat. Die Überprüfung, ob die Versagung von Vollzugslockerungen rechtmäßig erfolgte, obliegt im Verfahren nach §§ 109 ff. StVollzG dem Einzelrichter der Strafvollstreckungskammer gem. §§ 78b Abs. 1 Nr. 2, 78a Abs. 1 Nr. 2 GVG. Damit ist die Frage, ob Lockerungen zu gewähren sind, nicht Gegenstand des Aussetzungsverfahrens.[1094] Diese Entscheidung obliegt allein der Justizvollzugsanstalt und

---

1092 Vgl. *Krehl*, in: FS Rissing-van Saan, S. 301 (313 ff.); *Schneider*, ZfStrVo 1999, 140 (142 f.). Für eine unbeschränkte richterliche Kontrollmöglichkeit aufgrund des Zusammenhangs zwischen Aussetzungsentscheidung und Vollzugslockerungen bereits *Treptow*, NJW 1978, 2227 (2230 f.); *ders.*, ZfStrVo 1980, 67 (69).

1093 Vgl. *Krehl*, in: FS Rissing-van Saan, S. 301 (313).

1094 Vgl. OLG Hamm NStZ 1992, 149 (150) mit Anm. *Begemann*; *Wolf* (Anm. zu BVerfG NStZ 1998, 373 ff.), NStZ 1998, 590 (590). Wobei *Kett-Straub*, Lebenslange

wird im strafvollzuglichen Rechtsschutzkonzept erst und nur zum Gegenstand der gerichtlichen Überprüfung, wenn der Gefangene dies unter Wahrung der gesetzlichen Fristen beantragt hat.[1095] Gerade die Aussage des Bundesverfassungsgerichts, dass das Aussetzungsgericht die Rechtmäßigkeit der vollzugsbehördlichen Versagung von Vollzugslockerungen selbst dann zu beurteilen habe, wenn diese Frage bereits Gegenstand einer richterlichen Überprüfung nach §§ 109 ff. StVollzG war[1096], gibt Anlass zu Bedenken. Hierdurch werden bestehende Zuständigkeits- und Kompetenzgrenzen ohne Not verschoben, die Gefahr divergierender Auffassungen unterschiedlicher Spruchkammern hervorgerufen und letztlich auch der Eigenwert eines Überprüfungsverfahrens nach §§ 109 ff. StVollzG in Frage gestellt.[1097] Mit Blick auf den Gewaltenteilungsgrundsatz hat der Gesetzgeber die Entscheidungen schon **formal** verschiedenen Entscheidungsträger überlassen, die unabhängig voneinander entscheiden.[1098]

Versteht man den richterlichen Hinweis im Aussetzungsverfahren als „sanften Druck“[1099] in Richtung Vollzugsbehörden ohne Bindungswirkung, lassen sich die gesetzessystematischen Bedenken zumindest in den Hintergrund verschieben.

(2) Gefahr der Überbewertung der Bedeutung von Vollzugslockerungen für die §§ 57, 57a StGB

Begrüßenswert deutlich weisen das Bundesverfassungsgericht und die Literatur auf verfassungsrechtliche Grundsätze und Notwendigkeiten hin, die die Strafvollstreckungskammern sowohl im Aussetzungsverfahren als auch im Verfahren nach §§ 109 ff. StVollzG immer mit Blick auf entlassungsfördernde und entlassungsvorbereitende Vollzugslockerungen zu berücksichtigen haben. Unbestritten stehen die Chancen einer vorzeitigen bedingten Entlassung und die Gestaltung des Vollzugs in einem engen inneren Zusammenhang. **Materiell-rechtlich**

Freiheitsstrafe, S. 143 f. in diesem Zusammenhang zu Recht anmerkt, dass das Bundesverfassungsgericht den Gerichten des Aussetzungsverfahren nicht die Befugnis erteilt, die Lockerungsentscheidung der JVA aufzuheben, sondern dies dem Verfahren nach §§ 109 ff. StVollzG vorbehalten bleibt.

1095 Vgl. OLG Frankfurt NStZ-RR 2001, 311 (314); *Reichenbach*, NStZ 2010, 424 (427).

1096 Vgl. BVerfG StV 2009, 708 (710, 714).

1097 Vgl. *Reichenbach*, NStZ 2010, 424 (427); OLG Frankfurt NStZ-RR 2001, 311 (314); krit. auch *Arloth*, in: Arloth/Krä, StVollzG, § 13 Rn. 12.

1098 Vgl. auch OLG Hamm NStZ 1992, 149 (150 f.); OLG Frankfurt NStZ-RR 2001, 311 (314); *Endres*, ZfStrVo 2000, 67 (81); *Wolf* (Anm. zu BVerfG NStZ 1998, 373 ff.), NStZ 1998, 590 (590 f.).

1099 *Kett-Straub*, Lebenslange Freiheitsstrafe, S. 144.

stehen Vollzugslockerungen und Aussetzungsentscheidung in keinem gesetzlich festgeschriebenen Abhängigkeitsverhältnis zueinander. Als Behandlungsmaßnahme sind Vollzugslockerungen von Gesetzes wegen grundsätzlich nicht (nur) von der Aussicht auf eine vorzeitige Entlassung abhängig und nicht zwangsläufig für die Aussetzungsentscheidung präjudizierend.[1100] Es steht zu befürchten, dass der Charakter der Vollzugslockerungen als vollzugliche Behandlungsmaßnahme hinter das prozessuale Ziel der richterlichen Sachverhaltsaufklärung rückt, um dem Gericht die Entscheidungsfindung zu erleichtern. *Heghmanns* weist daher durchaus berechtigt auf die Gefahr hin, „dass der Vollzug zum schlichten Handlanger des Vollstreckungsrichters gerät und dann das Vollzugsziel bei den vollzuglichen Entscheidungen in den Hintergrund tritt".[1101] Vollzugslockerungen würden anstelle einer vollzuglichen Behandlungsmaßnahme zu „richterlichen Ermittlungswerkzeugen"[1102] werden.[1103] Vollzugslockerungen wurden in einer Studie von *Northoff* in 67% der Aussetzungsentscheidungen als Entscheidungshilfe herangezogen, obwohl diesem Kriterium nur eine bedingte kriminologische Aussagekraft zuerkannt wird.[1104] Angepasstes Vollzugsverhalten, auch während erfolgreich durchlaufener Vollzugslockerungen, sieht sich immer dem Vorwurf der vordergründigen Angepasstheit ausgesetzt, weshalb nur bedingt eine prognostische Aussagekraft abgeleitet werden kann. Aussagekräftiger

---

1100 Vgl. *Arloth*, in: Arloth/Krä, StVollzG, § 11 Rn. 10, § 13 Rn. 12; *Bachmann*, Bundesverfassungsgericht, S. 211; *Heghmanns*, ZStW 111 (1999), 647 (669); *Reichenbach*, NStZ 2010, 424 (424 f., 428); auch OLG Hamm NStZ 1992, 149 (150 f.).

1101 Vgl. *Heghmanns*, ZStW 111 (1999), 647 (669); zustimmend auch *Bachmann*, Bundesverfassungsgericht, S. 212 f.

1102 *Heghmanns*, ZStW 111 (1999), 647 (651).

1103 So unter Hinweis auf die bundesverfassungsgerichtliche Rechtsprechung nämlich ausdrücklich KG StV 2011, 230 (232): „Handelt es sich bei dem Verurteilten um einen Gefangenen, bei dem die Aussetzung der Vollstreckung – so wie hier wegen des Erreichens der Zwei-Drittel-Grenze der Strafvollstreckung – nur noch von einer günstigen Kriminalprognose abhängt, dienen Vollzugslockerungen auch dem Zweck, die den Vollstreckungsgerichten vorbehaltene Prognoseentscheidung vorzubereiten und die Grundlagen der prognostischen Beurteilung zu verbreitern." Zu weitgehend daher auch KG NStZ 2007, 706 (706). Zum Folgeproblem der Erstellung einer psychiatrischen Entlassungsprognose im Aussetzungsverfahren ohne vorherige Vollzugslockerungen *Nedopil*, NStZ 2002, 344 (348 f.).

1104 Vgl. *Northoff*, Strafvollstreckungskammer, S. 161 f.; *ders.*, ZfStrVo 1987 207 (215). Kritisch zum Prognosekriterium des Verhaltens im Vollzug *Kamann*, Gerichtlicher Rechtsschutz, S. 136; *H. P. Dünkel*, BewHi 1992, 197 (205); *Körber* (Anm.), NStZ 2000, 613 (613 f.); *Reichenbach*, NStZ 2010, 424 (424 f.).

ist angepasstes Vollzugsverhalten, wenn ein Wandelungsprozess durchlaufen wurde, der tatsächliche Schlüsse auf eine Verhaltensänderung zulässt.[1105] Zwar kann das Verhalten in Vollzugslockerungen als Belastungsprobe als gewichtiger Indikator für die künftige Legalbewährung dienen, dem Gesetz ist jedoch nicht zu entnehmen, dass eine vorzeitige Entlassung nur gewährt werden kann, wenn zuvor Lockerungen durchgeführt wurden oder umgekehrt, dass Lockerungen nur gewährt werden dürfen, wenn ein Entlassungszeitpunkt in Aussicht gestellt wurde.[1106] Gerade bei der Aussetzung einer lebenslangen Freiheitsstrafe wird der vorherigen Gewährung von Vollzugslockerungen eine herausragende Rolle zukommen. Gleichwohl darf ihre Bedeutung für die Strafrestaussetzung, gerade unterhalb der Schwelle der lebenslangen Freiheitsstrafe, nicht überbewertet werden. Dass ein Gefangener in der Praxis auf Bewährung entlassen wird, ohne dass er zuvor gelockert wurde, ist ganz und gar kein seltenes, sondern im Fall von suchtmittelbelasteten Gefangenen ein nicht unübliches Vorgehen. Dem liegt nicht zugrunde, dass der Richter der Strafvollstreckungskammer großzügiger oder gefangenenfreundlicher entscheidet, sondern dass er die Option hat, die Freiheitsstrafe mit der Weisung/Auflage auszusetzen, dass der Gefangene sich einer stationären Drogen- oder Alkoholtherapie unterziehen muss. Durch solche „flankierende Maßnahmen" unterscheidet sich die Aussetzungsentscheidug nicht unerheblich von der Lockerungsentscheidung.[1107]

(3) Kritik an der vom BVerfG auferlegten Gewichtung der Vollzugslockerungen bei der Aussetzungsprognose

Das Bundesverfassungsgericht äußert sich nicht nur zur Aussagekraft der Vollzugslockerungen im Aussetzungsverfahren, sondern setzt darüber hinaus Maßstäbe zur Gewichtung des Kriteriums in der Prognoseentscheidung bei der Reststrafenentscheidung. Durch die Aussage des Bundesverfassungsgerichts, dass den Umständen der Tat bei der Aussetzungsprognose mit länger andauernden Strafvollzug geringere Bedeutung zukommt, trifft es (zwar zu Gunsten des Gefangenen) eine aber nicht minder pauschale Aussage, als dies den

1105 Vgl. *Körber* (Anm.), NStZ 2000, 613 (613 f.); *Wolf* (Anm. zu BVerfG NStZ 1998, 373 ff.), NStZ 1998, 590 (590). Umgekehrt verliert positives Vollzugsverhalten an prognostischem Gewicht, wenn der Täter bereits die gegenständliche Tat aus „sozialer Unauffälligkeit und Angepasstheit heraus begangen hatte", vgl. *Kett-Straub/Streng*, Strafvollzugsrecht, S. 134. Zum Verhalten in der Institution als Basis der Prognosebeurteilung im Maßregelvollzug vgl. *Rasch*: in: Grenzen der Behandlung, S. 128 ff.

1106 Vgl. BVerfG ZfStrVo 372 (373); BVerfG StV 2009, 708 (711).

1107 Vgl. *Reichenbach*, NStZ 2010, 424 (425, 428) m.w.N.

Vollzugsbehörden und den Strafvollstreckungskammern in den obigen Entscheidungen zur Last gelegt wird. Die Schlussfolgerung, dass die bei der Tat zu Tage getretene Gefährlichkeit des Gefangenen im Laufe der Zeit an Bedeutung verliere und das Verhalten im Vollzug an prognostischen Aussagecharakter gewinne, wird in dieser Pauschalität zu Recht als „logisch schief und sachlich unzutreffend kritisiert".[1108] Die Prognose ist immer einzelfallorientiert und vor dem Hintergrund wissenschaftlich-kriminologischer Erkenntnisse zu treffen.[1109] Eine Gewichtung einzelner Prognosekriterien lässt sich nicht pauschal, auch nicht von Verfassungs wegen festschreiben.[1110] Nähert man sich den Aussagen der Karlsruher Richter dagegen von anderer Seite, dass der Resozialisierung mit zunehmendem Freiheitsentzug höheres Gewicht zukommt und an das vertretbare Flucht- und Missbrauchsrisiko kein unverhältnismäßig strenger Maßstab angelegt werden darf[1111], so ist dem vollumfänglich zuzustimmen.

(4) Das Bundesverfassungsgericht als vollzugssteuernde Superrevisionsinstanz?

Dass sich das Bundesverfassungsgericht zur Gewichtung der einzelnen Prognosekriterien und damit zur Anwendung und Auslegung einfachen Rechts geäußert hat und die gerichtlichen Prüfungsbefugnisse im Aussetzungverfahren erweiterte, steht exemplarisch für einen weiteren Kritikpunkt, dem das oberste Verfassungsorgan ausgesetzt ist. Konstatiert wird, dass die Schwelle der Verletzung spezifischen Verfassungsrechts durch die Schaffung des Resozialisierungsgrundrechts im Lebach-Urteil leicht, vielleicht sogar zu leicht, überwunden werden kann, sodass letztlich jede vollzugliche Frage wegen der Betroffenheit potentieller Resozialisierungsinteressen zu einer verfassungsrechtlichen Frage hochstilisiert wird und das Bundesverfassungsgericht so als Superrevisionsinstanz in Vollzugsangelegenheiten fungiert.[1112]

1108 Vgl. *Kröber* (Anm.), NStZ 2000, 613 (613); ähnlich auch *Endres*, ZfStrVo 2000, 76 (80).

1109 Vgl. *Kröber* (Anm.), NStZ 2000, 613 (613). Zum Gang und zu den Gesichtspunkten psychiatrischer Kriminalprognosen *ders.*, NStZ 1999, 593 ff.

1110 Vgl. *Kröber* (Anm.), NStZ 2000, 613 (614).

1111 Vgl. BVerfGE 70, 297 (313); BVerfG ZfStrVo 1998, 182 (183); BVerfG NJW 1999, 1133 (1134).

1112 Vgl. *Heghmanns*, ZStW 111 (1999), 647 (669 ff.); ähnlich auch *Müller/Wulf*, ZfStrVo 1999, 3 (3); *Reichenbach*, NStZ 2010, 424 (424, 426 f., 429); *Schneider* (Anm.), NStZ 1999, 157 (158), der in diesem Zusammenhang eine Differenzierung nach potentieller und tatsächlicher Betroffenheit des Resozialisierungsinteresses fordert.

Tatsächlich ist der Strafvollzug bei Verfassungsbeschwerden überrepräsentiert.[1113] Das Verfassungsgericht muss sich den Vorwurf gefallen lassen, die fachgerichtliche Kontrolle mit zu starkem Selbstbewusstsein auszuüben[1114] und zu weit in den einfachgesetzlichen Kompetenzbereich der Fachgerichte und der Vollzugsanstalten vorzudringen. Dieser Vorwurf ist begründet, wenn und soweit das Bundesverfassungsgericht sich zur Gewichtung von Prognosekriterien (insbesondere der Gefährlichkeit des Gefangenen) äußert. Dahinter mag das begrüßenswerte Motiv stecken, eine restriktive Vollzugspolitik in ihre verfassungsrechtlichen Schranken zu weisen. Doch ist stets zu beachten, dass das Bundesverfassungsgericht (nur) dann einzugreifen hat, wenn die Fachgerichte die Bedeutung und Tragweite von Grundrechten verkannt haben.[1115] Eine „Feinsteuerung"[1116] des Justizvollzugs überschreitet den Kompetenzbereich des Bundesverfassungsgerichts.

Abgesehen von der bereits kritisierten bundesverfassungsgerichtlichen Weisung zur Gewichtung der Prognosekriterien führen die obigen Entscheidungen aber deutlich vor Augen führen, dass das Bundesverfassungsgericht die Hürden der zumindest potentiellen Grundrechtsbetroffenheit nicht zu niedrig angesetzt hat. Den obigen Entscheidungen lagen evidente und grundrechtsrelevante Fehler bei der Auslegung und Anwendung einfachen Rechts zugrunde, so dass es bedauerlich erscheint, dass das Bundesverfassungsgericht retten musste, was der Instanzenzug versäumte.[1117]

(5) Abschließende Stellungnahme zu der Schlussfolgerung einer Trendwende

Letztlich ist die Schlussfolgerung, dass eine durch das Bundesverfassungsgericht eingeleitete Trendwende eine unbeschränkte Justiziabilität der Lockerungsentscheidung hervorgebracht hat, nicht haltbar.

Einigen Ausführungen des Bundesverfassungsgerichts wird zu Unrecht unterstellt, sich überhaupt der Frage des Beurteilungsspielraums zu widmen bzw. Einfluss auf diesen zu nehmen. Wenn das Bundesverfassungsgericht beispielsweise ausführt, dass sich das Maß des hinnehmbaren und vertretbaren

1113 Zum steigenden Beschwerdeaufkommen in Strafvollzugssachen *Lübbe-Wolff/Lindemann*, NStZ 2007, 450 (450 f.); *Müller-Dietz*, in: FS Schöch, 285 (291).

1114 Beispielsweise *Blankenburg*, Zeitschrift für Rechtssoziologie, 1998, 37 ff.

1115 Vgl. BVerfG NStZ 1998,373 (374); BVerfG StV 2003, 677 f.

1116 Vgl. *Heghmanns*, ZStW 111 (1999), 647 (670).

1117 Ähnlich auch *Bachmann*, Bundesverfassungsgericht, S. 213 f.; *Kett-Straub*, Lebenslange Freiheitsstrafe, S. 154.

Risikos mit zunehmender Dauer des Vollzugs verschieben kann, so ist damit nicht der Beurteilungsspielraum bei der eigentlichen Prognoseentscheidung eingeengt, sondern es wird die Vertretbarkeitsschwelle noch hinnehmbaren Risikos bei der Flucht- und Missbrauchsgefahr modifiziert, indem es mit der Länge der Haftzeit in Verbindung gebracht wird.[1118] Die Gefahr geringerer Straftaten kann gegen Ende der Haft im Hinblick auf die Entlassungsvorbereitung möglicherweise eher hinnehmbar sein, als es zu Beginn der Haft der Fall ist. Dies ist aber eine Auslegungsfrage, die ohnehin der vollen gerichtlichen Überprüfbarkeit zugänglich ist.[1119]

Völlig zu Recht stellt sich das Bundesverfassungsgericht gegen die Verwendung pauschaler Wertungen und abstrakter Hinweise zur Konkretisierung der Flucht- und Missbrauchsgefahr durch die Justizvollzugsanstalt und deren Billigung durch die Strafvollstreckungskammern und Oberlandesgerichte und macht damit einem „generalisierenden Wenn-Dann-Zusammenhang"[1120] von Indizien wie Strafrest und Strafdauer bei der Prognosestellung den Garaus. Mit der Betonung der Notwendigkeit einer individualisierten Prognoseerstellung geht aber keine Veränderung des richterlichen Überprüfungsmaßstabes einher. Da ein Beurteilungsspielraum im Sinne von BGHSt 30, 320 ff. die Fachgerichte schließlich nicht von einer rechtsstaatlich fundierten Prüfpflicht entbindet, hätten die Gerichte innerhalb des Prüfungspunktes der Zugrundelegung des richtigen Versagungsgrundes ohnehin überprüfen können und müssen, ob die Vollzugsbehörde Prognosefehler begangen hat, indem Aspekte in die Abwägung eingestellt wurden, die nicht oder zumindest nicht in der vorgenommenen Gewichtung hätten verwendet werden dürfen. Dass das Bundesverfassungsgericht die Beachtung grundrechtlich geschützter Resozialisierungsbelange als notwendigen Bestandteil zur Erstellung der Flucht- und Missbrauchsprognose anmahnt, schmälert nicht zwingend den Beurteilungsspielraum, sondern stellt den Justizvollzugsbehörden und den Fachgerichten klarstellende Leitlinien zur richtigen Auslegung der Flucht- und Missbrauchsgefahr zur Verfügung.[1121] Damit konkretisiert das Bundesverfassungsgericht den fachgerichtlichen Prüfkatalog und engt den vollzugsbehördlichen Beurteilungsspielraum allenfalls soweit ein, als festgeschrieben wird, dass das Resozialisierungsinteresse von

1118 Vgl. *Heghmanns*, ZStW 111 (1999), 647 (664 f.); *Bachmann*, Bundesverfassungsgericht, S. 212.

1119 Vgl. *Heghmanns*, ZStW 111 (1999), 647 (665, 669).

1120 *Schneider* (Anm.), NStZ 1999, 157 (157 f.)

1121 Vgl. auch *Häuser*, Gefahrenbegriff, S. 140 f.; ähnlich auch *Groß*, jurisPR-StrafR 3/2012 Anm. 4.

der Justizvollzugsbehörde bei der Lockerungsentscheidung zu berücksichtigen ist und deren Nichtberücksichtigung Anlass zu richterlicher Kritik geben kann und muss.

Auch der durch das Bundesverfassungsgericht vorgenommenen Erweiterung des Prüfungsprogramms der Strafvollstreckungskammern im Aussetzungsverfahren um die Frage, ob eine Versagung von Vollzugslockerungen rechtmäßig erfolgte oder nicht, ist keine Aussage über das Ende des Beurteilungsspielraumes der Justizvollzugsbehörden zu entnehmen. Vorrangig geht es, wie das Bundesverfassungsgericht selbst darlegt, um den Aspekt zureichender Sachaufklärung.[1122] Damit wird die Frage, ob die Justizvollzugsbehörde den Sachverhalt ausreichend ermittelt hat und ob das Gericht bei der Überprüfung seiner diesbezüglichen Nachforschungspflicht hinreichend nachgekommen ist, zum wohl wichtigsten Prüfungspunkt innerhalb des dreiteiligen Prüfungsprogramms des Bundesgerichtshofs.[1123]

Selbst der den Strafvollstreckungskammern durch die Karlsruher Richter auferlegten Verpflichtung, die Justizvollzugsbehörden im Falle eines unberechtigten Lockerungsversagens unter Ausschöpfung der prozessualen Möglichkeiten darauf hinzuweisen, dass Lockerungen geboten sind und dem hierbei an die Hand gegebenen dreistufigen Vorgehen (Hinweis, verschärfter Hinweis und Festsetzung des Entlassungszeitpunktes)[1124], sind keine Aussagen zu entnehmen, wie weit die Strafvollstreckungskammern in den Beurteilungsspielraum der JVA vordringen dürfen, um überhaupt zu prüfen, ob die Lockerungsversagung rechtmäßig ist oder nicht.[1125] Hier sind scharfe Grenzen zu ziehen. Dass das Bundesverfassungsgericht den Strafvollstreckungskammern im Aussetzungsverfahren weitreichende Einwirkungsbefugnisse auf die Lockerungsentscheidung der Justizvollzugsanstalt zugesteht, darf nicht dazu verleiten, den Prüfungsmaßstab der Lockerungsentscheidung im Aussetzungsverfahren und schon gar nicht im § 109er Verfahren hin zu einer unbeschränkten Justiziabilität zu verändern.[1126] Es hätte einen befremdlichen Beigeschmack, wenn eine Kompetenzerweiterung der Strafvollstreckungskammern im Aussetzungsverfahren eine Veränderung der Kontrolldichte im Lockerungsüberprüfungsverfahren nach §§ 109 ff. StVollzG zur Folge hätte. Noch befremdlicher mutet es an, wenn

1122 Vgl. BVerfGE 70, 297 (309); BVerfG NStZ 2000, 109 (111).

1123 Vgl. *Schneider*, ZfStrVo 1999, 140 (140 f.)

1124 Vgl. BVerfG NStZ 1998, 373 (375); BVerfG StV 2012, 708 (710); BVerfG StV 2012, 543 (545). Ausführlich dazu Kapitel 5.

1125 So auch OLG Frankfurt NStZ-RR 2001, 311 (314).

1126 In diese Richtung aber *Krehl*, in: FS Rissing-van Saan, S. 301 (304, 313 f.).

der Prüfungsmaßstab der Lockerungsentscheidung im Aussetzungsverfahren, bei der die Bewertung des Lockerungsverfahrens nur einen Teilbereich, einen einzigen – wenn auch gewichtigen Prognosepunkt – bildet, ein weiterer wäre als im gerichtlichen Verfahren nach §§ 109 ff. StVollzG, das ausschließlich mit der Lockerungsentscheidung der JVA befasst ist. Keinesfalls sollten den Gerichten im Aussetzungsverfahren weiterreichende Prüfungs-, Kontroll- und Ersetzungskompetenzen als im Verfahren nach §§ 109 ff. StVollzG zugestanden werden.[1127] Der ohnehin umstrittenen Frage, ob die Strafvollstreckungskammer der Justizvollzugsanstalt im Aussetzungsverfahren überhaupt eine rechtlich bindende Verpflichtung auferlegen kann[1128], ist die Frage vorgelagert, unter Anwendung welchen Prüfungsmaßstabes das Aussetzungsgericht dieser Vorfrage nach der (un)berechtigten Lockerungsverweigerung nachzugehen hat. Da das Bundesverfassungsgericht selbst die Antwort bereithält, nämlich die Überprüfung unter Beachtung des Prüfungsmaßstabs von BGHSt 30, 320 ff., sind anderslautende Interpretationen nur schwer nachzuvollziehen.[1129]

Letztlich verbleibt selbst dort, wo ein Beurteilungsspielraum anzuerkennen ist, eine erhebliche justizielle Kontrolldichte.[1130] Frei ist die Vollzugsbehörde weder bei der tatbestandlichen Ausfüllung des unbestimmten Rechtsbegriffs der Flucht- oder Missbrauchsgefahr noch bei der Ausübung ihres Ermessens auf Rechtsfolgenebene.[1131] Es bleibt auch vor dem Hintergrund der Bundesverfassungsgerichtsentscheidungen bei einer eingeschränkten Justiziabilität der Flucht- und Missbrauchsprognose bei der Lockerungsentscheidung, die allerdings mit Blick auf das Resozialisierungsinteresse und das Freiheitsgrundrecht eine gewisse Einschränkung erfahren hat.[1132] Eine Trendwende hat sich aber zu Recht nicht vollzogen.

1127 Vgl. auch *Reichenbach*, NStZ 2010, 424 (425 ff.); *Wolf* (Anm. zu BVerfG NStZ 1998, 373 ff.), NStZ 1998, 590 (590).

1128 Vgl. dazu sogleich Kapitel 5.

1129 Vgl. dazu auch *Laubenthal*, in: LNNV, StVollzG, Abschn. E Rn. 143; *Heghmanns*, ZStW 111 (1999), 647 (663 f.); OLG Frankfurt NStZ-RR 2001, 311 (314).

1130 Vgl. auch *Heghmanns*, ZStW 111 (1999), 647 (662 f.); *Laubenthal*, in: SBJL, StVollzG, § 115 Rn. 22, krit. vor dem Hintergrund der Unberechenbarkeit des Prüfungskriteriums der ausreichenden Sachverhaltsaufklärung aber *Schneider*, ZfStrVo 1999, 140 (140).

1131 Ähnlich auch *Laubenthal*, in: SBJL, § 115 Rn. 22.

1132 Vgl. *Arloth*, in: Arloth/Krä, StVollzG, § 11 Rn. 10, § 13 Rn. 12; *Laubenthal*, Strafvollzug, Rn. 542; *Laubenthal*, in: LNNV, StVollzG, Abschn. E Rn. 143; *Kruis/Wehowsky*, NStZ 1998, 593 (594); *Ullenbruch*, in: SBJL, StVollzG, § 11 Rn. 14. *Heghmanns*, ZStW 111 (1999), 647 (664) und *Häuser*, Gefahrenbegriff, S. 140 f. verneinen eine

2. *Gerichtliche Kontrolle von Ermessensentscheidungen*

Weit weniger klärungsbedürftig ist der Umfang der gerichtlichen Kontrolle von strafvollzuglichen Ermessensentscheidungen. Hier hält § 115 Abs. 5 StVollzG in Anlehnung an den nahezu gleichlautenden § 114 VwGO die Antwort bereit. Die Strafvollstreckungskammern überprüfen, ob die Justizvollzugsanstalten bei der Ermessensausübung die gesetzlichen Grenzen des Ermessens eingehalten haben und ob sie von dem Ermessen in einer dem Zweck der Ermächtigung entsprechenden Weise Gebrauch gemacht haben.[1133] Insofern macht sich das Strafvollzugsrecht die verwaltungsrechtlichen Grundsätze der Ermessensfehlerlehre zu eigen. Neben den ausdrücklich genannten Fällen der Ermessensüberschreitung und des Ermessensfehlgebrauchs erstreckt sich die Prüfungskompetenz der Strafvollstreckungskammern auch auf Fälle des Ermessensnichtgebrauchs. Die Grenzen der richterlichen Überprüfungskompetenz sind dann überschritten, wenn die Strafvollstreckungskammer ihr Ermessen anstelle des Verwaltungsermessens stellt.[1134]

IV. Tenorierung von Entscheidungen und Reduzierung des Beurteilungs- und Ermessensspielraums auf Null

Ein erfolgreicher Anfechtungs- und oder Verpflichtungsantrag im Verfahren nach §§ 109 ff. StVollzG zur Überprüfung einer Lockerungsversagung endet im Regelfall mit einem Bescheidungsbeschluss, der den vollzugsbehördlichen Versagungsbescheid aufhebt und die Justizvollzugsanstalt anweist, den Antrag des Gefangenen unter Beachtung der Rechtsauffassung des Gerichts erneut zu bescheiden, vgl. § 115 Abs. 4 S. 2 StVollzG. Dabei lassen sich auch Beschlüsse finden, bei denen die Strafvollstreckungskammern oder die Oberlandesgerichte in der Tenorierung noch weiter gehen. Das OLG Frankfurt beispielsweise verpflichtete die Justizvollzugsanstalt „unter Beachtung der Rechtsauffassung des Senats über den Antrag des Antragstellers mit dem ausdrücklichen Ziel der Gewährung eines begleiteten Ausgangs neu zu entscheiden.[1135]

Konsequenz aus der Anerkennung eines Beurteilungsspielraums muss aber sein, dass sich Beurteilungs- und Ermessensspielräume auf Null reduzieren

---

Einschränkung des Beurteilungsspielraums aus der Rechtsprechung des Bundesverfassungsgerichts. A.A. „Trendwende" aber *Lesting/Burkhardt*, in: AK-StVollzG, § 38 Rn. 59.; in diese Richtung auch *Schneider*, ZfStrVo 1999, 140 ff.

1133 Vgl. *Laubenthal*, Strafvollzug, Rn. 808 ff.

1134 Vgl. *Laubenthal*, in: SBJL, StVollzG, § 115 Rn. 19.

1135 OLG Frankfurt NStZ-RR 2004, 127 (127).

können. Vor dem Hintergrund der neueren bundesverfassungsgerichtlichen Rechtsprechung ist zu vermuten, dass es künftig öfter zu einer solchen Beurteilungs- und Ermessensreduzierung kommen wird.[1136] Vorteil einer Annahme einer Ermessens- oder Beurteilungsspielraumsreduzierung auf Null wäre, dass der Gefangene schneller zum Erhalt von Vollzugslockerungen kommt und so im Rahmen der zeitlich eng angesetzten Entlassungsvorbereitung keine wertvolle Zeit verliert, was letztlich auch dem Gebot effektiven Rechtsschutzes entgegenkommt.[1137] Lediglich im Fall der Reduzierung des Beurteilungs- und/oder Ermessensspielraums auf Null, wenn also gerade nicht mehr mehrere verschiedene vollzugsbehördliche Entscheidungen vertretbar sind, sondern letztlich nur noch eine einzige Entscheidung – nämlich die Gewährung der begehrten Vollzugslockerungen – richtig erscheint, ist die Strafvollstreckungskammer befugt, selbst zu bescheiden bzw. durchzuentscheiden.[1138] Ein Vornahmebeschluss setzt allerdings eine Spruchreife § 115 Abs. 4 S. 1 StVollzG voraus. Eine solche liegt erst dann vor, wenn keine weiteren Erhebungen mehr erforderlich sind, um eine endgültige Entscheidung fällen zu können.[1139] Keinesfalls darf das Gericht in den Funktions- und Zuständigkeitsbereich der JVA eingreifen, indem der Vorgang entscheidungsreif gemacht wird, indem die Strafvollstreckungskammer selbst die der Vollzugsbehörde obliegende Prognoseentscheidung trifft.[1140]

V. Beispiele aus der Rechtsprechung zur Reduzierung von Beurteilungs- und Ermessensspielräume auf Null

Von der Figur der Reduzierung von Beurteilungs- und Ermessensspielräumen auf Null hat die Rechtsprechung durchaus schon Gebrauch gemacht und die Justizvollzugsanstalten zur Gewährung von einer oder mehreren Vollzugslockerungen verpflichtet.[1141]

1136 Vgl. *Krehl*, in: FS Rissing-van Saan, S. 301 (315).

1137 *Schneider*, ZfStrVo 1999, 140 (141).

1138 Vgl. auch BVerwGE 79, 208 = NJW 1988, 3221 (3222); OLG Hamburg, NStZ 1990, 606 (606 f.); OLG Frankfurt NStZ-RR 1998, 91 (92); OLG Schleswig BeckRS 2011, 17647; KG StV 2011, 230 (231).

1139 Vgl. *Arloth*, in: Arloth/Krä, StVollzG, § 115 Rn. 12; *Laubenthal*, in: SBJL, StVollzG, § 115 Rn. 18.

1140 Vgl. BVerwGE 79, 208; *Arloth*, in: Arloth/Krä, StVollzG, § 11 Rn. 22; *Bachmann*, in: LNNV, StVollzG, Abschn. P Rn. 82; *Laubenthal*, in: SBJL, StVollzG, § 115 Rn. 18. Vgl. zum Ganzen *Dünkel* GA 1996, 518 (523 f.).

1141 Vgl. nur OLG Schleswig R&P 2013, 109 ff.; dazu auch OLG Hamm BeckRS 2013, 6005.

Exemplarisch soll hier der Fall eines im Jahr 1967 zu einer lebenslangen Freiheitsstrafe verurteilten Gefangenen dienen, in dem die JVA durch die StVK im Jahr 1990 verpflichtet wurde, Ausführungen und einen Ausgang zu gewähren.[1142] Der Gefangene hatte bereits 1977 Ausführungen und ab 1979, nach Einholung eines psychiatrischen Gutachtens, auch Hafturlaube erhalten. Nach einer um fünf Stunden verspäteten Rückkehr aus einem mehrtägigen Urlaub im Jahr 1980 wurden die Lockerungen für rund 5 Monate ausgesetzt und sodann aber wieder fortgesetzt. Nach Ablehnung der Strafrestaussetzung durch die Strafvollstreckungskammer im Jahr 1983 wurden dem Antragsteller keine Lockerungen mehr gewährt. Nach einem weiteren psychiatrischen Gutachten, das zu dem Ergebnis kam, dass kein erhöhtes Flucht- und Missbrauchsrisiko bestehe, wurden 1984 wieder Ausgänge und rund ein Jahr später wieder Hafturlaube bewilligt. Dennoch lehnte die Strafvollstreckungskammer die Strafrestaussetzung im Jahr 1985 erneut ab. Aus dem unmittelbar folgenden Hafturlaub kehrte der Gefangene erst mit einer Verspätung von 5 Tagen zurück. Lockerungen wurden in der Folge nicht mehr gewährt und die Strafrestaussetzung 1987 erneut unter Berufung auf eine fortbestehende Gefährlichkeit abgelehnt. Neuerliche Anträge auf Ausführungen und Ausgänge lehnte die JVA 1989 ab. Auf seinen Antrag auf gerichtliche Entscheidung verpflichtete die StVK die JVA Ausführungen zu gewähren, da von einer Ermessensreduzierung auf Null auszugehen war, weil insbesondere begleitete Lockerungen über viele Jahre problemlos verlaufen waren und keine Veranlassung einer weiteren Begutachtung bestand.

Zu Recht durfte die Strafvollstreckungskammer die Justizvollzugsanstalt verpflichten, einen Gefangenen, dessen Vollstreckung der Freiheitsstrafe durch eine mehrjährige Flucht, in der er als Yogatherapeut tätig gewesen war, unterbrochen war, in den offenen Vollzug zu verlegen, weil der Sachverhalt bereits ausreichend ermittelt war und die Verlegung auch von gutachterlicher und psychologischer Seite gestützt wurde.[1143] Dass der Gefangene sich einer weiteren Begutachtung nicht unterziehen wollte, wurde nicht als Negativindikator, sondern als Anhaltspunkt für Spruchreife bewertet. Bei der Begründung der Ermessensreduzierung bediente sich die Strafvollstreckungskammer insbesondere auch der bundesverfassungsgerichtlichen Rechtsprechung zum Resozialisierungsgebot und zum Zusammenspiel der Lockerungen mit der Aussetzungsentscheidung.

Eine nicht unerhebliche Anzahl an oberlandesgerichtlichen Entscheidungen weist allerdings die Ersetzung der justizvollzugsbehördlichen Entscheidung

1142 Vgl. OLG Hamburg NStZ 1990, 606 f.
1143 Vgl. OLG Hamburg ZfStrVo, 2005, 308 ff.

durch die Strafvollstreckungskammer und die zugrunde gelegte Annahme eines auf Null reduzierten Beurteilungs- und Ermessensspielraum als unrechtmäßig aus. Die den Justizvollzugsanstalten dort auferlegte Verpflichtung, dem Gefangenen die begehrte(n) Vollzugslockerung(en) zu gewähren, wurde von den Oberlandesgerichten im Rechtsbeschwerdeverfahren aufgehoben, weil die Strafvollstreckungskammern zu weit in den Beurteilungsspielraum oder Ermessensspielraum der Justizvollzugsanstalten vorgedrungen waren und der bestehende Ermessens- und Beurteilungsspielraum eben nicht auf Null reduziert war.[1144] Gegenständlich waren meist Fälle, in denen die Justizvollzugsbehörden ihrer Flucht- und Missbrauchsprognose noch weitere psychologisch-psychiatrische Einschätzungen zugrunde legen wollten, deren Notwendigkeit die Strafvollstreckungskammern allerdings zu Unrecht in Zweifel zogen. Der JVA darf es demnach nicht verwehrt werden, ein Sachverständigengutachten, das nur unzureichende Angaben über die verwendeten klinischen Prognosemethoden enthält, ergänzen bzw. vervollständigen zu lassen, ehe es der behördlichen Flucht- und Missbrauchsprognose zugrunde gelegt wird.[1145] Auch darf sich die JVA die Zeit nehmen, die erforderlich ist, um im Falle eines zu lebenslanger Freiheitsstrafe Verurteilten die Aufnahme der gutachterlich empfohlenen psychotherapeutischen Behandlung und die Vornahme einer darauf basierenden therapeutischen Einschätzung des Lockerungsrisikos abzuwarten.[1146] Der rechtlichen Überprüfung ebenfalls nicht stand hielt eine den Justizvollzugsanstalten auferlegte Verpflichtung, einem Gefangenen der Sicherungsverwahrung die Lockerungsstufe Begleitausgang zu gewähren, weil die Lockerungsgewährung von der Festigung und Überprüfung einer erst kurzfristigen möglicherweise eingetretenen positiven Persönlichkeitsentwicklung abhängig gemacht werden darf.[1147]

Nicht unerwähnt bleiben soll, dass eine Reduzierung des Beurteilungsspielraums auf Null auch zu Lasten des Gefangenen wirken kann. Ergeht gegen einen Gefangenen ein neuerlicher, auf Fluchtgefahr gestützter Haftbefehl, der dann zu einer Überhaftnotierung führt, so entfällt die Eignung für den offenen Vollzug. Da die Justizvollzugsanstalt an die Wertungen zur Fluchtgefahr im Haftbefehl gem. § 112 Abs. 2 Nr. 2 StPO gebunden ist, reduziert sich ihr Beurteilungsspielraum bei der Flucht- und Missbrauchsprognose auf Null.[1148]

1144 Vgl. OLG Hamm NStZ 1991, 303 (303 f.); OLG Hamm NStZ 1992, 149 (150) m. Anm. *Begemann*; OLG Brandenburg, BeckRS 2011, 16769; OLG Hamm NStZ-RR 2015, 61.

1145 OLG Frankfurt NStZ-RR 1998, 91 (92).

1146 Vgl. OLG Hamm BeckRS 2009, 29072.

1147 OLG Hamm BeckRS 2010, 3568.

1148 Vgl. KG BeckRS 2006, 06651.

Abschließend bleibt festzuhalten, dass die Figur der Ermessens- und Beurteilungsspielraumreduzierung auf Null in der Strafvollzugslandschaft durchaus eine Rolle spielt, sie aber ein erhebliches Potential an Unsicherheit über die richterliche Kontrolldichte offenbart.

E. Abschließende Stellungnahme zum Rechtsschutz bei der Lockerungsentscheidung und Vorschläge zur Abhilfe

Die Historie des Strafvollzugsgesetzes hat einige Rechtsbehelfe und Rechtsschutzmöglichkeiten hervorgebracht, mit denen sich Gefangene gegen die Lockerungsversagung gerichtlich und außergerichtlich zur Wehr setzen können. Wenn nach Erschöpfung des Rechtsweges das Bundesverfassungsgericht angerufen werden musste, um teilweise eklatanten Rechtsverstößen ein Ende zu setzen, entsteht zunächst tatsächlich der Eindruck, als würde der fachgerichtliche Rechtsschutz nicht ausreichen, um schwerwiegende Fehler, insb. die Nutzung von Alltagstheorien oder weder gesetzlich noch empirisch fundierter Zusammenhänge, zu vermeiden. Es muss aber bezweifelt werden, dass eine weitreichendere Justiziabilität die Anrufung des Bundesverfassungsgerichts hätten vermeiden können. Schließlich hätten die Fachgerichte in den dargestellten, dem Bundesverfassungsgericht vorgelegten Fällen, auch mit dem von BGHSt 30, 320 ff. etablierten Prüfungsmaßstab so weit in den Beurteilungsspielraum der JVA vordringen können und müssen, dass die ausreichende Sachverhaltsermittlung und die Gewichtung aller relevanten Prognosegesichtspunkte einer Überprüfung und ggf. auch einer Beanstandung zugeführt hätte werden müssen. Dass dies nicht vorgenommen wurde, sondern sich die Fachgerichte unter Verkennung des eigenen Prüfungsmaßstabes hinter den Beurteilungsspielräumen verschanzten, um die Entscheidung der Justizvollzugsanstalt zu halten, ist bezeichnend.[1149] Es tritt letztlich ein tieferliegendes Problem zu Tage. Es ist ein berechtigtes Interesse sowohl des Aussetzungsgerichts als auch der Justizvollzugsanstalt, sich bei der eigenen Entscheidung durch die Einschätzung des jeweils anderen abzusichern. Die Justizvollzugsbehörde kann die Lockerungen v.a. im Rahmen der Entlassungsvorbereitung einfacher vertreten und besser planen, wenn das Aussetzungsgericht einen Entlassungszeitpunkt bereits festgesetzt oder zumindest perspektivisch in Aussicht gestellt hat. Ohne Zweifel fällt auch dem Aussetzungsgericht die Entscheidung, ob eine vorzeitige Bewährung zur Entlassungsvorbereitung in Betracht kommt, leichter, wenn der Gefangene

---

1149 Vgl. *Spaniol*, FS 2012, 253 (255 f.).

bereits Lockerungen erhielt und sich dort bewähren konnte. Problematisch wird es aber, wenn sich die Entscheidungsträger bei ihrer Entscheidung auf diejenige des jeweils anderen stützen wollen, diese aber noch nicht getroffen wurde. Das Aussetzungsgericht sieht sich an der Aussetzungsentscheidung und der Festlegung des Entlassungszeitpunktes v.a. bei der Aussetzung einer lebenslangen Freiheitsstrafe gehindert, weil noch keine Lockerungen gewährt worden sind. Andererseits gewährt die Justizvollzugsanstalt (noch) keine entlassungsvorbereitenden Lockerungen, solange das Gericht nicht den Entlassungszeitpunkt festgesetzt oder eine Strafrestaussetzung noch nicht in Aussicht gestellt hat. Eine solche Praxis veranlasste obige Entscheidungen und ist dort aus naheliegenden Gründen kritisiert worden. Es birgt die Gefahr eines „Hin- und Herschiebens des schwarzen Peters“[1150], weil die Beteiligten die Verantwortung für die ersten Schritte von vollzugsöffnenden Maßnahmen auf den jeweils anderen verlagern möchten. In solchen Fällen gerät die Entlassungsvorbereitung ins Stocken. Gerade bei Gefangenen, die eine lebenslange Freiheitsstrafe verbüßen und auf eine positive Sozialprognose angewiesen sind, um jemals wieder die Freiheit zu erlangen, kann dies fatale Folgen haben.[1151]

Es stellt sich aber die Frage, ob der in diesem Zusammenhang eingebrachte Lösungsvorschlag, nämlich eine Einschränkung des behördlichen Beurteilungsspielraums, tatsächlich Abhilfe verschaffen kann. Dies mag bezweifelt werden. Die Wurzel des Problems liegt vielmehr in der bereits auf Gesetzesebene fehlenden, aber notwendigen Abstimmung zwischen den Lockerungsvoraussetzungen und den Voraussetzungen der bedingten Entlassung.[1152]

Als Ausgangspunkt für einen Lösungsansatz soll der Vorschlag zur gesetzlichen Normierung der Vollzugslockerungen dienen, den die Strafrechtslehrer ihrem Alternativvorschlag für ein Strafvollzugsgesetz 1975 zugrunde legten. Der entscheidende § 57 Abs. 3 AE lautet wie folgt: „Das Vollstreckungsgericht bestimmt allgemein, ob und welche Lockerungen zulässig sind; dabei ist dem mit ihnen verfolgten Erprobungsaspekt desto mehr Gewicht beizumessen, je näher die Entlassung bevorsteht. In diesem Rahmen werden die Lockerungen im Einzelfall von der Anstaltsleitung angeordnet.“ Wie bereits im historischen

---

1150 Ullenbruch, in: SBJL, StVollzG, § 11 Rn. 14.

1151 Exemplarisch BVerfG NStZ 2002, 333 ff. m. Anm. *Verrel*, wo aufgrund der sachwidrigen Verzögerung der Aussetzungsentscheidung, die aufgrund der jahrelang andauernden Versuche, ein psychiatrisches Sachverständigengutachten zu erlangen und der nicht mehr nachvollziehbaren Verweigerung von Vollzugslockerungen ein Verstoß gegen das Beschleunigungsgebot angenommen wurde.

1152 Vgl. *Frisch*, ZStW 102 (1990), 707 (708).

Teil des ersten Kapitels dieser Arbeit dargelegt, forcierte der AE eine „dynamische Kompetenzverteilung“[1153] zwischen den Strafvollstreckungskammern und den Justizvollzugsanstalten. Aufgrund von Anregungen aus dem justizvollzugsbehördlichen Behandlungsplan steckt das Gericht einen groben Rahmen zulässiger Lockerungen ab, den die Justizvollzugsanstalt dann ausfüllt. Allerdings wäre das Potential der Sachnähe der JVA nicht ausgeschöpft, wenn diese nur darüber entscheiden dürfte, ob eine Ausführung an jenem oder diesem Wochentag durchgeführt werden würde, oder ob Hafturlaube bereits ab November oder erst im Dezember eines Jahres stattfinden sollen.

Vorzug soll einer Dialogmöglichkeit in Form einer frühzeitigen Abstimmung zwischen Strafvollstreckungskammern und Justizvollzugsanstalten (und der Staatsanwaltschaft) gegeben werden, die die gegenseitigen Zuständigkeiten wahrt und das Potential der Sachnähe der Justizvollzugsanstalt ausschöpft.[1154] Eine solche gesetzlich verankerte Dialogmöglichkeit könnte vorsehen, dass die Justizvollzugsanstalt auf Grundlage ihrer Vollzugs- und Behandlungsplanung zu einem in Abhängigkeit von der Länge der verhängten Freiheitsstrafe festgesetzten Zeitpunkt bei der Strafvollstreckungskammer anfragt, ob eine Strafrestaussetzung in Aussicht gestellt werden könne. Denkbar wäre, diesen Zeitpunkt bei Freiheitsstrafen bis zu 5 Jahren nach Verbüßung der Hälfte und bei darüberhinausgehenden zeitigen Freiheitsstrafen nach zwei Dritteln zu stellen. Bei lebenslangen Freiheitsstrafen bietet sich die Mindestverbüßungszeit von 15 Jahren als Orientierung an. Die Justizvollzugsanstalt und der Gefangene können ihre Lockerungsplanung an dieser Absichtserklärung ausrichten. Das gegenseitige rechtzeitige Inkenntnissetzen über die Strafrestaussetzungs- und Lockerungsbereitschaft bietet den Vorteil, dass die Lockerungs- und Entlassungsplanung bestmöglich aufeinander abgestimmt werden kann. Ihrer Aufgabe, die Entlassung (auch mit Hilfe von Lockerungen) vorzubereiten, insb. die Arbeits- und Wohnsituation abzuklären, kann die Justizvollzugsanstalt besser nachkommen. Kann der Gefangene dann einen günstigen sozialen Empfangsraum aufbauen, kann sich wiederum der Richter der Strafvollstreckungskammer diese Gesichtspunkte bei der Erstellung seiner Aussetzungsprognose

---

1153 *Baumann*, Alternativ-Entwurf eines Strafvollzugsgesetzes, Begründung zu § 57, S. 123.

1154 In diese Richtung auch *Begemann* (Anm. zu OLG Hamm NStZ 1992, 149 ff.), NStZ 1992, 151 (151); *H. P. Dünkel*, BewHi 1992, 196 (202 ff.) mit Hinweis auf *H. P. Dünkel*, Kriminologie und Strafrechtspraxis, Band 5, 1985, 57 (Freiburger Dialogmöglichkeit); *Northoff*, ZfStrVo 1987, 207 (214 ff.); *ders.*, Strafvollstreckungskammer, S. 134 ff.; *Rotthaus*, NStZ 1993, 218 (221).

nutzbar machen. Konstellationen, in denen die Justizvollzugsanstalt ihre Lockerungsplanung beginnt, weil sie vom Vorliegen der Voraussetzungen einer Reststrafenaussetzung ausgeht, die Strafvollstreckungskammer eine Aussetzung dann aber ablehnt, sind genauso zu vermeiden wie der umgekehrte Fall, dass die Justizvollzugsanstalt, anders als die Strafvollstreckungskammer einen späteren Entlassungszeitpunkt forciert und keine entlassungsvorbereitenden Vollzugslockerungen gewährt, was sich dann negativ auf die Aussetzungsprognose auswirken kann. Das Risiko, dass Kommunikationsprobleme und gegenseitige Fehleinschätzungen über den voraussichtlichen Entlassungszeitpunkt die Lockerungs- und Entlassungsplanung erschweren, kann auf diese Weise minimiert werden.[1155]

Dem Vorschlag, den **Erprobungsaspekt** der Vollzugslockerungen in den Gesetzestext mit aufzunehmen, ist beizupflichten. Auf diese Weise könnte die bundesverfassungsgerichtliche Rechtsprechung, die das Zusammenspiel zwischen Vollzugslockerungen und Aussetzungsentscheidung fokussiert, auf eine gesetzliche Basis gestellt werden und der vorgehaltene Makel, dass die Erprobungsfunktion der Vollzugslockerungen (anders als der Behandlungsaspekt) keinen normativen Niederschlag gefunden hat, beseitigt werden. Eine solche Klarstellung würde der Justizvollzugsanstalt im Rahmen ihrer Lockerungsentscheidung mehr Sicherheit verschaffen und auch den Maßstab und die Reichweite der gerichtlichen Kontrolle konkretisieren. Förderlich wäre zudem, wenn der Geschäftsverteilungsplan der Strafvollstreckungskammer dafür Sorge tragen würde, dass alle Lockerungs- und Entlassungsangelegenheiten eines Gefangenen bei einem Richter zentriert werden.[1156] Vollzuglich wäre wünschenswert, wenn sich die Phase der Entlassungsvorbereitung auch durch räumliche Veränderungen (Verlegung in den offenen Vollzug oder spezielle Entlassungsvorbereitungsabteilungen) bemerkbar macht.

Auf den hohen spezialpräventiven Wert der Strafrestaussetzung ist bereits vielfach hingewiesen worden. Dies soll hier nicht in aller Breite wiederholt werden. Abschließend sei lediglich die Bemerkung erlaubt, dass die Strafrestaussetzung den nicht zu unterschätzenden Vorteil bietet, dass dem Gefangenen ein Bewährungshelfer zur Seite gestellt werden kann, der die kritische Phase nach Haftentlassung begleitet. Sie ist auch deshalb zu forcieren, um die paradoxe Konsequenz, dass Gefangene, die mangels positiver Sozialprognose

---

1155 Vgl. *H. P. Dünkel*, BewHi 1992, 196 (200 ff.); *Northoff*, ZfStrVo 1987, 207 (216 f.); *ders.*, Strafvollstreckungskammer, S. 141; *Rotthaus*, NStZ 1993, 218 (219).

1156 So auch *Spaniol*, FS 2012, 253 (259); vgl. dazu auch BVerfG StV 2009, 708 (712).

ihre Haftstrafe vollverbüßen müssen, (sofern keine Führungsaufsicht eintritt) keine Nachbetreuung erfahren, sooft es eben geht zu vermeiden.[1157] Motivationspotential, das allein die in Aussichtstellung einer vorzeitigen Haftentlassung für den Gefangenen im Strafvollzug haben kann, sollte dabei nicht unterschätzt werden.[1158]

1157 Zum Ganzen *Frisch*, ZStW 102 (1990), 707 (735 ff.).
1158 Vgl. *H. P. Dünkel*, BewHi 1992, 196 (206 f.).

5. Kapitel Die Durchsetzung (der gerichtlichen Entscheidung) des „Lockerungsanspruchs“ und behördliche Renitenz

Das letzte Kapitel befasst sich mit dem Zeitabschnitt, der einem aus Sicht des Gefangenen erfolgreichen gerichtlichen Verfahren nach §§ 109 ff. StVollzG nachfolgt hin bis zur Durchsetzung des gerichtlich erstrittenen Erfolges in der Justizvollzugsanstalt. Ausgangspunkt der folgenden Überlegungen ist das Vorliegen einer gerichtlichen Entscheidung, in der das Gericht die Versagung der Vollzugslockerung(en) als rechtswidrig erachtete und die JVA zur Neubescheidung unter Beachtung der Rechtsauffassung des Gerichts verpflichtet oder ihr sogar auferlegt, die begehrte Vollzugslockerung zu gewähren, da sich der behördliche Beurteilungsspielraum und ihr Ermessen spruchreif auf Null reduziert hatten. Es ist nun an der Justizvollzugsanstalt, die gerichtliche Entscheidung zu Gunsten des Gefangenen umzusetzen. Beugt sich die Justizvollzugsanstalt dem richterlichen Votum, d.h. die begehrte Vollzugslockerung wird zeitnah gewährt, wird das prozessual erstrittene Ziel in die Praxis umgesetzt und die Rechtsstreitigkeit so zum Abschluss gebracht.

A. Durchsetzungshindernisse

Anders liegt der Fall, wenn die Justizvollzugsanstalt den Lockerungsantrag des Gefangenen trotz des vorliegenden gerichtlichen Beschlusses nicht neu bescheidet oder dennoch nicht genehmigt. Hierfür sind verschiedene Gründe denkbar.

I. Normative „legale“ Durchsetzungshemmnisse

Zu nennen wären zunächst „legale“ Durchsetzungshindernisse, die ursächlich dafür sein können, dass der Gefangene trotz eines (erstinstanzlich) erstrittenen Erfolges die begehrte Lockerung dennoch nicht erhält.

Hat die Justizvollzugsanstalt beispielsweise einen Abwägungsgesichtspunkt nicht ausreichend gewürdigt oder gar nicht in die Entscheidung eingestellt, wird der Bescheid durch die Strafvollstreckungskammer aufgehoben und die JVA zur Neubescheidung unter Beachtung der Rechtsauffassung des Gerichts verpflichtet. Nimmt die JVA bei der Neubescheidung die richterlichen Hinweise auf, kommt aber im Ergebnis dennoch zu einer negativen Bescheidung, so liegt hierin keine rechtswidrige Vereitlung der richterlichen Entscheidung, wenn und soweit sich die Justizvollzugsanstalt auch bei der Neubescheidung innerhalb ihres Entscheidungsspielraumes bewegt.

Denkbar ist auch, dass die Justizvollzugsanstalt der Umsetzung der gerichtlichen Entscheidung durch Einlegung von Rechtsmitteln begegnet. Gegen eine gefangenengünstige Entscheidung kann die Justizvollzugsbehörde ihrerseits gem. §§ 116, 117 StVollzG Rechtsbeschwerde beim Strafsenat des Oberlandegerichts, in dessen Bezirk die Strafvollstreckungskammer ihren Sitz hat, einlegen, wenn es geboten ist, die Nachprüfung zur Fortbildung des Rechts oder zur Sicherung einer einheitlichen Rechtsprechung zu ermöglichen. Grundsätzlich hat die Rechtsbeschwerde keine aufschiebende Wirkung, vgl. § 116 Abs. 3 S. 1 StVollzG. Da § 114 Abs. 2 StVollzG aber entsprechend angewendet wird, kann die Außervollzugsetzung neben der Erhebung einer Rechtsbeschwerde beantragt und bewilligt werden, wodurch die Nichtumsetzung der erstinstanzlich getroffenen Lockerungsentscheidung keinen rechtlichen Bedenken ausgesetzt ist.[1159] Der Ausgang des Rechtsbeschwerdeverfahrens bleibt abzuwarten.

II. Das Phänomen der behördlichen Renitenz als faktisches Durchsetzungshindernis

Publik geworden durch einen Gesetzesentwurf der Fraktion der Grünen im Deutschen Bundestag zur Einführung einer Zwangsvollstreckungsmöglichkeit im Strafvollzugsgesetz[1160], erhielt das Phänomen der „renitenten Strafvollzugsbehörde“ durch *Feest* und *Lesting* im Jahr 1987 Einzug in die wissenschaftliche Diskussion. Eine medienwirksame Weigerung des Anstaltsleiters einer Berliner Justizvollzugsanstalt, einen gefangenenbegünstigenden Gerichtsbeschluss[1161] umzusetzen, begründete den Verdacht, dass es sich hierbei nicht um einen Einzelfall handeln könnte, sondern dass sich die Justizvollzugsbehörden ganz bewusst verschiedener offener oder subtiler Umgehungs- und

---

1159 Zu den umstrittenen Einzelheiten der aufschiebenden Wirkung im Rechtsbeschwerdevefahren vgl. *Arloth*, in: Arloth/Krä, StVollzG, § 116 Rn. 7; *Bachmann*, in: LNNV, StVollzG, Abschn. P Rn. 98; *Ullenbruch*, NStZ 1993, 517 ff.

1160 Vgl. BT-Drs. 10/3563 vom 26. Juni 1985.

1161 Das LG Berlin, Beschluss v. 05.05.1984 – 549/StVK 127/83 Vollz, zit. nach *Lesting/Feest*, ZRP 1987, 390 (390) Fn. 1, hatte die geänderte, restriktivere Handhabung der Gemeinschaftssprechstunden in der JVA Tegel als rechtswidrig erachtet. Der Anstaltsleiter verzichtete auf die Einlegung von Rechtsmittel, erklärte aber gleichwohl medienwirksam, den zugrundeliegenden Gerichtsbeschluss nicht umsetzen zu wollen.

Verzögerungsmechanismen bedienen, um die Umsetzung einer unwillkommenen Gerichtsentscheidung zu verhindern.[1162]

1. Merkmale behördlicher Renitenz

Ohne die Problematik verharmlosen zu wollen, ist der Begriff der „renitenten Vollzugsbehörde“, der die Diskussion schlagwortartig prägt, nicht angemessen. Es scheint schwer vorstellbar, dass es Justizvollzugsanstalten geben soll, die sich grundsätzlich weigern, die Beschlüsse der Strafvollstreckungskammern umzusetzen. Bei einzelnen Personen ist dies denkbar, ebenso wie bei einzelnen Sachentscheidungen, nicht jedoch bei ganzen Anstalten. Daher wird hier in diesem Zusammenhang der Begriff der vollzugsbehördlichen Renitenz dem der „renitenten Vollzugsbehörde“ vorgezogen.

Da Renitenz in verschiedenen Phasen des Vollzugs und in vielgestaltigen Erscheinungsformen auftreten kann, fällt es schwer, eine einheitliche Definition zu finden, die alle erdenklichen Fallkonstellationen erfasst. Das klassische Fall der vollzugsbehördlichen Renitenz hat die ausbleibende Implementation einer ergangenen gerichtlichen Entscheidung zum Gegenstand. Denkbar aber schwerer zu erkennen sind Renitenzfälle, wenn sich die Justizvollzugsanstalt subtilerer Umgehungsstrategien im Vorfeld des gerichtlichen Verfahrens oder unterhalb der Schwelle der Nichtumsetzung einer gerichtlichen Entscheidung bedient.[1163] Von behördlicher Renitenz zu sprechen setzt voraus, dass eine gerichtliche Entscheidung aus **subjektiven Beweggründen** nicht in den Strafvollzug implementiert wird, obwohl dies objektiv möglich wäre.[1164] Begrifflich lassen sich **faktische** und **juristische** Renitenz unterscheiden. Kennzeichnend für letztere ist, dass die Justizvollzugsanstalt rechtliche Gründe für die Nichtumsetzung geltend macht. Der Unterschied zur faktischen Renitenz liegt darin, dass die Justizvollzugsbehörde hier die grundsätzliche Pflicht der Umsetzung anerkennt, die Nichtbeachtung des Beschluss aber anderweitig zu rechtfertigen sucht.[1165] Dabei dürften die

1162 Vgl. *Lesting/Feest*, ZRP 1987, 390 ff.

1163 Vgl. *Kamann*, Gerichtlicher Rechtsschutz, S. 44, 169 ff., 206 ff.

1164 Vgl. *Lesting/Feest*, ZRP 1987, 390 ff.; *J. Walter*, FS 2012, 270 (270); Zur zeitlichen und institutionelle Erweiterungsmöglichkeit des Renitenzbegriffs, insb. zur „aufsichtsbehördlichen Renitenz“ beim Zustimmungserfordernis bei Vollzugslockerungen vgl. *Kamann*, ZfStrVo 1993, 206 ff., insb. 208 ff. Zur gerichtlichen Renitenz und justiziellen Verfahrensverzögerungen vgl. *Laubentahl*, in: GS Walter, S. 579 (584 ff.).

1165 Vgl. *Lesting/Feest*, ZRP 1987, 390 (392 f.) mit Beispielen zur juristischen Renitenz. Zur faktischen Renitenz auch, *Kamann*, Gerichtlicher Rechtsschutz, 169 ff., 176 ff.

Fälle, in denen sich die Justizvollzuganstalt der Umsetzung eines gerichtlichen Beschlusses offenkundig verweigert, äußerst selten zu finden sein.[1166]

Eine **starre zeitliche Grenze**, die überschritten sein muss, um von einer **renitenten Verzögerung der Umsetzung** auszugehen, existiert nicht.[1167] Auch dafür sind die einzelnen Fälle zu unterschiedlich. Wurde die Justizvollzugsanstalt zur Neubescheidung verpflichtet, so ist durchaus denkbar, dass noch Informationen oder Nachforschungen erforderlich werden, bevor die neue Bescheidung vorgenommen werden kann.[1168] Als zeitlicher Orientierungsrahmen kann mit dem Bundesverfassungsgericht die Dreimonatsgrenze des Vornahmeantrags nach § 113 StVollzG herangezogen werden.[1169] Dieser Rahmen lässt sich dabei nicht ohne weiteres auch auf Vollzugslockerungen übertragen. Aufgrund der hohen Bedeutung der Vollzugslockerungen für die Erhaltung der Lebenstüchtigkeit und das Vollzugsziel der Resozialisierung kann dort eine zügigere Bearbeitung geboten sein.[1170] Eine Justizvollzugsanstalt, die ihrer Pflicht zur Neubescheidung unter Beachtung der Rechtsauffassung des Gerichts in mehreren aufeinanderfolgenden Vollzugsplanfortschreibungen im lockerungsbezogenen Teil bei der Flucht- und Missbrauchsbefürchtung nur unzureichend nachgekommen war, verpflichtete das Bundesverfassungsgericht in erhöhtem Maße zur Beschleunigung.[1171]

2. *Ursachen und Häufigkeit*

Die **Ursachen** der Renitenz sind so vielfältig wie ihre Erscheinungsformen. Möglicherweise lassen „nur" finanzielle oder personelle Engpässe die Justizvollzugsanstalt an vollzugsorganisatorische Grenzen stoßen.[1172] *Dünkel* hält routinierte aber starre Abläufe, fern von kriminologischen Erkenntnissen, für ursächlich.[1173] Auch die Rücksicht auf die Belange der Öffentlichkeit mag gerade im Bereich der Vollzugslockerungen eine Rolle spielen. *Kamann* und *Feest/Lesting* treiben die Ursachenforschung auf die Spitze, wenn unterstellt wird, dass Renitenz bewusst als Mittel zur Disziplinierung unliebsamer Gefangener und zur Demonstration

---

1166 So auch Kamann, Gerichtlicher Rechtsschutz, S. 172 f.
1167 Vgl. *Feest/Lesting*, in: FS Eisenberg, S. 675 (681 ff.)
1168 So auch *Lesting/Feest*, ZRP 1987, 390 (391).
1169 Vgl. BVerfGE 69, 161 (170).
1170 Vgl. BVerfG NStZ-RR 2013, 389 (389).
1171 Vgl. BVerfG NStZ-RR 2013, 389 (389).
1172 Vgl. *Müller-Dietz* (Anm.), StV 1984, 34 (37).
1173 *Dünkel*, Empirische Forschung im Strafvollzug, S. 33.

der Übermacht der totalen Institution (auch gegenüber der Strafvollstreckungskammer) eingesetzt wird.[1174]

Es begegnet erheblichen Schwierigkeiten, eine Aussage über **Ausmaß und Häufigkeit** vollzugsbehördlicher Renitenz in der Praxis zu treffen. *Lesting/Feest* sind überzeugt, dass nur ein verschwindender Prozentsatz aus dem Dunkelfeld der Renitenzfälle an die Öffentlichkeit gelangt und die bekannt gewordenen Fälle daher lediglich die „Spitze des Eisberges" bilden.[1175] Andere halten den Glauben an die Funktionalität des Rechtsstaates aufrecht und die systematisierte Nichtumsetzung richterlicher Entscheidungen für eine seltene Ausnahme- oder Einzelfallerscheinung.[1176]

Das Ausmaß vollzugsbehördlicher Renitenz lässt sich nicht prozentual bemessen. Das liegt vor allem daran, dass die Grenzlinie zur Renitenz schwer zu ziehen ist, und sich auch deswegen die Gewinnung der erforderlichen Informationen als schwieriges Unterfangen darstellt. Die nicht unerhebliche Anzahl an wissenschaftlichen Beiträgen und Untersuchungen zu Renitenzfällen[1177] und der hierzu ergangenen Rechtsprechung[1178] lässt aber nur den einen bedauerlichen Schluss zu, dass tatsächlich Vollzugsbehörden gerichtliche Entscheidungen

---

1174 Vgl. *Kamann*, Gerichtlicher Rechtsschutz, S. 173, 179; *Lesting/Feest*, ZRP 1987, 390 (393).

1175 Vgl. *Lesting/Feest*, ZRP 1987, 390 (392); ähnlich auch *Kamann*, ZfStrVo 1993, 206 (206). *Feest/Lesting*, in: FS Eisenberg, S. 675 (678) „vielgestaltig, aber keineswegs selten".

1176 Vgl. OLG Frankfurt NStZ 1983, 335 (336); KG StV 1984, 33 (34) und Anm. *Müller-Dietz*, StV 1984, 34 (37); OLG Karlsruhe ZfStrVo 2004, 315; *Laubenthal*, in: GS Walter, S. 579 (588); *Schäferküpper/Schmidt*, StV 2014, 184 (185); BR-Drs. 173/12, S. 42; BT-Drs. 17/9874, S. 34.

1177 Vgl. *Feest/Lesting*, ZRP 1987, 390 ff.; *Feest/Lesting*, in: Fachtagung. S. 172 ff.; *Feest/Lesting*, in: FS Eisenberg, S. 675 ff.; *Kamann*, Gerichtlicher Rechtsschutz, S. 169 ff.; *Krehl*, in: FS Rissing-van-Saan, S. 301 (304 ff.); auch *Laubenthal*, in: GS Walter, S. 579 (588 ff.); *Lesting*, FS 2012, 273 ff.; *Pollähne*, ZfStrVo 2006, 277 ff.; *Weber*, ZRP 1990, 65 ff.; auch BVerfG StV 2011, 228 (229) mit Hinweis auf eine auf Anfrage vom Hessischen Ministerium für Justiz übersandten Liste, auf der seit 1998 15 Fälle der Nichtumsetzung gerichtlicher Entscheidungen dokumentiert sind, wobei das Ministerium das Vorliegen eines Verstoßes nur in einem Fall einräumte.

1178 Vgl. nur BVerfG StV 2008, 708 ff. mit Anm. *Groß* juris-PR-StrafR 12/2009 Anm. 1; BVerfG StV 2011, 228 ff.; BVerfG NStZ-RR 2013, 389; OLG Frankfurt NStZ 1983, 335 ff.; OLG Celle NStZ 1990, 207 f.; OLG Hamburg ZfStrVo 2005, 308 ff.; LG Gießen StV 2006, 260 m. Anm. *Kamann*, vgl. dazu auch *Pollähne*, ZfStrVo 2006, 277 ff.; OLG Hamm BeckRS 2010, 3565; KG StV 2011, 230 ff.; KG StV 2012, 159 ff.; OLG Hamm BeckRS 2013, 6005.

vereinzelt nicht umsetzen. Indes liegt die Vermutung nahe, dass weitere Fälle gar nicht publik geworden, sondern im Dunkelfeld verblieben sind.[1179]

B. Lösungswege zur Überwindung der Renitenz – Mittel gegen behördliche Untätigkeit

Selbst wenn die Fälle vollzugsbehördlicher Renitenz nicht Regel- sondern eher Ausnahmeerscheinungen darstellen, sind sie aus rechtsstaatlichen Gründen nicht hinnehmbar und bedürfen einer Lösung. Daher wird im Folgenden der Frage nachgegangen, wie Gefangene und Gerichte verfahren können, um die Justizvollzugsanstalt zur Umsetzung der gerichtlichen Entscheidung zu bewegen und so die erstrittene Rechtsposition gegenüber der Justizvollzugsanstalt durchzusetzen.

I. Androhung, Festsetzung und Vollstreckung eines Zwangsgeldes gegen die Vollzugsbehörde

1. Der neue § 120 Abs. 1 S. 1 StVollzG

Mit **§ 120 Abs. 1 S. 1 StVollzG** bietet das Gesetz selbst eine Lösung an. Demnach kann das Gericht der Vollzugsbehörde in entsprechender Anwendung des § 172 VwGO auf Antrag unter Fristsetzung ein **Zwangsgeld** bis zu zehntausend Euro androhen, nach fruchtlosem Fristablauf festsetzen und von Amts wegen vollstrecken lassen, falls die Behörde in den Fällen des § 114 Abs. 2 S. 2 sowie des § 115 Abs. 2 S. 2 und Abs. 4 StVollzG der ihr in der einstweiligen Anordnung oder im Beschluss auferlegten Verpflichtung nicht nachkommt. Das Zwangsgeld kann gem. § 172 S. 2 VwGO auch wiederholt angedroht, festgesetzt und vollstreckt werden.

2. Gesetzlicher Hintergrund der Neuregelung

Dass mit § 120 Abs. 1 S. 1 StVollzG nunmehr auch im Strafvollzugsverfahrensrecht eine Zwangsvollstreckungsmöglichkeit zur Verfügung steht, ist Folge der vom Bundesverfassungsgericht auferlegten Neuregelung der Sicherungsverwahrung. Neben zahlreichen Änderungen des Straf- und Strafprozessrechts schlug sich die Neugestaltung auch im 14. Titel des Strafvollzugsgesetzes („Rechtsbehelfe") nieder.[1180] In seiner Grundsatzentscheidung vom 04. Mai 2011 stufte das

---

1179 Vgl. *Feest/Lesting*, ZRP 1987, 390 (392).

1180 Vgl. BGBl. 2012 Teil 1, 2425 ff.

Bundesverfassungsgericht nahezu sämtliche Vorschriften zur Unterbringung in der Sicherungsverwahrung als unvereinbar mit dem Grundgesetz ein.[1181] Das bis dato geltende Regelungswerk bringe den präventiven Charakter der Maßregel und einen damit einhergehenden Unterschied zum Vollzug der Freiheitsstrafe („Abstandsgebot")[1182] nicht hinreichend deutlich zum Ausdruck.[1183] Dem bis zum 31. Mai 2013 zur Neugestaltung verpflichteten Gesetzgeber gab das Bundesverfassungsgericht sieben Leitlinien an die Hand, um ein verfassungsgemäßes Gesamtkonzept zu entwickeln und normativ umzusetzen.[1184] Als entscheidend erachtete das Bundesverfassungsgericht u.a. den ultima-ratio Charakter der Sicherungsverwahrung, den Ausbau des Behandlungsangebots und der obligatorischen Behandlungsmotivation („Individualisierungs- und Intensivierungsgebot"; „Motivierungsgebot") und der Umsetzung des Abstandsgebots („Trennungsgebot"). Von besonderer Bedeutung auch im hier untersuchten Kontext ist das sog. Minimierungsgebot, da das Bundesverfassungsgericht hier auf seine umfangreiche Judikatur zur lebenslangen Freiheitsstrafe und dem Zusammenspiel der Vollzugslockerungen mit der Strafaussetzung zurückgriff.[1185] Ausgehend von der präjudizierenden Wirkung der Vollzugslockerungen zum Zwecke der Erprobung als vorbereitende prognostische Basis für die Erledigung der Sicherungsverwahrung müsse die Konzeption der Sicherungsverwahrung solche vorsehen und Vorgaben zur Entlassungsvorbereitung enthalten. So ist dafür Sorge zu tragen, dass Vollzugslockerungen nicht ohne zwingenden Grund, etwa aufgrund pauschaler Annahmen oder abstrakter Flucht- und Missbrauchsbefürchtungen, versagt werden können. Sodann mahnt das Bundesverfassungsgericht, dass wenigstens Ausführungen zu ermöglichen sind, solange weitergehende Lockerungen nicht gewährt werden können. Daher sind an deren Ablehnung hohe Anforderungen zu stellen. Ausführungen können demnach „nur dann unterbleiben, wenn sie trotz der Beaufsichtigung des Untergebrachten zu schlechthin unverantwortbaren Gefahren führen."[1186] Neben den materiellrechtlichen Voraussetzungen der Sicherungsverwahrung widmen sich zwei

1181 Vgl. BVerfGE 128, 326 ff. mit Anm. *Kreuzer/ Bartsch*, StV 2011, 470 ff.; *Eisenberg*, StV 2011, 480 ff.

1182 Vgl. BVerfGE 109, 133 (166). Kritisch gegenüber dieser Begrifflichkeit und seiner Eignung als Legitimation der Sicherungsverwahrung im Verhältnis zum Strafvollzug *Streng*, JZ 2011, 827 (831).

1183 Vgl. BVerfGE 128, 326 (374 ff.).

1184 Vgl. BVerfGE 128, 326 (378 ff.).

1185 Vgl. BVerfGE 128, 326 (381 f.).

1186 Zum Ganzen BVerfGE 128, 326 (381).

der sieben Gebote dem prozessualen Bereich. Hierbei handelt es sich zum einen um das Kontrollgebot, durch das gewährleistet werden soll, dass die Fortdauer der Sicherungsverwahrung mindestens in jährlichen Abständen gerichtlich überprüft wird.[1187] Zum anderen formulierte das Bundesverfassungsgericht auch ein „Rechtsschutz- und Unterstützungsgebot".[1188] Demnach muss dem Untergebrachten „ein effektiv durchsetzbarer Rechtsanspruch auf Durchführung von Maßnahmen eingeräumt werden, die zur Reduktion seiner Gefährlichkeit geboten sind. Ihm sind ein geeigneter Beistand beizuordnen oder andere Hilfestellungen anzubieten, die ihn in der Wahrnehmung seiner Rechte und Interessen unterstützen (...)."[1189] Mit dem Gesetz zur bundesrechtlichen Umsetzung des Abstandsgebots im Recht der Sicherungsverwahrung vom 05. Dezember 2012 trat am 01. Juni 2013 ein überarbeitetes Gesamtkonzept zur Sicherungsverwahrung in Kraft. Für den „seltenen Fall, dass die Vollzugsbehörde ihre Verpflichtung nicht freiwillig erfüllt"[1190], zur Steigerung der Effektivität des Rechtsschutzes und zur Stärkung der rechtlichen Möglichkeiten des Untergebrachten, die erforderlichen Betreuungsmöglichkeiten einzufordern, integrierte der Gesetzgeber in Anlehnung an das Verwaltungsgerichtsverfahren mit § 120 Abs. 1 S. 1 StVollzG erstmals eine Zwangsgeldregelung in das Strafvollzugsgesetz.[1191] Die Einfügung einer Zwangsvollstreckungsmöglichkeit hat die parlamentarische Diskussion auffallend reibungslos überstanden.[1192] § 120 StVollzG war weder Gegenstand der Beschlussempfehlungen des Rechtsausschusses noch der eingebrachten Änderungsanträge. Wie schon im Gesetzesentwurf der Bundesregierung vorgeschlagen, wurde die Zwangsgeldregelung wortlautgetreu im Strafvollzugsgesetz übernommen. Obwohl der neue § 120 Abs. 1 S. 1 StVollzG aus der Novellierung der Sicherungsverwahrung herrührt, erstreckt sich ihr Anwendungsbereich auf Verwahrte und Gefangene gleichermaßen.[1193]

Die während des Gesetzgebungsverfahrens zu Rate gezogenen Verbände begrüßten die Zwangsgeldregelung ausdrücklich.[1194] Einzig aus den Reihen der

---

1187 Vgl. BVerfGE 128, 326 (382 ff.).

1188 BVerfGE 128, 326 (382).

1189 BVerfGE 128, 326 (382).

1190 Vgl. BR-Drs. 173/12, S. 42.

1191 Vgl. BR-Drs. 173/12, S. 13, 42; BT-Drs. 17/9874 S. 12, 29.

1192 Vgl. *Pollähne*, StV 2013, 249 (249).

1193 Vgl. auch BT-Drs. 717/9874, S. 29. Allgemein zu der Frage, wie die Neugestaltung der Sicherungsverwahrung auf den Normalvollzug zurückwirkt *Jehle*, in: Reform der freiheitsentziehenden Sanktionen, S. 65 ff.

1194 Vgl. beispielsweise die Stellungnahmen des Deutschen Anwaltsvereins Nr. 56/2012 im Juni 2012, S. 7 (abrufbar unter: www.anwaltverein.de) und der Neuen

Vollzugspraktiker erklang Kritik. Der Arbeitskreis Recht der Bundesvereinigung der Anstaltsleiter und Anstaltsleiterinnen im Justizvollzug e.V. (BVAJ) räumte in seiner Stellungnahme zum Referentenentwurf vom 15. Januar 2012 ein, dass der Verwaltung Fehler unterlaufen können, wies aber darauf hin, dass die Androhung eines Zwangsgeldes als Reaktion hierauf „in dieser Allgemeinheit unangemessen" sei. Daher regte der BVAJ an, den § 120 Abs. 1 S. 1 StVollzG dahingehend zu modifizieren, dass hinter „...auferlegten Verpflichtung" vorsorglich die Worte „schuldhaft" oder „vorwerfbar" eingefügt werden.[1195] Der Wunsch, ein Korrektiv zu schaffen, das eine Bewertung der die für die Ablehnung maßgeblichen Ursachen zulässt, verhallte allerdings ungehört.

II. Rückblick: Rechtsschutzmöglichkeiten vor Einführung der Zwangsgeldregelung

Um eine Bewertung der Neuregelung vornehmen zu können, lohnt sich ein Blick auf die Rechtslage vor Einführung der Zwangsgeldregelung und die Möglichkeiten, die den Gefangenen und den Gerichten zur Verfügung standen, um die Vollzugsbehörden zur Umsetzung der gerichtlichen Entscheidung zu bewegen.

Dass das Ergebnis unbefriedigend war, wird kaum überraschen. Das herrschende Ausmaß an Unzufriedenheit, Wut und Verzweiflung lässt sich mit den Ausführungen im Beschluss der Strafvollstreckungskammer des LG Gießen, der sich mit einer vollzugsbehördlichen Weigerung zur Aushändigung eines DVD-Players zu befassen hatte, verdeutlichen. In Ermangelung einer Vollstreckungsmöglichkeit fühlte sich das LG genötigt, das Verhalten der JVA als „vorsätzliche Missachtung einer gerichtlichen Entscheidung und damit einen eklatanten Rechtsbruch (vgl. Art. 20 Abs. 3 GG)" einzustufen, „der zudem in dieser offenen Form erstmals in der Praxis des erkennenden Richters erfolgt. (...) Die Anstalt hat jedoch hinsichtlich der durch den Beschluss ausgesprochenen Verpflichtung keinerlei eigenen Prüfungsspielraum mehr. Sie hat den rechtskräftigen Beschluss zu befolgen, ob sie ihn für richtig hält oder nicht."[1196] Der Kammer verblieb letztlich nur, dem Gefangenen anzuraten, sein Begehren mittels einer Dienstaufsichtsbeschwerde zu verfolgen oder es politisch bzw. medial publik zu machen. *Kamann* zog in seiner Anmerkung ein ernüchterndes Resümee: „Der Beschluss

---

Richtervereinigung vom 19. Dezember 2011 (abrufbar unter: https://www.neuerichter.de/details/artikel/article/abstandsgebot-in-der-sicherungsverwahrung-230.html, zuletzt abgerufen am 14.04.2019); befürwortend auch *Lesting*, FS 2012, 273 (276).

1195 Abrufbar unter: www.bvaj.de.

1196 LG Gießen StV 2006, 260.

des LG Gießen ist ein Armutszeugnis für das Gericht, ein Schandmal für den Vollzug und eine Konkursanmeldung für den Rechtsstaat."[1197]

Daher sollen die folgenden Ausführungen den Sach- und Streitstand um die Rechtsschutzmöglichkeiten gegen renitente Justizvollzugsbehörden nach alter Rechtslage in gebotener Kürze zusammenfassen.

1. *Fehlende Vollstreckbarkeit mangels Anwendbarkeit der §§ 170, 172 VwGO im Strafvollzugsrecht*

§ 120 Abs. 1 StVollzG a.F. erklärte die Vorschriften der Strafprozessordnung für entsprechend anwendbar, soweit sich aus dem StVollzG nichts anderes ergibt. Mit § 120 Abs. 2 StVollzG, der im Hinblick auf die Vorschriften zur Prozesskostenhilfe auf die ZPO und § 114 Abs. 2 S. 2 StVollzG, der bei einstweiligen Anordnungen im Eilrechtsschutzverfahren auf § 123 VwGO verweist, fanden die ausdrücklichen Verweise auf andere Prozessordnungen auch schon ihren Abschluss. Insbesondere ein Verweis auf die Vorschriften zur Vollstreckung gegen die öffentliche Hand, namentlich §§ 170, 172 VwGO, war dem StVollzG nicht zu entnehmen.

Eine **analoge Anwendung** der verwaltungsgerichtlichen Zwangsvollstreckungsmöglichkeiten richterlicher Entscheidungen auf dem Gebiet des Strafvollzuges lehnte die fachgerichtliche Rechtsprechung trotz der Parallelen des Strafvollzugsstreitverfahrens der §§ 109 ff. StVollzG zum Verwaltungsverfahren nahezu einhellig ab.[1198] Dem OLG Frankfurt, das sich erstmals im Rechtsbeschwerdeverfahren mit dem Antrag eines Gefangenen auf Festsetzung eines Zwangsgeldes gegen den Anstaltsleiter zu befassen hatte, fehlte es an einer analogiebegründenden planwidrigen Regelungslücke, da der Gesetzgeber im Strafvollzugsgesetz bewusst auf die Normierung von Vollstreckungsmaßnahmen verzichtet habe.[1199] Der Senat lies sich dabei von der Vorstellung leiten, dass bereits der Grundsatz der Gesetzmäßigkeit der Verwaltung (Art. 20 Abs. 3 GG)

1197 *Kamann* (Anm. zu LG Gießen), StV 2006, 260 (262).

1198 Vgl. OLG Frankfurt NStZ 1983, 335 (336); KG StV 1984, 33 (34) mit krit. Anm. *Müller-Dietz*, 34 ff.; OLG Karlsruhe ZfStrVo 2005, 315; OLG Frankfurt NStZ-RR 2005, 95 (96); LG Gießen StV 260 ff. m. Anm. *Kamann*, vgl. dazu auch *Pollähne*, ZfStrVo 2006, 277 ff.; OLG Schleswig NStZ 2009, 576 (576); OLG Hamm BeckRS 2010, 3565; KG StV 2012, 159 (159); vgl. zum Ganzen auch BVerfG StV 2011, 228 (228 f.).

1199 Vgl. OLG Frankfurt NStZ 1983, 335 (336); a.A. aber KG StV 1984, 33 (34) „unbewusste Lücke"; ausführlich zu den verschiedenen Argumentationslinien Müller-Dietz (Anm.), StV 1984, 34 (36).

die Vollzugsbehörden zur Befolgung gerichtlicher Entscheidungen verpflichte und die Effektivität des Rechtsschutz sichergestellt sei, weil innerhalb der Justiz, insbesondere in der Justizvollzugsverwaltung, die Umsetzung von Gerichtsentscheidungen nur in seltenen Ausnahmefällen nicht freiwillig erfolge.[1200] Dass neben der VwGO weitere Verfahrensordnungen Vollstreckungsmaßnahmen gegen Behörden normieren (namentlich § 201 SGG und § 154 FGO), fuße auf andersartigen Erfahrungen, die im Anwendungsbereich der VwGO und der Finanz- und Sozialverwaltung im Bereich der mittelbaren Staatsverwaltung kleinerer Gebietskörperschaften mit juristisch nicht vorgebildeten Beamten gemacht werden mussten. Dass in den Justizvollzugsanstalten regelmäßig Volljuristen mit der Anstalts- und Abteilungsleitung betraut sind, verleitete das OLG zu der Annahme, dass die Androhung und Festsetzung von Zwangsmitteln im Strafvollzug nicht notwendig werden würde.[1201]

Mittlerweile dürfte kaum mehr anzuzweifeln sein, dass es zumindest gelegentlich zu einer Verweigerung oder einer Verschleppung der Umsetzung einer gerichtlichen Entscheidung durch die Justizvollzugsanstalt kommen kann. Die (Wunsch)These von der Renitenz als absolute Ausnahmeerscheinung lässt sich nicht mehr aufrechterhalten.

Ein Teil der Schrifttums hielt die Anwendung der §§ 170, 172 VwGO dennoch aus Gründen der Effektivität des Rechtsschutzes für geboten,[1202] konnte sich letztlich gegen die eindeutig anderslautende fachgerichtliche Rechtsprechung nicht durchsetzen. Dem hat auch das Bundesverfassungsgericht, das im Nachgang mit dem oben erwähnten Verfahren des LG Gießen befasst war, keine Abhilfe verschafft. An einer Entscheidung, ob das Fehlen einer gesetzlichen Vollstreckungsregelung im Strafvollzugsgesetz aus verfassungsrechtlichen Gründen zu beanstanden ist, sah sich das Bundesverfassungsgericht in Ermangelung der Erschöpfung des Rechtsweges gehindert, weil der Beschwerdeführer unterlassen hatte, der geltend gemachten Nichtumsetzung des Beschlusses mit Hilfe eines

1200 Vgl. OLG Frankfurt NStZ 1983, 335 (336); so auch noch OLG Karlsruhe ZfStrVo 2004, 315.

1201 Vgl. OLG Frankfurt NStZ 1983, 335 (336).

1202 Vgl. erstmals *Volckart/Schmidt*, AK-StVollzG, 2. Aufl. § 115 Rn. 50; zuletzt *Kamann/Volckart*, AK-StVollzG, 5. Aufl., § 115 Rn. 81; *Eschke*, Mängel im Rechtsschutz, S. 26 ff.; *Feest/Lesting*, in: FS Pongartz, S. 231 (241 ff.); *Kamann* (Anm.), StV 2006, 260 (262); *Laubenthal*, Strafvollzug, 5. Aufl., Rn. 847; *Pollähne*, ZfStrVo 2006, 277 (278 ff.); *Ullenbruch*, NStZ 1993, 517 (522); *Zieger*, StV 2006, 375 (382); a.A. aber CMD, StVollzG, 11. Aufl., § 116 Rn. 7; *Arloth*, StVollzG, 3. Aufl., § 115 Rn. 1; *Müller-Dietz* (Anm.), StV 1984, 34 (34 f.).

Vornahmeantrags nach § 113 StVollzG im Verfahren nach §§ 109 ff. StVollzG zu begegnen.[1203] Die Existenz des § 113 StVollzG wurde auch der Herleitung einer Anwendung der §§ 170, 172 VwGO aus der Rechtsschutzgarantie zum Verhängnis, da dies voraussetzen würde, dass anderweitige Rechtsschutzmöglichkeiten nicht vorhanden sind.

2. Vornahmeantrag gem. §§ 109, 113 StVollzG

Mit § 113 StVollzG kann sich der Gefangene der vollzugsbehördlichen Untätigkeit erwehren und beantragen, die JVA zur Verbescheidung zu verpflichten.[1204] Vorrangig geht es bei einem Vornahmeantrag um Fallkonstellationen, in denen der Gefangene den Erlass einer bestimmten Maßnahme begehrt hat (beispielsweise einer Vollzugslockerung), die Behörde den Antrag aber liegen lässt und nicht verbescheidet. Eine Antragsberechtigung setzt nicht voraus, dass die Strafvollstreckungskammer bereits mit der Angelegenheit befasst war. Zugeschnitten ist § 113 StVollzG damit eigentlich auf „Renitenzfälle" im Vorfeld gerichtlicher Entscheidungen.[1205]

Ganz überwiegend herrschte in Rechtsprechung und Literatur Einigkeit, dass auch ein Antrag, der darauf gerichtet ist, die Justizvollzugsbehörde zu verpflichten, einen bereits erstrittenen Beschluss umzusetzen, Gegenstand eines Vornahmeantrags sein kann.[1206] Damit sollte zur Wahrung der Effektivität des Rechtsschutzes gerade dem Umstand Rechnung getragen werden, dass das Strafvollzugsgesetz anders als das verwaltungsgerichtliche Verfahren keine Zwangsvollstreckungsmöglichkeit gegen Behörden zur Verfügung stellte.[1207]

Zulässig war ein Vornahmeantrag in Fällen der „klassischen postjudikativen Renitenz" in der Regel erst, wenn die Dreimonatsfrist des § 113 Abs. 1 StVollzG abgelaufen war oder besondere Umstände eine frühere Anrufung des Gerichts geboten haben. Da gerichtliche Entscheidungen grundsätzlich unverzüglich

---

1203 Vgl. BVerfG StV 2011, 228 (228 ff.).

1204 Vgl. *Bachmann*, in: LNNV, StVollzG, Abschn. P Rn. 54.

1205 Vgl. hierzu ausführlich: *Laubenthal*, in: GS Walter, 579 (580 ff.).

1206 Vgl. BVerfG StV 2011, 228 (228 f.); OLG Celle NStZ 1990, 207 (208); OLG Hamburg ZfStrVo 2005, 308 (309); KG ZfStrVo 2006, 303 (304); OLG Schleswig NStZ 2009, 576 (576); nunmehr auch OLG Hamm BeckRS 2013, 6005 im Abkehr der von der bisherigen Rechtsprechung des Senats unter Hinweis auf die Bedeutung der Vollzugslockerungen für das Aussetzungsverfahren nach § 57a StGB. A.A. OLG Hamm BeckRS 2010, 3565; wohl auch OLG Karlsruhe ZfStrVo 2004, 315; noch immer *Arloth*, in: Arloth/Krä, StVollzG, § 113 Rn. 1; *Laubenthal*, in: GS Walter, 579 (589).

1207 Vgl. ins. OLG Celle NStZ 1990, 207 (208); OLG Schleswig NStZ 2009, 576 (576).

durch die Behörden umzusetzen sind, erachtete das Bundesverfassungsgericht das Vorliegen eines fristverkürzenden Ausnahmefalles als naheliegend, „wenn substantiiert geltend gemacht wird, dass die zuständige Behörde den Vollzug einer gerichtlichen Entscheidung ausdrücklich verweigere, die Umsetzung ohne zureichenden Grund verzögere oder zu Unrecht annehme, es lägen inzwischen Umstände vor, die unabhängig von der ergangenen Entscheidung ein anderweitiges Vorgehen erlaubten."[1208] Problematisch und daher für Fälle behördlicher Renitenz nur bedingt geeignet, erwies sich der Vornahmeantrag aber, weil selbst im Erfolgsfall das Gericht nur zur Bescheidung verpflichten, aber keine Frist zur Umsetzung der Verpflichtung stellen oder die gerichtliche Entscheidung vollstrecken konnte.[1209]

3. *Dienstaufsichtsbeschwerde, Petition und Individualbeschwerde*

Letztlich mussten sich Gefangene neben § 113 StVollzG auf indirekte Zwangsmittel oder vollzugsinterne Rechtsmittel, namentlich auf eine Dienstaufsichtsbeschwerde, eine Petition oder eine Individualbeschwerde verweisen lassen.[1210] Zwar bergen diese Rechtsschutzoptionen grundsätzlich durchaus akzeptable Erfolgsaussichten, dass hierin bereits ein probates Mittel gegen behördliche Renitenz gefunden wurde, muss aber bezweifelt werden.[1211]

III. § 454a StPO als Mittel gegen vollzugsbehördliche Renitenz bei Vollzugslockerungen?

Vollzugsbehördliche Renitenz erweist sich sowohl auf Mikroebenene aus Sicht des Gefangenen wie auch auf Makroebene mit Blick auf die Rechtsschutzgarantie als fatal. Besonders schwer können die Auswirkungen sein, wenn die vollzugsbehördliche Verweigerung die Gewährung von Vollzugslockerungen betrifft. Auf die besondere Bedeutung der Vollzugslockerungen im Aussetzungsverfahren wurde bereits hingewiesen. Würde die Justizvollzugsanstalt einen Gefangenen nicht aus der Haft entlassen, obwohl das Aussetzungsgericht die bedingte

1208 BVerfG StV 2011, 228 (229).

1209 Vgl. *Lesting*, FS 2012, 273 (276) mit exemplarischen Hinweis auf OLG Hamburg StraFo 2012, 37 und OLG Schleswig NStZ 2009, 576.

1210 Vgl. OLG Frankfurt NStZ 1983, 335 (336); KG StV 1984, 33 (34); OLG Karlsruhe ZfStrVo 2004, 315.

1211 Vgl. *Feest/Lesting*, ZRP 1987, 390 (393); *Müller-Dietz* (Anm.), StV 1984, 34 (37); zweifelnd, ob weitere Rechtsmittel dem Gefangenen zumutbar sind auch OLG Celle ZfStrVo 1982, 183; auch OLG Hamm BeckRS 2013, 6005.

Entlassung angeordnet hat, müsste sie sich wegen einer Freiheitsberaubung im Amt verantworten, während das Gesetz keine Strafandrohung für den Fall rechtswidrig unterbliebener Vollzugslockerungen bereit hält.[1212]

So sah sich das Bundesverfassungsgericht veranlasst, den Strafvollstreckungskammern über § 454a StPO eine weitere Abhilfemöglichkeit gegen vollzugsbehördliche Renitenz bei der Verweigerung von Vollzugslockerungen anzubieten. Dabei sind sowohl die Zulässigkeit als auch die Wirksamkeit der Erzwingung von Vollzugslockerungen über § 454a StPO äußerst fragwürdig.

Wie bereits im vorherigen Kapitel dargelegt, toleriert das Bundesverfassungsgericht nicht, wenn sich die Strafvollstreckungskammer im Aussetzungsverfahren fehlerhaft damit abfindet, dass die Justizvollzugsanstalt Vollzugslockerungen bislang unrechtmäßig verweigert hat. Vielmehr verlangen die Karlsruher Richter vom Gericht des Aussetzungsverfahrens auf die Vollzugsbehörde einzuwirken, wenn diese bei ihrer Lockerungsentscheidung den grundrechtlich geschützten Freiheitsanspruch des Gefangenen nicht oder nicht hinreichend berücksichtigt hat. Das Bundesverfassungsgericht verpflichtet die Strafvollstreckungskammer, der Justizvollzugsbehörde im Aussetzungsverfahren unter Ausschöpfung der prozessualen Möglichkeiten von Verfassungs wegen deutlich zu machen, dass Vollzugslockerungen geboten sind.[1213] Welche konkreten Verfahrensoptionen die Strafvollstreckungskammern sich dabei nutzbar machen können, ließ das Bundesverfassungsgericht zunächst weitgehend offen. Es begnügte sich mit dem zaghaften Hinweis auf § 454a StPO, der dem Gericht gestatte, „einen künftigen Entlassungszeitpunkt so festzulegen, daß der Vollzugsbehörde die Möglichkeit verbleibt, die Entlassung durch Lockerungen vorzubereiten."[1214]

Rund eine Dekade später sah sich das Bundesverfassungsgericht veranlasst, die ausschöpfbaren prozessualen Möglichkeiten zu konkretisieren und den Strafvollstreckungskammern im Aussetzungsverfahren ein dreistufiges Vorgehen zum Umgang mit unberechtigter behördlicher Lockerungsversagung an die Hand zu geben.[1215] Nach dem schlichten Hinweis, dass Lockerungen nunmehr geboten seien, könne sodann ein intensivierter Hinweis auf die Art der

---

1212 Vgl. *Spaniol*, FS 2012, 253 (259).

1213 Vgl. BVerfG NStZ 1998, 373 (375); auch BVerfG ZfStrVo 2002, 372 (373); auch BVerfGE 117, 71 (108 f.).

1214 BVerfG NStZ 1998, 373 (375); in diese Richtung bereits BVerfG NJW 1998, 1133 (1134).

1215 Vgl. BVerfG StV 2009, 708 (711 ff.) = NJW 2009, 1941 m. Anm. *Groß*, juris PR-StrafR 12/2009 Anm. 1; krit. *Reichenbach*, NStZ 2010, 424 ff.; auch BVerfG StV 2012, 543 (544 f.).

gebotenen Vollzugslockerungen oder eine Ermessungsreduzierung auf Null erfolgen. Dabei weist das Bundesverfassungsgericht auf die Gefahr hin, dass bloße Hinweise im Vertrauen auf ein kooperatives Zusammenwirken von Strafvollstreckungskammern und Justizvollzugsanstalten durchaus auch leer laufen können und der Gefangene auf die Überprüfung der Lockerungsversagung im Verfahren nach §§ 109 Abs. 1, 116 Abs. 1 StVollzG mit ungewissem Ausgang angewiesen bleibt.[1216] Sollte dies der Fall sein und gerichtliche Appelle ungehört verhallen, empfiehlt das Verfassungsgericht den Aussetzungsgerichten den Entlassungszeitpunkt nach § 454a StPO festzusetzen, um den Vollzugsbehörden auf diesem Wege die Gebotenheit von Lockerungen deutlich zu machen.[1217]

§ 454a StPO widmet sich eigentlich dem Beginn der Bewährungszeit bei der Strafrestaussetzung. Abs. 1 schreibt fest, dass sich die Bewährungszeit um den Zeitraum verlängert, der zwischen dem tatsächlichen Entlassungszeitpunkt und der mindestens drei Monate vorher getroffenen Aussetzungsentscheidung liegt. Hieraus folgert das BVerfG, dass die Strafvollstreckungskammer den Entlassungszeitpunkt auch soweit in Ferne setzen kann, „dass der Vollzugsbehörde ein angemessener Zeitraum für eine aussagekräftige Erprobung zur Verfügung steht."[1218] Sollte sich hierbei erweisen, dass – so der Wortlaut des § 454a Abs. 2 Hs. 1 StPO – die Aussetzung aufgrund neu eingetretener oder bekanntgewordener Tatsachen unter Berücksichtigung des Sicherheitsinteresses der Allgemeinheit nicht mehr verantwortet werden kann, kann die Strafvollstreckungskammer die Aussetzungsentscheidung nach Ansicht des Bundesverfassungsgerichts aufheben.[1219]

Diese Interpretation des § 454a StPO stößt weder im Schrifttum noch in der obergerichtlichen Rechtsprechung ausschließlich auf Zustimmung.[1220] Zu Recht

---

1216 Vgl. BVerfG StV 2009, 708 (712).

1217 Vgl. BVerfG StV 2009, 708 (712) u.a. mit Hinweis auf BVerfG NJW 1998, 2202 (2204).

1218 BVerfG StV 2009, 708 (712).

1219 Vgl. BVerfG StV 2009, 708 (712 f.); krit., ob unterbliebene Lockerung überhaupt unter den Aufhebungstatbestand fällt dagegen *Reichenbach*, NStZ 2010, 424 (429).

1220 Vgl. OLG Frankfurt NStZ-RR 2001, 311 (312 ff.); OLG Hamm NStZ 2006, 64; *Reichenbach*, NStZ 2010, 424 ff.; *Wolf* (Anm. zu BVerfG NStZ 1998, 373 ff.), NStZ 1998, 590 (590 f); a. A. aber OLG Karlsruhe BeckRS 2008, 01714; OLG Hamm Beschluss vom 11. Februar 2010 – 1 Ws (L) 479)09, juris Rn. 60; zur Sicherungsverwahrung OLG Frankfurt, Beschluss vom 13. Dezember 2010 – 3 Ws 922/12, juris Rn. 4 f. und OLG Köln StV 2010, 199 (200), die § 454a StPO in dessen verfassungskonformer Auslegung anwenden; zum Ganzen auch *Krehl*, in: FS Rissing-van Saan, S. 301 (305 ff.).

wird darauf verwiesen, dass es sich bei § 454a StPO lediglich um eine Verfahrensvorschrift handelt, die materiell-rechtliche Normierung der Voraussetzungen der Straf(rest)aussetzung dagegen allein den §§ 57, 57a StGB vorbehalten ist.[1221] § 454a StPO gelangt erst dann zur Anwendung, wenn die Strafrestaussetzung aufgrund einer bereits zum Entscheidungszeitpunkt vorliegenden positiven Sozialprognose befürwortet werden konnte.[1222] Ein solches Verständnis lässt sich mit den Wortlaut des § 454a StPO wie dem Zusammenspiel der Abs. 1 und Abs. 2 ohne Schwierigkeiten belegen.[1223] Demnach kann das Gericht die Aussetzungsentscheidung aufgrund neuer oder neu eingetretener Tatsachen bis zur Entlassung revidieren, wenn die Aussetzung unter Berücksichtigung des Sicherheitsinteresses der Allgemeinheit nicht mehr verantwortet werden kann. Daraus ist aber zu folgern, dass die Aussetzungsentscheidung im Zeitpunkt ihrer Bewilligung ursprünglich verantwortbar gewesen sein muss, was nur dann der Fall ist, wenn die materiell-rechtlichen Voraussetzungen, nämlich eine positive Sozialprognose, vorgelegen haben. § 454a StPO bietet eine Grundlage, um eine positive Aussetzungsentscheidung revidieren zu können, wenn deren Voraussetzungen im Nachgang entfallen sind. Auf den umgekehrten Fall, dass Vollzugslockerungen erst noch gewährt werden müssen um zu erproben, ob der Gefangenen überhaupt eine positive Prognose erhalten kann, lässt sich § 454a StPO nicht übertragen. Eine solche Interpretation verkehrt den Sinn und Zweck des § 454a StPO an seinem Wortlaut vorbei ins Gegenteil.[1224]

Auch die Schlussfolgerung des Bundesverfassungsgerichts, dass die Vollzugsbehörde über die frühe Festlegung eines Entlassungszeitpunktes mittelbar zur Gewährung von Vollzugslockerungen zu bewegen ist, darf nicht unwidersprochen bleiben. Mit dem Richtervorbehalt und dem Freiheitsgrundrecht des Gefangenen streiten gewichtige Gründe von Verfassungs wegen dafür, einige strukturellen Bedenken[1225] beiseite zu schieben um zu erreichen, dass die Gerichte im Aussetzungsverfahren eine rechtswidrige vollzugsbehördliche Lockerungsversagung nicht kommentarlos hinnehmen müssen. Dabei erweckt das Bundesverfassungsgericht den Eindruck, als könne die Strafvollstreckungskammer der Justizvollzugsanstalt über den Hebel des Aussetzungsverfahren

---

1221 Vgl. OLG Frankfurt NStZ-RR 2001, 311 (313); *Wolf* (Anm. zu BVerfG NStZ 1998, 373 ff.), NStZ 1998, 590 (590).

1222 Vgl. OLG Frankfurt NStZ-RR 2001, 311 (312 f.) m.w.N.; OLG Hamm NStZ 2014, 541 (541 f.); *Reichenbach*, NStZ 2010, 424 (426).

1223 Vgl. OLG Frankfurt NStZ-RR 2001, 311 (313); *Reichenbach*, NStZ 2010, 424 (426 f.).

1224 Vgl. *Reichenbach*, NStZ 2010, 424 (426 f.).

1225 Vgl. dazu bereits Kapitel 4.

rechtlich verbindliche Vorgaben über Vollzugslockerungen erteilen. Da facto hält das Aussetzungsverfahren aber kein Instrumentarium bereit, das gegenüber der Lockerungsentscheidung der Justizvollzugsanstalt eine **Bindungswirkung** erzeugt.[1226] Das Urteil über die Rechtmäßigkeit einer Lockerungsversagung und die Herstellung einer dahingehenden Bindungswirkung ist dem Verfahren nach §§ 109 ff. StVollzG vorbehalten und sollte nicht ohne Not ins Aussetzungsverfahren verlagert werden.[1227]

Allenfalls könnte die Strafvollstreckungskammer in der Begründung eines ablehnenden Aussetzungsbeschlusses unverbindlich ausführen, dass sie sich an einer Prognoseentscheidung gehindert sieht, weil die Justizvollzugsanstalt dem Gefangenen fehlerhaft keine Lockerungen gewährt hat.[1228] Würde die Strafvollstreckungskammer einen frühen Entlassungszeitpunkt festlegen, so bliebe ihr nichts anders als zu hoffen, dass die Justizvollzugsanstalt ihre Lockerungsentscheidung überdenkt und die Entlassungsvorbereitung an den voraussichtlichen Entlassungszeitpunkt anpasst. Verpflichten kann die Strafvollstreckungskammer die Justizvollzugsanstalt aber nicht. Bleibt diese bei ihrer ablehnenden Lockerungshaltung kann die Strafvollstreckungskammer erwägen, die Aussetzungsentscheidung zu widerrufen oder die Freiheitsstrafe so wie festgesetzt auch ohne vorherige Vollzugslockerungen auszusetzen[1229], wenn sie sich in der Lage sieht, die Strafrestaussetzung im Hinblick auf den Schutz der Allgemeinheit zu verantworten.

Selbst wenn man der Ansicht ist, mit 454a StPO ein probates Mittel gefunden zu haben, um die Justizvollzugsanstalt zur Gewährung von Vollzugslockerungen zu bewegen, so darf dabei nicht außer Acht gelassen werden, dass dessen Anwendungsbereich ohnehin allein auf Fallkonstellationen begrenzt ist, bei denen einer günstigen Prognose nur noch die Erprobung in Vollzugslockerungen fehlt.[1230]

1226 Vgl. OLG Hamm NStZ 1992, 149 (150 f.) m. Anm. *Begemann*; OLG Frankfurt NStZ-RR 2001, 311 (313 f.); *Arloth*, in: Arloth/Krä, StVollzG, § 13 Rn. 12 a.E.; *Reichenbach*, NStZ 2010, 424 (428 f.); *Wolf* (Anm. zu BVerfG NStZ 1998, 373 ff.), NStZ 1998, 590 (590 f.).

1227 Vgl. OLG Frankfurt NStZ-RR 2001, 311 (313 f.); *Wolf* (Anm. zu BVerfG NStZ 1998, 373 ff.), NStZ 1998, 590 (591).

1228 Vgl. OLG Frankfurt NStZ-RR 2001, 311 (313).

1229 So beispielsweise OLG Karlsruhe BeckRS 2008, 1714; OLG Hamm, Beschluss vom 11. Februar 2010 – 1 Ws (L) 479/09, juris Rn. 61; OLG Frankfurt BeckRS 2010, 7316 zustimmend auch *Krehl*, in: FS Rissing-van Saan, S. 301 (307 ff.); krit. aber *Reichenbach*, NStZ 2010, 424 (429).

1230 So auch *Krehl*, in: FS Rissing-van Saan, S. 301 (311 f.)

Erschwerend tritt auch auf dieser Ebene – unabhängig vom Vorliegen eines Renitenzfalles – hinzu, dass Vollzugslockerungen und die Strafrestaussetzung eben unterschiedliche Gewährungsvoraussetzungen haben.[1231] Während die Strafrestaussetzung den Erprobungsaspekt aufnimmt, findet sich dieser bei der Lockerungsgewährung, die der Normtext vom Ausschluss einer Flucht- und Missbrauchsgefahr abhängig macht, nicht wieder. Ein kooperatives Vorgehen zwischen Strafvollstreckungskammern und Justizvollzugsanstalten ist dennoch zu forcieren. In den allermeisten Fällen wird es sich seitens der Justizvollzugsanstalten auch anbieten, die Hinweise und die Entlassungsabsicht der Strafvollstreckungskammer in ihre Lockerungsentscheidung einfließen lassen. Den Justizvollzugsanstalten darf aber nicht abverlangt werden, sich vom sicheren Boden des Gesetzestextes zu entfernen, und ihre Lockerungsentscheidung in den Dienst eines großen Ganzen zu stellen.

Mit der fragwürdigen Interpretation des § 454a StPO versuchte das Bundesverfassungsgericht eine gerichtliche Abhilfemöglichkeit gegen die fortwährende behördliche Verweigerungshaltung in Bezug auf Vollzugslockerungen zu schaffen. Letztlich bleibt neben vielen offenen Fragen im Zusammenhang mit § 454a StPO festzuhalten, dass sie im Falle vollzugsbehördlicher postjudikativer Renitenz keine geeignete Abhilfemöglichkeit darstellt. Wenn eine Justizvollzugsanstalt schon den bindenden Beschluss im Verfahren nach §§ 109 ff. StVollzG missachtet, dann wird sie ein nicht bindender, sanfter Hinweis auf die Gebotenheit von Vollzugslockerungen im Aussetzungsverfahren vermutlich unbeeindruckt lassen.

IV. Ersetzung der behördlichen Entscheidungen durch die Strafvollstreckungskammer im Streitverfahren nach §§ 109 ff. StVollzG

Wie bereits im vorherigen Kapitel dargelegt, kann eine Strafvollstreckungskammer oder ein Oberlandesgericht eine vollzugsbehördliche Entscheidung ersetzen bzw. durchentscheiden, wenn eine spruchreife Reduzierung des Ermessens- und Beurteilungsspielraums auf Null vorliegt. Diese Rechtsfigur entwickelte das KG weiter und konstruierte eine gerichtliche Ersetzungsbefugnis auch für Fälle postjudikativer Renitenz.[1232]

1231 In diese Richtung auch *Begemann* (Anm. zu OLG Hamm NStZ 1992, 149), NStZ 1992, 151 (151).

1232 Vgl. KG StV 2012, 159 ff.

Im zugrundeliegenden Fall rügte das KG, dass sich die zur Neubescheidung verpflichtete JVA auf wiederholende, erneut unsubstantiierte wie pauschale Ausführungen berief und auch ihrer Verpflichtung, den Antragsteller bis zur Neubescheidung in den offenen Vollzug zurückzuverlegen, nicht nachkam. Nach Ansicht des KG, das sich die bundesverfassungsrechtliche Rechtsprechung zur Präjudizierung der Aussetzungsentscheidung durch unterbliebene Vollzugslockerungen zu eigen machte, würde dem Antragsteller durch den Verbleib im geschlossenen Vollzug eine ihm zustehende Entscheidungsgrundlage entzogen, womit sich die Gerichte nicht abfinden dürften. Es gehe dabei um „die Beobachtung, ob er die prognostisch verneinten Eignungsvoraussetzungen für den offenen Vollzug nicht durch sein tatsächliches Verhalten als in Wahrheit gegeben beweist."[1233] Letztlich hielt sich der Senat des KG für befugt, aufgrund einer Ermessensreduzierung auf Null selbst zu entscheiden. Da der behördliche Beurteilungs- und Ermessensspielraum nach einer gerichtlichen Entscheidung eingeschränkt sei, dürfe das Gericht auch dann selbst entscheiden, wenn die Justizvollzugsanstalt eine gerichtliche Entscheidung, in der sie zur Neubescheidung verpflichtet wurde, nicht oder unter willkürlicher Missachtung der Bindungswirkung umgesetzt hat.[1234] Dass von einer willkürlichen Missachtung auszugehen war, stützte das KG auf folgende Vermutung: „Gäbe der Senat ihr (Anm. der Verfasserin: der Justizvollzugsanstalt) nämlich noch einmal die Möglichkeit selbst zu entscheiden, liefe der Rechtsschutz des Gefangenen schon wegen des damit einhergehenden Zeitablaufs fast leer. Zusätzlich bestünde die Gefahr, dass sich der Prozess der Entscheidungsfindung erneut darauf verengte, eine Begründung dafür zu suchen, die ursprüngliche gerichtliche Entscheidung (...) zu konterkarieren."[1235]

Der Beschluss des KG wurde als Heilsbringer gegen renitente Vollzugsbehörden dankend aufgenommen. Der Tatsache, dass es zu diesem Zeitpunkt kein gesetzliches Vollstreckungsinstrumentarium gegen Vollzugsbehörden gab, sei „das KG in spektakulärer Weise entgegengetreten."[1236]

Auf den ersten Blick mag das so anmuten. Auf den zweiten Blick erweist sich der Beschluss eher als weniger spektakulär, wenn nicht sogar bedenklich. Zum einen ist die Option, dass die Strafvollstreckungskammern oder die Oberlandesgerichte bei einer Reduzierung von Beurteilungs- und Ermessensspielräume

1233 KG StV 2012, 159 (160 f.).
1234 Vgl. KG StV 2012, 159 (159, 161).
1235 KG StV 2012, 159 (161).
1236 *Feest* (Anm.), HRRS 2011, 471 (472).

nicht zur Neubescheidung verpflichten müssen, sondern statt der JVA durchentscheiden können, keine Erfindung des KG, sondern naturgemäße Folge der Figur des Ermessens- und Beurteilungsspielraums. Voraussetzung muss aber sein, dass tatsächlich nur noch eine einzig vertretbare Entscheidung möglich und der Entscheidungssachverhalt spruchreif ist. Da die Strafvollstreckungskammer im Verfahren nach §§ 109 ff. StVollzG forderte, dass noch weitere Ermittlungen geboten sind, kann dies nicht ohne weiteres durch die Mutmaßung, dass die JVA die Verlegung ohnehin wieder konterkarieren würde, ersetzt werden. Anlass zu Bedenken gibt auch die Interpretation der bundesverfassungsgerichtlichen Rechtsprechung durch das KG, wenn es davon ausgeht, dass die Justizvollzugsanstalt ihre Bedenken bei der Verlegungsentscheidung zurückstellen muss, um dem Gericht durch Erprobung des Gefangenen im offenen Vollzug die Überprüfung der Rechtmäßigkeit der Verlegungsentscheidung zu ermöglichen. Eine solche Vorgehensweise ragt zu weit in den vollzugsbehördlichen Beurteilungs- und Ermessensspielraum hinein. Richtigerweise weist das OLG Hamm ergänzend darauf hin, dass eine Ersetzung der Entscheidung der Justizvollzugsanstalt durch die Strafvollstreckungskammer auch in Fällen postjudikativer Renitenz nur dann in Betracht kommt, wenn sich das vollzugsbehördliche Ermessen auf Null reduziert hat.[1237]

V. Ersetzung der behördlichen Entscheidung und Anordnung von Vollzugslockerungen im Aussetzungsverfahren

Mahnend und erschreckend führte die Strafvollstreckungskammer am LG Bielefeld vor, wie weit und wie schnell der Boden des Gesetzes verlassen und die zugrundeliegende Kompetenzverteilung zwischen Strafvollstreckungskammern und Justizvollzugsanstalten ausgehebelt werden würde, wenn die Tür, die das BVerfG mit der Interpretation des § 454a StPO für Fälle der vollzugsbehördlichen Renitenz geöffnet hat, ohne zwingende Not genutzt wird. Die Strafvollstreckungskammer setzte den Entlassungszeitpunkt eines zur einer lebenslangen Freiheitsstrafe verurteilten Gefangenen fest, obwohl die Voraussetzungen einer Strafaussetzung mangels positiver Sozialprognose nicht vorlagen. Dabei ging die StVK davon aus, dass es sich bei dem Gefangenen um einen hochgradig gefährlichen Sexualstraftäter handle und dass es einer therapeutischen Aufarbeitung bedürfe, die bislang noch nicht erfolgt sei. Darüber hinaus traf sie noch die folgende Anordnung: „Die Justizvollzugsanstalt wird angewiesen, dem Betr. bis zum 31.12.2013 monatlich einen Begleitausgang/Ausführung

1237 OLG Hamm BeckRS 2013, 6005.

und im Januar 2014 einen unbegleiteten Ausgang zu gewähren. Bei beanstandungsfreiem Verlauf sind dem Betroffenen bis zu seiner Verlegung in den offenen Vollzug mindestens 20 weitere Ausgänge zu gewähren. Ferner wird die Justizvollzugsanstalt angewiesen, den Betr. bis zum 01.09.2014 in den offenen Vollzug zu verlegen.“ Glücklicherweise hat das OLG Hamm auf eine sofortige Beschwerde der Staatsanwaltschaft hin einem solchen Vorgehen einen Riegel vorgeschoben.[1238] Unter Hinweis auf bestehende Zuständigkeits- und Kompetenzverteilungen zwischen der kleinen Strafvollstreckungskammer, der großen Strafvollstreckungskammer und der Justizvollzugsanstalt weist das OLG darauf hin, dass zu den prozessualen Möglichkeiten, mit denen die Strafvollstreckungskammer der Justizvollzugsanstalt im Falle der rechtswidrigen Lockerungsversagung die Gebotenheit von Vollzugslockerungen deutlich machen soll, nicht solche Möglichkeiten gehören, „die nur unter Verstoß gegen den Grundsatz des gesetzlichen Richters (Art. 102 I 2 GG) ausgeübt werden können.“[1239] Für Fälle der Renitenz hält das OLG die Tür zur gerichtlichen Ersetzung der vollzugsbehördlichen Entscheidung trotz alldem offen: „Im Einzelfall mag dies anders zu sehen sein, wenn die bisherige Verweigerung von Lockerungen – positiv festgestellt – rechtswidrig war, andere („weiche“) Einwirkungsmöglichkeiten, wie etwa Hinweise seitens der Gerichte auf die Vollzugsbehörde nicht gefruchtet haben und eine Aussetzung des Restes der lebenslangen Freiheitsstrafe – bei Vorliegen ansonsten günstiger Umstände – ausschließlich daran scheitert, dass eine Erprobung des Verurteilten in Lockerungen nicht stattgefunden hat.“[1240] Ein kategorischer Ausschluss einer Anordnungs- und Ersetzungsbefugnis für Vollzugslockerungen ist dies nicht. Vorliegen müssen aber mehrere Voraussetzungen. Zunächst muss die Rechtswidrigkeit der vollzugsbehördlichen Lockerungsverweigerung im Verfahren nach §§ 109 ff. StVollzG durch die kleine Strafvollstreckungskammer festgestellt worden sein. Weiter müssen dahingehende Hinweise der Strafvollstreckungskammern erfolgslos geblieben sein. Schließlich darf die Aussetzung der lebenslangen Freiheitsstrafe ausschließlich an der fehlenden Erprobung und eben nicht wie vorliegend an einer positiven Prognose scheitern. Da diese Voraussetzungen im zugrundeliegenden Sachverhalt nicht kumulativ vorlagen, kam eine Ersetzung nicht in Betracht. Festzuhalten bleibt aber, dass das OLG Hamm einen Eingriff in das normative

1238 OLG Hamm NStZ 2014, 541 ff. m. Anm. *Ahmed*.
1239 OLG Hamm NStZ 2014, 541 (542).
1240 OLG Hamm NStZ 2014, 541 (542).

Zuständigkeits- und Kompetenzgeflecht und die Ersetzung eines vollzugsbehördlichen Lockerungsentscheidung zumindest im Falle einer unstreitig vorliegenden postjudikativen Renitenz als möglich erachtet.[1241]

C. Bewertung des neuen Zwangsgeldes und Ausblick

Bedenkt man, dass die Jahrzehnte lang währende Forderung nach der Einführung eines Zwangsvollstreckungsinstrumentariums im Strafvollzugsrecht nun auf ein normatives Fundament gestellt und dieses Vollstreckungsdefizit endlich beseitigt wurde, überrascht es nicht, dass der neue § 120 Abs. 1 S. 1 StVollzG überwiegend positiv aufgenommen wurde.[1242] Da erscheint es fast verwunderlich, dass bislang keine Entscheidung veröffentlicht oder sonst bekannt wurde, in der tatsächlich ein Zwangsgeld gegen eine Justizvollzugsbehörde angedroht oder gar verhängt wurde. Dieser Befund lässt verschiedene Interpretationen zu. Möglicherweise sind bereits die Existenz eines Zwangsvollstreckungsinstrumentariums und die Befürchtung einer Verhängung so wirksam und effektiv, dass es der Anwendung letztlich gar nicht bedarf. Denkbar ist aber auch, dass das Problem der vollzugsbehördlichen Renitenz tatsächlich in qualitativ und quantitativ geringerem Ausmaß verbreitet ist als angenommen. Vermutlich steckt in beiden Thesen Wahres.

Jedenfalls ist den Fachgerichten und den Gefangenen nunmehr ein Instrumentarium an die Hand gegeben, einen errungenen Sieg im Verfahren nach §§ 109 ff. StVollzG durchzusetzen. Dabei ist der Anwendungsbereich des § 172 VwGO nicht auf Fälle begrenzt, in denen die Behörde ihrer Verpflichtung zur Neubescheidung überhaupt nicht nachkommt. Die Androhung und Festsetzung eines Zwangsgeldes kann bereits dann erfolgen, wenn die Behörde zwar neu beschieden hat, diese Bescheidung aber nicht unter Beachtung der Rechtsauffassung des Gerichts vorgenommen worden ist.[1243] Die müßige Diskussion um die analoge Anwendbarkeit des § 172 VwGO ist hinfällig geworden. Getrost in der Schublade verschwinden kann auch die damit zusammenhängende Frage, ob das Fehlen einer Zwangsvollstreckungsregelung nun eine bewusste oder eine unbewusste Regelungslücke darstellt, sprich ob der Gesetzgeber darauf vertraut hatte, eine Zwangsvollstreckung gegen Vollzugsbehörden nicht zu benötigen oder ob eine solche schlichtweg vergessen worden ist. Auch der Vornahmeantrag

---

1241 Zustimmend *Ahmed*, (Anm.), NStZ 2014, 542 (542 f.).

1242 Vgl. *Bartsch*, in: Reform der freiheitsentziehenden Sanktionen, S. 51 (61); *Lesting/Feest*, StV 2013, 278 (280); *Pollähne*, StV 2013, 249 (258).

1243 Vgl. *W.-R. Schenke*, in: Kopp/Schenke, VwGO, § 172 Rn. 6.

nach §§ 109, 113 StVollzG wird aufgrund der nunmehr bestehenden Vollstreckungsoption in Renitenzfällen keine große Rolle mehr spielen.[1244] Im Falle der sekundären, postjudikativen Rechtsverletzung der Renitenz muss sich der Gefangene fortan nicht mehr auf unsichere, nur bedingt erfolgversprechende Rechts- und Abhilfemöglichkeiten gegen die behördliche Untätigkeit verweisen lassen. Dahinter steckt die richtige Grundidee, dass es im Falle der behördlichen Renitenz nicht Sache des Gefangenen sein soll, sich überlegen zu müssen, ob die Nichtumsetzung der gerichtlichen Entscheidung hingenommen oder bekämpft wird. Durch die Androhung eines Zwangsgeldes wird der Ball der Justizvollzugsanstalt zurückgespielt.[1245]

Insofern leistet die neue Zwangsgeldregelung einen gewichtigen Beitrag zur Effektivität und Effizienz im strafvollzugsrechtlichen Rechtsschutzsystem. Dabei darf aber nicht unerwähnt bleiben, dass durch sie erst neue prozessuale Fragen geschaffen und alte Problemlagen gerade im Bezug auf Vollzugslockerungen allenfalls einer Teillösung zugeführt werden. Der Verweis allein auf § 172 VwGO lässt offen, welche Rechtsbehelfe die Justizvollzugsbehörden gegen die Androhung, Festsetzung oder Vollstreckung eines Zwangsgeldes ergreifen können. Die Parallelen zum strafprozessualen Ordnungsgeld sprechen eher für die dort einschlägige einfache Beschwerde als für die „revisionsähnliche“[1246] Rechtsbeschwerde.[1247] Unklar verbleibt zudem, ob ein Rechtsbehelf aufschiebende Wirkung haben würde.[1248]

Bei den Vollzugslockerungen, wie auch bei allen anderen Ansprüchen von Gefangenen, die kein subjektives Recht verleihen, sondern eben nur einen Anspruch auf eine ermessens- und beurteilungsfehlerfreie Entscheidung, kann die Zwangsgeldregelung im Extremfall der vollzugsbehördlichen Renitenz Abhilfe schaffen. Damit dürften judikative Verzweiflungsakte im Verfahren nach §§ 109 ff. StVollzG überflüssig geworden sein. Auf das Strafrestaussetzungsverfahren hat die Zwangsgeldregelung allerdings keine direkten Auswirkungen. Offene Fragen um die Einwirkungs- und Eingriffsbefugnisse der

---

1244 Vom OLG Hamm, Beschluss vom 03. September 2015 – 1 Vollz (Ws) 358/15, juris Rn. 16 wurde ein Vornahmeantrag aufgrund der § 120 StVollzG, § 172 VwGO sogar als unzulässig abgewiesen. Vgl. auch OLG Celle NStZ 1990, 207 (208).

1245 Ähnlich auch *Pollähne*, ZfStrVo 2006, 277 (278).

1246 *Schäferskü̈pper/Schmidt*, StV 2014, 184 (189) mit Verweis auf BVerfG, Beschl. v. 28.02.2013 – 2 BvR 612/12 Tz. 29, juris = NStZ RR 2013, 225 (226).

1247 Vgl. *Schäferskü̈pper/Schmidt*, StV 2014, 184 (188 f.), so nun auch OLG Hamm BeckRS 2017, 142902 Rn. 10 m.w.N.

1248 Vgl. dazu *Schäferskü̈pper/Schmidt*, StV 2014, 184 (188 f.).

Strafvollstreckungskammern sind dadurch nicht gelöst, so dass zu vermuten bleibt, dass die Festsetzung des Entlassungszeitpunktes im Wege des 454a StPO zur Erzwingung von Lockerungen auch weiterhin eine Rolle spielen wird.[1249]

Wer aber die Hoffnung hegt, über den Hebel des Zwangsgeldes einer restriktiven Lockerungspolitik entgegenzuwirken, der muss enttäuscht werden. Die Problematik um die zunehmend restriktivere Lockerungsgewährung wurzelt nicht im strafvollzuglichen Rechtsschutzsystem. Daher lässt sie sich auch nicht mittels eines Zwangsvollstreckungsinstrumentariums lösen. Das System Vollzugslockerungen ist bereits auf vorgelagerten Ebenen defizitär. Dass auf Rechtsfindungs- und Rechtsdurchsetzungsebene Defizite im System Vollzugslockerungen sichtbar werden, die nicht dort, sondern in der tatbestandlichen Normierung, den Verwaltungsvorschriften und der vollzuglichen und gesellschaftlichen Realität ihre Ursachen finden, darf nicht dazu verleiten, auf letzter Ebene korrigieren zu wollen, was auf vorherigen Ebenen misslingt.

1249 Vgl. *Schäferskürpper/Schmidt*, StV 2014, 184 (186).

Zusammenfassung der wichtigsten Ergebnisse und Schlussfolgerungen

A. Normative Grundlagen nach der Föderalismusreform

Nachdem rund eine Dekade nach der Föderalismusreform nunmehr alle 16 Bundesländer eigene Strafvollzugsgesetze erlassen haben, lässt sich nicht mehr ohne Weiteres vom bundesdeutschen Strafvollzug sprechen. Eine rechtsvergleichende Betrachtung der einzelnen Gesetzeswerke, die insbesondere die Vollzugslockerungen, die Unterbringung im offenen Vollzug und die Vollzugsziele bzw. die Vollzugsaufgaben fokussiert, offenbart signifikante Unterschiede. Bereits die Grundausrichtung der Vollzugsgesetze ist nicht mehr einheitlich. Die Spannbreite reicht von der Beibehaltung der Resozialisierung als alleiniges Vollzugsziel über die Gleichstellung von negativer und positiver Spezialprävention bis hin zu einer Priorisierung des Schutzes der Allgemeinheit. Divergierend handhaben die Länder ferner die Qualifizierung des offenen Vollzugs als Regelunterbringungsform. Auch bei den Vollzugslockerungen selbst, denen nach hiesiger Auffassung auch der Hafturlaub unterfällt, haben die Länder von ihren hinzugewonnenen Kompetenzen teilweise umfangreich Gebrauch gemacht. Dabei fällt zum einen auf, dass am Zustimmungserfordernis des Gefangenen nur zum Teil festgehalten wurde. Gewichtiger scheint aber, dass fortan verschiedenartige Prognosemaßstäbe zur Prüfung der tatbestandlichen Flucht- und Missbrauchsgefahr angelegt werden. Während etwa eine Hälfte an der Befürchtensklausel des Bundesstrafvollzugsgesetzes festhält, legen andere den auch für die Strafrestaussetzung gem. § 57 StGB geltenden Erprobungs- und Verantwortungsmaßstab zugrunde. Ein zahlenmäßiger Blick auf die länderspezifische Lockerungspraxis offenbart, dass die vermeintlich großzügigere Erprobungs- und Verantwortungsklausel nicht automatisch eine großzügigere und vice versa die Befürchtungsklausel nicht etwa eine restriktivere Lockerungspraxis nach sich zieht. Dies lässt den Schluss zu, dass es sich bei den Normen zur Vollzugsöffnung um ein auslegungsoffenes Reglement handelt, in das die Länder eine politisch und tradierte Linie, die entweder liberal oder restriktiver sein kann, einfließen lassen können. Trotz alledem hat die Föderalismusreform weder den befürchteten „Wettbewerb der Schäbigkeit" noch einen Wettlauf um das beste Vollzugskonzept eröffnet. Nicht zuletzt die Einbeziehung der Verwaltungsvorschriften in die Betrachtung zeigt deutlich, dass größtenteils die bereits vor der Föderalismusreform in den jeweiligen Ländern gelebte Vollzugspraxis lediglich normativ manifestiert wurde.

B. Resozialisierung als verfassungsrechtliche Notwendigkeit

Unabhängig von etwaigen landesspezifischen Besonderheiten bleibt festzuhalten, dass dem Resozialisierungs- und Behandlungsvollzug Verfassungsrang gebührt. Als verfassungsrechtliche Notwendigkeit beansprucht diese Zielsetzung für alle Gefangenen, insbesondere auch für Gefangene, die lange oder lebenslange Freiheitsstrafen verbüßen sowie ausländischen Gefangenen, Geltung und steht nicht zur Disposition. Da sich ein unmittelbar subjektiver-rechtlicher Anspruch auf Resozialisierung allerdings nicht ableiten lässt, ist dem Terminus des grundrechtlich geschützten Resozialisierungsinteresses Vorzug einzuräumen.

Obwohl Strafvollzug und Resozialisierung in einem untrennbaren Zusammenhang stehen, verwenden die Strafvollzugsgesetze den Terminus Resozialisierung wie schon zuvor das Bundesstrafvollzugsgesetz grundsätzlich eher zurückhaltend. Selbst bei Erfassung der strafvollzuglichen Aufgaben bzw. Ziele wird auf die Verwendung des Terminus der Resozialisierung zugunsten einer Umschreibung aus inneren (soziale Verantwortung) und äußeren (Legalbewährung) Komponenten verzichtet. Demnach soll der Gefangene im Vollzug fähig werden, künftig in sozialer Verantwortung ein Leben ohne Straftaten zu führen. Zuletzt in Ermangelung geeigneter Alternativen ist die Umschreibung der Resozialisierung trotz definitorischer Schwächen als gelungene Zielvorgabe des Strafvollzugs zu bewerten.

C. Das Potential der Vollzugslockerungen für das Resozialisierungsziel und die Gestaltungsgrundsätze

Wie kaum eine andere Behandlungsmaßnahme eignen sich Vollzugslockerungen, dem Resozialisierungsziel und den strafvollzuglichen Gestaltungsgrundsätzen, namentlich dem Angleichungs-, dem Gegensteuerungs,- dem Integrations- und dem nicht in allen Bundesländern statuierten Öffnungsgrundsatz Rechnung zu tragen. Die Vollzugslockerungen können gerade eine der definitorischen und systemischen Schwachstellen des Vollzugsziels, Stichwort: „in Unfreiheit die Freiheit lernen" schmälern, indem die Übergänge von Strafvollzug hin zur Entlassung fließend gestaltet werden, entsozialisierende Prisonisierungsprozesse und Hospitalisierungsschäden minimiert und entlassungsvorbereitende Maßnahmen lebensnah getroffenen werden können.

D. Lockerungen im Spannungsfeld zwischen Vollzugszielen und Vollzugsaufgaben

Trotz des grundsätzlichen Potentials der Vollzugslockerungen für den Resozialisierungs- und Behandlungsvollzug darf nicht übersehen werden, dass der immerwährende Zielkonflikt des Strafvollzuges zwischen positiver und negativer Spezialprävention bei den Vollzugslockerungen besonders deutlich zu Tage tritt. Dass es im Strafvollzug (unabhängig von länderspezifischen Besonderheiten) einen Zielkonflikt gibt, der allgegenwärtig ist, zeigt sich schon bei der Ziel- und Aufgabenbeschreibung der Strafvollzugsgesetze. Resozialisierung und Schutz der Allgemeinheit stehen in einem Spannungsverhältnis, dass keines der geltenden Strafvollzugsgesetze auflösen kann. Selbst wenn ein Gesetz dem einen oder dem anderen Ziel normativ eine hervorgehobene Stellung einräumt, so gilt es dennoch faktisch den allgegenwärtigen Zielkonflikt, auf Einzelentscheidungen heruntergebrochen, jedes Mal durch Abwägung und Gewichtung aufs Neue aufzulösen.

I. Normative Lösung am Beispiel des BayStVollzG

Das zeigt sich am deutlichsten bei den Vollzugslockerungen. Der bayerische Gesetzgeber beispielsweise löst den Konflikt um die Vollzugslockerungen wie folgt: Vollzugslockerungen sind dem Wortlaut des Art. 13 Abs. 2 BayStVollzG wie schon gem. § 11 Abs. 2 StVollzG zufolge nur dann zu gewähren, wenn nicht zu befürchten ist, dass der Gefangene sich dem Vollzug der Freiheitsstrafe entziehen oder die Lockerung des Vollzuges zu Straftaten missbrauchen wird. Dass eine Interessensabwägung zwischen dem individuellen Resozialisierungs- und dem kollektiven Schutzinteresse stattfinden soll, legt der Gesetzeswortlaut nicht nahe. Ganz im Gegenteil muss demnach selbst auf die zur Resozialisierung notwendigste Lockerung verzichtet werden, wenn eine Flucht- oder Missbrauchsbefürchtung besteht. Daher lässt sich die Flucht- und Missbrauchsklausel als Konkretisierung der Schutzaufgabe des Art. 2 S. 1 BayStVollzG, § 2 S. 2 StVollzG auf der Ebene der Vollzugslockerungen und als gesetzgeberische Entscheidung des Zielkonfliktes zu Gunsten des Schutzes der Allgemeinheit verstehen. Im Ergebnis nichts anderes gilt bei den entlassungsvorbereitenden Lockerungen, die gem. Art. 17 Abs. 1 BayStVollzG dem Gefangenen zwar in der unmittelbaren Entlassungsvorbereitung gewährt werden *sollen*, aber auch dort an den Ausschluss der Flucht- und Missbrauchsgefahr geknüpft sind.

II. Vollzugslockerungen im Spannungsfeld zum Schutz der Allgemeinheit

Dass Vollzugslockerungen ein Sicherheitsrisiko bergen, das das Sicherheitsbedürfnis der Allgemeinheit berührt, ist offensichtlich. Verlässt man das Terrain des abstrakten Gefährdungspotentials und widmet sich stattdessen einer zahlenmäßigen Erfassung des Flucht- und Missbrauchsrisikos, so ist festzustellen, dass sich die Nichtrückkehrquoten fallbezogen weit unter einem Prozent bewegen. Ebenso gering zu beziffern ist das Missbrauchsrisiko, sowohl nach Anzahl der begangenen Straftaten als auch nach Deliktsschwere. Der Missbrauch von Vollzugslockerungen zu Flucht oder der Begehung von Straftaten ist bei weitem der Ausnahme- und nicht der Regelfall. Die jüngsten Zahlen bestätigen auch den bereits seit vielen Jahrzehnten durchgängig zu beobachtbaren Befund, dass eine extensivere Gewährungspraxis keine erhöhten Flucht- und Missbrauchsquoten und eine restriktive Handhabung keine niedrigeren Quoten hervorbringt. Eine strikte Wechselbeziehung, in der Form, dass viele Lockerungen zu hohen Missbrauchszahlen und wenig Lockerungen zu geringen Missbrauchszahlen führen, besteht nicht. Ein restriktiver Umgang mit Lockerungen kann keine höhere Schutzwirkung für die Allgemeinheit erzielen.

III. Vollzugslockerungen im Spannungsfeld zur Resozialisierung

Das weniger offensichtliche, aber keinesfalls minder geladene Spannungsfeld, dem sich Vollzugslockerungen ausgesetzt sehen, ist die Resozialisierung selbst, um deren Willen sie gewährt werden. Im Gegensatz zur Schutzaufgabe steckt das Vollzugsziel der Resozialisierung in einer Legitimations(dauer)krise. Dies liegt zum einen daran, dass der Rückhalt und die Akzeptanz des Resozialisierungs- und Behandlungsvollzugs kontinuierlich schwindet. Kriminalitätsfurcht, eine nicht mehr ganz neue Punitivität und ein massenmedial geschürtes Sicherheitsverlangen lassen das demokratische Fundament der Resozialisierung bröckeln. Stetige Veränderungen der Deliktsstruktur und Gefangenenpopulation lassen die Resozialisierung zudem an vollzugspraktische Grenzen stoßen. Trotz alledem ist mit dem Fazit „Resozialisierung – was sonst?“ daran festzuhalten.

Empirische Untersuchungen, die die Effizienz von Vollzugslockerungen als Beitrag zu einer gelungenen Resozialisierung zum Gegenstand haben, können zumindest eine Plausibilitätsprüfung leisten und begründete Anhaltspunkte für die Effizienz der Vollzugslockerungen liefern. Einen unmittelbaren Kausalitätszusammenhang zwischen Vollzugslockerungen und Rückfallquoten lässt sich schon aus methodischen Gründen weder nachweisen noch widerlegen.

IV. Vollzugslockerungen als Indikator eines Zweiklassenvollzuges

Konzeptionell leiden Vollzugslockerungen unter der Tatsache, dass sie aufgrund ihrer normativen Voraussetzungen vorrangig den ohnehin besser sozialisierten Gefangenen zuteilwerden, während den gesellschaftlich schlechter aufgestellten, kriminell vorbelasteten Gefangenen, der Zugang zu Lockerungen verwehrt bleibt. Damit werden Lockerungen zum Indikator eines Zweiklassenvollzuges.

V. Faktische Bedeutung für die Strafrestaussetzung

Obwohl eine solche Einschränkung gesetzlich nicht vorgesehen ist, zentriert sich die Gewährung von Lockerungen auf den offenen Vollzug und die Entlassungsvorbereitungsphase. Das Verhältnis zwischen Vollzugslockerungen und Entlassung erschöpft sich nicht in der vermehrten Gewährung in der Entlassungsphase. Vielmehr spielen sie auch bei der Frage, ob überhaupt und ggf. zu welchem Zeitpunkt eine vorzeitige Entlassung zur Bewährung möglich ist, eine entscheidende Rolle. Herzstück des Aussetzungsverfahrens wird sowohl in Fällen zeitiger Freiheitsstrafe als auch bei der lebenslänglichen Freiheitsstrafe die Frage, ob die Aussetzung des Strafrestes unter Berücksichtigung des Sicherheitsinteresses der Allgemeinheit verantwortet werden kann. Dabei spielt das Verhalten im Vollzug eine herausragende Rolle. Konnte sich der Gefangene bereits in Vollzugslockerungen erproben und bewähren, kann er einen wesentlichen Beitrag zu einer positiven Stellungnahme für die Aussetzung des Strafrestes zur Bewährung leisten. Umgekehrt kommt der Versagung von Vollzugslockerungen mit der Folge, dass sich der Gefangene im Hinblick auf das Vollzugsziel und auf die (vorzeitige) Entlassung eben nicht erproben konnte, ebenfalls indizielle Bedeutung für die Aussetzungsentscheidung zu. Eine solche Erprobungsfunktion der Vollzugslockerungen scheint allgemein anerkannt zu sein, findet aber in der Flucht- und Missbrauchsklausel keine gesetzliche Stütze. Die faktische Bedeutung, die die Frage der (Nicht-)Gewährung von Vollzugslockerungen im Zusammenspiel mit der Erstellung einer Sozialprognose im Aussetzungsverfahren erlangt, ist indirekter Natur.

VI. Das Verantwortungsdilemma

Inmitten des Spannungsverhältnisses zwischen Resozialisierung und Schutz der Allgemeinheit hat die Justizvollzugsanstalt ihre Lockerungsentscheidung zu treffen. Die Entscheidungsträger finden sich zwischen der verfassungswidrigen Restriktivität bei der Lockerungsgewährung (Stichwort: false positives) und der eigenen strafrechtlichen Verantwortlichkeit im Falle des Lockerungsmissbrauchs bei den sog. false negatives. Zwar ist zuzustimmen, dass es für die öffentliche Sicherheit nicht entscheidend darauf ankommen kann, ob durch den Verzicht auf Vollzugslockerungen eine mögliche Begehung von Straftaten nur um einige Zeit nach hinten verschoben wird. Und doch wird diese Sichtweise dem Problem nicht ganz gerecht. Während dem Strafvollzug zwar aufgegeben wird, sich durch eine effektive Entlassungsvorbereitung um die soziale (Re)Integration zu bemühen, hat es keine unmittelbaren Konsequenzen, falls ein Gefangener unvorbereitet entlassen wird. Für die unvorbereitete Entlassung von Gefangenen muss sich der Vollzug selten rechtfertigen. Kommt ein Entscheidungsträger dagegen diesem Auftrag durch die Gewährung von Vollzugslockerungen nach, die der Gefangene dann zu Flucht oder zu der Begehung von Straftaten missbraucht, trifft ihn nicht nur die institutionelle, sondern auch die persönliche Verantwortung bis an die Grenzen des Strafrechts. Das prognostische Flucht- und Missbrauchsrisiko schwebt nicht erst seit der Entscheidung des LG Limburg als „Damoklesschwert" über den Verantwortlichen. Nach Haftentlassung liegt die Verantwortung für den Gefangenen dagegen nicht mehr beim Vollzug und seinen Entscheidungsträgern. Es wird kaum überraschen, dass die Entscheidung über prognostische Zweifelsfälle weit überwiegend zu Lasten des Gefangenen gehen wird. Mit der gegenwärtig normativen (Schief-)Lage, die sich ergibt, weil die Konsequenzen einer sich als falsch erwiesenen Lockerungsentscheidung viel ernstlicher und schwerwiegender sein können als die einer (womöglich falschen) Entscheidung, einem Gefangenen keine Lockerungen zu gewähren, scheint der Vollzug und mit ihm die Gesellschaft derzeit leben zu müssen.

E. Die Lockerungsentscheidung der Justizvollzugsanstalt

I. Koppelungsvorschrift mit Beurteilungs- und Ermessensspielraum

Bei Art. 13 BayStVollzG handelt es sich um eine Koppelungsnorm, in der Beurteilungs- und Ermessensspielraum kumulativ aufeinandertreffen. Art. 13 Abs. 2 BayStVollzG enthält mit der Flucht- und Missbrauchs(gefahr) klausel einen ausfüllungsfähigen und -bedürftigen unbestimmten Rechtsbegriff, der der Vollzugsbehörde auf Tatbestandsseite einen Beurteilungsspielraum zugesteht. Auf der Rechtsfolgenseite besitzt die Vollzugsbehörde bei der Ausübung des Handlungsermessens einen Ermessensspielraum (vgl. die „kann"-Formulierung in Art. 13 Abs. 1 BayStVollzG, § 11 Abs. 1 StVollzG sowie „dürfen" in Art. 13 Abs. 2 BayStVollzG, § 11 Abs. 2 StVollzG und „kann" in Art. 14 Abs. 1 S. 1 BayStVollzG, 13 Abs. 1 S. 1 StVollzG ferner darüberhinausgehend die „soll"-Formulierung bei Art. 17 BayStVollzG bzw. § 15 StVollzG).

Um bei der Anwendung der Koppelungsvorschrift bestmöglich Rechtssicherheit- und Rechtsklarheit zu wahren, ist der in der Norm angelegten Dichotomie zu folgen und Anwendungsebene und Entscheidungsebene unabhängig und nacheinander zu prüfen. Im Sinne der hier vertretenen Trennbarkeitstheorie würde der vollzugsbehördliche Ermessensspielraum erst und nur dann eröffnet werden, wenn die tatbestandliche Negativindikation der Flucht- und Missbrauchsgefahr nicht greift. Geht die Vollzugsbehörde dagegen vom Vorliegen einer Flucht- und Missbrauchsgefahr aus, bleibt der Weg zur Ermessensentscheidung verschlossen.

II. Flucht- und Missbrauchsprognose

Zum Dreh- und Angelpunkt der Lockerungsentscheidung wird der unbestimmte Rechtsbegriff der Flucht- und Missbrauchsbefürchtung. Um den ihr eingeräumten Beurteilungsspielraum zu füllen, trifft die Vollzugsbehörde eine Prognoseentscheidung, die sich von Urteils- oder Entlassungsprognosen durch einen zeitlich, örtlich und situativ eingegrenzteren Prognoserahmen unterscheidet. Abgesehen von Fällen einer obligatorischen Begutachtung (lebenslange Freiheitsstrafen, schwere Gewalt- und Sexualstrafen) wird die Lockerungsentscheidung mittels intuitiver Prognose gefällt. Eine streng am Wortlaut des negativen Prognosemaßstabes des Art. 13 BayStVollzG („wenn Flucht und Missbrauch nicht zu befürchten sind") orientierte Rechtsanwendung würde die Versagungsschwelle auf ein Minimum herabsetzen und Vollzugslockerungen in allen Fällen, in denen eine eindeutig positive Prognose nicht gestellt werden kann, faktisch ausschließen. Systematische und teleologische Erwägungen sprechen jedoch dafür, dass ein vertretbares Restrisiko in Kauf genommen werden muss. Wie hoch das verantwortbare oder eben nicht mehr verantwortbare Risiko, das der Allgemeinheit zugemutet werden darf, letztlich ist, lässt sich nicht generell festlegen. Das Maß des Verantwortbaren ist anhand einer „gleitenden Skala" zu bemessen, in der Art, Schwere und Grad der Wahrscheinlichkeit befürchteter Straftaten Berücksichtigung finden. Umgekehrt proportional sinkt das Maß des verantwortbaren Risikos mit zunehmender Wahrscheinlichkeit und Schwere drohender Straftaten. Besondere Bedeutung als tatbestandsinterpretierende Richtlinien zur Auslegung der unbestimmten Rechtsbegriffe der Flucht- und Missbrauchsklausel erlangen die zugehörigen Verwaltungsvorschriften, die Fallkonstellationen bündeln, denen typischerweise eine erhöhtes Flucht- und Missbrauchspotential zugeschreiben wird. Die VV dürfen aber nicht dazu verleiten, zugunsten einer Regelvermutung von der individuellen Prognoseerstellung Abstand zu nehmen.

III. Ermessensentscheidung

Bei der sich anschließenden Ermessensentscheidung ist der behördliche Entscheidungsspielraum wesentlich geringer, als es zunächst scheint. Insbesondere ist der Schutz der Allgemeinheit kein gesondert zu berücksichtigendes Kriterium mehr, da die Schutzaufgabe bereits über die Flucht- und Missbrauchsklausel hinreichend Berücksichtigung gefunden hat. Letztlich spielen hier vor allem personelle und finanzielle Erwägungen eine Rolle.

IV. Appell an den Gesetzgeber

Um zu verdeutlichen, dass konkrete Anhaltspunkte für eine Flucht- und Missbrauchsgefahr vorliegen müssen, sollte der Normtext des Art. 13 Abs. 2 BaySt-VollzG entsprechend angepasst werden. Es bietet sich folgende Formulierung an:

> *Lockerungen dürfen gewährt werden, wenn keine konkreten Anhaltspunkte die Gefahr begründen, der Gefangene werde sich dem Vollzug der Freiheitsstrafe entziehen oder die Vollzugslockerung zur Begehung von Straftaten missbrauchen.*

Obwohl Rechtsprechung und Literatur hinreichend herausgearbeitet haben, dass das einzugehende Risiko vor dem Hintergrund des Resozialisierungsziels nicht ausgeschlossen, sondern eben „nur" verantwortbar bleiben muss, lässt der bloße Wortlaut der Befürchtensklausel wenig Raum für eine Risikoabwägung. Einseitig dominiert der Schutz der Allgemeinheit, der über die Flucht- und Missbrauchsklausel Einzug in die Lockerungsentscheidung erhält, wohingegen der Resozialisierungs- und Behandlungsaspekt keine ausdrückliche Erwähnung in Art. 13, 14 BayStVollzG (§ 11, 13 StVollzG) findet. Selbst bei entlassungsvorbereitenden Vollzugslockerungen, die nach Art. 17 BayStVollzG (§ 15 StVollzG) gewährt werden sollen, verbleibt der Vollzugsbehörde durch den Verweis auf Art. 13 BayStVollzG (§ 11 StVollzG) wenig Spielraum, da auch dort eine Bindung zu den tatbestandlichen Voraussetzungen und damit zur Flucht- und Missbrauchsprognose besteht. Eine Abwägung des Risikos, das der Allgemeinheit durch die Lockerung auferlegt wird, mit ihrem Wert für den individuellen Resozialisierungsprozess, kommt im Normtext nicht adäquat zum Ausdruck.

Denkbar und vorzugswürdig ist daher, den Vorschlag des Musterentwurfs (vgl. §§ 38 Abs. 2, 42 Abs. 4 ME) aufzugreifen und wenigstens die Lockerungen zur Entlassungsvorbereitung zu gewähren, wenn verantwortet werden kann zu erproben, dass der Gefangene sich dem Vollzug der Freiheitsstrafe nicht entziehen oder die Lockerungen zu Straftaten missbrauchen wird. Zumindest kann durch die Verwendung der Erprobungsklausel besser zum Ausdruck gebracht werden, dass Lockerungen eine Erprobungsfunktion innehaben, der nicht losgelöst vom Eingehen eines verantwortbaren Risikos nachgekommen werden kann. Vorteil dieses Lösungsvorschlags wäre zudem, dass eine bessere Abstimmung mit der Strafrestaussetzungsentscheidung nach §§ 57, 57a StGB erreicht werden könnte, die als weitergehende Entscheidung denknotwendig strengere Voraussetzung als die Lockerungsentscheidung verlangen müsste.

F. Der gerichtliche Rechtsschutz gem. §§ 109 ff. StVollzG durch die Strafvollstreckungskammern

Obwohl die Historie des Strafvollzugs mannigfaltige, auch vollzugsinterne, Kontrollmechanismen hervorgebracht hat, können sich aus dem situativen Umstand der Inhaftierung des Rechtsschutzsuchenden Zugangshemmnisse und Barrieren ergeben, die das Rechtsschutzsystem belasten können. Zu denken ist hier an Sprachbarrieren, Verständigungs- und Verständnisprobleme, die zu tragende Kostenlast, geringe Erfolgsaussichten und der Umstand, dass Strafvollzugsstreitsachen nach dem Strafprozess aus anwaltlicher Sicht wenig Anreiz bieten.

Gerade weil die Vollzugslockerungen für den Gefangenen nicht nur eine unmittelbar vollzugsgestaltende Funktion einnehmen, sondern sie auch über die Dauer des Freiheitsentzugs mitentscheidend sein können, erlangt der Rechtsschutz gegen eine Lockerungsversagung besondere Bedeutung. Das Strafvollzugsgesetz stellt den Gefangenen gerichtliche und außergerichtliche Rechtsschutzoptionen zur Verfügung, mit denen sie sich auch gegen eine ablehnende Lockerungsentscheidung erwehren können.

Der Fokus dieser Arbeit lag dabei auf den §§ 109 ff. StVollzG, die auch nach der Föderalismusreform im Zuständigkeitsbereich des Bundes verblieben. Es galt zu klären, ob die richterlichen Prüfungs- und Kontrollkompetenzen, die die §§ 109 ff. StVollzG den Gerichten einräumen, das erforderliche Maß an Effektivität und Effizienz aufweisen.

I. Die Strafvollstreckungskammern als vollzugsnahes Gericht

Zuständig für die Überprüfung vollzugsbehördlicher Maßnahmen sind die Strafvollstreckungskammern, die gem. § 78a GVG als besondere Spruchkörper bei den Landgerichten, in deren Bezirk sich eine Einrichtung des Straf- oder Maßregelvollzugs befinden, zu bilden sind. Zwar bleibt der konzeptionelle Anspruch eines vollzugsnahen Gerichts zum Teil hinter den tatsächlichen Gegebenheiten zurück, doch haben die Strafvollstreckungskammern eine überaus reichhaltige Judikatur hervorgebracht, die das Vollzugsgeschehen wesentlich geprägt und einen Beitrag zur Verrechtlichung und Vereinheitlichung der strafvollzuglichen Entscheidungspraxis geleistet haben.

II. Justiziabilität von Beurteilungs- und Ermessenentscheidungen

Für eine Bewertung der Effizienz und Effektivität des Rechtsschutzes entscheidend ist die Frage, wie weit die Strafvollstreckungskammern bei der Überprüfung einer Lockerungsentscheidung in die Beurteilungs- und Ermessensfreiräume der Justizvollzugsanstalten vordringen können. Im Kern geht es bei der Frage der Justiziabilität von unbestimmten Rechtsbegriffen und Ermessensfreiräumen um Kompetenzabgrenzung und um die Frage der Letztentscheidungsbefugnis.

Auf Rechtsfolgenseite hält das Gesetz in Anlehnung an das Verwaltungsrecht mit § 115 Abs. 5 StVollzG eine Antwort bereit. Demnach überprüfen die Strafvollstreckungskammern, ob die Justizvollzugsanstalten bei der Ermessensausübung die gesetzlichen Grenzen des Ermessens eingehalten haben und ob sie von dem Ermessen in einer dem Zweck der Ermächtigung entsprechenden Weise Gebrauch gemacht haben.

1. Die Grundsätze des BGH zur Justiziabilität der Flucht- und Missbrauchsprognose (BGHSt 30, 320 ff.)

In Ermangelung einer normativen Grundlage weit unklarer bleibt die Justiziabilität der Flucht- und Missbrauchsprognose als unbestimmter Rechtsbegriff mit Beurteilungsspielraum, obwohl hierauf regelmäßig der Fokus der Begründetheitsprüfung liegen wird. Der BGH überträgt die Grundsätze zur richterlichen Überprüfung von Ermessensentscheidungen (vgl. der explizite Verweis auf Art. 115 Abs. 5 StVollzG) auf die Flucht- und Missbrauchsprognose und billigt der Verwaltungsbehörde bei der Urlaubsentscheidung einen beschränkt justiziablen Beurteilungsspielraum zu. Der Vollzugsbehörde steht ein Beurteilungsspielraum zu, in dessen Rahmen sie mehrere Entscheidungen treffen kann, die gleichermaßen rechtlich vertretbar sind. Der richterlichen Überprüfung einer ablehnenden Entscheidung der Justizvollzugsanstalt zugänglich ist nur, ob die Vollzugsbehörde bei ihrer Entscheidung von einem zutreffend und vollständig ermittelten Sachverhalt ausgegangen ist, ob sie ihrer Entscheidung den richtigen Begriff des Versagungsgrundes zugrunde gelegt und ob sie dabei die Grenzen des ihr zustehenden Beurteilungsspielraums eingehalten hat. Bei der Subsumtion des ermittelten Sachverhalts unter den unbestimmten Rechtsbegriff der Flucht- und Missbrauchsgefahr, also bei der Prognose, wird der Justizvollzugsanstalt eine Einschätzungsprärogative zugestanden, die die richterliche Kontrolle auf eine Prüfung nach Vertretbarkeitsgesichtspunkten beschränkt, jedoch keine fachgerichtliche Letztentscheidungsbefugnis einräumt. Daher ist es den Strafvollstreckungskammern im Grunde verwehrt, eigene Erwägungen zur Flucht- und Missbrauchsgefahr anzustellen oder gar die Prognoseentscheidung der Justizvollzugsbehörde durch eine eigene zu ersetzen. Zum entscheidenden Baustein im Begründungsgerüst des BGH wird die zutreffende Annahme, dass der Vollzugsbehörde aufgrund ihrer Sachnähe ein prognoserelevanter Vorteil erwächst. Ein solcher lässt sich zwar nicht bei der Gewinnung und Verifizierung objektiver Bestandteile feststellen, wohl aber im Hinblick auf subjektive Entscheidungsgrundlagen. Allein eine konzeptionell vollzugsnahe Ausrichtung der Strafvollstreckungskammern vermag das prognoserelevante Näheverhältnis der JVA, das aus dem täglichen Umgang mit dem Gefangenen erwächst, nicht zu erreichen. Es ist daher gerechtfertigt und sachgerecht, der Justizvollzugsanstalt einen nur begrenzt justiziablen Beurteilungsspielraum zu belassen.

2. *Keine Trendwendeneinleitung bei der beschränkten Überprüfbarkeit von Beurteilungsspielräumen durch das Bundesverfassungsgericht*

Seit den späten 1990er Jahren sah sich das Bundesverfassungsgericht widerholt veranlasst, ablehnende Lockerungsentscheidungen der Vollzugsbehörden und der Fachgerichte einer verfassungsrechtlichen Kontrolle zu unterziehen.

a) *Aussagen des Bundesverfassungsgerichts zum Beurteilungsspielraum*

Das Bundesverfassungsgericht betont den Bedeutungsgehalt der Vollzugslockerungen für das Resozialisierungsgrundrecht und legt den Strafvollstreckungskammern innerhalb des vom BGH aufgestellten Prüfungsmaßstabes auf zu überprüfen, ob die Justizvollzugsbehörden das Interesse des Gefangenen an seiner Resozialisierung in die Entscheidung einbezogen und entsprechend gewürdigt haben.

Darüber hinaus betont das Bundesverfassungsgericht den gewichtigen Einfluss, den die Gewährung von Vollzugslockerungen für die richterliche Aussetzungsentscheidung nach §§ 57, 57a StGB haben kann. Unmissverständlich führt das Bundesverfassungsgericht aus, dass die Chance zu einer für die Aussetzung der (lebenslangen) Freiheitsstrafe erforderlichen, positiven (und zutreffenden) Sozialprognose zu gelangen, durch die vorherige Gewährung von Vollzugslockerungen verbessert, durch deren Versagung aber verschlechtert wird. Da die Lockerungsentscheidung der Justizvollzugsbehörde die prognostische Basis für die dem Richter vorbehaltene Aussetzungsentscheidung nicht schmälern und faktisch präjudizieren darf, erweitert sich das richterliche Prüfprogramm im Verfahren nach §§ 109 ff. StVollzG um die Frage, ob die Vollzugsbehörden diesen Zusammenhang hinreichend berücksichtigt haben. Das Bundesverfassungsgericht legt den Strafvollstreckungskammern darüber hinaus auch im Aussetzungsverfahren auf, unter Beachtung des vollzugsbehördlichen Beurteilungsspielraums, zu prüfen, ob die Lockerungsentscheidung der Justizvollzugsanstalt rechtmäßig erging. Sollte dies nicht der Fall sein, so verlangt das Bundesverfassungsgericht von den Strafvollstreckungskammern, den Justizvollzugsanstalten unter Ausschöpfung ihrer prozessualen Möglichkeiten deutlich zu machen, dass Vollzugslockerungen nunmehr geboten sind.

b) Kritische Würdigung einer Interpretation als Trendwende

Eine Abkehr von der historischen Entscheidung des BGH und eine Trendwende hin zu einer weitreichenderen Justiziabilität hat die bundesverfassungsgerichtliche Rechtsprechung aber zu Recht nicht eingeleitet. Denn das Bundesverfassungsgericht geht bei der Überprüfung der Lockerungsentscheidung sowohl im Verfahren nach §§ 109 ff. StVollzG als auch bei der Aussetzungsentscheidung von der Beachtung des Prüfungsmaßstabes von BGHSt 30, 320 ff. aus. Ein striktes Abhängigkeitsverhältnis zwischen Lockerungs- und Aussetzungsentscheidung, auf das Verfechter eines weitreichenderen Beurteilungsspielraums ihre Argumentation stützen, ist normativen und sachlichen Bedenken ausgesetzt, da bestehende Zuständigkeits- und Kompetenzverteilungen unterlaufen werden würden und zudem die Gefahr besteht, dass Vollzugslockerungen weniger als vollzugsbehördliche Behandlungsmaßnahme, vielmehr als richterliches Ermittlungswerkzeug fungieren. Eine Charakterisierung der Vollzugslockerungen als bedingungsloses Erprobungs- und Experimentierfeld für die Aussetzungsentscheidung, wie in der einleitend dargestellten Entscheidung des KG, lässt sich mit dem Gesetzeswortlaut der Flucht- und Missbrauchsprognose nicht in Einklang bringen. Dies gilt umso mehr, als eine falsche Lockerungsprognose nicht zuletzt auch eine strafrechtliche Verantwortbarkeit nach sich ziehen kann.

Wenn nach Erschöpfung des Rechtsweges das Bundesverfassungsgericht angerufen werden musste, um teilweise eklatanten Rechtsverstößen ein Ende zu bereiten, entsteht zunächst tatsächlich der Eindruck, als würde der fachgerichtliche Rechtsschutz nicht ausreichen, um schwerwiegende Fehler, insb. die Nutzung von Alltagstheorien oder weder gesetzlich noch empirisch haltbarer Zusammenhänge, zu vermeiden. Es muss aber bezweifelt werden, dass eine weitreichendere Justiziabilität die Anrufung des Bundesverfassungsgerichts hätten vermeiden können. Schließlich hätten die Fachgerichte in den dargestellten, dem Bundesverfassungsgericht vorgelegten Fällen, auch mit dem von BGHSt 30,

320 ff. etablierten Prüfungsmaßstab zur Überprüfung und gegebenenfalls auch Beanstandung der vorgenommenen Sachverhaltsermittlung und der Gewichtung der prognoserelevanten Gesichtspunkte in den Beurteilungsspielraum der JVA vordringen können und müssen. Auch mit dem Überprüfungsmaßstab des BGH verbleibt den Fachgerichten eine erhebliche Prüfungs- und Kontrolldichte. Frei ist die Vollzugsbehörde weder bei der tatbestandlichen Ausfüllung des unbestimmten Rechtsbegriffs der Flucht- und Missbrauchsgefahr noch bei der Ausübung ihres Ermessens auf Rechtsfolgenseite.

c) Reduzierung von Beurteilungs- und Ermessensspielräumen auf Null

Konsequenz der Anerkennung und Aufrechterhaltung der Lehre vom Beurteilungsspielraum bei der Lockerungsentscheidung ist folgerichtig dann aber auch, dass sich Beurteilungs- und Ermessensspielräume auf Null reduzieren können und letztlich nur noch eine einzige Entscheidung – nämlich die Gewährung der beantragten Lockerung – zulässig ist.

d) Problemanalyse und Abhilfevorschlag

Das strafvollzugliche Rechtsschutzsystem ist grundsätzlich ausreichend effektiv und effizient, um eine Lockerungsentscheidung einer gerichtlichen Prüfung zuzuführen. Dass dies nicht immer wahrgenommen wird, sondern sich die Fachgerichte unter Verkennung des eigenen Prüfungsmaßstabes hinter den Beurteilungsspielräumen verschanzen, um die Entscheidung der Justizvollzugsanstalt zu halten, ist bezeichnend. Dies fördert ein tieferliegendes Problem zu Tage. Es ist ein berechtigtes Interesse sowohl des Aussetzungsgerichts als auch der Justizvollzugsanstalt, sich bei der eigenen Entscheidung durch die Einschätzung des jeweils anderen abzusichern. Eine solche Praxis veranlasste obige Entscheidungen und ist dort aus naheliegenden Gründen kritisiert worden. Es birgt die Gefahr eines „Hin- und Herschiebens des schwarzen Peters", weil die Beteiligten die Verantwortung für die ersten Schritte von vollzugsöffnenden Maßnahmen auf den jeweils anderen verlagern möchten. In solchen Fällen gerät die Entlassungsvorbereitung ins Stocken.

Abhilfe könnte die Schaffung einer sanften Dialogmöglichkeit zwischen Justizvollzugsanstalten und Strafvollstreckungskammern bieten, die unter Achtung der gegenseitigen Zuständigkeiten eine frühzeitige Entlassungsplanung und Abstimmung bezweckt.

Nicht zuletzt um dem faktischen Zusammenspiel zwischen Vollzugslockerungen und Aussetzungsentscheidung gerecht zu werden, sollte sich auch die Erprobungsfunktion der Vollzugslockerungen als Baustein der

Resozialisierung zumindest für den Zeitraum der Entlassungsvorbereitung normativ niederschlagen.

G. Die Durchsetzung des gerichtlichen Beschlusses und das Phänomen der vollzugsbehördlichen Renitenz

Abschließend war der Frage nachzugehen, welche Möglichkeiten dem Gefangenen zustehen, wenn die Justizvollzugsbehörde nach einem Bescheidungs- oder sogar einem Verpflichtungsbeschluss, der gerichtlich auferlegten Verpflichtung der Neubescheidung oder eben der Gewährung der begehrten Vollzugslockerung nicht nachkommt. Ursächlich dafür können „legale" Durchsetzungshindernisse, wie beispielsweise ein nachfolgendes Rechtsbeschwerdeverfahren, sein. Als seltener Ausnahmefall, aber bedauerlicherweise dennoch gelegentlich vorkommend, kann auch der Fall der vollzugsbehördlichen Renitenz als faktisches Durchsetzungshindernis die Implementation der Lockerungsentscheidung vereiteln. Obwohl sich Ausmaß und Häufigkeit dieses Phänomens nicht prozentual bemessen lassen, lässt die nicht unerhebliche Anzahl an wissenschaftlichen Beiträgen und die dazu veröffentliche Rechtsprechung nur den bedauerlichen Schluss zu, dass es tatsächlich immer wieder vorkommen kann, dass einzelne Vollzugsbehörden einzelne gerichtliche Entscheidungen, vor allem Lockerungsentscheidungen, nicht umsetzen.

I. § 454a StPO als untaugliche Abhilfemöglichkeiten zur Durchsetzung einer Lockerungsgewährung im Falle der postjudikativen Renitenz

Für den Fall der rechtswidrigen Lockerungsverweigerung hat das Bundesverfassungsgericht bereits in den 1990er Jahren den Fachgerichten auferlegt, den Strafvollzugsanstalten unter Ausschöpfung der prozessualen Möglichkeiten deutlich zu machen, dass Vollzugslockerungen nunmehr geboten sind, ohne im gebotenen Maß zu erhellen, welche Mittel hierzu zur Verfügung stehen. Daher sah sich das Bundesverfassungsgericht in der Folge veranlasst, den Strafvollstreckungskammern im Aussetzungsverfahren mit § 454a StPO eine weitere Abhilfemöglichkeit gegen vollzugsbehördliche Renitenz durch die rechtswidrige Nichtgewährung von Vollzugslockerungen anzubieten. Das Bundesverfassungsgericht empfiehlt den Strafvollstreckungskammern im Aussetzungsverfahren den Entlassungszeitpunkt bereits zu einem frühen Zeitpunkt festzusetzen, um die Justizvollzugsanstalten auf diese Weise zur Gewährung entlassungsvorbereitender und prognoserelevanter Vollzugslockerungen zu bewegen. Abgesehen davon, dass es sich bei § 454a StPO um eine Verfahrensvorschrift handelt erweckt das Bundesverfassungsgericht zu Unrecht den Eindruck, als könne die StVK der JVA über den Hebel des Aussetzungsverfahrens rechtlich verbindliche Vorgaben über Vollzugslockerungen erteilen. Das Urteil über die Rechtmäßigkeit einer Lockerungsversagung und die Herstellung einer dahingehenden Bindungswirkung ist dem Verfahren nach §§ 109 ff. StVollzG vorbehalten und sollte nicht ohne Not ins Aussetzungsverfahren verlagert werden. Zudem bleibt zu vermuten, dass ein unverbindlicher Hinweis auf die Gebotenheit von Vollzugslockerungen im Aussetzungsverfahren eine JVA, die schon einen binden Beschluss aus einem Verfahren nach §§ 109 ff. StVollzG nicht implementiert, unbeeindruckt lässt. Daher ist § 454a StPO ohnehin kein geeignetes Mittel gegen vollzugsbehördliche Renitenz.

II. Die neu geschaffene Zwangsvollstreckungsmöglichkeit des § 120 Abs. 1 S. 1 StVollzG und Schlussfolgerung

Mit dem im Zuge der Reform des Sicherungsverwahrungsrechts neu geschaffenen § 120 Abs. 1 S. 1 StVollzG steht nun auch Strafgefangenen in entsprechender Anwendung des § 172 VwGO eine Zwangsvollstreckungsmöglichkeit zur Verfügung. Kommt die JVA einer ihr gerichtlich auferlegten Verpflichtung nicht nach, so kann auf Antrag des Gefangenen ein Zwangsgeld angedroht, festgesetzt und nach fruchtlosem Ablauf der Frist auch vollstreckt werden. Obsolet wurde daher der Streit um die analoge Anwendung der §§ 170, 172 VwGO. Zudem muss sich der Gefangene fortan nicht mehr auf den unsicheren Weg des Vornahmeantrags nach §§ 109, 113 StVollzG oder auf Dienstaufsichtsbeschwerden, Petitionen oder eine Individualbeschwerde verweisen lassen. Für den Fall der postjudikativen Renitenz bietet die Zwangsvollstreckungsmöglichkeit eine langersehnte, erfolgsversprechende Abhilfemöglichkeit. Dass bislang davon kein Gebrauch gemacht wurde, kann daran liegen, dass alleine die Existenz eines Zwangsvollstreckungsinstrumentariums so wirksam und effektiv ist, dass es ihrer Anwendung letztlich nicht bedarf. Denkbar ist auch, dass das Problem der vollzugsbehördlichen Renitenz in quantitativ und qualitativ geringerem Ausmaß verbreitet ist, als bislang angenommen.

Abschließend bleibt festzuhalten, dass die Ursachen für eine restriktiver werdende Lockerungspraxis nicht im strafvollzuglichen Rechtsschutzsystem zu suchen und zu finden sind. Daher dürfen an das Zwangsvollstreckungsinstrumentarium keine zu hohen Erwartungen gestellt werden. Zwar zeigt sich auch auf der Rechtsdurchsetzungsebene, insbesondere bei den Ausführungen zu § 454a StPO, dass Strafvollzug und Strafvollstreckung bzw. Lockerungsentscheidung und

Aussetzungsentscheidung in einem systemischen Zusammenhang stehen, der den Bedarf einer Erprobungsfunktion der Vollzugslockerungen offenbart, sich aber im Gesetz nicht widerspiegelt. Eine zahlenmäßig freizügige Lockerungsgewährung lässt sich auf dieser letzten Ebene nicht erzwingen. Abhilfe müsste bereits auf vorgelagerten Ebenen, insbesondere bei der tatbestandlichen Normierung und den zugehörigen Verwaltungsvorschriften geschaffen werden. Ob die derzeitigen vollzugspraktischen Gegebenheiten und die gesellschaftliche Stimmungslage dies zulassen werden, bleibt indes zweifelhaft.

Literaturverzeichnis

Abraham, Kai: Ausländische Gefangene, in: Das Gefängnis auf dem Prüfstand – Zustand und Zukunft des Strafvollzugs, hrsg. v. Bernd Maelicke und Stefan Suhling, Wiesbaden 2018, S. 443–453 (zit.: *Abraham*, in: Gefängnis auf dem Prüfstand, S.)

Aebersold, Peter: Ist das Ziel der (Re)Sozialisierung noch zeitgemäss?, in: Ist das Ziel der Resozialisierung noch zeitgemäss? L'objectif de resocialisation est-il toujours d'actualité? Beiträge und Dokumentation der 6. Freiburger Strafvollzugstage (November 2008), hrsg. v. Nicolas Queloz, Ulrich Luginbühl, Ariane Senn und Sarra Magri, Bern 2009, S. 17–36 (zit.: *Aebersold*, Resozialisierung, S.)

Albrecht, Peter-Alexis: Spezialprävention angesichts neuer Tätergruppen, in: ZStW 97 (1985), S. 831–870

Alex, Michael: Strafvollzugsrecht: Der <Wettbewerb der Schäbigkeit> schreitet unaufhaltsam voran, in: StV 20006, S. 726–728

Amelung, Knut: Das Problem der Freiwilligkeit bei der Einwilligung eingesperrter Personen, in: ZStW 95 (1983), S. 1–31

Andrae, Alfred: Der deutsche Strafvollzug und seine reichsgesetzliche Regelung – Zugleich ein staatsrechtlicher Beitrag zur Strafrechtsreform, Würzburger Abhandlungen zum deutschen und ausländischen Prozessrecht, Heft 12, Leipzig 1920 (zit.: *Andrae*, Strafvollzug, S.)

Arloth, Frank: Der Angleichungsgrundsatz des § 3 Abs. 1 StVollzG – Gestaltungsprinzip oder Leerformel?, in: ZfStrVo 1987, S. 328–331

Arloth, Frank: Über die Zukunft des Strafvollzugs, in: GA 2001, S. 307–324

Arloth, Frank: Einführung in das neue Bayerische Strafvollzugsgesetz, in: JA 2008, S. 561– 565

Arloth, Frank: Neue Gesetze im Strafvollzug, in: GA 2008, S. 129–141

Arloth, Frank: Zur weiteren Entwicklung des Strafvollzugs, in: Verbrechen – Strafe – Resozialisierung – Festschrift für Heinz Schöch zum 70. Geburtstag am 20. August 2010, hrsg. v. Dieter Dölling, Bert Götting, Bernd-Dieter Meier und Thorsten Verrel, Berlin / New York 2010, S. 337–350 (zit.: *Arloth*, in: FS Schöch, S.)

Arloth, Frank/Geiger, Tobias: Der deutsche Strafvollzug nach der Föderalismusreform, in: Das Gefängnis auf dem Prüfstand – Zustand und Zukunft des Strafvollzugs, hrsg. v. Bernd Maelicke und Stefan Suhling, Wiesbaden 2018, S. 73–85 (zit.: *Arloth/Geiger*, in: Gefängnis auf dem Prüfstand, S.)

Arloth, Frank/Krä, Horst: Kommentar zum StVollzG – Strafvollzugsgesetze Bund und Länder, 4. Auflage, München 2017 (zit.: *Bearbeiter*, in: Arloth/Krä, StVollzG, § Rn.)

Bachmann, Mario: Bundesverfassungsgericht und Strafvollzug – Eine Analyse aller veröffentlichten Entscheidungen, Berlin 2015 (zit.: *Bachmann*, Bundesverfassungsgericht, S.)

Bachof, Otto: Beurteilungsspielraum, Ermessen und unbestimmter Rechtsbegriff im Verwaltungsrecht, in: JZ 1955, S. 97–102

Baier, Dirk/Kemme, Stefanie/Hanslmaier, Michael/Doering, Bettina/Rehbein, Florian/Pfeiffer, Christian: Kriminalitätsfurcht, Strafbedürfnissen und wahrgenommene Kriminalitätsentwicklung – Ergebnisse von bevölkerungsrepräsentativen Befragungen aus den Jahren 2004, 2006, 2010, Kriminologisches Forschungsinstitut Niedersachen e.V., Forschungsbericht Nr. 117, Hannover 2011 (zit.: *Baier/Kemme*, Kriminalitätsfurcht, S.)

Bartsch, Tillmann: Sicherungsverwahrung 2.0: Was hat sich nach der Gesetzesreform geändert? in: Brauchen wir eine Reform der freiheitsentziehenden Sanktionen?, hrsg. v. Karin Häffler, Göttingen 2015, S. 51–63 (zit.: *Bartsch*, in: Reform der freiheitsentziehenden Sanktionen, S.)

Bauer, Fritz: Die Rückkehr in die Freiheit – Probleme der Resozialisierung, in: Schuld und Sühne – Dreizehn Vorträge über den deutschen Strafprozeß, hrsg. v. Burghard Freudenfeld, München 1960 (zit.: *Bauer*, in: Schuld und Sühne, S.)

Baumann, Jürgen: Die Strafvollzugsreform aus Sicht des Alternativ-Entwurfs der Strafrechtslehrer, in: Die Strafvollzugsreform – Eine kritische Bestandsaufnahme, hrsg. v. Arthur Kaufmann, Karlsruhe 1971, S. 21–33 (*Baumann*, in: Strafvollzugsreform, S.)

Baumann, Jürgen/Brauneck, Anne-Eva/ Calliess, Rolf-Peter, et al: Alternativ-Entwurf eines Strafvollzugsgesetzes, vorgelegt von einem Arbeitskreis deutscher und schweizerischer Strafrechtslehrer, Tübingen 1973 (zit.: *Baumann*, Alternativ-Entwurf, S.)

Baumann, Karl-Heinz/Maetze, Winfried/Hans-Georg, Mey: Zur Rückfälligkeit nach Strafvollzug – Legalbewährung von männlichen Strafgefangenen nach Durchlaufen des Einweisungsverfahrens gem. § 152 Abs. 2 StVollzG in Nordrhein-Westfalen, in: MschrKrim 1983, S. 133–148

Begemann, Helmut: Freigängerurlaub (§ 15 IV StVollzG) ohne Freigang? – Zugleich Anm. zu OLG Hamm, NStZ 1990, 607, in: NStZ 1991, S. 517–520

Bemmann, Günter: Über das Ziel des Strafvollzugs, in: Festschrift für Paul Bockelmann zum 70. Geburtstag am 7. Dezember 1978, hrsg. v. Arthur

Kaufmann, Günter Bemmann, Detlef Krauss, Klaus Volk, München 1979, S. 891–899 (zit.: *Bemmann*, in: FS Bockelmann, S.)

Bemmann, Günter: Über den Angleichungsgrundsatz des § 3 Abs. 1 StVollzG, in: Festschrift für Karl Lackner zum 70. Geburtstag am 18. Februar 1987, hrsg. v. Winfried Küper, Ingeborg Puppe, Jörg Tenckhoff, Berlin New York 1987, S. 1046–1056 (zit.: *Bemmann*, in: FS Lackner, S.)

Bemmann, Günter: „Im Vollzug der Freiheitsstrafe soll der Gefangene fähig werden, künftig in sozialer Verantwortung ein Leben ohne Straftaten zu führen", in: StV 1988, S. 549–552

Benda, Ernst: Resozialisierung als Verfassungsauftrag, in: Festschrift Hans Joachim Faller, hrsg. v. Wolfgang Zeidler, Theodor Maunz, Gerd Roellecke, München 1984 (zit.: *Benda*, in: FS Faller, S.)

Berckhauer, Friedhelm/Hasenpusch, Burkhard: Rückfälligkeit entlassener Strafgefangener – Zusammenhänge zwischen Rückfall und Bildungsmaßnahmen im Vollzug, in: MschKrim 1982, S. 318–334

Bergmann, Maren: Die Verrechtlichung des Strafvollzugs und ihre Auswirkungen auf die Strafvollzugspraxis – eine qualitative Analyse teilstrukturierter Interviews, Herbolzheim 2003 (zit.: *Bergmann*, Verrechtlichung des Strafvollzugs, S.)

Beyer, Willibald: Vollzugslockerungen: Chance oder Ärgernis? Vollzugslockerungen – aus der Sicht eines Anstaltspsychologen, in: Bruchstücke – Strafvollzugsprobleme aus der Sicht der Beteiligten, hrsg. v. Michael Walter, Karl-Peter Rotthaus und Helmut Geiter, Pfaffenweiler 1992, S. 85–88 (zit.: *Beyer*, in: Bruchstücke, S.)

Bierschwale, Peter: Wohin treibt es den Justizvollzug? Bemerkungen zur Verschränkung von Sicherheit und Pädagogik, in: ZfStrVo 1997, S. 67–76

Blankenburg, Erhard: Unsinn und Sinn des Annahmeverfahrens bei Verfassungsbeschwerden, in: Zeitschrift für Rechtssoziologie 1998, S. 37–60

Blau, Günter: Lockerungen des Strafvollzugs – Offene Anstalten, in: Materialien zur Strafrechtsreform, Reform des Strafvollzugsrechts, Bd. 8, 1. Teil, Bonn 1959 (zit.: *Blau*, Lockerungen, S.)

Bliesener, Thomas/Fleischer, Stephanie: Sanktionsbedürfnisse in der Bevölkerung – Einigkeit im Trend zu härteren Strafen, in: Festschrift für Franz Streng zum 70. Geburtstag, hrsg. v. Christoph Safferling, Gabriele Kett-Straub, Christian Jäger und Hans Kudlich, Heidelberg 2017, S. 201–212 (zit.: *Bliesener/Fleischer*, in: FS Streng, S.)

Bock, Michael: Schädlich, überflüssig, schmutzig – Die Argumentationen der kriminologischen Verächter der Resozialisierung, in: Festschrift für Alexander Böhm zum 70. Geburtstag am 14. Juni 1999, hrsg. v. Wolfgang Feuerhelm,

Hans-Dieter Schwind und Michael Bock, Berlin New York 1999, S. 285–303 (zit.: *Bock*, in: FS Böhm, S.)

Boers, Klaus: Kriminalitätsfurcht – Über den Entstehungszusammenhang und die Folgen eines sozialen Problems, Pfaffenweiler 1991 (zit.: Boers, Kriminalitätsfurcht, S.)

Boetticher, Axel/Kröber, Hans-Ludwig/Müller-Isberner, Rüdiger/Böhm, Klaus M./Müller-Metz, Reinhard/Wolf, Thomas: Mindestanforderungen für Prognosegutachten, in: NStZ 2006, S. 537–544

Bohlander, Michael: Widerruf früherer Strafaussetzung durch das erkennende Gericht – Eine Anregung zur Verfahrensbeschleunigung, in: NStZ 1999, 493–494

Böhm, Alexander: Vollzugslockerungen und offener Vollzug zwischen Strafzwecken und Vollzugszielen, in: NStZ 1986, S. 201–206

Böhm, Alexander: Probleme der Strafvollzugsforschung, insbesondere bezüglich Vollzugslockerungen, in: Kriminologische Forschung in der Diskussion: Berichte, Standpunkte Analysen, hrsg. v. Helmut Kury, Köln 1985, S. 575–603 (zit.: *Böhm*, in: Kriminologische Forschung, S.)

Böhm, Alexander: Vollzugslockerungen und offener Vollzug zwischen Strafzwecken und Vollzugszielen – zugleich einige grundsätzliche Bemerkungen zum Verhältnis von Strafrecht und Strafvollzug, in: Vollzugslockerungen im Spannungsfeld unterschiedlicher Instanzen und Interessen, hrsg. v. Alexander Böhm, Karl Heinrich Schäfer, 2. Auflage, Wiesbaden 1989, S. 17–54 (zit.: *Böhm*, in: Vollzugslockerungen im Spannungsfeld, S.)

Böhm, Alexander: Zur „Verrechtlichung" des Strafvollzugs, in: ZfStrVo 1992, S. 37–40

Böhm, Alexander: Bemerkungen zum Vollzugsziel, in: Festschrift für Klaus Lüderssen zum 70. Geburtstag am 2. Mai 2002, hrsg. v. Cornelius Prittwitz, Michael Baumann und Klaus Günther, Baden-Baden 2002, S. 807–819 (zit.: *Böhm*, in: FS Lüderssen, S.)

Böhm, Alexander: Strafvollzug, 3. Aufl., Neuwied 2003

Bölter, Herbert: Verlauf von Lockerungen im Langstrafenvollzug – Kriminologische Befunde und vollzugspraktische Folgerungen, in: ZfStrVo 1991, S. 71–76

Bund der Strafvollzugsbediensten Deutschlands e.V.: Stellungnahme zum Entwurf eines Strafvollzugsgesetzes, Juni 1974 (zit.: Stellungnahme der Strafvollzugsbedienstenten, S.)

Bunge, Viktoria: Landesstrafvollzugsgesetz des Landes Schleswig-Holstein, in: FS 2016, S. 348–351

Caspari, Stefan: (Informationen) Unterschiedliches Strafvollzugsrecht belastet die Justiz, in: DRiZ 2006, S. 142

Cassone, Stefan: Das neue HStVollzG, in: FS 2011, S. 33–38

Cornel, Heinz: Gesetzgebungskompetenz für den Strafvollzug – Föderalismusreform wünscht Übertragung auf die Länder, NK 2005, S. 2–3

Cornel, Heinz: Resozialisierung im Strafvollzug, in: Handbuch Resozialisierung, hrsg. v. Heinz Cornel, Gabriele Kawamura-Reindl, Bernd-Rüdeger Sonnen, S. 310–338, 4. Auflage 2018 (zit.: *Cornel*, in Handbuch Resozialisierung, S.)

Cornel, Heinz: Zum Begriff der Resozialisierung, in: Handbuch Resozialisierung, hrsg. v. Heinz Cornel, Gabriele Kawamura-Reindl, Bernd-Rüdeger Sonnen, S. 31–62, 4. Auflage 2018 (zit.: *Cornel*, in Handbuch Resozialisierung, S.)

Dahle, Klaus-Peter: Psychologische Begutachtung zur Kriminalprognose, in: Psychologische Begutachtung im Strafverfahren – Indikatoren, Methoden und Qualitätsstandars, hrsg. v. Hans-Ludwig Kröber und Max Steller, 2. Auflage, Darmstadt 2005, S. 133–169 (zit.: *Dahle*, in Psychologische Begutachtung, S.)

Dahle, Klaus-Peter/Harwardt, Franziska/Schneider-Njepel, Vera: LSI-R – Inventar zur Einschätzung des Rückfallrisikos und des Betreuungs- und Behandlungsbedarfs von Straftätern, 1. Aufl., Göttingen 2010 (zit.: *Dahle/Harwardt*, LSI-R, S.)

Degenhart, Christoph: Die Neuordnung der Gesetzgebungskompetenzen durch die Föderalismusreform, in: NVwZ 2006, S. 1209 1216

Deimling, Gerhard: „Resozialisierung“ im Spannungsfeld von Strafanstalt und Gesellschaft, in: ZfStrVo 1969, S. 251–260

Delaquis, Ernst: Strafrechtliche Kriegsziele – Vortrag, gehalten in der Juristischen Gesellschaft zu Frankfurt a.M. am 26. November 1917, ZStW 39 (1918), S. 276–299

Diepenbruck, Karl-Heinz: Rechtsmittel im Strafvollzug, Göttingen 1981 (zit.: *Diepenbruck*, Rechtsmittel, S.)

Dinger, Andrea/Koch, Uwe: Querulanz in Gericht und Verwaltung, München 1991 (zit.: *Dinger/Koch*, Querulanz, S.)

Dittmann, Volker: Was kann die Kriminalprognose heute leisten?, in: „Gemeingefährliche“ Straftäter – Délinquants „dangereux“, hrsg. v. Stefan Bauhofer, Pierre-Henri Bolle, Volker Dittmann, S. 67–95, Chur 2000 (zit.: *Dittmann*, in: Gemeingefährliche Straftäter, S.)

Dolde, Gabriele: Zehn Jahre Erfahrung mit dem Vollzug der Freiheitsstrafe ohne soziale Desintegration, in: ZfStrVo 1992, S. 24–30

Dolde, Gabriele: Vollzugslockerungen im Spannungsfeld zwischen Resozialisierungsversuch und Risiko für die Allgemeinheit, in: Langer Freiheitsentzug – wie lange noch? Plädoyer für eine antizyklische Kriminalpolitik, hrsg. v. Heike Jung, Heinz Müller-Dietz, Bonn 1994, S. 105–122 (zit.: *Dolde*, in: Langer Freiheitsentzug, S.)

Dollar, Hans: Organisation und Geschäftsgang der Strafvollstreckungskammern, in: DRiZ 1976 S. 169–172

Dölling, Dieter: Täterbehandlung: Ende oder Wende? in: Täterbehandlung und neue Sanktionsformen – Kriminalpolitische Konzepte in Europa, hrsg. v. Jörg-Martin Jehle, Mönchengladbach, 2000, S. 21–48 (zit.: *Dölling*, in: Täterbehandlung, S.)

Dopslaff, Ulrich: Abschied von den Entscheidungsfreiräumen bei Ermessen und unbestimmten Rechtsbegriffen mit Beurteilungsspielraum im Strafvollzugsgesetz, ZStW 100 (1988), S. 567–596

Drenkhahn, Kirstin: Was bringt der Musterentwurf zum Landesstrafvollzugsgesetz?, in: FS 2011, S. 266

Drenkhahn, Kirstin: Entwicklung und Prognose der Gefangenenpopulation und ihrer Merkmale, in: Das Gefängnis auf dem Prüfstand – Zustand und Zukunft des Strafvollzugs, hrsg. v. Bernd Maelicke und Stefan Suhling, Wiesbaden 2018, S. 51–72 (zit.: *Drenkhahn*, in: Gefängnis auf dem Prüfstand, S.)

Dressel, Birthe: Die Irrwege des Hamburger Strafvollzugsgesetzes, in: ZRP 2009, S. 146–148

Du Mênil, Béatrice: Die Resozialisierungsidee im Strafvollzug – Bestandsaufnahme und Reform-anregungen hinsichtlich der Ausgestaltung der Vollzugsgrundsätze des § 3 StVollzG, München 1994 (zit.: *du Mênil*, Resozialisierungsidee, S.)

Dünkel, Frieder: Die Öffnung des Vollzugs – Anspruch und Wirklichkeit, in: ZStW 94 (1982), S. 667–710

Dünkel, Frieder: Empirische Beiträge und Materialen zum Strafvollzug – Bestandsaufnahmen des Strafvollzugs in Schleswig-Holstein und des Frauenvollzugs in Berlin, Freiburg 1992 (zit.: *Dünkel*, Empirische Beiträge und Materialien, S.)

Dünkel, Frieder: Sicherheit im Strafvollzug – Empirische Daten zur Vollzugswirklichkeit unter besonderer Berücksichtigung der Entwicklung bei den Vollzugslockerungen, in: Festschrift für Horst Schüler-Springorum zum 65. Geburtstag, hrsg. v. Peter-Alexis Albrecht, Köln u.a. 1993, S. 641–669 (zit.: *Dünkel*, in: FS Schüler-Springorum, S.)

Dünkel, Frieder: Die Rechtsstellung von Strafgefangenen und Möglichkeiten der rechtlichen Kontrolle von Vollzugsentscheidungen in Deutschland, in: GA 1996, S. 518–538

Dünkel, Frieder: Empirische Forschung im Strafvollzug – Bestandsaufnahmen und Perspektiven, Bonn 1996, (zit.: *Dünkel*, Empirische Forschung, S.)

Dünkel, Frieder: Riskante Freiheiten? – Offener Vollzug, Vollzugslockerungen und Hafturlaub zwischen Resozialisierung und Sicherheitsrisiko, in: Wiedereingliederung Straffälliger – eine Bilanz nach 20 Jahren Strafvollzugsgesetz, hrsg. v. Gabriele Kawamura, Richard Reindl, Freiburg i. Br. 1998, S. 42–65 (zit.: *Dünkel*, in: Wiedereingliederung, S.)

Dünkel, Frieder: Resozialisierungsvollzug (erneut) auf dem Prüfstand, in: Täterbehandlung und neue Sanktionsformen – Kriminalpolitische Konzepte in Europa, hrsg. v. Jörg-Martin Jehle, Mönchengladbach, 2000, S. 379–414 (zit.: *Dünkel*, in: Täterbehandlung, S.)

Dünkel, Frieder: Sicherheit als Vollzugsziel? Die Wende im Strafvollzug in Zeiten des Wahlkampfes: eine Initiative aus Hessen, in: NK 2003, S. 8–9

Dünkel, Frieder: Strafvollzug ist Ländersache!? Was trotz bundeseinheitlicher Gesetzgebungskompetenz des Bundes möglich ist – Dargestellt am Beispiel des offenen Vollzugs, in: NK 2005, S. 5–6

Dünkel, Frieder: Vollzugsöffnender Maßnahmen – Wandel durch Landesgesetze im Licht internationaler Standards, in: KrimPäd, 2012, S. 14–27

Dünkel, Frieder/Drenkhahn, Kirstin: Behandlung im Strafvollzug: von „nothing works" zu „something works" in: Forschungsthema Strafvollzug, hrsg. v. Mechthild Bereswill und Werner Greve, Hannover 2001, S. 387–417 (zit.: *Dünkel/Drenkhahn*, Forschungsthema Strafvollzug, S.)

Dünkel, Frieder/Geng, Bernd/Morgenstern, Christine: Strafvollzug in Deutschland – Aktuelle rechtstatsächliche Befunde, in: FS 2010, S. 22–32

Dünkel, Frieder/Morgenstern, Christine/Zolondek, Juliane: Europäische Strafvollzugsgrundsätze verabschiedet!, in: NK 2006, S. 86–89

Dünkel, Frieder/Pruin, Ineke/ Beresnatzki, Paul/Treig, Judith: Vollzugsöffnende Maßnahmen und Entlassungsvorbereitung – Gesetzgebung und Praxis in den Bundesländern, in: NK 2018, S. 21–50

Dünkel, Frieder/Rosner, Anton: Die Entwicklung des Strafvollzuges in der BRD seit 1970 – Materialien und Analysen, 2. Auflage, Freiburg 1982 (zit.: *Dünkel/Rosner*, Entwicklung des Strafvollzuges, S.)

Dünkel, Frieder/Schüler-Springorum, Horst: Strafvollzug als Ländersache? Der „Wettbewerb der Schäbigkeit" ist schon im Gange!, in: ZfStrVo 2006, S. 145–149

Dünkel, Hans Peter: Die Strafvollstreckungskammer – weiterhin ein unbeliebter Torso? Überlegungen zu den Arbeitsbedingungen, in: BewHi 1992, S. 196–210

Eberle, Hans-Jürgen: Strafgefangene und ihre Bezugspersonen – Ein anstalts- und haftzeitübergreifendes Resozialisierungskonzept im Jugendstrafvollzug, in: ZfStrVo 1981, S. 98–102

Ehlers, Dirk/Pünder, Herrmann (Hrsg.): Allgemeines Verwaltungsrecht, 15. Auflage, Berlin 2016 (zit.: *Bearbeiter*, in: Ehlers/Pünder, AllgVerwR, § Rn.)

Eisenberg, Ulrich/Kölbel, Ralf: Kriminologie, 7. Aufl., Tübingen 2017

Eisenhardt, Thilo: Strafvollzug, Stuttgart 1978

Ellger: Der progressive Strafvollzug, in: ZStW 36 (1915), S. 554–572

Endres, Johann: Die Kriminalprognose im Strafvollzug: Grundlagen. Methoden und Probleme der Vorhersage von Straftaten, in: ZfStrVo 2000, S. 67–83

Endres, Johann/Breuer, Maike: Leugnen bei inhaftierten Sexualstraftätern – Ursachen, Korrelate und Konsequenzen, in: FPPK 2014, S. 263–278

Endres, Johann/Breuer, Maike: Behandlungsmaßnahmen und -programme im Strafvollzug, in: Das Gefängnis auf dem Prüfstand – Zustand und Zukunft des Strafvollzugs, hrsg. v. Bernd Maelicke und Stefan Suhling, Wiesbaden 2018, S. 89–108 (zit.: *Endres/Breuer*, in: Gefängnis auf dem Prüfstand, S.)

Ernst, Ludwig: Der Verkehr des Strafgefangenen mit der Außenwelt, Berlin 1972 (zit.: *Ernst*, Verkehr mit der Außenwelt, S.)

Eschke, Dieter: Mängel im Rechtsschutz gegen Strafvollstreckungs- und Strafvollzugsmaßnahmen – Eine Darstellung ausgewählter Probleme mit Lösungsvorschlägen, Heidelberg 1993 (zit.: *Eschke*, Mängel im Rechtsschutz, S.)

Eser, Albin: Resozialisierung in der Krise? Gedanken zum Sozialisationsziel des Strafvollzugs, in: Einheit und Vielfalt des Strafrechts – Festschrift für Karl Peters zum 70. Geburtstag, hrsg. v. Jürgen Baumann und Klaus Tiedemann, Tübingen 1974, S. 505–518 (zit.: *Eser*, in: FS Peters, S.)

Feest, Johannes: Europäische Maßstäbe für den Justizvollzug – Zur Neufassung der Europäischen Gefängnisregeln (European Prison Rules), in: ZfStrVo 2006, S. 259–261

Feest, Johannes: Chancen im Vollzug oder >Chancenvollzug<? Ein Kommentar zum Niedersächsischen Justizvollzugsgesetz, in: StV 2008, S. 553–558

Feest, Johannes: Ein Musterentwurf nicht ohne Wert – Anmerkungen zum MEStVollzG1 vom Autorenkreis des AK StVollzG2, in: NK 2012, S. 4–8

Feest, Johannes/Lesting, Wolfgang: Zur Wirksamkeit von Alternativkommentaren, in: Festschrift für Lieselotte Pongratz, hrsg. v. Heribert Ostendorf, München 1986, S. 231–250 (zit.: *Feest/Lesting*, in: FS Pongratz, S.)

Feest, Johannes/Lesting, Wolfgang: Renitente Vollzugsbehörden – Versuch einer Bestandsaufnahme, in: Fachtagung 10 Jahre Strafvollzugsgesetz – Eine Dokumentation, hrsg. v. Kriminalpolitisches Forum Berlin, Bonn 1987, S. 172–212 (zit.: *Feest/Lesting*, Fachtagung, S.)

Feest, Johannes/Lesting, Wolfgang: Der Angriff auf die Lockerungen – Daten und Überlegungen zur Lockerungspolitik der Länder, in: ZfStrVo 2005, S. 76–82

Feest, Johannes/Lesting, Wolfgang/Lindemann, Michael: Strafvollzugsgesetze: Kommentar, 7. Aufl., Köln 2017 (zit.: *Bearbeiter*, in: AK-StVollzG, Teil § Rn.)

Feest, Johannes/Lesting, Wolfgang: Contempt of Court – Zur Wiederkehr des Themas der renitenten Strafvollzugsbehörden, in: Festschrift für Ulrich Eisenberg zum 70. Geburtstag, hrsg. v. Henning Ernst Müller, Günther M. Sander, Helena Válková, München 2009, S. 675–690 (zit.: *Feest/Lesting*, in: FS Eisenberg, S.)

Feest, Johannes/Selling Peter: Rechtstatschen über Rechtsbeschwerden – Eine Untersuchung zur Praxis der Oberlandesgerichte in Strafvollzugssachen, in: Kriminologische Forschung in den 80er Jahren, hrsg. v. Günther Kaiser, Helmut Kury und Hans-Jörg Albrecht, Freiburg 1988 S. 247–264 (zit.: *Feest/Lesting*, in: Kriminologische Forschung, S.)

Fischer, Thomas: Strafgesetzbuch mit Nebengesetzen, Beckscher Kurzkommentar, 65. Aufl., München 2018 (zit.: *Fischer*, StGB, § Rn.)

Franke, Jürgen: Aus der Rechtsprechung in Strafvollzugssachen 1980 – 1. Teil: §§ 4 bis 31 StVollzG, in: NStZ 1981, S. 212–215

Freimund, Bettina: Vollzugslockerungen – Ausfluß des Resozialisierungsgedankens? „Begünstigende" Vollzugsmaßnahmen im Lichte des Vollzugsziels der Resozialisierung – eine Studie zur Verteilung von Vollzugslockerungen im weiteren Sinne in vier Anstalten anhand zweier Vergleichsgruppen, Frankfurt 1990 (zit.: *Freimund*, Vollzugslockerungen, S.)

Frellesen, Peter: Konkretisierung des Strafvollzugsgesetzes durch sachfremde Verwaltungsvorschriften, in: NJW 1977, S. 2050–2053

Freudenthal: Die staatsrechtliche Stellung des Gefangenen. Auszug aus der Frankfurter Rektoratsrede am 03. November 1909, Nachdruck in: ZfStVo 1955, S. 157–166

Freudenthal, B.: Strafrecht und Strafvollzug im modernen Rechtsstaat, in: ZStW 39 (1918), S. 493–511

Freytag, Harald: Entschuldungsprogramme für Straffällige – Eine kriminologisch-empirische Untersuchung unter besonderer Berücksichtigung des hessischen „Resozialisierungsfonds", Bonn 1989 (zit.: *Freytag*, Entschuldungsprogramme, S.)

Friederich, Maximiliane: John Howard und die Strafvollzugsreformen in Süddeutschland in der ersten Hälfte des 19. Jahrhunderts, Frankfurt a.M. 2013 (zit.: *Friederich*, John Howard, S.)

Frisch, Wolfgang: Unsichere Prognose und Erprobungsstrategie – am Beispiel der Urlaubsgewährung im Strafvollzug, zugleich eine Besprechung der Entscheidung des OLG Celle 3 Ws 125/86 vom 25.3.1986, in: StV 1988, S. 359–367

Frisch, Wolfgang: Dogmatische Grundfragen der bedingten Entlassung und der Lockerungen des Vollzugs von Strafen und Maßregeln, in: ZStW 102 (1990), S. 707–792

Fritsche, Mareike: Vollzugslockerungen und bedingte Entlassung im deutschen und französischen Strafvollzug, Mönchengladbach 2005 (zit.: *Fritsche*, Vollzugslockerungen, S.)

Geiter, Helmut: Kriminalität und Strafvollzug – Öffentlichkeit und Justiz zwischen Mut, Übermut und Unmut, in: ZfStrVo 1991, S. 323–333

Goffman, Erving: Asyle: Über die soziale Situation psychiatrischer Patienten und anderer Insassen, Frankfurt a. M. 1972 (zit.: *Goffman*, Asyle, S.)

Göppinger, Hans: Kriminologie, 6. Auflage München 2008, hrsg. v. Michael Bock (zit.: Bearbeiter, in: *Göppinger*, Kriminologie, § Rn.)

Götte, Sabine: Die Mitbetroffenheit der Kinder und Ehepartner von Strafgefangenen – Eine Analyse aus der Sicht unterhaltsrechtlicher Interessen, Köln 1998 (zit.: *Götte*, Mitbetroffenheit der Kinder und Ehegatten, S.)

Graul, Hans-Joachim: Strafvollzugsbau einst und heute, Düsseldorf 1965 (zit.: *Graul*, Strafvollzugsbau, S.)

Greiffenhagen, Horst: Die wesentlichen Neuerungen der bundeseinheitlichen „Dienst- und Vollzugsordnung (DVollzO)“ aus der Sicht des hamburgischen Strafvollzuges, Hamburg 1963 (zit.: *Greiffhagen*, DVollzO, S.)

Gretenkord, Lutz: Verhalten im Maßregelvollzug und Legalprognose, in: Forensische Psychiatrie – Schuldfähigkeit – Kriminaltherapie – und Kriminalprognose, hrsg. v. Rüdiger Müller-Isberner, Sara Gonzalez Cabeza, Mönchengladbach 1998, S. 163–172 (zit.: *Gretenkord*, in: Forensische Psychiatrie, S.)

Groll, Klaus-Michael: Die Geschichte der Einheitsstrafe, Kiel 1972 (zit.: *Groll*, Einheitsstrafe, S.)

Grosch, Olaf: Lockerungen als Disziplinierungsmittel im Jugendstrafvollzug, in: Kriminologische Forschung in den 90er Jahren – Criminological Research in the 1990s, hrsg. v. Günther Kaiser und Helmut Kury, Freiburg i. Br. 1993, S. 157–192 (zit.: *Grosch*, Kriminologische Forschung, S.)

Grosch, Olaf: Lockerungen im Jugendstrafvollzug – Grundlagen und Praxis – eine haftverlaufsorientierte Untersuchung anhand des baden-württembergischen Jugendstrafvollzugs, Max-Planck-Institut für Ausländisches und Internationales Strafrecht, Freiburg i. Br. 1995 (zit.: *Grosch*, Lockerungen im Jugendstrafvollzug, S.)

Gross, Andreas/Laub, Karin: Die Praxis in Strafvollzugssachen aus Anstaltssicht, in: FS 2012, S. 277–281

Grunau, Theodor: Vollzug von Freiheitsentziehung Teil II – Erläuterungen zur Dienst- und Voll-zugsordnung (DVollzO) – Strafvollzug an Erwachsenen, Köln, Berlin, Bonn, München 1972 (zit.: *Grunau*, Erläuterungen zur DVollzO, Nr. Rn.)

Grunau, Theodor: Über den Regelurlaub der Strafgefangenen – § 13 des Strafvollzugsgesetzes, in: DRiZ 1978, S. 111–113

Grunau, Theodor/Tiesler, Eberhard: Kommentar zum Strafvollzugsgesetz, 2. Aufl. Köln 1982 (zit.: *Grunau/Tiesler*, StVollzG, § Rn.)

Hagenmaier, Martin: Kann das Übergangsmanagement die Resozialisierungsidee retten? in: NK 2014, S. 123–129

Haller, Reinhard: Das psychiatrische Gutachten – Grundriss der Psychiatrie für Juristen, Sozialarbeiter, Soziologen, Justizbeamte, Psychotherapeuten, gutachterlich tätige Ärzte und Psychologen, hrsg. v. Christian Kopetzki und Wolfgang Mazal, 2. Auflage, Wien 2008 (zit.: *Haller*, Gutachten, S.)

Harbordt, Steffen: Die Subkultur des Gefängnisses – Eine soziologische Studie zur Resozialisierung, Stuttgart 1967 (zit.: *Harbordt*, Subkultur, S.)

Harling, Anja von: Das Risiko der Begehung von Straftaten während Vollzugslockerungen, in: NStZ 1997, S. 469–470

Harling, Anja von: Der Mißbrauch von Vollzugslockerungen zu Straftaten – eine empirische Untersuchung zur Bewährung der Lockerungspraxis am Beispiel Niedersachsens in den Jahren 1990 und 1991, München 1997 (zit.: *v. Harling*, Mißbrauch von Vollzugslockerungen, S.)

Hassemer, Winfried: Sicherheitsbedürfnis und Grundrechtsschutz: Umbau des Rechtsstaats? in: StraFo 2005, S. 312–318

Häßler, Ulrike/Maiwald, Thomas: Drogenabhängige Inhaftierte, in: Das Gefängnis auf dem Prüfstand – Zustand und Zukunft des Strafvollzugs, hrsg. v. Bernd Maelicke und Stefan Suhling, Wiesbaden 2018, S. 423–442 (zit.: *Häßler/Maiwald*, in: Gefängnis auf dem Prüfstand, S.)

Häuser, Michael: Der Gefahrenbegriff im Strafvollzugsgesetz – Eine Analyse anhand von Literatur, Rechtsprechung und Praxis in der Vollzugsverwaltung, Heidelberg 2003 (zit.: *Häuser*, Gefahrenbegriff, S.)

Heghmanns, Michael: Die neuere Rechtsprechung des Bundesverfassungsgerichts zur gerichtlichen Überprüfung der Versagung von Vollzugslockerungen – eine Trendwende? in: ZStW 111 (1999), S. 647–672

Hippel, Robert von: Die geschichtliche Entwicklung der Freiheitsstrafe, in: Deutsches Gefängniswesen – Ein Handbuch, hrsg. v. Erwin Bumke, Berlin 1928, S. 1–15 (zit.: v. *Hippel*, Gefängniswesen, S.)

Hirsch, Silke Marion: Die Kommunikationsmöglichkeiten des Strafgefangenen mit seiner Familie, Frankfurt a.M. 2003 (zit.: *Hirsch*, Kommunikationsmöglichkeiten, S.)

Hoffmann, Klaus: Grenzen der Unfreiheit – Konturen der Versagung aus Behandlungsgründen im Strafvollzug, Mönchengladbach 2000 (zit.: *Hoffmann*, Grenzen der Unfreiheit, S.)

Hoffmann, Klaus: Der Strafgefangene als Subjekt der Behandlung – zum Spannungsverhältnis von Menschenwürde und Vollzugsziel, in: ZfStrVo 2003, S. 207–212

Höflich, Peter/Schriever, Wolfgang/Bartmeier, André: Grundriss Vollzugsrecht – Das Recht des Strafvollzugs, der Untersuchungshaft und des Jugendvollzugs, 4. Aufl., Heidelberg 2014 (zit.: *Höflich/Schriever*, Grundriss Vollzugsrecht, S.)

Holtzendorff, Franz von: Kritische Untersuchungen über die Grundsätze und Ergebnisse des irischen Strafvollzuges, Berlin 1865 (zit.: *Holtzendorff*, Kritische Untersuchungen des irischen Strafvollzuges, S.)

Holtzendorff, Franz von/Jagemann, Eugen von: Handbuch des Gefängniswesens, Erster Band, Hamburg 1888 (zit.: *Bearbeiter*, in: Handbuch des Gefängniswesens, S.)

Hürlimann, Michael: Führer und Einflußfaktoren in der Subkultur des Strafvollzugs, Pfaffenweiler 1993 (zit.: *Hürlimann*, Subkultur des Strafvollzugs, S.)

Ipsen, Jörn: Die Kompetenzverteilung zwischen Bund und Ländern nach der Föderalismusnovelle, in; NJW 2006, S. 2801–2806

Jagemann, Eugen von: Zur kriminalpolitischen Ausgestaltung der Freiheitsstrafen, in: ZStW 34 (1913), S. 329–391

Jehle, Jörg-Martin: Wie wirkt die Neugestaltung der Sicherungsverwahrung auf den Normalvollzug zurück?, in: Brauchen wir eine Reform der freiheitsentziehenden Sanktionen? hrsg. v. Katrin Höffler, Göttingen 2015, S. 65–74 (zit.: *Jehle*, in: Reform der freiheitsentziehenden Sanktionen, S.)

Jehle, Jörg-Martin/Albrecht Hans-Jörg/Hohmann-Fricke, Sabine/Tetal, Carina: Legalbewährung nach strafrechtlichen Sanktionen – Eine bundesweite Rückfalluntersuchung 2010 bis 2013 und 2004 bis 2013, hrsg. v. Bundesministerium der Justiz, Berlin 2016 (zit.: *Jehle/Albrecht*, Legalbewährung, S.)

Joester, Erich/Quensel, Edelgart/Hoffmann, Erhard/Feest, Johannes: Lockerungen des Vollzugs – Versuch einer sozialwissenschaftlich angeleiteten Kommentierung des § 11 Strafvollzugsgesetz und einer Auseinandersetzung mit dazu ergangenen Verwaltungsvorschriften, in: ZfStrVo 1977, S. 93–104

Jung, Heike: Das Strafvollzugsgesetz und die „Öffnung des Vollzugs“, in: ZfStrVo 1977, S. 86–92

Jürgensen Peter/Rehn Gerhard: Urlaub aus der Haft, in: MschrKrim 1980, S. 231–241

Justen, Detlef: Unbestimmte Rechtsbegriffe mit „Beurteilungsspielraum“ im Strafvollzugsgesetz, Mainz 1995 (zit.: *Justen*, Unbestimmte Rechtsbegriffe, S.)

Kaiser, Günther/Schöch, Heinz: Strafvollzug, 5. Auflage, Heidelberg 2002 (zit.: *Bearbeiter*, in: Kaiser/Schöch, Strafvollzug, S.)

Kaiser, Günther: Kriminologie – Ein Lehrbuch, 3. Auflage Heidelberg 1996 (zit.: *Kaiser*, Kriminologie, S.)

Kamann, Ulrich: Gerichtlicher Rechtsschutz im Strafvollzug – Grenzen und Möglichkeiten der Kontrollen vollzuglicher Maßnahmen am Beispiel der Strafvollstreckungskammer Arnsberg, Bremen 1991 (zit.: *Kamann*, Gerichtlicher Rechtsschutz, S.)

Kamann, Ulrich: Die Erweiterung des Renitenzbegriffs im Strafvollzug, in: ZfStrVo 1993, S. 206–211

Kamann, Ulrich: Der Beurteilungsspielraum und sein Einfluß auf die Ver-unrechtlichung des Strafvollzuges, in: ZRP 1994, S. 474–477

Kamann, Ulrich: Die Rechte Strafgefangener und ihre Durchsetzung, in: Wiedereingliederung Strafgefangener – Eine Bilanz nach 20 Jahren StVollzG, hrsg. v. Gabriele Kawamura, Richard Reindl, Freiburg i. Br. 1998, S. 95–100 (zit.: *Kamann*, Wiedereingliederung, S.)

Keller, Rainer: Ermessensgrenzen bei der Gewährung von Urlaub nach dem Strafvollzugsgesetz – Zugleich Anmerkung zu OLG Celle, Beschluß vom 26.7.1978 – 3 Ws 53/78, in: JZ 1979, S. 167–171

Kett-Straub, Gabriele: Die Gefangenenarbeit im Strafvollzug, in: ZStW 125 (2014), S. 883–906

Kett-Straub, Gabriele: Die lebenslange Freiheitsstrafe, Tübingen 2011 (zit.: *Kett-Straub*, Lebenslange Freiheitsstrafe, S.)

Kett-Straub, Gabriele/Streng, Franz: Strafvollzugsrecht, München 2016

Kiesel, Manfred: Fischen im Trüben: Christlich-Demokratische Kriminalpolitik, in: ZRP 2001, S. 385–386

Kinzig, Jörg/Richter, Natalie: Das Justizvollzugsgesetz Baden-Württemberg: Aufbau und Neuerungen – Ein Vergleich mit dem Strafvollzugsgesetz, in: FS 2011, S. 317–320

Klein, Alexander: Die Vorschriften über Verwaltung und Strafvollzug in den preußischen Justizgefängnissen, 3. Auflage, Berlin 1914 (zit.: *Klein*, Verwaltung und Strafvollzug, 3. Aufl., S.)

Klein, Alexander: Die Vorschriften über Verwaltung und Vollzug in den Gefangenenanstalten der Preußischen Justizverwaltung – In Verbindung m. Kurt Wackermann u. Edgar Wutzdorff, 4. Auflage, Berlin 1924 (zit.: *Klein*, Verwaltung und Vollzug, 4. Aufl., S.)

Klingner, Klaus: Flickenteppich oder innovativer Wettbewerb?, in: FS 2007, S. 104

Klotz, Wolfgang: Rückfälligkeit von ehemaligen Gefangenen des geschlossenen und offenen Strafvollzugs, in: ZfStrVo 1980, S. 70–85

Knauer, Florian: Strafvollzug und Internet – Rechtsprobleme der Nutzung elektronischer Kommunikationsmedien durch Strafgefangene, in: Berliner Juristische Universitätsschriften – Strafrecht, Berlin 2006 (zit.: *Knauer*, Strafvollzug und Internet, S.)

Koeppel, Thordis: Kontrolle des Strafvollzuges – Individueller Rechtsschutz und generelle Aufsicht – Ein Rechtsvergleich, Mönchengladbach 1999 (zit.: *Koeppel*, Kontrolle, S.)

Koepsel, Klaus: Das Vollzugskonzept des Strafvollzugsgesetzes und seine Veränderungen durch Verwaltungsvorschriften und Erlasse der Landesjustizverwaltungen, in: ZfStrVo 1992, S. 46–51

Koepsel, Klaus: Resozialisierungsziele auf dem Prüfstand – Oder: Sind neue Sicherheitsstrategien für den Strafvollzug erforderlich, in: Kriminalistik 1999, S. 81–85

Köhne, Michael: Die „allgemeinen Lebensverhältnisse" im Angleichungsgrundsatz des StVollzG, in: BewHi 2003, S. 250–254

Köhne, Michael: Resozialisierungsunfähige Strafgefangene, in: ZRP 2003, S. 207–209

Köhne, Michael: Gesetzgebungszuständigkeit für den Strafvollzug, in: ZRP 2006, S. 195–196

Köhne, Michael: Das Ziel des Strafvollzugs als Ländersache? in: JR 2007, S. 494–497

Köhne, Michael: Konsequenzen der Föderalismusreform für die Strafzumessung, in: NK 2008, S. 9–11

Köhne, Micheal: 3 Landesstrafvollzugsgesetze – Beiträge zum „Wettbewerb der Schäbigkeit"? in: NStZ 2009, S. 130–133

Köhne, Michael: Fünf Landessstrafvollzugsgesetze – ein >Wettbewerb der besten Praxis<?, in: JR 2012, S. 14–17

Konrad, Norbert/Huchzermeier, Christian/Rasch, Wilfried: Forensische Psychiatrie und Psychotherapie – Rechtsgrundlagen, Begutachtung und Praxis, 5. Auflage, Stuttgart 2019 (zit.: *Konrad/Huchzermeier/Rasch*, Forensische Psychiatrie, S.)

Koop, Uwe: Keine Verlagerung der Gesetzgebungskompetenz für den Strafvollzug auf die Länder – Gesetzgebungskompetenz für den Strafvollzug muss beim Bund bleiben!, in: ZfStrVo 2006, S. 3–4

Kopp, Ferdinand/Ramsauer, Ulrich: Kommentar zum Verwaltungsverfahrensgesetz, 19. Auflage 2018 (zit.: *Bearbeiter*, in: Kopp/Ramsauer, VwVfG, § Rn.)

Kopp, Ferdinand/Schenke, Wolf-Rüdiger: VwGO – Kommentar zur Verwaltungsgerichtsordnung, 24. Auflage München 2018 (zit.: *Bearbeiter*, in: Kopp/Schenke, VwGO, § Rn.)

Koranyi, Johannes: Europäische Standards für die Öffnung des Strafvollzugs – Zur Implementierung von Art. 2 Absatz 1 Satz 1 EMRK im Bereich der Lockerungsgewährung unter besonderer Berücksichtigung der deutschen und englischen Vollzugspraxis, Baden-Baden 2012 (zit.: *Koranyi*, Europäische Standards, S.)

Kräupel, Günther/Ludwig, Heike: Wahrnehmung von Kriminalität und Sanktionen im Kontext gesellschaftlicher Transformation – Theoretische Reflexion und Ergebnisse von Kriminalitätsbefragungen im Thüringen, Freiburg 2000 (zit.: *Kräupel/Ludwig*, Wahrnehmung von Kriminalität und Sanktionen, S.)

Krebs, Albert: „lex Wentzel“ Gesetz betreffend die Beschäftigung von Strafgefangenen außerhalb der Anstalt vom 11. April 1854, in: ZfStrVo 1854, S. 100–104

Krebs, Otto: Strafvollzug in Stufen, in: Arbeiterwohlfahrt 1930, S. 481–487

Krehl, Christoph: Vollzugslockerungen und Reststrafenaussetzung, in: Festschrift für Ruth Rissing-van Saan zum 65. Geburtstag am 25. Januar 2011, hrsg. v. Klaus Bernsmann und Thomas Fischer, Berlin 2011, S. 301–315 (zit.: *Krehl*, in: FS Rissing-van Saan, S.)

Kretschmer, Joachim: Ergänzungen und Alternativen zum strafvollzugsrechtlichen Rechtsschutzsystem oder brauchen wir einen Strafvollzugsbeauftragten?, in: ZfStrVo 2005, S. 217–224

Kreuzer, Arthur: 30 Jahre Strafvollzugsgesetz – Wie steht es um den Strafvollzug?, in: ZfStrVo 2006, S. 137–144

Kreuzer, Arthur/Bartsch, Tillmann: Vergleich der Landesstrafvollzugsgesetze – Insbesondere der Entwurf eines Hessischen Strafvollzugsgesetzes, in: FS 2010, S. 87–93

Kriegsmann, Nikolaus Hermann: Einführung in die Gefängniskunde, Heidelberg 1912 (zit.: *Kriegsmann*, Gefängniskunde, S.)

Kröber, Hans-Ludwig: Gang und Gesichtspunkte der kriminalprognostischen psychiatrischen Begutachtung, in: NStZ 1999, S. 593–599

Krohne, K.: Lehrbuch der Gefängniskunde, Stuttgart 1889 (zit.: *Krohne*, Gefängniskunde, S.)

Krüger, Julian: Systeme und Konzepte des progressiven Strafvollzugs, Baden-Baden 2011 (zit.: *Krüger*, progressiver Strafvollzug, S.)

Kruis, Konrad/Ralf Wehowsky: Fortschreibung der verfassungsrechtlichen Leitsätze zum Vollzug von Straf- und Untersuchungshaft, in: NStZ 1998, S. 593–597

Kudlich, Hans: Der Strafvollzug im Spannungsverhältnis zwischen Vollzugsziel und Sicherheit, in: JA 2003, S. 704–712

Kunz, Christoph: Auswirkungen von Freiheitsentzug in einer Zeit des Umbruchs – Zugleich eine Bestandsaufnahme des Männererwachsenenvollzugs in Mecklenburg-Vorpommern und in der JVA Brandenburg/Havel in den ersten Jahren nach der Wiedervereinigung, Mönchengladbach 2003 (zit.: *Kunz*, Auswirkungen von Freiheitsentzug, S.)

Kunze, Torsten: Hessische Vollzugsgesetze – Bewährtes und Neues, in: FS 2016, S. 30–31

Laubenthal, Klaus/Nestler, Nina: Strafvollstreckung, 2. Auflage, Berlin, Heidelberg 2018

Laubenthal, Klaus/Nestler, Nina/Neubacher, Frank/Verrel, Thorsten: Strafvollzugsgesetze: Kommentar, 12. Auflage, München 2015 (zit.: *Bearbeiter*, in: LNNV, StVollzG, Abschn. Rn.)

Laubenthal, Klaus: Gewährung verwaltungsrechtlichen Rechtsschutzes durch den Strafrichter im Verfahren nach §§ 109 ff. StVollzG, in: Gedächtnisschrift für Dieter Meurer, hrsg. v. Eva Graul und Gerhard Wolf, Berlin 2002, S. 483–494 (zit.: *Laubenthal*, in: GS Meurer, S.)

Laubenthal, Klaus: 30 Jahre Vollzugszuständigkeit der Strafvollstreckungskammern, in: Recht gestalten, dem Recht dienen – Festschrift für Reinhard Böttcher zum 70. Geburtstag am 29. Juli 2007, hrsg. v. Dieter Dölling, Roland Helgerth, Heinz Schöch und Peter König, Berlin 2007 (zit.: *Laubenthal*, in: FS Böttcher, S.)

Laubenthal, Klaus: Gefangenensubkulturen, in: APuZ 2010, S. 34–39

Laubenthal, Klaus: Strafvollzug, 8. Auflage, Berlin 2018

Laubenthal, Klaus: Vorgehen gegen behördliche und gerichtliche Untätigkeit in Strafvollzugssachen, in: Kriminologie – Jugendkriminalrecht – Strafvollzug – Gedächtnisschrift für Michael Walter, hrsg. v. Frank Neubacher und Michael Kubink, Berlin 2014, S. 579–590 (zit.: *Laubenthal*, in: GS Walter, S.)

Lesting, Wolfgang: Vollzug und Gerichte – Szenen einer manchmal schwierigen Beziehung, in: FS 2012, S. 273–276

Lesting, Wolfgang/Feest, Johannes: Renitente Strafvollzugsbehörden – Eine rechtstatsächliche Untersuchung in rechtspolitischer Absicht, in: ZRP 1987, S. 390–393

Lesting Wolfgang/Feest Johannes: Die Neuregelung des StVollzG durch das Gesetz zur bundesrechtlichen Umsetzung des Abstandsgebots im Recht der Sicherungsverwahrung, in: StV 2013, S. 278–280

Leyendecker, Natalie Andrea: (Re-)Sozialisierung und Verfassungsrecht, Berlin 2002 (zit.: *Leyendecker*, (Re-)Sozialisierung, S.)

Liszt, Franz von: Die Gefängnisarbeit, Vortrag gehalten am 26. Juli 1900, Berlin 1900

Litwinski, Hartmut: Strafverteidigung im Strafvollzug, München 1989

Lohmann, Hans Christian: Arbeit und Arbeitsentlohnung des Strafgefangenen, Frankfurt a.M. 2002 (zit.: *Lohmann*, Arbeit und Arbeitsentlohnung, S.)

Loos, Ernst: Die offene und halboffene Anstalt im Erwachsenenstraf- und Maßregelvollzug, Stuttgart 1970 (zit.: *Loos*, Offene und halboffene Anstalt, S.)

Lösel, Friedrich: Meta-analytische Beiträge zur wiederbelebten Diskussion des Behandlungsgedankens, in: Straftäterbehandlung, hrsg. v. Max Steller, Klaus-Peter Dahle, Monika Basqué, Pfaffenweiler 1994, S. 13–34 (zit.: *Lösel*, Straftäterbehandlung, S.)

Lösel, Friedrich: Wie wirksam ist die Straftäterbehandlung im Justizvollzug?, in: Behandlung im Justizvollzug, hrsg. v. Martin Rettenberger und Axel Dessecker, Wiesbaden 2016, S. 17–52, (zit.: *Lösel*, in: Behandlung im Justizvollzug, S.)

Löwe, Ewald/Rosenberg, Werner: Die Strafprozessordnung und das Gerichtsverfassungsgesetz, Großkommentar, 1. Teilband §§ 1 – 202 GVG; Anhang zum GVG, hrsg. v. Peter Rieß, 24. Aufl., Berlin u.a. 1996 (zit.: Bearbeiter, in: Löwe/Rosenberg, StPO, Anhang GVG,

Lübbe-Wolff, Gertrude/Lindemann, Michael: Neuere Rechtsprechung des Bundesverfassungsgerichts zum Vollzug von Straf- und Untersuchungshaft und zum Maßregelvollzug, in: NStZ 2007, 450–461

Lübbe-Wolff, Gertrude: Die Rechtsprechung des Bundesverfassungsgerichts zum Strafvollzug und Untersuchungshaftvollzug, Baden-Baden 2016 (zit.: *Lübbe-Wolff*, Rechtsprechung des Bundesverfassungsgerichts, S.)

Lüderssen, Klaus: Krise des Resozialisierungsgedankens im Strafrecht, in: JA 1991, S. 222–228

Maelicke, Bernd: Konsequenzen der Föderalismusreform für den Deutschen Strafvollzug, in: NK 2006, S. 89

Maelicke, Bernd: Auf zu neuen Ufern? Konsequenzen der Föderalismusreform, in: FS 2007, S. 9–13

Maelicke, Bernd: Forschung und Entwicklung als Innovationsstrategie für den Strafvollzug, in: Das Gefängnis auf dem Prüfstand – Zustand und Zukunft des Strafvollzugs, hrsg. v. Bernd Maelicke und Stefan Suhling, Wiesbaden 2018, S. 3–21 (zit.: *Maelicke*, in: Gefängnis auf dem Prüfstand, S.)

Matthey, Isabell: Der Angleichungsgrundsatz nach § 3 StVollzG, Frankfurt a.M. 2011, (zit.: *Matthey*, Angleichungsgrundsatz, S.)

Maunz, Theodor/Dürig, Günter: Grundgesetz-Kommentar, München 2014 (zit.: *Bearbeiter*, in: Maunz/Dürig, GG, Art. Rn.)

Maurer, Hartmut: Staatsrecht I, Grundlagen – Verfassungsorgane – Staatsfunktionen, 6. Auflage, München 2010 (zit.: *Maurer*, Staatsrecht, § Rn.)

Maurer, Hartmut/ Waldhoff, Christian: Allgemeines Verwaltungsrecht, 19. Auflage, München 2017 (zit.: *Maurer/Waldhoff*, AllgVerwR, § Rn.)

Mauruschat, Agnete/Scharf, Reinhard: Langzeitbesuch in der JVA Lübeck, in: FS 2014, S. 153–154

Meier, Bernd-Dieter: Unterschiedlich oder gleich? Zu den Schwierigkeiten des Vergleichs der Strafvollzugssysteme der Länder nach der Föderalismusreform, in: Interdisziplinäre Kriminologie: Festschrift für Arthur Kreuzer zum 70. Geburtstag, hrsg. v. Thomas Görgen, Klaus Hoffmann-Holland, Hans Schneider und Jürgen Stock, Frankfurt 2008, S. 527–542 (zit.: *B.-D. Meier*, in: FS Kreuzer, S.)

Meier, Bernd-Dieter: Strafrechtliche Sanktionen, 4. Auflage, Berlin 2015

Meier, Peter: Die Entscheidung über Ausgang und Urlaub aus der Haft: eine rechtsdogmatische Analyse anhand der Rechtsprechung der Vollzugsgerichte und der Entscheidungspraxis einer Justizvollzugsanstalt, Freiburg 1982 (zit.: *Meier*, Ausgang und Urlaub, S.)

Meißner, Andreas: Urlaub aus dem Strafvollzug, Mannheim 1988 (zit. *Meißner*, Urlaub, S.)

Mertens, Theodor: Die Ausführungen von Gefangenen zur Behandlung und Betreuung, in: ZfStrVo 1978, S. 203–206

Meyer-Goßner, Lutz: Theorie ohne Praxis und Praxis ohne Theorie im Strafverfahren, in: ZRP 2000, S. 345–351

Mittermaier, Wolfgang: Gefängniskunde – Ein Lehrbuch für Studium und Praxis, Berlin Frankfurt a.M. 1954 (zit.: *Mittermaier*, Gefängniskunde, S.)

Morris, Terence/Morris, Pauline: Pentonville – A Sociological Study of an English Prison, London 1963 (zit.: *Morris/Morris*, Pentonville, S.)

Mrozynski, Peter: Resozialisierung und Soziales Betreuungsverhältnis – Eine Untersuchung zur Bedeutung des Sozialrechts in der Resozialisierung, Heidelberg 1984 (zit.: *Mrozynski*, Resozialisierung, S.)

Müller, Thomas/Wulf, Rüdiger: Offener Vollzug und Vollzugslockerungen (Ausgang, Freigang) – zugleich eine Besprechung des Beschlusses des BVerfG in NStZ 1998, S. 430 f., in: ZfStrVo 1999, S. 3–7

Müller-Dietz, Heinz: Strafvollzugsgesetzgebung und Strafvollzugsreform, Köln 1970 (zit.: *Müller-Dietz*, Strafvollzugsgesetzgebung, S.)

Müller-Dietz, Heinz: Strafzwecke und Vollzugsziel – Ein Beitrag zum Verhältnis von Strafrecht und Strafvollzugsrecht, Tübingen 1973 (zit.: *Müller-Dietz*, Strafzwecke und Vollzugsziel, S.)

Müller-Dietz, Heinz: Strafvollzugsrecht, 1. Auflage, Berlin u.a. 1977

Müller-Dietz, Heinz: Grundfragen des strafrechtlichen Sanktionensystems, Heidelberg 1979, (zit.: *Müller-Dietz*, Grundfragen des Sanktionensystems, S.)

Müller-Dietz, Heinz: Die Rechtsprechung der Strafvollstreckungskammern zur Rechtsgültigkeit der VVStVollzG, in: NStZ 1981, S. 409–417

Müller-Dietz, Heinz: Die Strafvollstreckungskammer (StVollstrK) – Teil 1, in: Jura 1981, S. 57–65

Müller-Dietz, Heinz: Die Strafvollstreckungskammer (StVollstrK) – (Schluss), in: Jura 1981, S. 113–125

Müller-Dietz, Heinz: Zehn Jahre Strafvollzugsgesetz – Bilanz und Perspektiven, in: BewHi 1986, S. 331–360

Müller-Dietz, Heinz: Menschenrechte und Strafvollzug, in: Langer Freiheitsentzug – wie lange noch? Plädoyer für eine antizyklische Kriminalpolitik, hrsg. v. Heike Jung, Heinz Müller-Dietz, Bonn 1994, S. 43–63 (zit.: *Müller-Dietz*, Langer Freiheitsentzug, S.)

Müller-Dietz, Heinz: Offener Vollzug – ein Weg von der Freiheitsentziehung zur kontrollierten Freiheit?, in: ZfStrVo 1999, S. 279–284

Müller-Dietz, Heinz: Die Öffnung des Vollzugs – Sicherheitsrisiko oder Resozialisierungsnotwendigkeit, in: Strafvollzug im Wandel – Neue Wege in Ost- und Westdeutschland, hrsg. v. Volker Bieschke und Rudolf Egg, Wiesbaden 2001, S. 99–120 (zit.: *Müller-Dietz*, in: Strafvollzug im Wandel, S.)

Müller-Dietz, Heinz: Gesetzgebungszuständigkeit für den Strafvollzug, in: ZRP 2005, S. 156–159

Müller-Dietz, Heinz: Strafvollzugsrecht als Ländersache?, in: ZfStrVo 2005, S. 38–40t

Müller-Dietz, Heinz: Die neuere Rechtsprechung des Bundesverfassungsgerichts zum Strafvollzug, in: Verbrechen – Strafe – Resozialisierung – Festschrift für Heinz Schöch zum 70. Geburtstag am 20. August 2010, hrsg. v. Dieter Dölling, Bert Götting, Bernd-Dieter Meier und Thorsten Verrel, Berlin u.a. 2010, S. 285–302 (zit.: *Müller-Dietz*, in: FS Schöch, S.)

Müller-Emmert, Adolf: Resozialisierung als Verfassungsauftrag – Vortrag anläßlich der 10. Bundestagung der Straffälligenhilfe am 26.9.1975 in Karlsruhe, in: DRiZ 1976, S. 65–68

Mushoff, Tobias: Strafe – Maßregel – Sicherungsverwahrung – Eine kritische Untersuchung über das Verhältnis von Schuld und Prävention, hrsg. v. Regina Harzer, Frankfurt a.M. 2008 (zit.: *Mushoff*, Strafe, S.)

Naplava, Thomas/Kania, Harald: Kriminalitätsfurcht im gesellschaftlichen Kontext – Teil 2: Mediennutzung und Kriminalitätsfurcht, in: Kriminalistik 2012, S. 22–26

Nedopil, Norbert: Prognosebegutachtung bei zeitlich begrenzten Freiheitsstrafen – Eine sinnvolle Lösung für problematische Fragestellungen? in: NStZ 2002, S. 344–349

Nedopil, Norbert: Prognosen in der forensischen Psychiatrie – Ein Handbuch für die Praxis, 3. Auflage, München 2006 (zit.: *Nedopil*, Prognosen, S.)

Nedopil, Norbert/Stadtland, Cornelius: Das Problem der falschen Positiven – Haben wir unsere prognostische Kompetenz seit 1966 verbessert?, in: Kriminologie und wissensbasierte Kriminalpolitik: Entwicklungs- und Evaluationsforschung, hrsg. v. F. Lösel/ D. Bender/ J. M. Jehle, Mönchengladbach 2007, S. 541–550 (zit.: *Nedopil/Stadtland*, in: Kriminologie und Kriminalpolitik, S.)

Nesselrodt, Jürgen: Der Strafurlaub im Progressionssystem des Freiheitsentzuges – Funktion und Wirkung der Beurlaubung Gefangener hessischer Vollzugsanstalten, Marburg/Lahn 1979 (zit.: *Nesselrodt*, Strafurlaub, S.)

Nestler, Nina: Der Musterentwurf für ein Strafvollzugsgesetz als Konsequenz des Phlegmas um die Europäischen Strafvollzugsgrundsätze?, in: NK 2012, S. 87–91

Neubacher, Frank/Boxberg, Verena: Gewalt und Subkultur, in: Das Gefängnis auf dem Prüfstand – Zustand und Zukunft des Strafvollzugs, hrsg. v. Bernd Maelicke und Stefan Suhling, Wiesbaden 2018, S. 195–216 (zit.: *Neubacher/Boxberg*, in: Gefängnis auf dem Prüfstand, S.)

Nolting, Dietmar: Freigänger im Jugendstrafvollzug – Vollzugsbedingungen und Legalbewährung von Freigängern aus der Jugendanstalt Hameln, Göttingen 1985 (zit.: *Nolting*, Freigänger im Jugendstrafvollzug, S.)

Northoff, Robert: Strafvollstreckungskammer, Anspruch und Wirklichkeit, Bonn 1985 (zit.: *Northoff*, Strafvollstreckungskammer, S.)

Northoff, Robert: Strafvollstreckungskammer, Anspruch und Wirklichkeit, in: ZfStVo 1987, S. 207–218

Obergfell-Fuchs, Joachim/Wulf, Rüdiger: Evaluation des Strafvollzugs, in: FS 2008, S. 231–236

Ortmann, Rüdiger: Resozialisierung im Strafvollzug – Theoretischer Bezugsrahmen und empirische Ergebnisse einer Längsschnittstudie zu den Wirkungen von Strafvollzugsmaßnahmen, Freiburg 1987 (zit.: *Ortmann*, Resozialisierung in Strafvollzug, S.)

Ortmann, Rüdiger: Prisonisierung, in: Kleines kriminologisches Wörterbuch, hrsg. v. Günther Kaiser, Hans-Jürgen Kerner, Fritz Sack und Hartmut Schellhoss, 3. Auflage Heidelberg 1993 (zit.: *Ortmann*, in: Kriminologisches Wörterbuch, S.)

Ostendorf, Heribert: Jugendstrafvollzugsgesetz: Neue Gesetze – neue Perspektiven?, in: ZRP 2008, S. 14–18

Paeffgen, Hans-Ullrich: Das Niedersächsische Justizvollzugsgesetz vom 14.12.2007, in: StV 2009, S. 46–53

Paster, Inga: Das zukünftige Strafvollzugsgesetz Berlin – Zum Regierungsentwurf des „Gesetzes zur Weiterentwicklung des Berliner Vollzugsgesetzes“, in: FS 2016, S. 27–29

Peters, Karl: Grundfragen der Strafrechtsreform, Paderborn 1959

Peters, Karl: Die Tätigkeit der Strafvollstreckungskammern unter besonderer Berücksichtigung von § 109 StVollzG, in: JR 1983, S. 397–401

Pickl, Viktor: Lockerungen im Strafvollzug – Möglichkeiten und Grenzen, in: ZfStrVo 1977, S. 105–110

Plewig, Hans-Joachim/Boogaart, Hilde: Abschlußbericht zum Forschungsprojekt „Vollzugslockerungen und Mißbrauch“, Hamburg 1991 (zit.: *Plewig/Boogaart*, Vollzugslockerungen und Mißbrauch, S.)

Pollähne, Helmut: Justizvollzug – Eckpfeiler der inneren Sicherheit?, in: ZfStrVo 1994, S. 131–137

Pollähne, Helmut: Gefangene und Gerichte machtlos gegen Renitenz im Strafvollzug, in: ZfStrVo 2006, S. 277–281

Pollähne Helmut: Vollstreckung und Vollzug der Sicherungsverwahrung nach Inkrafttreten des Gesetzes zur bundesrechtlichen Umsetzung des Abstandsgebots im Recht der Sicherungsverwahrung, in: StV 2013, S. 249–258

Prantl, Heribert: Das Hexeneinmaleins des Strafvollzugs – Warum die Föderalismusreform ein schwerer, historischer Fehler war, (Gastkommentar), in: FS 2007, S. 22

Prantl, Heribert: Die im Dunkeln sieht man nicht, Süddeutsche Zeitung vom 16. August 2017, S. 8

Preiser, Friedrich: Das erste deutsche Jugendgefängnis, in: ZStW 39 (1918), S. 328–335

Preusker, Harald: Neue Klienten des Strafvollzuges – Resozialisierungsvollzug in der Legitimationskrise? in: Wiedereingliederung Straffälliger – eine Bilanz nach 20 Jahren Strafvollzugsgesetz, hrsg. v. Gabriele Kawamura und Richard Reindl, Freiburg i. Br. 1998, S. 30–41 (zit.: *Preusker*, Wiedereingliederung, S.)

Preusker, Harald: Reform-Entzug? in: NK 1997, S. 34–37

Puschke, Jens: Strafvollzug in Deutschland – eine Bestandsaufnahme, in: Strafvollzug in Deutschland – Strukturelle Defizite, Reformbedarf und Alternativen, hrsg. v. Jens Puschke, S. 15–36 (zit.: *Puschke*, in: Strafvollzug in Deutschland, S.)

Quanter, Rudolf: Deutsches Zuchthaus- und Gefängniswesen, Aalen 1970, Neudruck der Ausgabe Leipzig 1905 (zit.: *Quanter*, Zuchthaus- und Gefängniswesen, S.)

Rasch, Wilfried/Konrad, Norbert: Forensische Psychiatrie, 3. Auflage, Stuttgart 2004

Rasch, Wilfried: Zur Praxis des Maßregelvollzugs – Verhalten in der Institution als Basis der Prognosebeurteilung, in: Grenzen der Behandlung – soziale Kontrolle und Psychiatrie, hrsg. v. Irmgard Eisenbach-Stangl und Wolfgang Stangl, Opladen 1984, S. 128–138 (zit.: *Rasch*, in: Grenzen der Behandlung, S.)

Rehn, Gerhard: Soziales Lernen als Prinzip für die Gestaltung des Strafvollzuges, in: ZfStrVo 1991, S. 9–11

Rehn, Gerhard: Ist eine rationale Strafvollzugspolitik heute noch möglich? Strafvollzug auf dem Scheideweg, in: ZfStrVo 2003, S. 70–76

Rehn, Gerhard: Gegenreform erfasst Strafvollzugsgesetz – Bemerkungen zur Situation des Strafvollzuges aus Anlass einer drohenden Verlagerung der gesetzgeberischen Zuständigkeit auf die Länder, in: NK 2005, S. 3–5

Rehn, Gerhard: Hamburger Strafvollzugsgesetz – Wege und Irrwege – Zentrale Fakten einer verfehlten Vollzugspolitik, in: NK 2008, S. 34–36

Rehn, Gerhard: Anmerkungen zur Situation des Strafvollzuges, in: Strafvollzug in Deutschland – Strukturelle Defizite, Reformbedarf und Alternativen, hrsg. v. Jens Puschke, Berlin 2011, S. 75–83 (zit.: *Rehn*, in: Strafvollzug in Deutschland, S.)

Reichenbach, Peter: Die Erzwingung von Vollzugslockerungen zur Vorbereitung einer bedingten Entlassung aus dem Strafvollzug – Besprechung von BVerfG, Beschluss v. 30.4.2009 – 2 BvR 2009/08, NJW 2009, 1941, in: NStZ 2010, S. 424–429

Rettenberger, Martin und Fritjof von Franqué (Hrsg.): Handbuch kriminalprognostischer Verfahren, Göttingen 2013

Rieder-Kaiser, Anja: Vollzugliche Ausländerproblematik und Internationalisierung der Strafverbüßung, Frankfurt a.M. 2004 (zit.: *Rieder-Kaiser*, Vollzugliche Ausländerproblematik, S.)

Rosenfeld, Ernst: Zur Geschichte der älteren Zuchthäuser, in: ZStW 26 (1906), S. 1–18

Rotthaus, Karl Peter: Die Rechtsberatung der Gefangenen im Justizvollzug, in: NStZ 1990, S. 164–170

Rotthaus, Karl Peter: Nochmals: BVerfG zur Aussetzung der lebenslangen Freiheitsstrafe – Auswirkungen im Strafvollzug, in: NStZ 1993, S. 218–221

Rotthaus, Karl Peter: Resozialisierung – was sonst?, in: Strafvollzug im Wandel – Neue Wege in Ost- und Westdeutschland, hrsg. v. Volker Bieschke und Rudolf Egg, Wiesbaden 2001, S. 225–231 (zit.: *Rotthaus*, Strafvollzug im Wandel. S.)

Roxin, Claus: Strafe und Strafzwecke in der Rechtsprechung des Bundesverfassungsgerichts, in: In dubio pro libertate – Festschrift für Klaus Volk, hrsg. v. Winfried Hassemer, Eberhard Kempf und Sergio Moccia, München 2009, S. 601–616 (zit.: *Roxin*, in: FS Volk, S.)

Rusche, Georg/Kirchheimer, Otto: Sozialstruktur und Strafvollzug, in: Studien zur Gesellschaftstheorie, Frankfurt a.M. Köln 1974

Rüther, Werner/Neufeind, Wolfgang: Offener Vollzug und Rückfallkriminalität, in: MschrKrim 1978, S. 363–376

Satzger, Helmut/Schluckebier, Wilhelm/Widmaier, Günter (Hrsg.): StGB – Kommentar zum Strafgesetzbuch, 3. Auflage, Köln 2016 (zit.: *Bearbeiter*, in: Satzger/Schluckebier/Widmaier, StGB, Rn.)

Schäfer, Herbert: In Unfreiheit die Freiheit lernen, in: ZfStrVo 1985, S. 131–138

Schäferskküpper Michael/Eike C. Schmidt: Das neue Zwangsgeld gegen Vollzugsbehörden – Ein unbekanntes Wesen, StV 2014, S. 184–189

Schalt, Thomas: Der Freigang im Jugendstrafvollzug – Dargestellt am Beispiel der Fliedner-Häuser des Landes Hessen, Heidelberg, Karlsruhe 1977 (zit.: *Schalt*, Freigang, S.)

Schattke, Herbert: Die Geschichte der Progression im Strafvollzug und der damit zusammenhängenden Vollzugsziele in Deutschland, Bern 1979 (zit.: *Schattke*, Progression im Strafvollzug, S.)

Scheerer, Sebastian: Der politisch-publizistische Verstärkerkreislauf – Zur Beeinflussung der Massenmedien im Prozeß strafrechtlicher Normgenese, in: KrimJ 1978, S. 223–227

Schidorowitz, Monika: H. B. Wagnitz und die Reform des Vollzugs der Freiheitsstrafe an der Wende vom 18. zum 19. Jahrhundert, St. Augustin 1999 (zit.: *Schidorowitz*, H. B. Wagnitz, S.)

Schneider, Hendrik: Tempus fugit. Trendwende in der Rechtsprechung zu den unbestimmten Rechtsbegriffen, in: ZfStrVo 1999, S. 140–144

Schneider, Hendrik: Der „Allgemeine Teil" des Strafvollzugsrechts, Teil 1, in: MZJ 2000, S. 5–13

Schneider, Ragnar: Strafvollzug und Jugendstrafvollzug im Bayerischen Strafvollzugsgesetz – Eine Analyse ausgewählter Aspekte im Vergleich mit den Regelungen der anderen Bundesländer unter besonderer Berücksichtigung der Sozialtherapie, Baden-Baden 2010, (zit.: *R. Schneider*, Strafvollzug und Jugendstrafvollzug, S.)

Schöch, Heinz: Kriminologische Grenzen der Entlassungsprognose, in: Internationale perspektiven in Kriminologie und Strafrecht, Festschrift für Günther Kaiser, hrsg. v. Hans-Jörg Albrecht und Frieder Dünkel, Zweiter Halbband, Berlin 1998, S. 1239–1256

Schönke, Adolf/Schröder, Horst (Hrsg.): Kommentar zum Strafgesetzbuch, 30. Auflage, München 2019 (zit.: *Bearbeiter*, in: Schönke/Schröder, StGB, Rn.)

Scholz, Rupert: 10 Jahre Strafvollzugsgesetz, in: BewHi 1986, S. 361–366

Schreiber: Zur Reform des Strafvollzugs, ZStW 36 (1915), S. 133–158

Schüler-Springorum, Horst: Strafvollzug im Übergang – Studien zum Stand der Vollzugsrechtslehre, Göttingen 1969 (zit.: *Schüler-Springorum*, Strafvollzug im Übergang, S.)

Schüler-Springorum, Horst: Angemessene Anerkennung als Arbeitsentgelt – Das Bundesverfassungsgericht zur Arbeit im Strafvollzug, in: Festschrift für Alexander Böhm zum 70. Geburtstag am 14. Juni 1999, hrsg. v. Wolfgang Feuerhelm, Hans-Dieter Schwind und Michael Bock, Berlin u.a. 1999, S. 219–234 (zit.: *Schüler-Springorum*, in: FS Böhm, S.)

Schüler-Springorum, Horst: Strafvollzug und Föderalismus, in: Festschrift für Reinhard Böttcher zum 70. Geburtstag am 29. Juli 2007, hrsg. v. Heinz Schöch, Dieter Dölling, Roland Helgerth und Peter König, Berlin 2007, S. 403–410 (zit.: *Schüler-Springorum*, in: FS Böttcher, S.)

Schwind, Hans-Dieter: Strafvollzug in der Konsolidierungsphase, in: ZfStrVo 1988, S. 259–265

Schwind, Hans-Dieter/Blau, Günter (Hrsg.): Strafvollzug in der Praxis – eine Einführung in die Probleme und Realitäten des Strafvollzuges und der Entlassenenhilfe, 2. Auflage, Berlin 1988 (zit.: Bearbeiter, in: Schwind/Blau, Strafvollzug, S.)

Schwind, Hans-Dieter/Böhm, Alexander/Jehle, Jörg Martin/Laubenthal, Klaus: Strafvollzugsgesetz – Bund und Länder: Kommentar, 6. Auflage Berlin 2013 (zit.: *Bearbeiter*, in: SBJL, StVollzG, § Rn.)

Schwind, Hans-Dieter/Gossling, Nikola: Kriminalitätsfurcht im Langzeitvergleich am Beispiel einer Großstadt, in: Gedächtnisschrift für Ellen Schlüchter, hrsg. v. Gunnar Duttge, Gerd Geilen, Lutz Meyer-Goßner und Günter Warda, Köln 2002, S. 743–759 (zit.: *Schwind/Gossling*, Kriminalitätsfurcht, S.)

Schwind, Hans-Dieter/Fetchenhauer, Detlef/Ahlborn, Wilfried/Weiß Rüdiger: Kriminalitätsphänomene im Langzeitvergleich am Beispiel einer deutschen Großstadt – Bochum 1975–1986–1998, Neuwied 2001 (zit.: *Schwind/Fechtenhauer*, Kriminalitätsphänomene, S.)

Seebode, Manfred: Strafvollzug – Recht und Praxis. 1. Teil: Grundlagen, Lingen 1997

Singelnstein, Tobias/Stolle Peter: Die Sicherheitsgesellschaft – Soziale Kontrolle im 21. Jahrhundert, 3. Auflage, Wiesbaden 2008 (zit.: *Singelnstein/Stolle*, Sicherheitsgesellschaft, S.)

Smolka, Peter: Der Freigang im Strafvollzug – eine strafvollzugskundliche und empirische Untersuchung, 1981 (zit.: *Smolka*, Freigang, S.)

Spaniol, Margot: Die Arbeit der Strafvollstreckungskammern – Licht und Schatten, in: FS 2012, S. 253–259

Spieker, Manfred: Legitimitätsprobleme des Sozialstaats – Konkurrierende Sozialstaatskonzeptionen in der Bundesrepublik Deutschland, Bern u.a. 1986 (zit.: *Spieker*, Legitimitätsprobleme, S.)

Steindorfner, Michael: Behandlung im Strafvollzug und Schutz der Allgemeinheit. Der baden-württembergische Weg im Umgang mit rückfallgefährdeten Straftätern, in: ZfStrVo 2003, S. 3–9

Steinhilper Gernot/Steinhilper Monica: Aufsicht über die Justizvollzugsanstalten (§ 151 StVollzG) – Kontrolle oder Steuerung des Strafvollzugs? in: NK 2005, S. 19–22

Stelkens, Paul/Bonk, Joachim/Sachs, Michael: Verwaltungsverfahrensrecht, 9. Auflage München 2018 (zit.: *Bearbeiter*, in: Stelkens/Bonk/Sachs, VwVfG, § Rn.)

Stelly, Wolfgang/Walter, Joachim: Vollzugslockerungen im Jugendstrafvollzug – am Beispiel der JVA Adelsheim, in: MschrKrim 2008, S. 269–280

Stenzel, Herbert: Ausführungen zur Betreuung aus der Sicht eines Beamten des allgemeinen Vollzugsdienstes, in: ZfStrVo 1986, S. 303–305

Stilz, Eberhard: Zum Urlaub aus der Haft, in: ZfStrVo 1979, S. 67–72

Strafvollzugsordnung – Vereinheitlichung der Dienst- und Vollzugsvorschriften für den Strafvollzug im Bereich der Reichsjustizverwaltung, Amtliche Sonderveröffentlichung der deutschen Justiz, Ausgabe 21, Band 27, Berlin 1940

Straube, Ingo: Entspannung statt Befürchtung, in: MSchrKrim, 1988, S. 329–333

Streng, Adolf: Studien über Entwicklung, Ergebnisse und Gestaltung des Vollzugs der Freiheitsstrafe in Deutschland, Stuttgart 1886 (zit.: *A. Streng*, Freiheitsstrafe, S.)

Streng, Franz: Strafrechtliche Folgenorientierung und Kriminalprognose, in: Die Täter-Individualprognose – Beiträge zu Stand, Problemen und Perspektiven der kriminologischen Prognoseforschung, hrsg. v. Dieter Dölling, Heidelberg 1995, S. 97–120 (zit.: *Streng*, Täter-Individualprognose, S.)

Streng, Franz: Das Legitimations-Dilemma sichernden Freiheitsentzugs – Überlegungen zur neueren Rechtsentwicklung, in: Jus humanum – Grundlagen des Rechts und Strafrecht – Festschrift für Ernst-Joachim Lampe zum 70.

Geburtstag, hrsg. v. Dieter Dölling, Berlin 2003, S. 611–642 (zit.: *Streng*, in: FS Lampe, S.)

Streng, Franz; Strafrechtliche Sanktionen – Die Strafzumessung und ihre Grundlagen. 3. Auflage, Stuttgart 2012 (zit.: *Streng*, Strafrechtliche Sanktionen, S.)

Streng, Franz: Die Zukunft der Sicherungsverwahrung nach der Entscheidung des Bundesverfassungsgerichts – Zum Urteil des Zweiten Senats des BVerfG vom 4.5.2011, in: JZ 2011, S. 827–835

Streng, Franz: Jugendstrafrecht, 4. Auflage, Heidelberg 2016

Streng, Franz: Der Strafzweck der Sicherung und die neue Punitivität, in: Rechtspsychologie, Kriminologie und Praxis – Festschrift für Rudolf Egg zum 65. Geburtstag, hrsg. v. Axel Dessecker und Werner Sohn, Wiesbaden 2013, S. 495–516 (zit.: *Streng*, in: FS Egg, S.)

Streng, Franz: Kriminalitätswahrnehmung und Kriminalität im Wandel – Kriminalitäts- und berufsbezogene Einstellungen junger Juristen – Befragungen von 1989 bis 2012, Heidelberg 2014 (zit.: *Streng*, Kriminalitätswahrnehmung und Punitivität, S.)

Streng, Franz: „Richter und Erzieher zugleich"? – Empirische Befunde zum professionellen Profil in der Jugendjustiz, in: ZIS 2015, S. 605–613

Suhling, Stefan: Begutachtung bei Lockerungsentscheidungen, in: NK 2003, S. 85–87

Suhling, Stefan: Wirkungsforschung und wirkungsorientierte Steuerung im Strafvollzug, in: Das Gefängnis auf dem Prüfstand – Zustand und Zukunft des Strafvollzugs, hrsg. v. Bernd Maelicke und Stefan Suhling, Wiesbaden 2018, S. 23–47 (zit.: *Suhling*, in: Gefängnis auf dem Prüfstand, S.)

Suhling, Stefan/Rabold, Susann: Gewalt im Gefängnis – Normative, empirische und theoretische Grundlagen, in: FS 2013, S. 76–83

Suhling, Stefan/Rehder, Ulrich: Zum Zusammenhang zwischen Vollzugslockerungen, Unterbringung im offenen Vollzug und Legalbewährung bei Sexualstraftätern, in: FPPK 2009, S. 37–47

Thomann, Roland: Das Vollstreckungs- und Vollzugsgericht – Versuch einer Deutung, Stuttgart 1973 (zit.: *Thomann*, Vollstreckungs- und Vollzugsgericht, S.)

Tögel, Siegfried: Frühformen der Strafaussetzung und der Strafentlassenenhilfe – Ein Rückblick auf Reformversuche in Preußen beim Übergang vom 18. Zum 19. Jahrhundert, in: Straffälligenhilfe in Geschichte und Gegenwart, hrsg. v. Hans-Jürgen Kerner, Bonn 1990, S. 3–21 (zit.: *Tögel*, in Straffälligenhilfe, S.)

Tondorf, Günter: Zur Einführung von Mindeststandards für Schuldfähigkeits- und Prognosegutachten durch den BGH, in: StV 2004, S. 279–283

Treptow, Walter: Zur Tätigkeit der Strafvollstreckungskammer in Vollzugssachen, in: NJW 1977, S. 1037–1040

Treptow, Walter: Gerichtliche Kontrolle von Ermessensentscheidungen und unbestimmten Rechtsbegriffen im Strafvollzugsrecht, in: NJW 1978, S. 2227–2231

Treptow, Walter: Gerichtliche Kontrolle der Anwendung unbestimmter Rechtsbegriffe seitens der Vollzugsorgane – Versuch einer Systematik, in: ZfStrVo 1980, S. 67–70

Ullenbruch, Thomas: Vollzugsbehörde contra Strafvollstreckungskammer – Zur Problematik justizinterner Rechtsbeschwerden, in: NStZ 1993, S. 517–522

Ullmann, Mareike E.: Länderstrafvollzugsgesetze im Vergleich: eine Analyse auf der Grundlage der Rechtsprechung des Bundesverfassungsgerichts, Hamburg 2012 (zit.: *Ullmann*, Länderstrafvollzugsgesetze, S.)

Umhauer, Erwin: Vorläufige Entlassung und Beurlaubung auf Wohlverhalten (bedingter Erlaß eines Strafrestes) in: Deutsches Gefängniswesen – Ein Handbuch, hrsg. v. Erwin Bumke, Berlin 1928, S. 392–443 (zit.: *Umhauer*, in: Gefängniswesen, S.)

Venzlaff, Ulrich/Foerster, Klaus/Dreßing, Harald/Habermeyer, Elmar (Hrsg.): Psychiatrische Begutachtung – Ein praktisches Handbuch für Ärzte und Juristen, 6. Auflage, München 2015 (zit.: *Venzlaff/Foerster*, Psychiatrische Begutachtung, S.)

Verrel, Torsten: Offener Vollzug in den Länderstrafvollzugsgesetzen – Über Sinn und Unsinn der Föderalismusreform, in: Kriminologie – Jugendkriminalrecht – Strafvollzug – Gedächtnisschrift für Michael Walter, hrsg. v. Frank Neubacher und Michael Kubink, Berlin 2014, S. 621–634 (zit.: *Verrel*, in: GS Walter, S.)

Vitzthum, Wolfgang/März, Wolfgang: Das Grundrecht der Petitionsfreiheit, in: JZ 1985, S. 809–817

Voigtel, Stephan: Zum Freibeweis bei Entscheidungen der Strafvollstreckungskammer – eine Untersuchung zu ausgewählten Fragen des Beweisrechts im gerichtlichen Verfahren in Strafvollstreckungs- und Strafvollzugssachen, Frankfurt a. M. 1998 (zit.: *Voigtel*, Entscheidungen der Strafvollstreckungskammer, S.)

Volckart, Bernd: Behandlung im Strafvollzug – repressive Maßnahmen mit anderem Namen, in: BewHi 1985, S. 24–35

Vormbaum, Thomas/Rentrop, Kathrin (Hrsg.): Reform des Strafgesetzbuchs – Sammlung der Reformentwürfe, Bd. 1: 1909 bis 1919, Berlin 2008 (zit.: *Vormbaum/Rentrop*, Reform des Strafgesetzbuchs)

Wagner, Christean: Das „Einheitliche Strafvollzugskonzept“ in Hessen, in: ZRP 2002, S. 35–37

Wagner, Joachim: Der Rechtsschutz des Strafgefangenen – Eine empirische Studie, in: MschKrim 1976, S. 241–266

Walter, Joachim: Rollenwechsel – oder von einem der auszog, Neues zu lernen, in: FS 2012, S. 270–272

Walter, Joachim: »Apokryphe« Disziplinarmaßnahmen im Strafvollzug, in: NK 2005, S. 130–134

Walter, Michael, Strafvollzug, 2. Auflage, Stuttgart u.a. 1999

Walter, Michael: Strafvollzug – Ender der Resozialisierung?, in: Strafvollzug im Wandel – Neue Wege in Ost- und Westdeutschland, hrsg. v. Volker Bieschke und Rudolf Egg, Wiesbaden 2001, S. 25–37 (zit.: *Walter*, in: Strafvollzug im Wandel, S.)

Walter, Tonio: Strafe und Vergeltung – Rehabilitation und Grenzen eines Prinzips, Baden-Baden 2016 (zit.: *T. Walter*, Strafe und Vergeltung, S.)

Warmuth, Manfred: Die Prognose von Urlaub und Ausgang – Ein Vergleich zwischen Maßregelpatienten und Strafgefangenen, in: R&P 1995, S. 15–19

Wassermann, Rudolf: Paradigmenwechsel im Strafvollzug? Vollzugsziele im Gesetzgebungsstreit, in: ZRP 2003, S. 327–328

Weber, Hartmut-Michael: Rechtsverweigerung durch Vollzugsbehörden bei „Lebenslänglichen“ – Gleichzeitig ein Beitrag gegen die lebenslange Freiheitsstrafe, in: ZRP 1990, S. 65–70

Weber, Judith: Das sächsische Strafrecht im 19. Jahrhundert bis zum Reichsstrafgesetzbuch, Berlin 2009 (zit.: *Weber*, Das sächsische Strafrecht, S.)

Wegner-Brandt, Elke: Totale Institution und Rechtsschutz – Bericht über Tagung, veranstaltet von der Wissenschaftlichen Einheit Kriminalpolitikforschung (WE KRIPF) der Universität Bremen und Arbeitskreis Junger Kriminologen (AJK) vom 8.-15.5.1992 in Bremen, in: ZfStrVo 1993, S. 153–159

Weißbrodt, Wolfgang: Dreieck Vollzug, Anwaltschaft, Gerichte, in: FS 2012, S. 260–264

Wentzel: Die Bedeutung, die Anwendung und die Erfolge des Gesetzes vom 11. April, betreffend die Beschäftigung der Strafgefangenen außerhalb der Anstalt, in: GA 1854, 713–737

Wohlgemuth, Rüdiger: Inoffizielle Kriterien für die Vergabe von Vollzugslockerungen, in: Ambulante Maßnahmen zwischen Hilfe und Kontrolle, hrsg. v. Helmut Kury, Band 7, Köln u.a. 1984, S. 373–380 (zit.: *Wohlgemuth*, Ambulante Maßnahmen, S.)

Wolff, Hans: Verwaltungsrecht: Ein Studienbuch, Band 1, 8. Auflage, München 1971

Wulf, Rüdiger: Prognoseforschung, in: Nationale und internationale Entwicklungen in der Kriminologie – Festschrift für Helmut Kury zum 65. Geburtstag, hrsg. v. Joachim Obergfell-Fuchs und Martin Brandenstein, Frankfurt 2006, S. 535–556 (zit.: *Wulf*, in: FS Kury, S.)

Würtenberger, Thomas: Akzente des künftigen Strafvollzugsgesetzes, in: JZ 1970, S. 452–456

Würtenberger, Thomas: Kriminalpolitik im sozialen Rechtsstaat, Stuttgart 1970 (zit.: *Würtenberger*, Kriminalpolitik, S.)

Wutzdorff, Edgar: Die Arbeit von Gefangenen, in: Deutsches Gefängniswesen – Ein Handbuch, hrsg. v. Erwin Bumke, Berlin 1928, S. 178–197 (zit.: *Wutzdorff*, in: Gefängniswesen, S.)

Zacher, H. F.: Das soziale Staatsziel, in: Handbuch des Staatsrechts der Bundesrepublik Deutschland, Band 1, Grundlagen von Staat und Verfassung, hrsg. v. Josef Isensee, Paul Kirchhof, 2. Auflage 1995, S. 1045–1111 (zit.: *Zacher*, in: Isensee/Kirchhof, GG, § Rn.)

Zieger, Matthias: Vernachlässigte Tätigkeitsfelder der Verteidigung, insbesondere Vollstreckung und Vollzug, in: StV 2006, S. 375–382

www.ingramcontent.com/pod-product-compliance
Ingram Content Group UK Ltd.
Pitfield, Milton Keynes, MK11 3LW, UK
UKHW022105051026
15623UKWH00003B/688

9 783631 814833